ARBEITEN AUS DEM IURISTISCHEN SEMINAR
DER UNIVERSITÄT FREIBURG

Begründet von Max Gutzwiller – Fortgesetzt von Felix Wubbe
Herausgegeben von Peter Gauch

290

FREIBURGER DISSERTATION
bei Professor Dr. Franz Werro

ARBEITEN AUS DEM IURISTISCHEN SEMINAR
DER UNIVERSITÄT FREIBURG SCHWEIZ

Herausgegeben von Peter Gauch

290

SÉBASTIEN CHAULMONTET

Verursacherhaftungen im Schweizer Umweltrecht

Eine Grundlagenstudie, unter besonderer Berücksichtigung von Art. 32b^bis USG

Schulthess § 2009

Dissertation zur Erlangung der Würde eines Doktors der Rechte, vorgelegt der Rechtswissenschaftlichen Fakultät der Universität Freiburg in der Schweiz.

Genehmigt von der Rechtswissenschaftlichen Fakultät der Universität Freiburg am 12. Dezember 2008 auf Antrag von Herrn Professor Dr. Franz Werro (Erster Referent) und Herrn Professor Dr. Jean-Baptiste Zufferey (Zweiter Referent).

Mit der Annahme einer Dissertation beabsichtigt die Rechtswissenschaftliche Fakultät der Universität Freiburg nicht, zu den darin enthaltenen wissenschaftlichen Meinungen des Verfassers Stellung zu nehmen (Fakultätsratsbeschluss vom 1. Juli 1916).

Bibliografische Information der Deutschen Bibliothek

Die Deutsche Bibliothek – CIP-Einheitsaufnahme

© Schulthess Juristische Medien AG, Zürich · Basel · Genf 2009
   ISBN 978-3-7255-5999-2

www.schulthess.com

Vorwort

Eine Dissertation entsteht nicht ohne die Unterstützung einer Vielzahl von Personen. Ihnen seien die nachfolgenden Zeilen gewidmet.

Mein Dank gebührt an erster Stelle meinem Doktorvater Prof. Dr. Franz Werro, der die Entstehung der vorliegenden Dissertation nicht nur förderte, sondern auch wohlwollend betreute und mir dabei grösste akademische Freiheit gewährte. Sodann danke ich Prof. Dr. Jean-Baptiste Zufferey für die spontane und unkomplizierte Übernahme des Korreferats.

Danken möchte ich insbesondere auch RA lic. iur. Urs Kägi, der mich durch unzählige, aufschlussreiche Gespräche und Anregungen bei der Redaktion meiner Arbeit unterstützt hat und mir stets mit Rat und Tat zur Seite stand. Weiter danke ich RA Dr. Dieter Dubs, der mich in meinem Entscheid, eine Dissertation zu schreiben, bekräftigt und unterstützt hat.

Dankbar bin ich sodann Prof. Dr. Peter Gauch für die Aufnahme in die AISUF-Reihe.

Von ganzem Herzen danke ich schliesslich meiner Mutter, die mich auf meinem bisherigen Lebensweg und bei all meinen Vorhaben bedingungslos unterstützt hat. Sie hat zudem das Lektorat meiner Dissertation übernommen. Ihr sei die vorliegende Arbeit gewidmet.

Für diese Arbeit wurden Literatur und Rechtsprechung bis August 2009 berücksichtigt.

La Chaux-de-Fonds, im November 2009

Sébastien Chaulmontet

Inhaltsübersicht

Inhaltsverzeichnis

Abkürzungsverzeichnis

A.	Auflage
Abl.	Amtsblatt (der Europäischen Gemeinschaften)
Abs.	Absatz
AG	(Kanton) Aargau
aGSchG 1955	Altes Gewässerschutzgesetz vom 16. März 1955, AS 1956, S. 1533 ff.
aGSchG 1971	Altes Gewässerschutzgesetz vom 8. Oktober 1971, AS 1972 I, S. 950 ff.
aUSG	Bundesgesetz vom 7. Oktober 1983 über den Umweltschutz; in der Fassung nach der USG-Revision vom 21. Dezember 1995 (AS 1997, S. 1155 ff.), in Kraft seit dem 1. Juli 1997, und vor der USG-Teilrevision vom 16. Dezember 2005 und deren Inkrafttreten am 1. November 2006
AltlV	Verordnung vom 26. August 1998 über die Sanierung von belasteten Standorten (Altlasten-Verordnung), SR 814.680.
a.M.	anderer Meinung
Amtl. Bull. NR	Amtliches Bulletin der Bundesversammlung / Nationalrat
Amtl. Bull. SR	Amtliches Bulletin der Bundesversammlung / Ständerat
AöR	Archiv des öffentlichen Rechts (Tübingen)
ARE	Bundesamt für Raumentwicklung
Art.	Artikel
AS	Amtliche Sammlung
AWEL	Amt für Abfall, Wasser, Energie und Luft des Kantons Zürich

BAFU	Bundesamt für Umwelt, seit dem 1. Januar 2006 aus dem damaligen BUWAL und grossen Teilen des BWG entstanden
BBl	Bundesblatt der Schweizerischen Eidgenossenschaft
Bd.	Band
BGE	Entscheidungen des Schweizerischen Bundesgerichts
BGF	Bundesgesetz vom 21. Juni 1991 über die Fischerei, SR 923.0
BGer	Bundesgericht
BGG	Bundesgesetz vom 17. Juni 2005 über das Bundesgericht (Bundesgerichtsgesetz), SR 173.110
BGH	Bundesgerichtshof
BewG	Bundesgesetz vom 16. Dezember 1983 über den Erwerb von Grundstücken durch Personen im Ausland, SR 211.412.41
BPUK	Schweizerische Bau-, Planungs- und Umweltdirektoren-Konferenz
BStP	Bundesgesetz vom 15. Juni 1934 über die Bundesstrafrechtspflege, SR 312.0
BUWAL	Bundesamt für Umwelt, Wald und Landschaft, seit dem 1. Januar 2006 in das BAFU fusioniert
BV	Bundesverfassung der Schweizerischen Eidgenossenschaft vom 18. April 1999, SR 101
BVR	Bernische Verwaltungsrechtsprechung (Bern, bis 1976: MBVR) = JAB
BRT	(Freiburger) Baurechtstagungen, Tagungsunterlagen = JDC
BWG	Bundesamt für Wasser und Geologie, seit dem 1. Januar 2006 grösstenteils in das BAFU fusioniert
bzw.	beziehungsweise

d.h.	das heisst
Diss.	Dissertation
DVBl.	Deutsches Verwaltungsblatt
E.	Erwägung
EG	Europäisch(e) Gemeinschaft(en)
EGV	Vertrag zur Gründung der Europäischen Gemeinschaft vom 25.03.1957 in der Fassung des EU-Vertrages
EHG	Bundesgesetz vom 28. März 1905 über die Haftpflicht der Eisenbahn- und Dampfschifffahrtsunternehmungen und der Schweizerischen Post, SR 221.112.742
EleG	Bundesgesetz vom 24. Juni 1902 betreffend die elektrischen Schwach- und Starkstromanlagen (Elektrizitätsgesetz), SR 734.0
EntG	Bundesgesetz vom 20. Juni 1930 über die Enteignung, SR 711
f.	und folgende Seite
ff.	und folgende Seiten
Fn.	Fussnote
FusG	Bundesgesetz vom 3. Oktober 2003 über Fusion, Spaltung, Umwandlung und Vermögensübertragung (Fusionsgesetz), SR 221.301
FFG-ZH	Gesetz über die Feuerpolizei und das Feuerwehrwesen (Zürich), LS 861.1
FSG-SG	Gesetz über den Feuerschutz vom 18. Juni 1968 (St.Gallen), sGS 871.1
gl.M.	gleicher Meinung
GBV	Verordnung vom 22. Februar 1910 betreffend das Grundbuch, SR 211.432.1

GEMA	Gesellschaft für musikalische Aufführungs- und mechanische Vervielfältigungsrechte
GSchG	Bundesgesetz vom 24. Januar 1991 über den Schutz der Gewässer (Gewässerschutzgesetz)
GTG	Bundesgesetz über die Gentechnik im Ausserhumanbereich (Gentechnikgesetz), SR 814.91
Habil.	Habilitation
HAVE	Haftung und Versicherung
hrsg.	herausgegeben
insb.	insbesondere
i.V.m.	in Verbindung mit
JZ	Juristenzeitung (Tübingen)
Kap.	Kapitel
KG	Bundesgesetz vom 6. Oktober 1995 über Kartelle und andere Wettbewerbsbeschränkungen (Kartellgesetz,), SR 251
KHG	Kernenergiehaftpflichtgesetz vom 18. März 1983, SR 732.44
lit.	litera = Buchstabe
LS	Loseblattsammlung des Kantons Zürich
LSDIS	Loi sur le service de défense contre l'incendie et de secours vom 17 November 1993 (Waadt), RSV 963.15
m.E.	meines Erachtens
MG	Bundesgesetz vom 3. Februar 1995 über die Armee und die Militärverwaltung (Militärgesetz), SR 510.10
MO	Bundesgesetz vom 1. April 1907 über Militärorganisation, SR 510.10
m.Verw.	mit Verweis

m.w.H.	mit weiteren Hinweisen
N	Randnote(n)
NHG	Bundesgesetz vom 1. Juli 1966 über den Natur- und Heimatschutz, SR 451
NJW	Neue Juristische Wochenschrift (München/Frankfurt a.M.)
Nr.	Nummer
OR	Bundesgesetz vom 30. März 1911 betreffend die Ergänzung des Schweizerischen Zivilgesetzbuches (Fünfter Teil: Obligationenrecht), SR 220
PBG aktuell	Zürcher Zeitschrift für öffentliches Baurecht (Zürich)
Pra.	Die Praxis des Bundesgerichts (Basel)
PrHG	Bundesgesetz vom 18. Juni 1993 über die Produktehaftpflicht (Produktehaftpflichtgesetz), SR 221.112.944
PrOVG	(Königlich-) Preußische Oberverwaltungsgericht
PVG	Preussisches Polizeiverwaltungsgesetz vom 1. Juli 1931
RDAT	Rivista di Diritto Amministrativo e tributaria ticinese (Bellinzona)
recht	recht (Bern)
RL	Richtlinie
RLG	Bundesgesetz vom 4. Oktober 1963 über Rohrleitungsanlagen zur Beförderung flüssiger oder gasförmiger Brenn- oder Treibstoffe (Rohrleitungsgesetz), SR 746.1
RR	Regierungsrat
RSV	Recueil systématique de la législation vaudoise
S.	Seite(n)
s.	siehe

SchKG	Bundesgesetz vom 11. April 1889 über Schuldbetreibung und Konkurs, SR 281.1
sGS	systematische Gesetzessammlung des Kantons St.Gallen
SGCI	Schweizerische Gesellschaft für Chemische Industrie
SGF	Systematische Gesetzessammlung des Kantons Freiburg
SJZ	Schweizerische Juristen-Zeitung (Zürich)
SR	Systematische Sammlung des Bundesrechts
SSG	Bundesgesetz vom 25. März 1977 über explosionsgefährliche Stoffe (Sprengstoffgesetz), SR 941.41
StSG	Strahlenschutzgesetz vom 22. März 1991, SR 814.50
SVG	Strassenverkehrsgesetz vom 19. Dezember 1958, SR 741.01
SVZ	Schweizerische Versicherungs-Zeitschrift (Bern)
TVA	Technische Verordnung über Abfälle vom 10. Dezember 1990, SR 814.600
UMWELT	Zeitschrift des Vereins Deutscher Ingenieure für Immissionsschutz • Abfall • Gewässerschutz
UREK-NR	Kommission für Umwelt, Raumplanung und Energie des Nationalrats
UREK-SR	Kommission für Umwelt, Raumplanung und Energie des Ständerats
USG	Bundesgesetz vom 7. Oktober 1983 über den Umweltschutz, SR 814.01
UVEK	Departement für Umwelt, Verkehr, Energie und Kommunikation
UWG	Bundesgesetz vom 19. Dezember 1986 gegen den unlauteren Wettbewerb, SR 241
VBBo	Verordnung über Belastungen des Bodens, SR 814.12

VE	Vorentwurf zur Revision und Vereinheitlichung des Haft- pflichtrechts
VerwArch.	Verwaltungsarchiv (Köln)
VerwRspr.	Verwaltungsrechtsprechung in Deutschland (München)
VeVA	Verordnung über den Verkehr mit Abfällen, SR 814.610
VG	Bundesgesetz über die Verantwortlichkeit des Bundes so- wie seiner Behördemitglieder und Beamten (Verantwort- lichkeitsgesetz), SR 170.32
vgl.	vergleiche
Vorb.	Vorbemerkung
VVDStRL	Veröffentlichungen der Vereinigung der Deutschen Staats- rechtslehrer
z.B.	zum Beispiel
ZBJV	Zeitschrift des bernischen Juristenvereins (Bern)
ZBl	Schweizerisches Zentralblatt für Staats- und Verwaltungs- recht (Zürich)
ZGB	Schweizerisches Zivilgesetzbuch vom 10. Dezember 1907, SR 210
ZEuP	Zeitschrift für Europäisches Privatrecht
Ziff.	Ziffer
zit.	zitiert
ZSR	Zeitschrift für Schweizerisches Recht (Basel)

Literaturverzeichnis

ADAMS MICHAEL, Warum das "Verursacherprinzip" eine leere Worthülse darstellt und von feinsinnigen Juristen bei Haftungslastentscheidungen im Umweltrecht als ungeeignetes Kriterium verworfen werden sollte; in: Ergänzungen, Ergebnisse der wissenschaftlichen Tagung anlässlich der Einweihung des Ergänzungshauses der Hochschule St. Gallen, hrsg. von Matthias Haller, Heinz Hauser, Roger Zäch, Bern/Stuttgart 1990, S. 605 ff.

AMT FÜR ABFALL, WASSER, ENERGIE UND LUFT DES KANTONS ZÜRICH (AWEL), Merkblatt "Bauen auf belasteten Standorten", Zürich 2004 (zit. AWEL, Merkblatt "Bauen auf belasteten Standorten")

AUER SUSANNE, Neuere Entwicklungen im privatrechtlichen Immissionsschutz, Untersuchung anhand der Rechtsprechung zu Art. 684 ZGB und § 906 BGB, Diss. Zürich, Zürich 1997.

BACHOF OTTO, Diskussionsbeitrag, in: VVDStRL 35 (1977), S. 348 f. (zit. BACHOF, Diskussionsbeitrag)

BÄRTSCHI HARALD, Verantwortlichkeit im Aktienrecht, Diss. Zürich, Zürich 2001

BAUMANN KONRAD, Le cadastre des sites pollués, URP 2001, S. 731 ff.

BERTSCHINGER URS, Arbeitsteilung und aktienrechtliche Verantwortlichkeit, Zürich 1999

BÉTRIX ELISABETH, Les coûts d'intervention - difficultés de mise en oeuvre, URP 1995, S. 370 ff.

BEYE FRIEDRICH WILHELM, Zur Dogmatik polizeirechtlicher Verantwortlichkeit, Diss. Mainz, Mainz 1969

BIANCHI FRANÇOIS, Pollution atmosphérique et droit privé, Diss. Lausanne, Lausanne 1989

BINDER MARKUS, Die polizeiliche Zustandshaftung als Gefährdungshaftungstatbestand, Diss. Konstanz, Konstanz 1991

BLANKART CHARLES B., Umweltschutzorientierte Sonderabgaben und ihre Alternativen, in: Öffentliche Finanzen und Umweltpolitik I, Schriften des Vereins für Sozialpolitik, Bd. 176/I, hrsg. von Kurt Schmidt, Berlin 1988

BONUS HOLGER, Wirtschaftspolitik: Bewegung auf schwierigem Terrain, in: Umwelt - Sonderausgabe, Umweltgutachten 1978, Juni 1978, S. 83 ff. (zit. BONUS, Wirtschaftspolitik)

BONUS HOLGER, Vergleich von Abgaben und Zertifikaten, in: Umweltpolitik mit hoheitlichen Zwangsabgaben?, Festschrift Karl-Heinrich Hansmeyer zur Vollendung seines 65. Lebensjahres, Berlin 1994 (zit. BONUS, Vergleich)

BOVAY BENOÎT/ BLANCHARD THIBAULT, Pollution du sol: preuve de la responsabilité et répartition des frais d'intervention, Arrêt du Tribunal fédéral du 14 décembre 2006 (1.A.250/2005, 1A.252/2005 et 1P.602/2005), BR 3/2007, S. 115 ff.

BOVEY GRÉGORY, L'expropriation des droits de voisinage, Du droit privé au droit public, Diss. Lausanne, Bern 2000

BRANDNER THILO, Gefahrenerkennbarkeit und polizeirechtliche Verhaltensverantwortlichkeit, Diss. Trier, Berlin 1990

BREHM ROLAND, Berner Kommentar zum schweizerischen Privatrecht, Das Obligationenrecht, Die Entstehung durch unerlaubte Handlungen, Art. 41-61 OR, Band VI, 1. Abteilung, 3. Teilband, 1. Unterteilung, 3. A., Bern 2006

BRÜGGEMEIER GERT, Prinzipien des Haftungsrechts, Eine systematische Darstellung auf rechtsvergleichender Grundlage, BADEN-BADEN 1999

BRÜGGEMEIER GERT, Unternehmenshaftung – Enterprise Liability, Eine europäische Perspektive?, HAVE 2004, S. 162 ff.

BRÜLHART MARCEL, Gentechnik und Haftpflicht, Vom rechtlichen Umgang mit Unsicherheit, Diss. Bern, Bern 2003

BRUNNER URSULA/TSCHANNEN PIERRE, Kommentar zum Umweltschutzgesetz, Vorbemerkung zu Art. 30-32e (Stand Mai 2000), hrsg. von der Vereinigung für Umweltrecht und Helen Keller, 2. A., Zürich/Basel/Genf 2004

BRUNNER URSULA, Kommentar zum Umweltschutzgesetz, Kommentar zu Art. 32a (Stand März 2001/Januar 2003), hrsg. von der Vereinigung für Umweltrecht und Helen Keller, 2. A., Zürich/Basel/Genf 2004

BRUNNER URSULA, Kommentar zum Umweltschutzgesetz, Kommentar zu Art. 48 (Stand März 2001), hrsg. von der Vereinigung für Umweltrecht und Helen Keller, 2. A., Zürich/Basel/Genf 2004

BUDLIGER MICHAEL, Zur Kostenverteilung bei Altlastensanierung mit mehreren Verursachern. Die Regelung im revidierten USG und im Vorentwurf zur neuen Altlasten-Verordnung, URP 1997, S. 296 ff.

BÜHLER ALFRED, Inhalt und Gegenstand der Kostenverteilungsverfügung nach Art. 32d Abs. 4 USG, URP 2007, S. 157 ff.

BÜHLER THEODOR, Ist die Schadensprävention kein Thema für das Schweizerische Haftpflichtrecht?, S. 197 ff., in: Aktuelle Aspekte des Schuld- und Sachenrechts, Festschrift für Heinz Rey, Zürich/Basel/Genf 2003

BULLINGER MARTIN, Rechtsfragen des Verursacherprinzips beim Umweltschutz, S. 69 ff.; in: Das Verursacherprinzip und seine Instrumente, Beiträge zur Umweltgestaltung A 24, Berlin 1974

BUNDESAMT FÜR UMWELT, WALD UND LANDSCHAFT (BUWAL, heute das BAFU), Richtlinie für die Verwertung, Behandlung und Ablagerung von Aushub-, Abraum- und Ausbruchmaterial, Bern 1999 (zit. BUWAL, Aushubrichtlinie)

BUNDESAMT FÜR UMWELT, WALD UND LANDSCHAFT (BUWAL, heute das BAFU) Wegleitung "Verwertung von ausgehobenem Boden (Wegleitung Bodenaushub)", Bern 2001 (zit. BUWAL, Wegleitung Bodenaushub)

BUNDESAMT FÜR UMWELT, WALD UND LANDSCHAFT (BUWAL, heute das BAFU), Erläuterungen zur Verordnung vom 1. Juli 1998 über Belastungen des Bodens (VBBo), Bern 2001 (zit. BUWAL, Erläuterungen VBBo)

BÜRGI WOLFAHRT F./NORDMANN-ZIMMERMANN URSULA, Zürcher Kommentar zum schweizerischen Zivilgesetzbuch, Obligationenrecht, Die Aktiengesellschaft, Art. 739-771, Zürich 1979

CANSIER DIETER, Umweltökonomie, 2. A., Stuttgart 1996

CHAPPUIS BENOIT, Le moment du dommage, Diss. Fribourg, Zürich/Basel/Genf 2007 (zit. CHAPPUIS B.)

CHAPPUIS CHRISITINE/WERRO FRANZ, La responsabilité civile: à la croisée des chemins, ZSR 122 (2003) I, S. 237 ff. (zit. CHAPPUIS CH., Croisée des chemins/WERRO, Croisée des Chemins)

CUMMINS MARK, Kostenverteilung bei Altlasten, Diss. Zürich, Zürich 2000

DUBS HANS, Wer soll das zahlen? - Die Finanzierung der Sanierung, URP 1993, S. 289 ff.

EGGENSCHWILER ERNST, Wann treten Gesetze ausser Kraft?, ZBl 1972, S. 49 ff.

EPINEY ASTRID, Umweltrecht in der Europäischen Union, 2 A., Köln/Berlin/Bonn/München 2005

ERICHSEN HANS-UWE, Der Schutz der Allgemeinheit und der individuellen Rechte durch die polizei- und ordnungsrechtlichen Handlungsvollmachten der Exekutive, in: VVDStRL 35 (1977), S. 171 ff.

FEESS EBERHARD, Umweltökonomie und Umweltpolitik, 2. A., München 1998.

FREY RENÉ L./BLÖCHLIGER HANSJÖRG, Schützen oder Nutzen, Ausgleichszahlungen im Natur- und Landschaftsschutz, WWW-Beiträge, Band 1, Chur/Zürich, 1991

FRIAUF KARL HEINRICH, Zur Problematik des Rechtsgrundes und der Grenzen der polizeilichen Zustandshaftung, in: Verfassung Verwaltung Finanzen; Festschrift für Gerhard Wacke, Köln-Marienburg 1972, S. 293 ff. (zit. FRIAUF, Zustandshaftung)

FRIAUF KARL HEINRICH, Diskussionsbeitrag, in: VVDStRL 35 (1977), S. 350 f. (zit. FRIAUF, Diskussionsbeitrag)

FRIAUF KARL HEINRICH, in: Besonderes Verwaltungsrecht, hrsg. von Eberhard Schmidt-Assmann, 11. A., Berlin/New York 1999, S. 105 ff. (zit. FRIAUF, Verwaltungsrecht)

FRICK MARTIN, Das Verursacherprinzip in Verfassung und Gesetz, Diss. Bern, Bern 2004.

FUHLROTT VOLKER, Mais in Bern, Haftung und Versicherung nach dem Gentechnik-Gesetz, HAVE 2004, S. 13 ff.

GANTNER VOLKER, Verursachung und Zurechnung im Recht der Gefahrenabwehr, Diss. Tübingen, Neustetten 1983

GASSER URS, Kausalität und Zurechnung von Information als Rechtsproblem, Diss. St. Gallen, Bamberg 2001

GAUCH PETER/SWEET JUSTIN, Deliktshaftung für reine Vermögensschäden, in: Festschrift für Max Keller zum 65. Geburtstag, Zürich 1989, S. 117 ff.

GAUCH PETER, Die Rechtsprechung, BR 4/1992, S 99 f. (zit. GAUCH, Rechtsprechung)

GAUCH PETER, Die Rechtsprechung, Haftpflichtrecht, BR 3/1986, S. 67 f. (zit. GAUCH, Haftpflichtrecht)

GAUCH PETER/SCHLUEP WALTER R./SCHMID JÖRG/REY HEINZ/SUSAN EMMENEGGER, bearbeitet von Susan Emmenegger, Schweizerisches Obligationenrecht, Allgemeiner Teil, Bd. II, 9. A., Zürich/Basel/Genf 2008

GAUCH PETER, Grundbegriffe des ausservertraglichen Haftpflichtrechts, recht 1996, S. 225 ff. (zit. GAUCH, Grundbegriffe)

GEHRER MARTIN, Kostentragung für Leistungen der Feuerwehr am Beispiel der st. gallischen Gesetzgebung, ZBl 1995, S. 149 ff.

GEISSMANN HANSPETER/HUBER FELIX/WETZEL THOMAS, Grundstückerwerb in der Schweiz durch Personen im Ausland, Zürich 1998

GIESBERTS LUDGER, Die gerechte Lastenverteilung unter mehreren Störern, Auswahl und Ausgleich insbesondere in Umweltschadensfällen, Diss. Trier, Berlin 1990

GRIFFEL ALAIN, Die Grundprinzipien des schweizerischen Umweltrechts, Habil. Zürich, Zürich 2001

GRISEL ANDRÉ, Traité de droit administratif, Bd. II, Neuchâtel 1984.

GUENG URS, Zur Haftungskonkurrenz im Polizeirecht, ZBl 1973, S. 257 ff.

GUHL THEO, Das Schweizerische Obligationenrecht, bearbeitet von Alfred Koller, Anton K. Schnyder und Jean Nicolas Druey, 9. A., Zürich 2000 (zit. GUHL/BEARBEITER)

GUSY CHRISTOPH, Polizeirecht, 6. A., Tübingen 2006

GYGI FRITZ, Die verwaltungsrechtliche Rechtsprechung des Bundesgerichts im Jahre 1976, ZBJV 114 (1978), S. 97 ff. (zit. GYGI, Rechtsprechung)

GYGI FRITZ, Verwaltungsrecht, Bern 1986 (zit. GYGI, Verwaltungsrecht)

HÄFELIN ULRICH/HALLER WALTER, Schweizerisches Bundesstaatsrecht, 7. A., Zürich/Basel/Genf 2008

HÄFELIN ULRICH/MÜLLER GEORG/ UHLMANN FELIX, Allgemeines Verwaltungsrecht, 5. A., Zürich/Basel/Genf/ St. Gallen 2006

HAGER GÜNTER, Die europäische Umwelthaftungsrichtlinie, in: ZEuP 1/2006, S. 21 ff. (ZIT. HAGER, Umwelthaftungsrichtlinie)

HAGER GÜNTER, Die europäische Umwelthaftungsrichtlinie in rechtsvergleichender Sicht, in: Umwelthaftung nach neuem EG-Recht, Umwelt- und Technikrecht Bd. 81, S. 211 ff., Berlin 2005 (zit. HAGER, Rechtsvergleichende Sicht)

HARTMANN JÜRG E./ECKERT MARTIN K., Sanierungspflicht und Kostenverteilung bei Sanierung von Altlasten-Standorten nach (neuem) Art. 32d USG und Altlastenverordnung, URP 1998, S. 603 ff.

HEGEL GEORG WILHELM FRIEDRICH, Grundlinien der Philosophie des Rechts, oder, Naturrecht und Staatswissenschaft im Grundrisse, Edition Suhrkamp, 6. A., Frankfurt am Main 2000

HESS HANS-JOACHIM, Kommentar zum Produktehaftpflichtgesetz (PrHG), 2. A., Bern/Stuttgart/Wien 1996

HESSLER PASCAL, Der Störerausgleich im Bodenschutzrecht, Bedeutung, Inhalt und Durchsetzung von Störerausgleichsansprüchen nach § 24 Abs. Bundes-Bodenschutzgesetz, Diss. Bonn, Berlin 2004

HONSELL HEINRICH, Basler Kommentar zum schweizerischen Privatrecht, Zivilgesetzbuch I, Art. 1-456 ZGB, Kommentar zu Art. 1-4 ZGB, 3. A., Basel/Genf/München 2006 (zit. HONSELL, BSK ZGB I)

HOLLANDS MARTIN, Gefahrenzurechnung im Polizeirecht, Diss. Bonn, Berlin 2005

HONSELL HEINRICH, Schweizerisches Haftpflichtrecht, 4. A., Zürich/Basel/Genf 2005 (zit. HONSELL, Haftpflichtrecht)

HUGENIN CLAIRE, Basler Kommentar zum schweizerischen Privatrecht, Zivilgesetzbuch I, Art. 1-456 ZGB, 3. A., Kommentar zu Art. 27, 52-59 ZGB, Basel/Genf/München 2002

HUNGERBÜHLER ADRIAN, Grundsätze des Kausalabgabenrechts, Eine Übersicht über die neuere Rechtsprechung und Doktrin, ZBl 2003, S. 505 ff.

HURST WERNER, Zur Problematik der polizeirechtlichen Handlungshaftung, AöR 83 (1958), S. 43 ff

IMBODEN MAX/RHINOW RENÉ A., Schweizerische Verwaltungsrechtsprechung, Bd. I: Allgemeiner Teil, 5. A., Basel/Stuttgart 1976 (zit. IMBODEN/RHINOW, Bd. I)

IMBODEN MAX/RHINOW RENÉ A., Schweizerische Verwaltungsrechtsprechung, Bd. II: Besonderer Teil, 5. A., Basel/Stuttgart 1976 (zit. IMBODEN/RHINOW, Bd. II)

JAAG TOBIAS, Schweizerisches Bundesverwaltungsrecht, Bd. I, Organisationsrecht, Teil 3, Staats- und Beamtenhaftung, 2. A., Basel/Genf/München 2006 (zit. JAAG, Staats- und Beamtenhaftung)

JAAG TOBIAS, Staatshaftung nach dem Entwurf für die Revision und Vereinheitlichung des Haftpflichtrechts, ZSR 122 (2003) II, S. 3 ff. (zit. JAAG, Staatshaftung)

JÄGGI THOMAS, Neue Haftungsbestimmungen im Umweltschutzgesetz, SJZ 92 (1996), S. 250 ff.

KARLEN PETER, Umweltrecht, in: Beraten und Prozessieren in Bausachen, S. 39 ff., hrsg. von Peter Münch, Peter Karlen, Thomas Geiser, Basel/Genf/München 1998 (zit. KARLEN, Prozessieren)

KARLEN PETER, Die Erhebung von Abwasserabgaben aus rechtlicher Sicht, URP 1999, S. 539 (ZIT. KARLEN, Abwasserabgaben)

KELLER ALFRED, Haftpflicht im Privatrecht, Bd. I, 6. A., Bern 2002 (zit. KELLER A., Bd. I)

KELLER ALFRED, Haftpflicht im Privatrecht, Bd. II, Bern 1998 (zit. KELLER A., Bd. II)

KELLER HELEN, Umwelt und Verfassung – Eine Darstellung des kantonalen Umweltverfassungsrechts, Diss. Zürich, Zürich 1993 (zit. KELLER H.)

KIRCHGÄSSNER GEBHARD, Das Verursacherprinzip: Leerformel oder regulative Idee?, JZ 1990, S. 1042 ff.

KLIMKE MANFRED, Erstattungsfähigkeit der Kosten von Vorsorge- und Folgemassnahmen bei Rechtsgutverletzungen, NJW 1974, S. 81 ff.

KLOEPFER MICHAEL, Umweltrecht, 3. A., München 2004 (zit. KLOEPFER, Umweltrecht)

KLOEPFER MICHAEL, Die Verantwortlichkeit für Altlasten im öffentlichen Recht - dargestellt am Problem der Deponiesanierung, in: Altlasten und Umweltrecht, Umwelt- und Technikrecht Bd. I, S. 17 ff., Düsseldorf 1986 (zit. KLOEPFER, Verantwortlichkeit)

KRAMER ERNEST A., "Reine Vermögensschäden" als Folge von Stromkabelbeschädigungen, recht 1984, S. 128 ff.

KRENGER HANS, Zivilrechtliche Haftung und öffentlich-rechtliche Kostenauflage im Bereich des Umweltschutzes, URP 1988, S. 190 ff.

LAURI HANS, Kausalzusammenhang und Adäquanz im schweizerischen Haftpflicht- und Versicherungsrecht, Diss. Bern, Bern 1976

LEHMANN LORENZ, Klarheit durch neues Altlastenrecht? Zur Revision von Art. 32c-e USG, PBG aktuell 2006/4, S. 5 ff.

LINIGER HANS U., Bauen im reglementierten Baugrund. Das Problem der Alt-lasten, in: Baurechtstagung Bd. 1, hrsg. vom Institut für Schweizerisches und Internationales Baurecht, Freiburg 1999, S. 49 ff. (zit. LINIGER, Bauen)

LINIGER HANS U., Rezension der Diss. von Mark Cummins: Kostenverteilung bei Altlastensanierungen, Ausgleich unter Störern und Gemeinwesen im Spannungsverhältnis zwischen öffentlichem und privatem Recht, URP 2002, S. 802 ff. (zit. LINIGER, Rezenzion)

LIVER PETER, Das Eigentum, in: Schweizer Privatrecht, Bd. V/1, Sachenrecht, Basel/Stuttgart 1977, S. 1 ff.

LOSER PETER, Kausalitätsprobleme bei der Haftung für Umweltschäden, Diss. St. Gallen, Bern/Stuttgart/Wien 1994

MARSCHALL ALFRED, Principle of economics, 7. A., London 1916

MATYS HANS, Zum Begriff des Störers im Polizeirecht, Diss. Zürich, Zürich 1974

MAURER THOMAS, Drittverschulden und Drittverursachung im Haftpflicht-recht, Diss. Bern, Bern 1974

METTLER CHRISTOPH, Neues Recht für alte Lasten?, Zum zeitlichen Anwen-dungsbereich des revidierten USG, URP 2007, S. 580 ff.

MEYER THOMAS, Verjährung und Verursacherprinzip, Die Anwendung kurzer Verjährungsfristen bei umweltbezogenen Vertrags- und Rechtsverletzungen, Diss. Bremen, Berlin 1997

MINSCH JÜRG, Ursache und Verursacherprinzip im Umweltbereich, Diss. St. Gallen, St. Gallen 1988.

MOIX PAUL-HENRI, La prévention où la réduction d'un préjudice: les mesures prises par un tiers, L'Etat ou la victime - Aspects de la gestion d'affaires, de la responsabilité civile et du droit de l'environnement, Diss. Freiburg, Freiburg 1995

MOMMSEN FRIEDRICH, Zur Lehre von den Interessen, Braunschweig 1855

MOOR PIERRE, Droit administratif, Bd. I, 2. A., Bern 1994 (zit. MOOR, Bd. I)

MOOR PIERRE, Droit administratif, Bd. II, 2. A., Bern 2002 (zit. zit. MOOR, Bd. II)

MORELL RETO, Die schweizerische Bundesverfassung, Kommentar zu Art. 74, hrsg. von Bernhard Ehrenzeller, Philippe Mastronardi, Rainer J. Schweizer, Klaus A. Vallender, 2. A., Zürich/St. Gallen/Basel/Genf 2008

MÜLLER HEINRICH ANDREAS, Der Verwaltungszwang, Diss. Zürich, Zürich 1976

MUTZNER Paul, Berner Kommentar zum schweizerischen Zivilgesetzbuch, Schlusstitel, Art. 1- 50, 2. A., Bern 1926

NEF URS CH., Die Kostenpflicht bei der Sanierung von historischen Altlasten, Bemerkungen zu Art. 32d Umweltschutzgesetz (USG), in: Das Recht in Raum und Zeit, Festschrift für Martin Lendi, Zürich 1998

NEUMANN HOLGER, Haftung für Altlasten im Unternehmen, Die Verantwortlichkeit von Gesellschaften und den an ihnen beteiligten Personen im US-amerikanischen und deutschen Recht, Diss. Frankfurt am Main, Frankfurt am Main 1997

OFTINGER KARL/STARK EMIL. W., Schweizerisches Haftpflichtrecht, Allgemeiner Teil, Bd. I, 5. A., Zürich 1995 (zit. OFTINGER/STARK, Haftpflichtrecht I)

OFTINGER KARL/STARK EMIL. W., Schweizerisches Haftpflichtrecht, Besonderer Teil, Bd. II/2: Gefährdungshaftungen, gewöhnliche Kausalhaftung, Haftung aus Gewässerschutz, 4. A., Zürich 1987 (zit. OFTINGER/STARK, Haftpflichtrecht II/1)

OFTINGER KARL/STARK EMIL. W., Schweizerisches Haftpflichtrecht, Besonderer Teil, Bd. II/3: Übrige Gefährdungshaftungen, 4. A., Zürich 1991 (zit. OFTINGER/STARK, Haftpflichtrecht II/3)

OSSENBÜHL FRITZ, Diskussionsbeitrag, in: VVDStRL 35 (1977), S. 345 f. (zit. OSSENBÜHL, Diskussionsbeitrag)

PAPIER HANS-JÜRGEN, Altlasten und polizeirechtliche Störerhaftung, Köln/Berlin/Bonn/München 1985

PELLONI GIOVANNI, Privatrechtliche Haftung für Umweltschäden und Versicherung, Diss. Zürich, Zürich 1993

PERGOLIS MASSIMO, Umweltschaden-Haftpflicht – Ausgewählte Fragen im Zusammenhang mit der Kostenauflage an den Verursacher (Störer), SVZ 1995, S. 258 ff.

PETERS HANS, Die Polizeiwidrigkeit und ihre Beziehung zur Rechtswidrigkeit, VerwArch. 29 (1922), S. 369 ff.

PETITPIERRE DANIEL, Zivilrechtliche Haftpflicht für Umweltschädigungen nach schweizerischem Recht, Basler Diss., Basel 1993 (zit. PETITPIERRE D.)

PETITPIERRE-SAUVIN ANNNE, Le Principe du polleur-payeur, ZSR 108 (1989) II, S. 429 ff. (zit. PETITPIERRE-SAUVIN)

PIETZCKER JOST, Polizeirechtliche Störerbestimmung nach Pflichtwidrigkeit und Risikosphären, DVBl. 1984, S. 457 ff.

PIGOU ARTHUR C., The Economics of Welfar, 2. A., London 1924

POLTIER ETIENNE, Le recouvrement des frais d'interventions policières auprès des administrés, in: Recueil de travaux offert à François Gilliard, hrsg. von Bettina Monot und Yves Noël, Lausanne 1987

POPP PETER, Anwendungsfragen strafrechtlicher so genannter Geschäftsherrenhaftung, recht 2003/1, S. 21 ff.

PORTMANN PETER, Organ und Hilfsperson im Haftpflichtrecht, Diss. Bern, Bern 1958

PORTMANN WOLFGANG, Erfolgsunrecht oder Verhaltensunrecht?, Zugleich ein Beitrag zur Abgrenzung von Widerrechtlichkeit und Verschulden im Haftpflichtrecht, SJZ 93 (1997), S. 273 ff.

POSCHER RALF, Gefahrenabwehr, Eine dogmatische Rekonstruktion, Diss. Berlin, Berlin 1999

RAUSCH HERIBERT, Studien zum Umweltrecht, zwei unveränderte Nachdrucke: Kleiner Versuch einer umweltrechtlichen Standortbestimmung (1991); Die Umweltschutzgesetzgebung - Aufgabe, geltendes Recht und Konzepte (1977), Zürich 1992

RAUSCH HERIBERT/MARTI ARNOLD/GRIFFEL ALAIN, Umweltrecht, Zürich/Basel/Genf 2004

REHBINDER ECKARD, Politische und rechtliche Probleme des Verursacherprinzips, Beiträge zur Umweltgestaltung A 15, Berlin 1973

REY HEINZ, Die privatrechtliche Rechtsprechung des Bundesgerichts im Jahre 1988, ZBJV 126 (1990), S. 190 ff. (zit. REY, Rechtsprechung)

REY HEINZ, Ausservertragliches Haftpflichtrecht, 4. A., Zürich/Basel/Genf 2008 (zit. REY, Haftpflichtrecht)

REY HEINZ, Die Grundlagen des Sachenrechts und das Eigentum, Bd. I, 3. A., Bern 2007 (zit. REY, Grundlagen des Sachenrechts)

RIEMER HANS MICHAEL, Berner Kommentar zum schweizerischen Privatrecht, Bd. I, Das Personenrecht, 1. Teilband: Systematischer Teil und Kommentar zu Art. 52-59 ZGB, 3. A., Bern 1993

ROBERTO VITO, Schadensrecht, Basel/Frankfurt am Main, 1997 (zit. ROBERTO, Schadensrecht)

ROBERTO VITO, Schweizerisches Haftpflichtrecht, Zürich 2002 (zit. ROBERTO, Haftpflichtrecht)

ROMY ISABELLE, Les sites contaminés, BRT 2003, S. 141 ff.

RÜEGG ERICH, Von der Haftung des Grundstücksverkäufers für "Bauherren-Altlasten", BR 3/2006, S 108 ff.

RUFFERT MATTHIAS, Zur Konzeption der Umwelthaftung im Europäischen Gemeinschaftsrecht, in: Umwelthaftung nach neuem EG-Recht, Umwelt- und Technikrecht Bd. 81, S. 43 ff., Berlin 2005

SCHERRER KARIN, Handlungs- und Kostentragungspflichten bei Altlastensanierungen, Diss. Bern 2005

SCHLÜCHTER FABIO, Haftung für gefährliche Tätigkeit und Haftung ohne Verschulden, Das italienische Recht als Vorbild für das schweizerische?, Diss. St. Gallen, Bern 1990

SCHNUR ROMAN, Probleme um den Störerbegriff im Polizeirecht, DVBl. 1962, S. 1 ff.

SCHNYDER ANTON K., Basler Kommentar zum schweizerischen Privatrecht, Obligationenrecht I, Art. 1-529 OR, Kommentar zu Art. 41-59 OR, 3. A., Basel/Genf/München 2003

SCHÖNENBERGER BEAT, Die dritte Widerrechtlichkeitstheorie, HAVE 2004, S. 3 ff.

SCHÖNENBERGER WILHELM/STAEHELIN ADRIAN, Zürcher Kommentar zum schweizerischen Zivilgesetzbuch, Obligationenrecht, Der Arbeitsvertrag, Art. 319-362, Kommentar zu Art. 319-330a, 3. A., Zürich 1996

SCHWENZER INGEBORG, Schweizerisches Obligationenrecht, Allgemeiner Teil, 5. A., Bern 2009

SEILER HANSJÖRG, Kommentar zum Umweltschutzgesetz, Kommentar zu Art. 2, Zürich/Basel/Genf 2001

SELMER PETER, Privates Umwelthaftungsrecht und öffentliches Gefahrenabwehrrecht, Heidelberg 1991

STARK EMIL W., Probleme der Vereinheitlichung des Haftpflichtrechts, ZSR 86 (1967) II, S. 1 ff. (zit. STARK, Vereinheitlichung)

STARK EMIL W., Basler Kommentar zum schweizerischen Privatrecht, Zivilgesetzbuch II, Art. 457-977 ZGB, Art. 1-61 SchlT ZGB, Kommentar zu Art. Art. 919-941 ZGB, 2. A., Basel/Genf/München 2003 (zit. STARK, BSK ZGB II)

STEINAUER PAUL-HENRI, Droits réels, Bd. I, 4. A., Bern 2007 (zit. STEINAUER, Bd. I)

STEINAUER PAUL-HENRI, Droits réels, Bd. II, 3. A., Bern 2002 (zit. STEINAUER, Bd. II)

STEINAUER PAUL-HENRI, Droits réels, Bd. III, 3. A., Bern 2003 (zit. STEINAUER, Bd. III)

STEINER PETER, Die Umsetzung des Verursacherprinzips durch das Umweltschutzrecht, Diss. Basel 1999 (zit. STEINER P.)

STEINER GERT H., Schadensverhütung als Alternative zum Schadensersatz, Sozialpolitik und Recht Bd. 7, Köln/Berlin/Bonn/München 1983 (zit. STEINER G.)

STUTZ HANS W., Die Kostentragung der Sanierung - Art. 32d USG, URP 1997, S. 758 ff. (zit. STUTZ, Kostentragung)

STUTZ HANS W., Verfahrensfragen bei der Kostenverteilung, URP 2001, S. 798 ff. (zit. STUTZ, Verfahrensfragen)

STUTZ HANS W., Die Kostentragung bei Altlastensanierungen und beim Umgang mit schadstoffbelasteten Bauabfällen, PBG aktuell 2001/2, S. 5 ff. (zit. STUTZ, Altlastensanierungen)

STUTZ HANS W., Das revidierte Altlastenrecht des Bundes, URP 2006, S. 329 ff. (zit. STUTZ, Altlastenrecht)

STUTZ HANS W./CUMMINS MARK, Die Sanierung von Altlasten, Rechtsfragen der Behandlung kontaminierter Grundstücke unter besonderer Berücksichtigung des zürcherischen Rechts, Zürich 1996

TERCIER PIERRE, Quelques considérations sur les fondements de la responsabilité civile, ZSR 95 (1976) II, S. 1 ff. (zit. TERCIER, Quelques considérations)

TERCIER PIERRE, L'indemnisation des préjudices causés par des catastrophes en droit suisse, ZSR 109 (1990) II, S. 73 ff. (zit. TERCIER, Indemnisation)

TERCIER PIERRE/PASCAL G. FAVRE, Les Contrats spéciaux, 4. A., Zürich/Basel/Genf 2009 (zit. TERCIER/FAVRE, Contrats spéciaux)

THÜRER DANIEL, Das Störerprinzip im Polizeirecht, ZSR 102 (1983) I, S. 463 ff.

TRÜEB HANS RUDOLF, Kommentar zum Umweltschutzgesetz, Kommentar zu Art. 59 und 59a (Stand Mai 1998), hrsg. von der Vereinigung für Umweltrecht und Helen Keller, 2. A., Zürich/Basel/Genf 2004 (zit. TRÜEB, Art. 59/59a)

TRÜEB HANS RUDOLF, Die so genannte Bauherrenaltlast, URP 2007, S. 616 ff. (zit. TRÜEB, Bauherrenaltlast)

TSCHÄNI RUDOLF/MEINHARDT MARCEL/PAPA ROBERTA, Basler Kommentar, Fusionsgesetz, Basel/Genf/München 2005

TSCHANNEN PIERRE, Kommentar zum Umweltschutzgesetz, Kommentar zu Art. 31b, 31c und 32d (Stand Mai 2000), hrsg. von der Vereinigung für Umweltrecht und Helen Keller, 2. A., Zürich/Basel/Genf 2004

TSCHANNEN PIERRE, Grundfragen der Kostenverteilung nach Art. 32d USG, URP 2001, S. 774 ff. (zit. TSCHANNEN, Kostenverteilung)

TSCHANNEN PIERRE/FRICK MARTIN, Der Verursacherbegriff nach Artikel 32d USG, Gutachten zuhanden des Bundesamtes für Umwelt, Wald und Landschaft (BUWAL), abrufbar unter < http://www.umweltschweiz.ch/imperia/md/content/recht/berichte/gutachten-tschannen-de.pdf >

TUOR PETER/SCHNYDER BERNAHRD/SCHMID JÖRG/RUMO-JUNGO ALEXANDRA, Das Schweizerische Zivilgesetzbuch, 13. A., Zürich/Basel/Genf 2009 (zit. TUOR/SCHNYDER/BEARBEITER)

VALDA ANDREAS/WESTERMANN RETO, Die brachliegende Schweiz - Entwicklungschancen im Herzen von Agglomerationen, ARE, BUWAL, Bern 2004

VALLENDER KLAUS A., Grundzüge des Kausalabgabenrechts, Gebühren – Vorzugslasten - Ersatzabgaben, Bern 1976

VALLENDER KLAUS A./ MORELL RETO, Umweltrecht, Bern 1997

VISCHER MARKUS, Die allgemeinen Bestimmungen des schweizerischen intertemporalen Privatrechts, Diss. Zürich, Zürich 1986

VOGEL OSCAR/SPÜHLER KARL, Grundriss des Zivilprozessrechts, 8. A., Bern 2006

VOLLMUTH JOACHIM, Die Bestimmung der polizeirechtlich relevanten Ursachen, Diss. München, Augsburg 1972

VON BÜREN BRUNO, Schweizerisches Obligationenrecht, Allgemeiner Teil, Zürich 1964

VON TUHR ANDREAS/PETER HANS, Allgemeiner Teil des Schweizerischen Obligationsrechts, Bd. I, 3 A., Zürich 1979

WAESPI OLIVER, Organisationshaftung, Diss. Neuenburg, Bern 2005

WAGNER BÉATRICE, Das Verursacherprinzip im Schweizerischen Umweltschutzrecht, ZSR 108 (1989) II, S. 321 ff. (zit. WAGNER B., Verursacherprinzip)

WAGNER PFEIFER BÉATRICE, Das Umweltrecht vor der Herausforderung der Gentechnologie, Habil. Basel, Zürich 1997 (zit. WAGNER PFEIFER B., Gentechnologie)

WAGNER PFEIFER BÉATRICE, Umweltrecht I, 2. A., Zürich 2002 (zit. WAGNER PFEIFER B., Umweltrecht I, 2. A., 2002)

WAGNER PFEIFER BÉATRICE, Umweltrecht I, 3. A., Zürich 2009 (zit. WAGNER PFEIFER B., Umweltrecht I)

WAGNER PFEIFER BÉATRICE, Umweltrecht II, 2. A., Zürich 2006 (zit. WAGNER PFEIFER B., Umweltrecht II)

WAGNER PFEIFER BÉATRICE, Kostentragungspflicht bei der Sanierung und Überwachung von Altlasten im Zusammenhang mit Deponien, ZBl 2004, S. 117 ff. (zit. WAGNER PFEIFER B., Kostentragungspflicht)

WAGNER GERHARD, Die gemeinschaftsrechtliche Umwelthaftung aus der Sicht des Zivilrechts, in: Umwelthaftung nach neuem EG-Recht, Umwelt- und Technikrecht Bd. 81, S. 73 ff., Berlin 2005 (zit. WAGNER G.)

WAGNER WOLFGANG, Die Polizeipflicht von Hoheitsträgern, Berlin 1971

WEBER STEPHAN, Von der Entstehung durch unerlaubte Handlung zur Entstehung durch Schädigung, S. 253 ff., in: Die Rechtsentwicklung an der Schwelle zum 21. Jahrhundert, Symposium zum Schweizerischen Privatrecht, hrsg. von Peter Gauch und Jörg Schmid, Zürich 2001

WERRO FRANZ, Die Sorgfaltspflichtverletzung als Haftungsgrund nach Art. 41 OR, Plädoyer für ein modifiziertes Verständnis von Widerrechtlichkeit und Verschulden in der Haftpflicht, ZSR 116 (1997) I, S. 343 ff. (zit. WERRO, Sorgfaltspflichtverletzung)

WERRO FRANZ, Die öffentlichrechtliche Staatshaftung aus der Sicht eines Privatrechtlers: die Sorgfaltspflichtverletzung des Beamten als einziger Haftungsgrund? Verwaltungsorganisationsrecht – Staatshaftungsrecht – öffentliches Dienstrecht, Jahrbuch 2006, S. 125 ff., Bern 2007 (zit. WERRO, Staatshaftung)

WERRO FRANZ, La responsabilité civile, Bern 2005 (zit. WERRO, Responsabilité civile)

WERRO FRANZ, Commentaire romand, Code des obligations I, Kommentar zu Art. 41-61, hrsg. von Luc Thévenoz und Franz Werro, Basel/Genf/München 2003 (zit. WERRO, CR)

WERRO FRANZ, Die Rechtsprechung, BR 4/2004, S 182 (zit. WERRO, Rechtsprechung)

WERRO FRANZ/CHAULMONTET SEBASTIEN, Produktehaftpflicht, in: Schweizerisches Privatrecht, Bd. X, Konsumentenschutz im Privatrecht, hrsg. von Roland von Büren, Christine Chappuis, Daniel Girsberger, Ernst A. Kramer, Thomas Sutter-Somm, Pierre Percier, Wolfgang Wiegand, S. 411 ff. , Basel 2008

WERRO FRANZ/ZUFFEREY JEAN-BAPTISTE, Les immissions de la construction, in: Journées du droit de la construction 1997/I, Freiburg 1997, S. 57 ff. (zit. WERRO, Immissions/ZUFFEREY, Immissions)

WIDMER PIERRE, Fonction et évolution de la responsabilité pour risque, ZSR 96 (1977) I, S. 417 ff. (zit. WIDMER, Responsabilté pour risque)

WIDMER PIERRE, Standortbestimmung im Haftpflichtrecht, ZBJV 110 (1984), S. 289 ff. (zit. WIDMER, Standortbestimmung)

WIDMER PIERRE, in: Generaldiskussion über die Tagungsthemen, Das Verursacherprinzip im Umweltrecht, ZSR 108 (1989) II, S. 553 ff. (zit. WIDMER, Verursacherprinzip)

WIDMER PIERRE, Perspektiven einer Umwelthaftung, Möglichkeiten und Grenzen, in: Ergänzungen, Ergebnisse der wissenschaftlichen Tagung anlässlich der Einweihung des Ergänzungsbaus der Hochschule St. Gallen, hrsg. von Haller Matthias/Hauser Heinz/Zäch Roger, S. 591 ff., Bern/Stuttgart 1990 (zit. WIDMER, Perspektiven)

WIDMER PIERRE, Grundlagen und Entwicklung der schweizerischen Produktehaftung(en), ZSR 114 (1995) I, S. 23 ff. (zit. WIDMER, Produktehaftung)

WIDMER PIERRE/WESSNER PIERRE, Revision und Vereinheitlichung des Haftpflichtrechts, Erläuternder Bericht, Bern 2000

WILKE DIETER, Gebührenrecht und Grundgesetz, Ein Beitrag zum allgemeinen Abgabenrecht, Habil. Münster, München 1973

WOLFF HANS J., Verwaltungsrecht III, 3. A., München 1973

ZAUGG MARCO, Altlasten - die neuen Bestimmungen, URP 1996, S. 481 ff. (zit. ZAUGG, Altlasten)

ZAUGG MARCO, Bemerkungen zum Abfallbegriff nach Art. 7 Abs. 6 USG, URP 1998, S. 95 ff. (zit. ZAUGG, Abfallbegriff)

ZIMMERLI ULRICH, Der Grundsatz der Verhältnismässigkeit im öffentlichen Recht, Versuch einer Standortbestimmung, ZSR 97 (1978) II, S. 1 ff.

ZUFFEREY JEAN-BAPTISTE, Les matériaux d'excavation et les déblais non pollués, BR 4/1998, S. 111 ff. (zit. ZUFFEREY, Matériaux d'excavation)

ZUFFEREY JEAN-BAPTISTE, Pollueur-payeur, pertubateur, détenteur et responsable, Concepts liés au principe de causalité et tentative de systématique, BR 4/1999, S. 123 ff. (zit. ZUFFEREY, Pollueur-payeur)

ZUFFEREY JEAN-BAPTISTE, Kommentar zum Bundesgesetz über den Natur- und Heimatschutz, hrsg. von Peter M. Keller, Jean-Baptiste Zufferey, Karl Ludwig Fahrländer, Zürich 1997 (zit. ZUFFEREY, Kommentara NHG)

ZWEIGER KONRAD/KÖTZ HEIN, Einführung in die Rechtsvergleichung, 3. A., Tübingen 1996

Materialien

(in chronologischer Reihenfolge)

Botschaft zu einem Bundesgesetz über den Umweltschutz (USG) vom 31. Oktober 1979, BBl 1979 III 749 ff. (zit. Botschaft USG 1979)

Botschaft zu einer Änderung des Bundesgesetzes über den Umweltschutz (USG) vom 7. Juni 1993, BBl 1993 II 1445 ff. (zit. Botschaft USG 1993)

Bericht der Subkommission UREK-NR vom 29. Mai 2001 (Fassung Vernehmlassung) zur Änderung des USG (Sanierung von belasteten Standorten), 98.451 n Parlamentarische Initiative Baumberger (Altlasten/Untersuchungskosten), abrufbar unter: < http://www.parlament.ch/d/dokuentation/berichte/vernehmlassungen/1998-2007/Documents/berichte-urek-98-451-d.pdf> (zit. Bericht vom 29. Mai 2001)

Vorentwurf der Subkommission der UREK-NR vom 29. Mai 2001 (Fassung Vernehmlassung) zur Revision der Artikel 32b^{bis} sowie 32c-e des Bundesgesetzes über den Umweltschutz (zit. Vorentwurf vom 29. Mai 2001)

Auswertung der Vernehmlassung der Subkommission der UREK-N, 98.451 n Parlamentarische Initiative Baumberger (Altlasten/Untersuchungskosten), abrufbar unter: < http://www.parlament.ch/d/dokumentation/berichte/vernehmlassungen/1998-2007/Documents/bericht-buwal-98-451-d.pdf > (zit. Auswertung der Vernehmlassung)

Bericht der UREK-NR vom 20. August 2002 zur Änderung des USG (Sanierung von belasteten Standorten), 98.451 n Parlamentarische Initiative Baumberger (Altlasten/Untersuchungskosten), BBl 2003, S. 5008 ff., abrufbar unter: < http://www.admin.ch/ch/d/ff/2003/5008.pdf > (zit. Bericht vom 20. August 2002)

Entwurf der UREK-NR vom 20. August 2002 zur Revision der Artikel 32b[bis] sowie 32c-e des Bundesgesetzes über den Umweltschutz (zit. Entwurf vom 20. August 2002)

Stellungnahme des Bundesrates vom 23. Mai 2003, BBl 2003, S. 5043 ff., abrufbar unter: < http://www.admin.ch/ch/d/ff/2003/5043.pdf > (zit. Stellungnahme des Bundesrates vom 23. Mai 2003)

Wegleitungen und Merkblätter

Erläuterungen zur Verordnung vom 1. Juli 1998 über Belastungen des Bodens (VBBo), BUWAL, Bern 2001

Merkblatt "Bauen auf belasteten Standorten", April 2004, AWEL, abrufbar unter: < http://www.altlasten.zh.ch/internet/bd/awel/awb/al/de/TA_Bewilli_ Genehm.html >

Richtlinie für die Verwertung, Behandlung und Ablagerung von Aushub-, Abraum- und Ausbruchmaterial (Aushubmaterial) vom Juni 1999 (Aushub- richtlinie), BUWAL (heute das BAFU), abrufbar unter: < http://www.bafu. admin.ch/publikationen/publikation/00446/index.html?lang=de > (zit. Aus- hubrichtlinie)

Wegleitung Verwertung von ausgehobenem Boden vom Dezember 2001 (Wegleitung Bodenaushub), BUWAL (heute das BAFU), abrufbar unter: < http://www.bafu.admin.ch/publikationen/publikation/00622/index.html?lan g=de> (zit. Wegleitung Bodenaushub)

Allgemeine Einleitung

I   Gegenstand und Ziel der Dissertation

Gegenstand der vorliegenden Arbeit sind die Verursacherhaftungen im   1
Schweizer Umweltrecht.

Während etwa im EU-Recht der Terminus der Verursacherhaftung benutzt   2
wird, ist er im schweizerischen Recht noch wenig geläufig. Im Wesentlichen
werden darunter all diejenigen Haftungsformen verstanden, die sich auf das
umweltrechtliche Verursacherprinzip (vgl. Art. 74 Abs. 2 BV) berufen und
dementsprechend die *Verursachung* als wesentliche Haftungsvoraussetzung
aufweisen. Darunter fallen insbesondere öffentlich-rechtliche Kostenüberwälzungsregelungen im Umweltschutzbereich (namentlich Art. 32d USG,
Art. 59 USG, Art. 54 GSchG und Art. 37 Abs. 2 StSG) sowie die neue zivilrechtliche Haftung für sog. Bauherrenaltlasten (Art. 32b^{bis} USG).

Das behandelte Thema ist in vieler Hinsicht von grosser *praktischer Relevanz*.   3
Einerseits wird mittels Verursacherhaftungen probiert, die Beseitigung der
zahlreichen Umweltsünden aus vergangenen Zeiten (rückwirkend) zu finanzieren. Andererseits dienen die Verursacherhaftungen auch dazu, die Kosten,
die aus aktuellen Gefährdungen oder Belastungen der Umwelt herrühren, auf
deren Verursacher zu überwälzen. Die praktische Relevanz ist deshalb so
gross, weil einerseits die Kosten, die es mittels der Verursacherhaftungen zu
verteilen gilt, stetig steigen und andererseits sich die Suche nach dem "richtigen" Verursacher bzw. Verantwortlichen oftmals als schwierig erweist, da
eine Umweltbelastung meistens mehrere Ursachen hat und weder in der Verfassung noch im Gesetz gesagt wird, wer überhaupt als Verursacher zu gelten
hat bzw. nach welchen Kriterien er zu bestimmen ist. Angesichts des steigen-
den Umweltbewusstseins und der weiter grassierenden Verschmutzung der
Umwelt wird das behandelte Thema leider auch nicht so schnell an Aktualität
verlieren. Vielmehr sollte in Zukunft den Verursacherhaftungen noch mehr

Gewicht zukommen, indem sie nicht mehr ausschliesslich dazu dienen sollten, entstandene Kosten zu verteilen, sondern auch - wie im EU-Recht - die
Pflicht zur Ergreifung von *Massnahmen* begründen.

4   Das Thema ist nicht nur weit, sondern wirft auch zahlreiche grundlegende
haftungsrechtliche und polizeirechtliche Fragen auf. Die breite Anlage des
Themas ist jedoch erforderlich, da die grundlegenden, dogmatischen Probleme, die heute im Rahmen der Verursacherhaftungen auftreten, weitgehend
ungeklärt sind. Kohärente Lösungsmöglichkeiten können nur anhand einer
umfassenden Analyse - im Sinne eines allgemeinen Teils - aufgezeigt werden.
Umgekehrt war eine Beschränkung auf die Grundlagen der Verursacherhaftung erforderlich, da die detaillierte Behandlung sämtlicher Verursacherhaftungen - im Sinne eines besonderen Teils - den Rahmen dieser Arbeit ge-
sprengt hätte.

5   Vertieft behandelt wird aber Art. 32b^{bis} USG, was erlaubt, die allgemeinen
Abhandlungen zu illustrieren. Diese Bestimmung, die als privatrechtliche
Norm einen Spezialfall darstellt, ist von besonderem Interesse: Sie ist das Resultat einer langen dogmatischen Irrfahrt, die dazu geführt hat, dass nun das
(preussische) Polizeirecht den Weg in unser Zivilrecht gefunden hat. Zugleich
ist sie auch der beste Beweis der Reformbedürftigkeit aller Verursacherhaftungen, indem sie die dogmatische Sackgasse veranschaulicht, in der sich
heute die Verursacherhaftungen allgemein befinden.

6   Ziel der vorliegenden Abhandlungen ist es, ausgehend vom polizeirechtlichen
Ursprung dieser Haftungen und den heutigen Lösungsansätzen in Lehre und
Praxis, sachgerechte generell-abstrakte Antworten auf die gängigen Fragen zu
bieten, die sich bei der Anwendung der Verursacherhaftungen allgemein stel-
len. Dazu sollen - ausgehend von einer Analyse des *positiven Rechts* - die
Grundlagen der Verursacherhaftungen rekonstruiert und hinterfragt werden.

7   Zahlreiche Probleme, die die Verursacherhaftungen umgeben, sind nicht
allein auf die besondere Komplexität der geregelten Materie zurückzuführen,
sondern wurzeln in fehlenden oder unpassenden theoretischen und konzeptio-

nellen Grundlagen. So stammen viele der heute bei den Verursacherhaftungen angewandten Konzepte noch aus dem *preussischen Polizeirecht* des 19. Jahrhunderts, welches zudem noch von der Schweizer Lehre und Praxis oftmals falsch verstanden wird. Statt auf gefestigten, haftpflichtrechtlichen Prinzipen aufzubauen, wird unter dem Deckmantel des Verursacherprinzips Polizeirecht angewandt. Dementsprechend wird beispielsweise in Lehre und Praxis systematisch auf den *polizeirechtlichen Störerbegriff* zurückgegriffen, um den Begriff "Verursacher" zu definieren. Es wird unnötigerweise von der Störerverantwortlichkeit auf die Verursacherhaftung geschlossen. Diese indirekte Anwendung des Polizeirechts bei teilweise komplexen, umweltrechtlichen Haftungsfragen ist umso problematischer, als es schlicht nicht dafür geschaffen wurde und selbst mit zahlreichen ungelösten dogmatischen Problemen konfrontiert ist. Insbesondere tritt bei den Verursacherhaftungen, je mehr die vom Verursacher zu tragenden Kosten steigen, das Verlangen nach *gerechten Haftungsvoraussetzungen* in den Vordergrund, während im Polizeirecht ein schnelles und effektives Handeln bzw. die sofortige Beseitigung der Gefahr das oberste (und teilweise einzige) Gebot bildet.

Die vorliegende Arbeit soll einerseits die dogmatischen, hauptsächlich aus dem Polizeirecht stammenden Konzepte rekonstruieren, die den Verursacherhaftungen zugrunde liegen. Andererseits soll untersucht werden, inwieweit die in der haftpflichtrechtlichen Dogmatik entwickelten Grundsätze für die Verursacherhaftungen nutzbar gemacht werden können, dies unabhängig von der Frage, ob es sich um öffentlich-rechtliche oder privatrechtliche Normen handelt. Dabei soll jedoch nicht das Polizeirecht als Ganzes abgelehnt, sondern es sollen dessen Grundsätze mit denen des Haftpflichtrechts verglichen werden, um die sachgerechtesten Lösungen zu finden. Das Polizeirecht bietet gegenüber dem heute geltenden Haftpflichtrecht in bestimmten Punkten unbestreitbare Vorteile, insbesondere wenn es darum geht, die bei der *Gefahrenabwehr* bzw. bei der Abwehr drohender Rechtsgutverletzungen angefallenen Kosten zu ersetzen. Dem Polizeirecht ist nämlich die enge Definition des ersatzfähigen Schadens fremd, wonach z.B. der Schaden *unfreiwillig* entstanden sein muss. Gleichzeitig ergibt die Analyse des Polizeirechts, dass die Unter-

8

3

schiede zum Haftpflichtrecht teilweise viel geringer sind, als es in der herrschenden Lehre oftmals behauptet wird. Vielmehr rühren, wie aufzuzeigen sein wird, viele der gegenwärtig vertretenen Ansichten aus einem falschen bzw. undifferenzierten Verständnis des deutschen Polizeirechts her.

II   Systematik

9   Die vorliegende Arbeit ist in zwei Teile gegliedert.

10   Im ersten, dem allgemeinen Teil, werden vorab die rechts- und wirtschaftswissenschaftlichen Grundlagen aller Verursacherhaftungen erforscht, wobei auch kurz das Verursacher*prinzip* behandelt werden soll. Danach werden die Hauptgrundzüge aller Verursacherhaftungen dargelegt. Die behandelten Punkte reichen von den verschiedenen Haftungsvoraussetzungen bis zur Verteilung der Kosten im Falle einer Haftung mehrerer Verantwortlicher.

11   Der zweite, der besondere Teil, befasst sich dann ausschliesslich mit Art. 32b[bis] USG. In diesem Teil soll allen wichtigen Fragen nachgegangen werden, die sich in der Praxis bei der Anwendung dieses Artikels stellen können. Bei der Auslegung dieses Artikels soll insbesondere dessen privatrechtlicher Natur Rechnung getragen werden und die Kohärenz sowohl mit den öffentlich-rechtlichen Verursacherhaftungen als auch mit dem zivilrechtlichen Haftpflichtrecht gewahrt werden.

Teil I: Verursacherhaftungen im Schweizer Umweltrecht

I   Einleitung

Der erste Teil der vorliegenden Arbeit bezweckt, die Grundlagen aller um-   12
weltrechtlichen Kostenüberwälzungsregelungen, die sich auf das *Verursa-*
cherprinzip berufen und sich unter dem Oberbegriff "Verursacherhaftung"
zusammenfassen lassen, zu analysieren und kritisch zu hinterfragen. Dabei
sollen sowohl die gemeinsamen polizeirechtlichen Wurzeln dieser Normen
durchleuchtet, ihre historische Weiterentwicklung dargelegt als auch ihre heutige Zugehörigkeit zum Haftpflichtrecht demonstriert werden.

Die nachfolgende Analyse der wesentlichen Haftungsvoraussetzungen der   13
Verursacherhaftungen fusst auf einer systematischen Gegenüberstellung mit
denjenigen des privatrechtlichen (bzw. klassischen) Haftpflichtrechts. Daraus
sollen für beide Gebiete Erkenntnisse gewonnen (z.B. bezüglich der Widerrechtlichkeit) und Entwicklungsmöglichkeiten (z.B. Ersetzbarkeit von Abwehrmassnahmenkosten) aufgezeigt werden.

Schliesslich sollen auch die europäische Richtlinie 2004/35/EG über Umwelt-   14
haftung zur Vermeidung und Sanierung von Umweltschäden[1] und der Vorentwurf zur Revision des Haftpflichtrechts in den Ausführungen Berücksichtigung finden.

---

[1]   des Europäischen Parlaments und des Rates vom 21. April 2004; Abl. 2004 L 143, S. 5 ff.

II   Grundlagen

A   Verursacherhaftungen

1   Definition

Der Begriff der *Verursacherhaftung* ist im Schweizer Recht nicht geläufig.[2]   15
Dennoch lassen sich im hiesigen Recht unter diesem Begriff all diejenigen
Haftungsformen zusammenfassen, die sich auf das *umweltrechtliche Verursa-*
cherprinzip (Art. 74 Abs. 2 BV, 2 USG und 4 StSG) berufen und dementsprechend die *Verursachung* als wesentliche Haftungsvoraussetzung aufweisen.[3]

Unter dem Oberbegriff "Verursacherhaftungen" sollten einerseits alle *öffent-*   16
lich-rechtlichen Kostenüberwälzungsregelungen (namentlich Art. 32d USG,
59 USG, 54 GSchG und 37 Abs. 2 StSG) zusammengefasst werden, welche
die Rückerstattung derjenigen Kosten regeln, die bei der Gefahrenabwehr
bzw. Störungsbeseitigung im *Umweltschutzbereich* entstehen. Alle diese
Normen entstammen zudem der bundesgerichtlichen Praxis zur Kostenverteilung bei *antizipierter Ersatzvornahme*.[4]

Andererseits erfasst dieser Begriff auch *Art. 32b^{bis} USG*, welcher, obwohl es   17
sich bei ihm nicht um eine öffentlich-rechtliche Kostenüberwälzungsregelung
handelt, genau die gleichen Wesensmerkmale aufweist. Dies liegt grundsätzlich darin begründet, dass *Art. 32b^{bis} USG* von dieser öffentlich-rechtlichen
Kostenüberwälzungsregelung - und insbesondere von Art. 32d USG - ab-

---

[2]   Dieser Begriff ist hingegen in Zusammenhang mit der Richtlinie 2004/35/EG des Europäischen Parlaments und des Rates vom 21. April 2004 über Umwelthaftung zur Vermeidung
und Sanierung von Umweltschäden geläufig, s. statt Vieler HAGER, Umwelthaftungsrichtlinie, S. 25 ff. FRICK benutzt ebenfalls den Begriff "Verursacherhaftung" im vorliegenden
Sinne (S. 57, Titel: "C. Verursacherhaftung"), ohne jedoch seine terminologische Wahl zu
begründen.
[3]   Dazu unten N 191 ff.
[4]   Dazu unten N 114 ff.

stammt.[5] Eine auf dem Verursacherprinzip basierende Kostenüberwälzung war bis zum Inkrafttreten des Art. 32b[bis] USG *im Schweizer Zivilrecht gänzlich unbekannt.*[6] Eine solche *Kostenüberwälzung* unter Privaten gab es bislang - wenn überhaupt - allein im öffentlichen Recht und erfolgte getreu seiner Rechtsnatur nur mittelbar, d.h. unter Zwischenschaltung des Staates (vgl. Art. 32d USG).[7]

18 Grundsätzlich könnte auch *Art. 4 KHG* als Verursacherhaftung qualifizieren. Es handelt sich nämlich bei diesem Artikel um eine öffentlich-rechtliche Kostenüberwälzungsregelung, die einer Haftpflicht gleichkommt.[8] Wie noch eingehend darzulegen sein wird, zeigt Art. 4 KHG im Vergleich zu den klassischen Verursacherhaftungen dennoch grundlegende Unterschiede auf, die eine Subsumierung unter diesem Oberbegriff verbieten.[9]

19 Auch die *kantonalen polizeirechtlichen Kostenüberwälzungsregelungen* (meistens in Bezug auf *Leistungen der Feuerwehr*) können nicht unter dem Begriff der Verursacherhaftungen subsumiert werden. Es handelt sich einerseits bei ihnen nicht primär um umweltrechtliche Normen, sondern um polizeirechtliche. Andererseits knüpfen sie in der Regel die Kostentragungspflicht an Zurechnungskriterien an, die aus dem zivilrechtlichen Haftpflichtrecht stammen. Sie bilden somit - im Gegensatz zu den vorliegend behandelten Verursacherhaftungen - keine *reinen Erfolgshaftungen.* Auf die Besonderheiten der polizeirechtlichen Kostenüberwälzung für Leistungen der Feuerwehr wird noch eingehender zurückzukommen sein.[10]

20 Alle Verursacherhaftungen im vorliegenden Sinne weisen die gleichen typischen Merkmale auf, da bei jeder auf den *Störerbegriff* bzw. das Polizei-

---

[5] Zur Entstehungsgeschichte von Art. 32b[bis] USG s. unten N 736 ff.

[6] Zur Rechtsnatur von Art. 32b[bis] USG s. unten N 818 ff.

[7] RAUSCH/MARTI/GRIFFEL, N 102; GRIFFEL, N 251. Vgl. ferner auch WAGNER B., Verursacherprinzip, S. 378 f.

[8] KELLER A., Bd. II, S. 342.

[9] Dazu unten N 24 ff.

[10] Dazu unten N 30 ff.

recht zurückgegriffen wird, um die vom Gesetz auf die Verursachung gestützte Verantwortlichkeit zu konkretisieren und einzugrenzen. Folglich haben diese Normen auch - gewollt oder ungewollt - *polizeirechtliche Charakteristiken*
übernommen.

Laut herrschender Lehre und Praxis weichen die Haftungsvoraussetzungen   21
der Verursacherhaftungen stark von denjenigen des klassischen Haftpflichtrechts ab.[11] Es wird insbesondere die adäquate Kausalität durch die Unmittelbarkeitstheorie ersetzt,[12] auf das Widerrechtlichkeitserfordernis wird gänzlich
verzichtet[13] und auch auf den klassischen Schadensbegriff wird nicht abgestellt[14].[15] Schliesslich sind Verursacherhaftungen faktisch unverjährbar, da
nicht auf den Zeitpunkt des verursachenden Verhaltens abgestellt wird. Die
Verjährung der Kostenersatzansprüche beginnt nämlich solange nicht zu laufen, wie die Störung des polizeiwidrigen Zustandes bzw. die Notwendigkeit
der Massnahmen andauert und ein Anspruch auf Beseitigung besteht.[16]

Von "Haftung" wird vorliegend dennoch gesprochen, weil - wie es STARK[17],   22
STEINER[18] und KELLER[19] zu Recht betonen - sich Verursacherhaftungen für
die Betroffenen gleich einer Haftpflichtbestimmung auswirken bzw. im Kern
dem Haftpflichtrecht zuzurechnen sind,[20] auch wenn sie sich nicht in die Trilogie des Schweizer Haftpflichtrechts - bestehend aus *Verschuldens-, milde
Kausal- und Gefährdungshaftung* - einreihen lassen und es sich ihrer Form
nach um (mit der Ausnahme von Art. 32b[bis] USG) verwaltungsrechtliche Kos-

---

[11] Statt Vieler PERGOLIS, S. 259.
[12] Dazu unten N 194 ff.
[13] Dazu unten N 267 ff.
[14] Dazu unten N 477 ff.
[15] PERGOLIS, S. 259.
[16] BGE 114 Ib 44 E. 4. Zu den Besonderheiten bezüglich Art. 32b[bis] USG s. unten N 1008 ff.
[17] STARK, Vereinheitlichung, S. 118 Fn. 19.
[18] STEINER P., S. 131.
[19] KELLER A., S. 357.
[20] Vgl. auch PERGOLIS, S. 259. OFTINGER/STARK (Haftpflichtrecht II/1, § 23 N 30) sprechen
in Bezug auf Art. 8 aGschG 1971 von "verwaltungsrechtlicher Schadensersatzpflicht".

tenüberwälzungsregelungen handelt.[21] Auch das Bundesgericht hielt bereits bezüglich Art. 8 aGSchG 1971 fest, dass diese Norm nicht mehr rein polizeilich begründet sei, sondern eine darüber hinausreichende Haftpflicht normiere.[22] POLTIER bemerkt zudem treffend, dass die Probleme, die bei Anwendung der vorliegend als *Verursacherhaftungen* qualifizierten Normen aufkommen, grundsätzlich dieselben seien, die sich im Haftpflichtrecht stellen.[23]

23   Der Zusatz "Verursacher" rechtfertigt sich insofern, als die Haftung sich nach dem *Verursacherprinzip* richtet. Laut herrschender Lehre und Praxis genügen bei einer solchen Haftungsform ein Resultat und ein kausaler Zusammenhang[24], um die Verantwortlichkeit zu begründen; auf weitere Zurechnungskriterien wird indessen verzichtet.[25] Es handelt sich bei den Verursacherhaftungen folglich um *reine Erfolgshaftungen*.[26]

2   Ausschluss von Art. 4 KHG

24   Bei Art. 4 KHG handelt es sich zwar auch um eine *öffentlich-rechtliche Kostenüberwälzungsregelung*.[27] Der Rückerstattungsanspruch stützt sich aber nicht explizit auf die "reine" Verursachung als haftungsauslösendes Element. Der Gedanke der Verursachung liegt ihm - wie grundsätzlich jeder Haftungs-

---

[21]   BINDER, S. 15 f. Vgl. auch PETITPIERRE-SAUVIN (S. 452), die zu Recht bemerkt, dass das Verursacherprinzip primär einen Haftungsgedanken verkörpert.

[22]   BGE 114 Ib 44 E. 2a.

[23]   POLTIER, S. 141.

[24]   Der Kausalzusammenhang wird hier nicht im Sinne der Bedingungs- bzw. Äquivalenztheorie verstanden. Auch beim Verursacherprinzip genügte bis jetzt eine Verursachung im naturwissenschaftlich-philosophischen Sinne nie, um eine Haftung zu begründen (vgl. HURST, S. 45). Somit bildet auch hier die Äquivalenztheorie nur den Ausgangspunkt der Haftung, aber keinesfalls einen zureichenden Rechtsgrund für die Anknüpfung der Haftung (HURST, S. 49; SCHNUR, S. 1), weil die Verantwortlichkeit sonst geradezu endlos wäre. Zur notwendigen Einschränkung der Äquivalenztheorie s. statt Vieler MATHYS, S. 50 ff. Dazu auch unten N 191 ff.

[25]   STEINER P., S. 132 f.; WIDMER, Produktehaftung, S. 35. Die Umsetzung des Verursacherprinzips kann natürlich auch durch "klassische" Haftpflichtnormen erfolgen, z.B. durch eine Gefährdungshaftung (vgl. Art. 59a USG), s. dazu STEINER P., S. 131 ff.

[26]   Dazu unten N 309 ff.

[27]   Dazu oben N 16.

norm - zwar ebenfalls zugrunde, doch weist Art. 4 KHG Spezifizitäten auf, die ihn aus dem vorliegend definierten Rahmen der "reinen" Verursacherhaftungen ausscheiden lassen.

Im Gegensatz zu allen Verursacherhaftungen hat der Gesetzgeber in Art. 4   25
KHG den Kreis der ersatzpflichtigen Personen klar umschrieben: Kostenpflichtig können laut diesem Artikel allein der *Inhaber der Kernanlage* und derjenige der *Transportbewilligung* sein, wobei auch in Art. 4 KHG, - obwohl nicht namentlich erwähnt - ebenfalls der *Eigentümer der Kernanlage*, sofern er nicht gleichzeitig Inhaber der Kernanlage ist, für die Massnahmenkosten solidarisch mit dem Inhaber haftet (Art. 3 Abs. 4 KHG).[28]

Aufgrund dieser *klaren Umschreibung der Haftpflichtigen* entfällt der für die   26
Verursacherhaftungen so typische Rückgriff auf den *Störerbegriff* (und die Unterscheidung zwischen "Zustandsstörer" und "Verhaltensstörer"), um den Kreis derjenigen Personen zu bestimmen, die im rechtlichen Sinne als Verursacher zu gelten haben.[29]

Im Hinblick auf den Kreis der Anspruchsgegner sollte grundsätzlich - wie bei   27
der zivilrechtlichen Haftung gemäss Art. 3 Abs. 1 KHG -[30] auch bei den Massnahmenkosten die *Kanalisierung der Haftung* aus Art. 3 Abs. 6 KHG greifen.[31] Würde man indessen eine Kanalisierung der Haftung bei *Massnahmenkosten* verneinen, so würde der primäre Zweck dieser Kanalisierung - die Entlastung der Zulieferindustrie -[32] vereitelt. Die vorliegende Auslegung von Art. 4 KHG bzw. die Kanalisierung der Haftung bei Massnahmenkosten wird

---

[28] Sowohl Art. 3 als 4 KHG befinden sich im 2. Kapitel des Gesetzes, das den Titel "Haftpflicht" trägt. Art. 3 KHG legt laut seinem Titel wiederum den "Grundsatz" der Haftung fest. Die in Art. 3 KHG normierten Haftungsgrundsätze sollten demnach auf alle sich im 2. Kapitel befindlichen Haftungen Anwendung finden.

[29] Vgl. WIDMER/WESSNER, S. 342.

[30] Zur Kanalisierung der zivilrechtlichen Haftung s. OFTINGER/STARK, Haftpflichtrecht II/3, § 29 N 113 ff.

[31] Scheinbar gl.M. WIDMER/WESSNER (S. 342), die auch im Zusammenhang mit Art. 4 NHG von kanalisierter Haftung sprechen.

[32] BBl 1980 I 164, 176 f.; OFTINGER/STARK, Haftpflichtrecht II/3, § 29 N 116.

ebenfalls von der Systematik des Gesetzes gestützt.[33] Folgerichtig kann eine *Überwälzung der Massnahmenkosten* bei Nukleargefahren ausschliesslich zu den Bedingungen von Art. 4 KHG erfolgen. Es ist demnach ausgeschlossen, Personen, welche nicht nach Art. 4 KHG haften, gestützt auf eine andere öffentlich-rechtliche Kostenüberwälzungsregelung (z.B. Art. 59 USG oder 54 GSchG) zu belangen.

28   Art. 4 KHG differenziert sich zudem von den Verursacherhaftungen im vorliegenden Sinne, indem er seiner Wirkung nach einer *Gefährdungshaftung* gleichkommt. Die Kostenauflage knüpft nämlich an die Kernanlage oder an den Transport an und nicht an die "reine" Verursachung.[34] Art. 4 KHG lässt sich somit im Gegensatz zu den anderen Verursacherhaftungen in die Trilogie des Schweizer Haftpflichtrechts einreihen. Entgegen allen Verursacherhaftungen (z.B. Art. 59 USG, 54 GSchG[35]) ist zudem einzig Art. 4 KHG als "Kann-Vorschrift" formuliert.[36]

29   Auf diese Besonderheiten von Art. 4 KHG wird noch zurückzukommen sein, wenn es um die Frage geht, wie eine von Gesetzes wegen allein auf die Verursachung gestützte Verantwortlichkeit sinnvollerweise zu konkretisieren und einzugrenzen wäre.

---

[33]   Diese Auslegung ergibt sich einerseits aus der Systematik des Gesetzes und dessen Wortlaut. Sowohl Art. 3 als 4 KHG befinden sich im 2. Kapitel des Gesetzes, das den Titel "Haftpflicht" trägt. Art. 3 KHG legt laut seinem Titel wiederum den "Grundsatz" der Haftung fest. Die in Art. 3 KHG normierten Haftungsgrundsätze sollten demnach auf alle sich im 2. Kapitel befindlichen Haftungen Anwendung finden. Andererseits ist auch kein Grund ersichtlich, warum die passive Legitimation im zivilen und im öffentlichen Haftpflichtrecht anders ausfallen sollte.

[34]   A.M. WIDMER/WESSNER, S. 342.

[35]   Art. 8 aGSchG 1971 war hingegen noch als "Kann-Vorschrift" formuliert.

[36]   Zur Notwendigkeit, die Formulierung als "Kann-Vorschrift" zu ändern, s. WIDMER/WESSNER, S. 342.

3 Ausschluss von kantonalen (polizeirechtlichen) Kostenüberwälzungsregelungen

Auch die kantonalen polizeirechtlichen Kostenüberwälzungsregelungen könnten *prima facie* unter dem Begriff der Verursacherhaftungen subsumiert werden. Diese Normen behandeln vorwiegend die Frage der Kostentragung für *Leistungen der Feuerwehr*. Sie fallen dennoch aus zwei Gründen aus dem vorliegend definierten Rahmen. 30

Einerseits handelt es sich bei ihnen primär um *polizeirechtliche* und nicht um umweltrechtliche Normen. Die kantonalen polizeirechtlichen Gesetzgebungen enthalten zwar teilweise auch Vollzugs- und Ausführungsbestimmungen zu Umweltschutznormen wie Art. 59 USG und Art. 54 GSchG, jedoch wiederholen sie meistens nur Bundesrecht.[37] So etwa konkretisiert Art. 46ter des St.Galler Gesetzes über den Feuerschutz (FSG-SG)[38] die Kostentragung im Falle mehrerer Verursacher und übernimmt dabei die aus der bundesgerichtlichen Rechtsprechung stammenden Grundsätze,[39] während Art. 46bis FSG-SG allein die Kostentragungspflicht bei Sicherungs- und Behebungsmassnahmen nach Art. 59 USG und Art. 54 GSchG wiederholt. Auch § 27 Abs. 2 lit. b des Zürcher Gesetzes über die Feuerpolizei und das Feuerwehrwesen (FFG-ZH)[40] verweist lediglich auf die Kostentragungspflicht des Gewässerschutzgesetzes.[41] 31

---

[37] STEINER P. (S. 175 f.) vertritt die Meinung, dass Kantone nicht nur ermächtigt seien, Art. 59 USG und Art. 54 GSchG zu konkretisieren, sondern auch darüber hinausgehende Kostentragungspflichten für bestimmte behördliche Handlungen zu erlassen. Abgesehen von der Unnötigkeit solcher zusätzlichen kantonalen Normen sind m.E. die Kantone seit dem Inkrafttreten vom USG nicht mehr kompetent, solch kantonale, umweltrechtliche Kostenüberwälzungsregelungen zu erlassen (Art. 74 BV). Zu dieser Frage s. WAGNER PFEIFER B., Umweltrecht I, N 11 ff.

[38] vom 18. Juni 1968, sGS 871.1.

[39] GEHRER, S. 158 f.

[40] vom 24. September 1978, LS 861.1.

[41] Das USG bzw. Art. 59 USG wird hingegen nicht erwähnt, da zum Zeitpunkt des Erlasses vom Zürcher Gesetz über die Feuerpolizei und das Feuerwehrwesen das USG noch nicht in Kraft war.

32 Andererseits knüpfen sie - sofern sie überhaupt von der grundsätzlichen und auf einer alten Tradition beruhenden Unentgeltlichkeit des Feuerwehreinsatzes Abkehr nehmen -[42] die Kostentragungspflicht in der Regel an aus dem Haftpflichtrecht bekannte Zurechnungskriterien an. So gestattet beispielsweise Art. 48 FSG-SG, für die Auslagen eines Einsatzes nur auf diejenigen Personen Rückgriff zu nehmen, die den Einsatz der Feuerwehr durch eine vorsätzliche oder grob fahrlässige, rechtswidrige Handlung oder Unterlassung nötig gemacht oder veranlasst haben. Auch im Falle eines Fehlalarms statuiert Art. 46bis Abs. 2 FSG-SG eine Kostentragungspflicht nur dann, wenn dieser vorsätzlich oder grob fahrlässig verursacht wurde.

33 Im Zürcher Gesetz über die Feuerpolizei und das Feuerwesen wird ebenfalls der Kostenersatz grundsätzlich davon abhängig gemacht (§ 27 FFG-ZH), ob die Person den Einsatz der Feuerwehr durch eine vorsätzliche, rechtswidrige Handlung oder Unterlassung nötig gemacht oder veranlasst hat. Nur bei wiederholtem Fehlalarm (§ 27 Abs. 2 lit. a FFG-ZH), bei Verkehrsunfällen (§ 27 Abs. 2 lit. c FFG-ZH) und bei Wasserschäden, die nicht durch ein Elementarereignis verursacht wurden, hängt die Kostentragungspflicht nicht von einer vorsätzlichen, rechtswidrigen Handlung ab.

34 Das Freiburger Gesetz betreffend die Feuerpolizei und den Schutz gegen Elementarschäden[43] stellt prinzipiell bei der Kostentragungsfrage auf den alten feuerpolizeilichen Grundsatz ab, wonach Rettungs-, Lösch- und Wachtkosten bei Schadensfällen zulasten der Gemeinden gehen (Art. 41). Nur bei Böswilligkeit oder grober Fahrlässigkeit können die Kosten vom Urheber oder Brandstifter zurückverlangt werden.

35 Schliesslich besagt auch die waadtländische Loi sur le service de défense contre l'incendie et de secours (LSDIS)[44] in Art. 23, dass die von der Feuerwehr ergriffenen Massnahmen grundsätzlich kostenlos sind. Die Gemeinden

---

[42] GEHRER, S. 155 f.

[43] vom 12. November 1964, SGF 731.0.1.

[44] vom 17. November 1993, RSV 963.15.

14

können die Rückerstattung der Massnahmenkosten dennoch dann verlangen, wenn der Schadensfall aus einem Absichtsdelikt oder einer groben Fahrlässigkeit herrührt oder wenn die Kosten durch einen Autounfall verursacht wurden.

Zusammenfassend kann somit festgehalten werden, dass all diese kantonalen Regelungen, obwohl sie dem Polizeirecht zugehören, in der Regel keine reine Erfolgshaftung vorsehen, sondern an altbewehrte Zurechnungskriterien des privatrechtlichen Haftpflichtrechts anknüpfen. Dies führt zu dem doch etwas paradoxen Resultat, dass sie im Ergebnis gerechter und dem *Ur*polizeirecht entfernter sind als die bundesrechtlichen Verursacherhaftungen jüngeren Datums.   36

B   Verursacherprinzip

1   Grundsätzliches

Das Verursacherprinzip bestimmt in erster Linie, wie durch Umweltbelastungen entstehende Kosten zu verteilen (oder ggf. wem Verhaltenspflichten aufzuerlegen[45]) sind. Diese sollen im Regelfall nicht der Allgemeinheit (Gemeinlastprinzip) oder den Geschädigten (Opferprinzip), sondern den Verursachern auferlegt werden, denen die Umweltbelastungen zugerechnet werden.[46]   37

Das Verursacherprinzip ist indessen als "regulative Idee"[47] zu verstehen und ist folglich nichts anderes als der Ausdruck einer *theoretischen Zurechnungsvorstellung*,[48] mit der *versucht* wird, aus der *Verursachung* von Gefährdun-   38

---

[45]   Dazu ausführlich unten N 74 ff.

[46]   VALLENDER/MORELL, § 5 N 44; GRIFFEL, N 210.

[47]   EPINEY, S. 107; FRICK, S. 97; GANTNER, S. 27 f.; GRIFFEL, N 241; KIRCHGÄSSNER, S. 1045 f.; STEINER P., S. 32.

[48]   GANTNER, S. 27.

gen, Störungen, Beeinträchtigungen, Belastungen und Schädigungen der Umwelt heraus eine Verantwortung zu begründen.[49]

39   In einem engeren Sinn drückt das Verursacherprinzip die jeder (haftpflicht-rechtlichen) Verantwortlichkeit zugrunde liegende Selbstverständlichkeit aus, dass zwischen einer Handlung bzw. dem Zustand einer Sache und einem Schaden - d.h. zwischen einer Ursache und ihrer Wirkung - ein Kausalzu-sammenhang gegeben sein muss.[50] Insofern bemerkt ZUFFEREY zu Recht, dass das Verursacherprinzip in dieser Ausprägung nicht aus dem Umweltrecht, sondern aus dem Haftpflichtrecht stammt.[51]

40   Wenn es um die gesetzgeberische Konkretisierung des Verursacherprinzips geht, lässt sich aus dem Prinzip als solches grundsätzlich nichts *deduktiv* ab-leiten: Es bedarf jeweils einer *politischen Entscheidung*.[52] Dem Verursacher-prinzip als solchem lässt sich unter anderem nicht entnehmen, welche Ursa-che als "haftungsauslösender Umstand" anzusehen ist.[53] Auch bezüglich der Auswahl des "richtigen" Verursachers - z.B. wenn mehrere Kausalketten und Verursacher aufeinandertreffen - bietet das Verursacherprinzip keine Ant-wort.[54] Vielmehr werden die gesetzgeberischen Ziele, das Rechtsgebiet wie auch das zur Durchsetzung des Prinzips gewählte Instrumentarium für die Ausgestaltung der jeweiligen Norm ausschlaggebend sein.

41   Es dürfte somit selbstverständlich sein, dass das Verursacherprinzip – in seiner Eigenschaft als blosses Prinzip – nicht dahingehend verstanden werden

---

[49]   GANTNER, S. 27.

[50]   HURST, S. 45; ZUFFEREY, Pollueur-payeur, S. 124.

[51]   ZUFFEREY, Pollueur-payeur, S. 124.

[52]   Vgl. KLOEPFER, Umweltrecht, § 4 N 47a.; REHBINDER, S. 99. KLOEPFER (Umweltrecht, § 4 N 51) beharrt auch auf der "grundsätzlichen Offenheit" des Verursacherprinzips und betont dabei, dass Art und Ausmass der Umsetzung des Verursacherprinzips vielmehr vom Ge-setzgeber entschieden werden müssen. GRIFFEL (N 241) ist seinerseits scheinbar der Auf-fassung, dass das Verursacherprinzip *nur* über "das genau Mass, die Berechnung und die Verteilung" der Kosten nichts sagen würde.

[53]   Zur Frage der anwendbaren Kausalitätstheorie s. unten N 191 ff.

[54]   KLOEPFER, Umweltrecht, § 4 N 47a; vgl. auch FRICK, S. 126.

darf, dass es alle erdenklichen Rechtsfolgen nach Art und Umfang zu rechtfertigen vermag.[55] Bedingungen und Ausmass der Verantwortung werden von Fall zu Fall näher zu bestimmen sein; das Verursacherprinzip bietet keine "mechanischen", richtigen Antworten auf konkrete Fragen. Diese können vielmehr nur anhand einer normativen *Wertung* beantwortet werden.[56] Dennoch werden teilweise, um es mit den treffenden Worten von FEESS auszudrücken, "durch die Verwendung begrifflicher Leerformeln häufig normative Urteile als analytische Schlussfolgerung ausgegeben".[57] Normative Wertungen sind vielmehr offen darzulegen und zu begründen; es gilt zu vermeiden, sich auf ein angeblich "richtig verstandenes" Verursacherprinzip zu berufen. Dies ist erst recht dann problematisch, wenn ein "richtig verstandenes" Verursacherprinzip - was die *Verursacherhaftungen* anbelangt - darin bestehen soll, die Merkmale einer polizeirechtlichen Verantwortlichkeit zu übernehmen, wie aufzuzeigen sein wird.[58]

Auch der deutsche RAT VON SACHERVERSTÄNDIGEN FÜR UMWELTFRAGEN kam schon in seinem "Umweltgutachten 1978" zu dem Schluss, dass wegen der *fehlenden Präzisierung* des Verursacherprinzips unterschiedliche Gruppeninteressen unterschiedliche instrumentelle Lösungen unter dem Deckmantel des Verursacherprinzips vertreten würden und dass lediglich allein das *Gemeinlastprinzip* nicht eindeutig unter dem Begriff des Verursacherprinzips gefasst werden könne.[59] Das Verursacherprinzip stehe damit in der Gefahr, zu einem *Alibibegriff* zu werden, unter dem alle speziellen Steuerungsabsichten und Einzelmassnahmen gefasst werden könnten.[60]

42

---

[55] GANTNER, S. 28.

[56] FEESS, S. 173 ff.

[57] FEESS, S. 174.

[58] Dazu unten N 162.

[59] RAT VON SACHVERSTÄNDIGEN FÜR UMWELTFRAGEN, S. 523 N 1703.

[60] RAT VON SACHVERSTÄNDIGEN FÜR UMWELTFRAGEN, S. 523 N 1703. ZUFFEREY (Pollueurpayeur, S. 123) hält bezüglich des Verursacherprinzips Folgendes fest: "[...] l'action contre le perturbateur est une institution de la pratique et de la jurisprudence administrative; elle est donc par nature empirique et ponctuelle. Le concept du pollueur-payeur et le principe

2   Verschiedene Ursprünge des Verursacherprinzips

2.1   Allgemeines

43   Wie KLOEPFER unlängst festhielt, findet die Mehrdeutigkeit des Verursacher-begriffs ihren Ursprung in seiner Entstehungsgeschichte und seiner Veranke-rung in verschiedenen wissenschaftlichen Disziplinen.[61]

2.2   Verursacherprinzip und Wirtschaftswissenschaft

2.2.1   Wirtschaftswissenschaftlicher Inhalt des Verursacherprinzips

44   Das umweltrechtliche Verursacherprinzip wurzelt historisch, zumindest teilweise, in der *Wirtschaftwissenschaft.*[62]

45   Es besteht deshalb noch heute in dieser Frage eine intensive Wechselwirkung zwischen der Rechts- und Wirtschaftswissenschaft. Daher wird sowohl zur Konkretisierung des Prinzips von der Rechtswissenschaft auf die Wirt-schaftswissenschaft zurückgegriffen als auch von den Ökonomen an dem Diskurs um den "richtigen" Verursacher teilgenommen. Es gilt folglich, kurz auf die ökonomischen Abhandlungen zum Verursacherprinzip einzugehen.

46   Dem Verursacherprinzip liegt die Erkenntnis PIGOUs zugrunde,[63] dass der "Markt" nicht immer die bestmögliche Allokation von Ressourcen sicher-stellt.[64] Damit nämlich der Steuerungsmechanismus des Marktes greift, muss eine Reihe von Voraussetzungen erfüllt sein. So ist es notwendig, dass eine Person nicht nur die Vorteile (Nutzen) ihrer Aktivität geniesst, sondern auch vollumfänglich deren Nachteile (Kosten) tragen muss. Fallen bei einer Aktivi-tät nicht deren gesamte Kosten beim Urheber derselben an, so entstehen (ne-

---

de causalité sont des programmes (voire des slogans), plus que des dispositions légales directement applicables."

[61]   KLOEPFER, Umweltrecht, § 4 N 45.
[62]   BULLINGER, S. 69; FRICK, S. 3 ff.; KIRCHGÄSSNER, S. 1043 ff.; MINSCH, S. 4 ff.
[63]   PIGOU, The Economics of Welfare.
[64]   KIRCHGÄSSNER, S. 1043.

gative*) externe Effekte.*[65] Umweltverschmutzungen stellen ein klassisches Beispiel solcher negativen externen Effekte dar.[66] Knappe Ressourcen wie Wasser oder Luft werden bei der Herstellung von Produkten in Anspruch genommen, ohne dass deren Kosten in die Kostenrechnung des Herstellers einfliessen. Dies hat in der Regel zur Folge, dass der Hersteller - im Vergleich zu einer Situation, in der solche negativen externen Effekte nicht vorliegen - zu hohe Gewinne erzielen kann und/oder der Konsument zu tiefe Preise für die entsprechenden Produkte bezahlen muss.[67] Damit diese Kosten bei der Produktionsentscheidung berücksichtigt werden und es dementsprechend zu einer effizienten bzw. optimalen Faktorenallokation kommen kann, müssen diese Kosten *internalisiert* werden. Nach einer vollkommenen Internalisierung sind die sozialen und privaten Grenzkosten identisch. Die klassischen Instrumente, um diese Internalisierung zu vollziehen, sind *Umweltsteuern* oder *Umweltzertifikate.*[68] Schliesslich wird durch die Internalisierung der negativen externen Kosten ein Anreiz geschaffen, Umwelt belastende Güter durch weniger stark belastende Güter zu substituieren und Produktionsverfahren zu entwickeln, die für die Umwelt weniger schädlich sind und somit weniger Kosten verursachen.[69] Die Frage, wer denn als Verursacher der externen Effekte zu gelten habe, blieb in PIGOUs Arbeit indessen unbeantwortet.[70]

Die von PIGOU vertretene interventionistische Sicht wurde heftig von COASE   47
in seinem Artikel "The Problem of Social Costs" kritisiert. COASE entgegnet PIGOU im Wesentlichen mit zwei Einwänden. Er weist einerseits auf den *reziproken Charakter* externer Effekte hin.[71] Sofern überhaupt von einem Scha-

---

[65] Ist hingegen der Nutzen einer Aktivität für die Gesellschaft bzw. einen Dritten grösser als für den Privaten, so liegen *positive externe Effekte* vor. Die erste Beschreibung dieses Phänomens wird ALFRED MARSHALL (Principle of economics, S. 830 ff.) zugeschrieben.

[66] Dazu CANSIER, S. 24 f.

[67] KIRCHGÄSSNER, S. 1043.

[68] KIRCHGÄSSNER, S. 1043.

[69] KIRCHGÄSSNER, S. 1043.

[70] CANSIER, S. 36.

[71] COASE (S. 2) formuliert dies wie folgt: "The question is commonly thought of as one in which A inflicts harm on B and what has to be decided is: how should we restrain A? But

den gesprochen werden kann, entsteht dieser nur, wenn sich gleichzeitig zwei Aktivitäten entfalten, die sich gegenseitig beeinträchtigen. Die Bezeichnung einer Partei als "Schädigerin" und der anderen als "Geschädigte" setze somit - wie es später auch ADAMS zu Recht betonen wird -[72] eine *Wertung* voraus. COASE vertritt dementsprechend die Meinung, dass eine optimale Internalisierung externer Effekte eine klare Zuweisung von Eigentumsrechten an Umweltgütern voraussetze.[73] Andererseits zeigt COASE anhand von verschiedenen Fällen auf, dass es auch *ohne staatliche Eingriffe* und zwar durch *freiwillige Verhandlungen* zu einer optimalen Allokation der Ressourcen kommt.[74] Laut COASE erreicht man durch Verhandlungen eine pareto-effiziente Internalisierung unabhängig davon, an wen die Eigentumsrechte zugewiesen wurden bzw. wem die Haftung auferlegt wurde.[75] Angesichts der kaum erfüllbaren Voraussetzungen seiner Gültigkeit kommt dem Coase-Theorem keine Praxisrelevanz zu.[76] KLOEPFER bemerkt bezüglich der Ansichten von COASE zu Recht, dass zumindest das Gerechtigkeitsgefühl dem wissenschaftlich wertungsfreien Gedanken einer Entschädigung des Schädigers durch das Opfer diametral entgegensteht.[77] Eines der wahren Verdienste von COASE bleibt dennoch, als einer der Ersten aufgezeigt zu haben, dass die Bestimmung des "richtigen" Verursachers nicht wertungsfrei erfolgen kann.

---

this is wrong. We are dealing with a problem of reciprocal nature. To avoid the harm to B would inflict harm on A. The real question that has to be decided is: should A be allowed to harm B or shoud B be allowed to harm A? The problem is to avoid the more serious harm". Dazu CANSIER, S. 36; KIRCHGÄSSNER, S. 1043 f.; MINSCH, S. 50. Dazu auch unten N 153 ff.

[72] ADAMS, S. 607.

[73] CANSIER, S. 36 ff.; KLOEPFER, Umweltrecht, §°4 N 46.

[74] COASE, S. 8 ff. Die Theorie von COASE setzt aber voraus, dass die Verhandlungspartner leicht eine Übereinkunft über die Ressourcenallokation erzielen können und dass beim Tausch zwischen den Akteuren keine *Transaktionskosten* entstehen. Zudem dürfen keine "Einkommenseffekte" auftreten, was der Fall ist, wenn der Wert des Guts nicht vom "instrumentellen" Interesse einer Partei her ausgemacht wird, sondern von deren subjektiver Wertschätzung abhängt (KIRCHGÄSSNER, S. 1044). Je mehr das Einkommen der Betroffenen steigt, desto grösser wird im Allgemeinen ihre Zahlungsbereitschaft (z.B. für eine gute Luftqualität bzw. eine bessere Umwelt) sein (KIRCHGÄSSNER, S. 1044).

[75] Dies bildet den Inhalt des Coase-Theorems. Dazu KIRCHGÄSSNER, S. 1044.

[76] CANSIER, S. 39 ff.

[77] KLOEPFER, Umweltrecht, § 4 N 46.

Zusammenfassend kann mit KIRCHGÄSSNERs Worten festgehalten werden, 48
dass das Verursacherprinzip aus *ökonomischer Perspektive* nichts anderes besagt, "als dass dafür gesorgt werden soll, dass die jeweiligen Handlungsträger
voll mit den Kosten ihres Handelns belastet werden".[78]

KLOEPFER unterstreicht seinerseits noch, dass es beim wirtschaftswissen- 49
schaftlichen Verursacherprinzip nicht primär um eine Kostenverteilung geht,
sondern dass die *Anreizwirkung* und der *Präventiveffekt* im Vordergrund stehen.[79]

2.2.2 Kritik des ökonomischen Verursacherprinzips

Die Notwendigkeit des Verursacherprinzips selbst wurde bereits des Öfteren 50
in Frage gestellt.

So vertritt FEESS hinsichtlich des Verursacherprinzips die Meinung, dass die 51
ökonomische Theorie weder dieses Prinzip brauche, noch dass auf die ökonomische Theorie zurückgegriffen werden könne, um ein solches Prinzip zu
begründen.[80]

Einerseits benötige die ökonomische Theorie das Verursacherprinzip deshalb 52
nicht, weil eine Internalisierung externer Kosten lediglich den *Schadenser-*
wartungswert[81] und die *Vermeidungskosten* berücksichtigen müsse, so dass
alle über die Beschreibung des physischen Schadenzusammenhangs hinaus-
gehenden Kausalitätsüberlegungen bedeutungslos seien. Die Entscheidung,
wer im juristischen Sinne als Verursacher zu qualifizieren sei, hänge von einer normativen Würdigung der Umstände ab und folglich von der Zielsetzung, die mit der Zuweisung der Verursachung verfolgt werde.[82]

---

[78] KIRCHGÄSSNER, S. 1043; FRICK, S. 17 m.w.H.
[79] KLOEPFER, Umweltrecht, § 4 N 46 m.w.H.
[80] FEESS, S. 173 ff.; grundsätzlich gl. M. ADAMS, S. 605 ff.; BONUS, Vergleich, S. 295 f.
[81] Unter Schadenserwartungswert versteht FEESS (S. 176) die Verbindung zwischen der
erwarteten Schadenshöhe und der Wahrscheinlichkeit des Schadenseintritts.
[82] FEESS, S. 173 ff.; vgl.; MEYER, S. 133 f.; REHBINDER, S. 32.

53 Andererseits könne auf die *ökonomische Theorie* nicht unbesehen zurückgegriffen werden, weil zwar aus ökonomischer Sicht die Zielsetzung klar sei und in einer möglichst effizienten Internalisierung externer Effekte bestehe, aber bei der Festlegung, wer *im juristischen Sinne* als Verursacher zu gelten habe, andere Zielsetzungen möglich seien.[83]

54 FEESS bemerkt zu Recht - was eigentlich eine Selbstverständlichkeit sein sollte -, dass Gesetze nicht zwangsläufig bzw. ausschliesslich ökonomische Gebote verfolgen. Insbesondere bei Haftungsfragen treffen verschiedene Interessen aufeinander, die allesamt bei der Festlegung der normativen Zielsetzung berücksichtigt werden sollten. M.E. können insbesondere Gerechtigkeitserwägungen gegen eine vollkommene Internalisierung der externen Kosten sprechen.[84] Auch Diskrepanzen zwischen sozial- und umweltpolitischen Massnahmen sind zu berücksichtigen.[85] Die finanzielle Belastung des Verursachers kann nämlich wegen *Einkommenseffekte* dazu führen, dass weniger betuchte Menschen *de facto* von gewissen Aktivitäten (z.B. dem Benutzen von privaten Kraftfahrzeugen) ausgeschlossen werden.[86] Eine proportionale finanzielle Belastung der Verursacher führt mithin zu sozialen Ungerechtigkeiten.

55 Zusätzlich zu der Kritik von FEESS kann noch ein weiterer grundlegender Einwand vorgebracht werden, warum der Rückgriff auf das volkswirtschaftliche Verursacherprinzip, um eine kohärente Umweltpolitik zu begründen, nicht zu überzeugen vermag. Die Wirtschaftswissenschaft konzentriert sich nämlich darauf, Umweltbeeinträchtigungen einer *Kosten-Nutzen-Analyse* zu unterziehen, um so eine optimale Benutzung dieser Ressourcen zu gewährleisten.[87] Ihr zugrunde liegt nicht der Gedanke der *Vermeidung* von Umwelt-

---

[83] FEESS, S. 177.
[84] Dazu unten N 95 ff.
[85] MEYER, S. 140 f.
[86] Dazu REHBINDER, S. 82.
[87] MEYER, S. 130.

belastungen, sondern derjenige der Effizienzsteigerung bei der Nutzung.[88] Angesichts der fortschreitenden Gefährdung der Existenzgrundlage durch Umweltverschmutzungen kann aber die Frage nicht immer lauten, "wie" die Umwelt optimal benutzt werden kann, sondern "ob" sie überhaupt genützt werden soll bzw. verschmutzt werden darf.[89] Dementsprechend ist auch die von REHBINDER gefasste Schlussfolgerung richtig, wonach das Verursacher-prinzip allein *instrumental* zu sehen sei - als Mittel zur Erreichung umweltpo-litischer Ziele -, selbst aber kein umweltpolisches Ziel sei.[90] Ohne politische Ziele führt das Verursacherprinzip auch nicht zu einer Verbesserung der Um-welt.[91] Es könnte sogar behauptet werden, dass der Umweltschutz - im Ge-gensatz zur Optimierung der Faktorenallokation über den Markt - nicht ver-langt, dass der Verursacher die Massnahmen ergreift bzw. deren Kosten trägt, sondern allein, dass überhaupt Massnahmen zum Schutz der Umwelt ergriffen werden. Nimmt man als Beispiel die Altlastenproblematik - und sieht man von der möglichen Präventivfunktion der Haftung einmal ab -, so ist es aus umweltrechtlicher Perspektive gesehen grundsätzlich gleichgültig, ob die öf-fentliche Hand, der Inhaber des belasteten Grundstücks oder der Verursacher die Sanierungskosten trägt. Allein bedeutsam ist, dass die Sanierung über-haupt vorgenommen wird. Das Gleiche kann auch bezüglich der Einführung von Art. 32b^bis USG festgestellt werden. Der Art. 32b^bis USG wird zu keiner Verbesserung der Umweltqualität führen, denn er nimmt nur eine Umvertei-lung der Haftung vor, an der Haftung selbst bzw. an der vorbestehenden Ent-sorgungspflicht von belastetem Aushubmaterial hat diese Norm indessen nichts geändert.[92] Im Gegenteil könnte sogar in Bezug auf Art. 32b^bis USG argumentiert werden, dass durch den neu geschaffenen Anspruch ein Anreiz für den jetzigen Inhaber geschaffen wurde, mehr Aushub zu produzieren,

---

[88] MEYER, S. 134 f.

[89] Vgl. REHBINDER, S. 28. Das ebenfalls in Art. 74 Abs. 2 BV verankerte *Vorsorgeprinzip* wird hingegen eher den Anforderungen an ein umweltpolitisches Ziel gerecht.

[90] REHBINDER, S. 28.

[91] REHBINDER, S. 28.

[92] Dazu unten N 832 ff.

welcher behandelt bzw. abtransportiert werden muss, was wiederum zu einer Belastung der Umwelt führt.[93]

56   Die Anwendung des volkswirtschaftlichen Verursacherprinzips ist insbesondere bei *Schadens- und Haftungsfragen* eingeschränkt, da bei einer konsequenten Kosten-Nutzen-Analyse, wie sie z.B. COASE vornimmt,[94] die Haftung für Handlungen immer dann ausgeschlossen werden muss, wenn dadurch das *Sozialprodukt* steigt bzw. insgesamt betrachtet ein grösserer Nutzen ohne Haftung erzielt wird.

57   Am überzeugendsten ist immerhin der Gedanke der *Verhaltenssteuerung* durch das Verursacherprinzip: Wer bei seinem Handeln Kosten für externe Effekte (welche durch einen politischen Prozess zu bestimmen sind) einkalkuliert, wird – unter der Prämisse rationalen Handelns – sein Verhalten in gewissem Mass danach ausrichten. Hierin liegen die *Anreizwirkung* und der *Präventiveffekt* des Verursacherprinzips.

2.3   Verursacherprinzip und Polizeirecht (Störerprinzip)

2.3.1   Problematik

58   Das Verursacherprinzip findet auch - und was die *Verursacherhaftungen* anbelangt fast ausschliesslich - seinen Ursprung im *Polizeirecht*.[95]

59   So ging etwa schon das preussische Polizeiverwaltungsgesetz vom 1. Juli 1931 (PVG) von dem Gedanken der *Verursachung* aus: "Wer durch sein Tun oder Unterlassen eine Störung oder Gefährdung der öffentlichen Sicherheit oder Ordnung verursacht, kann als Störer zur Beseitigung des Gefahrenzustandes herangezogen werden" (§ 19 I PVG).[96] Bezeichnend ist auch, dass der

---

[93] Es kann hier eine Parallele zur Totalsanierung gezogen werden, welche aus Sicht des Umweltschutzes meistens ein Unsinn sein wird.

[94] So COASE, S. 32 ff.

[95] KLOEPFER, Umweltrecht, § 4 N 45; vgl. auch GRIFFEL, N 330. Dazu ausführlich unten N 114 ff.

[96] HURST, S. 45 und 49.

Begriff "Verursacherprinzip" selbst verwendet wurde.[97] Unter diesem Begriff versteht man in der deutschen Polizeirechtslehre hingegen das, was man hierzulande unter dem *Störerprinzip* zu erfassen pflegt.[98]

Insofern kann festgehalten werden, dass das "polizeirechtliche Verursacherprinzip" (d.h. nach der schweizerischen Terminologie das Störerprinzip) grundsätzlich älter ist als das umweltrechtliche Verursacherprinzip.[99]   60

Dieser Konnex zum Polizeirecht erklärt, warum heute noch systematisch auf   61
den Störerbegriff zurückgegriffen wird, um den Verursacherkreis zu definieren.[100] Dieser Rückgriff hat dazu geführt, dass die Verursacherhaftungen - gleich wie die polizeirechtliche Verantwortlichkeit - sowohl eine *Zustands-* als auch eine *Verhaltenshaftung* umfassen, d.h. dass die Haftung entweder an das Verhalten von Personen oder den Zustand von Sachen anknüpft.

Der Rückgriff auf das polizeirechtliche Störerprinzip hatte auch zur Folge,   62
dass alle *Verursacherhaftungen* die gleichen Haftungsvoraussetzungen aufweisen wie die polizeiliche Verantwortlichkeit. So wurden bis jetzt im Schweizer Recht Verursacherhaftungen mehrheitlich als *reine Erfolgshaftungen* verstanden, bei denen jegliche subjektive Elemente ausser Acht gelassen werden.[101]

Dass eine *Verursacherhaftung* auch anders bzw. ohne Rückgriff auf den   63
Störerbegriff gestaltet bzw. verstanden werden kann, zeigt eindrücklich die europäische Richtlinie 2004/35/EG über Umwelthaftung zur Vermeidung und

---

[97] Statt Vieler VOLLMUTH, S. 30; ferner KLOEPFER, Umweltrecht, § 4 N 48; vgl. auch GANTNER, S. 25 ff.

[98] In der Schweizer Lehre wird zwischen dem Störerprinzip und dem Verursacherprinzip unterschieden. Während aus dem Störerprinzip die *Massnahmenanlastung* abgeleitet wird (REINHARD, S. 175 ff.; THÜRER, S. 463 ff.), wird das Verursacherprinzip von der herrschenden Lehre als reines *Kostenzurechnungsprinzip* betrachtet (statt Vieler GRIFFEL, N 232 ff.). Dazu ausführlich unten N 73 ff.

[99] A.M. GRIFFEL, N 331.

[100] BULDIGER, S. 299; CUMMINS, S. 114 f.; DUBS, S. 292; FRICK, S. 60 ff. und 198 f.; GRIFFEL, N 220 ff.; TSCHANNEN/FRICK, S. 5.

[101] FRICK, S. 60. Dazu unten N 300 ff. und 310 ff.

Sanierung von Umweltschäden.[102] Die in dieser Richtlinie vorgesehene öffentlich-rechtliche Verantwortung[103] wird zwar als reine Verursacherhaftung qualifiziert,[104] mit diesem Begriff ist aber in der Terminologie des Schweizer Rechts eine *Gefährdungshaftung* gemeint.[105] Dieser Haftung für Umweltschäden[106] unterliegen nur ganz bestimmte *berufliche Tätigkeiten*, die im Anhang III aufgeführt werden (Art. 3 Abs. 1 a RL 2004/35/EG). Zusätzlich wird die dargelegte Gefährdungshaftung durch eine verschuldens*abhängige* Haftung für diejenigen beruflichen Aktivitäten ergänzt, die nicht listenmässig erfasst und somit typischerweise nicht umweltgefährlich sind (Art. 3 Abs. 1 b RL 2004/35/EG).[107] Diese Verschuldenshaftung erfasst zudem nicht jeden Umweltschaden, sondern nur die Schädigung geschützter Arten und natürlicher Lebensräume (Art. 3 Abs. 1 b RL 2004/35/EG). Schädigungen an Gewässern oder Böden werden hingegen von der Verschuldenshaftung nicht erfasst.[108]

2.3.2 Würdigung

64 Wie die obigen Ausführungen gezeigt haben, ist der Rückgriff auf das Polizeirecht allgemein gesehen alles andere als unproblematisch, da dadurch auch das Verursacherprinzip der *polizeirechtlichen Logik* unterworfen wird.[109] KLOEPFER meint daher zu Recht, das Verursacherprinzip polizeirechtlicher Provenienz habe zwar die juristische Rezeption des umweltrechtlichen Verursacherprinzips erleichtert, doch sei es auch für erhebliche Missverständnisse

---

[102] des Europäischen Parlaments und des Rates vom 21. April 2004; Abl. 2004 L 143, S. 5 ff.

[103] Die Richtlinie schreibt nämlich nicht die Einrichtung eines zivilrechtlichen Haftungstatbestandes in den mitgliedstaatlichen Rechtsordnungen vor, sondern errichtet eine Verantwortlichkeit gegenüber den zuständigen mitgliedstaatlichen Behörden; dazu RUFFERT, S. 49 f.

[104] HAGER, Umwelthaftungsrichtlinie, S. 25.

[105] Vgl. HAGER, Umwelthaftungsrichtlinie, S. 25.

[106] Der Begriff des Umweltschadens wird in Art. 2 Abs. 2 RL 2004/35/EG definiert; dazu HAGER, Umwelthaftungsrichtlinie, S. 21 ff.

[107] HAGER, Umwelthaftungsrichtlinie, S. 34 f.

[108] Dazu kritisch HAGER, Umwelthaftungsrichtlinie, S. 34.

[109] FRICK, S. 60.

verantwortlich.[110] Wie es zudem ROUILLER treffend bemerkt, sind viele der heutigen Probleme, auf die das Verursacherprinzip bzw. die Verursacherhaftungen stossen, darauf zurückzuführen, dass auf polizeirechtliche Begriffe zurückgegriffen wird.[111]

Insbesondere ist zu bemängeln, dass eine mechanische Abstellung auf die Verursachung im Sinne des Polizeirechts *nicht mit dem ökonomischen Verursachungsprinzip zu vereinbaren* ist. Denn einerseits erfordert Letzteres gar nicht unbedingt einen Kausalzusammenhang im herkömmlichen Sinn. Andererseits wird dessen wertvollster Gedanke, nämlich derjenige der Anreizwirkung und des Präventiveffekts,[112] nur dann verwirklicht, wenn die "Verursacher" die entstehenden Kosten in ihr Nutzenkalkül einbeziehen können, was bedingt, dass sie (als subjektives Element) die Folgen ihres Handelns voraussehen können. Letzteres verlangt das klassische Polizeirecht aber gerade nicht. Damit ist es auch mit *sozialethischen* Begründungen des Verursacherprinzips unvereinbar, die aus Gerechtigkeitsüberlegungen das Verursacherprinzip als Korrelat zur Privatautonomie und menschlichen Eigenverantwortlichkeit verstehen.[113]

65

Demnach und angesichts dessen, dass selbst die Anwendung des Störerprinzips im Umweltrecht kritisch hinterfragt wurde, ist es zu wünschen, dass sich das Verursacherprinzip vom Polizeirecht löst und eine dogmatische Selbständigkeit erlangt.

66

---

[110] KLOEPFER, Umweltrecht, § 4 N 48.
[111] ROUILLER, S. 597.
[112] Dazu oben N 57.
[113] SEILER, Art. 2 N 2.

3 Das Verursacherprinzip im positiven schweizerischen Recht

3.1 Verfassungsrechtliche und gesetzliche Grundlagen

67 Im Umweltschutzartikel der schweizerischen Bundesverfassung wird neben dem Vorsorgeprinzip das Verursacherprinzip wie folgt verankert (Art. 74 Abs. 2 Satz 2 BV):

> "Die Kosten der Vermeidung und Beseitigung [schädlicher oder lästiger Einwirkungen] tragen die Verursacher."

68 Dieser Grundsatz wurde erst bei der Totalrevision der Bundesverfassung von 1999 auf Verfassungsstufe aufgenommen. Vorher war er bloss auf Gesetzesebene verankert, nämlich in Art. 2 USG (mit dem Titel "Verursacherprinzip"), der wie folgt lautet:

> "Wer Massnahmen nach diesem Gesetz verursacht, trägt die Kosten dafür."

3.2 Gehalt des Verursacherprinzips im positiven Recht

3.2.1 Programmatischer Charakter

69 Beim *verfassungsrechtlichen* Grundsatz des Verursacherprinzips handelt es sich um eine rein programmatische Norm, die nicht unmittelbar anwendbar und kaum justiziabel ist. Seine Konkretisierung ist das Resultat einer *politischen Entscheidung*.[114]

70 Auch bei Art. 2 USG handelt es sich nach dem Bundesgericht[115] und der überwiegenden Lehre nicht um eine unmittelbar anwendbare Norm, da sie unter dem Gesichtspunkt des Legalitätsprinzips *nicht hinreichend bestimmt*

---

[114] BULLINGER, S. 77 f.; SEILER, Art. 2 N 7.
[115] BGE 125 I 449, vgl. auch BGE 119 Ib 289.

ist.[116] Somit ist stets eine konkretisierende, formell-gesetzliche Regelung erforderlich, welche die Anwendung des Verursacherprinzips (insbesondere in Abgrenzung vom Gemeinlastprinzip) spezifiziert und die einzelnen Komponenten, insbesondere Verursacherbegriff sowie Mass, Berechnung und Verteilung der Kosten, genauer umschreibt.[117] Hingegen ist Art. 2 USG insofern justiziabel, als er Beurteilungsmassstab für die Rechtmässigkeit vom Ausführungsrecht im Geltungsbereich des USG ist.[118] Ebenso ist das Verursacherprinzip bei der Auslegung anderer Bestimmungen zu berücksichtigen.[119]

GRIFFEL vertritt dagegen die Meinung, Art. 2 USG sei normativ ausreichend bestimmt und deshalb unmittelbar anwendbar, wobei der Anwendungsbereich aber insbesondere durch die Art. 48 und 59 USG eingeschränkt sei.[120] Davon abgesehen bestreitet auch GRIFFEL nicht, dass das Verursacherprinzip konkretisierungsbedürftig ist.[121]   71

Schliesslich beansprucht das Verursacherprinzip nicht absolute Geltung, sondern ist ein *"Optimierungsgebot"*[122]. Der Gesetzgeber hat in einem politischen Entscheidungsprozess das Verursacherprinzip nicht nur gegenüber anderen umweltrechtlichen Prinzipien, namentlich dem Gemeinlast- und dem Opferprinzip,[123] abzuwägen, sondern dabei auch die gesamte Verfassungsordnung zu berücksichtigen. Insbesondere muss der programmatische Gehalt der   72

---

[116] SEILER, Art. 2 N 35 ff., 38; VALLENDER/MORELL, § 5 N 16, 45. Dies stützt sich unter anderem auch auf die Materialien (vgl. Botschaft USG 1979, S. 781).

[117] SEILER, Art. 2 N 38; RAUSCH/MARTI/GRIFFEL, N 98.

[118] GRIFFEL, N 229, 242; SEILER, Art. 2 N 24.

[119] SEILER, Art. 2 N 26; VALLENDER/MORELL, § 5 N 16 ff. A.M. offenbar GRIFFEL, N 283, obwohl dies eigentlich (auch bei Programmnormen) aufgrund des Postulates *systematischer und verfassungskonformer Auslegung* selbstverständlich sein sollte und der Autor teilweise sogar eine direkte Anwendung von Art. 2 USG annimmt (vgl. sogleich nachfolgend).

[120] GRIFFEL, N 243 f., 250; RAUSCH/MARTI/GRIFFEL, N 100 f. Inwieweit sich aus Art. 59 USG materiell eine Einschränkung ergeben soll, ist m.E. nicht zu erkennen, soll doch darin gerade das Verursacherprinzip bei unmittelbar drohenden Einwirkungen normiert werden.

[121] GRIFFEL, N 242.

[122] RAUSCH/MARTI/GRIFFEL, N 198.

[123] Dazu unten N 90 ff.

Grundrechte, die sowohl durch Umweltbelastungen als auch durch staatliche Umweltmassnahmen tangiert sein können, beachtet werden.[124] Die ausdrückliche verfassungsrechtliche Verankerung des Verursachungsprinzips bedeutet m.E. bloss (aber immerhin), dass Abweichungen vom Verursachungsprinzip auf Gesetzesstufe sachlich zu begründen sind.[125]

3.2.2 Elemente des Verursacherprinzips

73 Das Verursacherprinzip im Sinne der Art. 74 Abs. 2 BV/Art. 2 USG ist nicht deckungsgleich mit dem ökonomischen Verursacherprinzip, das rechtlich nur in reduziertem Masse umgesetzt wird.[126] Vielmehr zeichnet es sich durch folgende Elemente aus:

- Es handelt sich um ein reines *Kostenzurechnungsprinzip*. Wie es der Wortlaut von Art. 74 Abs. 2 BV als auch von Art. 2 USG ausdrückt, betrifft das Verursachungsprinzip bloss die Frage der Kostentragung.[127] Dagegen stellt es nach dem gesetzgeberischen Willen[128] nicht zusätzlich eine Grundlage für *Verhaltens- bzw. Vermeidungspflichten* dar (d.h. als Prinzip der materiellen Verantwortung).[129] Dies entspricht dem Gedanken, dass *Kosten externer Effekte* den Verursachern zugerechnet, d.h. internalisiert werden sol-

---

[124] Vgl. dazu VALLENDER/MORELL, § 4 N 52 ff.

[125] Im Geltungsbereich des USG hat Art. 2 USG sodann zur Folge, dass kantonale und kommunale Gesetz- und Verordnungsgeber sich an das Verursachungsprinzip halten müssen, vgl. VALLENDER/MORELL, § 5 N 43 ff.

[126] FRICK, S. 132; SEILER, Art. 2 N 23.

[127] FRICK, S. 40; MORELL, Art. 74 N 22. STEINER P. (S. 23 Fn. 147) argumentiert dennoch zu Recht, dass, auch wenn der geltende Art. 2 USG klarerweise nur die Kostentragung betrifft, dies noch lange nicht bedeuten muss, dass dem Verursacherprinzip im Schweizer Recht nicht eine darüber hinausgehende Funktion zugerechnet werden kann.

[128] S. die Botschaft USG 1979, S. 775 und 780.

[129] FRICK, S. 23 f. und 39 ff.; GRIFFEL, N 210, 232 ff. und 343; RAUSCH, S. 226; SEILER, Art. 2 N 30; WAGNER B., Verursacherprinzip, S. 334; WAGNER PFEIFER B., Umweltrecht I, N 48 f. Das Bundesgericht hält ebenfalls fest, dass das Verursacherprinzip nicht den Massnahmenadressat bezeichne, sondern ausschliesslich den Kostenpflichtigen (BGE 118 Ib 407, E. 3b).

len. Bei dieser Kostenzurechnung ist das Verursacherprinzip insbesondere vom Gemeinlastprinzip und vom Opferprinzip abzugrenzen.[130]

- Zu tragen sind Kosten der *Vermeidung und Beseitigung* schädlicher oder lästiger Einwirkungen bzw. *Massnahmenkosten nach USG.* Während man im Allgemeinen bei externen Kosten nach Vermeidungs-, Verminderungs-, Beseitigungs- und Duldungskosten unterscheiden kann,[131] fallen nur quantifizierbare und individualisierbare Vermeidungs-, Verminderungs- und Beseitigungskosten, die direkt kausal durch ein Verhalten (bzw. einen Zustand) verursacht wurden, unter die Bestimmungen.[132] Ausgeschlossen bleiben insbesondere die Duldungskosten. In der Terminologie GRIFFELS wird damit nur das Verursacherprinzip im engsten Sinn verwirklicht.[133]

- Zu tragen hat diese Kosten der *Verursacher.* Aufgrund seiner eminent wichtigen Bedeutung für das Verursacherprinzip wird dieser Begriff separat erörtert; zu erwähnen ist bloss, dass mangels gesetzlicher Konkretisierungen Rechtsprechung und herrschende Lehre zu seiner Bestimmung auf den Begriff des *Störers* zurückgreifen.[134]

- Auch wenn das Verursacherprinzip im positiven Recht nicht im umfassenden Sinn verankert ist, wird dem Verursacherprinzip von der herrschenden Lehre eine Funktion als Instrument zur indirekten *Verhaltenslenkung* zugestanden.[135]

---

[130] Dazu unten N 90 ff.
[131] GRIFFEL, N 211.
[132] GRIFFEL, N 218 f.
[133] GRIFFEL, N 219.
[134] Dazu unten N 159 ff.
[135] GRIFFEL, N 234 f.; KARLEN, Prozessieren, N 2.32; RAUSCH/MARTI/GRIFFEL, N 96 f.

4 Verursacherprinzip als Prinzip materieller Verantwortung?

4.1 Ausgangslage

74 Wie oben dargelegt, stellt das Verursacherprinzip sowohl nach Art. 74 Abs. 2 BV als auch Art. 2 USG ein reines *Kostenzurechnungsprinzip* dar.[136] Während die Lage unter dem geltenden Recht unbestritten ist, fragt es sich, ob es sich rechtfertigt, unter bestimmten Voraussetzungen auch für *Verhaltens- bzw. Vermeidungspflichten*, d.h. für die materielle Verantwortung, eine Zurechnung nach dem Verursacherprinzip vorzunehmen bzw. in diesem Zusammenhang ebenfalls terminologisch von Verursacherprinzip (in einem weiteren Sinn) zu sprechen. Während der wohl überwiegende Teil der schweizerischen Lehre dies ablehnt,[137] mehren sich die befürwortenden Stimmen.[138]

75 In Art. 18 Abs. 1ter NHG wird hingegen der Begriff "Verursacher" im Zusammenhang mit der Pflicht benutzt, *Massnahmen* zu ergreifen. Dennoch soll nach einem Teil der Lehre hier kein Anwendungsfall des Verursacherprinzips vorliegen.[139]

---

[136] Vgl. oben N 73.

[137] FRICK, S. 23 f. und 39 ff.; GRIFFEL, N 210, 232 ff. und 343; RAUSCH, S. 226; SEILER, Art. 2 N 30; WAGNER B., Verursacherprinzip, S. 334; WAGNER PFEIFER B., Umweltrecht I, N 48 f. Namentlich GRIFFEL, N 209 f., unterscheidet zwischen verschiedenen Begriffen des Verursacherprinzips. Nach dem "allgemeinen" Verursacherprinzip "im weitesten Sinn" sollen auch Handlungspflichten durch das Verursacherprinzip begründet werden. Das "rechtliche" Verursacherprinzip "im weiteren Sinn" stelle hingegen eine reine Kostenzurechnungsregel dar. Solange nach GRIFFEL bloss der Verursacherbegriff "im engsten Sinn" positiviert ist, macht ausserhalb davon die Unterscheidung nach "rechtlichen" und "allgemeinen" Prinzipien m.E. aber wenig Sinn.

[138] KELLER H., S. 180 f.; STEINER P., S. 23 und 77 f.; ZUFFEREY, Pollueur-payeur, S. 124, 126 und 129; ZUFFEREY, Kommentar NHG, Kap. 3 N 35; ferner MORELL (Art. 74 N 22), der die Möglichkeit einer über die blosse Kostenanlastung hinausgehende Bedeutung anerkennt.

[139] GRIFFEL, N 239 f.

4.2 Die Unterscheidung zwischen Verpflichtung und Verpflichtbarkeit im Polizeirecht

Diese Streitfrage erinnert an eine im Polizeirecht längst überwundene Kontroverse. Es wurde - unter anderem von HURST, PETERS und WAGNER W.- in der deutschen Polizeirechtslehre die Ansicht vertreten, es gebe keine polizeiliche Verpflichtung des Bürgers, sondern nur eine *Verpflichtbarkeit*.[140] Die Existenz einer *materiellen Polizeipflicht* wurde somit negiert. Heutzutage herrscht aber sowohl in der deutschen[141] als auch in der Schweizer[142] Lehre die gegenteilige Meinung, indem dem Störerprinzip ein *materiell-rechtlicher Inhalt* beigemessen wird. Somit ist das Störerprinzip auch als eine an den Bürger gerichtete *Pflicht* zu verstehen, sein Verhalten oder den Zustand seiner Sachen so einzurichten, dass daraus keine Störung oder Gefahr entsteht.[143]

76

Dass dem Störerprinzip ein materiell-rechtlicher Inhalt zukommt, verkennt auch derjenige Teil der schweizerischen Lehre nicht, der das Verursacherprinzip als reines Kostenzurechnungsprinzip verstehen will; Letztere behauptet aber, darin liege ein entscheidender Unterschied zwischen Störer- und Verursacherprinzip.[144]

77

4.3 Rechtsvergleichung

Auch im *Recht der Europäischen Union* soll sich nach einem Teil der schweizerischen Lehre das Verursacherprinzip (Art. 174 Abs. 2 Satz 2 EGV) allein auf die Frage der *Kostentragung* beziehen.[145] Doch schaut man sich die Richtlinie 2004/35/EG des Europäischen Parlaments und des Rates vom 21. April 2004 über Umwelthaftung zur Vermeidung und Sanierung von Umweltschäden an, so ergibt sich ein anderes Bild. Es wird nämlich in den Erwägungen

78

---

[140] HURST, S. 65; PETERS, S. 369 ff.; WAGNER W., S. 24 ff.
[141] DREWS/WACKE/VOGEL/MARTENS, S. 293; PIETZCKER, S. 459; VOLLMUTH, S. 58.
[142] REINHARD, S. 176 m.w.H. In diesem Sinne offenbar auch BGE 122 II 65 E. 6a.
[143] Statt Vieler REINHARD, S. 176.
[144] GRIFFEL, N 332
[145] EPINEY, S. 106 ff.; GRIFFEL, N 233.

zur Richtlinie explizit sowohl die Vermeidungs- als auch die Sanierungs-*pflicht* vom Verursacherprinzip abgeleitet (2. Erwägung). Grundsätzlich ist der Betreiber nicht nur gehalten, die *Kosten* einer Vermeidungs- oder Sanierungsmassnahme (Art. 8 RL 2004/35/EG) zu tragen, sondern vielmehr ist er auch dazu verpflichtet, diese *Massnahmen selbst durchzuführen* (Art. 5 Abs. 1 und Art. 6 Abs. 1 RL 2004/35/EG). Zusammenfassend kann somit festgehalten werden, dass die RL 2004/35/EG sowohl die Tragungen der Sanierungs-*kosten* vom Verursacherprinzip ableitet als auch das Ergreifen von Sanierungs*massnahmen*. Zudem beschränkt sich die Haftung nicht auf eingetretene Umweltschäden, sondern umfasst auch eine generelle Schadens*vermeidungspflicht*.

79   In der deutschen Doktrin wird ebenfalls weitgehend anerkannt, dass das Verursacherprinzip nicht allein ein reines Kostenzurechnungsprinzip darstellt, sondern auch eine *sachliche Verantwortung* begründet.[146] Demnach kann das Verursacherprinzip nicht nur durch nachträgliche Kostenerstattungspflichten und Abgaben verwirklicht werden. Es stehen auch andere Instrumente zu seiner Durchsetzung zur Verfügung wie Vermeidungs- und Beseitigungspflichten (insb. Verbote und Auflagen) und zivilrechtliche Unterlassungs- und Haftungsansprüche.[147]

4.4   Würdigung

80   Die Autoren, die das Verursacherprinzip als *reines Kostenzurechnungsprinzip* verstanden sehen wollen, argumentieren damit, dass das Verursacherprinzip nichts darüber besagen würde, "ob eine Umweltbelastung von Anfang an zu vermeiden oder nach ihrer Entstehung zu beseitigen oder zu dulden sei. Es macht auch keine Aussage darüber, wer für die allfällige Vermeidung oder Beseitigung verantwortlich ist".[148] FRICK betont ferner, dass "das Verursa-

---

[146]   KLOEPFER, Umweltrecht, § 4 N 42.
[147]   KLOEPFER, Umweltrecht, § 4 N 42.
[148]   GRIFFEL, N 232; RAUSCH, S. 226. Vgl. auch WAGNER B., Verursacherprinzip, S. 334 f.

cherprinzip *keine allgemeingültigen Kriterien* für die *Bestimmung* des *Massnahmenadressaten bereitstellt*"[149].

Die gegen das Verursacherprinzip als Zurechnungsmodell für eine *materielle* 81
Verantwortung bzw. für *Verhaltens*pflichten vorgebrachten Argumente sind
insofern erstaunlich, als dass - wie bereits dargelegt -[150] diese Einwände gleichermassen für das Verursacherprinzip als *Kostenzurechnungsprinzip* gelten,
dort aber von denselben Autoren nicht berücksichtigt werden.[151] Diese Argumente vermögen m.E. deshalb nicht zu überzeugen, weil grundsätzlich nichts
deduktiv vom Verursacherprinzip abgeleitet werden kann, weder bezüglich
der Kostenzurechnung noch der *materiellen Verantwortung*. Es handelt sich
nämlich bei diesem Prinzip, wie bereits dargelegt, allein um ein *theoretisches*
Zurechnungsmodell. Entgegen der Ansicht von FRICK[152] bilden sowohl die
Kostenzurechnung als auch die materielle Verantwortung daher gleichermassen das Ergebnis legislativer bzw. wertender Abwägungen.[153]

Dass das Verursacherprinzip unter anderem nichts darüber aussagt, wer 82
Kostenadressat ist, wird anschaulich demonstriert durch die Notwendigkeit
des Rückgriffs auf den *Störerbegriff*, um den Verursacherkreis zu umschreiben. Da man sich schon bei der Kostenfrage des Störerbegriffs bedient, um
die Kostenpflichtigen zu bezeichnen, sollten *a fortiori* auch die *Massnahmen*-
pflichtigen anhand dieses Rückgriffs bestimmt werden können. Das Störerprinzip dient nämlich grundsätzlich dazu, diejenigen Personen zu bestimmen,
welche die *Massnahmen* zu treffen haben, die zur Erhaltung bzw. zur Wiederherstellung eines polizeikonformen Zustandes notwendig sind.[154]

---

[149] FRICK, S. 40.
[150] Dazu oben N 40 ff.
[151] FRICK, S. 31 und 40; GRIFFEL, N 241.
[152] FRICK, S. 40.
[153] Vgl. WAGNER PFEIFER B., Umweltrecht I (2. A, 2002), S. 139. In der 3. A. findet sich diese
Meinung nur begrenzt wieder, vgl. WAGNER PFEIFER B., Umweltrecht I, N 566.
[154] REINHARD, S. 175.

83   Verfehlt ist auch der Einwand GRIFFELs, wo das Gesetz eine materielle Verantwortlichkeit einem Verursacher zuweise, gelte die Verhaltenspflicht "bloss" aufgrund positivrechtlicher Normierung.[155] Diese Ansicht verkennt, dass (unbestrittenermassen) auch die Kostentragungspflicht nach dem Verursacherprinzip immer einer (speziellen) gesetzlichen Grundlage bedarf.[156]

84   Vielmehr sprechen gewichtige Argumente für ein Verständnis des Verursacherprinzips (in einem weiteren Sinn) als eines *allgemeinen Grundsatzes der Umweltverantwortlichkeit.* Einerseits veranschaulicht das Beispiel der RL 2004/35/EG, dass z.B. eine auf dem Verursacherprinzip basierende *Umwelthaftung* nicht allein auf die Kostenzurechnung beschränkt werden sollte. Im Ergebnis hat die RL 2004/35/EG nämlich nicht nur ein, sondern zwei Haftungsregime eingeführt.[157] Die Haftung des Betreibers richtet sich zunächst auf Vermeidung und Sanierung von Umweltschäden, also auf Naturalleistung und nicht etwa auf Geldleistung (Art. 5 und 6 RL 2004/35/EG).[158] Andererseits macht es auch generell Sinn, den Verursacher zu verpflichten, die erforderlichen Massnahmen selbst zu ergreifen, so dass sich das Problem der *nachträglichen* Kostenüberwälzung und der mit ihr verbundenen Verfahrenskosten erst gar nicht stellt. Dem Interesse an einem bestmöglichen Schutz der Umwelt vor Verschmutzungen ist zudem dann am meisten gedient, wenn der Verursacher mit eigenen Mitteln und auf eigene Kosten Verschmutzungen sowohl vermeiden als auch beseitigen muss. Gerade bei aus einer industriellen Tätigkeit herrührenden Verschmutzungen sind die Verursacher wegen ihrer Kenntnis über die Art und Entstehung der Verschmutzung eher in der Lage, sachgerechte Massnahmen zu ergreifen. Dies schliesst natürlich eine subsidiäre Massnahmenpflicht des Gemeinwesens nicht aus, wenn der Verursacher nicht ermittelt werden kann, der Aufforderung zur Vornahme von Mass-

---

[155] So GRIFFEL, N 239.

[156] Vgl. oben N 69. Unabhängig davon ist die Streitfrage, ob Art. 2 USG (selbst eine gesetzliche Normierung) unmittelbar anwendbar ist oder nicht.

[157] WAGNER G., S. 88.

[158] WAGNER G., S. 87.

nahmen nicht folgt oder nicht in der Lage ist, solche Massnahmen zu ergreifen.

Deshalb ist zu bejahen, dass man das Verursacherprinzip (in einem weiteren 85
Sinn) auch als Prinzip materieller Verantwortung zu verstehen hat. Dass der
Verfassungsgeber in Art. 74 Abs. 2 BV explizit bloss ein engeres Verursacherprinzip verankert hat, bedeutet allein, dass diesem Prinzip nur in diesem
Rahmen verfassungsrechtliche Geltung zukommt.[159] Dem weiter verstandenen Verursacherprinzip kommt zwar nicht diese verfassungsrechtliche Tragweite, jedoch einerseits eine umweltpolitische und andererseits (aus juristischer Perspektive) eine begrifflich-ordnende Funktion zu.

Die vorliegend vertretene Ansicht verlangt natürlich nicht, dass die Realleistungspflicht immer mit der Kostentragungspflicht zusammenfällt. Hier wie 86
dort muss jeweils das passende Zurechnungsprinzip ausgewählt werden.[160] Es
kann sich unter anderem aus Zweckmässigkeitsgründen (wie bei Siedlungsabfällen, Art. 31b Abs. 1 USG) als berechtigt erweisen, von der Anwendung des
Verursacherprinzips bei der Realleistungspflicht abzusehen.[161]

Anerkennt man indessen das Verständnis des Verursacherprinzips als *Prinzip* 87
der materiellen Verantwortung, so deckt sich dieses Prinzip - was die Gefahrenabwehr anbelangt (z.B. Art. 59 USG und Art. 54 GSchG) - mit dem Störerprinzip. Diesem Punkt wird später noch näher nachzugehen sein.[162]

Zusammenfassend kann festgehalten werden, dass man das Verursacherprinzip als Prinzip sowohl einer *finanziellen* als auch einer *sachlichen Verantwortung* verstehen kann. Dabei kann und soll aber nicht über die Offenheit dieses 88
Prinzips hinweggetäuscht werden.[163] Einerseits kann das Verursacherprinzip
auch bei der materiellen Pflicht keine allgemeine Gültigkeit beanspruchen

---

[159]   Dazu oben N 73.
[160]   Dazu unten N 90 ff.
[161]   Vgl. KLOEPFER, Umweltrecht, § 4 N 44.
[162]   Dazu unten N 109 ff.
[163]   Dazu oben N 69 ff.

und andererseits kann die Ausgestaltung der materiellen Verantwortung wie die Nennung derjenigen Personen, die als Verursacher zum Ergreifen der Massnahmen zu verpflichten sind, nur das Ergebnis einer Wertung bzw. eines legislativen Prozesses sein.[164]

89 Folgerichtig sollte die von REHBINDER für das deutsche Recht formulierte Definition des Verursacherprinzips übernommen werden. Laut diesem Autor besagt das Verursacherprinzip nur, "dass die Verantwortlichkeit für die Vermeidung oder Beseitigung einer Umweltbelastung und die Tragung der damit verbundenen Kosten das aus Herstellern und Abnehmern usw. bestehende Subsystem, nicht jedoch das gesamt-gesellschaftliche System, d.h. die Masse der Steuerzahler, trifft"[165].

5 Verhältnis vom Verursacherprinzip zu anderen Zurechnungsprinzipien

5.1 Verursacherprinzip und andere Kostenzurechnungsprinzipien

5.1.1 Allgemeines

90 Wie bereits dargelegt, handelt es sich beim Verursacherprinzip um ein allgemeines *Zurechnungsprinzip*, bei dem versucht wird, die Zurechnung aus einer *Verursachung* abzuleiten.[166]

91 Das Verursacherprinzip kann dennoch *nicht* für sich in Anspruch nehmen, *das einzige Zurechnungsmodell im Umweltrecht* zu sein. Vielmehr steht es dort im Wettbewerb mit anderen Zurechnungsprinzipien, namentlich dem *Gemeinlastprinzip*, dem *Opferprinzip* und dem *Nutzniesser- bzw. Abgeltungsprinzip*.[167]

---

[164] Dazu oben N 69.
[165] REHBINDER, S. 33.
[166] GANTNER, S. 27.
[167] Vgl. etwa VALLENDER/MORELL, § 5 N 14 ff.

Bei der Wahl des jeweils anzuwendenden Zurechnungsprinzips handelt es sich um eine *politische Entscheidung*.[168] 92

5.1.2 Gemeinlastprinzip

Das *Gemeinlastprinzip* besagt, dass die Kosten des Umweltschutzes durch die Allgemeinheit - und somit durch Steuergelder - finanziert werden sollen.[169] Insofern bildet das Gemeinlastprinzip das Gegenstück zum Verursacherprinzip.[170] 93

Nach dem allgemeinen Verständnis kommt das Gemeinlastprinzip erst dann zum Tragen, wenn das *Verursacherprinzip nicht durchsetzbar* ist.[171] Dies ist z.B. dann der Fall, wenn ein Verursacher nicht eruiert werden kann und es zu Ausfallkosten kommt (vgl. Art. 32d Abs. 3 USG). Daher stellt das Gemeinlastprinzip eine *Ausnahme vom Verursacherprinzip* dar.[172] 94

Dennoch wäre die Vorstellung, das Verursacherprinzip könne das Gemeinlastprinzip ganz aus dem Umweltrecht verdrängen, verfehlt.[173] Auch durch die Verankerung des Verursacherprinzips in Art. 74 Abs. 2 BV und Art. 2 USG wird das Gemeinlastprinzip nie jegliche Bedeutung verlieren. Einerseits sind die Verursacher nicht immer auffindbar oder zahlungsfähig. Andererseits - und dies ist ein gewichtigeres Argument - kann eine vollkommene Internalisierung der Kosten gegebenenfalls zu sozialen Ungerechtigkeiten führen bzw. nachteilige wirtschaftliche Folgen haben.[174] 95

---

[168] Dazu oben N 69.

[169] CANSIER, S. 137.

[170] KLOEPFER, Umweltrecht, § 4 N 52; MINSCH, S. 149.

[171] MINSCH, S. 147 ff.; ZUFFEREY, Pollueur-payeur, S. 127.

[172] KLOEPFER, Umweltrecht, § 4 N 52.

[173] Vgl. KLOEPFER, Umweltrecht, § 4 N 54.

[174] BULLINGER, S. 79; ZUFFEREY, Pollueur-payeur, S. 128. A.M FRICK (S. 37), der einer Abweichung vom Verursacherprinzip aus sozial- und wirtschaftspolitischen Gründen sehr skeptisch gegenübersteht und eine Durchbrechung des Verursacherprinzips unter Bezugnahme auf nicht ökologische Anliegen daher nur höchstens ausnahmsweise zulassen will.

96   Auch in anderen Bereichen werden aus rechtsstaatlichen oder politischen Überlegungen nicht alle Kosten des Staats, die einer Person individuell zugerechnet werden können, tatsächlich dieser Person überbürdet. Man denke hier nur an die Kosten, die dem Staat aus staatlichen Schulen und Universitäten erwachsen und nicht (Unentgeltlichkeit des Grundschulunterrichts, Art. 19 BV)[175] bzw. nur teilweise (Universitätsgebühren) von deren Benutzern getragen werden.[176]

97   Das Gemeinlastprinzip sollte indessen nicht als grundsätzlich minderwertigeres Kostenzurechnungsprinzip gewertet werden.[177] In der Tat gibt es zahlreiche Fälle, in denen dieses Modell ein Garant für Gerechtigkeit darstellt.[178] So hebt CANSIER zu Recht hervor, dass gerade bei der Altlastenproblematik das Gemeinlastprinzip zum Zuge kommen sollte. Einerseits dann, wenn eine Kausalkette von Ursache und Wirkung nachträglich nicht mehr mit genügender Sicherheit eruiert werden kann.[179] Andererseits sollte das Gemeinlastprinzip ausserdem vor allem dann zur Anwendung gelangen, wenn das Rückwirkungsverbot eine *retroaktive Anwendung* des Verursacherprinzips verbietet.[180]

---

[175]   HÄFELIN/HALLER, N 920 ff.

[176]   BULLINGER, S. 77.

[177]   A.M. FRICK (S. 34 ff.), der von der "grundsätzlichen Nachrangigkeit des Gemeinlastprinzips" spricht.

[178]   A.M. MINSCH (S. 149 f.), der das Gemeinlastprinzip als Notbehelf und flankierende Massnahme für die Fälle bezeichnet, in denen das Verursacherprinzip aus irgendeinem Grund nicht durchgesetzt werden kann.

[179]   CANSIER, S. 137.

[180]   CANSIER (S. 137) formuliert es wie folgt: "Das Gebot der Rechtsstaatlichkeit, zu dessen wesentlichem Bestandteil die Rechtssicherheit gehört, verbietet es dem Staat, mit neuen Gesetzen nachträglich in abgeschlossene Sachverhalte der Vergangenheit mit belastenden Folgen für den Bürger einzugreifen. Die Idee des privaten Vertrauensschutzes hat Vorrang vor dem öffentlichen Interesse an einer rechtlichen Neuordnung." Gl.M. BLANKART, S. 69 ff. und S. 86 f. Diese mahnenden Worte eines Wirtschaftswissenschaftlers sollten gerade bei Juristen Gehör finden. Dennoch werden in der Schweizer Lehre und Praxis Altlastenregelungen auch rückwirkend angewendet (dazu unten N 765 ff.).

5.1.3 Opferprinzip

Als weiteres Zurechnungsprinzip ist ebenfalls das *Opferprinzip* aus dem   98
Umweltrecht nicht wegzudenken.[181] Als Anwendungsbeispiel dieses Prinzips
wird in der Lehre derjenige Fall genannt, in dem eine vom Lärm betroffene
Person selbst für die Kosten der Schallschutzmassnahmen aufkommen muss
(z.B. Art. 20 Abs. 2 und 21 Abs. 1 USG).[182]

Wie es noch im Zusammenhang mit der Problematik der *Symmetrie der*   99
Verursachung zu sehen sein wird, kann aber in diesem Fall auch argumentiert
werden, dass die vom Lärm betroffene Person - da sie an eine bestehende
Lärmquelle heranrückt - selbst Verursacher ihrer Beeinträchtigung ist und
folglich keine Abweichung vom Verursacherprinzip bzw. kein Anwendungsfall des Opferprinzips vorliegt.[183]

Ein weiterer, m.E. bedeutenderer bzw. wahrer Anwendungsfall des Opfer-   100
prinzips findet sich bei den *Verursacherhaftungen* wieder. Da diese vom Polizeirecht abstammen,[184] werden allein die Kosten der unmittelbaren Gefahrenabwehr ersetzt. So werden z.B. im Altlastenrecht allein die Kosten der *not-*
wendigen Massnahmen erstattet (Art. 32d Abs. 1 USG). Demzufolge werden
grundsätzlich auch nicht die Kosten einer *Gesamtsanierung* zurückerstattet,
sofern sie nicht für die Beseitigung der konkreten Gefahrenlage unerlässlich
ist.[185]

Das Gleiche gilt für das *Emissionsgrenzwertsystem*, da Emissionen für den   101
Verursacher bis zum Grenzwert kostenlos sind.[186] Wie der Gedanke der
Grenzwerte im Umweltrecht zeigt, geht mit dem Opferprinzip das Konzept

---

[181] KLOEPFER, Umweltrecht, § 4 N 55; VALLENDER/MORELL, § 5 N 57; WAGNER PFEIFER B.,
Umweltrecht I, N 62. Kritisch zu diesem Prinzip GRIFFEL, N 5 Fn. 5
[182] VALLENDER/MORELL, § 5 N 57.
[183] Dazu unten N 153 ff.
[184] Dazu oben N 58 ff.
[185] STUTZ, Verfahrensfragen, S. 772. Ausführlich dazu unten N 467 ff. und insb. N 472.
[186] VALLENDER/MORELL, § 5 N 57.

der *Toleranzgrenze* einher.[187] Ein individuell Betroffener muss Umweltbelastungen bis zu einer gewissen Grenze ersatzlos hinnehmen. Während Toleranzgrenzen der wirtschaftswissenschaftlichen Vorstellung vom Verursacherprinzip fremd sind, tragen sie aus rechtlicher Sicht der Erkenntnis Rechnung, dass beim gesellschaftlichen Zusammenleben unvermeidbare Störungen auftreten, die, sofern sie zumutbar sind, ersatzlos hingenommen werden müssen.[188] In einer industriellen Gesellschaft kann keiner erwarten, dass umweltrechtliche Idealzustände herrschen, sondern nur, vor unzumutbaren Belastungen geschützt zu werden.[189]

102 Grundsätzlich sollte nicht weiter zu beanstanden sein, dass das Prinzip *casum sentit dominus* im Umweltrecht und insbesondere bei Verursacherhaftungen - so wie im privatrechtlichen Haftpflichtrecht - gilt. Das Verursacherprinzip vermag nämlich nicht, die *Zurechnungsregeln* des Ordnungs- oder Haftpflichtrechts zu verdrängen.[190] Somit muss auch hier akzeptiert werden, dass nicht jeder Schaden dessen Urheber (d.h. dessen "Verursacher") zugerechnet werden kann.

103 Um einen Kohärenzbruch des Rechtssystems zu vermeiden, rechtfertigt es sich insbesondere in zwei Fällen, bei der Umsetzung des Verursacherprinzips dem Opferprinzip bzw. dem Gedanken der *Toleranzgrenze* Rechnung zu tragen.

104 Einerseits muss beim *überindividuellen Schadensausgleich* berücksichtigt werden, dass der individuelle Schadensausgleich Toleranzgrenzen kennt. So wäre es wohl kaum vertretbar, wenn der Staat als Träger von öffentlichen Strassen, Flughäfen und weiteren Anlagen die lärm- und abgasgeschädigten Anlieger nur bei übermässigen (und unvermeidbaren) Einwirkungen entschä-

---

[187] Ausführlich zu diesem Begriff und zur Unterscheidung zur Duldungsgrenze: BULLINGER, S. 95 ff.
[188] BULLINGER, S. 96.
[189] BULLINGER, S. 96.
[190] Vgl. KLOEPFER, Umweltrecht, § 4 N 48.

digen muss (d.h. enteignen, Art. 5 EntG[191]),[192] während der gleiche Staat von den Benutzern dieser selben Anlagen einen vollen finanziellen Ausgleich mittels einer Umweltabgabe für alle Einwirkungen verlangen könnte, d.h. auch für diejenigen Einwirkungen, die entschädigungslos von den Anliegern hingenommen werden müssen.[193]

Andererseits kennt das *privatrechtliche Haftpflichtrecht* Toleranzgrenzen (Art. 679 i.V.m. 684 ZGB), weshalb auch bei den öffentlich-rechtlichen Immissions- und Emissionsbegrenzungen grundsätzlich Toleranzgrenzen in der Form von Grenzwerten vorgesehen werden sollten (was auch in der jetzigen Umweltgesetzgebung der Fall ist), selbst wenn dadurch eine vollständige Internalisierung der externen Effekte - wie teilweise von der Wirtschaftswissenschaft gefordert - verhindert wird. Selbstverständlicherweise stellt die vorliegende Erkenntnis weder die spezifischen Schutzbereiche des öffentlichen Rechts und des Privatrechts noch die unterschiedlichen Grenzwerte, die in beiden Rechtsgebieten gelten, in Frage.[194]   105

5.1.4   Nutzniesser- bzw. Abgeltungsprinzip

Schliesslich gäbe es noch das *Nutzniesser- bzw. Abgeltungsprinzip*, das aber so weit ersichtlich noch keinen Niederschlag in der Schweizer Umweltgesetzgebung gefunden hat.[195] Bei diesem Prinzip entschädigen die von einer Umweltverbesserung Begünstigten die Vermeider.[196] Insofern stellt dieses Prinzip eine Umkehr des Verursacherprinzips dar.   106

---

[191] Bundesgesetz vom 20. Juni 1930 über die Enteignung, SR 711.
[192] Dazu ausführlich BOVEY, S. 73 ff.
[193] BULLINGER, S. 96.
[194] Ausführlich zu dieser Frage WERRO (Immissions, S. 99 ff.), der zu Recht den spezifischen Schutzbereich des öffentlichen Rechts und des Privatrechts unterstreicht und ZUFFEREY (Immissions, S. 94 ff.), der eingehend die Frage der Ermessensfreiheit des Zivilrichters bei Vorliegen von öffentlich-rechtlichen Grenzwerten behandelt.
[195] Für einen praktischen Anwendungsfall in der Bundesrepublik s. CANSIER, S. 150.
[196] CANSIER, S. 148.

107   In der Schweiz haben z.B. FREY/BLÖCHLIGER in einer umfassenden Studie vorgeschlagen, das *Abgeltungsprinzip* zur Förderung des Natur- und Landschaftsschutzes anzuwenden.[197]

5.1.5 Würdigung

108   Zusammenfassend kann festgehalten werden, dass auch im Umweltschutz ein *Optimum* nur durch die Kombination der verschiedenen Zurechnungskriterien erfolgen kann. Es muss das richtige Verhältnis von Verantwortlichkeit des Verursachers (Verursacherprinzip), Deckung aus allgemeinen öffentlichen Mitteln (Gemeinlastprinzip) und ersatzloser Hinnahme von Umweltbelastungen (Opferprinzip) gefunden werden.[198]

5.2   Verursacherprinzip vs. Störerprinzip

5.2.1 Allgemeines

109   Das Verursacherprinzip ist allgemeiner Ansicht nach ausschliesslich ein Grundprinzip des *Umweltrechts*, während das Störerprinzip aus dem *Polizeirecht* stammt. Folglich ist der Anwendungsbereich des polizeirechtlichen Störerprinzips insofern breiter, als es sich auf alle Störungen bzw. Gefährdungen der öffentlichen Sicherheit und Ordnung erstreckt und sich somit nicht allein auf den Umweltschutz beschränkt.

110   Wie bereits behandelt, soll laut herrschender Lehre das *Verursacherprinzip* ein *reines Kostenzurechnungsprinzip* sein,[199] während das Störerprinzip - wie nachfolgend zu erörtern ist - ein Instrument zur Wiederherstellung eines polizeikonformen Zustandes sein soll.

111   Die in der Lehre und Praxis getroffene Unterscheidung zwischen dem Störerprinzip und dem Verursacherprinzip entspricht somit der Unterscheidung zwi-

---

[197] FREY/BLÖCHLIGER, S. 57 ff.
[198] Vgl. BULLINGER, S. 79.
[199] Dazu oben N 73.

schen *Massnahmenanlastung* (Störerprinzip) und *Kostentragungspflicht* (Verursacherprinzip).[200]

5.2.2 Störerprinzip

Das Störerprinzip ist laut herrschender Lehre und Rechtsprechung ein unge-   112
schriebener, allgemeiner Grundsatz des *materiellen Polizeirechts*, der besagt, dass sich der Staat bei Massnahmen zur Aufrechterhaltung oder Wiederherstellung der öffentlichen Ordnung und Sicherheit an den Störer zu halten hat.[201] Das Störerprinzip kann somit als Ausfluss des *Rechtsstaatsprinzips* verstanden werden, da es die Begrenzung der Staatsmacht und die Sicherung der individuellen Freiheit zum Ziel hat.[202] Die herrschende Lehre ist sich einig, dass das *Störerprinzip* bzw. die polizeiliche Verantwortlichkeit allein ein Instrument zur Wiederherstellung des polizeikonformen Zustandes *auf eigene Kosten* darstellt.[203] Dagegen soll das Störerprinzip kein Instrument bilden, das dem Staat erlaubt, entstandene Kosten auf den Störer zu überwälzen. Eine Überwälzung der Kosten ist jedoch im Falle einer ordentlichen Ersatzvornahme oder bei Vorliegen von besonderen gesetzlichen Grundlagen möglich.[204]

THÜRER vertritt hingegen die Meinung, das Störerprinzip stelle auch ein   113
Prinzip der *Kostenverteilung* für Massnahmen der Gefahrenabwehr dar.[205] Er bemerkt nämlich zu Recht, dass hinter der Gefahrenabwehr immer auch das Problem deren Finanzierung steht und dass sich deshalb das Störerprinzip als Grundsatz der Lasten- und Risikoverteilung zwischen dem Einzelnen und der

---

[200] Statt Vieler CUMMINS, S. 114 ff.; SCHERRER, S. 8 ff.; SEILER, Art. 2 N 34.
[201] REINHARD, S. 175; THÜRER, S. 463.
[202] THÜRER, S. 467.
[203] Statt Vieler CUMMINS, S. 114; REINHARD, S. 191; a.M. THÜRER (S. 471), der das Störerprinzip auch als ein Prinzip der Kostenverteilung für Massnahmen der Gefahrenabwehr erachtet.
[204] REINHARD, S. 191.
[205] THÜRER, S. 469 ff. und insbesondere S. 471.

Allgemeinheit erweist.[206] Auf die Frage, ob das Störprinzip nicht auch bei der Kostenverteilung gilt, wird noch zurückzukommen sein.[207]

5.2.3 Entstehungsgeschichte der Unterscheidung

114   Die Unterscheidung zwischen dem Störer- und dem Verursacherprinzip ist das Resultat einer langen Entwicklung in Rechtsprechung und Lehre:

115   Das Verursacherprinzip und das Störerprinzip sind - wie bereits dargelegt - eng miteinander verbunden.[208] So stammt etwa das Verursacherprinzip- zumindest teilweise - aus dem Polizeirecht.[209]

116   Schaut man indessen die Entstehungsgeschichte des Verursacherprinzips genauer an, so stellt man fest, dass sich dieses Prinzip - was die *Verursacherhaftungen* anbelangt - aus der Praxis und der Lehre zur *antizipierten Ersatzvornahme* herauskristallisiert hat.[210]

117   In den nachfolgenden Ausführungen wird indessen der Ausdruck "*unmittelbarer Vollzug*" demjenigen der "*antizipierten Ersatzvornahme*" vorgezogen, da mangels Realleistungspflicht des Störers der Staat in Wahrheit gar keine Ersatzvornahme vornimmt.[211]

118   Das Bundesgericht wurde mit der Frage konfrontiert, wie bzw. nach welchen Verteilungskriterien Kosten, die nicht beim Störer, sondern im Zuge eines *unmittelbaren Vollzugs* beim Gemeinwesen angefallen sind, auf die Störer überwälzt werden können. Ursprünglich unterschied das Bundesgericht in dieser Frage nicht zwischen der Realleistungspflicht (d.h. wer konkret eine Gefahr beseitigen muss) und der Kostentragungspflicht:

---

[206] THÜRER, S. 469.
[207] Dazu unten N 123 ff. und 138 ff.
[208] GRIFFEL, N 330.
[209] Dazu oben N 58 ff.
[210] GRIFFEL, N 288.
[211] Statt Vieler TSCHANNEN, Art. 32d N 12.

Das Bundesgericht ging bezüglich der Kostentragungspflicht - gleich wie bei der Realleistungspflicht - von einer Art Solidarhaftung der Störer aus.[212] Im Falle einer *unmittelbaren Gefahrenabwehr* konnte somit das Gemeinwesen wählen, welcher Störer belangt werden sollte und somit von diesem die Rückerstattung der *gesamten Kosten* verlangen.

119

GUENG unterzog in seinem Artikel "Zur Haftungskonkurrenz im Polizeirecht" die Rechtsprechung des Bundesgerichts einer grundlegenden Kritik, indem er unter anderem zu bemerken gab, dass die Kostenpflicht bei antizipierter Ersatzvornahme der Schadensersatzpflicht analog sei und es deshalb nicht geboten sei, sich an einen einzigen Störer zu halten.[213] Dementsprechend schlug GUENG vor, die privatrechtlichen Bestimmungen über die Schadenstragung im Innerverhältnis mehrerer Ersatzpflichtiger sinngemäss anzuwenden.[214] Die Meinung von GUENG fand beim Bundesgericht Gehör, welches Mitte der siebziger Jahre seine Rechtsprechung änderte und seitdem sinngemäss die haftpflichtrechtlichen Grundsätze von Art. 50 Abs. 2 und 51 Abs. 2 OR bei der Kostenverteilung anwendet.[215] Diese Entwicklung fand dann auch ihren expliziten Niederschlag in der Gesetzgebung, namentlich bei der Kostenverteilungsregelung gemäss Art. 32d USG.

120

Es gilt diesbezüglich zu beachten, dass es sich bei der von GUENG vorgeschlagenen und der ursprünglich vom Bundesgericht übernommenen *Art der Kostenverteilung* immer noch um eine Kostenverteilung im Rahmen der *polizeirechtlichen Haftung* handelt. Eine Differenzierung zwischen Störerprinzip und Verursacherprinzip wurde indessen von GUENG nicht vorgenommen.

121

Diese Entwicklung im Polizeirecht zeigt, dass das, was heute allgemein als Anwendungsfall des *Verursacherprinzips* angesehen wird, im Grunde genommen nichts anderes darstellt als eine differenzierte Anwendung des *Stö-*

122

---

[212] BGE 94 I 403 E. 5d; GRIFFEL, N 289.
[213] GUENG, S. 273 f.
[214] GUENG, S. 274.
[215] BGE 101 Ib 410 E. 6 (= Pra 1976 Nr. 197).

rerprinzips bei der Frage der Kostenverteilung. Sie trägt der Erkenntnis Rechnung, dass Kosten andersartig bzw. gerechter auf die Störer verteilt werden können, als dies normalerweise bei der Realleistungspflicht möglich ist. Einerseits entfällt bei der Kostenfrage das bei der *Gefahrenabwehr* erforderliche schnelle und effektive Handeln und andererseits lassen sich Kosten leicht teilen, während die kollektive Verpflichtung mehrerer Störer zur gemeinsamen Gefahrenabwehr des Öfteren unrealistisch sein dürfte.[216]

123   Es fragt sich nun, warum die Schaffung eines neuen Prinzips überhaupt von Nöten war bzw. warum sich die Ansicht durchgesetzt hat, dass das Störerprinzip nicht auch ein Instrument ist, das dem Staat erlaubt, ihm entstandene Kosten auf die Störer zu überwälzen.

124   Diese *restriktive Auslegung bzw. Anwendung* des Störerprinzips lässt sich wiederum aus einer historischen Perspektive heraus erklären. In der älteren Lehre und der früheren Rechtsprechung des Bundesgerichts war noch die Meinung vorherrschend, das Störerprinzip erlaube auch *ohne spezielle gesetzliche Grundlage* Kosten, die dem Staat bei der *unmittelbaren* Gefahrenabwehr entstanden sind, auf die Störer zu überwälzen.[217] So entwickelte sich die Rechtsfigur der sog. *antizipierten Ersatzvornahme.*[218]

125   Im Hinblick auf Art. 12 aGSchG 1955[219], welcher nur die Kostentragungspflicht im Zusammenhang mit Zwangsmassnahmen vorsah, begründete das Bundesgericht die Konstruktion der antizipierten Ersatzvornahme wie folgt: "Es ist in der Tat nicht einzusehen, weshalb das Gemeinwesen die Pflichtigen - nach Erlass einer Verfügung - auffordern sollte, dringliche Massnahmen des Gewässerschutzes zu treffen, ihnen beim Ausbleiben die Vornahme durch ei-

---

[216]   Dazu unten N 137.

[217]   Statt Vieler BÉTRIX, S. 373 f.; ROUILLER, S. 594 f.

[218]   Dazu oben N 116 ff.

[219]   Art. 8 aGSchG 1955 bestimmte unter der Marginalie "Zwangsmassnahmen": "Die Kantone können die zwangsweise Durchführung der von ihnen verlangten Massanahmen verfügen oder nötigenfalls Kosten der Pflichtigen selber besorgen." Ausführlich zu dieser Bestimmung ROUILLER, S. 593 ff.

nen Dritten anzudrohen und gar eine Nachfrist anzusetzen, wenn vom vorne-
herein feststeht, dass den Betroffenen die rechtlichen und technischen Mittel
fehlen, um den behördlichen Anordnungen nachzukommen. Es muss daher
dem Gemeinwesen in einem so gelagerten Falle zustehen, Massnahmen, die
eine Gefahrenquelle für Trinkwasser feststellen lassen, unmittelbar anzuord-
nen und auszuführen, ohne den Anspruch auf Kostenersatz zu verlieren".[220]

Auch GUENG betonte damals, dass kein Grund ersichtlich sei, dem Staat die
Befugnis zur verfügungsmassigen Auflage der Kosten einer antizipierten Ersatzvornahme abzusprechen und somit dem Störer zu erlauben, sich den
strengen polizeirechtlichen Verpflichtungen entziehen zu können, nur weil die
subjektive Leistungsunfähigkeit von vornherein erkannt wird und die Behörde
deshalb direkt zur Ersatzmassnahme schreitet.[221]

126

In der herrschenden Lehre[222] und der jetzigen Bundesgerichtsrechtsprechung[223] hat sich indessen die Ansicht durchgesetzt, dass der *Kostenersatz* für
das *unmittelbare Eingreifen* von Polizeibehörden (d.h. bei antizipierter Ersatzvornahme) einer *besonderen gesetzlichen Grundlage bedarf*. Solch eine
gesetzliche Grundlage wurde - was den Gewässerschutz betrifft - erstmals mit
Art. 8 aGSchG 1971 geschaffen.

127

Dieser Änderung der Rechtsprechung und auch der Schaffung der notwendigen gesetzlichen Grundlagen ging eine grundsätzliche Kritik der Rechtsfigur
der *antizipierten Ersatzvornahme* in der Lehre voraus.[224] So bezeichnete GYGI
die antizipierte Ersatzvornahme als wirklichkeitsfernes und ausgeklügeltes
Gebilde, das dem Rechtsgedenken nicht zur Ehre gereiche, da es nur noch den

128

---

[220] BGE 91 I 295 E. 3a.
[221] GUENG, S. 273. Vgl. auch MOOR, Bd. II, S. 113; POLTIER, S. 135 f.; THÜRER, S. 470 Fn. 25.
[222] BÉTRIX, S. 373 f.; REINHARD, S. 192; THÜRER, S. 469 f. Ferner ROUILLER, S. 594 f.
[223] So ausdrücklich BGE 104 II 95 E. 1, in dem das Bundesgericht festhält, dass der Verursacher eines Brandes nicht vom Gemeinwesen zum Ersatz der Löschkosten verpflichtet werden kann, wenn dies nicht ausdrücklich in einer gesetzlichen Grundlage vorgesehen wird
(solch eine gesetzliche Grundlage fehlte indessen im vorliegenden Fall).
[224] GYGI, Verwaltungsrecht, S. 329 ff.; MÜLLER, S. 19 f.; REINHARD, S. 192; ROUILLER,
S. 594 ff.; ZIMMERLI, S. 108 f

rechtlichen Schein einer Ersatzvornahme aufrechterhalte, um den "imaginären säumigen und noch unbekannten Polizeipflichtigen die Kosten einer inexistenten Ersatzvornahme aufbürden zu können"[225].

129   Die Ansicht, das Störerprinzip sei kein Instrument der Kostenverteilung, lässt sich somit auf die Aussage beschränken, dass der Staat ohne gesetzliche Grundlage keinen Ersatz vom Störer bzw. Verursacher für diejenigen Kosten verlangen kann, die durch das unmittelbare Einschreiten der Verwaltung entstehen. Dass das Störerprinzip nicht das *Gesetzesmässigkeitsprinzip* ausser Kraft setzt,[226] sollte eigentlich selbstverständlich sein. Diese Aussage trifft natürlich auch auf das Verursacherprinzip zu.[227] So begründet z.B. Art. 2 USG, welcher allgemein das *Verursacherprinzip* im Umweltschutzrecht verankert,[228] keine unmittelbaren Pflichten des Bürgers.[229] Art. 2 USG stellt allein eine *Programmnorm* dar. Eine Überwälzung von Kosten auf Private erfordert somit eine Art. 2 USG konkretisierende, besondere gesetzliche Grundlage.[230]

130   Zusammenfassend kann demnach festgehalten werden, dass das Störerprinzip sich sehr wohl auch bei der Kostenverteilung anwenden liesse. Die Kostenüberwälzung auf einen Störer bedarf aber einer expliziten *gesetzlichen Grundlage*.

131   Die Schaffung bzw. die Anwendung des Verursacherprinzips ist folglich insofern überflüssig, als auch ohne dieses Prinzip zu bemühen, Rechtsprechung und Lehre Regeln für eine gerechtere Kostenverteilung herauskristallisiert haben. Zudem bildete und bildet immer noch - trotz Kritik eines Teils der

---

[225]   GYGI, Verwaltungsrecht, S. 330.
[226]   Vgl. dazu HÄFELIN/MÜLLER/UHLMANN, N 2462 ff.
[227]   GRIFFEL, N 238.
[228]   SEILER, Art. 2 N 22.
[229]   Dazu oben N 69 ff.
[230]   SEILER, Art. 2 N 35 ff. und insb. 38; STEINER P., S. 97 ff. und 236 f.; VALLENDER/MORELL, § 5 N 43; ferner WAGNER PFEIFER B., Umweltrecht I, N 51. A.M GRIFFEL, N 243 und 253 f.

Lehre -[231] die *Störereigenschaft* den *Ausgangspunkt* der Kostenpflicht, auch wenn bei der Verteilung der Kosten zwischen mehreren Störern weitere Kriterien hinzutreten.[232] Was jetzt als Anwendungsfall des Verursacherprinzips angesehen wird, ist somit in Wahrheit nichts anderes als eine Kodifizierung der Rechtsprechung der Kostenverteilung im Polizeirecht.

5.2.4 Funktion des Verursacherprinzips im Polizeirecht

Wie die soeben geschilderte Entwicklung der Kostenrückerstattungsfrage im Zusammenhang mit der polizeirechtlichen Gefahrenabwehr gezeigt hat, kommt das Verursacherprinzip bei der Gefahrenabwehr in zwei Fällen zur Anwendung. 132

Einerseits dient das Verursacherprinzip dazu, Kosten, die wegen eines *unmittelbaren Vollzugs* (*antizipierte Ersatzvornahme*) beim Staat anfallen, gestützt auf *spezialgesetzliche Bestimmungen* (z.B. Art. 32d USG, 59 USG und 54 GSchG) auf die Verursacher überwälzen zu können. 133

Vom unmittelbaren Vollzug muss die *ordentliche Ersatzvornahme* unterschieden werden. Bei Letzterer lässt die zuständige Behörde durch eine amtliche Stelle oder durch Dritte auf Kosten des Pflichtigen eine vertretbare Handlung deshalb vornehmen, weil der Störer seiner Pflicht zur Wiederherstellung des polizeimässigen Zustandes nicht nachgekommen ist. Somit wandelt sich die Realleistungspflicht des Störers in eine Kostentragungspflicht. Nach herrschender Lehre und Rechtsprechung bedarf weder die ordentliche Ersatzvornahme noch die damit verbundene Kostentragungspflicht einer gesetzlichen Grundlage, da sie anstelle der nicht erfüllten Pflicht treten, welche auf einer gesetzlichen Grundlage beruht.[233] In diesem Fall werden die Kosten somit *indirekt* nach dem *Störerprinzip* verteilt, da sie die Realleistungspflicht ersetzen. Ein Teil der Lehre ist indessen im Altlastenrecht der Ansicht, dass auch 134

---

[231] TRÜEB, Art. 59 N 21 f.

[232] Dazu unten N 656 ff.

[233] BGE 105 Ib 343 E. 4b; HÄFELIN/MÜLLER/UHLMANN, N 1159; POLTIER, S. 130; REINHARD, S. 191; SEILER, Art. 2 N 37; THÜRER, S. 469 f.

im Falle der *ordentlichen Ersatzvornahme* die Behörden die Kosten nach dem Verursacherprinzip zu verteilen haben (Art. 32d USG) und nicht erst vollumfänglich vom säumigen Störer verlangen können.[234] CUMMINS vertritt hingegen - m.E. zu Recht - die Meinung, dass ein Realleistungspflichtiger, der seiner Sanierungspflicht nicht nachkommt, nicht dadurch besser gestellt werden dürfe.[235] Dementsprechend sollte er - sofern noch keine Kostenverteilungsverfügung vorliegt -[236] mit den gesamten Kosten der Ersatzvornahme belastet werden. Es wäre nämlich sonst für einen Sanierungspflichtigen vordergründig nicht ersichtlich, warum er seiner Sanierungspflicht nachkommen soll und folglich die Kosten der gesamten Sanierung vorstrecken muss, wenn es ihm möglich ist, untätig auf die Kostenverteilungsverfügung zu warten und somit nur den seinem Verursacheranteil entsprechenden (geringeren) Kostenanteil zahlen zu müssen.

135   Andererseits verfolgt das Verursacherprinzip im Zusammenhang mit der Gefahrenabwehr im Umweltrecht das Ziel, eine auf der Primärebene (Realleistungspflicht) entstandene Lasten*ungerechtigkeit* zu korrigieren. Wird z.B. allein einer von mehreren Störern zur Beseitigung einer Altlast verpflichtet (Art. 32c USG i.V.m. Art. 20 AltlV), so steht ihm das Recht zu, eine Kostenverteilungsverfügung zu verlangen (Art. 32d USG). Auf diese Weise erfolgt über den Staat ein Kostenausgleich zwischen den Störern kraft öffentlichen Rechts.

---

[234] BULDLIGER, S. 303; GRIFFEL, N 300 Fn. 258; HARTMANN/ECKERT, S. 620 f.; STUTZ, Kostentragung, S. 773 f.

[235] CUMMINS, S. 74 f. und 180 f. Scheinbar gl.M. SCHERRER (S. 44 und 113 ff.) und TSCHANNEN (Art. 32d N 11), welche beide die Wandlung der Realleistungspflicht in eine Geldleistungspflicht betonen und folglich die Forderung des Gemeinwesens nicht auf Art. 32d USG stützen, sondern materiellrechtlich auf die Realleistungspflicht (z.B. auf Art. 20 Abs. 1 AltlV) und formellrechtlich auf das einschlägige Verfahrensrecht, das die Kostenpflicht im Falle der Ersatzvornahme vorsieht (für den Bund Art. 41 Abs. 1 Bst. a VwVG). A.M. BÜHLER A. (S. 172), der den staatlichen Rückerstattungsanspruch im Falle einer exekutorischen Ersatzvornahme auf Art. 32d Abs. 4 USG stützt.

[236] Vgl. TSCHANNEN, Art. 32d N 19.

Grundsätzlich wäre es auch zu begrüssen, dass nicht nur in gewissen Fällen der Gefahrenabwehr im Umweltrecht solch ein *Kostenausgleich* stattfindet, sondern dass bei jeder polizeirechtlichen Gefahrenabwehr dem zur Beseitigung verpflichteten Störer jeweils gesetzlich das Recht zusteht, die anderen Störer bzw. Verursacher für ihren jeweiligen Verursachungsanteil in Regress nehmen zu können.[237] Offen bliebe dann noch die Frage, ob solch ein Kostenausgleich mittels eines privatrechtlichen Anspruchs wie in Art. 32b^{bis} USG oder mittels einer öffentlich-rechtlichen Kostenverteilungsverfügung erreicht werden soll.[238]

136

Schliesslich muss noch beachtet werden, dass, wenn man die *Lastengerechtigkeit* erst auf der Kostenstufe (Sekundarebene) zu erreichen versucht, eine gerechte Zuteilung bzw. Verteilung der *Realleistungspflicht* (Primärebene) leicht vergessen werden kann.[239] Was die Zuteilung der Realleistungspflicht anbelangt, so sieht z.B. Art. 20 Abs. 1 AltlV vor, dass grundsätzlich die Untersuchungs-, Überwachungs- und Sanierungsmassnahmen vom Inhaber (d.h. vom Zustandstörer) durchzuführen sind. Diese Verteilung wurde auch vom Bundesgericht gestützt, das nur in Ausnahmefällen von einer Verpflichtung der Verhaltensstörer ausgeht.[240] Dies hat zur Folge, dass, obwohl meistens mehrere ordnungsrechtlich Verantwortliche vorhanden sind,[241] in der Praxis dennoch nur einer von ihnen (hauptsächlich der Zustandstörer) zur Gefahrenabwehr herangezogen wird.[242] GISBERTS schlägt deshalb im deutschem Recht vor, vermehrt von der Möglichkeit Gebrauch zu machen, mehrere Störer gleichzeitig zur Gefahrenbeseitigung zu verpflichten.[243] Damit soll verhin-

137

---

[237] Dazu unten N 642 ff.

[238] Dazu unten N 511 ff.

[239] So z.B. bei SCHERRER, S. 40.

[240] BGE 130 II 321 E. 2.2.

[241] Man denke nur an ein Grundstück, das von mehreren Unternehmen über Jahre industriell benutzt und auch dementsprechend verschmutzt wurde.

[242] Zur Frage der Realleistungspflicht bei einer Mehrheit von Störern s. CUMMINS, S. 12 f.

[243] GIESBERTS, S. 79 ff. Auch das Bundesgericht (BGE 107 Ia 19 E. 2b) hielt fest, dass "die Pflicht zur Störungsbeseitigung alternativ oder kumulativ jedem Verhaltens- oder Zustandsstörer auferlegt werden kann".

dert werden, dass eine Lastenungerechtigkeit überhaupt entsteht und dass erst durch eine Kostenverfügung die Lastengerechtichkeit wiederhergestellt werden muss. HESSLER vertritt hingegen die Ansicht, dass die Heranziehung mehrerer kein taugliches Mittel zur Erreichung einer Lastengerechtigkeit darstelle, da eine solche kollektive Verpflichtung nur in seltenen Fällen überhaupt möglich und mit dem Prinzip der effektiven Gefahrenabwehr nicht vereinbar sei.[244]

5.2.5 Kritik der Unterscheidung

138 Es wäre bei der Frage der *Kostenverteilung* aus dogmatischer Sicht erstrebenswert - wie es schon THÜRER forderte -[245], ein eigenständiges, vom Polizeirecht unabhängiges, *öffentlichrechtliches Haftpflichtrecht* herauszubilden und somit das Verursacherprinzip, was die Verursacherhaftungen anbelangt, vom Störerprinzip zu lösen.[246]

139 Eine vom Polizeirecht und somit vom *Störerprinzip* losgelöste Kostenzurechnung würde insbesondere *vermehrt* der Erkenntnis Rechnung tragen, dass die Realleistungspflicht (d.h. die Beseitigung einer polizeirechtlichen Gefahr) und die Kostentragungspflicht anderen *Anforderungen* genügen sollten. Während die Gefahrenabwehr ein schnelles und effektives Handeln erfordert, steht bei der Kostenverteilung die *Gerechtigkeit* im Vordergrund.[247]

140 Doch solange das Bundesgericht und die absolut herrschende Lehre bei *Verursacher*haftungen auf den Störerbegriff zurückgreifen,[248] um die *Verursacher* zu umschreiben, macht eine Differenzierung dieser beiden Prinzipien kaum Sinn.

---

[244] HESSLER, S. 38 f.

[245] THÜRER, S. 483; vgl. auch TRÜEB, Art. 59 N 21 f.

[246] Vgl. auch TRÜEB, Art. 59 N 3.

[247] MOOR, Bd. II, 112 ff.; SEILER, Art. 2 N 34; TRÜEB, Art. 59 N 22. Vgl. ferner auch BGE 102 Ib 203 E. 2.

[248] BGE 131 II 743 E. 3.1.; 122 II 65 E. 6a; 118 Ib 407 E. 4c 2a; 114 Ib 44 E. 2a. BULDIGER, S. 299; CUMMINS, S. 114 f.; DUBS, S. 292; FRICK, S. 60 ff. und 198 f.; GRIFFEL, N 220 ff.; SEILER, Art. 2d N 65 ff.; TSCHANNEN/FRICK, S. 5. Dazu N 162 ff.

Sollte zudem eines Tages bei den Verursacherhaftungen die Haftung an aus   141
dem privatrechtlichen Haftpflichtrecht stammende Zurechnungskriterien angeknüpft werden, so wird auch die Realleistungspflicht zu überdenken bzw.
einem modernen Haftpflichtrecht zu unterstellen sein. Realleistungs- und
Kostentragungspflicht bilden nämlich die zwei Seiten eines gleichen Problems. BRANDNER bemerkt deshalb zu Recht, dass die Polizeipflicht des Störers und dessen potentielle Kostenersatzpflicht nicht selbstständig nebeneinander stehen.[249] Gerade im *Altlastenrecht* scheint es problematisch, die Korrespondenz zwischen Störereigenschaft und Kostentragungspflicht definitiv
zu zerreissen. Dies würde nämlich bedeuten, dass ein Störer zu Massnahmen
aufgefordert werden könnte, ohne - sei es nur teilweise - kostenpflichtig zu
sein. Solch eine Konstellation besteht bereits heute in denjenigen Fällen, in
denen der Inhaber des Standorts, der bei der Anwendung der gebotenen Sorgfalt von der Belastung keine Kenntnis haben konnte, von der Kostentragungspflicht zwar befreit wird (Art. 32d Abs. 2 USG), aber dennoch zur Ergreifung
von Untersuchungs-, Überwachungs- und Sanierungsmassnahmen verpflichtet
bleibt (Art. 20 Abs. 1 AltlV).

Die dem Schweizer Recht zugrunde liegende Zweiteilung in Realleistungs-   142
und Kostentragungspflicht und die damit verbundenen verschiedenen Voraussetzungen bzw. anwendbaren Prinzipien finden sich in der RL 2004/35/EG
grundsätzlich nicht wieder.[250] Die Richtlinie leitet nämlich sowohl die Realleistungspflicht als auch die Kostentragungspflicht vom *Verursacherprinzip*
ab.[251] Selbst wenn die Massnahmen- und die Kostentragungspflicht nach der
Richtlinie dadurch in der Regel deckungsgleich sind bzw. den gleichen Haftungsvoraussetzungen unterstehen, kennt auch die Richtlinie Tatbestände, in

---

[249] BRANDNER, S. 40.
[250] A.M. WAGNER G. (S. 88), der von zwei Haftungsregimen ausgeht, da die Massnahmenpflicht nicht immer mit der Kostentragungspflicht deckungsgleich ist.
[251] Erwägung Nr. 2 RL 2004/35/EG. Dazu oben N 78.

denen der Betreiber zwar die Massnahmen ergreifen, deren Kosten aber nicht tragen muss (z.B. Art. 6 Abs. 3 i.V.m. Art. 8 Abs. 3 RL 2004/35/EG).[252]

6 Gesamtwürdigung und Ausblick

143 In einem ersten Schritt konnte festgestellt werden, dass - in seiner Eigenschaft als Prinzip - nichts *deduktiv* aus dem Verursacherprinzip abgeleitet werden kann. Dementsprechend kann auch nicht gegen die Anwendung des Verursacherprinzips als Zurechnungsmodell für eine *materielle Verantwortung bzw. Verhaltenspflichten* vorgebracht werden, es würde nichts darüber besagen, ob und gegebenenfalls wer für eine Vermeidung oder Beseitigung einer Umweltbelastung verantwortlich ist. Folglich spricht nichts dagegen, dass auch im Schweizer Recht das Verursacherprinzip endlich als *allgemeiner Grundsatz der Umweltverantwortlichkeit* anerkannt wird.

144 In einem zweiten Schritt haben die obigen Untersuchungen dann aber hauptsächlich die allgemeinen *Grenzen* des Verursacherprinzips und seine *Inhaltsleere* aufgezeigt:

- Das abstrakte wirtschaftliche Ziel der *Internalisierung* vermag keine Umweltpolitik zu begründen. Es liegt dem wirtschaftlichen Verursacherprinzip nämlich ausschliesslich eine *Kosten-Nutzen-Analyse* zugrunde und nicht auch ein Gedanke der Vermeidung und der Nachhaltigkeit. Dementsprechend bietet das Verursacherprinzip höchstens ein Mittel zur Erreichung von Umweltzielen, bildet selbst aber kein umweltpolitisches Ziel. Der wirtschaftswissenschaftliche Ursprung des Prinzips hat auch dazu geführt, dass die normative Dimension des umweltrechtlichen Verursacherprinzips und somit allgemeine *Gerechtigkeitserwägungen* in der Lehre vergessen wurden und dessen ökonomisch-rationale Dimension die Übermacht erlangt hat. Der Internalisierungsgedanke bzw. das Verursacherprinzip ist somit zum Selbstzweck verfallen und wurde zu einem allzeit erstrebenswerten Ziel erklärt. Doch der Entscheid über die Anwendung des

---

[252] Dazu WAGNER G., S. 99 f.

Verursacherprinzips bzw. die Auswahl zwischen verschiedenen Massnahmen zur Erreichung von Umweltzielen sollte unbefangen und in Einhaltung weiterer Prinzipien erfolgen.

- Die Notwendigkeit, das Verursacherprinzip zu konkretisieren, hat dazu geführt, dass auf althergebrachtes Polizeirecht zurückgegriffen und somit dieses auf neue Tatbestände unter dem Deckmantel des Verursacherprinzips angewendet wurde.

Bezüglich der *Verursacherhaftungen* konnte zur allgemeinen Kritik des Verursacherprinzips zusätzlich festgestellt werden, dass es des Verursacherprinzips bei *Schadens- und Haftungsfragen* überhaupt nicht bedarf. Das Verursacherprinzip drückt nämlich eine jeder Verantwortlichkeit zugrunde liegende Selbstverständlichkeit aus, wonach zwischen einer Handlung bzw. dem Zustand einer Sache und einem Schaden ein Kausalzusammenhang bestehen muss. 145

Summa summarum haben die vorausgegangenen Untersuchungen gezeigt, dass bisweilen das Verursacherprinzip eher zu einer Denksperre als zu kreativen neuen Lösungen geführt hat. Die Euphorie, welche auf dem Glauben beruhte, mit dem Verursacherprinzip eine Wunderlösung für die fortschreitenden Umweltverschmutzungen gefunden zu haben, ist zumindest in Deutschland längst erloschen.[253] 146

C   Verursacher

1   Grundsätzliches

Eine der zentralen Fragen, die das (allgemein verstandene) Verursacherprinzip nicht beantwortet und auch nicht beantworten kann - da es sich um eine 147

---

[253] MEYER, S. 138 f.

Wertungsfrage handelt -[254] ist diejenige der Person, die aus rechtlicher Sicht als *Verursacher* zu gelten hat.

148 Nach der ökonomischen Theorie der sozialen Kosten können grundsätzlich z.B. sowohl die Hersteller als auch die Konsumenten eines Gutes Verursacher der damit verbundenen Umweltverschmutzung sein. Auf die wirtschaftswissenschaftliche Definition kann aber nicht zurückgegriffen werden, da sie allein eine *zweckfreie Erklärung sozialer Vorgänge* vornimmt.[255] REHBINDER betont diesbezüglich zu Recht, dass das Verursacherprinzip angesichts seines ausschliesslich instrumentellen Charakters keine *sozialethische Verantwortung* begründet.[256] Bei der Frage, wer *rechtlich* zur Verantwortung gezogen werden soll - d.h. wer aus juristischer Sicht als Verursacher zu gelten hat - geht es um eine *zweckorientierte* Zuweisung der Haftung.[257] Die juristische Kausalität ist immer eine Konstruktion des Rechtssystems, weshalb sie auch nie wertungsfrei sein kann.[258] Grundsätzlich obliegt es somit dem Gesetzgeber normativ festzulegen, welche Ziele erreicht werden sollen und wer zum Erreichen dieser Ziele als Haftungsadressat am besten geeignet ist, wobei natürlich unter anderem auch das Gerechtigkeitsempfinden Berücksichtigung finden sollte.

2 Verursacher als physischer Urheber?

149 Oftmals wird postuliert, dass immer der Urheber der *physischen (bzw. aktiven) Verursachung* als der "richtige" Verursacher zu betrachten und somit als einziger Kostenadressat in Anspruch zu nehmen sei.[259]

---

[254] Vgl. REHBINDER, S. 24.

[255] REHBINDER, S. 29.

[256] REHBINDER, S. 29.

[257] Zum Ganzen s. REHBINDER, S. 29 ff.

[258] HOLLANDS, S. 39 f.

[259] FRICK, S. 21. Vgl. STEINER P., S. 13 f.

Diese Ansicht stammt wiederum aus dem Polizeirecht. Bereits im Jahre 1913   150
hielt JELLINEK bezüglich der polizeirechtlichen Verantwortlichkeit fest, dass
in keinem Fall ein *Passivbeteiligter* Verursacher sein könne.[260]

Es liegt zwar in den meisten Fällen nahe, dem physischen Verursacher (d.h.   151
dem Erzeuger externer Effekte) die Kosten aufzubürden, da man das klassische *Opfer-Täter-Konstrukt* wiederzuerkennen vermag. Angesichts des sehr
weiten Anwendungsbereichs[261] des Umweltrechts und daher auch des Verursacherprinzips[262] ist dennoch das systematische Abstellen auf den physischen
Verursacher nicht immer gerechtfertigt. Es kann nämlich nicht ausschliesslich
auf *den äusseren Kausalablauf* abgestellt werden, sondern es muss immer eine *Wertung* der betreffenden Handlung vorgenommen werden. Handelt z.B.
eine Person *rechtsmässig*, so sollte sie grundsätzlich nicht von einer Verursacher*haftung* erfasst werden können.[263]

Auch in der Polizeirechtslehre musste eingesehen werden, dass nicht immer   152
der *aktiv Handelnde* als Störer zu qualifizieren ist.[264] FRIAUF hält deshalb allgemein fest, dass derjenige, der lediglich die ihm von der Rechtsordnung zu-
erkannten Befugnisse ausübt, nicht als Störer qualifiziert werden kann.[265] Störer ist somit nicht etwa der Eigentümer, der durch den zulässigen Abbruch
einer sich auf seinem Grundstück befindenden Ruine die Baufälligkeit eines
Nachbarhauses bewirkt, das seine Standfestigkeit nur dadurch erhält, weil es
sich auf die Nachbarruine stützen kann.[266] Vielmehr ist der Eigentümer des
Nachbargrundstücks als Störer zu qualifizieren, weil er es unterlassen hat, die

---

[260] JELLINEK, S. 313 f.; vgl. ferner zur Frage der Ermittlung des Störers im Polizeirecht:
PIETZCKER, S. 460.

[261] Dazu FRICK, S. 131 ff.

[262] So wird heute das *Verursacherprinzip* auch auf die *Lärmproblematik* angewandt, obwohl
diese traditionell kein Umweltproblem darstellt, sondern vom Polizeirecht bzw. Störerprinzip erfasst wurde (vgl. ZBl. 1980 354)

[263] Ausführlich zur Frage der Widerrechtlichkeit unten N 236 ff.

[264] BACHOF, Diskussionsbeitrag, S. 349; PIETZKER, S. 463 f.; FRIAUF, Verwaltungsrecht, S.
148 f. N 78 f.; REINHARD, S. 188.

[265] FRIAUF, Verwaltungsrecht, S. 149 N 79 m.w.H. A.M. THÜRER, S. 476.

[266] Ausführlich zu diesem Beispiel unten N 253.

Standfestigkeit seines Hauses sicherzustellen. Gleich entschied auch das Bundesgericht im so genannten Baumaschinenfall.[267] Ein Stadtrat verbot Bauunternehmern wegen der herrschenden Arbeitslosigkeit Schaufelbagger einzusetzen. Das Bundesgericht bemerkte zu Recht, dass Störer nicht die Bauunternehmer seien, die nur ein verfassungsrechtlich geschütztes Recht ausüben würden, sondern diejenigen Personen, die die Behörden dazu nötigten, eine rechtswidrige Massnahme gegen die Bauunternehmer durchzusetzen.[268]

153   Zudem gibt es viele Fallkonstellationen, in denen die Qualifikation als Opfer bzw. Täter alles andere als offensichtlich ist.[269] Dies wird meistens dann der Fall sein, wenn nicht die Umwelt als solche durch *Schadstoffe* belastet wird (d.h. die Umwelt nicht verschmutzt wird), sondern über das Medium "Umwelt" mehrere Personen in Konflikt geraten bzw. Dritte beeinträchtigt werden.[270] Angesprochen wird hier die Thematik der *Lärmemissionen* und der *Erschütterungen*, die beide typische nachbarrechtliche Problematiken darstellen.[271] Externalitäten entstehen in diesen Fallkonstellationen allein wegen einer *Nutzungskonkurrenz* hinsichtlich eines Umweltguts, d.h. dass die Nutzung einer natürlichen Ressource durch eine Person die Nutzung durch eine andere verhindert. Damit überhaupt eine Verursachung vorliegt, müssen somit mehrere Umstände zusammenwirken bzw. mehrere Nutzungen aufeinandertreffen.[272] Grundsätzlich kann deshalb der Entscheid, wer als Verursacher zu gelten hat, allein das Resultat einer *wertenden Beurteilung* der sich widersprechenden Interessen bzw. der miteinander unverträglichen Aktivitäten sein.[273] Ferner ist es in solchen Fällen auch fraglich, inwiefern eine Person, die an ei-

---

[267] BGE 63 I 213.

[268] BGE 63 I 213 E. 3.

[269] Dieses Problem ist von weitem nicht neu. Schon im Polizeirecht war es des Öfteren umstritten, wer als Störer zu gelten hat; dazu statt Vieler PIETZCKER, S. 460.

[270] BASCHOF, S. 349.

[271] Vgl. MINSCH, S. 62 f.

[272] ADAMS, S. 607; BONUS, Vergleich, S. 295 f.

[273] KIRCHGÄSSNER, S. 1044; REHBINDER, S. 24; STEINER P., S. 14 Fn. 87; WAGNER PFEIFER B., Umweltrecht I (2. A., 2002), S.139.

ne Emissionsquelle heranrückt, nicht dadurch zum Verursacher ihrer Beeinträchtigung wird.[274]

Schon im Jahre 1960 wies COASE in seinem Artikel "The problem of social   154
costs" auf die Problematik der *Symmetrie der Verursachung* hin.[275] COASE
führte als Beispiel den Fall *Sturges v. Bridman* an:[276] Ein Konditor verwendete im Rahmen seiner Tätigkeit zwei Mörser, wovon einer seit 60 Jahren, der
andere seit 26 Jahren in Betrieb war. Erst später liess sich ein Arzt neben der
Konditorei nieder. Acht Jahre lang fügte der Konditor dem Arzt keinen Schaden zu. Dann erst liess der Arzt einen Behandlungsraum direkt neben der Küche der Konditorei errichten. Der Lärm wie auch die Erschütterungen der Geräte erschwerten es dem Arzt, den neu gebauten Behandlungsraum zu benutzen. Vor allem die Herz- und Lungenauskultationen fielen dem Arzt wegen
der Beeinträchtigungen schwer. Er klagte deshalb auf Unterlassung der weiteren Benutzung der betreffenden Geräte. Wessen Interessen der Vorrang gegeben werden soll, ist derweil nicht offensichtlich: die Lösung setzt stets eine
Wertung voraus. Das amerikanische Gericht entschied indessen zu Gunsten
des Arztes.[277]

Auch in der Polizeirechtslehre hat JELLINEK schon früh die *Symmetrie der*   155
Verursachung erkannt,[278] dennoch vertrat JELLINEK - wie bereits gesehen - die
Ansicht, dass in keinem Fall ein Passivbeteiligter Verursacher sein könne.[279]

---

[274] Vgl. in diesem Sinne WAGNER PFEIFER B., Umweltrecht I, N 566.

[275] COASE, S. 2; dazu oben N 47.

[276] COASE, S. 8 ff.

[277] Nachweis bei COASE, S. 9.

[278] JELLINEK, S. 313 f.

[279] JELLINEK (S. 313 f.) formuliert es wie folgt: "Jede Polizeiwidrigkeit hört auf, eine solche
zu sein, wenn man sich den Menschen wegdenkt, dessen Wertungen es erst sind, die einem
leblosen Vorgang den Charakter der Polizeiwidrigkeit beilegen. Die Polizei könnte daher
auf den Gedanken kommen, das Gestörtwerden zu beseitigen und nicht das Stören. Das
darf sie natürlich nicht. Bei unerträglichem Lärm hat die Polizei gegen den Lärmenden
einzuschreiten, und nicht gegen das Opfer des Lärms mit dem Befehl, sich aus dem Bereich des Lärms zu entfernen." Die Tatsache, dass JELLINEK von "Opfer" spricht, zeigt auf,
dass der Qualifikation einer Person als "Verursacher" eine *Wertung* des Verursachungs-

REINHART stellt hingegen in der Schweizer Polizeirechtslehre - m.E. zu Recht - fest, das Störerprinzip sei kein geeignetes Kriterium, "um einen Nutzungskonflikt zwischen belastender gewerblicher und empfindlicher Nutzung, insbesondere Wohnnutzung, zu lösen".[280]

156 Da in der Schweizer Lehre grundsätzlich der Urheber der *physischen (bzw. aktiven) Effekte* als Verursacher qualifiziert wird, erachtet die Lehre[281] und auch der Gesetzgeber[282] den Entlastungsbeweis gemäss Art. 20 Abs. 2 USG als eine *Abweichung vom Verursacherprinzip*. Gemäss diesem Artikel trägt nämlich der Eigentümer einer lärmenden Anlage nur dann die Kosten von Schallschutzmassnahmen, wenn er weder nachweisen kann, dass zum Zeitpunkt der Baueingabe des vom Lärm betroffenen Gebäudes die Immissionsgrenzwerte schon überschritten noch dass die Anlageprojekte bereits öffentlich aufgelegt waren. Gelingt dem Eigentümer einer lärmenden ortsfesten Anlage dieser Nachweis, so muss der vom Lärm betroffene Eigentümer die Kosten tragen. Dieses Resultat vermag zwar auf den ersten Blick dem Verursacherprinzip zu widersprechen, doch hält man sich die Problematik der *Symmetrie der Verursachung* vor Augen, so ist auch diese Lösung im Ergebnis mit dem Verursacherprinzip vereinbar.[283] ADAMS plädiert z.B. dafür, dass bei der Ermittlung des "Verursachers" grundsätzlich nach dem "Prioritätsprinzip" verfahren wird, d.h. dass diejenige Person, die ihre Tätigkeit *später* aufnimmt, für die dadurch erforderlichen Anpassungsmassnahmen (z.B. Schallschutzmauern) entstandener Kosten aufkommen muss.[284]

157 Dass es keinen objektiv "richtigen" Verursacher gibt, sondern die Qualifikation einer Person als Verursacher immer eine subjektive Wertung voraussetzt, veranschaulicht auch die von BONUS hinsichtlich Fluglärm vertretene Mei-

---

vorgangs vorausgegangen sein muss. Deshalb kann JELLINEK nicht gefolgt werden, wenn er festhält, dass ein Passivbeteiligter *nie* Störer sein kann.

[280] REINHART, S. 188.
[281] FRICK, S.150; GRIFFEL, N 258.
[282] Botschaft USG 1979, S. 780.
[283] Dazu BONUS, Vergleich, S. 295 f.
[284] ADAMS, S. 610.

nung: Bei Lärmschäden durch Flughäfen ist BONUS nämlich der Ansicht, dass nach dem "richtig verstandenen Verursacherprinzip" die Gemeinde als Verursacher zu qualifizieren ist. BONUS begründet seine Meinung mit folgender Überlegung: Lärm führt erst dann zu einem Schaden, wenn die Einflugschneise eines Flughaftens bewohnt ist. Der Schaden entsteht somit erst nach Besiedlung der Schneise. BONUS ist deshalb der Ansicht, dass die Gemeinde, die die entsprechenden Bebauungspläne aufgestellt hat, dafür verantwortlich gemacht werden sollte, da dies der Gemeinde auch den nötigen Anreiz geben würde, zukünftig umweltbelastende Planungsfehler zu vermeiden.[285]

Zusammenfassend kann somit festgehalten werden, dass in denjenigen Fällen, 158 in denen nicht primär die Umwelt als solche verschmutzt wird, sondern eine *Nutzungskonkurrenz* hinsichtlich eines Umweltguts vorliegt, es dem Staat obliegt, die Nutzungsrechte an den Umweltgütern festzulegen.[286] Als Verursacher gilt dann diejenige Person, die nicht im Genuss des Nutzungsrechts ist und folglich entweder die Erzeugung physischer Effekte unterlassen oder solche hinnehmen muss.[287]

3   Der Begriff des Verursachers im positiven schweizerischen Recht

3.1   Keine Legaldefinition

Der Begriff des *Verursachers* wird zwar in den Art. 32b[bis] USG, 32d USG, 59 159 USG und 54 GSchG sowie in Art. 74 Abs. 2 BV benutzt,[288] näher definiert wird er jedoch weder auf Verfassungs- noch auf Gesetzesebene.

In Art. 18 Abs. 1ter NHG wird ebenfalls der Begriff "Verursacher" benutzt, 160 jedoch nicht im Zusammenhang mit der Kostentragungspflicht, sondern mit

---

[285] BONUS, Wirtschaftspolitik, S. 84.
[286] STEINER P., S. 19 m.w.H.; ferner REINHARD, S. 188.
[287] STEINER P., S. 19 m.w.H.
[288] Der Begriff des Verursachers kommt auch in Art. 32a USG vor; damit gemeint ist allerdings der Abfallerzeuger bzw. der frühere Abfallinhaber, dazu FRICK, S. 176 f.

der Pflicht zur Ergreifung von *Massnahmen*. Der Begriff wird auch dort nicht weiter definiert.

161   Auch der für das Verursacherprinzip grundlegende Art. 2 USG bietet *keine Legaldefinition* des Verursachers. Aus diesem Artikel geht jedoch zumindest hervor, dass diejenige Person als Verursacher gilt, die eine *Massnahme* verursacht bzw. die *Notwendigkeit der Massnahmenergreifung* zu verantworten hat.[289] Art. 4 StSG übernimmt seinerseits wortwörtlich Art. 2 USG. Es bedarf folglich der Auslegung, wer als "Verursacher" zur *Kostentragung* herangezogen werden soll.

3.2   Rückgriff auf den Störerbegriff

162   In erster Linie obliegt es dem Gesetzgeber, durch gesetzliche, in einem politischen Ermessensentscheid erlassene Regelungen die Verursacher näher zu definieren.[290] Wo dies unterlassen wurde, greifen in Ermangelung einer besseren Alternative sowohl das Bundesgericht in ständiger Rechtsprechung[291] (unter anderem) zu den Art. 32d USG, 59 USG und 54 GSchG (respektiv 8 aGSchG) als auch die herrschende Lehre[292] auf den *polizeirechtlichen Störerbegriff* zurück, um den Kreis der Verursacher zu definieren. Es wird somit von der Störerverantwortlichkeit auf die Verursachereigenschaft geschlossen. Diesem Rückgriff kommt eine grundlegende Bedeutung zu, da die Qualifikation als Störer bzw. als Verursacher grundsätzlich die *Kostentragungspflicht* begründet, nur bei der Bemessung und Aufteilung der Kosten unter einer Mehrheit von Verursachern fallen noch weitere Kriterien (z.B. das Verschulden) ins Gewicht.[293] Die Haftungsvoraussetzungen des Polizeirechts gelten folglich auch für die Verursacherhaftungen.

---

[289]   FRICK, S. 132.

[290]   SEILER, Art. 2 N 59; vgl. auch oben N 40.

[291]   BGE 131 II 743 E. 3.1.; 122 II 65 E. 6a; 118 Ib 407 E. 4c 2a; 114 Ib 44 E. 2a.

[292]   BULDIGER, S. 299; CUMMINS, S. 114 f.; DUBS, S. 292; GRIFFEL, N 220 ff. und 331; SEILER, Art. 2d N 65 ff.; SCHERRER, S. 88 ff.; TSCHANNEN/FRICK, S. 5. A.M. FRICK, S. 61 ff.; TRÜEB, Art. 59 N 22.

[293]   Dazu unten N 656 ff.

TRÜEB vertritt entgegen der herrschenden Lehre und Rechtsprechung die   163
Meinung, dass die Begriffe des Störers und des Verursachers nicht identisch
seien.[294] Er bemerkt im Hinblick auf Art. 59 USG, dass - im Gegensatz zur
Abwehr oder zur Beseitigung einer *Störung*, bei der all jene in die Pflicht genommen werden, die über die tatsächliche und rechtliche Möglichkeit verfügen, den polizeigemässen Zustand wiederherzustellen - es bei der *Verteilung
der Kosten* gilt, eine gerechte Verteilung zu erzielen und dabei polizeirechtliche Grundsätze nicht zu berücksichtigen seien. Der Kreis der Verursacher sei
deshalb anhand von aussergesetzlichen Zurechnungskriterien abzugrenzen.[295]
FRICK kommt zwar ebenfalls zu dem Schluss, dass Störer- und Verursacherkreis nicht immer deckungsgleich seien, doch hält er gleichzeitig fest, dass ein
Rückgriff auf den Störerbegriff bei der Festlegung des Verursacherkreises in
vielen Fällen durchaus zu sachgerechten Ergebnissen führe.[296] Im weiteren
Verlauf seiner Dissertation stellt FRICK dann auch bei der Bestimmung der
Verursacher auf den Störerbegriff ab.[297]

Der Rückgriff auf den *Störerbegriff* hat zur Folge, dass *Verhaltensstörer* wie   164
auch *Zustandsstörer* als Verursacher in Betracht kommen.[298] Im *Polizeirecht*
gilt derjenige als *Verhaltensstörer*, der durch "eigenes Verhalten oder durch
das unter seiner Verantwortung erfolgte Verhalten Dritter unmittelbar eine
polizeiwidrige Gefahr oder Störung verursacht".[299] Zustands*störer* ist, wer
"über die Sache, die den ordnungswidrigen Zustand bewirkt, rechtliche oder
tatsächliche Gewalt hat".[300]

Verhaltensstörer und *Zustandsstörer* können sowohl natürliche als auch   165
juristische Personen sein. Auch das Gemeinwesen kann so wie ein Privater als
Verhaltens- oder Zustandsverantwortlicher kostenpflichtig sein, z.B. als Ei-

---

[294] TRÜEB, Art. 59 N 22. Vgl. auch MOOR, Bd. II, S. 112 ff.; SEILER, Art. 2 N 34.
[295] TRÜEB, Art. 59 N 22. Für eine Kritik der Meinung von TRÜEB s. GRIFFEL, N 224.
[296] FRICK, S. 61 f.
[297] FRICK, unter anderem S. 198 f.
[298] GRIFFEL, N 223.
[299] BGE 114 Ib 44 E. 2c/bb; 102 Ib 203 E. 3. Dazu ausführlich unten N 318 ff.
[300] BGE 107 Ia 19 E. 2a; 102 Ib 203 E. 3; 91 I 205 E. 3b. Dazu ausführlich unten N 359 ff.

gentümer eines Grundstücks oder als Betreiber einer Anlage.[301] Die zentrale Norm der Zurechung eines Organverhaltens an die juristische Person des Privatrechts ist Art. 55 ZGB. Angesichts dessen, dass die aus Verursacherhaftungen entstammenden Ansprüche eine ausservertragliche Verbindlichkeit darstellen, findet Art. 55 Abs. 2 ZGB Anwendung.

166   In Hinblick auf den Verursacherbegriff ist in der jüngeren Lehre auch teilweise eine gewisse terminologische Verselbständigung bemerkbar, indem diejenigen Personen, die durch ihre Handlungen die *Massnahmen* ausgelöst haben, als "Verhalten*sverursacher*" und die, welche die Herrschaft über die gefahrbringende bzw. störende Sache haben, als "Zustands*verursacher*" qualifiziert werden.[302] Dieser Verselbstständigung des Verursacherbegriffs gegenüber demjenigen des Störers sollte indessen nicht gefolgt werden, da sie *rein terminologisch* ist und folglich keinen materiellen Bruch zum Störerbegriff vollzieht. Zudem ist der Terminus "Zustands*verursacher*" in sich unsinnig, da ein Zustandsstörer definitionsgemäss selbst nichts "verursacht" hat.

167   Solange der Störer- und Verursacherkreis von Lehre und Rechtsprechung als identisch erachtet werden, macht eine terminologische Differenzierung keinen Sinn und vermag auch nicht über die dogmatischen Schwächen in Bezug auf den Verursacherbegriff hinwegzutäuschen.

168   Will man indessen im Zusammenhang mit den Verursacherhaftungen das Wort "Störer" vermeiden, so können die Begriffe "Verhaltens*verantwortliche*" und "Zustands*verantwortliche*" benutzt werden. Diese Terminologie rechtfertigt sich insbesondere im Zusammenhang mit Art. 32b[bis] USG, bei dem es in Wahrheit keine Störung oder Gefahr gibt und somit nicht von Störern gesprochen werden kann bzw. sollte.[303]

---

[301] BGE 131 II 743 E. 3.3; 101 Ib 410 E. 7; Urteil des BGer vom 26. Februar 1998 (1A.67/1997), URP 1998, S. 152 ff. E. 4c/aa und bb; CUMMINS, S. 114; WAGNER B., Verursacherprinzip, S. 359 ff.

[302] NEF, S. 393; SCHERRER, S. 91; SEILER, Art. 2 N 65 ff.; STUTZ, Altlastenrecht, S. 343.

[303] Dazu unten N 866 ff.

3.3 Kritik

Der systematische Rückgriff auf den Störerbegriff bei der Bestimmung des   169
Verursachers im positiven Recht zeigt,[304] dass sich aus dem (allgemeinen)
Verursacherprinzip keine Aussage machen lässt, welche Person als Verursacher zu qualifizieren ist.[305] Insofern stellt der Verursacherbegriff - einmal abgesehen vom Erfordernis der Kausalität - eine "leere Worthülse" dar.[306]

Dieser Rückgriff auf das Polizeirecht ist jedoch äusserst fragwürdig, da schon   170
die direkte Anwendung des Störerprinzips bei *komplexen Umweltproblemati-
ken* nicht unumstritten ist.[307]

So hielt FRIAUF unlängst fest, dass das materielle Polizei- und Ordnungsrecht   171
vom Wandel, den das deutsche Verwaltungsrecht seit dem Inkrafttreten des
Grundgesetzes durchlaufen hat, kaum berührt worden sei. Das Polizeirecht
erscheine somit als erratischer Block innerhalb des sich sonst kontinuierlich
wandelnden Verwaltungsrechts. Die polizeirechtlichen *Anschauungen* seien
immer noch die des preussischen Polizeiverwaltungsgesetzes von 1931.[308]

Es stellt sich somit unweigerlich die grundlegendere Frage, ob das Polizei-   172
recht überhaupt der Erfassung der heutigen *Umweltgefährdungen* gewachsen
ist und ob die im Polizeirecht entwickelten Zurechnungskriterien bei Verursacherhaftungen übernommen werden können.

Bereits 1973 kam REHBINDER zu dem Schluss, dass die polizeirechtliche   173
Störerhaftung zwar Ähnlichkeiten mit dem umweltrechtlichen Verursacherprinzip aufweise, dass bei näherer Prüfung jedoch darauf nicht zurückgegrif-

---

[304] GRIFFEL, N 331.
[305] Vgl. FRICK, S. 53 ff. und 132 ff.; GRIFFEL, N 220 ff.
[306] KLOEPFER, Umweltrecht, § 4 N 47a; vgl. ferner ADAMS, S. 605 ff. Nuancierend STEINER P., S. 28.
[307] FRIAUF, Verwaltungsrecht, S. 148 N 77.
[308] FRIAUF, Zustandshaftung, S. 293.

fen werden könne.[309] Er wies darauf hin, dass es beim Polizeirecht als Eingriffsrecht allein darum gehe, denjenigen, der den äusseren Störfaktor beherrscht, zu behaften, beim Verursacherprinzip hingegen gehe es um mehr und zwar darum, eine "wirtschafts- und umweltpolitische Steuerung des umweltrelevanten Wirtschaftsverhaltens der Marktteilnehmer" zu erzielen.[310] Alleinige Voraussetzung für eine Inanspruchnahme einer Person als Verursacher ist somit, dass es sich bei ihr um einen Beteiligten des wirtschaftlichen Vorganges handelt, von dem die Umweltbeeinträchtigung ausgeht.[311]

174   Die Problematik, wer alles als Verursacher qualifizieren kann, lässt sich gut am Beispiel von Konsumgütern veranschaulichen. Massnahmen zur Bekämpfung von Umweltbelastungen sollten sich grundsätzlich sowohl gegen den Hersteller von Waren richten können als auch gegen deren Konsumenten.[312] Es muss somit nicht unbedingt diejenige Person als Verursacher in Anspruch genommen werden, von der letztlich die *externen Effekte* auf die Umwelt ausgehen und die somit als polizeirechtlicher Störer in Betracht käme.[313] Um die Kohärenz mit dem Polizeirecht zu wahren, könnte zwar argumentiert werden, der Hersteller sei als polizeirechtlicher "Zweckveranlasser" anzusehen und falle somit unter den erweiterten Begriff des Störers, doch würde man damit nur den Anwendungsbereich einer schon im Polizeirecht umstrittenen Rechtsfigur[314] unnötig erweitern. Auf diese Frage wird noch näher zurückzukommen sein.[315]

175   Aus Effizienzgründen wird es sich oftmals sogar empfehlen, den Hersteller nicht nur für die bei der Herstellung des Produktes verursachte Umweltverschmutzung einstehen zu lassen, sondern auch für diejenige, die vom Gut

---

309   REHBINDER, S. 31 ff.
310   REHBINDER, S. 31 ff.
311   MEYER, S. 144; vgl. auch REHBINDER, S. 32 ff.
312   MEYER, S. 143 f. und 154 f.; REHBINDER, S. 31 f.
313   Vgl. MEYER, S. 143.
314   REINHARD, S. 181 ff.; THÜRER, S. 477 f.
315   Dazu unten N 221.

selbst herbeigeführt wird.[316] So sieht auch die RL 2004/35/EG explizit vor,[317] dass sowohl der Hersteller als auch der Nutzer eines Produktes Verursacher sein können und somit für vom Produkt verursachte Umweltschäden haften. Die RL 2004/35/EG überlässt es ferner den Mitgliedstaaten, die besondere Lage der Nutzer von Produkten zu berücksichtigen und sie nicht zu denselben Bedingungen haftbar zu machen wie die Hersteller.[318]

Während der Tagung der deutschen Staatsrechtslehrer 1976 betonten unter anderem auch OSSENBÜHL[319] und FRIAUF[320], dass es notwendig sei, angesichts des immer komplexer werdenden Sachverhalts die überkommenen polizeirechtlichen Haftungstatbestände zu überdenken. FRIAUF hielt dabei fest, dass der Störerbegriff aus einer Zeit tradiert sei, in der die Störerverantwortung tatsächlich im Allgemeinen auf den eigenen beherrschbaren Bereich des Einzelnen begrenzt blieb. Diese Situation habe sich aber seit Jahrzehnten verändert. Nunmehr gebe es Gefahrensituationen, an die bei der Herausbildung des klassischen Störerbegriffs niemand habe denken können. Heute würden durch die Störerqualifikation oftmals Risiken in einer Weise verteilt, für die materiell keine Berechtigung erkennbar sei.[321] FRIAUF verlangt deshalb, die "bisherige absolute Starrheit des Störerbegriffs aufzulösen".[322]   176

OSSENBÜHL formulierte den Wandel der vom Polizeirecht zu lösenden Probleme wie folgt: "Damenringkämpfe, das Tragen von Dekolletés, die unsere Grossväter polizeirechtlich stimuliert haben, sind für uns natürlich kein   177

---

[316] MEYER, S. 154 f. A.M. in Bezug auf die RL 2004/35/EG, HAGER, Umwelthaftungsrichtlinie, S. 35 f.

[317] Erwägungsgrund Nr. 22 der RL 2004/35/EG.

[318] Erwägungsgrund Nr. 22 der RL 2004/35/EG; dazu HAGER, Umwelthaftungsrichtlinie, S. 35 f.

[319] OSSENBÜHL, Diskussionsbeitrag, S. 345 f.

[320] FRIAUF, Diskussionsbeitrag, S. 350 f.

[321] FRIAUF, Diskussionsbeitrag, S. 350.

[322] FRIAUF, Diskussionsbeitrag, S. 350.

polizeirechtliches Problem mehr. Das Konfliktmaterial, das wir heute vorfinden, ist von anderer Art. Es ist in der Tat komplexer".[323]

178 Aus dieser Erkenntnis heraus stammen auch verschiedene Ansätze in der Schweizer Lehre[324] und Gesetzgebung[325], Verursacherhaftungen auf ein eigenständiges dogmatisches Fundament zu stellen und somit die Kostentragungspflicht unabhängig von der Frage zu behandeln, wer zur Behebung des gefährlichen Zustandes nach dem Störerprinzip verpflichtet werden kann. Demzufolge wird nun auch von einem Teil der Lehre die Deckungsgleichheit des Störer- und Verursacherkreises verneint.[326]

179 Gegen die in der Schweizer Lehre vorherrschende Auslegung des Begriffs des Verursachers bzw. der Verursachung - und somit indirekt gegen den Rückgriff auf den Störerbegriff - kann grundsätzlich auch argumentiert werden - und dies gilt in der deutschen Polizeirechtslehre schon fast als selbstverständlich -[327], dass der Begriff der "Verursachung" bzw. die Kausalitätsproblematik nur "menschliche Verhalten" betrifft.[328] So hält etwa GANTNER ausdrücklich fest, dass allein die polizeirechtliche Verhaltensverantwortlichkeit eine *Verursacherhaftung* sei und nicht auch die Zustandsverantwortlichkeit, da es sich bei ihr um eine *Gewalthaberhaftung* handle.[329]

180 Im deutschen BBodSchG wird auch konsequent mit dem Begriff des Verursachers nur diejenige Person bezeichnet, die durch ihr *Verhalten* eine schädliche

---

[323] OSSENBÜHL, S. 345.

[324] GYGI, Rechtsprechung, S. 107; REINHARD, S. 193 ff.; TRÜEB, Art. 59 N 21 f.; THÜRER, S. 483.

[325] Vgl. Art. 32d Abs. 2 USG, welcher bestimmt, dass der Inhaber des Standorts keine Kosten trägt, wenn er bei Anwendung der gebotenen Sorgfalt von der Belastung keine Kenntnis haben konnte. Dazu unten N 307 und 386 ff.

[326] GYGI, Rechtsprechung, S. 106 f.; TRÜEB, Art. 59 N 21 f.; THÜRER, S. 483. Vgl. ferner auch FRICK, S. 61 ff.

[327] So ausdrücklich DREWS/WACKE/VOGEL/MARTENS, S. 310 ff.; FRIAUF, Verwaltungsrecht, S. 152 N 83. Ausführlich zu diesem Thema KLAUDAT, S. 5 ff. A.M. BINDER, S. 78 ff.

[328] Ausführlich zu dieser Problematik im Polizeirecht und zum Begriff der Verursachung: GANTNER, S. 21 ff.

[329] GANTNER, S. 200 f.

Bodenveränderung oder eine Altlast verursacht hat (§ 4 Abs. 3 BbodSchG).[330] Nicht unter den Begriff des Verursachers fallen hingegen die Eigentümer und die Inhaber der tatsächlichen Gewalt (d.h. alle Zustandsverantwortlichen), welche jeweils im Gesetz separat aufgeführt werden (vgl. § 4 Abs. 2 und 3 BBodSchG). Das BBodSchG zielt zudem generell darauf ab, sowohl bei der Sanierung als auch bei der Tragung der Sanierungskosten soweit wie möglich den Verursacher in Anspruch zu nehmen (vgl. bezüglich des Ausgleichsanspruchs § 24 Abs. 2 BBodSchG). Die Tatsache, dass der Zustandsverantwortliche entlastet und der Verhaltensverantwortliche belastet wird, wertet die Lehre auch als Verwirklichung des Verursacherprinzips und als ein dem Gerechtigkeitsgefühl entsprechendes Ergebnis.[331] Allerdings hat sich das BBodSchG, indem es den Wortlaut aus den Vorschriften der Polizei- und Ordnungsbehördengesetze der Länder übernommen hat, nicht ganz vom Polizeirecht lösen können und folglich die von dorther bekannten Schwierigkeiten bei der Bestimmung des "richtigen" Verursachers und auch die Mithaftung der Zustandsverantwortlichen geerbt.[332] Im Gegensatz dazu hat die europäische Richtlinie 2004/35/EG über Umwelthaftung zur Vermeidung und Sanierung von Umweltschäden einen klassischen haftpflichtrechtlichen Weg eingeschlagen und sich vom Polizeirecht gelöst.[333] Dies hat auch dazu geführt, dass die RL 2004/35/EG keinen mit der sehr weitgehenden polizeirechtlichen *Zustands*verantwortlichkeit vergleichbaren Haftungstatbestand kennt.[334]

Auch die englische Bezeichnung "polluter-pays-principle" oder der französische Begriff "principe du pollueur-payeur" machen durch ihren Wortlaut deutlich, dass eigentlich ausschliesslich diejenigen (natürlichen oder juristischen Personen), die durch ihre eigenen Handlungen bzw. ihre (gefahren-

181

---

[330] Dazu DUESMANN, S. 48 ff.

[331] DUESMANN, S. 187 m.w.H.; vgl. ferner auch WAGNER PFEIFER B., Kostentragung, S. 137.

[332] Vgl. DUESMANN, S. 48 f.

[333] Dazu oben N 63; zu den Haftungsgründen der RL 2004/35/EG s. HAGER, Umwelthaftungsrichtlinie, S. 25 ff.; WAGNER G., S. 90 ff.

[334] Dazu oben N 63.

trächtige) Tätigkeit (Verhaltenshaftung) oder *allenfalls* durch das Verhalten Dritter, für die sie verantwortlich sind, eine Belastung der Umwelt verursacht haben (Zusatzhaftung), haftbar gemacht werden sollten und nicht auch zusätzlich diejenigen Personen, die allein die *tatsächliche oder rechtliche Gewalt* über eine Sache innehaben, die für die Umwelt eine Gefahr darstellt, aber in keiner Weise die Gefährlichkeit ihrer Sache verursacht haben und daher meistens selbst Opfer der Verschmutzung sein werden.

182   Nichtsdestoweniger wurde bei den Schweizer Verursacherhaftungen durch den Rückgriff auf den polizeirechtlichen Störerbegriff auch eine *Zustands*haftung eingeführt, weshalb heute unter dem Begriff "Verursacher" sowohl *Verhaltens*störer als auch *Zustands*störer subsumiert werden.[335]

183   So ergibt auch der Rückgriff auf den Störerbegriff zur Bestimmung der Verursacher mitunter *paradoxe Resultate*. Nimmt man als Beispiel eine Verschmutzung von öffentlichen Gewässern, so wird auch - neben dem Verhaltensstörer - das Gemeinwesen in seiner Eigenschaft als Inhaber der Gewässer (und somit Zustandsstörer) als *Verursacher* zu qualifizieren sein. Dieses Resultat widerspricht jedoch grundsätzlich dem Sinn und Zweck des Verursacherprinzips, dem *Urheber* der Verschmutzung und nicht der *Allgemeinheit* bzw. dem *Opfer* die Kosten für die Beseitigung oder Verhütung von Umweltgefahren oder -belastungen zuzuweisen.

184   Es wäre folglich wünschenswert, dass der Gesetzgeber unter dem Begriff des "Verursachers" allein diejenigen verantwortlichen Personen erfasst, die durch ihr persönliches Verhalten bzw. ihre Tätigkeit eine Beeinträchtigung der Umwelt herbeigeführt haben. Auch eine Haftung für das Verhalten Dritter (z.B. für Hilfspersonen) erscheint grundsätzlich wünschenswert, wobei diese

---

[335]   BGE 131 II 743 E. 3.1.; 122 II 65 E. 6a; 118 Ib 407 E. 4c 2a; 114 Ib 44 E. 2a; BULDIGER, S. 299, CUMMINS, S. 114 f.; FRICK, S. 60 ff. und 198 f.; DUBS, S. 292; GRIFFEL, N 220 ff.; TSCHANNEN/FRICK, S. 5.

Zusatzhaftung jeweils explizit im Gesetz verankert werden müsste und nicht einfach unter dem Begriff "Verursacher" subsumiert werden darf.[336]

Falls eine Verantwortlichkeit der Inhaber der tatsächlichen Gewalt oder der Eigentümer punktuell dennoch als notwendig erachtet wird, sollte diese ebenfalls *explizit* im Gesetz aufgeführt werden.[337]   185

---

[336] Dazu unten N 334.

[337] Vgl. ZUFFEREY, Pollueur-payeur, S. 125 f.; dazu unten N 403 ff.

III Hauptgrundzüge der Verursacherhaftungen

A Haftungsgrund

1 Ausgangslage

Abgesehen von Art. 32b[bis] USG haben alle Verursacherhaftungen die Kosten   186
von Massnahmen, die zur Abwehr einer *unmittelbar drohenden Gefahr* bzw.
zur *Verminderung oder Beseitigung einer* Störung getroffen werden, zum Gegenstand.[338] Die Gefahr und die Störung stellen somit bei allen Verursacherhaftungen den Ausgangspunkt der Haftung dar. Diese zwei Konzepte stammen aus dem Polizeirecht, was nicht weiter zu erstaunen vermag, finden diese
Normen doch alle ihren Ursprung im Institut der *unmittelbaren Gefahrenabwehr* (d.h. der antizipierten Ersatzvornahme).[339] Unter einer polizeirechtlichen
Gefahr versteht man seit jeher eine Sachlage, die bei unbehindertem Ablauf
des Geschehens mit Wahrscheinlichkeit zu einem Schaden durch eine von
aussen kommende Einwirkung führen würde.[340] Im allgemeinen Polizeirecht
liegt eine *Störung* dann vor, wenn ein Schaden für die öffentliche Sicherheit
und Ordnung tatsächlich eingetreten ist.[341]

Was wiederum als Gefährdung oder Beeinträchtigung zu gelten hat, wird bei   187
Verursacherhaftungen des Öfteren im Hinblick auf die Auswirkungen auf den
Menschen definiert (wie allgemein im Polizeirecht),[342] weshalb durchaus behauptet werden kann, dass die bei der Festlegung der Schädigungsschwelle
des Schutzgutes "Umwelt" angewandten Massstäbe oftmals noch rein *anthro-*

---

[338] Dazu unten N 16 f.

[339] BÉATRIX, S. 375 f.; STEINER G. S. 171. Dazu oben N 114 ff.

[340] FRIAUF, Verwaltungsrecht, S. 117 N 45; REINHARD, S. 105.

[341] REINHARD, S. 105.

[342] Die Umwelt als solche gehört nicht zu den klassischen Polizeigütern und fällt laut herrschender Lehren dementsprechend nicht unter den Begriff der öffentlichen Sicherheit und
Ordnung (REINHARD, S. 74 f.). Umweltbelastungen werden dennoch dann vom Polizeirecht erfasst, wenn sie eine Beeinträchtigung der menschlichen Gesundheit verursachen.
Die Umwelt ist in diesem Fall das Medium, nicht das geschützte Rechtsgut.

pozentrisch (vgl. Art. 11 AltlV) sind, statt (richtigerweise) ökozentrisch zu sein (vgl. Art. 1 GSchG).[343]

188   Während Art. 54 GSchG explizit an eine Gefährdung bzw. Störung der Gewässer anknüpft, bezieht sich Art. 59 USG auf jegliche Art der Einwirkung im Sinne von Art. 7 Abs. 1 USG.[344] Zu diesen Einwirkungen gehören Luftverunreinigungen, Lärm, Erschütterungen, Strahlen, Gewässerverunreinigungen oder andere Eingriffe in Gewässer, Bodenbelastungen, Veränderungen des Erbmaterials von Organismen oder der biologischen Vielfalt, die durch den Bau und Betrieb von Anlagen, durch den Umgang mit Stoffen, Organismen oder Abfällen oder durch die Bewirtschaftung des Bodens erzeugt werden (Art. 7 Abs. 1 USG). Der Wortlaut von Art. 54 GSchG und Art. 59 USG ist dennoch insofern ungenau, als nicht alle Einwirkungen ein Eingreifen des Staates rechtfertigen. Viele Einwirkungen sind entweder rechtmässig oder werden zumindest toleriert. Ausschlaggebend ist deshalb das Vorliegen einer konkreten Gefährdung bzw. Beeinträchtigung der geschützten Rechtsgüter,[345] die ein Eingreifen im öffentlichen Interesse rechtfertigen bzw. gebieten.[346]

189   Art. 32d USG knüpft ebenfalls an die Beseitigung bzw. Verhinderung von schädlichen oder lästigen Einwirkungen jeglicher Art an (vgl. Art. 7 Abs. 1 USG i.V.m. Art. 1 AltlV),[347] sofern sie von einem belasteten Standort herrühren. Im Vordergrund stehen aber immer noch - neben dem Schutz des Menschen, der Tiere und der Pflanzen gegen Einwirkungen durch direkten Kontakt mit dem belasteten Boden (Art. 12 AltlV) - der Schutz der Gewässer (Art.

---

[343] Auch das deutsche Bundes-Bodenschutzgesetz verfolgt einen anthropozentrischen Ansatz (DUESMANN, S. 32).

[344] TRÜEB, Art. 59 N 33.

[345] TRÜEB, Art. 59 N 35.

[346] STEINER P., S. 171.

[347] Die in Art. 7 Abs. 1 USG ebenfalls aufgeführten Einwirkungen "Lärm", "Erschütterungen" und "Strahlen" fallen im Hinblick auf das Altlastenrecht (Art. 32 ff. USG) ausser Betracht (CUMMINS, S. 21).

9 AltlV), der oberirdischen Gewässer (Art. 10 AltlV), der Luft (Art. 11 AltlV) und des Bodens (Art. 12 AltlV).[348]

Es sollen vorliegend nicht diese aus dogmatischer und praktischer Sicht weitgehend unproblematischen Ausgangspunkte der Verursacherhaftungen näher behandelt werden. Vielmehr wird in der Folge der zentralen Frage der Haftungs*zurechnung* nachzugehen sein.   190

2 Kausalitätserfordernis

2.1 Problematik

Alle Verursacherhaftungen haben gemeinsam, dass die Haftung ausschliess-   191
lich von der *Verursachung* abhängt. Wie schon bei der Störerhaftung wird auch hier die Haftung im Grunde genommen zu einem Kausalitätsproblem.[349] Fraglich ist allerdings, welche Verursachungslehre angewendet werden soll und ob eine Kausalitätslehre allein eine gerechte Haftung zu begründen vermag oder ob andere Zurechnungskriterien hinzutreten müssen.

Ausgangspunkt des Verursachungsbegriffs bildet die *Bedingungs- oder*   192
Äquivalenztheorie,[350] nach der jeder Beitrag ursachlich ist, der nicht wegge-dacht werden kann, ohne dass auch der Erfolg entfällt (*Condition-sine-qua-non-Formel*).[351] Die Bedingungslehre bzw. die naturwissenschaftlich verstan-dene Kausalität bestimmt somit allein den äusseren Kreis derjenigen Perso-nen, die als Verursacher in Betracht kommen.[352] Will man indessen eine Aus-uferung des Kreises der Verursacher ins Unendliche vermeiden, muss dieser Kreis eingeschränkt werden.[353] Diesbezüglich wies schon RÜMELIN mit Recht

---

[348] CUMMINS, S. 21; WAGNER PFEIFER B., Umweltrecht II, S. 109.

[349] THÜRER, S. 473.

[350] Zur Bedingungslehre MATHYS, S. 14 f.

[351] Vgl. bezüglich des Störerbegriffs REINHARD, S. 178 und THÜRER, S. 474. Allgemein zur Äquivalenztheorie GASSER, S. 8 f.

[352] GRISEL, S. 601 f.

[353] Vgl. bezüglich der Begrenzung des Störerkreises: HURST, S. 49 f.; MATHYS, S. 50 f.; SCHNUR, S. 1 ff.; VOLLMUTH, S. 19 f.

daraufhin, dass von der blossen Kausalität noch keine Brücke zur Verantwortlichkeit führe.[354]

193　Die nachfolgend zu behandelnde Frage der anwendbaren Zurechnungs- bzw. Kausalitätstheorie erhält vorliegend eine besondere Brisanz, weil es sich bei den Verursacherhaftungen um *reine Erfolgshaftungen* handelt und somit die Kausalität im Rechtssinn das *einzige Zurechnungskriterium* bildet.

2.2　Unmittelbarkeitstheorie

2.2.1　Allgemeines

194　Die aus dem (deutschen) Polizeirecht stammende *Unmittelbarkeitstheorie*[355] wurde auch bei den Verursacherhaftungen als massgebliche Zurechnungslehre übernommen, da in der Rechtsprechung und in der herrschenden Lehre auf den Begriff des *Störers* zurückgegriffen wird, um zu definieren, wer als Verursacher im rechtlichen Sinne zu gelten hat.[356]

195　Mit der Einführung von Art. 32b[bis] USG hat nun auch die *Unmittelbarkeitstheorie* Einzug ins Zivilrecht gefunden. Fraglich ist indessen, inwiefern sich die Zivilgerichte mit ihr werden anfreunden können.

196　Die Unmittelbarkeitstheorie ist - trotz Angriffe -[357] sowohl in der Rechtsprechung[358] zum Verursacherprinzip (und natürlich zum Störerprinzip) unangefochten als auch in der Lehre[359] vorherrschend. Sie ersetzt bei Einschränkung der Haftung die im Zivilrecht - und zum Teil im Strafrecht - üblicherweise anwendbare Adäquanztheorie.

---

[354]　RÜMELIN, S. 28.

[355]　S. zur Unmittelbarkeitstheorie THÜRER, S. 475 ff.

[356]　Dazu oben N 162 ff.

[357]　MOIX, N 679 ff. und 1091 ff.; in diesem Sinne scheinbar auch HARTMANN/ECKERT, S. 630; NEF, S. 395 f.; MOOR, Bd. II, S. 113 f.; SCHERRER, S. 86 ff.

[358]　BGE 118 Ib 407 E. 4c; 114 Ib 44 E. 2a; RR AG, ZBl 1996 128 E. 3b.

[359]　BÉTRIX, S. 381; GRIFFEL, N 222; TRÜEB, Art. 59 N 31; TSCHANNEN/FRICK, S. 8 f.

Laut der Unmittelbarkeitstheorie scheiden in der Kausalkette entferntere, lediglich mittelbare Verursachungen aus.[360] Nur die Ursachen, welche die *Gefahrengrenze* überschreiten, sind somit erheblich.[361] Folglich können auch Ursachen eine Verursacherhaftung begründen, die nicht nach dem gewöhnlichen Lauf der Dinge und der allgemeinen Lebenserfahrung geeignet waren, einen Erfolg von der Art des Eingetretenen herbeizuführen.[362]   197

Die Unmittelbarkeitstheorie fusst keinesfalls ausschliesslich auf *ontologischen Erkenntnissen* bzw. auf Überlegungen bezüglich des äusseren Kausalverlaufs (d.h. als rein zeitlich-räumliche Beziehung zwischen dem Verhalten einerseits und der Gefahr andererseits), sondern stellt vielmehr - wie auch die Adäquanztheorie - eine *wertende Beurteilung* des betreffenden Vorgangs bzw. der einzelnen Verursachungsbeiträge dar.[363]   198

Auch das Bundesgericht hat unlängst durch seine Anwendung der Unmittelbarkeitstheorie gezeigt, dass die "unmittelbare Verursachung" nicht als räumliche oder zeitliche Nähe verstanden werden darf, sondern als rechtliche Wertung. So qualifiziert etwa das Bundesgericht das Verhalten eines Kantons für eine Gewässerverschmutzung als *unmittelbar* ursächlich, weil der Kanton um die anhaltende, konkrete Gefahr, die von einer Tankanlage ausging, wusste und dennoch nichts dagegen unternommen hatte.[364]   199

Was indessen unter den *wertenden Kriterien* zu verstehen ist, bleibt weitgehend schleierhaft. So hält sogar FRIAUF - ein Verfechter der Unmittelbarkeitstheorie - fest, dass die Bestimmung und Offenlegung der im Einzelnen massgeblichen Pflichtwidrigkeits- und Risikokriterien zu den schwierigsten, bisher nur äussserst unvollständig gelösten Aufgaben des Polizeirechts gehören, des-   200

---

[360] BGE 118 Ib 407 E. 4c; 114 Ib 44 E. 2a; RAUSCH/MARTI/GRIFFEL, N 89.

[361] TSCHANNEN/FRICK, S. 8.

[362] KLOEPFER, Verantwortlichkeit, S. 24; s. zur Adäquanzformel BGE 123 III 110 E. 3a m.w.H.

[363] BRANDNER, S. 26; DREWS/WACKE/VOGEL/MARTENS, S. 311; FRIAUF, Verwaltungsrecht, S. 147 N 76; HOLLANDS, S. 33; REINHART, S. 181 ff.; TSCHANNEN/FRICK, S. 8.

[364] BGer, ZBl 1991 212 E. 5d bb.

sen traditionelle - teilweise eher intuitiv gefundene - Massstäbe der differenzierten Problemlage in einer hochtechnisierten Umwelt nicht mehr immer gerecht werden.[365]

201   Wie ungewiss die normativen Kriterien bei der Ermittlung der Verursacher bzw. bei der Anwendung der *Unmittelbarkeitstheorie* sind, zeigt die Debatte um die Kostentragungspflicht bei der Sanierung und Überwachung von Altlasten im Zusammenhang mit Deponien. Während die Baudirektion des Kantons Zürich entschied,[366] dass ein Abfallerzeuger, der seine Abfälle beim Deponiebetreiber richtig deklariert hat, mangels Unmittelbarkeit der Verursachung nicht als Störer (und somit nicht als Verursacher) betrachtet werden kann, stellen TSCHANNEN/FRICK auf die Beschaffenheit der produzierten Abfälle ab und erachten die *Unmittelbarkeit* der Verursachung der Störung dann als gegeben, "wenn mit Abfallerzeugung eine wesentliche Ursache für die Gefahr oder Störung gesetzt wurde, welche künftig vom Ablagerungsstandort ausgeht"[367]. Ihrerseits nimmt WAGNER PFEIFER in dieser Frage eine Abgrenzung der Verantwortungsbereiche nach dem *Herrschafts- und Einflussbereich* vor und kritisiert harsch die Meinung von TSCHANNEN/FRICK.[368] Im Ergebnis hält WAGNER PFEIFER dann fest, dass nach geltender Rechtslage bei einer ordnungsgemässen Übergabe von Abfällen an eine Deponie das Erfordernis der Unmittelbarkeit der Verursachung nicht erfüllt sei.[369]

202   Die *unmittelbare* Kausalitätsbeziehung soll zudem nicht nur zwischen dem *Verhalten* und der Gefahr bestehen (Verhaltenshaftung), sondern auch zwischen dem *Zustand* einer Sache und der Gefahr (Zustandshaftung).

203   Im Gegensatz zur herrschenden Schweizer Doktrin wird in der deutschen Lehre teilweise die Meinung vertreten, dass es bei der *Zustands*haftung keine

---

[365]   FRIAUF, Verwaltungsrecht, S. 148 N 77.
[366]   Verfügung der Baudirektion des Kantons Zürich vom 3. Mai 2000, URP 2000, S. 386 ff. E. 6b; so auch DUBS, S. 296 f.
[367]   TSCHANNEN/FRICK, S. 12.
[368]   WAGNER PFEIFER B., Kostentragung, S. 133 ff.
[369]   WAGNER PFEIFER B., Kostentragung, S. 138.

Kausalitätserwägungen gebe. So hält FRIAUF fest: "Die Zustandshaftung knüpft nicht an eine Verursachung der Gefahr an. Der polizeiwidrige Zustand der betreffenden Sache (etwa der ölverseuchte Zustand des einem Wasserwerk benachbarten Grundstücks) verursacht nicht die Gefahr, sondern er selbst bildet sie. Kausalitätserwägungen haben in diesem Zusammenhang keinen Platz".[370]

Die Unmittelbarkeit - soweit man damit die faktische Beziehung bzw. das Fehlen von Zwischenursachen bezeichnet - wird jedoch bei der *Zustandshaftung* kaum etwas zur Feststellung bzw. zur Begrenzung der polizeirechtlichen Verantwortlichen beitragen können.[371] Sie unterstreicht allein die Selbstverständlichkeit, dass die Sache selbst eine Gefahr darstellen muss, ohne darauf abzustellen, ob die Gefährlichkeit des Zustandes rechtlich missbilligt wird oder nicht.[372] Mit der Unmittelbarkeitstheorie kann es somit keinen gefährlichen Zustand geben, ohne dass der Inhaber dieser Sache gleichzeitig Störer ist. Es wird nicht zwischen der Feststellung einer Gefahr und der Feststellung der Verantwortlichkeit für die Gefahr unterschieden.[373] Da die Unmittelbarkeitstheorie zu keiner Begrenzung der Zustandshaftung führt, haben Lehre und Praxis andere Wege zur ihrer Begrenzung gesucht.

204

So führt z.B. die Unmittelbarkeitstheorie zu unbefriedigenden Resultaten in den Fällen, in denen die Ursache der Gefahr ausserhalb der Risikosphäre des Zustandsverantwortlichen liegt.[374] Aus der deutschen Rechtsprechung stammt das Beispiel des Grundstückeigentümers, der als Zustandsstörer qualifiziert und für die Gefährdung des Grundwassers polizeirechtlich verantwortlich gemacht wurde, nachdem ein Tanklastwagen auf der Autobahn umgestürzt

205

---

[370] FRIAUF, Verwaltungsrecht, S. 152 N 83; KLAUDAT, S. 16; auch THÜRER scheint diese Meinung zu teilen, da er die Unmittelbarkeitstheorie allein unter dem Titel "Verhaltensstörer" behandelt. A.M. BINDER, S. 55 ff.; GANTNER, S. 22 ff.
[371] GANTNER, S. 198.
[372] GANTNER, S. 198.
[373] GANTNER, S. 203.
[374] FRICK, S. 62 f.; THÜRER, S. 480 f.

und das auslaufende Öl auf seinem Grundstück versickert war.[375] Um die Zustandshaftung zu begrenzen und eine solch weitgehende Verantwortlichkeit des Grundstückeigentümers zu vermeiden, schlägt beispielsweise FRIAUF vor,[376] bei der Zustandshaftung zwischen der Risikosphäre der Allgemeinheit und derjenigen des Einzelnen zu unterscheiden. Demnach würde die Zustandshaftung dann ausscheiden, wenn die Ursache der Gefahr in die Risikosphäre der Allgemeinheit fällt oder aus anderen Gründen dem Eigentümer wertungsmässig nicht zugerechnet werden kann.[377] Diese Meinung wird auch in der Schweizer Lehre von THÜRER vertreten.[378] Hingegen teilt FRICK diese Ansicht nur im Zusammenhang mit der Frage der Kostentragungspflicht (Verursacherprinzip) und nicht im Hinblick auf die Realleistungspflicht (Störerprinzip).[379] FRICK sieht sogar im Beispiel des Tanklastwagens einen typischen Fall, in dem Störer- und Verursacherkreis nicht identisch sind.[380] Es wird weiter unten nochmals auf diese Problematik eingehender zurückzukommen sein, wenn es spezifisch darum geht, wie die Zustandshaftung im Rahmen der Verursacherhaftungen - und nicht im Polizeirecht - begrenzt werden kann.

206 Vergleicht man indessen den Inhalt, der dem Begriff der Unmittelbarkeit bei Verhaltens- und Zustandshaftung beigemessen wird, so muss man HOLLANDS zustimmen, wenn er festhält, dass dieser jeweils mit verschiedenen Wertungen gefüllt werde. Während bei der Verhaltenshaftung die Unmittelbarkeit weitgehend *normativ* verstanden werde, bezeichne dieselbe bei der Zustandshaftung die *räumliche* und *zeitliche* Nähe der Sache zur Gefahrenquelle. Die

---

[375] OVG Münster OVGE 19, S. 101 ff.

[376] FRIAUF (Verwaltungsrecht, S. 157 N 91) begründet seinen Vorschlag aufgrund der Verknüpfung der Zustandshaftung mit der grundrechtlichen Eigentumsgarantie. Diese Verknüpfung zwinge dazu, die Grenzen dieser Haftung neu zu bestimmen. Ein Eigentümer solle nur die mit der Nutzung verbundenen Nachteile selbst tragen müssen. Dem Vorteil der Sachherrschaft korrespondiere somit ihr Risiko.

[377] FRIAUF, Verwaltungsrecht, S. 157 f. N 92.

[378] THÜRER, S. 480.

[379] FRICK, S. 63.

[380] FRICK, S. 63.

Unmittelbarkeit liefere deshalb im Ergebnis nicht mehr als einen gemeinsamen Namen für zwei verschiedene Begriffe der Zurechnung (Verursachung hier; Herrschaft dort).[381]

2.2.2 Unmittelbarkeitstheorie und Verursacherprinzip

Die Unmittelbarkeitstheorie ist so stark mit dem polizeirechtlichen Störerprinzip verknüpft, dass das Merkmal des "Überschreitens der Gefahrengrenze" bzw. die Störung Teil der Unmittelbarkeitstheorie geworden sind. Damit ein Verhalten oder der Zustand einer Sache als *unmittelbar* kausal erachtet wird, müssen sie entweder die Grenze zu einem Sachverhalt überschritten haben, der bei ungehindertem Ablauf zu einem Schaden für die öffentliche Sicherheit oder Ordnung führt oder einen solchen Schaden bereits verursacht haben.[382]

207

Während bei den öffentlich-rechtlichen Verursacherhaftungen die Anwendung der Unmittelbarkeitstheorie in ihrer "Urform" noch möglich ist, stösst die Unmittelbarkeitstheorie im Hinblick auf Art. 32b^{bis} USG insofern an ihre Grenzen, als es - im Gegensatz zum Altlastenrecht beispielsweise - gar keine *Störung* (bzw. schädliche Einwirkung) oder *Gefährdung* gibt.[383] Würde nämlich eine Gefahr oder eine Störung von dem Grundstück ausgehen, so läge ein *sanierungsbedürftiger belasteter Standort* vor (d.h. eine Altlast, Art. 32c USG und Art. 2 Abs. 2 AltlV), was grundsätzlich die Anwendung von Art. 32b^{bis} USG ausschliessen würde.[384] Wenn überhaupt von einer Gefährdung bzw. einer Störung im Zusammenhang mit Art. 32b^{bis} USG die Rede sein kann, dann nur, wenn der Inhaber das Aushubmaterial nicht sachgerecht entsorgt.[385]

208

---

[381] HOLLANDS, S. 73 f.

[382] Zu den Begriffen der Gefahr und der Störung s. REINHARD, S. 105 ff.

[383] FRICK (S. 170) bemerkt diesbezüglich Folgendes "Ein Rückschluss von der Störereigenschaft auf die Verursachereigenschaft ist zumindest im Anwendungsbereich von Art. 32 USG nicht möglich."

[384] Dazu unten N 918 ff.

[385] Die systematische Qualifikation des Abfallinhabers als polizeirechtlicher Störer - wie sie teilweise in der Lehre vorgenommen wird (so GRIFFEL, N 264) - ist nicht unproblematisch, da der Inhaber meistens erst dann einen Gefährdungstatbestand erfüllt, wenn er die Abfälle

Entsorgt der Inhaber der Abfälle diese sachgemäss oder unterlässt er gar sein Bauvorhaben, so kommt es zu keiner Gefährdung.

209 Hier zeigt sich deutlich der Unterschied zwischen dem Störer- und dem Verursacherprinzip. Während beim Ersteren eine Störung oder eine Gefahr notwendig ist, kennt Letzteres dieses Erfordernis nicht.[386] Während das Störerprinzip nur regelt, inwieweit eine Person für die Abwehr von Gefahren zur Verantwortung gezogen werden kann, soll das Verursacherprinzip des Umweltrechts nicht nur bei der Verteilung der bei der Abwehr von Gefahren anfallenden Kosten zur Anwendung gelangen, sondern auch bei der Verteilung derjenigen Kosten, die bei der Beseitigung von Belästigungen und Beeinträchtigungen der Umwelt anfallen, die unter der Gefahrenschwelle liegen.[387] Der Verursacherbegriff lässt sich somit nicht immer der polizeirechtlichen Logik unterwerfen.[388] Darum muss m.E. die *Unmittelbarkeitstheorie*, sofern diese nicht durch eine andere Kausalitätstheorie ersetzt wird, im Zusammenhang mit den *Verursacher*haftungen von den Begriffen der Gefahr und der Störung losgelöst und dahingehend neu formuliert werden, dass derjenige als

---

nicht ordnungsgemäss entsorgt. Dies gilt m.E. sowohl für Abfall im subjektiven als auch im objektiven Sinne (Art. 7 Abs. 6 USG). Selbst an sich gefährliche Abfälle gefährden nämlich die Umwelt regelmässig nur dann, wenn sie nicht ordnungsgemäss der Entsorgung zugeführt werden. Die (abstrakte) Gefährlichkeit von Sachen entsteht zudem nicht dadurch, dass sie zu Abfall werden, sondern besteht in der Regel schon vorher. Es gibt auch andere Gegenstände, die für sich gesehen eine hohe Gefährlichkeit aufweisen wie Kernkraftwerke, chemische Stoffe oder Waffen. Gleichwohl wird man kaum behaupten können, dass von diesen an sich gefährlichen Sachen stets und gegenwärtig eine polizeiliche Gefahr ausgeht, d.h. eine Störung der öffentlichen Sicherheit und Ordnung. Eine solche Störung setzt nämlich voraus, dass die öffentliche Sicherheit beeinträchtigt wird oder jedenfalls eine solche konkrete Beeinträchtigung ernstlich zu befürchten ist. Daraus folgt, dass der Zustand einer Sache nur dann eine Störung verursacht, wenn die Sache derart mit den geschützten Rechtsgütern in Kontakt tritt, dass Letztere beeinträchtigt oder zumindest bedroht werden. Andernfalls wäre die Polizei gezwungen, gegen jede an sich gefährliche Sache vorzugehen (vgl. zum Ganzen BINDER, S. 55 ff.). BRUNNER/TSCHANNEN (Vorb. zu Art. 30-32e N 50) und FRICK (S. 170) scheinen hingegen allein bei Abfällen im subjektiven Sinne, soweit diese vorschriftsgemäss entsorgt werden, die Qualifikation deren Inhaber als Störer zu verneinen.

[386] FRICK, S. 64; GRIFFEL, N 332.
[387] BRANDNER, S. 69 f.; FRICK, S. 64; GANTNER, S. 28 f.; GRIFFEL, N 332; SEILER, Art. 2 N 62; WAGNER B., Verursacherprinzip, S. 335 und 369.
[388] Vgl. FRICK, S. 60.

Verursacher gilt, der die Notwendigkeit von *Massnahmen* (vgl. Art. 2 USG) *unmittelbar* durch sein *Verhalten* verursacht.[389] Bei der Zustandshaftung - sofern man diese überhaupt beibehalten will - muss dann die Unmittelbarkeit zwischen der *Sache* und der Massnahme bestehen sonst läuft man Gefahr, die Unmittelbarkeitstheorie in den Fällen, wo es - wie bei Art. 32b^{bis} USG - keine Gefahr oder Störung gibt, zur Fiktion verkommen zu lassen. Angesichts der der Unmittelbarkeitstheorie zugrunde liegenden *wertenden Beurteilung* dürfte dies lediglich eine begriffliche bzw. formelle Anpassung darstellen.

Am Beispiel von Art. 32b^{bis} USG zeigt sich wiederum, dass es auch bei der   210
neu formulierten Unmittelbarkeitstheorie nicht um räumliche oder zeitliche Nähe zur Massnahme (bzw. ihrer Erforderlichkeit) gehen kann, sondern allein um eine *normative Nähe*. So ist es bei der Beurteilung der Unmittelbarkeit im Rahmen von Art. 32b^{bis} USG unerheblich, dass die Massnahme (d.h. die Entsorgung des Aushubmaterials) überhaupt erst deshalb notwendig wurde, weil der Inhaber des Grundstücks einen Aushub vorgenommen hat. Auch wenn zeitlich und räumlich gesehen der Inhaber des Grundstücks die Notwendigkeit einer solchen Massnahme hervorgerufen hat, ist dennoch nicht er, sondern der Urheber der Bodenbelastung der *unmittelbare Verursacher* der Massnahme (d.h. verhaltensverantwortlich). Grundsätzlich wird sich ein Verursacher nämlich nicht darauf berufen dürfen, dass eine Massnahme (z.B. die Entsorgung von Aushubmaterial) deshalb notwendig wurde, weil ein Dritter sein Recht (z.B. jenes zu bauen) ausübt.

Ein Problem im Hinblick auf die Anwendung der Unmittelbarkeitstheorie bei   211
Verursacherhaftungen bleibt indessen. Im Polizeirecht wird ein Verhalten nur dann als unmittelbar kausal betrachtet, wenn es seinerseits nicht polizeirechtlich neutral ist, sondern bereits für sich eine Polizeiwidrigkeit darstellt. Streng gehandhabt stellt die Unmittelbarkeitslehre auf die letzte, die Gefahrengrenze überschreitende Verursachung ab. Fällt indessen das Kriterium der Gefahr bzw. der Störung der öffentlichen Sicherheit und Ordnung weg, so wird es

---

[389] In diesem Sinne SCHERRER, S. 86; SEILER, Art. 2 N 62.

jeweils dem Gesetzgeber obliegen festzulegen, ab welchem Belastungsgrad Massnahmen ergriffen und deren Kosten den jeweiligen Verursachern überwälzt werden müssen.

2.3 Adäquanztheorie als Alternative?

2.3.1 Allgemeines

212 An dieser Stelle sei auch auf die verschiedentlich in der Lehre vertretene Minderheitsmeinung eingegangen, wonach die Unmittelbarkeitstheorie als Eingrenzungskriterium des Verursacherbegriffs nicht genüge und durch die Adäquanztheorie zu ersetzen[390] bzw. zu ergänzen[391] sei.

213 Laut der sogenannten Adäquanzformel ist eine Ursache dann adäquat, wenn sie nach dem gewöhnlichen Lauf der Dinge und der allgemeinen Lebenserfahrung an sich geeignet war, den eingetretenen Erfolg zu bewirken, so dass der Eintritt dieses Erfolges als durch die fragliche Tatsache allgemein begünstig erscheint.[392]

214 Art. 32b[bis] USG könnte die diesbezügliche Debatte neu entfachen, da nun zum ersten Mal die Unmittelbarkeitstheorie auch im Zivilrecht angewendet werden soll, d.h. in der "Hochburg" der Adäquanztheorie.

215 Da bei der Umschreibung des Verursacherkreises sowohl von der herrschenden Lehre als auch vom Bundesgericht auf den Störerbegriff abgestellt wird, erscheint es sinnvoll, in einem ersten Schritt die Adäquanztheorie dahingehend zu prüfen, ob sie anstatt der Unmittelbarkeit als Zurechnungskriterium im *Polizeirecht* (d.h. bei der Bestimmung der Störer) übernommen werden kann. Erst in einem zweiten Schritt wird dann der Frage einer eventuellen Be-

---

[390] MOIX, N 679 und N 1091 ff. MOOR, Bd. II, S. 113 f.; die Frage nicht abschliessend beantwortend REINHARD, S. 193.

[391] SCHERRER, S. 86 ff.

[392] Stall Aller OFTINGER/STARK, Haftpflichtrecht I, § 3 N 15; REY, Haftpflichtrecht, N 525; WERRO, Responsabilité civile, N 214; BGE 123 V 98 E. 3d; 123 III 110 E. 3a, 119 Ib 334.

rücksichtigung der Adäquanztheorie bei der Ermittlung der Verursacher (d.h. bei der Kostentragungspflicht) nachgegangen.

2.3.2 Adäquanz und Polizeirecht

Bei der Frage, ob die Adäquanztheorie einen geeigneten Zurechnungsmass-   216
stab im Polizeirecht darzustellen vermag, geht es im Grunde genommen um
das Bestreben, eine bessere Beschränkung bzw. Zuweisung der Verantwortlichkeit auf der *Primärebene* (Realleistungspflicht) zu erzielen und nicht erst
auf der Sekundärebene (Kostentragungspflicht).

Eine Begrenzung der Verantwortlichkeit auf der Primärebene würde haupt-   217
sächlich zwei Vorteile mit sich bringen. Einerseits würde es in den Fällen, in
denen es keine Entkopplung von der Realleistungs- und der Kostentragungspflicht gibt, erlauben, einer möglichen unangemessenen Inanspruchnahme des
Störers zu entgegnen. Grundsätzlich gilt nämlich im Polizeirecht, dass der
Störer die Kosten tragen muss, die zur Vermeidung oder Behebung eines polizeiwidrigen Zustandes ergriffen werden müssen.[393] Der Störer besitzt somit
im Prinzip keinen Entschädigungsanspruch gegenüber dem Staat oder den
anderen Störern für von ihm ergriffene Massnahmen.[394] Diese Regel wird nur
dann durchbrochen, wenn eine gesetzliche Grundlage besteht, die eine Aufteilung der Kosten vorsieht (z.B. Art. 32d USG).[395] Fehlt indessen eine solche
gesetzliche Grundlage, so trägt allein derjenige Störer sämtliche Kosten, der
zur Realleistung verpflichtet wurde. Andererseits wäre eine Einschränkung
bzw. eine bessere Zuweisung der Verantwortlichkeit auf der Primärebene
auch in denjenigen Fällen wünschenswert, in denen eine Entkopplung von
Realleistungs- und Kostentragungspflicht besteht. Würden nämlich die Realleistungspflicht und somit die Kosten direkt den "richtigen" Verursacher treffen, so brauchte es keine nachträgliche Kostenverteilung. Sollte zudem eine

---

[393] GANTNER, S. 11 f.; REINHARD, S. 191; THÜRER, S. 469.
[394] FRIAUF, Verwaltungsrecht, S. 144 f. N 71; THÜRER, S. 469.
[395] DREWS/WACKE/VOGEL/MARTENS, S. 312; FRIAUF, Verwaltungsrecht, S. 144 f. N 71;
THÜRER, S. 469.

Person als nicht realleistungspflichtig erachtet werden, dann entfällt *a fortiori* auch ihre Kostentragungspflicht.

218   Die Anwendbarkeit der Adäquanztheorie im Polizeirecht wurde früher vereinzelt in der deutschen Lehre gefordert.[396] Dennoch wird die Übernahme der Adäquanztheorie in das Polizeirecht heute von der absolut herrschenden Meinung abgelehnt.[397]

219   Das schwerwiegendste Argument gegen eine Übernahme der Adäquanztheorie im Polizeirecht ist der dieser Theorie zugrunde liegende Gedanke, eine Haftung für *unwahrscheinliche Folgen* eines Verhaltens auszuschliessen.[398] Es kann nämlich grundsätzlich bei der Gefahrenabwehr nicht darauf ankommen, ob ein Verhalten allgemein geeignet ist, eine Gefahr herbeizuführen oder nicht.[399] Ausschlaggebend kann im Polizeirecht allein sein, ob ein Verhalten *konkret* eine Gefahr verursachen kann oder verursacht hat. Erfährt zum Beispiel die Polizei, dass ein Selbstmordkandidat in seiner Wohnung die Gasleitungen aufgeschnitten hat und sich somit im ganzen Gebäude Gas befindet, so muss es der Polizei erlaubt sein, einem sich im Gebäude befindenden Mitbewohner zu verbieten, sich eine Zigarette anzuzünden, auch wenn nach dem normalen Lauf der Dinge das Anzünden einer Zigarette nicht geeignet ist, die Explosion eines Gebäudes herbeizuführen.

220   Ein weiteres, oftmals gegen die Adäquanztheorie vorgebrachtes Argument besagt, sie würde zu einer Ausuferung der polizeirechtlich Verantwortlichen führen.[400] Die Stichhaltigkeit dieser Ansicht lässt sich an folgendem Beispiel aufzeigen. Bringt etwa ein Chemieunternehmen ein für das Grundwasser toxi-

---

[396]   Zur Frage der Berücksichtigung der Adäquanztheorie im Polizeirecht s. BRANDNER, S. 75 ff.; GANTNER, S. 73 ff.

[397]   Statt Vieler REINHARD, S. 179; THÜRER, S. 474.

[398]   Dazu ausführlich BRANDNER, S. 80 ff.; TSCHANNEN/FRICK, S. 8 f.

[399]   FRIAUF, Verwaltungsrecht, S. 146 N 74; GANTNER, S. 76; HOLLANDS, S. 147 f.; REINHARD, S. 179.

[400]   BRANDNER, S. 78 ff.; GANTNER, S. 78; REINHARD, S. 179; THÜRER, S. 179; TSCHANNEN/FRICK, S. 9.

sches Produkt in Verkehr, so darf es sinnvollerweise nicht (nachträglich) als Störer qualifiziert werden, weil es beim Verwenden durch den Käufer in einen Fluss gelangt. Das Inverkehrbringen eines giftigen Produktes wäre aber sehr wohl nach dem gewöhnlichen Lauf der Dinge und der allgemeinen Lebenserfahrung generell dazu geeignet, einen solchen Erfolg (d.h. die Verunreinigung von Gewässern) herbeizuführen. Eine polizeirechtliche Zurechnung aller adäquaten Verursachungen würde dazu führen, dass niemand, auch bei grösster Sorgfalt, vor einer polizeirechtlichen Verantwortlichkeit sicher wäre.[401] Wie das obige Beispiel zeigt, muss ein Erfolg nicht allein schon deshalb zurechenbar sein, weil er vorhersehbar war. Die Vorhersehbarkeit kann somit keine hinreichende Bedingung einer Haftung bilden.[402] Um als Zurechnungslehre im Polizeirecht dienen zu können, müsste die Adäquanztheorie - wie auch im Haftpflichtrecht und im Strafrecht- durch verschiedene, weitere Zurechnungskriterien wie die Widerrechtlichkeit, das Verschulden oder die Realisierung einer besonderen Gefahr ergänzt werden.[403]

Die Adäquanzlehre kann stets auch Vorteile gegenüber der Unmittelbarkeitstheorie für sich beanspruchen. Einerseits unterscheidet sie nicht danach, ob eine Gefahr mittelbar oder unmittelbar verursacht wurde. Folglich würde sich der in der Lehre als problematisch erachtete Rückgriff auf die Figur des *Zweckveranlassers* erübrigen,[404] da die Adäquanztheorie auch mittelbare Ur-

221

---

[401] GANTNER, S. 78.

[402] HOLLANDS, S. 147.

[403] GANTNER, S. 79. Obwohl BRANDNER der Kritik beipflichtet, das Adäquanzkriterium sei als haftungs*begründetes* Merkmal für das Polizeirecht ungeeignet (S. 78 ff. und 90 f. Nr. 15 ff.), kommt er dennoch zum Schluss, dass dies nichts über die Qualität des Adäquanzkriteriums als haftungs*eingrenzendes* Kriterium aussagen würde. Somit stehe das Adäquanzerfordernis auch nicht in Konkurrenz mit demjenigen der Unmittelbarkeit (S. 86). Der Kritik, die Adäquanz wäre nicht in der Lage, inadäquate aber dennoch ausnahmsweise konkret gefährliche Verhalten zu erfassen, entgegnet BRANDNER mit einer "neuformulierten" Adäquanztheorie. Massgeblich sei nicht die Adäquanz und damit Vorhersehbarkeit des konkreten Erfolges, sondern die Erkennbarkeit eines mit einem Verhalten generell verbundenen *Gefahrenkreises* (S. 84). Laut BRANDNER ist es somit ausreichend, dass eine Verwirklichung eines handlungstypischen erkennbaren Risikos vorliegt, auch wenn sich die typische Gefahr im Einzelnen auf eine den Naturgesetzen ungewöhnliche Weise verwirklicht hat.

[404] REINHARD, S. 181 ff.; THÜRER, S. 477 f.

sachen erfasst und somit auch diejenige Person als Störer qualifizieren würde, die eine Gefahr bzw. eine Störung veranlasst oder in Kauf nimmt.[405] Andererseits verlangt die Adäquanztheorie auch nicht, dass das Verhalten selbst die Gefahrengrenze überschritten hat. Insofern bietet sie auch die Möglichkeit, Verhaltensweisen zuzurechnen, die zwar nicht unmittelbar eine Gefahr (z.B. eine Umweltverschmutzung) verursacht haben aber nach einer rechtlichen Würdigung dennoch zuzurechnen wären.[406] Schliesslich käme dem Polizeirecht auch gelegen, dass, wie die Unmittelbarkeitstheorie, auch die Adäquanztheorie nicht auf subjektive Momente seitens des Verursachers abstellt.[407] Die Analyse der Adäquanz beruht auf einer retrospektiven objektiven Prognose.[408] Es geht also allein um die objektive Voraussetzbarkeit des Schadensereignisses und nicht um das subjektive Erkennungsvermögen jedes Einzelnen. Diese Vorteile der Adäquanztheorie genügen dennoch nicht, um ihre Nachteile aufzuwiegen. Demnach scheidet die Adäquanzlehre als Zurechnungstheorie im Polizeirecht aus.

2.3.3 Adäquanz und Verursacherhaftungen

222   Die gegen die Anwendung der Adäquanztheorie im Polizeirecht vorgebrachten Argumente gelten auch grundsätzlich *mutatis mutandis* in Bezug auf die Verursacherhaftungen. Dennoch muss die Antwort auf die Frage der Anwendung der Adäquanztheorie nicht in beiden Gebieten gleich ausfallen. In diesem Sinne hat auch das Bundesgericht im Hinblick auf Art. 8 aGSchG 1971 geprüft, ob eine vernünftige Begrenzung der Kostentragungspflicht durch eine sinngemässe Anwendung der Lehre vom adäquaten Kausalzusammenhang erreicht werden könnte, ohne dabei die Anwendbarkeit der Unmittelbarkeits-

---

[405]   BGE 99 Ia 504 E. 4b; 91 I 144 E. 2a; 90 I 1 E.1a; 87 I 112.

[406]   GANTNER, S. 74.

[407]   HOLLANDS (S. 147) und GANTNER (S. 76 f.) bemerken deshalb zu Recht, dass der Einwand, die Adäquanzlehre führe das polizeifremde Element des Verschuldens in das Polizeirecht ein, nicht berechtigt sei, da der Begriff der Vorhersehbarkeit stark objektiviert sei und alle Elemente persönlicher, subjektiver Vorwerfbarkeit aus ihm gelöscht seien.

[408]   WERRO, Responsabilité civile, N 215.

theorie im Polizeirecht in Frage zu stellen.[409] Das Bundesgericht hat indessen die Adäquanztheorie nicht von vornherein als unsachgemäss ausgeschlossen, sondern die *Unmittelbarkeitstheorie* vorgezogen, weil deren Handhabung für die Verwaltungsbehörden einfacher und praktischer sei.[410]

Die Argumentation vom Bundesgericht scheint in zweierlei Hinsicht bedenk- 223
lich. Einerseits geht es bei der Kostenverteilung nicht darum, Behörden eine einfache und praktische Handhabung zu sichern, sondern eine gerechte Verteilung der Kosten zu erzielen. Andererseits ist es auch fraglich, ob die Anwendung der Unmittelbarkeitstheorie - sofern diese richtigerweise *nicht* als rein zeitlich-räumliche Beziehung zwischen dem Verhalten und der Gefahr verstanden wird -[411] einfacher anzuwenden ist als die Adäquanztheorie.[412]

In der *Schweizer Lehre* wurde ebenfalls des Öfteren gefordert, die Adäquanz 224
sei als Zurechnungskriterium bei der Ermittlung der *Verursacher* - d.h. bei der *Kostentragungspflicht* - zu berücksichtigen.

So fragt sich etwa REINHARD, ob es generell sachgerecht sei, für die *Frage* 225
des Kostenersatzes (z.B. bei Art. 59 USG und Art. 54 GSchG) auf die Unmittelbarkeitstheorie - wie bei der Bestimmung des Störers - abzustellen oder ob nicht eher die haftpflichtrechtliche Adäquanztheorie vorzuziehen und folglich bei fehlender Adäquanz von der Kostenüberwälzung abzusehen wäre.[413] Eine Antwort auf die gestellte Frage bzw. die geäusserten Zweifel gibt REINHARD indessen nicht.

---

[409] BGer, ZBl 1982 E. 2c mit Hinweis auf das nicht publizierte Urteil Ferrovie Federali Svizerra vom 17. Mai 1974 E. 1.
[410] BGer, ZBl 1982 E. 2c mit Hinweis auf das nicht publizierte Urteil Ferrovie Federali Svizerra vom 17. Mai 1974 E. 1.
[411] Dazu oben N 198 ff.
[412] TRÜEB (Art. 59 N 32) meint zur einfacheren Handhabbarkeit der Unmittelbarkeitstheorie, dass diese "eher Wunsch als Wirklichkeit" sei.
[413] REINHARD, S. 193.

226   MOIX[414] und ROUILLER[415] vertreten ihrerseits die Meinung, dass sowohl der
       Wortlaut als auch der Sinn der Kostentragungsregeln bei behördlichen Mass-
       nahmen (z.B. Art. 59 USG und Art. 54 GSchG) für die Anwendbarkeit der
       Adäquanztheorie sprechen.

227   MOIX betont dabei, dass, obwohl es sich bei den Kostentragungsnormen nicht
       um echte Haftpflichtnormen handelt - sondern um eine öffentlich-rechtliche
       Konkretisierung des Verursacherprinzips -, es dennoch um eine ähnliche Situ-
       ation gehe und folgerichtig bei der Untersuchung des Kausalitäts-
       azusammenhangs ein Rückgriff auf die privatrechtlichen Regeln geboten
       sei.[416] MOIX weist auch indirekt auf die *innere Kongruenz des Entschädi-*
       gungsrechts hin, indem er zu bedenken gibt, dass ausser der Rückerstattung
       der staatlichen Massnahmenkosten alle weiteren Schäden, die aus derselben
       Schädigung herrühren können, gestützt auf haftpflichtrechtliche Normen (z.B.
       Art. 41 OR oder 59a USG) entschädigt werden und somit die Adäquanztheo-
       rie Anwendung findet.

228   Obwohl ROULLIER aus *dogmatischer Sicht* die Anwendbarkeit der Unmittel-
       barkeit bei der Kostenfrage ebenfalls vorzieht, kommt er dennoch zum
       Schluss, dass die Adäquanztheorie nicht immer für den Betroffenen vorteil-
       hafter sei und die Rechtsprechung bei der Anwendung der Unmittelbarkeits-
       theorie durchaus pragmatische, befriedigende Lösungen gefunden habe.[417]
       Gleichzeitig betont er dabei aber auch, dass die Rechtsprechung zur Unmit-
       telbarkeitstheorie keine klaren und genauen Prinzipien festgelegt habe und auf
       Einzelfall bezogene Billigkeitsentscheide ausgerichtet sei, weshalb bis jetzt
       "des cheminements en zigzag" nicht hätten vermieden werden können.[418]

---

414   MOIX, N 1092.
415   ROUILLER (S. 597) bezog seine Aussage noch auf Art. 8 aGSchG 1971.
416   MOIX, N 1092.
417   ROUILLER, S. 597.
418   ROUILLER, S. 597.

FRICK spricht sich nach einer eingehenden Auseinandersetzung mit dieser   229
Problematik zwar für die Beibehaltung der Unmittelbarkeitstheorie aus, wobei
er dennoch feststellen muss, dass sowohl die Unmittelbarkeits- als auch die
Adäquanztheorie unvollkommen sind.[419]

Ihrerseits verlangt SCHERRER, dass die Adäquanztheorie zusätzlich zur   230
Unmittelbarkeitstheorie als einschränkendes Kriterium bei der Bestimmung
des Verursacherkreises verwendet wird.[420]

2.4   Würdigung

Der Streit um die anwendbare Kausalitätstheorie versteckt m.E. ein grundle-   231
genderes Problem. Eine *gerechte Haftung* (bzw. eine gerechte Zuweisung von
Risiken) lässt sich nämlich wohl kaum allein auf einer Kausalitätstheorie aufbauen bzw. durch eine "Unterbrechung des Kausalzusammenhangs" beschränken.[421]

HOLLANDS bemerkt diesbezüglich treffend, dass die Verbindung von Person   232
und Erfolg nichts sei, was sich mit Hilfe naturalistischer bzw. naturwissen-
schaftlicher Kriterien auch nur annähernd beschreiben lasse. Dabei sei es
gleich, ob man auf Kausalität oder Wahrscheinlichkeit zurückgreife. Das
Recht bleibe zwar an naturwissenschaftliche Regeln gekoppelt und insofern
dürfte es möglich sein, die rechtliche Zurechnung ein Stück weit mit solchen
Regeln zu erklären. Sehr weit könne man damit aber nicht kommen, weil sich
so die rechtlichen Wertungen nicht einfangen liessen. Wer versuche, die Zurechnung vorwiegend mit *Kausalitäts- und Wahrscheinlichkeitsregeln* zu be-
wältigen, müsse sich bald gezwungen sehen, das naturalistische Kriterium an
immer neuen Stellen zurechtzubiegen, bis es schliesslich der gewünschten

---

[419] FRICK (S. 68 f.) kommt zu dem Schluss, dass sowohl die Adäquanztheorie als auch die
Unmittelbarkeitstheorie einen zu weiten Verursacherkreis generieren.

[420] SCHERRER, S. 86 ff.

[421] Vgl. GANTNER, S. 138. Bereits 1958 hatte HURST (S. 57 ff.) erkannt, dass eine Zurechnung
der Haftung nicht alleine mit Hilfe einer Ursachentheorie zu erreichen ist. Gl.M. SCHNUR,
S. 2.

Wertung entspreche. Am Ende bestimmen würden dann nicht Kausalität und Wahrscheinlichkeit, wie das Recht werte, sondern die Wertungen des Rechts entschieden darüber, was bei der Zurechnung als kausal und was als wahrscheinlich festgelegt werde.[422]

233   Wie soll denn auch eine (wahre bzw. reine) Kausalitätstheorie die *Wertung* einer Verursachung ersetzen? Natürlich liegen der Unmittelbarkeits- und Adäquanztheorie ebenfalls wertende Elemente zugrunde. So lässt sich wohl kaum wertungsfrei bestimmen, was "gefahrennah" oder "generell zur Erfolgsverursachung geeignet" ist. Doch liegt gerade in dieser Anreicherung mit Wertungen das Dilemma dieser beiden Zurechnungstheorien: je mehr sie mit rechtlichen Wertungen angereichert werden, desto inhaltlich unbestimmter werden sie. Die Qualifizierung als "unmittelbar" bzw. "voraussehbar" versteckt dann die angewandten Wertungen, mehr als sie sie offen legt. Stellt man hingegen auf den reinen, äusseren Kausalablauf ab, so werden sie unbrauchbar, da die rechtliche Würdigung ausgeblendet wird.[423] Deshalb vermag auch die Meinung von SCHERRER,[424] die Unmittelbarkeitstheorie sei anhand der Adäquanztheorie einzuschränken, nicht zu überzeugen, da sie im besten Fall allein zu einer *Überlagerung* von inhaltlich weitgehend undefinierten Wertungen führe.

234   Sowohl die Adäquanztheorie als auch die Unmittelbarkeitstheorie sind nur bei *Verwendung weiterer (ergänzender) normativer Zurechnungskriterien* in der Lage, die Zurechnungsaufgabe zu lösen. So kann die *generelle Eignung* eines Verhaltens zur Gefahrenverursachung nichts darüber aussagen, ob die einzelne Erfolgsverursachung rechtlich missbilligt werden soll und ob der verursachte Schaden gerade dem verursachenden Verhalten zuzurechnen ist. Auch das Kriterium der *unmittelbaren Verursachung* lässt in rechtlich schwierig einzuordnenden Sachverhalten im Stich. Die "Gefahrengrenzüberschreitung" und das "Fehlen von Zwischenursachen" geben je keine Auskunft darüber, ob

---

[422] HOLLANDS, S. 146.
[423] Vgl. HOLLANDS, S. 147.
[424] SCHERRER, S. 86 ff.

die durch diese Kriterien wiedergegebene "Nähe" von Verhalten und polizei-widrigem Erfolg rechtlich missbilligt ist oder nicht und ob es sich rechtfertigt, die verursachte Gefahr dem verursachenden Verhalten zuzurechnen.

Nach der Abschaffung von Art. 36 aGSchG 1971[425] käme auch wohl kaum einer mehr auf die Idee, in das Zivilrecht eine Haftungsnorm einzuführen, welche die Haftung - abgesehen vom missbilligten Erfolg - einzig an die *Adä-quanz* anknüpfen würde. Es wäre deshalb an der Zeit - wie es auch WID-MER/WESSNER im Rahmen der Revision des Haftpflichtrechts verlangen -,[426] ebenfalls bei den Verursacherhaftungen von einer reinen Erfolgshaftung ab-zukommen und die Haftung an klassische haftpflichtrechtliche Verantwort-lichkeits- und Zurechnungskriterien (Verschulden, Gefahr, etc.) anzuknüpfen. Wäre dieser Schritt einmal getan, so würde sich auch die Problematik der an-wendbaren Kausalitätstheorie entschärfen. Insbesondere könnte - um die inne-re Kohärenz des Haftpflichtrechts zu wahren - die Adäquanztheorie bei den Verursacherhaftungen angewandt werden.

235

3 Keine Widerrechtlichkeit (?)

3.1 Allgemeines

Eine Verursacherhaftung zeichnet sich laut herrschender Lehre dadurch aus, dass sie im Gegensatz zu herkömmlichen Haftpflichtnormen *keine Wider-rechtlichkeit* voraussetzt.[427] Somit soll es weder bei der Kostenverteilung im Altlastenrecht (Art. 32d USG) noch bei der Überwälzung von Massnahmen-kosten (z.B. bei Art. 59 USG und 54 GSchG) und folglich auch nicht bei Art. 32b^bis USG auf die Widerrechtlichkeit der Verursachung ankommen.

236

---

[425] Dazu unten N 310.
[426] Dazu unten 462 ff.
[427] BULDIGER, S. 300 f.; FRICK, S. 29 f.; GRIFFEL, N 247; SEILER, Art. 2 N 74; TRÜEB, Art. 59 N 23.

237 Verneint man indessen das Erfordernis der Widerrechtlichkeit bei der *Ermittlung der Verursacher*, so verschliesst man sich grundsätzlich der Möglichkeit, eine *rechtliche Würdigung der Erfolgsverursachung* vornehmen zu können.

238 Die Frage der Widerrechtlichkeit erhält im Hinblick auf Verursacherhaftungen zudem eine besondere Brisanz, da laut herrschender Lehre und Rechtsprechung, wie nachfolgend noch zu behandeln sein wird,[428] Verursacherhaftungen - abgesehen vom Erfordernis der Unmittelbarkeit - *keine weiteren Haftungsvoraussetzungen bzw. Haftungsbegrenzungen* kennen.

239 Um die Bedeutung des Problems der Widerrechtlichkeit zu mindern, müsste somit auch hier - wie bereits in dieser Arbeit verlangt und noch eingehender darzustellen sein wird -[429] die Verantwortlichkeit bei Verursacherhaftungen von weiteren Haftungsbedingungen wie dem *objektiven Verschulden* oder der *Verwirklichung von Risiken* abhängig gemacht werden.[430]

240 Die Meinung, Verursacherhaftungen würden keine Widerrechtlichkeit voraussetzen, findet ihren *Ursprung im Polizeirecht*, d.h. in der Gefahrenabwehr und somit im Störerprinzip.[431] Dies ist nicht weiter erstaunlich, geht es doch grundsätzlich bei *Verursacherhaftungen* darum, die bei einer Gefahrenbeseitigung (abgesehen von Art. 32b^bis USG, bei dem es keine Gefahr gib[432]) angefallenen Kosten zu verteilen.

241 Angesichts dessen, dass hier wie dort auf den *Störerbegriff* zurückgegriffen wird, um den *Verursacherhaftungen* einen Inhalt beizumessen, muss vorab der Frage nachgegangen werden, ob die Aussage, das Polizeirecht kenne das Erfordernis der Widerrechtlichkeit nicht, uneingeschränkt zutreffend ist.

---

[428] Dazu unten 309 ff.

[429] Dazu oben N 231 ff. (insb. 235 f.) und N 295 ff. (insb. N 298).

[430] Vgl. in diesem Sinne WAGNER PFEIFER B., Kostentragungspflicht, S. 135 ff.; WIDMER, Verursacherprinzip, S. 555.

[431] Dieses Dogma findet seinen Ursprung im deutschen Polizeirecht; s. dazu DREWS/WACKE/VOGEL/MARTENS, S. 293.

[432] S. dazu N 865 ff.

3.2   Widerrechtlichkeit im Polizeirecht

Die Meinung, der Gedanke der Widerrechtlichkeit sei dem Polizeirecht   242
fremd, findet zumindest teilweise ihren Ursprung in der von PETERS in seinem
1922 publizierten Aufsatz "Die Polizeiwidrigkeit und ihre Beziehungen zur
Rechtswidrigkeit" vertretenen Ansicht, es gebe keine polizeiliche Verpflichtung des Bürgers, sondern nur eine *Verpflichtbarkeit*.[433] Demnach wird eine
Person nicht deshalb polizeilich in Anspruch genommen, weil sie gegen eine
Rechtspflicht verstossen hat, sondern weil sie die Behörde im Rahmen ihrer
Befugnisse heranzieht. Es kommt somit allein auf die Unmittelbarkeit (verstanden als räumlich-zeitliche Nähe) an und nicht auf die Rechtswidrigkeit
des betreffenden Verhaltens. Nun hat sich aber seither bezüglich der Tragweite und des Inhalts des Polizeirechts eine andere Sicht durchgesetzt. Ein grosser Teil der Lehre[434] und offenbar auch das Bundesgericht[435] messen dem Störerprinzip einen *materiellen Inhalt* bei. Demnach ist das Störerprinzip auch
als eine an den Bürger gerichtete *Pflicht* zu verstehen, sein Verhalten oder den
Zustand seiner Sachen so einzurichten, dass daraus keine Störung oder Gefahr
entsteht. Nichtsdestoweniger hat die Ansicht überlebt, das Polizeirecht kenne
das Erfordernis der Widerrechtlichkeit nicht.

Sogar das preussische Oberverwaltungsgericht - Urheber der Unmittelbar-   243
keitstheorie - stellte bei der Haftungsfrage auf die Rechtmässigkeit der Handlung ab. So etwa verneinte es die Haftung des Veranstalters für die durch die
Teilnehmer einer Veranstaltung unmittelbar verursachte Ruhestörung, weil
sonst "an sich vollkommen zulässige Handlungen" untersagt werden müssten.[436] Auch in PrOVGE 56, S. 366, 367 f. (Haftung der Gemeinde für das
Aufschütten eines Strassenwalls) und PrOVGE 73, S. 340, 346 (Haftung der

---

[433] PETERS, S. 369 ff.; gl.M. HURST, S. 65; WAGNER W., S. 24 ff.
[434] REINHARD, S. 176 m.w.H.; PIETZCKER (S. 459), DREWS/WACKE/VOGEL/MARTENS (S. 293)
und VOLLMUTH (S. 58) vertreten in der deutschen Lehre ebenfalls die Ansicht, dass das
Polizeirecht einen materiellen Inhalt hat.
[435] BGE 122 II 65 E. 6a.
[436] PrOVGE 31, S. 409, 411. Nachweis bei HOLLANDS, S. 33 Fn. 35.

Gemeinde für das Anlegen eines Treidelpfades) wurde die Haftung mit der Begründung abgelehnt, die Gemeinde habe erlaubt gehandelt.[437] In PrOVGE 82, S. 343, 357 wurde die Haftung eines Unternehmers für die durch Einleitung verursachte Verlandung eines Flusses ausgeschlossen, weil der Unternehmer eine gewerbepolizeiliche Genehmigung besass.[438]

244 Schaut man indessen die Aussage genauer an, wonach das Polizeirecht im Gegensatz zum Haftpflichtrecht das Erfordernis der Widerrechtlichkeit nicht kennt, bemerkt man zuerst, dass diese Ansicht vielfach auf einem *unzulänglichen Verständnis* der haftpflichtrechtlichen Widerrechtlichkeit beruht. Es wird in Lehre und Rechtsprechung explizit oder implizit davon ausgegangen, dass die Widerrechtlichkeit immer in der Verletzung einer Verhaltensnorm bestehen muss.[439] Dies stimmt aber nur bedingt, denn laut der noch herrschenden *objektiven Widerrechtlichkeitstheorie*[440] ist der Tatbestand der Widerrechtlichkeit immer dann erfüllt, wenn ein *absolut geschütztes Rechtsgut* verletzt wird und kein Rechtfertigungsgrund vorliegt (Erfolgsunrecht).[441] Im Falle der Verletzung eines absolut geschützten Rechtsguts wird das Verhalten als solches nicht weiter "geprüft", sondern von seinem *Erfolg* her als widerrechtlich qualifiziert. Allein bei der Schädigung eines nur relativ geschützten Rechtsguts braucht es zur Bejahung der Widerrechtlichkeit tatsächlich die Verletzung einer Verhaltens- bzw. Schutznorm (Verhaltensunrecht).[442]

---

[437] Nachweis bei HOLLANDS, S. 33 Fn. 35.

[438] Nachweis bei HOLLANDS, S. 33 Fn. 35. Für weitere Fälle aus der Rechtsprechung des Preussischen Oberverwaltungsgerichts, bei denen auf die Rechtmässigkeit abgestellt wurde, s. HOLLANDS, S. 33 Fn. 35.

[439] FRICK, S. 29; ROUILLER, S. 598; SEILER, Art. 2 N 75; BGE 114 Ib 44 E. 2c/cc; BGer, ZBl 1991 212 E. 6a.

[440] BGE 123 II 577 E. 4c m.w.H.; 119 II 127 E. 3. m.w.H. Zu den verschiedenen Widerrechtlichkeitstheorien s. SCHÖNENBERGER, S. 3 ff.

[441] Für eine Haftung bei Unterlassungen bedarf es zusätzlich noch einer Pflicht zum Handeln (BGE 118 Ib 473 E. 2b).

[442] Statt Vieler KELLER A., Bd. II, S. 107 f.

Wird hingegen die Widerrechtlichkeit - wie dies anscheinend Lehre[443] und 245
Rechtsprechung[444] bezüglich des Polizeirechts tun - ausschliesslich als Verstoss gegen eine Verhaltensnorm verstanden, so kennt das Polizeirecht in der Tat das Erfordernis der Widerrechtlichkeit nicht. REINHARD formuliert dies für das Polizeirecht wie folgt: "Es kommt nicht darauf an, ob das *Handeln* [Hervorhebung durch den Verfasser] selbst eine Rechtsnorm verletzt"[445]. Stellt man indessen bei der Frage der Widerrechtlichkeit - analog zur im Haftpflichtrecht noch herrschenden *objektiven Widerrechtlichkeitstheorie* - grundsätzlich auf die eingetretenen *unerwünschten Konsequenzen* eines Verhaltens ab (Stichwort: Erfolgsunrecht) und nicht - einmal abgesehen von reinen Vermögensschäden - auf das Verhalten selbst (Stichwort: Verhaltensunrecht),[446] so kennt auch das Polizeirecht das Erfordernis der Widerrechtlichkeit. Es lässt sich nämlich argumentieren, dass im Polizeirecht die Widerrechtlichkeit in der Gefährdung bzw. der Störung als solcher begründet liegt und nicht in dem dafür kausalverantwortlichen Verhalten. In diesem Sinne kann auch KLOEPFER verstanden werden, wenn er festhält, dass "die Überschreitung der Gefahrengrenze grundsätzlich rechtswidrig ist [...]"[447]. Die polizeirechtliche Verantwortlichkeit ist somit eine *Erfolgshaftung*, die sehr wohl das Erfordernis der Widerrechtlichkeit kennt.

Die vorliegend vertretene Ansicht lässt sich auch indirekt auf die bundesge- 246
richtliche Rechtsprechung[448] und die einhellige Lehrmeinung[449] stützen, wonach eine *Unterlassung* nur dann eine polizeirechtliche Verhaltenshaftung begründet, wenn eine *Pflicht zum Handeln*, d.h. zur Gefahrenabwehr, bestand. Eine Unterlassung muss mit anderen Worten *widerrechtlich* sein. Trotz einer Gefahr oder einer Störung kann im Falle einer Unterlassung die Störereigen-

---

[443] FRICK, S. 29; REINHARD, S. 184; ROUILLER, S. 598; SEILER, Art. 2 N 75.

[444] BGer, ZBl 1992 212 E. 6a; BGE 114 Ib 44 E. 2c/cc.

[445] REINHARD, S. 184; so auch ROUILLER (S. 598), der von einem "comportement en soi licite" spricht.

[446] Vgl. SCHWENZER, N 50.28; SCHÖNENBERGER, S. 4.

[447] KLOEPFER, Verantwortlichkeit, S. 25.

[448] BGE 114 Ib 44 E. 2 c/bb und c/cc.

[449] FRIAUF, Verwaltungsrecht, S. 145 N 72; REINHARD, S. 184.

schaft folglich nur bei einem Verstoss gegen eine Verhaltensnorm bejaht werden. Soll demnach eine Unterlassung zu einer polizeirechtlichen Verantwortlichkeit führen, so muss - wiederum analog zum Haftpflichtrecht - ein Verhaltensunrecht vorliegen und nicht wie bei unmittelbaren Gefährdungen oder Störungen ein Erfolgsunrecht.[450]

247   Die obigen Ausführungen haben somit gezeigt, dass - genau wie im Haftpflichtrecht - auch im Polizeirecht die Widerrechtlichkeit vorausgesetzt wird, zwar nicht in der Form - einmal abgesehen von den Unterlassungsfällen - eines rechtswidrigen Verhaltens, sondern eines *rechtswidrigen Erfolges*. Sofern man im Haftpflichtrecht auf die Lehre des Erfolgsunrechts abstellt, gleichen sich die polizeirechtliche Verantwortlichkeit und das Haftpflichtrecht in Bezug auf die Widerrechtlichkeit.

248   Diese Überlegungen könnten als rein theoretisch erscheinen. Dem ist aber nicht so, denn die grundsätzliche Anerkennung des Erfordernisses der Widerrechtlichkeit bietet einen Weg, die polizeirechtliche Verantwortlichkeit zu beschränken. Einerseits erlaubt sie die Berücksichtigung von *Rechtfertigungsgründen*, andererseits führt die grundsätzliche Anerkennung des Erfordernisses der Rechtswidrigkeit dazu, dass die Störerhaftung an die *Wertungen anderer Rechtsgebiete* gekoppelt bleibt.[451] Die objektiven, gesetzlichen Pflichten, die aus dem öffentlichen Recht, dem Strafrecht und dem Zivilrecht stammen, müssen somit bei der Zuweisung der polizeirechtlichen Verantwortlichkeit in weiten Teilen berücksichtigt werden, um so die Widerspruchsfreiheit der Rechtsordnung zu wahren.[452]

249   Eine sinnvolle *Begrenzung der Haftung* anhand der Widerrechtlichkeit lässt sich natürlich nur dann erzielen, wenn ein Verhalten nicht allein anhand seines Erfolges beurteilt wird.[453]

---

[450] Vgl. JAAG, Staatshaftung, S. 60; SCHWENZER, N 50.28.
[451] HOLLANDS, S. 27 ff., 149.
[452] Vgl. HOLLANDS, S. 31.
[453] Vgl. GANTNER, S. 152 f.

Ein Verhalten soll also im Sinne der *Lehre vom Verhaltensunrecht* nicht   250
schon dann widerrechtlich sein, wenn es ohne Rechtfertigungsgrund einen
rechtlich missbilligten Erfolg verursacht, sondern vielmehr nur dann, wenn es
gegen Verhaltensgebote oder -verbote verstösst.[454]

Angesichts der oftmals unbefriedigenden Resultate der auf der Unmittelbar-   251
keitstheorie beruhenden Zurechnung wurde auch schon sehr früh in der deutschen Lehre zum Polizeirecht vorgeschlagen, die *Zurechnung* der polizeirechtlichen Verhaltensverantwortlichkeit - anstatt oder ergänzend zur Unmittelbarkeitstheorie - anhand von Kriterien vorzunehmen, die vorwiegend auf
das Verhalten oder die Verursachung und nicht einzig auf den Erfolg abstellen. So wurden die Theorie vom sozialadäquaten Verhalten, die Theorie von
der rechtswidrigen Verursachung, die Lehre von der polizeiwidrigen Erfolgsverursachung entwickelt, deren Gemeinsamkeit es ist, eine *rechtliche Bewertung* des Verhaltens bzw. der Verursachung vorzunehmen.[455]

Dass die Annerkennung der Widerrechtlichkeit (bzw. der Lehre vom Verhal-   252
tensunrecht) im Polizeirecht unerlässlich ist, zeigen allein schon die Fälle, in
denen sich eine Person *rechtmässig verhält* bzw. ein ihr zustehendes *Recht
ausübt* und dabei eine Störung bzw. Gefährdung verursacht. Betreffende Personen können grundsätzlich nicht als Störer qualifiziert und somit polizeirechtlich zur Verantwortung gezogen werden.[456] Dies sei anhand eines klassischen Beispiels aus der deutschen Rechtsprechung der Nachkriegszeit veranschaulicht[457]:

---

[454]   Dazu unten N 286 ff.

[455]   Dazu unten N 256 ff.

[456]   FRIAUF, Verwaltungsrecht, S. 148 f. N 78 f. Gl.M. auch DUESMANN (S. 51), der aber
polizeirechtliche Massnahmen gegen eine Person nur dann ausschliesst, wenn diese von
einem ihr zustehenden *subjektiv-öffentlichen Recht* Gebrauch macht. Zweideutig
DREWS/WACKE/VOGEL/MARTENS, S. 312 f.

[457]   BGH in VerwRspr. 5 Nr. 178.; Urteil vom 5. März 1953, LM Nr. 3 zu § 70 Preuss. PVG.
Das vorliegend abgewandelte Beispiel stammt von HURST (S. 57).

253 Es befinden sich nebeneinander eine Ruine und ein ebenfalls schwer beschädigtes Haus, das zwar bewohnbar ist, seine Standfestigkeit aber nur dadurch erhält, dass die Seitenmauern der Nachbarruine ein Ausbrechen der Grundmauern zur Seite hin verhindern. Würde der Ruineneigentümer nun diese abreissen, so würde das Nachbarhaus einzustürzen drohen, da es seine Stütze verlieren würde. Leben und Eigentum der Bewohner und auch der Strassenverkehr wären dann gefährdet. Stellt man die Frage nach dem Störer, so würde wohl gemäss der im Polizeirecht noch herrschenden *Unmittelbarkeitstheorie* derjenige als Störer bezeichnet, der die Ruine abreisst bzw. deren Eigentümer ist. Es ist aber unhaltbar und unbillig, dem Ruineneigentümer verbieten zu wollen, sein Grundstück zu entrümpeln, da ihm grundsätzlich das Recht zusteht, seine Ruine abzureissen (vgl. Art. 641 ZGB).[458] Seine Handlung wäre somit grundsätzlich *rechtmässig*, zumal er mit der Vorsicht verfährt, die erforderlich ist, um schädigende Wirkungen auf die Nachbargrundstücke soweit wie möglich zu vermeiden.[459] Zwar könnte der Ruineneigentümer dazu angehalten werden, seinen Abbruch kurzfristig aufzuschieben, bis geeignete Massnahmen zur Sicherung des Nachbarhauses getroffen wurden.[460] Er würde aber dann als *Nichtstörer* herangezogen und müsste allenfalls entschädigt werden. Somit steht fest, dass jemand, der sein Recht ausübt bzw. sich rechtmässig verhält, grundsätzlich nicht Störer sein kann, auch wenn dabei eine Störung entsteht.[461]

254 Bevor auf den letzten Stand der Auseinandersetzung zur *Zurechnungsproblematik* im deutschen Polizeirecht - und folglich auch auf die eng mit ihr verknüpfte Frage der Widerrechtlichkeit - eingegangen wird, soll zunächst ein Überblick über die verschiedenen vorausgegangenen Zurechnungstheorien

---

[458] Die Störung bzw. der Verlust der Standfestigkeit des Hauses rühren zudem nicht so sehr von dem Abbruch her, sondern von der Tatsache, dass das Haus ohne Stütze seine Stabilität verliert.

[459] Vgl. HURST, S. 82; KLAUDAT, S. 44.

[460] HURST, S. 83.

[461] Als Störer wäre vielmehr der Eigentümer des Hauses zu betrachten, der es unterlassen hat, die "selbstständige" Standfestigkeit seines Hauses sicherzustellen (vgl. HURST, S. 82).

gegeben werden. Diese veranschaulichen die in der deutschen Polizeilehre entwickelten Ansätze, um eine gerechtere Zuweisung der polizeirechtlichen Verantwortlichkeit zu erzielen. Man kann sich natürlich fragen, ob es gerechtfertigt ist, in einer allgemein nicht rechtsvergleichenden Arbeit die Entwicklungen im deutschen Polizeirecht darzustellen. Dieses Vorgehen ist m.E. dennoch aus zwei Gründen unerlässlich. Einerseits findet das Schweizer Gefahrenabwehrrecht seinen Ursprung im preussischen (und folglich im deutschen) Polizeirecht und es stimmt grundsätzlich noch heute mit ihm überein. Andererseits wird insbesondere die Zurechnungsproblematik (d.h. die Unmittelbarkeitstheorie) in der Schweizer Lehre nur spärlich behandelt und wenn,[462] dann immer in Bezug auf das deutsche Recht.[463]

In der deutschen wie auch in der Schweizer Lehre wird traditionell zwischen der *Verhaltens*verantwortlichkeit und der *Zustands*verantwortlichkeit unterschieden.[464] Diese Unterscheidung spiegelt sich natürlich auch in den verschiedenen Zurechnungstheorien wider. Während grundsätzlich *Verursachungs*theorien nur im Zusammenhang mit den *Verhaltens*verantwortlichkeiten entwickelt wurden, wird die *Zustands*verantwortlichkeit allgemein als *Gewalthaberhaftung* verstanden.[465] In der nachfolgenden Darstellung der unterschiedlichen Zurechnungstheorien wird indessen nur insofern zwischen der Verhaltens- und der Zustandsverantwortlichkeit unterschieden, als auch die jeweilige Lehrmeinung eine solche Unterscheidung bei der Zurechnung vornimmt.

255

---

[462] REINHARD (S. 1) stellt diesbezüglich zu Recht fest, dass das Polizeirecht in der Schweiz allgemein ein wenig bearbeitetes Rechtsgebiet darstellt.

[463] S. z.B. MATHYS, S. 14 ff. Es kommt umgekehrt auch vor, dass die deutsche Lehre auf die Schweizer Polizeirechtslehre Bezug nimmt, so DREWS/WACKE/VOGEL/MARTENS, S. 313 Fn. 36.

[464] Dazu oben N 164.

[465] GANTNER, S. 200 f.

3.2.1 Zurechnungstheoretische Entwicklungen im deutschen Polizeirecht

256   Die *Theorie vom sozialadäquaten Verhalten* kann als einer der ersten Versuche gedeutet werden, die Unmittelbarkeitstheorie zu verbessern, indem vermehrt von der tatsächlichen Verursachungsfrage Abstand genommen wird und eine Beurteilung des Verhaltens nach rechtlichen Massstäben erfolgt.[466] Als Urheber dieser Theorie verlangt HURST,[467] dass eine polizeirechtliche Verantwortlichkeit nur in den Fällen bejaht wird, in denen ein *sozialinadäquates Verhalten* die Gefahrengrenze überschritten hat.[468] Nach dieser Theorie kann somit ein Verhalten, das sich innerhalb der sozialen Ordnung hält, auch dann zu keiner öffentlich-rechtlichen Haftung führen, wenn es eine Störung bzw. Verletzung der öffentlichen Ordnung oder Sicherheit bewirkt.[469]

257   Die *Theorie vom sozialadäquaten Verhalten* wurde von SCHNUR zur *Theorie der rechtswidrigen Verursachung* weiterentwickelt.[470] Laut SCHNUR soll eine Störung nur dann zugerechnet werden können und somit die Störerverantwortlichkeit begründen, wenn sich der Betroffene rechtswidrig verhalten und eine Störung verursacht hat.[471] Bei der Beantwortung der Frage, wer als Störer gelte, geht SCHNUR davon aus, dass die Störung als solche ohne Bezug auf den dafür polizeirechtlich Haftenden zu sehen sei. Die Störung sei allein Anlass für das Tätigwerden der Polizei, davon müsse aber die Frage, wer für diese Störung einzustehen habe, scharf getrennt werden.[472] Das Vorliegen einer Störung allein begründe die Haftung nicht. SCHNUR sieht den Grund der polizeirechtlichen Haftung in dem Überschreiten des dem jeweiligen Störer zustehenden *Rechtskreises*. Überschreite daher eine Person ihre Rechte und verursache sie dabei eine Störung, so könne sie die Polizei entschädigungslos in

---

[466] GANTNER, S. 111. KLAUDAT, S. 30.

[467] HURST, S. 75 ff.

[468] HURST, S. 77 f. Für eine kritische Auseinandersetzung mit dieser Theorie s. GANTNER, S. 109 ff.

[469] HURST, S. 78 f.

[470] SCHNUR, S. 1.

[471] SCHNUR, S. 3.

[472] SCHNUR, S. 3. So auch BEYE, S. 83 f.; ERICHSEN, S. 204.

ihren Rechtskreis zurückdrängen.[473] Dabei behauptet SCHNUR keinesfalls, dass die Polizei nicht gegen den Nichtstörer vorgehen dürfe. Er behauptet nur, er sei nicht als Störer in Anspruch zu nehmen.[474] Konkret bedeutet dies, dass, wenn eine Person in Anspruch genommen wird, die die Störung zwar verursacht sich, aber dabei nicht rechtswidrig verhalten hat, für die Inanspruchnahme entschädigt werden muss.[475] Schliesslich vertritt SCHNUR auch die Ansicht, dass das Abstellen auf die Erlaubtheit einer Handlung das System der Erfolgshaftung und damit auch das geltende Polizeirecht sprengen würde. Ausschlaggebend für die Verantwortlichkeit sei deshalb nicht die Widerrechtlichkeit der Handlung, sondern die widerrechtliche und adäquate *Verursachung* von bestimmten Erfolgen.[476] Die Störereigenschaft hänge somit vom Unwert der Erfolgs*verursachung* und nicht vom Unwert der Handlung ab.[477] BEYE - der ebenfalls ein Vertreter der *Lehre der rechtswidrigen Verursachung* ist - vertritt hingegen die Auffassung, dass nicht die Bewertung der Erfolgsverursachung, die laut SCHNUR für die Zurechnung entscheidend ist, sondern die Bewertung des verursachenden Verhaltens für die polizeirechtliche Verantwortlichkeit entscheidend sei.[478] Ein Verhalten ist seiner Ansicht nach dann rechtswidrig, wenn es die Pflicht verletzt, sich polizeigemäss zu verhalten. Schwierigkeiten ergeben sich bei der Theorie der rechtswidrigen Verursachung dennoch in den Fällen, in denen es an einer einschlägigen Verbotsnorm fehlt. Stellt man aber in den Fällen, in denen es keine solche Norm gibt

---

[473] SCHNUR, S. 3.

[474] SCHNUR, S. 3.

[475] SCHNUR, S. 3.

[476] SCHNUR, S. 2 f.

[477] VOLLMUTH (S. 120 ff.) kritisiert die Meinung SCHURs, wonach das Abstellen auf die Erlaubtheit des Verhaltens im ontischen Sinn das System der Erfolgshaftung und damit auch das des Polizeirechts sprengen würde. Er setzt SCHNURs Ansicht entgegen, dass die Rechtsmässigkeit sich allein auf die Handlung (der Autor spricht von "Umstand") und nicht in irgendeiner Weise auf die Erfolgsverursachung beziehen könne. Er betont dabei, dass das Abstellen auf die Verursachung als solche untauglich sei, da sie lediglich das Abhängigkeitsverhältnis zwischen Umstand (Verhalten) und Erfolg bezeichne und mit der condition-sine-qua-non-Formel zu ermitteln sei. Auch ein Abstellen auf den "Erfolg" sei unsinnig, da die Gefahr oder die Störung als solche immer "widrig" sei [was auch SCHNUR (S. 3 Fn. 20) einsieht].

[478] BEYE, S. 90 ff.

auf die Generalklausel ab, so kommt man zu einem *Zirkelschluss*, da man ein Verhalten deshalb als ursächlich für die Störung qualifiziert, weil es zu einer Störung geführt hat.[479] Wie PIETZCKER aber zu Recht kritisch bemerkt, geht es ja gerade darum zu ermitteln, welche an einer Störung beteiligten Personen polizeirechtlich als Störer anzusehen sind.[480]

258   Die *Lehre von der polizeiwidrigen Erfolgsverursachung*[481] knüpft ihrerseits die polizeirechtliche Verantwortlichkeit an die Polizeiwidrigkeit des Verhaltens an. Laut WOLFF soll derjenige als Störer qualifiziert werden, der unter Überschreitung des eigenen, insbesondere des verfassungsmässig gewährleisteten Rechtskreises gegen das Gebot zur Wahrung der öffentlichen Sicherheit oder Ordnung verstösst.[482] Während für WOLFF die Erfolgs*verursachung* rechtlich missbilligt werden muss,[483] sieht KLAUDAT - in Bezug auf "Erfolgsdelikte" -[484] nur dann eine polizeirechtliche Haftung als gegeben an, wenn sowohl das Verhalten selbst als auch der sich aus ihm ergebende Erfolg polizeiwidrig sind und zusätzlich zwischen dem Verhalten und dem Erfolg eine Art "Polizeiwidrigkeitszusammenhang" besteht.[485] KLAUDAT betont dabei,

---

[479]   DUESMANN, S. 53; GANTNER, S. 144; PIETZCKER, S. 459.

[480]   PIETZCKER, S. 459.

[481]   Diese Theorie vertreten: KLAUDAT, S. 17 ff., 27 ff., 38 ff.; VOLLMUTH, S. 115 ff., 165 ff.; WOLFF, S. 62.

[482]   WOLFF, S. 62.

[483]   WOLFF, S. 62.

[484]   KLAUDAT (S. 9 ff.) unterscheidet bei seinen Abhandlungen zur Zurechnung der polizeirechtlichen Verantwortung, je nachdem, ob es eine Veränderung der realen Aussenwelt gibt ("Erfolgsdelikt") oder nicht ("schlichtes Tätigkeitsdelikt"). Von einer Verursachung könne - laut KLAUDAT - nur bei Erfolgsdelikten die Rede sein. Bei schlichten Tätigkeitsdelikten handle es sich hingegen nicht um ein Kausalitätsproblem, sondern um eine *Tatbestandsverwirklichung*. Als Beispiel eines schlichten Tätigkeitsdelikts nennt KLAUDAT unter anderem das Beispiel eines Menschen, der mit einer ansteckenden Krankheit behaftet ist (S.13 f.). In diesem Fall werde nichts verursacht, sondern der Tatbestand einer Gefahr verwirklicht. Vorliegend sollen allein die im Zusammenhang mit "Erfolgsdelikten" gemachten Erläuterungen von KLAUDAT dargelegt werden, da Verursacherhaftungen immer eine Einwirkung auf die Umwelt bzw. eine Veränderung der realen Aussenwelt voraussetzen.

[485]   KLAUDAT, S. 28 f. Im Ergebnis weitgehend gl.M. VOLLMUTH (S. 150 ff.). VOLLMUTH (S. 152) formuliert es indessen so: "Ein polizeiwidriges Verhalten begründet nur dann die Verantwortlichkeit für die Beseitigung einer Gefahr oder Störung, wenn es gerade im Hin-

dass die Funktion des Polizeirechts darin bestehe, "bereits vorliegende Verhaltensweisen nachträglich negativ zu bewerten"[486]. Das Verhalten des Störers müsse deshalb kein rechtswidriges sein, "sondern ein von den rechtlich geschützten Interessen der Allgemeinheit her unerwünschtes Verhalten"[487]. Er benutzt deshalb die Bezeichnung der "Polizeiwidrigkeit" anstatt - wie er selbst schreibt - "diese rechtliche Missbilligung unter einem Begriff der Rechtswidrigkeit im weiten Sinne fassen zu wollen"[488]. Polizeiwidrig ist laut KLAUDAT, was gegen das Polizeigebot - wonach "jedermann sein Verhalten so einzurichten hat, dass es sich nicht als Gefahr darstellt" - verstösst.[489]

3.2.2 Letzter Stand der Zurechnungsdiskussion

Die Lehre von der polizeiwidrigen Erfolgsverursachung wurde schliesslich von GANTNER[490] und PIETZCKER[491] dahingehend weiterentwickelt, dass die Störerbestimmung kraft *Pflichtwidrigkeit (bzw. Unrecht)* oder *Risikosphäre* zu erfolgen hat. Dabei soll laut GANTNER nicht die Feststellung entscheidend sein, ob ein Verhalten als solches polizeiwidrig[492] ist, sondern ob die Beziehung zwischen einem Verhalten und der von ihm verursachten Gefahr eine

259

---

blick auf die Entstehung der konkreten Gefahr oder Störung, die es zu beseitigen gilt, als polizeiwidrig zu bewerten ist. [...] Es ist somit zu fragen, ob die im konkreten Fall zu bekämpfende Gefahr oder Störung noch zu dem Kreis der Erfolge zu zählen ist, deren Verhütung die betreffende Norm zum Ziele hat".

[486] KLAUDAT, S. 20.

[487] KLAUDAT, S. 20.

[488] KLAUDAT, S. 20.

[489] KLAUDAT, S. 20.

[490] GANTNER, S. 144 ff.

[491] PIETZCKER, S. 457 ff.

[492] GANTNER (S. 149) benutzt den Begriff der *Polizeiwidrigkeit* in einem anderen Sinne als KLAUDAT (S. 20 und 24). GANTNER benutzt den Begriff der Rechtswidrigkeit nur, wenn es gilt, eine rechtliche Qualifizierung von *Verhalten* vorzunehmen. Wenn es hingegen darum geht, rechtlich missbilligte *Zustände* zu bezeichnen, zieht er die Benutzung des Begriffs *polizeiwidrig* vor, da sich seiner Ansicht nach der Begriff der Rechtswidrigkeit zweckmässiger Weise nur auf *menschliches Verhalten* beziehen sollte. Dabei betont er, dass seine Auffassung nicht bedeute, dass nicht auch rechtswidrige Verhalten zugleich als polizeiwidrig bezeichnet werden könnten. Dem Begriff "Polizeiwidrigkeit" werden in der deutschen Lehre verschiedene Bedeutungsgehalte beigemessen (Nachweise bei PIETZCKER, S. 460 Fn. 19).

polizeiwidrige Erfolgsverursachung darstellt.[493] Die Abgrenzung nach *Unrecht* und *Risiken* habe gemäss GANTNER zwar den Nachteil, nicht in einer einzelnen Zurechnungsformel zusammengefasst werden zu können; sie biete aber den überwiegenden Vorteil, dass sie eindeutig *unterschiedliche Zurechnungssachverhalte* ausweise und somit der Rechtssicherheit und der Voraussehbarkeit diene.[494]

260   Eine polizeiwidrige Erfolgsverursachung liegt somit *einerseits* in denjenigen Fällen vor, in denen ein Verhalten selbst gegen ein im Begriff der öffentlichen Sicherheit oder Ordnung geschütztes *Verbot oder Gebot verstösst.*[495] Es muss somit eine rechtswidrige Verursachung vorliegen, wobei der Begriff der Rechtswidrigkeit laut GANTNER nicht im Sinne der Lehre vom Erfolgsunrecht verstanden werden dürfe.[496] Vielmehr solle ein Verhalten im Sinne der *Lehre vom Verhaltensunrecht* allein dann rechtswidrig sein, wenn es gegen ein Verhaltensgebot oder -verbot verstosse.[497] Nach Ansicht PIETZCKERs ergibt sich das Rechtswidrigkeitsurteil aus der gesamten Rechtsordnung *und* der Generalklausel.[498] Er betont dabei, dass die notwendige Konkretisierung der "allgemeinen Nichtstörungspflicht" durchaus der zivilrechtlichen Entwicklung von *Verkehrs(sicherungs)pflichten* ähneln würde.[499]

261   Andererseits muss laut GANTNER[500] und PIETZCKER[501] - damit die Verhaltenshaftung insgesamt zufriedenstellend geregelt werden kann - eine Verhaltensverantwortlichkeit auch gestützt auf die *Zurechnung von Risiken* begründet

---

[493] GANTNER, S. 145.

[494] GANTNER, S. 148.

[495] GANTNER, S. 150 ff.

[496] GANTNER, S. 150.

[497] GANTNER, S. 150.

[498] PIETZCKER, S. 459. PIETZCKER (S. 459) vertritt somit auch die Ansicht, dass die Generalklausel nicht nur eine Ermächtigung an die Polizei darstellt, sondern zugleich auch die Pflicht eines jeden statuiert, sein Verhalten und sein Eigentum so einzurichten, dass keine Polizeigefahr entsteht (sogenannte "materielle Polizeipflicht").

[499] PIETZCKER, S. 460.

[500] GANTNER, S. 54 ff. und 166 ff.

[501] PIETZCKER, S. 460.

werden können. Eine solche Zurechnung solle in den Fällen zum Tragen kommen, in denen sich ein gerade durch das verursachende Verhalten entstandenes *Gefahrenrisiko* verwirklicht,[502] damit verhindert werde, dass nicht nur für die Verhalten eine Haftung ausgelöst wird, die eine Gefahrenquelle schaffen, aus der sich Gefahren ergeben, sondern auch bei Verhalten, die an sich erlaubt sind, aber dennoch eine inhärente Gefahr in sich bergen. Diese Haftung ergibt sich aus der Einsicht, dass der Einzelne in einem gewissen Umfang für die sich aus der Ausübung seiner Handlungsfreiheit ergebenden Risiken selbst dann einstehen muss, wenn er sich nicht rechtswidrig verhalten hat.[503] Soweit also eine Person ihre Handlungsfreiheit ausübt, muss sie für die in ihrer Handlungsfreiheit liegenden Risiken haften.[504] GANTNER betont dennoch, dass diese polizeirechtliche Risikozurechnung schon deshalb nicht mit einer zivilrechtlichen Gefährdungshaftung verwechselt werden dürfe, weil sonst die Polizeipflicht nach den Regeln einer Gefährdungshaftung - im Widerspruch zum Verursacherprinzip[505] und zum Nachteil der Einzelnen und der Allgemeinheit - zu sehr begrenzt würde. So könne die Polizeipflicht zum Beispiel nicht - wie bei Gefährdungstatbeständen - schon für sogenannte unabwendbare Ereignisse ausgeschlossen werden.[506] PIETZCKER ist der Meinung, dass insbesondere bei der *Zustandsverantwortlichkeit* das Element der Risikozuweisung deutlich hervortrete, da der Eigentümer oftmals nicht deshalb verantwortlich sei, weil er pflichtwidrig den gefährlichen Sachzustand verursacht habe (dann griffe nämlich zugleich die Verhaltensverantwortlichkeit), sondern weil ein gefährlicher Sachzustand ihm zugerechnet werde.[507]

---

[502] GANTNER, S. 167.

[503] GANTNER, S. 54 f. und 167 f.

[504] GANTNER, S. 168.

[505] GANTNER verwendet hier den Begriff "Verursacherprinzip", wie auch allgemein in der deutschen Lehre (dazu oben N 59 f.), anstatt des in der Schweiz üblichen Begriffs "Störerprinzip".

[506] GANTNER, S. 168.

[507] PIETZCKER, S. 460. GANTNER (S. 216 f.) vertritt hingegen die Meinung, dass ein Gewalthaber grundsätzlich für den polizeiwidrigen Zustand seiner Sachen verantwortlich sei und differenziert somit nicht nach Risikosphären. Die Begrenzung der Zustandshaftung erzielt

3.2.3 Würdigung

262 Die zurechnungstheoretischen Entwicklungen im deutschen Polizeirecht sind wahrhaftig keine leichte Kost. Auch DUESMANNs Kritik ist gerechtfertigt, wonach es trotz intensiver Bemühungen und über hundertjähriger Diskussion nicht gelungen sei, eine einheitliche öffentlich-rechtliche Verursachungstheorie (verstanden als Störertheorie im Sinne des Schweizer Rechts) zu entwickeln, die in allen Einzelfällen sachgerechte Ergebnisse gewährleiste.[508]

263 Dennoch muss anerkannt werden, dass alle diese Zurechnungstheorien gezeigt haben, dass es sich bei der Zurechnung im Polizeirecht um eine *normative* und nicht etwa um eine räumliche oder zeitliche handelt.

264 Insbesondere die *Zurechnung nach Pflichtwidrigkeit und Risikosphären*[509] vermag in ihrer Grundidee zu überzeugen. Mit dieser Theorie wird insbesondere vom Erfolgsunrecht auf das Verhaltensunrecht übergewechselt, wie dies auch in der Schweizer Lehre für das Haftpflichtrecht - m.E. zu Recht - vorgeschlagen wird.[510] Ein Abstellen auf das Verhaltensunrecht erlaubt zudem, die Verantwortlichkeit zu begrenzen, ohne auf die schwammige Unmittelbarkeitstheorie zurückgreifen zu müssen.[511]

265 Die Anerkennung des Erfordernisses der Widerrechtlichkeit vermag aber nicht darüber hinwegzutäuschen, dass damit noch keine brauchbare Zurech-

---

GANTNER (S. 211 ff.) allein durch den Rückgriff auf das aus dem Übermassverbot ableitbare Prinzip der *Zumutbarkeit*.

[508] DUESMANN, S. 54 f. DUESMANN (S. 54 ff.) schlägt seinerseits vor, nicht auf eine Verursachungstheorie abzustellen, sondern einen Katalog von Kriterien zu benutzen, mit deren Hilfe im Einzelfall der als Handlungsstörer verantwortliche Verursacher ermittelt werden solle.

[509] GANTNER, S. 143 ff.; KLOEPFER, Verantwortlichkeit, S. 25; PIETZCKER, S. 459 f.

[510] HONSELL, Haftpflichtrecht, § 4 N 1; PORTMANN W., S. 273 ff.; REY, Haftpflichtrecht, N 701; ROBERTO, Haftpflichtrecht, N 262 ff.; SCHÖNENBERGER, S. 4 ff.; SCHWENZER, 50.31; WEBER, S. 269 f.; WERRO, Responsabilité civile, N 326; ferner WERRO, Sorgfaltspflichtverletzung, S. 345 ff.

[511] Das gleiche Argument wird im Haftpflichtrecht von den Verfechtern der Lehre vom *Verhaltens*unrecht gegen die Adäquanztheorie vorgebracht; s. SCHWENZER, N 50.31; ROBERTO, Haftpflichtrecht, N 266.

nungsformel gefunden ist, sondern nur eine von mehreren Haftungs*voraussetzungen*. Viele der im Polizeirecht begegneten Probleme stammen nämlich daher, dass immer ein einziges, allgemein gültiges Zurechnungskriterium gesucht wurde. So sehr dieses Bestreben aus polizeirechtlicher Sicht auch erstrebenswert sein mag, erfüllbar ist es nicht.[512] Allein schon das Haftpflichtrecht zeigt mit seinen *verschiedenen* Haftungstatbeständen, dass es nicht möglich ist, die Haftung auf einen einzigen, gemeinsamen Nenner zu bringen. Dazu kommt noch, dass innerhalb eines einzelnen Haftungstatbestands nicht nur eine Haftungsvoraussetzung zur Anwendung gelangt, sondern mehrere (Adäquanz, Widerrechtlichkeit, Verschulden, Realisierung eines typischen Risikos) gleichzeitig erforderlich sind, um eine Haftung zu begründen. Es wird somit im Polizeirecht teilweise das Unmögliche angestrebt, indem nach einer allgemein gültigen Zurechnungstheorie gesucht wird, welche - wie die Unmittelbarkeitstheorie - an eine einzige Haftungsvoraussetzung knüpfen soll.

Dass dieses Ziel nicht zu erreichen ist, haben auch die oben aufgeführten Zurechnungstheorien gezeigt, die darauf hinauslaufen, ganze Haftungstatbestände, die in ihrer Grundform aus dem Schadensrecht bekannt sind, zu übernehmen. So etwa knüpft bei der Zurechnung nach *Pflichtwidrigkeit und Risikosphären* die Verantwortlichkeit entweder an das Erfordernis der Widerrechtlichkeit (welche als Verletzung einer Verhaltenspflicht verstanden wird) oder an die Realisierung eines Risikos an. Es wäre deshalb wohl auch im Polizeirecht notwendig, verschiedene Haftungstatbestände bzw. Zurechnungssachverhalte zu unterscheiden und *explizit* im Gesetz zu verankern. **266**

3.3 Widerrechtlichkeit und Verursacherhaftungen

3.3.1 Allgemeines

Die in der Lehre vertretene Meinung bzw. das Dogma, eine Kostenzuweisung nach dem Verursacherprinzip setze keine Widerrechtlichkeit voraus,[513] findet **267**

---

[512] HOLLANDS, S. 35.
[513] FRICK, S. 29 f. m.w.H. und 112; ferner GRIFFEL, N 247.

- wie bereits erläutert - wiederum ihre Wurzeln im Polizeirecht. Einmal mehr wird auf den Störerbegriff und seine Konzepte zurückgegriffen, um die Wesensmerkmale der Verursacherhaftungen zu bestimmen. Diese in der Lehre getroffene Aussage ist umso problematischer, als sie im Zusammenhang mit dem Verursacher*prinzip* gemacht wird und nicht jeweils bezüglich der verschiedenen Instrumente (bzw. Normen), die zur Durchsetzung des Prinzips erlassen wurden. Auf dieses Problem wird nachfolgend noch eingehender zurückzukommen sein.[514]

268   Wie die obigen Erläuterungen bezüglich der Widerrechtlichkeit im Polizeirecht gezeigt haben, besteht im Polizeirecht sehr wohl das Erfordernis der Widerrechtlichkeit, sofern sie richtig definiert wird.[515] Aus den Erkenntnissen, die im Polizeirecht gewonnen wurden, liesse sich auch bei den *Verursacherhaftungen* analog folgern, dass die Widerrechtlichkeit - zumal sie als Erfolgsunrecht verstanden wird - eine Haftungsvoraussetzung bildet.[516]

269   Das Erfordernis der Widerrechtlichkeit wird im Ergebnis auch vom Bundesgericht anerkannt, das zwar einerseits im Zusammenhang mit Verursacherhaftungen festhält, dass ein Verursacher kostenpflichtig sei, egal "ob er sich eine Rechtswidrigkeit zu Schulden kommen liess oder nicht"[517], doch andererseits dabei gleichzeitig betont, dass ein *polizeiwidriger Zustand* vom Verursacher bewirkt worden sein müsse (eigentlich eine Selbstverständlichkeit). Auch SEILER, obwohl er das Erfordernis der Widerrechtlichkeit der Verursacherhandlung grundsätzlich verneint,[518] erkennt, dass "bei Massnahmen, die auch ohne oder gegen den Willen des Verursachers getroffen werden können", es hingegen erforderlich sei, "dass die Massnahme dazu dient, einen bestehenden oder drohenden polizei- bzw. rechtswidrigen Zustand zu beseitigen oder zu

---

[514] Dazu unten N 273 ff.

[515] Dazu oben N 244 ff.

[516] PETITPIERRE-SAUVIN (S. 452 f.) bemerkt diesbezüglich zu Recht, dass Behörden grundsätzlich nur dann Massnahmen ergreifen - und folglich deren Kosten auf die Verursacher verteilen -, wenn ein geschütztes Rechtsgut entweder gefährdet oder beeinträchtigt wird.

[517] BGer, ZBl 1991 212 E. 6a.

[518] SEILER, Art. 2 N 74.

vermeiden"[519]. Somit beruht auch hier die Behauptung, es bedürfe keiner Widerrechtlichkeit insofern auf einem falschen Verständnis der Widerrechtlichkeit, als diese offenbar - und im Gegensatz zur im Zivilrecht herrschenden Auffassung - nicht als Erfolgsunrecht verstanden wird, sondern als Verhaltensunrecht.

Wie bereits im Zusammenhang mit der polizeirechtlichen Verantwortung verlangt,[520] liesse sich im Zuge der grundsätzlichen Anerkennung des Erfordernisses der Widerrechtlichkeit auch bei der Verursacherhaftung die Lehre des Verhaltensunrechts übernehmen, um somit eine vernünftige Beschränkung der Haftung zu erzielen.   270

Ein Teil der Lehre[521] und die BAUDIREKTION DES KANTONS ZÜRICH haben den Schritt der Anerkennung des Erfordernisses des Verhaltensunrechts bereits bei der Frage der *Kostentragungspflicht* im Zusammenhang mit der Sanierung von Deponien (Altlasten) gemacht. So vertreten insbesondere DUBS und die BAUDIREKTION DES KANTONS ZÜRICH die Meinung,[522] dass ein Abfallerzeuger nur dann als Verhaltensverantwortlicher bei der Sanierung einer Deponie in Anspruch genommen werden könne, wenn er die übergebenen Abfälle falsch deklariert habe. Die durch die Abfälle verursachte Altlast genüge somit nicht, um die Haftung des Abfallerzeugers zu begründen. Die BAUDIREKTION DES KANTONS ZÜRICH hielt in ihrer Verfügung dementsprechend fest, dass eine störerrechtliche Haftung nur dann gegeben sei, "wenn im Zusammenhang mit der Ablagerung ein rechtswidriges Verhalten" nachgewiesen werden könne.[523]   271

Diese Anerkennung des Erfordernisses des Verhaltensunrechts ist zu begrüssen. Vorliegend soll aber die Differenzierung von Verursacherhaftung und   272

---

[519]   SEILER, Art. 2 N 75.

[520]   Dazu oben N 249 f. und 264.

[521]   DUBS, S. 296 f.; ferner WAGNER PFEIFER B., Kostentragung, S. 138.

[522]   DUBS, S. 296 f.; Verfügung der Baudirektion des Kantons Zürich vom 3. Mai 2000, URP 2000, S. 386 ff. E. 6b. A.M. TSCHANNEN/FRICK, S. 11 ff.

[523]   Verfügung der Baudirektion des Kantons Zürich vom 3. Mai 2000, URP 2000, S. 386 ff. E. 6b.

Störerverantwortlichkeit nicht nur gepredigt,[524] sondern auch gelebt werden. Diese Differenzierung zwingt sich allein schon deshalb auf, weil - wie bereits dargelegt - das Verursacherprinzip einen weiteren Anwendungsbereich hat als das Störerprinzip.[525] Es gilt folglich zu untersuchen, ob aus dem Verursacherprinzip als solchem heraus - d.h. ohne auf das Störerprinzip zurückzugreifen - einer möglichen Berücksichtigung der Widerrechtlichkeit eine kategorische Absage erteilt werden muss.[526] Ferner ist bei der Frage des Erfordernisses der Widerrechtlichkeit ebenfalls zu berücksichtigen, dass sehr unterschiedliche Instrumente zur Durchsetzung des Verursacherprinzips angewandt werden.

273 Als erstes muss auch in diesem Zusammenhang wieder betont werden, dass, wenn man das Verursacherprinzip als eine "regulative Idee" versteht,[527] sich aus dem Prinzip selbst keine Aussage bezüglich des Erfordernisses der Widerrechtlichkeit machen lässt. Mit anderen Worten kann - hier wie dort - nichts deduktiv aus dem Verursacherprinzip abgeleitet werden: es bedarf auch in diesem Fall einer *politischen Entscheidung*.[528]

274 Aus pragmatischer Perspektive betrachtet merkt man indessen, dass nicht abstrakte Überlegungen um das Verursacherprinzip herum über die Frage der Widerrechtlichkeit entscheiden, sondern das *Instrument seiner Verwirklichung*. Demnach gilt es, um die vorliegende Frage beantworten zu können, zwischen den verschiedenen Instrumenten (bzw. Normen) zu unterscheiden,[529] mit denen das Verursacherprinzip umgesetzt bzw. konkretisiert werden soll. Wird z.B. das Verursacherprinzip dadurch verwirklicht, dass durch wirtschaftliche Aktivitäten verursachte soziale Kosten mittels *Abgaben* inter-

---

[524] Dazu oben N 169 ff.

[525] Dazu oben N 109.

[526] So FRICK, S. 29 f. m.w.H. und 112, ferner GRIFFEL, N 247.

[527] FRICK, S. 97; GANTNER, S. 27 f.; KIRCHGÄSSNER, S. 1045 f.

[528] Vgl. KLOEPFER, Umweltrecht, § 4 N 47a.; REHBINDER, S. 99. KLOEPFER (Umweltrecht, § 4 N 51) beharrt auch auf der "grundsätzlichen Offenheit" des Verursacherprinzips und betont dabei, das Art und Ausmass der Umsetzung des Verursacherprinzips vielmehr vom Gesetzgeber entschieden werden müssen.

[529] Zu den verschiedenen möglichen instrumentellen Konkretisierungen des Verursacherprinzips s. FRICK, S. 97 ff.; WAGNER B., Verursacherprinzip, S. 341 ff.

nalisiert werden, so liegt es auf der Hand, dass sich die Frage der Widerrecht-lichkeit *a priori* nicht stellt. Auf Grund ihrer Funktion als Haftungsbegren-zung ist die Widerrechtlichkeit nämlich grundsätzlich dem System des Steuer-rechts fremd. Daraus darf m.E. aber nicht - wie es SEILER tut - geschlossen werden, dass dieser Befund auch für alle anderen Verursachungstatbestände gelten soll.[530] Nimmt die Umsetzung des Verursacherprinzips andere Formen an, so muss die Frage nach der Widerrechtlichkeit jeweils neu gestellt wer-den.

Gerade was *Verursacherhaftungen* anbelangt, die sich - seien sie privatrecht- 275
licher (Art. 32b[bis] USG) oder öffentlich-rechtlicher Natur (z.B. Art. 32d, 59 USG oder 54 GSchG) - sich für die Betroffenen gleich einer Haftpflichtbe-stimmung auswirken,[531] sollte grundsätzlich die Widerrechtlichkeit (verstan-den als *Verhaltens*unrecht)[532] als haftungsbegrenzendes Kriterium anerkannt werden. Nur so lässt sich ein einheitliches und kohärentes Haftungsrecht auf-rechterhalten.

Auch die Aussage SEILERS,[533] es müssten im Rahmen des Verursacherprinzips 276
und insbesondere der Verursacherhaftungen andere Begrenzungen als die Wi-derrechtlichkeit zum Tragen kommen, namentlich das Erfordernis einer genü-gend bestimmten gesetzlichen Grundlage, vermag nicht zu überzeugen. Die von SEILER getroffene Analogie zum Gebührenrecht schlägt deshalb fehl, weil es sich bei Verursacherhaftungen um eine Haftungsproblematik han-delt.[534] Eine gesetzliche Grundlage, die allein einen Erfolg verbietet, mag sie noch so bestimmt sein, wird nie eine adäquate Begrenzung der Haftung garan-tieren.[535] Ein missbilligter Erfolg lässt sich nämlich durch unzählige Hand-lungen und Aktivitäten erzielen. Eine akzeptable Beschränkung der Haftung

---

[530] SEILER, Art. 2 N 74.
[531] KELLER A., S. 357; STARK, Vereinheitlichung, S. 118 Fn. 19; ferner PETITPIERRE-SAUVIN, S. 452. Dazu oben N 22.
[532] Dazu unten N 286 ff.
[533] SEILER, Art. 2 N 74.
[534] POLTIER, S. 134.
[535] Dazu ferner unten N 310 ff.

verlangt aber, dass sie von der *Art der Ursache* des Schadens abhängt. Eine Haftung macht grundsätzlich nur dann Sinn, wenn der potentielle Haftpflichtige eine Schädigung auch verhindern kann, indem er gewisse Verhalten bzw. Aktivitäten meidet. Ebenfalls aus der Zielsetzung des Verursacherprinzips heraus (eine Steuerung des Verhaltens von Wirtschaftssubjekten zu bewirken) ergibt sich, dass die erstrebten *Verhalten* erkennbar sein müssen; die alleinige Nennung eines *Erfolges* vermag dieser Anforderung nicht zu genügen. Ein Mensch kann nur auf sein Verhalten einen *direkten* Einfluss nehmen, nicht aber auf einen Erfolg. Zudem übersieht SEILER offenbar, dass gebührenauslösende Tatbestände und Handlungen grundsätzlich im *Willensbereich* des Gebührenpflichtigen liegen, während Verursacherhaftungen nur in den seltensten Fällen vorsätzlich ausgelöst werden, sondern auf Unfälle zurückzuführen sind.

277 Der vorliegend vertretenen Meinung scheint aber grundsätzlich die von der herrschenden Lehre vertretene Ansicht entgegenzustehen, wonach es gerade Sinn und Zweck des Verursacherprinzips (und somit auch der Verursacherhaftungen) ist, auch *legale Umweltbelastungen* zu erfassen.[536]

278 Gegen diesen möglichen Einwand sind *im Hinblick auf die Verursacherhaftungen* im wesentlichen zwei Argumente vorzubringen.

279 Einerseits werden mittels *Verursacherhaftungen* - abgesehen von Art. 32b^bis USG -[537] polizeirechtlich relevante Verhalten (d.h. die Störungen oder Gefährdungen verursachen) erfasst, die, wenn sie früh genug entdeckt worden wären, von der Polizei hätten verboten werden dürfen bzw. müssen. Im Polizeirecht geht es ja primär darum, Gefahren abzuwenden bzw. *präventiv* zu handeln und nicht etwa erst eingetretene Störungen zu beseitigen. Spielt ein Kind mit gefährlichen Chemikalien am Ufer des Zürichsees, so braucht die Polizei nicht auf dessen Verschmutzung zu warten, sondern wird dem gefährlichen Treiben ein Ende setzten. Das Gleiche gilt beispielsweise auch im

---

[536] FRICK, S. 29 f.; GRIFFEL, N 247.
[537] Dazu unten N 864 ff.

Falle eines genehmigten Betriebs, in dem nach einem Störfall giftige Chemikalien auslaufen. Auch hier kann - trotz genehmigter bzw. erlaubter Tätigkeit - nicht von einem genehmigten bzw. erlaubten Handeln gesprochen werden, gegen das die Polizei nicht an der Quelle angehen darf bzw. muss. Handlungen sind nämlich immer nur im Hinblick auf bestimmte Folgen erlaubt. Ein Sachverhalt, bei dem das Verhalten zwar beibehalten bzw. fortgeführt werden darf (weil es rechtmässig ist), der Handelnde aber dennoch zur Beseitigung der Folgen seines Handelns eine Entschädigung für Sicherungs- und Behebungsmassnahmen (z.B. gemäss Art. 59 USG oder 54 GSchG) leisten muss, ist somit kaum vorstellbar. Meistens unterliegen gefährliche Tätigkeiten einer Polizeierlaubnis, die höchstwahrscheinlich widerrufen werden wird, sollte sich unerwartet zeigen, dass es zu übermässigen Einwirkungen auf die Umwelt kommt.[538]

Die in der Praxis klassischerweise aufgetretenen Fälle betreffen immer genehmigte Verhalten bzw. Produktionsprozesse, die in der Vergangenheit stattgefunden haben und erst Jahre später ihre (schädlichen) Auswirkungen zeitigen. Dabei geht es nie darum, ob ein Verhalten beibehalten werden darf, sondern ob für die in der Vergangenheit verursachten Schäden trotz Bewilligung und/oder Unerkennbarkeit der Gefährlichkeit gehaftet werden muss. Solche Fallkonstellationen werden meistens entweder unter dem Titeln der *legalisierenden Wirkung von Bewilligungen* und/oder demjenigen der *Haftung für Entwicklungsrisiken* behandelt. Beide Problematiken werden später noch speziell zu behandeln sein.[539]

280

Sollte dennoch wider Erwarten einmal eine Konstellation vorliegen - bei der trotz schädlicher Einwirkungen ein Verhalten beibehalten werden kann - müsste dennoch nicht auf das Erfordernis der Widerrechtlichkeit verzichtet werden. Dieser *scheinbar unlösbare Widerspruch* hat sich auch im Haftpflichtrecht ergeben:

281

---

[538] Zur Widerrufbarkeit einer Polizeierlaubnis, HÄFELIN/MÜLLER/UHLMANN, N 2550 ff.

[539] Dazu unten N 410 ff. und 445 ff.

282   Es ging um die Frage, ob ein Grundeigentümer nach Art. 679/684 ZGB für
       unvermeidbare *übermässige Einwirkungen* bei Bauarbeiten haftet. Grundsätz-
       lich fällt bei Art. 679/684 ZGB das Übermass der Einwirkung mit der
       Rechtswidrigkeit zusammen.[540] Trotzdem kann es vorkommen, dass ein
       Grundeigentümer sein Eigentum zwar rechtmässig ausübt, dabei dennoch
       übermässig auf seine Nachbarschaft einwirkt.

283   Das Bundesgericht hat dementsprechend in denjenigen Fällen entschieden, in
       denen sich eine übermässige Einwirkung nicht vermeiden lässt, dass eine
       (echte) Lücke im Gesetz vorliege.[541] Art. 679 ZGB mache den Grundeigentü-
       mer nur für Überschreitungen seines Eigentumsrechts haftbar, also nicht für
       die Folgen einer in allen Teilen *rechtmässigen Eigentumsausübung*. Das
       Bundesgericht schloss diese Lücke (Art. 1 Abs. 2 ZGB) indem es festhielt,
       dass der Eigentümer nach richterlichem Ermessen Ersatz zu leisten habe,[542]
       wenn Bauarbeiten und Bauvorrichtungen (auch solche auf öffentlichem Bo-
       den) zu beträchtlicher Schädigung eines Nachbars in Folge von Einwirkung
       führen, welche die Grenzen des ordentlichen Nachbarrechts (Art. 684 ZGB)
       überschreiten, jedoch während der Bauzeit als unvermeidlich zu dulden sei-
       en.[543]

284   Diese Rechtsprechung begründet eine Form der *privatrechtlichen Enteignung*.
       Auch wenn ein Grossteil der Lehre dieser Rechtsprechung beigepflichtet
       hat,[544] hegt WERRO begründete Zweifel an der vom Bundesgericht gefunde-

---

[540]   KELLER A., S. 228
[541]   BGE 114 II 230; 91 II 100; diese Rechtsprechung wurde bereits in BGE 83 II 375 eingelei-
        tet. REY (Rechtsprechung, S. 194) vertritt hingegen die Ansicht, es handle sich um die
        Ausfüllung einer echten Lücke (zum Begriff der unechten Lücke s. DESCHENAUX, S. 99 f.).
[542]   Der Anspruch auf Schadensersatz steht unter der Voraussetzung, dass die Einwirkungen
        übermässig sind und die Schädigung beträchtlich ist. Ob dies in einem konkreten Fall zu-
        trifft, ist nach objektiven Gesichtspunkten zu beurteilen und beruht im Wesentlichen auf
        einer Abwägung der widerstreitenden Interessen der Beteiligten unter Berücksichtigung
        des Ortsgebrauchs sowie der Lage und der Beschaffenheit der Grundstücke (Bestätigung
        der Rechtsprechung) (BGE 114 II 230).
[543]   BGE 91 II 100.
[544]   Statt Vieler KELLER A., Bd. II, S. 228.

nen Lösung.[545] Einerseits bemängelt WERRO, dass der Begriff der *Enteignung* dem Zivilrecht fremd sei und andererseits, dass die vom Bundesgericht vorgeschlagene Lösung zu einer *Haftung für rechtmässiges Handeln* führe, die den Rahmen des Haftpflichtrechts sprenge.[546] Zu Recht schlägt WERRO deshalb vor, auch in den Fällen auf das Erfolgsunrecht abzustellen, in denen trotz einer erlaubten Handlung eine Person eine nicht hinzunehmende Schädigung erleidet ("*unreasonable interference*"). Laut WERRO liegt somit eine Widerrechtlichkeit des Erfolges bei einem rechtmässigen Verhalten vor ("illicéité du résultat d'un comportement licite").[547] Diese dogmatische Konstruktion liesse sich auch auf die Verursacherhaftungen übertragen. Sie würde insbesondere dogmatisch überzeugend erklären, warum trotz erlaubter Handlung eine Person dennoch für deren Folgen einzustehen hat.

Wie dieses Beispiel gezeigt hat, vermag ein erlaubtes Handeln, welches   285 folglich auch beibehalten werden darf bzw. nicht Gegenstand einer Unterlassungsklage bilden kann, somit sehr wohl widerrechtliche Folgen hervorzubringen. Das Erfordernis der Widerrechtlichkeit steht also auch in solchen Fällen einer Haftung nicht im Wege.

3.3.2 Anwendbare Widerrechtlichkeitslehre

Die obigen Ausführungen haben dargelegt, dass sich - wie im Polizeirecht -   286 auch bei den Verursacherhaftungen das Erfordernis der Widerrechtlichkeit in der Form des *Erfolgsunrechts* wiederfindet.

Offen bleibt noch die Frage, ob mit der Lehre vom Erfolgsunrecht eine   287 zufriedenstellende Begrenzung der Haftung erreicht werden kann oder ob auch hier - wie im Schweizer Haftpflichtrecht vorgeschlagen - auf die Lehre vom Verhaltensunrecht übergewechselt werden soll.

---

[545] WERRO, Immissions, S. 70 f.
[546] WERRO, Immissions, S. 70. Gl.M. BOVEY, S. 46.
[547] WERRO, Immissions, S. 70; WERRO, Responsabilité civile, N 699 ff. Gl. M. BOVEY, S. 46.

288   Damit die Widerrechtlichkeit zu einem wahren "Filter" der Haftung werden kann, muss auch bei den Verursacherhaftungen die Widerrechtlichkeit nach der *Lehre vom Verhaltensunrecht* bestimmt werden. Würde man indessen weiterhin auf die Lehre vom Erfolgsunrecht abstellen, so käme es zu keiner Begrenzung der Haftung, da sich die Widerrechtlichkeit bereits aus jeder schädlichen Einwirkung ergeben würde.

289   Eine *juristisch-praktische Bedeutung* erlangt die Wahl der Widerrechtlichkeitstheorie insbesondere auch deshalb, weil die Haftung bei Verursacherhaftungen laut herrschender Lehre - abgesehen vom Erfordernis der Unmittelbarkeit - von *keinen weiteren Haftungsvoraussetzungen* (wie z.B. dem Verschulden) abhängt.

290   Auch bei der *Haftung der Träger öffentlicher Spitäler* für ärztliche Kunstfehler erlangt die anwendbare Widerrechtlichkeitslehre eine grosse praktische Bedeutung, weil die Haftung oftmals *verschuldensunabhängig* ausgestaltet ist (vgl. § 6 des zürcherischen Haftungsgesetzes[548]). Im Hinblick auf die Widerrechtlichkeit sind insbesondere diejenigen Fallkonstellationen problematisch, in denen ein Patient nach hinreichender Aufklärung in einen Eingriff einwilligt, dieser aber erfolglos bleibt oder eine weitere Verschlechterung der Gesundheit des Patienten zur Folge hat.[549] Würde man in diesen Fällen die Lehre vom Erfolgsunrecht konsequent anwenden, so würden die Kantone, bei denen die Haftung nicht vom Verschulden abhängt, für jeden ungünstigen Verlauf eines Eingriffs haften, ohne dass ein Kunstfehler vorliegen müsste.[550] Eine Staatshaftung für medizinische Behandlung in einem staatlichen Spital ergibt sich trotz der verschiedenen gesetzlichen Wortlaute in der Praxis jedoch nie aus der *alleinigen* Verletzung eines absoluten Rechts (Erfolgsunrecht). Es bedarf immer auch der Verletzung einer objektiv gebotenen Sorgfaltspflicht (objektives Verschulden).[551] So stellt auch das Bundesgericht im Ergebnis - ohne

---

[548] vom 14. September 1969, LS 170.1.
[549] PORTMANN W., S. 276.
[550] PORTMANN W., S. 276.
[551] WERRO, Staatshaftung, S. 131.

sich jedoch formell von seiner traditionellen Widerrechtlichkeitsformel (Erfolgsunrecht) zu lösen - in solchen Fällen auf das *Verhalten* ab und erachtet dann einen Eingriff in die körperliche Integrität als widerrechtlich, wenn er auf einen ärztlichen Kunstfehler (d.h. auf eine Sorgfaltspflichtverletzung) zurückzuführen ist.[552]

Früher war es bei der *Staats- und Beamtenhaftung* sogar allgemein so, dass die Widerrechtlichkeit nur bei Verletzung einer Norm (Verhaltensunrecht) angenommen wurde.[553] Inzwischen deckt sich gemäss neuerer Lehre und Praxis der Begriff der Widerrechtlichkeit des Staatshaftungsrechts mit jenem des privatrechtlichen Haftpflichtrechts.[554] Wie bereits im Zusammenhang mit der Haftung der Träger öffentlicher Spitäler für ärztliche Kunstfehler gesehen, ist die Lehre vom Erfolgsunrecht bei diesen Haftungen nicht unproblematisch, da sie meistens verschuldens*unabhängig* sind. Um die Haftung dennoch zu begrenzen, ist das Bundesgericht somit gezwungen, vermehrt auf *Rechtfertigungsgründe* zurückzugreifen. Im Zusammenhang mit der Staatshaftung bildet die *rechtmässige Ausübung hoheitlicher Gewalt* den wichtigsten Rechtfertigungsgrund.[555] Wie es ROBERTO indessen zu Recht betont, wäre bei der Staats- und Beamtenhaftung eine Rückkehr zur alten Rechtsprechung (d.h. zum Verhaltensunrecht) überzeugender und einfacher.[556] Es scheint in der Tat etwas paradox, erst eine Amtshandlung als widerrechtlich zu qualifizieren (weil durch die Handlung in ein absolut geschütztes Rechtsgut eines Dritten eingegriffen wurde), um die Rechtswidrigkeit dann wieder aufzuheben (weil die Schädigung infolge *rechtmässiger Ausübung hoheitlicher Gewalt* eingetreten ist).

291

---

[552] BGE 123 II 577 E. 4d ee; 120 Ib 411 E. 4a; 115 Ib 175 E. 2b. Dazu WERRO, Staatshaftung, S. 130 ff.

[553] VPB 44.41; GRISEL, S. 797 f.; weitere Nachweise in BGE 123 II 577 E. 4d aa. Ferner JAAG, Staats- und Beamtenhaftung, N 102; ROBERTO, Haftpflichtrecht, N 532.

[554] JAAG, Staats- und Beamtenhaftung, N 102; ROBERTO, Haftpflichtrecht, N 532.

[555] BGE 123 II 577 E. 4i; JAAG, Staats- und Beamtenhaftung, N 130.

[556] ROBERTO, Haftpflichtrecht, N 534.

292   Die Anwendung der Lehre vom Verhaltensunrecht ist indessen - je nach ihrer Gestaltung -[557] im Zusammenhang mit den Verursacherhaftungen nicht unproblematisch. Einerseits spielt bei Verursacherhaftungen eine allfällige Sorgfaltspflichtverletzung - wie bei zivilrechtlichen Gefährdungshaftungen - keine Rolle. Somit darf die Widerrechtlichkeit nicht mit der objektiven Seite des Verschuldens verschmolzen bzw. als Sorgfaltspflichtverletzung verstanden werden, sonst würde das *objektive Verschulden* zu einem Element der Verursacherhaftungen, was mit der *jetzigen* Gesetzgebung nicht vereinbar wäre. Andererseits vertreten viele Anhänger der verschiedenen Formulierungen der Lehre vom Verhaltensunrecht die Meinung, dass die Widerrechtlichkeit keine Haftungsvoraussetzung der Gefährdungshaftungen bilde.[558] Verursacherhaftungen müssen jedoch auch diese Tatbestände (d.h. die Verwirklichung eines Risikos) erfassen bzw. diese als widerrechtlich qualifizieren können. M.E. ist es zudem allgemein fragwürdig, bei Gefährdungshaftungen von "rechtmässigen Schädigungen" sprechen zu wollen, auch wenn diese von Tätigkeiten herrühren, die von der Rechtsordnung geduldet bzw. erlaubt werden.[559] Eine Erlaubnis bzw. Genehmigung wirkt nämlich immer nur *relativ*.[560] Eine Handlung ist daher nur im Hinblick auf bestimmte Folgen erlaubt. So muss es auch einem (potentiellen) Geschädigten im Rahmen einer Gefährdungshaftung gestattet sein, sich im Falle der Verwirklichung der Gefahr zu wehren (Notwehr, Art. 52 Abs. 1 OR). Fährt ein ausser Kontrolle geratener Wagen in Richtung einer Gruppe von Kindern, so wird dieser "Angriff" wohl als widerrechtlich zu qualifizieren und dementsprechend einem Dritten erlaubt sein, den Wagen durch Rammen von seiner Bahn abzubringen und folglich die mögliche Schädigung abzuwenden. Die Vorstellung, ein erlaubtes Handeln könne nur er-

---

[557]   Vgl. die verschiedenen Ausprägungen der Lehre vom Verhaltensunrecht in der Schweizer Doktrin: HONSELL, Haftpflichtrecht, § 4 N 1; REY, Haftpflichtrecht, N 701; PORTMANN W., S. 273 ff.; ROBERTO, Haftpflichtrecht, N 262 ff.; SCHÖNENBERGER, S. 4 ff.; SCHWENZER, N 50.31; WEBER, S. 269 f.; WERRO, Responsabilité civile, N 326; ferner WERRO, Sorgfaltspflichtverletzung, S. 345 ff.

[558]   PORTMANN W., S. 278 Fn. 38.

[559]   So PORTMANN W., S. 278; WEBER, S. 269 f.

[560]   HOLLANDS, S. 143.

laubte Folgen hervorbringen, ist, wie es HOLLANDS zutreffend bemerkt, ein Missverständnis des im Kern richtigen Satzes "*quid suo ius utitur neminem laedit*".[561] Dementsprechend spricht auch WERRO im Zusammenhang mit Art. 679/684 ZGB von der Widerrechtlichkeit des Erfolges bei einem rechtmässigen Verhalten ("illicéité du résultat d'un comportement licite").[562] Umgekehrt wäre die Behauptung genau so unzutreffend, dass unerlaubtes Verhalten nur zu widerrechtlichen Erfolgen führen[563]. Die Widerrechtlichkeit muss folglich sowohl in einer Handlung als auch in der Verwirklichung eines Risikos gesehen werden können.

Um diese grundverschiedenen Tatbestände erfassen zu können, wurde teil-   293
weise im deutschen Polizeirecht die Meinung vertreten, bei der Qualifizierung einer *Handlung* als "unerlaubt" bzw. "widerrechtlich" weder allein auf den rechtswidrigen Erfolg noch auf die rechtswidrige Handlung abzustellen, sondern auf die *rechtswidrige Verursachung*.[564] Zur Bejahung der Widerrechtlichkeit muss der *gesamte Zurechnungszusammenhang* - von der Handlung bis zum Erfolg - mit dem Prädikat der Widerrechtlichkeit versehen werden können.[565] Ungelöst bleibt indessen die Bestimmung des *genauen Inhalts* einer derart formulierten Widerrechtlichkeit.

Unter der gleichen Unbestimmtheit leidet auch die als *Verletzung einer*   294
Schutzpflicht bzw. als Verstoss gegen eine gesetzliche Verhaltensnorm mit Schutzfunktion formulierte Widerrechtlichkeit, welche laut ihrer Vertreter ebenfalls sowohl Verhalten als auch die Verwirklichung von Risiken (bzw. Gefährdungshaftungen) erfassen soll.[566] Es ist nämlich oftmals reine Willkür,

---

[561] HOLLANDS, S. 143.

[562] WERRO, Immissions, S. 70; WERRO, Responsabilité civile, N 699 ff.; gl. M. BOVEY, S. 46.

[563] HOLLANDS, S. 143 f.

[564] GANTNER, S. 144 ff.; HOLLANDS, S. 142 ff.; SCHNUR, S. 1 f.; VOLLMUTH, S. 165 und 189.

[565] HOLLANDS, S. 143. Bereits in der Zurechnungslehre von HEGEL (§ 118) hiess es: "Der Grundsatz: bei der Handlung die Konsequenzen verachten, und der andere: die Handlung aus den Folgen beurteilen und sie zum Massstabe dessen, was recht und gut sei, zu machen - ist beides gleich abstrakter Verstand".

[566] So SCHÖNENBERGER, S. 6 ff.; SCHWENZER, N 50.04 und 50.31.

ob man nun einer Norm solch eine Schutzfunktion zuspricht oder nicht, wie es die Bundesrechtsprechung zum Ersatz von reinen Vermögensschäden veranschaulicht.[567] Problematisch ist grundsätzlich auch, bei Gefährdungshaftungen überhaupt von der Verletzung einer Schutzpflicht sprechen zu wollen.[568] Bei Gefährdungshaftungen geht es ja gerade nicht darum, gefahrträchtige Handlungen mit dem Prädikat der Widerrechtlichkeit zu versehen, sondern für deren unabwendbare Folgen einen Ausgleich sicherzustellen. Die gefahrträchtige Aktivität bleibt nämlich trotz Realisierung des Risikos ein erlaubtes Handeln. Es kann folglich nicht von einem *Verhaltensunrecht* gesprochen werden, auch dann nicht, wenn die Widerrechtlichkeit als Verletzung einer Schutzpflicht bzw. als "objektiv" definiert wird. Sonst würde man eine gefahrenträchtige Aktivität, je nach ihrem Ausgang bzw. der Realisierung des Risikos, nachträglich als widerrechtlich qualifizieren.

3.3.3 Würdigung

295 Die Annerkennung der Widerrechtlichkeit und insbesondere des Verhaltensunrechts bietet im Vergleich zur *Unmittelbarkeitstheorie* den Vorteil, dass sie klar aufzeigt, dass es sich bei der Begründung der Haftung um eine *Wertungsfrage* handelt und nicht etwa um einen mechanischen Kausalitätszusammenhang. Problematisch ist aber, eine Widerrechtlichkeitsformel aufzustellen, die sowohl Verhalten als auch Verwirklichung von Gefahren erfasst, und dabei noch einen *bestimmten Inhalt* aufweist. Eine solche allgemein gültige Widerrechtlichkeitsformel, die der Rechtssicherheit und der Vorausehbarkeit gerecht wird, wurde bis anhin noch nicht aufgestellt.

296 Der Versuch, alle Tatbestände der Verursacherhaftungen mit einer *einzigen Zurechnungsformel* zu erfassen, scheitert bei der Frage der Widerrechtlichkeit wie bereits vorher bei derjenigen der Unmittelbarkeitstheorie.

---

[567] BGE 102 II 85 E.4b; 101 Ib 252 E. 2c. Kritisch GAUCH/SWEET, S. 122 ff.
[568] So aber SCHÖNENBERGER, S. 11.

Eine wahre Begrenzung der Verursacherhaftungen wird deshalb grundsätzlich   297
nur dadurch zu erzielen sein, dass von der Generalklausel abgekommen wird
und differenzierte Haftungtatbestände im Gesetz aufgenommen werden bzw.
an klassische haftpflichtrechtliche Verantwortlichkeits- und Zurechnungskriterien (Verschulden, Gefahr, etc.) angeknüpft wird.

Die Frage der anwendbaren Widerrechtlichkeitstheorie würde somit auch an   298
Bedeutung verlieren, da sie nicht mehr der einzige Filter der Haftung wäre. Es
sollte dann auch möglich sein, bei einer am Verschulden anknüpfenden Haftung die Widerrechtlichkeit als *Sorgfaltspflichtverletzung* zu definieren und
ihr somit einen wahren Inhalt zu geben. Bei den Gefährdungshaftungen müsste die Widerrechtlichkeit hingegen im *Erfolg* gesehen werden. Zwar kann eine
derart formulierte Widerrechtlichkeit nicht in einer *einzelnen Formel* zusammengefasst werden, doch bietet sie den überwiegenden Vorteil, dass sie eindeutig den *unterschiedlichen Zurechnungssachverhalten* Rechnung trägt. Bei
Verschuldenshaftungen sollte nämlich grundsätzlich das Verhalten als widerrechtlich qualifiziert werden können, während bei Gefährdungshaftung nicht
das Verhalten, sondern nur die eingetretene Schädigung widerrechtlich sein
kann. Um es mit der von WERRO im Zusammenhang mit Art. 679/684 ZGB
aufgestellten Formel auszudrücken, liegt dann eine Widerrechtlichkeit des
Erfolges bei einem rechtmässigen Verhalten vor ("illicéité du résultat d'un
comportement licite").[569]

4   Keine subjektiven Elemente (?)

4.1   Allgemeines

Eine Kostenzuweisung nach dem Verursacherprinzip bzw. eine Verursacher-   299
haftung setzt laut herrschender Lehre und Rechtsprechung weder ein objektives Verschulden noch die Urteilsfähigkeit des Verursachers voraus.[570] Die
Eigenschaft als Verursacher wird somit allein nach *objektiven Kriterien* be-

---

[569] WERRO, Immissions, S. 70; WERRO, Responsabilité civile, N 699 ff.; gl. M. BOVEY, S. 46.
[570] Statt Vieler FRICK, S. 29 f.; KRENGER, S. 197.

stimmt.[571] Die Tatsache, dass das Verursacherprinzip bzw. die Verursacherhaftung frei von jeglichen subjektiven Elementen sein soll, findet wiederum ihren Ursprung im Rückgriff auf den *Störerbegriff*.[572] Es wird deshalb vorliegend vorab der Frage nach den subjektiven Elementen im Polizeirecht nachgegangen.

4.2 Keine subjektiven Elemente im Polizeirecht?

300 Im Polizeirecht steht die wirkungsvolle Gefahrenabwehr im Vordergrund und dementsprechend kann laut einhelliger Lehre subjektiven Elementen keine Bedeutung zukommen bzw. sind allein objektive Gegebenheiten massgebend.[573] WOLFF formuliert es im deutschen Polizeirecht wie folgt: "Da das Polizei-, Sicherheits- und Ordnungsrecht zwingendes öffentliches Recht ist, welches ausschliesslich auf objektive störende Verhalten bzw. den objektiv störenden Zustand abstellt, hängt die Polizeipflicht weder von einer Geschäfts- noch von einer Deliktsfähigkeit, weder von Verschulden noch von Irrtumsfreiheit oder auch nur von einem Handlungswillen ab"[574].

301 Auch der Satz, wonach das Polizeirecht keine subjektiven Elemente berücksichtige, stimmt indessen nur bedingt.[575] Als eine Subjektivierung der polizeilichen Verantwortlichkeit kann z.B. die Figur des Zweckveranlassers gedeutet werden. Mit der Rechtsfigur des Zweckveranlassers wird auch derjenige als Mitstörer belangt, der zwar nicht selbst stört, aber andere zur Störung veranlasst oder bewusst in Kauf nimmt, dass andere sich seinetwegen pflichtwidrig verhalten.[576] Der Begriff des "Zwecks" stellt auf ein Kriterium ab, dem grundsätzlich eine subjektive Dimension anerkannt werden muss. Es wird nämlich

---

[571] RAUSCH/MARTI/GRIFFEL, N 89.

[572] KLOEPFER, Umweltrecht, § 4 N 45; RAUSCH/MARTI/GRIFFEL, N 89.

[573] THÜRER, S. 474; MATHYS, S. 54. A.M BEYE (S. 46 ff.), der für eine stärkere Berücksichtigung persönlicher Momente bei der Beurteilung der Verursachung im Polizeirecht eintritt.

[574] WOLFF, S. 61.

[575] BRANDNER, S. 70 f.; HOLLANDS, S. 185 ff. Ausführlich zur Frage der Subjektivierung des Rechts der Gefahrenabwehr und insbesondere der Subjektivierung des Gefahrenbegriffs: POSCHER, S. 25 ff.; ferner FRIAUF, Verwaltungsrecht, S. 136 f. N 53.

[576] BGE 99 Ia 504 E. 4b; IMBODEN/RHINOW, Bd. II, S. 997 f.

das Institut des *Eventualvorsatzes* herangezogen und somit ein Element der Finalität und der subjektiven Wertung vom Strafrecht ins Verwaltungsrecht übernommen.[577] Zutreffend ist somit nur, dass subjektive Elemente die objektiv gegebene Störerhaftung nicht *beschränken* können.[578] Umgekehrt können aber - wie die Rechtsfigur des Zweckveranlassers zeigt - subjektive Elemente eine Störerhaftung begründen.

Auch die bundesgerichtliche Rechtsprechung bietet ein weiteres Beispiel, in dem ein *subjektives Element* bei der Begründung der Haftung eine ausschlaggebende Rolle gespielt hat. Ein Kanton wurde für eine Gewässerverschmutzung mitverantwortlich gemacht, weil er um die anhaltende, konkrete Gefahr, die von einer Tankanlage ausging, wusste und dennoch nichts dagegen unternommen hatte.[579] Es wurde in diesem Entscheid nicht auf einen objektiven Wissensstandard (d.h. was der Kanton nach einem objektiven Standart wissen muss) abgestellt, sondern auf das konkrete, effektive Wissen des Kantons. Letzterer hätte sich wohl kaum von seiner Haftung mit dem Hinweis befreien können, dass er zwar im konkreten Fall von der Gefahr wusste, aber dass er nach objektiven Standards (d.h. bei sorgfältiger Überwachung von gefährlichen Anlagen) nicht hätte wissen müssen, dass die Anlage nicht den massgeblichen Vorschriften entsprach. 302

Dem des Öfteren in der Literatur zur Begründung der Ausserachtlassung von subjektiven Elementen angeführten Argument, die Polizeipflicht müsse sich anhand von leicht praktikablen Kriterien bestimmen lassen, da die Polizei bei der Abwehr von Störungen oft zu schnellen Handlungen gezwungen sei und dabei nicht mit schwierigen Formeln zur Ermittlung der polizeipflichtigen Personen belastet werden dürfe,[580] entgegnet VOLLMUTH, dass nicht der *Praktikabilität des Störerbegriffs*, sondern einer sicheren und willkürfreien Bestimmung der polizeipflichtigen Person der Vorrang gegeben werden müsse. 303

---

[577] THÜRER, S. 478.

[578] HOLLANDS, S. 186.

[579] BGer, ZBl 1991 212 E. 5d bb.

[580] Dazu POSCHER, S. 31 ff.; TRÜEB, Art. 59 N 22; ferner REINHARD, S. 175 f.

Dabei erinnert er zu Recht daran, dass bei der Entscheidung über die *Verursa-chung* nach dem klassischen Polizeirecht (welches - z.B. im Gegensatz zum geltenden Altlastenrecht - nicht zwischen Massnahmen- und Kostenpflicht unterscheidet) zugleich darüber entschieden wird, wer die Kosten für die Be-seitigung der Gefahr oder der Störung zu tragen hat.[581] Die bei der Beseiti-gung der Gefahr oder Störung gebotene Eile darf somit nicht zu Lasten des Bürgers gehen. VOLLMUTH zeigt zudem auf, dass eine Abwägung zwischen den öffentlichen als auch den Individualinteressen rechtsstaatlich geboten ist.[582] Ferner kann die Entscheidung über die Polizeipflicht - wie auch dieje-nige über die Realleistungspflicht im Altlastenrecht - die wirtschaftliche Exis-tenz des Betroffenen gefährden, so dass deshalb eine befriedigende bzw. ge-rechte Abgrenzung der polizeilichen Befugnisse unerlässlich ist.[583]

4.3   Subjektive Elemente und Verursacherhaftungen

304   In der Lehre wird oftmals behauptet,[584] dass nur eine verschuldensunabhängig ausgestaltete Haftungsregelung dem Verursacher*prinzip* entspricht, "da sonst Schadensfälle möglich sind, bei denen es zu keiner Internalisierung der exter-nen Effekte kommt"[585]. Diesem Argument kann wiederum entgegengehalten werden, dass eine Antwort auf die Frage, wer und unter welchen Vorausset-zungen als Kostenpflichtiger herangezogen werden soll, nicht *deduktiv* aus dem Verursacherprinzip abgeleitet werden kann, sondern einer politischen Entscheidung bedarf.[586] Dementsprechend sollte auch die Frage, ob z.B. ein *subjektives oder objektives Verschulden* eine Voraussetzung der Verantwort-lichkeit bildet, nicht "mechanisch" anhand des Polizeirechts beantwortet, son-dern von Fall zu Fall aus einem politischen Entscheidungsprozess heraus ent-schieden werden.

---

[581] VOLLMUTH, S. 60 f.

[582] VOLLMUTH, S. 61.

[583] VOLLMUTH, S. 61.

[584] Statt Vieler FRICK, S. 29 f.; GRIFFEL, N 248.

[585] WAGNER B., Verursacherprinzip, S. 336.

[586] KLOEPFER, Umweltrecht, § 4 N 47a; REHBINDER, S. 99.

Es ist indessen fraglich, ob eine Verursacherhaftung grundsätzlich keine   305
subjektiven Elemente beinhalten darf, denn die Gründe, die allenfalls im Polizeirecht gegen das Abstellen auf die subjektive Einstellung des Störers sprechen können, finden sich bei Verursacherhaftungen nicht wieder. Es ist wohl
unbestritten, dass die Polizei gegen alle Gefährdungen bzw. Störungen vorgehen kann, ob sie nun sorgfaltswidrig verursacht wurden oder nicht.[587] Dass es
ebenso im Wesen und in der Funktion des Polizeirechts liegt, auch urteilsun-
fähige Personen (Art. 16 ZGB) wie kleine Kinder oder Geisteskranke belangen zu können,[588] wird auch im Grundsatz kaum bestreitbar sein.[589] Bei Verursacherhaftungen geht es jedoch allein um die *Kostentragungspflicht*. Es
muss somit zwischen der Notwendigkeit einer Massnahme und der diesbezüglichen (finanziellen) Verantwortlichkeit unterschieden werden. Wie es
SCHNUR bereits im Polizeirecht betonte, dürfen aus der Notwendigkeit von
Massnahmen (z.B. infolge einer Störung) keine Rückschlüsse auf die dafür
verantwortliche Person gezogen werden.[590] Dies sollte umso mehr gelten,
wenn es nicht darum geht, in einer Gefahrenlage einen *Realleistungspflichtigen* zu ermitteln, sondern allein Kosten zu überwälzen.

---

[587] MATHYS, S. 54 ff.

[588] MATHYS, S. 55.

[589] Wobei bemerkt werden muss, dass die Polizei nur dann einer Person Handlungspflichten
auferlegen darf (bzw. nur dann eine Polizeipflicht besteht), wenn sie diese auch erfüllen
kann. So wird die Polizei ein Kind davon abhalten dürfen, Gift in einen See zu giessen. Die
Polizei wird aber dasselbe Kind nicht dazu verpflichten können, Massnahmen zur Beseitigung einer Gewässerverunreinigung zu treffen, da dieses schlichtweg (wie die meisten
Bürger) nicht in der Lage dazu ist. Die Tragung der mit der Abwehr entstandenen *Kosten*
ist wiederum eine andere Frage.

[590] SCHNUR (S. 3) formuliert es wie folgt: "Man muss bei der Beantwortung der Frage, wer
Störer ist, wohl von folgendem ausgehen: Die Störung als solche ist ohne Bezug auf den
dafür polizeirechtlich Haftenden zu sehen. Sie ist, wie bereits vorhin gesagt wurde, Anlass
für das Tätigwerden der Polizei. Davon ist die Frage scharf zu trennen, wer für diese Störung einzutreten hat. Das Vorliegen einer Störung beantwortet diese Frage noch nicht. Also
legt die Polizei ihrerseits, wenn sie gegen die Störung vorgeht, nicht den Grund für die
Haftung des Bürgers. Diese Haftung des Bürgers muss daher einen anderen Grund haben."

306 Während die Gefahrenabwehr ein schnelles und effektives Handeln erfordert, muss bei einer Kostenverteilung die *Gerechtigkeit* im Vordergrund stehen.[591] Dieser Gedanke findet sich auch in verschiedenen kantonalen Polizeigesetzen wieder, die bei der Frage des *Kostenersatzes* nicht - oder nicht nur - auf objektive Elemente abstellen, sondern oftmals die Kostenrückerstattungspflicht von subjektiven Elementen wie dem Vorsatz oder der Fahrlässigkeit abhängig machen. Im Zürcher Gesetz über die Feuerpolizei und das Feuerwesen FFG-ZH[592] wird der Kostenersatz grundsätzlich davon abhängig gemacht (§ 27 FFG-ZH), ob die Person den Einsatz der Feuerwehr durch eine vorsätzliche, rechtswidrige Handlung oder Unterlassung nötig gemacht oder veranlasst hat. Nur bei wiederholtem Fehlalarm (§ 27 Abs. 2 lit. a FFG-ZH), bei Verkehrsunfällen (§ 27 Abs. 2 lit. c FFG-ZH) und bei Wasserschäden, die nicht durch ein Elementarereignis verursacht wurden, hängt die Kostentragungspflicht nicht von einer vorsätzlichen, rechtswidrigen Handlung ab. Gleiches gilt bei Art. 48 des St.Galler Gesetzes über den Feuerschutz (FSG-SG),[593] wonach für die Auslagen eines Einsatzes nur auf diejenigen Personen Rückgriff genommen werden kann, die den Einsatz der Feuerwehr durch eine vorsätzliche oder grob fahrlässige, rechtswidrige Handlung oder Unterlassung nötig gemacht oder veranlasst haben. Auch nach dem Freiburger Gesetz betreffend die Feuerpolizei und den Schutz gegen Elementarschäden[594] können die Rettungs-, Lösch- und Wachtkosten nur bei Böswilligkeit oder grober Fahrlässigkeit vom Urheber oder Brandstifter zurückverlangt werden (Art. 41). Schliesslich besagt ebenfalls die waadtländische Loi sur le service de défense contre l'incendie et de secours (LSDIS)[595] in Art. 23, dass Gemeinden die Rückerstattung der Massnahmenkosten nur dann verlangen können, wenn der Schadensfall aus einem Absichtsdelikt oder einer groben Fahrlässigkeit herrührt oder die Kosten durch einen Autounfall verursacht wurden.

---

[591] Moor, Bd. II, S. 112 ff.; Seiler, Art. 2 N 34; Trüeb, Art. 59 N 22. Vgl. ferner BGE 102 Ib 203 E. 2.

[592] vom 24. September 1978, LS 861.1.

[593] vom 18. Juni 1968, sGS 871.1.

[594] vom 12. November 1964, SGF 731.01.1.

[595] vom 17. November 1993, RSV 963.15.

Ein subjektiver Gedanke hat auch im *Altlastenrecht* seinen Niederschlag   307
gefunden. Laut (revidiertem) Art. 32d Abs. 2 USG ist der Inhaber (d.h. der
Zustandsverantwortliche) von den Kosten für notwendige Massnahmen zur
Untersuchung, Überwachung und Sanierung belasteter Standorte befreit,
"wenn er bei Anwendung der gebotenen Sorgfalt von der Belastung keine
Kenntnis haben konnte".[596] Folglich hängt die Kostentragungspflicht des Zustandsstörers von der subjektiven Kenntnis bzw. dem subjektiven Kennenmüssen der Belastung (Art. 32d Abs. 2 USG) ab.[597]

Die vorliegenden Ausführungen haben wiederum gezeigt, dass Störer- und   308
Verursacherkreis grundsätzlich nicht identisch sind.[598] So betont auch WAG-
NER B., dass unter *rein ökologischen Gesichtspunkten* nur da ein Anreiz zu
umweltschonendem Verhalten geschaffen werden kann, wo die Haftung an
die Verletzung einer *Sorgfaltspflicht* anknüpft.[599] Sonst verliert auch das Verursacherprinzip als Instrument der indirekten Verhaltenslenkung ihre Berechtigung. REHBINDER bemerkt diesbezüglich zu Recht, dass es beim Verursacherprinzip - im Gegensatz zum Polizeirecht - nicht oder nicht nur um die Beseitigung einer einmal eingetretenen Störung geht, sondern vielmehr um eine
wirtschafts- und umweltpolitische *Steuerung* des umweltrelevanten Wirtschaftsverhaltens der Marktteilnehmer.[600] Wer Verursacher ist, darf laut REH-
BINDER somit nicht "vordergründig aus einem in der Wirklichkeit angeblich
gewonnenen Erscheinungsbild oder aus sozialethischen Gesichtspunkten abgeleitet werden, sondern muss sich nach der Funktion der Massnahme richten,
durch die bestimmte Aktivitäten gesteuert werden sollen"[601]. Sinnvollerweise
sollte die Rechtsordnung allgemein den Menschen nur gebieten, ihr *Verhalten*

---

[596] Seit dem 1. November 2006 in Kraft. Dazu STUTZ, Altlastenrecht, S. 343 f.
[597] Dazu unten N 386 f.
[598] FRICK, S. 62; TRÜEB, Art. 59 N 22; a.M. GRIFFEL, N 224 und 331.
[599] WAGNER B., Verursacherprinzip, S. 336.
[600] REHBINDER, S. 32.
[601] REHBINDER, S. 32.

nach bestimmten Bahnen einzurichten. Schlechthin Erfolge verbieten zu wollen, macht da wenig Sinn.[602]

5   Reine Erfolgshaftung

5.1   Allgemeines

309   Wie die vorausgegangen Abhandlungen bezüglich der Haftungsvoraussetzungen gezeigt haben, handelt es sich bei Verursacherhaftungen - wenn man der herrschenden Lehre und Praxis folgt - um *reine Erfolgshaftungen*.[603] Im Vergleich zu klassischen Haftpflichtnormen des Zivilrechts zeigt sich, dass Verursacherhaftungen somit grundsätzlich *schärfer als Gefährdungshaftungen* sind. Letztere bedürfen zwar auch keines Verschuldens, sie sind dennoch insofern begrenzt, als sie nicht nur die Widerrechtlichkeit voraussetzen,[604] sondern auch an einen jeweils genau definierten Gefährdungstatbestand anknüpfen.[605] Eine solche Begrenzung der Haftung gibt es bei Verursacherhaftungen nicht.

---

[602] Vgl. PORTMANN W., S. 272; ROBERTO, Haftpflichtrecht, N 265. Dazu unten N 312.

[603] GRIFFEL, N 248 m.Verw. Zur Problematik einer schrankenlosen Umwelthaftung s. WIDMER, Perspektiven, S. 592. HOLLANDS (S. 74) ist hingegen der Ansicht, dass die Qualifizierung der Zustandshaftung als Erfolgshaftung nicht den Kern der Sache treffe. Es sei nicht der Erfolg als solcher, sondern die Herrschaft, welche zur Haftung führen würde. Die Haftung sei deshalb als eine auf *den räumlich-gegenständlichen Machtbereich begrenzte Zufallshaftung* zu charakterisieren.

[604] Das Bundesgericht hielt im BGE 112 II 118 E. 5e fest, dass die Widerrechtlichkeit auch im Bereich der Kausalhaftungen eine Haftungsvoraussetzung bilde. Im "*Tschernobyl/Gemüse-Fall*" [BGE 116 II 491 ff.] hat das Bundesgericht hingegen die Frage offen lassen können, indem sie die infolge der Bestrahlung eingetretene Unverkäuflichkeit von Gemüse und Salat als unzulässige Beeinträchtigung des Eigentums betrachtete und somit die Verletzung eines absolut geschützten Rechtsguts begründen konnte. Auch die herrschende Lehre (statt Vieler GAUCH, Grundbegriffe, S. 233 ff.; KELLER A., Bd. I, S, 106 f.; REY, Haftpflichtrecht, N 669 m.w.H.) vertritt die Meinung, dass die Widerrechtlichkeit eine Voraussetzung sowohl der Verschuldens- wie auch der Kausalhaftungen ist; a.M. WEBER, S. 269 f.; WERRO (Responsabilité civile, N 283) der die Widerrechtlichkeit allein als eine Voraussetzung der Verschuldenshaftung betrachtet.

[605] REY, N 90 ff. und 1243 ff.

Auch im Schweizer zivilrechtlichen Haftpflichtrecht gab es einmal eine *reine*   310
Erfolgshaftung. Laut Art. 36 aGschG 1971[606] haftete jeder, der eine Gewäs-
serverunreinigung verursachte, unabhängig von der Art der Verursachung.[607]
Die Gewässerverschmutzung konnte sowohl durch einen Betrieb oder eine
Anlage als auch durch eine Handlung oder Unterlassung bewirkt werden. Die
Haftung aus Art. 36 aGschG 1971 knüpfte insbesondere nicht an Betriebe
oder Anlagen an, von denen qualifizierte Risiken für die Gewässer ausgingen,
sondern an alle erdenklichen Betriebe und Anlagen. Gerade wegen seiner
Ausgestaltung als reine Erfolgshaftung erblickt PETITPIERRE-SAUVIN in
Art. 36 aGschG 1971 einen klaren (und scheinbar gelungenen) Anwendungsfall des Verursacherprinzips.[608] Da Art. 36 aGschG 1971 zu Recht auf eine
lautstarke Kritik seitens der Lehre gestossen war,[609] ersetzte der Gesetzgeber
die Haftung aus Art. 36 aGschG 1971 durch eine klassische *Gefährdungshaftung*, d.h. eine Haftung für Betriebe, Anlagen und Einrichtungen, die eine besondere Gefährdung für die Gewässer darstellen (Art. 69 aGschG 1991[610]).[611]

Der Anwendungsbereich der Verursacherhaftungen bestimmt sich somit nicht   311
nach der Art der Ursache des Schadens (z.B. Werkmangel, Kernanlage, Betrieb eines Autos, einer Eisenbahnunternehmung oder einer Rohrleitungsanlage), sondern nach der *Art der Wirkung* bzw. des Erfolges (z.B. Altlasten, Gefährdung oder Beeinträchtigung von Gewässern).[612] So begründen z.B. in Art.
32b^bis USG alle diejenigen Handlungen eine Haftung, die eine *Belastung* des
Standorts herbeigeführt haben, deretwegen Mehrkosten bei einer späteren
Entsorgung des Aushubmaterials entstehen.

---

[606] AS 1972 I, S. 950 ff.

[607] Dazu OFTINGER/STARK, Haftpflichtrecht II/1, § 23 N 1 ff.; LAURI, S. 50; TERCIER,
       Quelques considérations, S. 14 f.; TERCIER, Indemnisation, S. 152; WIDMER, Standortbe-
       stimmung, S. 322 ff.

[608] PETITPIERRE-SAUVIN, S. 492 f.

[609] BBl 1987 II 1101; WIDMER, Standortbestimmung, S. 322 ff.; WIDMER, Responsabilité pour
       risque, S. 424; WIDMER, Verursacherprinzip, S. 555 ff.

[610] AS 1992, S. 1860 ff.

[611] PELLONI, S. 83 ff.

[612] Vgl. bezüglich Art. 36 aGschG 1971 OFTINGER/STARK, Haftpflichtrecht II/1, § 23 N 8.

312   An die *Art der Wirkung* anzuknüpfen ist insofern problematisch, als ein allgemeines Verbot, ein Resultat zu erzeugen, zu unbestimmt ist, um genaue Rechtspflichten erzeugen zu können: der potenzielle Haftpflichtige kann hieraus nicht entnehmen, welches Verhalten geboten bzw. verboten sein soll.

313   Verursacherhaftungen lassen den von ihnen geschützten Rechtsgütern (Umwelt, Gewässer, Untergrund) einen Schutz zukommen, den unsere Rechtsordnung den Rechtsgütern des Einzelnen (Leben, Gesundheit, Persönlichkeit, Eigentum, usw.) verwehrt. Die durch ihre Verletzung entstandene Schädigung begründet nämlich nur dann einen Schadensersatz, wenn ihre *Ursache* eine besondere ist (Verschulden, Verletzung einer Sorgfaltspflicht, Realisierung eines bestimmten Risikos).[613] Umgekehrt ist der Schadensersatz (bzw. Kostenersatz) bei Verursachungen wegen ihres polizeirechtlichen Ursprungs weniger umfassend. Während sich die zivilrechtliche Schadensersatzpflicht auf eine umfassende Naturalrestitution - d.h. auf die Wiederherstellung des ursprünglichen Zustandes - erstreckt,[614] werden bei Verursacherhaftungen allein die Kosten von *notwendigen Massnahmen* ersetzt.[615]

314   Die Eigenschaft der Verursacherhaftungen, die Haftung an keinen der im zivilrechtlichen Haftpflichtrecht bekannten Haftungsgründe (wie Verschulden oder Risiken) anzuknüpfen, stammt - wie bereits dargelegt - aus dem Polizeirecht. Letzteres will nämlich nicht ahnden oder wegen Verschuldens zur Verantwortung ziehen, sondern einzig der Wiederherstellung polizeimässiger Zustände bzw. der Beseitigung von Gefahrenlagen dienen. Warum das gleiche Dogma auch bei den Verursacherhaftungen gelten soll, bzw. auch bezüglich der Verursacherhaftungen in der Lehre betont wird, sie hätten keine penalisierende Wirkung,[616] bleibt indessen schleierhaft. Anerkanntermassen geht es bei

---

[613]   Vgl. bezüglich Art. 36 aGschG 1971 OFTINGER/STARK, Haftpflichtrecht II/1, § 23 N 9.

[614]   Auch von Art. 59 USG werden nur diejenigen Kosten erfasst, die bei der Beseitigung der Gefahr anfallen. Aufwendungen für die Wiederherstellung des früheren Zustandes können dem Verursacher nicht in Rechnung gestellt werden (STEINER P., S. 171 f; TRÜEB, Art. 59 N 40).

[615]   Dazu unten N 472.

[616]   SEILER, Art. 2 N 74.

Verursacher*haftungen* bzw. beim Verursacher*prinzip*, da es sich um ein Kostenzurechnungsprinzip handelt, nicht um die Beseitigung einer Gefahr, sondern allein um die Tragung der dabei anfallenden Kosten. Es erscheint deshalb fraglich, warum vom Grundsatz *casum sentit dominus* allein aus einer Kausalitätsüberlegung abgewichen werden soll bzw. die Kausalität als Haftungsgrundlage genügen soll.[617] Schon RÜEMLIN hielt nämlich treffend fest, dass von der blossen Kausalität noch keine Brücke zur Verantwortlichkeit führe.[618]

Je höher die Kosten steigen, die bei der Gefahren- oder Störungsbeseitigung   315
anfallen, desto mehr gewinnt auch die durch Verursacherhaftungen aufgebürdete Kostentragungspflicht für den Verursacher ihrer Auswirkung nach einen *Sanktionscharakter*, was folgendes Beispiel veranschaulicht: Wegen eines unbeleuchteten und ungesicherten Schlaglochs auf der Fahrbahn gerät ein Auto auf Zugschienen und verhindert somit den öffentlichen Bahnverkehr. Aus polizeirechtlicher Sicht lässt sich durchaus vertreten, dass der Fahrer des Wagens (vorausgesetzt, andere mögliche Verantwortliche seien nicht greifbar) in seiner Eigenschaft als Verhaltensverantwortlicher zur Beseitigung des Hindernisses angehalten werden kann, auch wenn die Gefahr keineswegs voraussehbar war. Ändert man indessen dieses Beispiel dahingehend, dass anstatt in ein Schlagloch zu geraten, das Auto in eine unbeleuchtete und ungesicherte Baugrube stürzt und dabei eine Ölleitung durchtrennt, können die Folgen für den Lenker um einiges härter ausfallen. Ist es in diesem Fall gerechtfertigt, dem Lenker die Kosten von einer halben Million zu überbürden, die infolge der durch die Behörden getroffenen Massnahmen erwachsen sind, um die wegen des auslaufenden Öls drohende Verschmutzung des Zürichsees zu verhindern? Wandelt man indessen vorliegendes Beispiel ein drittes Mal ab, indem nicht ein Auto die Ölleitung durchbricht, sondern ein von einem Wanderer ausgelöster Erdrutsch, wird es wohl einem Haftpflichtrechtler noch etwas schwerer fallen, eine Entschädigung durch den schuldlosen Wanderer zu be-

---

[617] WIDMER, Verursacherprinzip, S. 555 ff.
[618] RÜEMLIN, S. 28.

jahen, da - im Gegensatz zum Betrieb eines Fahrzeuges - eine Wanderung nicht als eine Tätigkeit qualifiziert werden kann, von der erfahrungsgemäss eine besondere Gefährdung der Umwelt ausgeht. Diese Beispiele zeigen, dass je einschneidender und sanktionsähnlicher die Inanspruchnahme des Verursachers ausfällt, desto grösser werden auch die *Legitimationsanforderungen* an diese.[619] Eine Übernahme der klassischen Zurechnungskriterien scheint m.E. auch bei Verursacherhaftung unausweichlich. Auf diese Problematik wird noch eingehend im Zusammenhang mit der Revision des Haftpflichtrechts zurückzukommen sein.[620]

316   Nachdem die allgemeinen Grundsätze der Verursacherhaftungen behandelt wurden, gilt es, nachfolgend die zwei Formen der Verursacherhaftungen darzulegen. So wie bei der polizeirechtlichen Verantwortlichkeit unterscheidet die herrschende Lehre und Praxis bei den Verursacherhaftungen zwischen der *Verhaltens*haftung und der *Zustands*haftung. Verursacherhaftungen knüpfen demnach einerseits an das Handeln bzw. das Unterlassen und andererseits an die Gewalt über eine Sache an.

317   Art. 32b[bis] USG geht *scheinbar* noch einen Schritt weiter als alle anderen Verursacherhaftungen, indem er die aus dem öffentlichen Recht bekannten Verursacherhaftungen dahingehend ausdehnt, dass auch "frühere Inhaber" für die Mehrkosten bei der Entsorgung einzustehen haben, obwohl sie weder als *Verhaltens*verantwortliche noch als *Zustands*verantwortliche qualifiziert werden können. Dieser Frage wird erst im zweiten Teil dieser Arbeit nachzugehen sein.[621]

---

[619]   BRANDNER, S. 37.
[620]   Dazu unten N 458 ff., insb. 462 ff.
[621]   Dazu unten N 886 ff.

5.2   Verhaltenshaftung

5.2.1   Allgemeines

Alle Verursacherhaftungen des Schweizer Rechts beinhalten - neben einer   318
Zustandshaftung - eine *Verhaltens*haftung.

Grundsätzlich kann - im Gegensatz zu allen ausservertraglichen Kausalhaf-   319
tungen -[622] *jedermann* Verhaltensverantwortlicher und somit Anspruchsgegner sein.

Im Gegensatz zur Zustandshaftung, welche oftmals als ungerecht bezeichnet   320
wird, wird die Verhaltenshaftung trotz ihrer *Schärfe* in Lehre und Rechtsprechung nicht als besonders bedenklich erachtet.[623]

5.2.2   Haftung für eigenes Verhalten

Im *Polizeirecht* gilt derjenige als *Verhaltensstörer*, der durch "eigenes Verhal-   321
ten oder durch das unter seiner Verantwortung erfolgte Verhalten Dritter unmittelbar eine polizeiwidrige Gefahr oder Störung verursacht".[624]

Analog zum Verhaltens*störer* wird in der herrschenden Lehre und Rechtspre-   322
chung diejenige Person als Verhaltens*verantwortlicher* bezeichnet,[625] die
durch eigenes Verhalten oder das von Dritten, für die sie einzustehen hat, das
Erfordernis einer Massnahme verursacht.[626]

Wie bereits dargelegt liegt nach herrschender Lehre und Rechtsprechung das   323
haftungsauslösende Element eines Verhaltens allein in dessen *unmittelbarem*

---

[622] Im Haftpflichtrecht gab es indessen auch schon einmal eine spezifische Kausalhaftung
(Art. 36 aGSchG 1971), bei der auch jedermann Subjekt der Haftung sein konnte; dazu
OFTINGER/STARK, Haftpflichtrecht II/1, § 23 N 44 ff.

[623] Zu den Bedenken bezüglich der Zustandshaftungen s. unten N 376 ff.

[624] BGE 114 Ib 44 E. 2c/bb; 102 Ib 203 E. 3.

[625] Dazu ausführlich oben N 164 ff.

[626] SEILER, Art. 2 N 66

Zusammenhang zur Störung oder Gefahr (bzw. die Notwendigkeit einer Massnahme);[627] eine weitere Wertung des Verhaltens erfolgt indessen nicht.

324 Das verursachende Verhalten kann sowohl in einem *Tun* als auch in einer *Unterlassung* bestehen, wobei ein Unterlassen die Verhaltenshaftung nur dann begründet, wenn "eine besondere Rechtspflicht zu sicherheits- und ordnungswahrendem Handeln besteht"[628].

325 Eine echte *Unterlassung* begründet somit - wie auch im Straf- und Zivilrecht (Stichwort: Garantenstellung) - nur dann eine Verhaltenshaftung, wenn eine *Pflicht zum Handeln*, d.h. zur Gefahrenabwehr, bestand. Am Beispiel der Unterlassung erkennt man auch, dass die *Widerrechtlichkeit* ebenfalls bei der Ermittlung des Verhaltensstörers eine Rolle spielt.[629] Soweit ersichtlich hatte das Bundesgericht noch nie über eine *pflichtwidrige Unterlassung* im Polizeirecht zu befinden.

5.2.3 Haftung für das Verhalten Dritter

326 Die *Verhaltenshaftung* umfasst laut einhelliger Lehre[630] und Rechtsprechung[631] auch eine Haftung für das Verhalten Dritter.

327 Die *gewöhnlichen Kausalhaftungen* und die *Gefährdungshaftungen* des Zivilrechts enthalten ebenfalls alle das Moment des Einstehens für andere Personen.[632]

328 Diese *Zusatzhaftung* tritt neben die Haftung des eigentlichen Verursachers und besteht in zwei Fällen.

---

[627] Dazu oben N 191 ff.

[628] BGE 114 Ib 44 E. 2c/bb; BGer, ZBl 1987 301 E. 1a; REINHARD, S. 184; TSCHANNEN/FRICK, S. 7.

[629] Dazu ausführlich oben N 242 ff.

[630] Statt aller SCHERRER, S. 25.

[631] BGE 114 Ib 44 E. 2c/bb; 102 Ib 203 E. 3.

[632] OFTINGER/STARK, Haftpflichtrecht II/1, § 17 N 4; WERRO, Responsabilité civile, N 491 ff.

Zum einen muss das *Familienhaupt* für das Verhalten seiner Hausgenossen   329
einstehen (z.B. die Eltern für ihre Kinder). Zum anderen haftet der *Geschäfts-*
herr für das Tun seiner weisungsgebundenen Hilfspersonen.[633] Diese Zusatzhaftung entspricht grundsätzlich derjenigen von Art. 333 ZGB bzw. 55 OR.

Die *Haftung des Familienhauptes* setzt voraus (analogische Anwendung von   330
Art. 333 ZGB)[634], dass eine *Hausgemeinschaft* besteht und dass ein unmündi-
ger, entmündigter, geistesschwacher oder geisteskranker Hausgenosse, der
mit dem Familienhaupt durch ein *Subordinationsverhältnis*[635] verbunden ist,
einen Schaden (bzw. eine Gefahr oder eine Störung) verursacht.

Die *Haftung des Geschäftsherrn* für seine Hilfsperson setzt ihrerseits voraus   331
(analogische Anwendung von Art. 55 OR)[636], dass ein *Subordinationsverhält-*
nis zwischen ihm und der Hilfsperson besteht und dass die Hilfsperson den
Schaden (bzw. die Gefahr oder die Störung) in Ausübung ihrer dienstlichen
oder geschäftlichen Verrichtung verursacht hat (funktioneller *Zusammen-*
hang).

Ein *wesentlicher Unterschied* zu Art. 333 ZGB und Art. 55 OR besteht   332
vorliegend dennoch: es gibt bei *Verursacherhaftungen* keine *Entlastungsmög-*
lichkeit bzw. keinen Sorgfaltsnachweis des Geschäftsherrn bzw. des Familienhauptes, da die Haftung *verschuldensunabhängig* ist.[637] Das Gleiche gilt auch
bei den *zivilrechtlichen Kausalhaftungen*, bei denen der Haftungsadressat für

---

[633]   Statt aller SCHERRER, S. 25.

[634]   Zu Art. 333 ZGB: OFTINGER/STARK, Haftpflichtrecht II/1, § 22 N 1 ff.; REY, Haftpflichtrecht, N 1127 ff.; WERRO, Responsabilité civile, N 399 ff.

[635]   Vgl. bezüglich Art. 333 ZGB: REY, Haftpflichtrecht, N 1142 ff.; WERRO, Responsabilité
civile, N 414.

[636]   Zu Art. 55 OR: OFTINGER/STARK, Haftpflichtrecht II/1, § 20 N 1 ff.; REY, Haftpflichtrecht,
N 897 ff.; WERRO, Responsabilité civile, N 435 ff.

[637]   Vgl. für das Polizeirecht GUSY, N 348; SCHERRER, S. 25.

seine Hilfspersonen einstehen muss, ohne die Möglichkeit zu haben, den Sorgfaltsnachweis nach Art. 55 OR erbringen zu können.[638]

333 Trotz aller Parallelitäten zum Haftpflichtrecht führt die Haftung für das Verhalten Dritter bei Verursacherhaftungen zu einer *exorbitanten Verantwortlichkeit,* da - im Gegensatz zu den zivilrechtlichen Gefährdungshaftungen - die Haftung nicht an definierte, besondere Tatbestände (bzw. Risiken) anknüpft, sondern lediglich an einen *Erfolg.*

334 Im Hinblick auf das *Legalitätsprinzip* ist es zudem bei den öffentlich-rechtlichen Verursacherhaftungen problematisch, dass eine solche Haftung nicht explizit im Gesetz normiert ist. Das Problem der fehlenden Gesetzesgrundlage besteht auch meistens im Polizeirecht. Im Gegensatz zur *Realleistungs*pflicht kann man sich aber bei den Verursacherhaftungen (d.h. bei der *Kostentragungs*pflicht) nicht auf die polizei- und ordnungsrechtliche Generalklausel berufen, um die Kosten einzufordern. Laut herrschender Lehre[639] und jetziger Bundesgerichtsrechtsprechung[640] bedarf nämlich der *Kostenersatz* für das unmittelbare Eingreifen von Behörden einer *besonderen gesetzlichen Grundlage,* die natürlich auch dem Erfordernis der genügenden *Bestimmtheit* gerecht werden muss.[641] Dieser Anforderung dürften die heutigen, allgemein formulierten Art. 32d USG, 59 USG, 54 GSchG und 37 Abs. 2 StSG bezüglich der Haftung für das Verhalten Dritter kaum genügen.

---

[638] Vgl. bezüglich Art. 56 OR: OFTINGER/STARK, Haftpflichtrecht II/1, § 21 N 91; WERRO, Responsabilité civile, N 555 f.

[639] BÉTRIX, S. 373 f.; REINHARD, S. 192; THÜRER, S. 469 f.; ferner ROUILLER, S. 594 f.

[640] So ausdrücklich BGE 104 II 95 E. 1, in dem das Bundesgericht festhält, dass der Verursacher eines Brandes nicht vom Gemeinwesen zum Ersatz der Löschkosten verpflichtet werden kann, wenn dies nicht ausdrücklich in einer gesetzlichen Grundlage vorgesehen wird (solch eine gesetzliche Grundlage fehlte indessen im vorliegenden Fall).

[641] Zum Erfordernis der genügenden Bestimmtheit des Rechtssatzes s. HÄFELIN/MÜLLER/UHLMANN, N 386 ff.

5.2.4 Persönliche Haftung des Organs

a) Allgemeines

Es fragt sich, inwiefern neben der Verhaltensverantwortlichkeit der unter-   335
nehmenstragenden Gesellschaft auch Organpersonen allenfalls als *Verhaltensverantwortliche* qualifiziert werden können. Die Anspruchsberechtigten
(bei den öffentlich-rechtlichen Verursacherhaftungen wird es der Staat sein;
bei Art. 32b^bis USG der Inhaber des Grundstücks) werden zumindest bei Ka-
pitalgesellschaften ihre Ansprüche meistens ausschliesslich gegen die Gesellschaft richten und so die schwierige Frage der persönlichen Zurechenbarkeit
vermeiden. Sollte dennoch eine Gesellschaft zahlungsunfähig, aufgelöst oder
liquidiert sein, so liegt es nahe, nach weiteren Personen zu suchen, die in der
Lage sind, die Massnahmenkosten zu tragen. Von der vorliegend behandelten
Frage gilt es diejenige der gesellschaftsrechtlichen Haftung der Organe zu unterscheiden.

Im Haftpflichtrecht gilt, dass Art. 55 ZGB - im Gegensatz zum Staatshaf-   336
tungsrecht (Art. 3 Abs. 3 VG)[642] - nicht zu einer Kanalisierung der Haftung
auf die juristische Person führt.[643] Es handelt sich lediglich um eine *Haftungs-
zuweisung* an die juristische Person. Laut Art. 55 Abs. 3 ZGB haften die handelnden Organpersonen für ihr Verschulden auch persönlich, wobei die persönliche Haftung nicht subsidiär zu derjenigen der juristischen Person ist.[644]
In der Lehre ist hingegen kontrovers, ob entgegen dem Wortlaut von Art. 55
ZGB eine Organperson auch *ohne Verschulden* zusätzlich zur juristischen
Person haftet. PORTMANN[645] und RIEMER[646] vertreten die Meinung, eine Organperson hafte bei allen unerlaubten Handlungen persönlich, sofern die entsprechenden Vorsaussetzungen erfüllt seien. HUGENIN steht hingegen dafür

---

[642] Bundesgesetz vom 14. März 1958 über die Verantwortlichkeit des Bundes sowie seiner
Behördemitglieder und Beamten (Verantwortlichkeitsgesetz), SR 170.32.

[643] WAESPI, S. 52 f.

[644] RIEMER, Art. 54/55 N 64.

[645] PORTMANN, S. 41.

[646] RIEMER, Art. 54/55 N 64 mit Verweis auf BGE 113 II 213 E. 2.

ein, dass eine Organperson nur im Falle eines Verschuldens persönlich haftet.[647] Letztere Meinung stützt sich allein auf eine *e contrario* Auslegung des Wortlautes der deutschen Fassung von Art. 55 Abs. 3 ZGB. Es mag aber kaum Sinn und Zweck dieser Norm sein, eine derartige Limitierung der persönlichen Haftung der Organperson und somit der ausservertraglichen Haftung allgemein zu erzielen. Hätte der Gesetzgeber solch eine Beschränkung der persönlichen Haftung von Organpersonen gewollt, so hätte dies einen klareren Niederschlag im Gesetz finden müssen, was nicht der Fall ist. Es erscheint auch kaum vertretbar, einem Geschädigten vorhalten zu können, man hätte ihn bloss "auf Kosten und Rechnung" einer juristischen Person geschädigt.

337   Eine Einschränkung der Haftung auf juristische Personen wird sich allerdings meistens aus der Voraussetzung der jeweiligen Haftungsnorm ergeben, weil das Haftungssubjekt nicht die als Organ handelnde Person sein kann (z. B. ist in der Regel bei der Werkeigentümerhaftung nach Art. 58 OR nur die juristische Person Eigentümerin).

338   Im Zivilrecht tritt demnach eine die persönliche Verantwortlichkeit der Organpersonen ausschliessende Zurechnung ihres Handelns an die juristische Person nur im Hinblick auf rechtsgeschäftliches Handeln ein. So betont RIEMER zu Recht, dass eine Organperson für ausserrechtsgeschäftliche Verbindlichkeiten immer dann ins Recht genommen werden kann, wenn sie persönlich die jeweiligen Voraussetzungen erfüllt.[648] Diese Regel gilt selbstverständlich für die zivilrechtliche Verursacherhaftung (Art. 32b^{bis} USG). Sie sollte aber gleichermassen hinsichtlich der öffentlich-rechtlichen Verursacherhaftungen gelten.

---

[647] HUGENIN, Art. 54/55 N 31.
[648] BK-RIEMER, ZGB 54/55 N 65.

b) Welche Organe haften?

Aus den *Eigenschaften* der Verursacherhaftungen erfolgt eine Begrenzung des   339
Kreises der möglichen Organe, die eine Verhaltensverantwortlichkeit treffen
kann.

Eine *erste Begrenzung* ergibt sich daraus, dass eine Verhaltenshaftung an eine   340
Handlung oder eine Unterlassung anknüpft, wobei ein Unterlassen die Verhaltenshaftung nur dann begründet, wenn eine besondere Rechtspflicht zu si-
cherheits- und ordnungswahrendem Handeln besteht.[649] Deshalb kommen nur
solche Organe als Verhaltensverantwortliche in Betracht, die als Exekutivor-
gane auftreten, d. h. Personen, die für die Gesellschaft nach aussen handeln
(z. B. Verwaltungsratsmitglieder und Direktoren).[650]

Ein *zweite Begrenzung* ist auf das der Verhaltenshaftung zugrunde liegende   341
Erfordernis der Unmittelbarkeit zurückzuführen, welches besagt, dass allein
diejenigen Handlungen relevant sind, die unmittelbar eine Gefahr verursachen; d.h. "entferntere, lediglich mittelbare Verursachungen scheiden aus"[651].
Grundsätzlich können demnach willensbildende Organe (z. B. die General-
versammlung) und Kontrollorgane (z. B. die Revisionsstelle) mangels einer
unmittelbaren Handlung polizeirechtlich nicht zur Verantwortung gezogen
und folglich auch nicht als Verursacher belangt werden.

Zu einem ähnlichen Resultat gelangt auch das Bundesgericht in seinem   342
Entscheid 130 II 321. Es ging um den Fall einer AG, die von 1982 bis 1989
eine Abfalldeponie betrieb, bevor sie 1992 aufgelöst und 1997 im Handelsre-
gister gelöscht wurde. Im Jahre 2002 hatte der Service cantonal des eaux, sols
et assainissement (SESA) eine Verfügung erlassen, welche die früheren Verwaltungsräte (X, Y und Z) der AG gestützt auf Art. 20 Abs. 2 AltlV dazu ver-
pflichtete, auf eigene Kosten eine Detailuntersuchung des Standortes der alten

---

[649] BGE 114 Ib 44 E. 2 c/bb und c/cc.
[650] MEIER-HAYOZ/FORSTMOSER, Schweizerisches Gesellschaftsrecht, § 2 N 24.
[651] BGE 114 Ib 44 E. 2a. Zur Unmittelbarkeitstheorie s. unten N 194 ff.

Abfalldeponie vorzunehmen, um zu ermitteln, ob im Hinblick auf Grund- und Oberflächenwasser eine Sanierung notwendig war. Die drei ehemaligen Verwaltungsräte wurden zudem verpflichtet, den Standort auf ihre Kosten so lange überwachen zu lassen, wie dies sich als notwendig erweisen würde. Die drei Verwaltungsräte rekurrierten gegen diesen Entscheid beim Verwaltungsgericht des Kantons Waadt, das die Rekurse abwies. Das Verwaltungsgericht qualifizierte dennoch den Fall des Verwaltungsrates X als "plus délicat que celui des deux autres intéressés", da er nicht direkt an der Ablagerung der Abfälle beteiligt war. Im Jahr 1983 hatte er lediglich die Antwort der AG auf ein Schreiben der Gemeinde verfasst, in dem Letztere auf verschiedene Probleme in Bezug auf den Betrieb der Deponie hinwies, und die Gemeinde gebeten, zukünftig die Korrespondenz die Deponie betreffend an seine Kanzlei zu richten. Daraufhin hatte er noch an einer Sitzung vor Ort teilgenommen. Ansonsten war der Verwaltungsrat X – in seiner Eigenschaft als Anwalt – zudem an der Erstellung der Statuten der AG wie auch später beim Aushandeln einer Vereinbarung zwischen der AG und der Gemeinde beteiligt gewesen. Das Verwaltungsgericht hielt dennoch fest, dass der Verwaltungsrat X als Ansprechpartner der Behörden tätig war und dass er mit der Geschäftsführung der AG und somit auch mit dem Betreiben der Abfalldeponie zu tun hatte, auch wenn es sich nur um eine sekundäre Rolle gehandelt hat, die zeitlich begrenzt war und deren Bedeutung nicht genau erstellt werden konnte.

343   X reichte daraufhin beim Bundesgericht Verwaltungsgerichtsbeschwerde ein und beantragte, den Entscheid hauptsächlich wegen Verstoss gegen Art. 20 Abs. 2 AltlV aufzuheben.

344   Das Bundesgericht prüfte die Sache unter zwei Aspekten. Einerseits hielt das Bundesgericht fest, dass es gemäss Art. 20 AltlV in erster Linie dem Inhaber eines belasteten Standorts obliege, Untersuchungs-, Überwachungs- und Sanierungsmassnahmen (Art. 32c USG) zu treffen. Verhaltensstörer könnten nur *ausnahmsweise* zur Realleistung verpflichtet werden (Art. 20 Abs. 2 AltlV). Die Behörden würden diesbezüglich zwar über einen gewissen Ermessensspielraum verfügen, wobei sie dennoch zu berücksichtigen hätten, dass die

Untersuchungen so schnell wie möglich erfolgen müssten. Das Bundesgericht erinnerte diesbezüglich auch daran, dass die Frage der Realleistungspflicht streng von derjenigen der (nachträglichen) Tragung der Kosten zu unterscheiden sei.

Andererseits - und für die vorliegende Problematik von grösserer Relevanz - ging das Bundesgericht noch der Frage nach, ob X in seiner Eigenschaft als Organ als Verhaltensstörer in Betracht komme und folglich zur Realleistung verpflichtet werden könne (Art. 20 Abs. 2 AltlV). Das Bundesgericht verneinte dies vorliegend mit der Begründung, die vom Verwaltungsrat X wahrgenommenen Pflichten hätten nicht darin bestanden, das zu deponierende Material zu transportieren, einzulagern, auszusortieren oder die Behandlung der Abfälle zu beaufsichtigen. Die vom Verwaltungsrat X getätigten Verwaltungshandlungen erschienen dem Bundesgericht als nicht unmittelbar für die Belastung des Bodens kausal. Angesichts des subsidiären bzw. sekundären Charakters der Pflicht Dritter (vorliegend des Verwaltungsrates) - im Gegensatz zu jener des Standortinhabers - Massnahmen nach Art. 20 AltlV zu treffen, brauche es laut Bundesgericht einen klaren und offensichtlichen Zusammenhang zwischen dem Verhalten des Dritten und der Belastung des Standorts, damit dem Dritten diese Pflicht auferlegt werden könne. Der undefinierte Vorwurf der mangelnden Sorgfalt (vgl. Art. 717 OR) genüge indes nicht, um den Verwaltungsrat einer Gesellschaft in die Pflicht nehmen zu können, auch wenn die Gesellschaft als Verursacher der Belastung betrachtet werden könne. Aus diesen Gründen hat das Bundesgericht die Verwaltungsbeschwerde von X gutgeheissen.

345

Diese Rechtsprechung ist in ihrem Resultat zu begrüssen, sie verkennt jedoch den Unterschied zwischen Gefahren, die vom normalen Betrieb eines Unternehmens ausgehen und denjenigen, die auf eine konkrete, meistens einzelfallbezogene Pflichtverletzung der Organe zurückzuführen sind. Im Einklang mit seiner ständigen Rechtsprechung[652] knüpft das Bundesgericht somit auch im

346

---

[652] BGE 118 Ib 407, E. 4c; 114 Ib 44, E. 2a.

Falle der Verhaltenshaftung einer Organperson allein an die *Unmittelbarkeit* der Handlung an. Demnach wird eine Organperson auch für ein *Betriebsrisiko* einzustehen haben, sofern sie direkt Hand angelegt hat, ohne dass sie sich zusätzlich ein pflichtwidriges Verhalten zu Schulden hat kommen lassen müssen.[653] Solch eine Haftung der Organe ist angesichts ihrer Schärfe und des Fehlens jeglicher Begrenzung nicht vertretbar.

c) Haftung für pflichtwidrige Organisation

347 Offen bleibt noch, wie es um die *Verhaltenshaftung* derjenigen Organpersonen bestellt ist, die zwar nicht unmittelbar eine Unweltverschmutzung verursachen, aber ein Unternehmen führen, ohne die *objektiv erforderlichen Umweltschutzvorkehrungen* zu treffen. Es fragt sich mit anderen Worten, ob die Verletzung einer *Organisationspflicht* durch die handelnden Organpersonen ausschliesslich eine Verhaltenshaftung der Gesellschaft oder auch eine zusätzliche persönliche *Aussen*haftung der Organpersonen zu begründen vermag.

348 Angesichts der Tatsache, dass eine durch Verletzung von Organisationspflichten herbeigeführte Störung oder Gefährdung der Umwelt von den Organpersonen immer *mittelbar* verursacht worden sein wird, könnte bei einer begriffsjuristischen Anwendung der *Unmittelbar*keitstheorie argumentiert werden, dass "*mittelbare Ursachen*" definitionsgemäss nicht als Verursachungsbeiträge in Betracht kommen. In Wahrheit vermag die Unmittelbarkeitstheorie - zumindest in ihrer ursprünglichen Form - diese Frage gar nicht zu beantworten. Dies ist auch insofern nicht weiter erstaunlich, als das Konzept des polizeirechtlichen Störers und die daraus entwickelten Verursacherhaftungen grundsätzlich nicht dazu geschaffen wurden, innerbetriebliche Verletzungen von Organisationspflichten zu ahnden. Ob allein der Unternehmensträger oder allenfalls auch die Organpersonen im Falle einer Verletzung von Organisationspflichten als Verursacher gelten sollen, ist eine *politische Frage*, die dementsprechend vom Gesetzgeber zu entscheiden ist.

---

[653] A.M. offenbar SEILER (Art. 2 N 66), der allein von der Möglichkeit einer Haftung der *schuldhaft handelnden* Organperson ausgeht; SCHERRER, S. 25.

Sollte eine solche Haftung vom Gesetzgeber erwünscht werden, so würde es   349
sich in Anbetracht des haftpflichtrechtlichen Charakters der Verursacherhaftungen gebieten, bei dieser Frage die Haftungsgrundsätze zu übernehmen, die
bei der zivilrechtlichen Haftung für pflichtwidrige Organisation gelten. Diese
sollen dementsprechend nachfolgend kurz dargelegt werden.

d)   Zivilrechtliche Haftung für pflichtwidrige Organisation

Die wohl bedeutendste zivilrechtliche Haftung für mangelnde Organisation ist   350
die Geschäftsherrenhaftung nach Art. 55 OR. Die Trilogie der *curae* (in *eli-
gendo*, *instruendo* und *custodiendo*) aus der Geschäftsherrenhaftung wurde im
Bereich der Produktehaftpflicht vom Bundesgericht im kontroversen "Fritö-
sen-Entscheid"[654] und später im "Schachtrahmen-Fall"[655] durch die *Organisationspflicht* ergänzt.[656] Im "Schachtrahmen-Fall" hat das Bundesgericht bezüglich der Organisationspflicht die Anforderungen an den Befreiungsbeweis
dahingehend verschärft, dass dem Geschäftsherrn *de facto* kein Befreiungsbeweis mehr gelingen konnte.[657]

---

[654]   BGE 90 II 86, indem der Geschäftsherr sich durch den Nachweis einer genügenden
Sorgfalt befreien konnte.

[655]   BGE 110 II 456; GAUCH (Haftpflichtrecht, S. 67 f.) vermerkt zu Recht, dass die Klage auf
Art. 41 OR und nicht auf Art. 55 OR hätte gestützt werden müssen, da die Massnahmen, zu
denen der Geschäftsherr verpflichtet war, unabhängig vom Beizug von Hilfspersonen bestanden. Der Nachweis dieser Sorgfalt kann folglich nicht Thema des Entlastungsbeweises
sein. Soweit die Sorgfaltspflicht (Pflicht zur Nachkontrolle oder zur Wahl einer sichereren
Konstruktion) vorliegt, besteht sie unabhängig davon, ob die Herstellung unter Beizug und
Einsatz von Hilfspersonen stattfindet oder nicht. Unter Bezugnahme auf BRÜGGEMEIER,
betont ROBERTO (Haftpflichtrecht, N. 349) treffend, dass es bei Warenproduktionen oftmals an einem individualisierbaren Fehlverhalten mangelt und es vielmehr um die "schädigenden Folgen fehlerhafter industrieller Produktionsprozesse" geht.

[656]   Als solche war die Anerkennung einer Organisationspflicht durch das Bundesgericht kein
Novum. Schon 1908 hielt das Bundesgericht in einem Fall der Haftung des Geschäftsherrn
nach Art. 62 aOR fest: "Es fragt sich [...] ob der Beklagten ein Mangel in der Organisation
der Arbeiter [...] zur Last falle (BGE 31 II 120, E. 4); vgl. auch BGE 31 II 697, E. 4: "[...]
in der mangelhaften Organisation des Betriebes aber liegt ein Verschulden der Direktion,
das die Beklagte ebenfalls zu vertreten hat".

[657]   WERRO, Responsabilité civile, N 480 ff.

351 Das Bundesgericht betont hingegen in seinem Urteil 4C.307/2005 vom 25. Januar 2006 (E. 3.2), dass die in der Lehre vertretene Ansicht, wonach der BGE 110 II 456 im Ergebnis eine Kausalhaftung ohne Befreiungsmöglichkeit eingeführt habe, zu kurz greife. Das Bundesgericht hält indessen fest, der BGE 110 II 456 sei dahingehend zu verstehen, dass die Anforderungen an den Befreiungsbeweis des Geschäftsherrn gemäss Art. 55 Abs. 1 OR nach den tatsächlichen Umständen zu bestimmen und keine von vornherein unerfüllbaren Anforderungen an den Befreiungsbeweis zu stellen seien. Es gelte, bei der Frage nach dem Sorgfaltsmassstab auf die tatsächlich gegebenen Umstände abzustellen.

352 Die Organisationshaftung ist aus der Notwendigkeit entstanden, auch bei korrektem Verhalten der Hilfspersonen oder nicht zuzuordnendem Verhalten ein Unternehmen zur Verantwortung ziehen zu können. Diese Pflicht, ein Unternehmen so zu organisieren, dass eine *vermeidbare* Drittschädigung unterbleibt, trifft jede Gesellschaft, unabhängig von ihrer Rechtsform.[658] Ohne ausführlicher auf die Organisationshaftung nach Art. 55 OR einzugehen, ist für die vorliegende Problematik allein von Interesse, wer *Haftungssubjekt* sein kann und somit für die Verletzung einer Organisationspflicht einzustehen hat.

353 In den meisten Fällen wird die unternehmenstragende juristische Person für das Verhalten ihrer Hilfspersonen gestützt auf Art. 55 OR in Anspruch genommen. Jedoch spätestens wenn die juristische Person zahlungsunfähig ist, wird die Frage aufkommen, ob nicht auch ihre Organpersonen als Geschäftsherren betrachtet werden können. Bejaht man diese Frage, so könnte eine Organperson aufgrund von Art. 55 OR direkt von einem Geschädigten für das Verhalten von Mitarbeitern haftbar gemacht werden. Soweit ersichtlich verneint die einhellige Lehre, m.E. zu Recht, eine derartige Haftung der Organpersonen und qualifiziert demnach allein die juristische Person als Geschäftsherrn.[659] WAESPI[660] begründet dies damit, dass der "dezentralisierte Entlas-

---

[658] So für das deutsche Recht, BRÜGGEMEIER, Unternehmenshaftung S. 165.
[659] REY, N. 911; WAESPI, S. 21 f.; BERTSCHINGER, N. 47; POPP, S. 27.

tungsbeweis" in der Schweizer Lehre[661] abgelehnt wird. Mit anderen Worten muss sich ein Geschäftsherr (vorliegend die juristische Person) neben seiner eigenen mangelnden Sorgfalt auch diejenige etwaiger weiterer Leitungspersonen anrechnen lassen.[662] Das Argument von WAESPI ist insofern zutreffend, als ein dezentralisierter Entlastungsbeweis nur bei gleichzeitiger Bejahung einer Geschäftsherrenhaftung der Organpersonen Sinn macht. Würde man nämlich gleichzeitig einen dezentralisierten Entlastungsbeweis zulassen und an der ausschliesslichen Geschäftsherrenhaftung der juristischen Person festhalten, so würde das Risiko einer komplexen mehrgliedrigen Arbeitsauftei-lung nicht von der juristischen Person, sondern vom Geschädigten getragen werden. Auch eine Kombination aus dezentralisiertem Entlastungsbeweis und "persönlicher" Geschäftsherrenhaftung der Organpersonen wäre nicht zufrie-denstellend, da einerseits ein Organ Hilfspersonen *zugunsten* der juristischen Person bestellt und andererseits in vielen Fällen dem Geschädigten das Haf-tungssubstrat der juristischen Person entzogen würde (z.B. immer dann, wenn innerhalb einer Leitungs*kette* einer Leitungs*person* der Entlastungsbeweis ge-lingt). Die vorliegende Analyse zeigt, dass das von der Schweizer Lehre ge-wählte Konstrukt kohärent ist und insofern zu überzeugen vermag.

Die alleinige Haftung des Unternehmens für mangelnde Organisation wird auch im Schweizer Entwurf zur Reform des Haftpflichtrechts bestätigt. Mit Art. 49a des Entwurfes soll ein Unternehmenshaftungstatbestand eingeführt werden, nach dem gewerbliche Unternehmen (die sich einer oder mehrerer Hilfspersonen bedienen) für die Schäden haften, die "im Rahmen ihrer Tätig-keit" verursacht werden, es sei denn, sie beweisen, dass die *Organisation* der Unternehmung geeignet war, den Schaden zu verhüten.[663] Diese *Organisati-ons*haftung zeichnet sich dadurch aus, dass sie losgelöst von einem Mitarbei-terdelikt besteht.

354

---

[660] WAESPI, S. 21 f.
[661] REY, N. 942; BK-BREHM, Art. 55 OR N. 52 ff.; OFTINGER/STARK, Haftpflichtrecht II/1, § 20 N. 122 ff., a. M. PORTMANN P., S. 73 f.
[662] Dazu ausführlich WAESPI, S. 25 f. m.w.H.
[663] dazu WIDMER/WESSNER, S. 129 ff

355 Für die vorliegende Problematik braucht nicht besonders auf die persönliche Verantwortlichkeit der *Organe einer Aktiengesellschaft* eingegangen zu werden, da es sich insofern um eine *Innenhaftung* handelt, als Organe einer Aktiengesellschaft gestützt auf Art. 754 ff. OR ausschliesslich gegenüber der Gesellschaft selbst, den Aktionären und den Gesellschaftsgläubigern haften.[664] Eine nach *aussen* gerichtete Organisationshaftung der Organpersonen lässt sich somit nach klassischem Verständnis nicht auf Art. 716 ff. i.V.m. 754 ff. OR stützen.[665]

356 Die Pflicht, eine Aktiengesellschaft ordnungsgemäss zu organisieren (Art. 716 ff. OR), vermag auch keine allgemeine deliktische *Verkehrspflicht* mit Schutzwirkung zugunsten Dritter zu begründen, deren Verletzung eine Haftung nach Art. 41 OR nach sich ziehen würde.

357 Dass die im Schweizer Schrifttum vertretene Auffassung nicht selbstverständlich ist, zeigt ein Blick in das deutsche Recht. Spätestens seit dem "Baustoff-Fall"[666] im Jahre 1989 ist eine zivilrechtliche Aussenhaftung von Organpersonen für Verletzungen von Organisationspflichten im deutschen Recht anerkannt. Der Geschäftsführer eines Bauunternehmens (in der Form einer GmbH) hatte keine organisatorischen Vorkehrungen dafür getroffen, dass unter verlängertem Eigentumsvorbehalt gelieferte Baumaterialien nicht einge-

---

[664] Statt Vieler, BÄRTSCHI, S. 129 ff.

[665] Bezüglich Art. 754 Abs. 2 OR sei hier kurz auf den Vorschlag von BERTSCHINGER (N. 45 ff., insb. N 55) eingegangen, Art. 55 OR auch im Rahmen der aktienrechtlichen Verantwortung allgemein (sofern Art. 754 Abs. 2 OR nicht greift) und insbesondere im Falle einer "Delegation" an eine Hilfsperson oder ein Organ von nicht-organtypischen Aufgaben anzuwenden. Laut BERTSCHINGER soll in diesen Fällen das Organ als "Geschäftsherr" im Sinne von Art. 55 OR im *Innenverhältnis* haften. Diese Ansicht überzeugt aus folgenden Überlegungen nicht: Der Beizug von Hilfspersonen im Falle von nicht-organtypischen Aufgaben erfolgt immer und ausschliesslich *zugunsten* der Gesellschaft, weshalb allein die Gesellschaft zum Geschäftsherrn wird (WAESPI, S. 22). Es handelt sich somit nicht um ein Problem der Delegation im Sinne von Art. 754 Abs. 2 OR bzw. der Haftung für fremdes Verhalten (BÄRTSCHI, S. 256). Im Falle eines Beizugs von Hilfspersonen zur Erfüllung nicht-organtypischer Aufgaben haftet somit ein Organ nie für fremdes Verhalten, sondern allenfalls wegen Verletzung seiner allgemeinen Sorgfalts- und Treuepflicht (Haftung für eigene Handlungen) (Art. 717 i.V.m. Art. 754 Abs. 1 OR).

[666] BGHZ 109, 297 = NJW 1990, 976.

baut wurden und somit die Ansprüche des Lieferanten nicht untergingen. Der Geschäftsführer wurde verurteilt, obwohl er offenbar weder an den Vertragsverhandlungen mitgewirkt noch Kenntnis von deren Inhalt hatte.[667] Diese Rechtsprechung führt zu einer Verdoppelung der Organisationshaftung, da sowohl der Unternehmensträger als auch diejenige Person, welche diese Organisationspflicht wahrnehmen muss, haften. Im Gegensatz zum Schweizer Recht beruht im deutschen Recht die generelle Haftung für organisatorische Unsorgfalt (d.h. für eine Verletzung der Verkehrssicherungspflicht) auf § 823 BGB ("Schadensersatzpflicht") und nicht auf § 831 BGB ("Haftung für Verrichtungshilfen"). Dies wird damit begründet, dass die Gefahrenabwendung zum Pflichtenkreis des Geschäftsherrn gehört.[668] Im Falle einer Inanspruchnahme steht dem Arbeitnehmer im Innenverhältnis jedoch ein Freistellungsanspruch gegenüber dem Arbeitgeber zu, wenn er nicht gerade vorsätzlich oder grob fahrlässig gehandelt hat.[669] So wird eine gewisse Balance zwischen dem Verschulden des Arbeitnehmers und dem Betriebsrisiko des Arbeitgebers geschaffen. Bei Insolvenz des Arbeitgebers ist dieses Rückgriffsrecht für den Arbeitnehmer jedoch ein schwacher Trost.

Diese deutsche Rechtsentwicklung scheint einzigartig in Europa zu sein.[670] 358

5.3 Zustandshaftung

5.3.1 Allgemeines

Im Gegensatz zur Verhaltenshaftung knüpft die Zustandshaftung nicht an das 359
die Gefahr oder Störung (bzw. die Erforderlichkeit der Massnahme) verursachende Verhalten an, sondern an die *Beziehung einer Person zu derjenigen Sache*, welche die Gefahr oder Störung (bzw. die Erforderlichkeit der Mass-

---

[667] BGHZ 109, 297 =NJW 1990, 976 [977].
[668] WAESPI, S. 80 m.w.H.
[669] ZWEIGERT/KÖTZ, S. 638.
[670] BRÜGGEMEIER, Unternehmenshaftung, S. 170 f

nahme) unmittelbar verursacht.[671] Es handelt sich somit um eine *Gewaltha-berhaftung*.

360   Gemäss der vom Bundesgericht verwendeten Formel ist diejenige Person Zustands*störer*, die "über die Sache, die den ordnungswidrigen Zustand bewirkt, rechtliche oder tatsächliche Gewalt hat".[672] Da in Lehre und Rechtsprechung grundsätzlich von der Störerverantwortlichkeit auf die Verursachereigenschaft geschlossen wird,[673] knüpfen auch Verursacherhaftungen sowohl an die *rechtliche* als auch die *tatsächliche Gewalt* an.

361   Zustandsverantwortlicher wird *in der Praxis* meistens der *Eigentümer* sein. Doch kommen auch Mieter[674], Pächter, Halter[675], Bauberechtigte, Wohnberechtigte, Nutzniesser oder Beauftragte[676] als Zustandsverantwortliche in Betracht.[677]

362   Der Anknüpfungspunkt des "Eigentums" (oder anderer dinglicher Rechte) weist im Vergleich zu demjenigen der "tatsächlichen Gewalt" den Vorteil auf, dass sich der Eigentümer (oder andere dinglich Berechtigte) - da sich die Zustandshaftung in der Regel auf *Grundstücke* (Art. 655 ZGB) bezieht - leicht und objektiv anhand des Grundbuchs ermitteln lässt (Art. 656 ZGB).

363   Die Zustandshaftung kann den Eigentümer oder Inhaber jeglicher Sachen (Grundstücke, Anlagen, Betriebe, etc.) treffen und beschränkt sich nicht - im

---

[671]   BGE 107 Ia 19 E. 2a; PERGOLIS, S. 260; TRÜEB, Art. 59 N 25; THÜRER, S. 479. Zur problematischen Anwendung der Unmittelbarkeitstheorie im Zusammenhang mit der Zustandshaftung s. oben N 202 ff.

[672]   BGE 107 Ia 19 E. 2a; 102 Ib 203 E. 3; 91 I 205 E. 3b.

[673]   Dazu oben N 162.

[674]   BGE 101 Ib 410 E. 5c (= Pra. 65 Nr. 197).

[675]   BGer, ZBl 1987 301 E. 1b

[676]   Das Bundesgericht hat sogar ein Bauunternehmen und einen bauleitenden Architekten als Zustandsstörer qualifiziert, weil sie über das Grundstück faktisch verfügten und in der Lage waren, dieses in ordnungsmässigem Zustand zu halten (Urteil des BGer vom 15. Juni 1994 (1A.145/1993 und 155/1993), URP 1994, S. 501 ff. E. 5C).

[677]   BGer, ZBl 1987 301 E. 1b. Vgl. (je m.w.H.) BGE 122 II 65 E. 6; 118 Ib 407 E. 4c, 114 Ib 44 E. 2c/aa, 107 Ia 19 E. 2a.; 101 Ib 410 E. 5c (= Pra. 65 Nr. 197). Für eine Zusammenfassung der Rechtsprechung zum Begriff des Zustandsstörers s. TRÜEB, Art. 59 N 18.

Gegensatz zu Gefährdungshaftungen im Zivilrecht - auf das Eigentum oder die Inhaberschaft von Sachen, von denen erfahrungsgemäss eine besondere Gefährdung (der Umwelt) ausgeht. Gefährdungshaftungen knüpfen hingegen definitionsgemäss immer an gefährliche Vorrichtungen, Zustände oder Tätigkeiten an; so haftet z.B. nur der Inhaber eines Betriebs oder einer Anlage, mit denen eine besondere Gefahr für die Umwelt verbunden ist (Art. 59a USG), der Inhaber einer Schwach- oder Starkstromanlage (Art. 27 EleG)[678] oder einer Rohrleitungsanlage (Art. 31 RLG)[679], einer Eisenbahnunternehmung (Art. 1 EHG)[680], einer Kernanlage (Art. 3 KHG)[681], eines Betriebes oder einer Anlage, in dem Sprengmittel oder pyrotechnische Gegenstände hergestellt, gelagert oder verwendet werden (Art. 27 SSG)[682] oder der Halter eines Motorfahrzeuges (Art. 58 SVG)[683].

Laut herrschender Lehre und Rechtsprechung ist es grundsätzlich unerheblich, *wodurch* der polizeiwidrige Zustand der Sache verursacht worden ist.[684] Die Störung kann durch Dritte, Naturereignisse, höhere Gewalt oder Zufall entstanden sein. Auch bilden - da es sich um eine reine Erfolgshaftung handelt - weder das subjektive Verschulden des Gewaltinhabers noch die Verletzung einer allfälligen Sorgfaltspflicht eine Haftungsvoraussetzung.[685]

364

---

[678] Bundesgesetz vom 24. Juni 1902 betreffend die elektrischen Schwach- und Starkstromanlagen (Elektrizitätsgesetz, EleG), SR 734.0.

[679] Bundesgesetz vom 4. Oktober 1963 über Rohrleitungsanlagen zur Beförderung flüssiger oder gasförmiger Brenn- oder Treibstoffe (Rohrleitungsgesetz, RLG), SR 746.1.

[680] Bundesgesetz vom 28. März 1905 über die Haftpflicht der Eisenbahn- und Dampfschifffahrtsunternehmungen und der Schweizerischen Post, SR 221.112.742.

[681] Kernenergiehaftpflichtgesetz vom 18. März 1983, SR 732.44.

[682] Bundesgesetz vom 25. März 1977 über explosionsgefährliche Stoffe (Sprengstoffgesetz), SR 941.41.

[683] Strassenverkehrsgesetz vom 19. Dezember 1958 (SVG), SR 741.01.

[684] BGE 114 Ib 44 E. 2c/aa; RR AG, ZBl 1996 128 E. 3b; BIANCHI, S. 225; FRIAUF, Zustandshaftung, S. 294; MOIX, N 660; MOOR, Bd. II, S. 109 f.; PELLONI, S. 95; REINHARD, S. 186.

[685] TRÜEB, Art. 59 N 25.

365   Auch bei der Werkeigentümerhaftung nach Art. 58 OR kommt es grundsätzlich nicht auf den *Ursprung* des Mangels an.[686] Der Eigentümer haftet auch dann, wenn der Mangel auf Zufall oder Drittverschulden zurückzuführen ist.[687] Mit anderen Worten ist der Eigentümer auch dann schadensersatzpflichtig, wenn er beweist, dass der Mangel von einem Dritten herbeigeführt wurde und er auch bei pflichtgemässer Sorgfalt ihn weder hätte entdecken noch beseitigen können.[688] So hat das Bundesgericht in einem Fall festgehalten, in dem eine Frau auf einer Treppe verunglückte, deren Geländer ein Dritter entfernt hatte, dass die Haftung gemäss Art. 58 OR rein kausal sei und allein durch die Tatsache begründet werde, dass ein Schaden durch einen Werkmangel verursacht worden sei.[689]

366   Ein Unterschied zwischen der Werkeigentümerhaftung und der Haftung des Zustandsverantwortlichen bezüglich durch Dritte herbeigeführter Mängel bzw. Zustände besteht dennoch. Laut herrschender Lehre haftet ein Werkeigentümer dann nicht, wenn der Werkmangel *vorsätzlich oder absichtlich durch einen Dritten* verursacht worden ist.[690] Es liegt zwar ein Mangel vor, dieser ist aber *fremdbestimmt* und kann somit nicht mehr dem Werkeigentümer angelastet werden. Im Gegensatz dazu wurde die Eigentümerin und Inhaberin eines leck gewordenen Tanks als Zustandsstörer qualifiziert (und folglich als kostenpflichtig), obwohl der polizeiwidrige Zustand durch einen *Sabotageakt* herbeigeführt worden war.[691] Letztgenannte Rechtsprechung widerspricht jedoch der in der herrschenden Lehre vertretenen Ansicht, wonach die

---

[686] WIDMER/WESSNER, S. 286 f.; WERRO, Responsabilité civile, N 563 f.; BGE 69 II 394 E. 3.

[687] OFTINGER/STARK, Haftpflichtrecht II/1, § 19 N 65 ff.; MAURER, S. 74 f.; REY, Haftpflichtrecht, N 1028 f.; WERRO, Responsabilité civile, N 611; BGE 69 II 394 E. 3; a.M.: BREHM (Art. 58 N 59 und 71) unterscheidet, je nach dem, ob es sich um einen *Erstellungsmangel* handelt, bei dem der Eigentümer ungeachtet dessen haftet, ob er den Mangel kannte oder nicht, oder um einen *Unterhaltsmangel*, bei dem die Haftung von der Zumutbarkeit der Feststellung des Mangels und dessen Behebung abhängt. Für eine Kritik solcher Unterscheidungen s. OFTINGER/STARK, Haftpflichtrecht II/1, § 19 N 67.

[688] BGE 69 II 394 E. 3.

[689] BGE 69 II 394 E. 3.

[690] OFTINGER/STARK, Haftpflichtrecht II/1, § 19 N 68a und 96; BREHM, Art. 58 N 107.

[691] BGer, ZBl 1982 541 E. 2b.

Zustandsverantwortlichkeit nicht diejenigen Fälle zu erfassen vermöge, in denen besonders gefährdete Objekte (wie Atomkraftwerke, Flughäfen, Anlagen der chemischen Industrie) durch Dritte angegriffen werden, um die öffentliche Sicherheit und Ordnung zu stören.[692] So argumentieren etwa DREWS/WACKE/VOGEL/MARTENS[693] und REINHARD[694], dass die Gefahr nämlich nicht im Sachzustand als solchem begründet liege, sondern in der Handlung Dritter. Auch das Argument, eine Anlage sei allenfalls ungesichert gewesen und habe somit erst den Angriff durch Dritte ermöglicht, begründe keine Zustandsverantwortlichkeit. Zur Begründung von Pflichten zur *Eigensicherung* bedürfe es vielmehr spezieller gesetzlicher Regelungen.[695]

5.3.2 Innere Rechtfertigung der Zustandshaftung

Der soeben behandelte "normative Anknüpfungspunkt" (d.h. die tatsächliche oder rechtliche Gewalt) der Zustandshaftung darf indessen nicht mit ihrer *inneren Rechtfertigung* verwechselt werden.[696] Bei Letzterer geht es um die Frage, *weshalb* die Person, die den Gefahrenbereich einer Sache rechtlich oder tatsächlich beherrscht bzw. über sie verfügen kann, für deren Zustand haften soll.

367

Obwohl sie öffentlich-rechtlich (abgesehen von Art. 32b[bis] USG) und laut herrschender Lehre keine Haftpflichtrechtsnormen im eigentlichen Sinne sind, setzen sowohl die polizeirechtliche Störerhaftung als die Verursacherhaftungen einen *Zurechnungsgrund* als innere Rechtfertigung der Haftung voraus.[697] Ebenso wie die zivilrechtlichen Haftungen begründen sie nämlich ein Einstehen- bzw. Verantwortenmüssen für einen gesetzlichen Tatbestand und be-

368

---

[692] DREWS/WACKE/VOGEL/MARTENS, S. 319; REINHARD, S. 187 f. Ferner TRÜEB, Art. 59 N 25.

[693] DREWS/WACKE/VOGEL/MARTENS, S. 319.

[694] REINHARD, S. 187 f.

[695] DREWS/WACKE/VOGEL/MARTENS, S. 319; REINHARD, S. 187 f.

[696] So auch FRIAUF, Zustandshaftung, S. 298.

[697] Vgl. BINDER, S. 21.

gründen somit eine Ausnahme zum Grundsatz *casum sentit dominus*.[698] Die Suche nach der inneren Rechtfertigung ist indessen nicht nur aus dogmatischer Sicht interessant, sondern von grösster praktischer Bedeutung. Der Rechtsgrund bietet nämlich die entscheidenden Kriterien für eine sach- und interessengerechte Begrenzung der Haftung, wie auch das Abstellen auf den "Schutzzweck der Norm" (Schutzzwecklehre, auch Rechtswidrigkeitszusammenhang genannt)[699] im zivilrechtlichen Haftpflichtrecht veranschaulicht.[700]

369   In Lehre und Rechtsprechung wird bei der Frage der inneren Rechtfertigung der *Zustandshaftung* nicht zwischen der polizeirechtlichen *Störerhaftung* (Zustandsstörer, Realleistungspflicht) und der *Verursacherhaftung des Zustandsverantwortlichen* (Kostentragungspflicht) unterschieden, weshalb vorliegend auch beide zusammen behandelt werden.

370   Über den tragenden Grund für die Zustandshaftung herrscht keineswegs eine einhellige Meinung. Sogar das Bundesgericht schwankt in seiner Begründung und sieht den Zurechnungsgrund in der *Einwirkungsmöglichkeit*[701] und ebenfalls (bzw. meistens gleichzeitig) in dem *Gedanken der Verbindung von Vorteilen und Lasten*, die mit dem Nutzen der Sache verbunden sind[702]. Diese *zweispurige Begründung* der Zustandshaftung lässt sich wohl durch ihre zwei Formen - die Haftung bei tatsächlicher oder rechtlicher Gewalt - erklären.[703]

371   Der *Anknüpfung an die Einwirkungsmöglichkeit* liegt die Überlegung zugrunde, dass der Gewaltinhaber die gefahrbringende Sache beherrscht oder jedenfalls die Möglichkeit hat, auf die gefahrbringende Sache einzuwirken. Diese Begründung überzeugt in mehrfacher Hinsicht nicht:

---

[698]   BINDER, S. 21. Dazu oben N 22.

[699]   REY, Haftpflichtrecht, N 698; ROBERTO, Haftpflichtrecht, N 65; SCHWENZER, N 19.07 f. Ferner auch BREHM, Art. 41 N 38b; OFTINGER/STARK, II/1, § 16 N 101.

[700]   BINDER, S. 21 f.

[701]   RDAT 1999 I 107 E. 4a; BGE 114 Ib 44 E. 2c/aa; BGer, ZBl 1987 301 E 1b.

[702]   BGer, URP 2000 590 E. 2e/bb; BGE 114 Ib 44 E. 2c/aa; BGer, ZBl 1987 301 E 1b.

[703]   HOLLANDS, S. 43. Auch in der deutschen Lehre werden zur Begründung der Zustandshaftung im Wesentlichen die Einwirkungsmöglichkeit auf die Sache und der Korrelat von Kosten und Nutzen der Sache genannt. Dazu HOLLANDS, S. 43 ff.

Einerseits kann die *Einwirkungsmöglichkeit* nicht die Haftung desjenigen   372
Eigentümers begründen, der die Sache verpachtet oder vermietet und somit
seine Einwirkungsmöglichkeit sowohl rechtlich als auch tatsächlich eingeschränkt hat. Es kann vorliegend eine Parallele zur inneren Rechtfertigung
von Art. 679/684 ZGB gezogen werden. Bei der Haftung des Grundeigentü-
mers bildet die *Haftung für die Überschreitung* der aus dem Eigentum flies-
senden Rechte das Gegenstück zur Herrschaft über das Grundstück.[704] KEL-
LER formuliert es wie folgt: "Aus der entsprechenden Verfügungsgewalt bzw.
Gewaltausübung fliesst die Verantwortlichkeit für alle Überschreitungen"[705].
Anknüpfungspunkt der Haftung aus Art. 679/684 ZGB ist dementsprechend
nicht etwa das formale Kriterium des Eigentums als solches, sondern allein
die *tatsächliche Gewalt*.[706]

Andererseits vermag die Tatsache als solche, dass eine Person zur Beseiti-   373
gung einer Gefahr in der Lage ist, nicht zu *rechtfertigen*, dass diese auch zur
Beseitigung verpflichtet wird (Realleistungspflicht).[707] Es kann nämlich nicht
der Polizei gestattet werden, eine zufällig daher kommende Person mit der
Begründung, sie sei zur Beseitigung der Gefahr in der Lage, zu entsprechenden Massnahmen heranzuziehen.[708] Die Polizei darf zwar unter allen Verantwortlichen den Fähigsten zur Gefahrenbeseitigung heranziehen, umgekehrt
kann sie aber nicht den Fähigsten zum Verantwortlichen machen.[709] Dies veranschaulicht auch die polizeirechtliche Figur des Nichtstörers, der zwar in der
Lage sein kann, eine Gefahr abzuwenden, dennoch nicht bzw. nicht entschädigungslos dazu aufgefordert werden kann. Die Frage nach der Erfüllbarkeit
polizeirechtlicher Pflichten setzt deshalb notwendigerweise die gedankliche
Feststellung voraus, dass eine solche Pflicht überhaupt besteht. Dies bedeutet
wiederum, dass man dem Störerprinzip einen materiellen Inhalt beimessen

---

[704] LIVER, S. 221; REY, Haftpflichtrecht, N 1096.
[705] KELLER A., S. 216.
[706] BGE 104 II 15 E. 2a; WERRO, Responsabilité civile, N 655.
[707] Vgl. FRIAUF, Zustandshaftung, S. 298.
[708] BINDER, S. 28 und insbesondere Fn. 122.
[709] HOLLANDS, S. 46.

müsste (sog. materielle Polizeipflicht).[710] Solange aber weder das Bestehen noch der Umfang dieser materiellen Polizeipflicht feststehen, wird eine schlüssige Begründung und Begrenzung der Zustandshaftung ausbleiben.[711] Diese Überlegungen gelten umso mehr für die *Verursacherhaftungen*, als es dort nicht mehr um die Beseitigung einer Störung oder Gefahr (und der dazu notwendigen Einwirkungsmöglichkeit) geht, sondern allein um die *Kostentragungspflicht*.

374 In der Lehre wird indessen die *innere Rechtfertigung* der Zustandshaftung - wie auch bei der Werkeigentümerhaftung (Art. 58 OR) -[712] ebenfalls damit begründet, dass ein Gewaltinhaber die *Vorteile* seiner Sachen geniesst und deshalb auch die mit ihr verbundenen (finanziellen) *Nachteile* tragen muss.[713] Diese Begründung wirft aber einerseits die Frage auf, warum nicht allein der Eigentümer zu belangen ist, sondern auch vorübergehende oder uneigennützige Gewaltinhaber, welche nur begrenzt Vorteile aus der Sache ziehen.[714] Andererseits ist mit der Sozialpflichtigkeit des Eigentums noch nicht gesagt, welche "Nachteile" von dem Pflichtigen noch bzw. überhaupt zu tragen sind.[715]

375 Zusammenfassend kann einerseits bemerkt werden, dass diese *doppelte Haftungsbegründung* dogmatisch nicht überzeugt. Sie ist allein deshalb notwendig, um beide Formen der Zustandshaftung rechtfertigen zu können. Wo die eine Begründung versagt, gelangt die andere zur Anwendung.[716] Andererseits vermögen weder die Begründung der Einwirkungsmöglichkeit noch diejenige des Korrelats von Kosten und Nutzen der Zustandshaftung einen *wah-*

---

[710] REINHARD, S. 176 m.w.H.; PIETZCKER (S. 459) und GANTNER (S. 9 f.) vertreten die gl.M. im Hinblick auf das deutsche Recht. In diesem Sinne offenbar auch BGE 122 II 65 E. 6a.

[711] Vgl. BINDER, S. 25 ff.

[712] Statt Vieler REY, Haftpflichtrecht, N 1024.

[713] BGE 114 Ib 44 E. 2 c/aa; PELLONI, S. 97; SEILER, Art. 2 N 70; STEINER P., S. 115.

[714] SEILER, Art. 2 N 70.

[715] BINDER, S. 26.

[716] HOLLANDS, S. 44.

ren Inhalt beizumessen. Folglich können diese zwei Begründungen auch nicht zur Begrenzung der Zustandshaftung dienen.

5.3.3 Begrenzung der Zustandshaftung

a)   Vorbemerkung

Es konnte bezüglich der inneren Rechtfertigung der Zustandshaftung festge-   376
stellt werden, dass diese es nicht ermöglicht, die Grenzen der Zustandshaftung aufzuzeigen. Vorliegend soll folglich die Frage nach einer möglichen Begren-zung der Zustandshaftung weiterverfolgt werden.

Im Schweizer Schrifttum - wie auch in der deutschen Lehre - haben sich die   377
Stimmen derjenigen gemehrt, die eine unbegrenzte Inanspruchnahme des Zu-standsverantwortlichen ablehnen. Während ein Teil der Lehre die Zustands-haftung des *Störers* (bzw. die Realleistungspflicht) grundsätzlich begrenzen will,[717] verlangt ein anderer Teil der Lehre nur, dass die Zustandshaftung des *Verursachers* (bzw. die Kostentragungspflicht) eingeschränkt wird.[718]

Im Folgenden soll ausschliesslich die Frage nach der Begrenzung der *Verur-*   378
sacherhaftung des Zustandsverantwortlichen behandelt werden, auch wenn ein Überdenken der Grundlagen der *polizeirechtlichen Verantwortlichkeit* (Störerhaftung) bzw. deren Reduktion grundsätzlich wünschenswert ist.

Wie bereits mehrmals betont, lässt sich die Kostentragungspflicht (Verursa-   379
cherprinzip) von ihrer Natur her gerechter als die Realleistungspflicht (Stö-rerprinzip) verteilen bzw. *begrenzen*. Einerseits entfällt bei der Kostenfrage das bei der Gefahrenabwehr erforderliche schnelle und effektive Handeln und andererseits lassen sich die Kosten leicht teilen, während die kollektive Ver-

---

[717]   THÜRER, S. 480. Für das deutsche Recht: BINDER, S. 78 ff.; FRIAUF, Verwaltungsrecht, S. 157 ff. N 91 ff.; PAPIER, S 48 ff.; PIETZCKER, S.462 f. Es wird in der deutschen Lehre insbesondere vorgebracht, dass eine unbegrenzte Inanspruchnahme des Zustandsstörers mit Art. 14 Abs. 2 GG nicht vereinbar sei und somit verfassungswidrig (dazu FRIAUF, Zu-standshaftung, S. 299 ff.).

[718]   FRICK, S. 61.

pflichtung mehrerer Störer zur gemeinsamen Gefahrenabwehr des Öfteren unrealistisch sein dürfte. Das Polizeirecht kennt zudem nur die alternative Bejahung oder Verneinung der Störereigenschaft, während das Verursacherprinzip eine Begrenzung der Verantwortlichkeit der Höhe nach erlaubt. Dies veranschaulicht das Beispiel des Altlastenrechts, wo in der Regel allein der Zustandsstörer zur Sanierung (Realleistungspflicht) einer Altlast verpflichtet werden wird, die Kosten derselben dann aber mittels einer Kostenverteilungsverfügung zwischen allen Verursachern verteilt werden können und der Zustandsstörer gegebenenfalls sogar gänzlich von der Kostentragungspflicht befreit werden muss (Art. 32d Abs. 2 USG).[719]

b) Begrenzung in der Bundesrechtsprechung

380 Die Einsicht, dass eine unbegrenzte Haftung des Zustandsverantwortlichen unter Umständen nicht zu rechtfertigen ist, hat das Bundesgericht schon relativ früh erlangt.[720] Dennoch soll nach bundesgerichtlicher Meinung die Kos-

---

[719] Dazu unten N 386 ff.

[720] BGE 101 Ib 410 (= Pra. 65 Nr. 197). Es ging um den Fall eines zu einem Einfamilienhaus gehörenden Tanks, dessen äusseres Einfüllrohr ausser Gebrauch gesetzt wurde. Ohne jedoch entfernt oder verschlossen worden zu sein, wurde das Einfüllrohr durch ein sich an einem im Inneren befindenden Mundstück ersetzt. Bei einem späteren Füllen des Tanks goss ein Öllieferer das Öl in das falsche Einfüllrohr, so dass eine beträchtliche Menge davon ausfloss und z.T. im Boden versickerte. Die Kosten der Schutzmassnahmen wurden vollumfänglich dem Mieter überbunden. Das Bundesgericht erachtete es indessen als zweifelhaft, aus einer tatsächlichen Verfügungsmacht und gewissen Verwaltungskompetenzen eine Verantwortlichkeit für die finanziellen Folgen des defekten Zustands des Tanks ableiten zu wollen. Der Mieter könne als Zustandsstörer lediglich neben dem Eigentümer verantwortlich gemacht werden. Bei Beteiligung mehrerer Störer dürfe die Behörde den Verursacher, den sie mit Kosten belasten wolle, nicht willkürlich auswählen. Vielmehr müsse die Behörde nach pflichtgemässem Ermessen vorgehen und nach Möglichkeit die allgemeinen Grundsätze des Haftungsrechts beachten. Die Regeln von Art. 50 Abs. 3 und 51 Abs. 2 OR könnten bei der Verlegung der Kosten analog angewandt werden. Dementsprechend sei in erster Linie die Gesellschaft, welche den Öltank revidiert habe, für das Schadensereignis verantwortlich. Da die kantonalen Behörden diesen Verhaltensstörer nicht belangt, sondern sich ausschliesslich an den Mieter (d.h. den Beschwerdeführer) gehalten hätten, hätten sie das ihr zustehende Ermessen missbraucht. Das Bundesgericht hob deshalb den angefochtenen Entscheid auf. Dabei hielt es zudem fest, dass die kantonalen Behörden zu prüfen hätten, ob es sich rechtfertigen würde, ausser der Gesellschaft, welche den Öltank revidiert habe, auch dem Öllieferer einen (kleineren) Teil der Kosten zu über-

tentragungspflicht des Zustandsverantwortlichen nur in Härtefällen aus *Billig-keitserwägungen* reduziert werden können bzw. ganz dahinfallen.[721]

In der soeben zitierten Rechtsprechung (BGer, ZBl 1987 301 E. 3) ging es um   381
den Fall eines leeren Tanklastwagens, der durch einen schweren Felsbrocken
getroffen wurde und daraufhin in ein Flussbett fuhr. Wegen des aus dem Mo-
tor auslaufenden Öls errichtete die Ölwehr eine Ölsperre. Das kantonale Amt
für Gewässerschutz überwälzte die Kosten der Ölabwehrmassnahme auf den
Fahrzeughalter. Die Eigenschaft des Halters als Verhaltensstörer wurde abgelehnt, weil die Störung von einem auf das Fahrzeug stürzenden Felsblock verursacht wurde und nicht auf ein polizeiwidriges Verhalten des Halters zurückzuführen sei. Hingegen qualifizierte das Bundesgericht den Fahrzeughalter als
Zustandsstörer. Obwohl das Bundesgericht die deutsche Lehre erwähnt, welche eine Begrenzung der Zustandshaftung verlangt, lehnt es diese dennoch
implizit dadurch ab, dass es an der in der Schweizer Lehre herrschenden Meinung festhält, wonach es bedeutungslos sei, wodurch der polizeiwidrige Zustand verursacht worden sei. Das Bundesgericht hat dennoch den Fahrzeughalter von der Kostenersatzpflicht mit dem Argument befreit, der Felsblock
sei als Hauptursache für den Unfall zu betrachten und der Kanton habe für
dessen Sturz einzustehen, da er als Strasseneigentümer nicht die notwendigen
Vorkehrungen getroffen habe, um einen solchen Sturz auf die Strasse zu verhindern. Die Befreiung von der Kostenpflicht erfolgte zudem mit dem Hinweis darauf, dass der leere Tanklastwagen keine grössere Gefahr als jene ir-
gendeines Motorfahrzeuges in sich geborgen und der Halter selbst einen erheblichen Schaden erlitten habe.

In einem späteren, unveröffentlichten Urteil vom 17. September 1987 hat das   382
Bundesgericht unter Verweis auf den obigen Tanklastwagen-Fall wiederum
festgehalten, dass eine Einschränkung der Verantwortlichkeit grundsätzlich
vorgenommen werden könne. Hingegen wurde offen gelassen, ob die Ein-

---

bürden, sollte sich herausstellen, dass es nicht genüge, gegen den oder die Verhaltensstörer
vorzugehen.
[721]   BGer, ZBl 1987 301 E. 3.

schränkung über eine Beschränkung der Haftung als solche erfolgen soll oder ob es genügt, "der Ursache der polizeiwidrigen Situation bei der nachträglichen Regelung der Kostenfrage Rechnung zu tragen".[722]

383   Die Frage, wie die Einschränkung der Zustandshaftung zu erfolgen habe, hat das Bundesgericht in seinem Urteil vom 15 Juni 1994 beantwortet. Es hielt fest, dass den Härtefällen, zu denen es bei der Zustandshaftung kommen könne, bei der Festlegung des *Umfangs der Kostenüberwälzung* Rechnung zu tragen sei.[723]

384   Es ging im letztgenannten Urteil um einen Fall, in dem ein Bauunternehmer und ein bauleitender Architekt als Zustandsstörer bezeichnet wurden, weil sie aufgrund ihrer vertraglichen Vereinbarungen mit dem Grundeigentümer die tatsächliche Gewalt über das Baugrundsstück hatten. Dieser Entscheid ist insofern paradox, als das Bundesgericht einerseits den Kreis der Zustandsstörer unnötig erweitert und andererseits gleichzeitig bemerkt, dass die Zustandshaftung - da sie allein auf objektive Tatsachen abstellt - zu Härtefällen führen kann. Diese zwei Aspekte sind indessen eng miteinander verknüpft. Je grösser der Kreis derjenigen gezogen wird, die als Zustandsstörer qualifiziert werden, desto dringender stellt sich die Frage nach der *inneren Rechtfertigung* der Zustandshaftung. Es kann wohl kaum ernsthaft behauptet werden, dass Architekten und Bauherren die Vorteile des Grundstücks, auf das sich ihre Arbeit bezieht, geniessen und deshalb auch die mit diesem verbundenen Nachteile tragen müssen. Es ist somit unbillig, wegen ihrer kurzfristigen Verfügungsgewalt Bauunternehmer oder Architekten als Zustandsstörer qualifizieren und somit haftbar machen zu wollen.[724]

385   Die Rechtsprechung vom Bundesgericht vermag zwar im Ergebnis teilweise zu überzeugen, doch beschränkt sie sich auf *fallbezogene Begrenzungen* der

---

[722]   Urteil vom 17. September 1987 i.S., Meyer & Co./ Basel-Landschaft, E. 2e aa.

[723]   BGer, URP 1994, S. 501 E. 5c.

[724]   Gl. M. PERGOLIS, S. 262. Eine andere Frage ist natürlich, ob sie eventuell als Verhaltensstörer zur Verantwortung gezogen werden können.

Haftung und bietet dementsprechend wenig Rechtssicherheit. Diese auf Billigkeitserwägungen beruhenden "Korrekturen" erfolgen zudem ausschliesslich auf der *Rechtsfolgenseite*; die prinzipielle Verantwortlichkeit des Zustandsverantwortlichen bleibt indessen grundsätzlich bestehen. Eine rechtsstaatliche kohärente Zurechnung bzw. Beschränkung der Verantwortlichkeit lässt diese Rechtsprechung folglich vermissen.

c)   Begrenzung in der Umweltgesetzgebung

Auch in die *Bundesgesetzgebung* hat seit dieser Rechtsprechung eine für das *Altlastenrecht* spezifische Begrenzung der Zustandshaftung Einzug erhalten. Laut (revidiertem) Art. 32d Abs. 2 USG ist der Inhaber (d.h. der Zustandsverantwortliche) von den Kosten für notwendige Massnahmen zur Untersuchung, Überwachung und Sanierung belasteter Standorte befreit, "wenn er bei Anwendung der gebotenen Sorgfalt von der Belastung keine Kenntnis haben konnte".[725] Bereits der Art. 32d Abs. 2 aUSG kannte eine ähnliche Regelung, doch grenzt die neue Fassung von Art. 32d Abs. 2 USG die Zustandsverantwortlichkeit weiter ein und kommt somit dem berechtigterweise unwissenden Inhaber entgegen, konnte sich dieser doch unter dem alten Recht von seiner Kostentragungspflicht nur unter den zusätzlichen zwei Bedingungen entledigen, dass "die Belastung ihm keinen Vorteil verschaffte" und "ihm aus der Sanierung kein Vorteil erwächst".[726]

386

Sosehr diese für das Altlastenrecht spezifische Begrenzung der Zustandshaftung aus Gerechtigkeitsüberlegungen heraus auch zu begrüssen sein mag, dogmatisch ist sie dennoch kaum begründbar. Sie knüpft nämlich weder an die Sachherrschaft noch an den Hergang der Verursachung an. Anstatt darauf abzustellen, ob die Belastung in einem Zusammenhang mit der Zweckzuweisung bzw. der Benutzungsart des Grundstücks steht und somit bei der Haftung an das Grundstück und den damit verbundenen Risiken anzuknüpfen, wird auf ein externes, subjektives Kriterium (die Unkenntnis des Inhabers)

387

---

[725]   Seit dem 1. November 2006 in Kraft. Dazu STUTZ, Altlastenrecht, S. 343 f.
[726]   Zum alten Recht s. TSCHANNEN, Art. 32d N 26 ff.

abgestellt, das mit einer Gewalthaberhaftung wohl kaum vereinbar sein dürfte.[727]

388   Diese dogmatische Unzulänglichkeit hat auch zur Folge, dass sich aus der Begrenzung von Art. 32d Abs. 2 USG kein Kriterium gewinnen lässt, anhand dessen sich allgemein und bei allen Verursacherhaftungen die Zustandshaftung beschränken liesse. Diese Begrenzung greift nämlich in der Regel nur dann, wenn die Belastung vor dem Erwerb durch den Inhaber bzw. vor der Erlangung der Gewalt über das Grundstück stattgefunden hat.[728] Sie ist somit spezifisch auf eine Altlastenproblematik zugeschnitten. Zwar kann es theoretisch auch bei Art. 54 GSchG und 59 USG vorkommen, dass die Ursache der Gefahr (z.B. eine umweltbelastende Tätigkeit) vor dem Erwerb durch den jetzigen Inhaber gesetzt wurde, doch dürften die meisten Fallkonstellationen dergestalt sein, dass Ursache und Wirkung zeitgleich sind (z.B. durch einen Unfall) und es folglich keinen Inhaberwechsel zwischen Ursache (z.B. Belastung) und Wirkung (z.B. Eintritt der Gefahr) gegeben hat.

---

[727] In diesem Zusammenhang sei auch erwähnt, dass im deutschen Recht der Versuch gescheitert ist, eine ähnliche Regelung im Bundes-Bodenschutzgesetz einzuführen, wonach ein Grundstückeigentümer und der Inhaber der tatsächlichen Gewalt von der Pflicht zur Tragung der Sanierungskosten hätten befreit werden sollen, wenn diese den Verkehrswert des Grundstücks übersteigen und sie beim Erwerb des Eigentums bzw. der tatsächlichen Gewalt weder das Vorhandensein der schädlichen Bodenveränderung oder Altlast noch die sie begründenden Umstände kannte oder kennen musste (DUESMANN, S. 79 f.). Nichtsdestoweniger beinhaltet das Bundes-Bodenschutzgesetz eine indirekte Begrenzung der Zustandshaftung. Gemäss § 24 Abs. 2 BodSchG ist nämlich diejenige Person, die wegen ihres Eigentums am Grundstück oder ihrer tatsächlichen Herrschaft über das Grundstück allein sanierungspflichtig war, zur Entstehung der schädlichen Bodenverunreinigung oder Altlast aber selbst nicht beigetragen hat, immer im *Innenverhältnis* zwischen den Verantwortlichen von sämtlichen Kosten freizustellen (DUESMANN, S. 188 f.).

[728] Folgt man dem Wortlaut von Art. 32d Abs. 2 USG, so kann sich theoretisch die Anwendung der gebotenen Sorgfalt auch auf andere Tatbestände als den "Erwerb" beziehen, wie z.B. die Nutzungsüberlassung (z.B. mittels eines Mietvertrags) vom Eigentümer an einen Dritten (LEHMANN, S. 10 f.; SCHERRER, S. 142). Für ein Beispiel aus der Praxis des Bundesgerichts, in dem die Sorgfalt des Eigentümers im Hinblick auf den Schadenseintritt geprüft wurde, s. BGE vom 14. Dezember 2006 (1A.250/2005/1A.252/2005/1P.602/2005) E. 6.3.

Die bundesgerichtliche Rechtsprechung liefert ein perfektes Beispiel dafür, 389
wie sehr das Kriterium der "Kenntnis der Belastung" insbesondere in den Fällen dogmatisch nicht überzeugt, in denen die Belastung nicht vor dem Erwerb
durch den Inhaber eintritt, sondern während seiner Inhaberschaft.[729] Im Zuge
von Bauarbeiten verletzte eine Baufirma die Schutzhülle einer Ölleitung. Da
die Ölleitung korrosionsbedingt ein Leck aufwies und die Schutzhülle ihrer
Funktion nicht mehr gerecht werden konnte, kam es zu einer Ölverschmut-
zung des Grundstücks. Das Bundesgericht weigerte sich, dem Eigentümer -
dem kein Unterhaltsmangel vorgeworfen werden konnte und somit nur Zustandsverantwortlicher war - gestützt auf Art. 32d Abs. 2 aUSG von der Kostentragung zu befreien. Als Argument führte das Bundesgericht an, der Eigentümer hätte die Existenz der Ölleitung und deren Verlauf gekannt bzw. kennen müssen. Zudem hätte der Eigentümer laut dem Bundesgericht auch das
auslaufende Öl bzw. die Verschmutzung erkennen müssen. Es waren während
16 Tagen 1750 Liter Öl ausgelaufen. Das Bundesgericht wendet hier das Kriterium der "Kenntnis" an, obwohl es für solche Fälle nicht geeignet ist. Einerseits widerspricht es dem Gesetzestext, wenn das Bundesgericht die "Kenntnis" auf die Existenz und den Verlauf der Ölleitung angewandt wissen will.
Art. 32d Abs. 2 aUSG spricht nämlich explizit nur von der Kenntnis der *Belastung*. Auch das zweite, nachgeschobene Argument, wonach der Eigentümer das Auslaufen des Öls hätte bemerken müssen, vermag nicht zu überzeugen. Einerseits wird sich ein Eigentümer mit einer solchen Auslegung von
Art. 32d Abs.2 aUSG (und folglich von Art. 32d Abs. 2 USG) wohl nie befreien können, da er einen eingetretenen Schaden auf kurz oder lang erkennen
wird bzw. muss. Dies führt zum paradoxen Resultat, dass ein "Opfer" mit der
Kenntnis seines Schadens zum Verantwortlichen wird. Andererseits konstruiert das Bundesgericht eine Handlungspflicht (die tägliche Kontrolle einer
Ölleitung) bzw. eine *Unterlassungshaftung*, die auf keiner gesetzlichen
Grundlage beruht. Was zudem die *Kausalität* anbelangt, so hätte die Kenntnis
des Lecks im vorliegenden Fall den Schaden auch nicht verhindern können,

---

[729] BGE vom 14. Dezember 2006 (1A.250/2005/1A.252/2005/1P.602/2005) E. 6.3.

sondern allenfalls mindern. Diese Rechtsprechung zeigt, wie sehr die Kenntnis des Eigentümers im Zusammenhang mit einer Gewalthaberhaftung keinen Sinn macht. Eine dogmatisch vertretbare Begründung der Haftung des Eigentümers wäre vorliegend gewesen, dass ein wegen einer undichten Ölleitung eingetretener Schaden (noch) in die *Risikosphäre* eines Eigentümers fällt. Mit der Kenntnis bzw. dem Kennenmüssen hat dies wenig zu tun. Dass in Wahrheit eine ähnliche Überlegung auch das Bundesgericht bei seiner Entscheidfassung geleitet hat, zeigt der seinem Argumentarium als Rechtfertigung hinzugefügte Satz: "Du moins, le risque d'une lésion de la conduite et d'une pollution subséquente au mazout eût dû lui apparaître suffisamment sérieux et concret pour qu'elle [ne] puisse prétendre être mise au bénéfice de la disposition précitée [d.h. Art. 32d Abs. 2 aUSG]"[730].

390   Auch die mit der Revision des USG vom 16. Dezember 2005 eingeführten Regelungen bezüglich Ausfall- (Art. 32d Abs. 3 USG) und Untersuchungskosten bei Altlastenverdacht (Art. 32d Abs. 5 USG) haben indirekt zu einer Begrenzung der Zustandsverantwortlichkeit im Altlastenrecht geführt. Zwar begrenzen diese zwei Normen nicht ausschliesslich die *Zustands*verantwortlichkeit - sondern erfassen grundsätzlich auch die *Verhaltens*verantwortlichkeit -, doch kommen sie vor allem dem Zustandsverantwortlichen zugute.

391   Laut Art. 32d Abs. 3 USG trägt nun das Gemeinwesen den Kostenanteil derjenigen Verursacher, die nicht ermittelt werden können oder zahlungsunfähig sind. Vor der Revision des USG vom 16. Dezember 2005 herrschte bezüglich der Tragung der Ausfallkosten zwar Uneinigkeit in der Lehre,[731] doch wurden diese Kosten meistens dem Zustandsverantwortlichen aufgebürdet, entweder, weil er der Realleistungspflichtige oder ausser ihm kein anderer Verursacher greifbar war.[732]

---

[730] BGE vom 14. Dezember 2006 (1A.250/2005/1A.252/2005/1P.602/2005) E. 6.3.
[731] Für eine Übersicht über die verschiedenen Lehrmeinungen s. CUMMINS, S. 160 f; SCHERRER, S. 150 ff.
[732] Dazu unten N 725 ff.

Auch Art. 32d Abs. 5 USG, wonach das Gemeinwesen die Kosten von   392
Untersuchungen trägt bzw. dem Realleistungspflichtigen rückerstattet, wenn
diese ergeben, dass der Standort gar nicht belastet ist, wird faktisch nur den
Zustandsverantwortlichen entlasten. Zur Vornahme von Voruntersuchungen
(Realleistungspflicht) können zwar theoretisch auch Verhaltensverantwortliche verpflichtet werden (Art. 20 Abs. 2 AltlV),[733] doch ist es in der Praxis fast
ausschliesslich der Standortinhaber, der zur Durchführung der Voruntersuchungen angehalten wird.[734] Vor der Revision des USG vom 16. Dezember
2005 war die Rechtslage die, dass der Realleistungspflichtige (d.h. grundsätzlich der Standortinhaber) die Kosten vollumfänglich selbst tragen musste,
wenn sich bei der Voruntersuchung herausstellte, dass keine Altlast bestand.[735]

Diese neue Regelung ist m.E. gerecht und im Hinblick auf das Polizeirecht   393
dogmatisch richtig. Bei den Voruntersuchungen (Art. 7 AltlV) handelt es sich
lediglich um eine *Tatsachenfeststellung*. Im Stadium der Voruntersuchung
liegt allein ein Gefahrenverdacht vor, welchen es abzuklären gilt. Solche
Massnahmen sind somit nicht von der polizeilichen Generalklausel bzw. vom
Störerprinzip gedeckt und brauchen deshalb eine spezielle gesetzliche Grundlage, um auf bestimmte Personen überbunden werden zu können (z.B. Art. 20
AltlV).[736] Da die Realleistungspflicht sich nicht nach dem Störerprinzip richtet, ist es folgerichtig, ebenfalls bei der Kostenverteilung auf eine Anknüpfung an eine möglicherweise nicht existierende Störereigenschaft zu verzich-
ten. In Anbetracht der allgemeinen Verfahrensregel, wonach grundsätzlich die
unterliegende Partei die Verfahrenskosten zu tragen hat, ist es ebenfalls zu
begrüssen, dass ein Bürger, sollten die Voruntersuchen zeigen, dass der Bo-

---

[733] Bericht vom 20. August 2002, S. 5017 f.; SCHERRER, S. 40; STUTZ, Kostentragung, S. 771.

[734] So will es auch das Bundesgericht, welches in BGE 130 II 321 E.2 festhält, dass ein Dritter
nur ausnahmsweise zur Durchführung von Untersuchungs- und Überwachungsmassnahmen verpflichtet werden kann bzw. nur dann, wenn ein ausreichend klarer oder eindeutiger
Zusammenhang zwischen dem Verhalten der Drittperson und der Belastung des Standorts
besteht.

[735] STUTZ, Kostentragung, S. 771.

[736] REINHARD, S. 110 ff und 119; TSCHANNEN, Art. 32c N 25.

den nicht belastet und die Eintragung im Kataster nicht gerechtfertigt war bzw. gewesen wäre, nicht die damit verbundenen Kosten tragen muss. Auch wenn die Eintragung im Kataster der belasteten Standorte als solche keine (anfechtbare) Verfügung darstellt,[737] begründet dieser Eintrag dennoch den Anfang eines Altlasten*verfahrens*.[738]

d) Begrenzung in der Lehre

394 Bereits vor der Revision des USG vom 21. Dezember 1995 (bzw. der Einführung von Art. 32d USG) äusserten DUBS und PELLONI im Hinblick auf das Institut des *unmittelbaren Vollzugs* (die sogenannte antizipierte Ersatzvornahme) Bedenken, ob überhaupt ein Zustandsstörer zur *Kostentragung* herangezogen werden soll.[739]

395 DUBS verlangte im Hinblick auf das Altlastenrecht, dass auf die Sonderstellung eines wirklich ahnungslosen Zustandsstörers bei der Kostenverteilung Rücksicht genommen bzw. der Zustandsstörer unter gewissen Umständen von der Kostenpflicht gänzlich befreit werden sollte. DUBS hielt gleichzeitig aber auch fest, dass ein Zustandsstörer dann die Sanierungskosten tragen müsse, wenn dieser eine Parzelle in Kenntnis ihrer früheren Nutzung erworben habe.

396 PELLONI erachtete seinerseits eine Kostentragung durch den Zustandsstörer hauptsächlich in denjenigen Fällen als besonders problematisch, in denen der Zustandsstörer als *Opfer* eines Dritten erscheint, sei es, weil eine Altlast beim Erwerb unbekannt oder ein Unfall nicht der Risikosphäre des Zustandsstörers zuzurechnen war.

397 Während zur Begrenzung der Haftung des Zustandsstörers im Altlastenrecht DUBS auf die zuständigen Behörden und ihren erheblichen Ermessensspielraum bei der Bestimmung der Kostenanteile vertraute,[740] schlug PELLONI als

---

[737] BAUMANN, S. 742 ff.; ROMY, S. 151; SCHERRER, S. 58.

[738] BAUMANN, S. 749.

[739] DUBS, S. 293; PELLONI, S. 104 ff.

[740] DUBS, S. 293.

Lösungsansatz für alle Verursacherhaftungen die Errichtung eines speziellen öffentlich-rechtlichen Umweltfonds vor.[741]

In der neueren Lehre schlägt FRICK im Hinblick auf alle Verursacherhaftun-gen vor, die Verursachereigenschaft eines Grundstück*inhabers* immer dann zu verneinen, wenn die Ursache für die Umweltgefährdung nicht seiner *Risi-kosphäre* entstammt.[742] Als Beispiel übernimmt er den aus der deutschen Rechtsprechung stammenden Fall eines Tanklastwagens, aus dem nach einem Unfall Öl auf ein angrenzendes Grundstück fliesst, wodurch eine Verschmut-zung des Grundwassers droht.[743] FRICK qualifiziert zwar den Inhaber des Grundstücks als Zustandsstörer, wodurch diesem *Realleistungspflichten* er-wachsen, doch verneint er gleichzeitig dessen Verursachereigenschaft (und somit dessen Kostentragungspflicht). FRICK begründet seine Lösung mit dem Hinweis darauf, der unbeteiligte Inhaber habe keine Ursache für die Umwelt-gefährdung gesetzt und die Tatsache allein, dass er Inhaber eines Grundstück-es sei, genüge zur Haftungsbegründung nicht, sofern der Unfall keinen Bezug zur privatnützigen Verwendung des Grundstücks aufweise.[744] FRICK knüpft somit an die in der deutschen *Polizeirechtslehre* von FRIAUF[745] und PIETZ-CKER[746] vorgeschlagenen Lösungsansätze an, wonach die Haftung des Zu-standsverantwortlichen grundsätzlich nur dann gerechtfertigt ist, wenn die abzuwendende Gefahr in irgendeiner Beziehung zu der dem Verantwortlichen zukommenden Sachherrschaft steht. Laut FRIAUF sind somit Gefahren, die sich zwar auf einem Grundstück realisieren, deren Ursachen aber in die Risi-kosphäre der Allgemeinheit fallen, von der Allgemeinheit zu tragen.[747]

398

---

[741] PELLONI, S. 108.

[742] FRICK, S. 63.

[743] S. Nachweis bei FRIAUF, Zustandshaftung, S. 295 f.

[744] FRICK, S. 63.

[745] FRIAUF, Zustandshaftung, S. 300 ff.

[746] PIETZCKER, S. 462 f.

[747] FRIAUF, Zustandshaftung, S. 303. FRIAUFS Meinung ist auf Kritik gestossen. Insbesondere DREWS/WACKE/VOGEL/MARTENS (S. 320 f.) und BINDER (S. 68 f.) erachten die Begren-zung nach der Risikosphäre als problematisch.

399   Eine Begrenzung nach Risikosphären ist dennoch nicht ganz unproblematisch. So bemängeln insbesondere DREWS/WACKE/VOGEL/MARTENS[748] und BINDER[749], dass es keine Kriterien gibt, welche hinreichend verlässlich sind, um die Gefahren, welche der Allgemeinheit zuzurechnen sind, von denjenigen zu unterscheiden, die vom Einzelnen zu tragen sind. DREWS/WACKE/VOGEL/MARTENS schlagen deshalb vor, auftretende Unbilligkeiten nicht durch eine teleologische Reduktion des gesetzlichen Tatbestandes der Zustandshaftung zu korrigieren, sondern auf der Rechtsfolgenseite im Rahmen der behördlichen Ermessensentscheidung.[750]

400   TRÜEB verlangt im Hinblick auf Art. 59 USG, dass - da aus diesem Artikel keine *Begrenzung der Zustandshaftung* zu entnehmen ist - eine Haftungsbegrenzung auf dem Wege *richterlicher Lückenfüllung* eingeführt wird.[751] TRÜEB plädiert insbesondere dafür, dass eine sachgerechte Begrenzung der Zustandshaftung anhand eines Rückgriffs auf Zurechnungskriterien erzielt werden solle, die im *privaten Haftpflichtrecht* gelten. Dementsprechend schlägt TRÜEB vor, die Verantwortung entweder an eine Willensbetätigung, an die Herrschaft über mangelhafte Sachen oder an die Ausübung schadensgeeigneter Tätigkeiten anzuknüpfen[752]. So sollten Schäden bzw. Interventionskosten von denjenigen Personen zu tragen sein, die für eine Einwirkung verantwortlich sind. TRÜEBs Überlegungen bezüglich der Begrenzung der Zustandshaftung lassen sich ohne weiteres auch auf Art. 54 GSchG übertragen.

401   Der von TRÜEB vorgeschlagene Lösungsansatz ist im Resultat zwar zu begrüssen, doch scheint der vorgeschlagene Weg unpraktikabel. Der Rückgriff auf die zivilrechtlichen Haftungsgründe wäre nämlich keine teleologische Reduktion, sondern würde schlicht eine Interpretation *contra legem* darstellen. Alle Verursacherhaftungen beziehen sich mehr oder weniger explizit

---

[748]   DREWS/ WACKE/VOGEL/MARTENS, S. 320 f.
[749]   BINDER, S. 68 f.
[750]   DREWS/WACKE/VOGEL/MARTENS, S. 321.
[751]   TRÜEB, Art. 59 N 28.
[752]   TRÜEB, Art. 59 N 28.

auf das Polizeirecht, welches keine der im Zivilrecht gängigen haftungsbegründenden Tatbestände kennt. Hält man sich zudem die sehr spärliche Formulierung aller Verursacherhaftungen vor Augen, so bemerkt man, dass schon sehr bzw. zu viel in diese Normen "reingelesen" bzw. hineininterpretiert wurde. Hier wäre deswegen eine Gesetzesrevision und nicht eine Interpretation *contra legem* gefragt.[753]

Dass bereits sehr bzw. zu viel in den Tatbeständen der Verursacherhaftungen hineininterpretiert wird, veranschaulicht allein schon die Tatsache, dass der Begriff des *Verursachers* zwar in den Art. 32b[bis] USG, 32d USG, 59 USG und 54 GSchG und Art. 37 Abs. 2 StSG sowie in Art. 74 Abs. 2 BV benutzt aber nicht definiert wird, so dass zur Bestimmung der Verursacher auf den Störerbegriff zurückgegriffen wird.[754]
    402

e) Würdigung

Die Versuchung, auf den Zustandsverantwortlichen zurückzugreifen, ist für den Staat natürlich gross. Vor allem, wenn die Verursachung lange zurückliegt und die Verhaltensverantwortlichen nicht mehr ermittelt werden können bzw. zahlungsunfähig sind, stellt der Zustandsverantwortliche durch seine unmittelbare Greifbarkeit einen idealen Kostenträger dar. So bemerkt PELLONI auch treffend, dass die bundesersichtliche Praxis stark vom Bestreben geprägt sei, die Kosten möglichst auf Dritte abzuwälzen, um die Staatskasse zu entlasten.[755] Doch darf die innere Rechtfertigung der Zustandshaftung nicht auf der finanziellen Entlastung des Staates gründen.[756]
    403

Art. 32d Abs. 2 USG zeigt indessen einen möglichen Weg, wie eine Begrenzung der Zustandshaftung erreicht werden kann. Er schränkt nicht nur die Haftung auf die Rechtsfolgenseite ein, sondern sieht einen wahren *Entlas-*
    404

---

[753] Dazu oben N 231 ff. und 297.
[754] Dazu oben N 162 ff.
[755] PELLONI, S. 108.
[756] FRIAUF, Zustandshaftung, S. 303; GRIESBECK, S. 79.

tungstatbestand zugunsten des ahnungslosen Inhabers vor. Gleichzeitig kommt er von der auf Billigkeitserwägungen beruhenden Rechtsprechung ab, indem er genaue Bedingungen festlegt, bei deren Erfüllung ein Inhaber nicht haftet. Diese Begrenzung ist dennoch weder dogmatisch begründbar noch lässt sie sich auf andere Verursacherhaftungen nützlich übertragen.

405   Der teilweise in der Lehre vorgenommenen Begrenzung der Zustandshaftung auf *typische Gefahren* (Begrenzung nach *Risikosphären*) ist grundsätzlich für alle Verursacherhaftungen zuzustimmen, auch wenn die Frage, welche Folgen noch einen Zusammenhang mit einem Grundstück haben, nicht immer leicht zu beantworten sein wird und es fraglich ist, inwiefern solch eine teleologische Reduktion überhaupt der *ratio legis* entspricht bzw. mit dieser vereinbar ist.

406   Eine radikalere Lösung würde indessen darin bestehen, wie bereits in dieser Arbeit gefordert, die Zustandsverantwortlichkeit grundsätzlich abzuschaffen.[757] Die Frage der "gerechten" Begrenzung der Zustandshaftung würde sich somit prinzipiell erst gar nicht stellen. Unter dem Begriff des "Verursachers" würden somit nur diejenigen Personen verstanden, die durch ihre Tätigkeit, ihr persönliches Verhalten oder dasjenige ihr unterstellter Personen eine Beeinträchtigung der Umwelt herbeigeführt haben. Allein in denjenigen Fällen, in denen der Gesetzgeber *explizit* den Inhaber der tatsächlichen oder rechtlichen Gewalt als Haftungsadressat nennen würde, müsste ein gerechter Anknüpfungspunkt gefunden werden. Dieser sollte dann wie im Zivilrecht ausfallen (z.B. in der Form eines Werkmangels), so dass die Einheit des Haftpflichtrechts gewahrt bliebe bzw. ein Haftpflichtiger zu den gleichen Bedingungen für Schäden und Massnahmenkosten haften würde. In diese Richtung geht auch der Vorentwurf zur Revision und Vereinheitlichung des Haftpflichtrechts von WIDMER/WESSNER, wobei der öffentlich-rechtliche Kosten-

---

[757]   Dazu oben N. 169 ff. und insb. 181 ff.

rückerstattungsanspruch durch einen *zivilrechtlichen Schadensersatzanspruch* ersetzt werden soll.[758]

5.3.4 Kann ein Organ Zustandsverantwortlicher sein?

Als Zustands*störer* bzw. Zustands*verantwortlicher* gilt, wer die rechtliche   407
oder tatsächliche Gewalt über eine Sache hat.[759] Als mögliche Anknüpfungspunkte der Zustandshaftung der Organe kommt demnach das Eigentum oder
die tatsächliche Gewalt in Frage.

Auf Grund seiner Funktion als Organ erwirbt dieses kein Eigentum an den   408
Aktiven der Gesellschaft. Der formelle Anknüpfungspunkt des Eigentums
entfällt dementsprechend. Zwar kann eine Sache im Mit- oder Gesamteigentum einer Gesellschaft und einer Person stehen, die als Organ bei derselben
amtiert, doch wird dann die Zustandshaftung allein durch das Eigentum an der
Sache und nicht durch die Organtätigkeit der besagten Person begründet.
Nimmt man demnach sanierungsbedürftige Betriebsgrundstücke als Beispiel,
so wird in den meisten Fällen allein die juristische Person deren Eigentümer
und aufgrund der Eigentümerschaft Zustandsstörer sein.

Problematischer erscheint es hingegen, bei Organen der Gesellschaft auch die   409
tatsächliche Gewalt als Anknüpfungspunkt der Zustandshaftung *per se* auszuschliessen. Eine juristische Person kann definitionsgemäss allein durch ihre
Organe eine tatsächliche Gewalt auf Sachen ausüben. Die bei ordnungsge-
mässer Verrichtung einer Organtätigkeit ausgeübte tatsächliche Gewalt wird
deshalb primär der Gesellschaft angerechnet. Es fragt sich hier dennoch, ob
dieselbe von den Organen ausgeübte tatsächliche Gewalt zusätzlich auch eine
eigenständige Zustandshaftung der Organe zu begründen vermag. Solch eine
eigenständige Zustandshaftung muss m.E. abgelehnt werden, weil eine Zustandshaftung nicht an die Art der Ausübung der faktischen Gewalt über den
Standort anknüpft. Sie stellt somit keine Sanktion der Rechtsordnung für eine

---

[758] Dazu unten N. 458 ff. und insb. 462 ff.

[759] BGE 107 I a 19 E. 2 m.w.H.

mangelhafte Sorgfalt bei der Leitung oder der Gestaltung des Unternehmens dar. Organe würden also für etwas haften, was weder in ihrer R*isikosphäre* liegt noch von ihrer Tätigkeit abhängt. Eine eigenständige Zustandshaftung der Organe muss zudem auch deshalb verneint werden, weil es sonst bei juristischen Personen automatisch zu einer "Verdoppelung" der Zustandsstörer bzw. der Zustandsverantwortlichen kommen würde. Dies hätte eine nicht zu rechtfertigende Schlechterstellung und Ungleichbehandlung von juristischen Personen gegenüber natürlichen Personen zur Folge.

5.4   Haftung für Entwicklungsrisiken

5.4.1   Problemstellung

410   Bei der vorliegend zu behandelnden Problematik geht es um die Rolle, die der Stand von Wissenschaft und Technik, der zum Zeitpunkt der Verursachung galt, auf die Bestimmung bzw. auf die Verantwortlichkeit der Störer bzw. der Verursacher hat. Es fragt sich mit anderen Worten, ob ein Störer bzw. ein Verursacher sich darauf berufen kann, dass zum Zeitpunkt seiner Handlungen deren Gefährlichkeit nach dem Stand von Wissenschaft und Technik nicht erkennbar war.

411   Die Problematik entsteht deshalb, weil vielfach die heute als unsachgemäss und gefährlich betrachteten *Abfallablagerungen* und *Herstellungsprozesse* zum Zeitpunkt, in dem sie vorgenommen bzw. angewandt wurden, nach dem damaligen Stand von Wissenschaft und Technik als unbedenklich galten.[760]

412   Die Gefährlichkeit eines Verhaltens entpuppt sich teilweise erst nach Jahrzehnten. Die Prüfung auf die Gefährlichkeit (Umweltverträglichkeit) einer Handlung wird somit anders ausfallen, je nachdem, ob man den wissenschaftlich-technischen Kenntnisstand zum Zeitpunkt der Beurteilung anwendet (*ex*

---

[760]   Man war sich z.B. lange Zeit nicht bewusst, dass Chlorkohlenwasserstoffe ungehindert Beton durchdringen können.

post Betrachtung) oder denjenigen, der bei Vornahme der Handlung bestand (*ex ante* Betrachtung).[761]

Wohl bemerkt handelt es sich vorliegend allein um die Fälle, in denen niemand die Gefährlichkeit der Ablagerung oder eines Herstellungsprozesses kannte oder erkennen konnte. Die Gefährlichkeit muss somit *objektiv unerkennbar* gewesen sein. Von dieser Problematik ist diejenige der *subjektiven* Erkennbarkeit - d.h. die Erkennbarkeit für den Störer bzw. Verursacher selbst - zu unterscheiden, welche nach dem klassischen Verständnis der Störerhaftung und der Verursacherhaftungen nicht berücksichtig werden kann.   413

Es sei noch angemerkt, dass in Anbetracht der unterschiedlichen Anknüpfungspunkte der Zustands- und Verhaltensverantwortlichkeit sich die Frage einer eventuellen Berücksichtigung der Gefahrenerkennbarkeit allein bei der *Verhaltens*verantwortlichkeit stellt. Bei der *Zustands*verantwortlichkeit kommt es nämlich grundsätzlich nur darauf an, ob der Ist-Zustand einer Sache eine (polizeiwidrige) Gefahr darstellt bzw. eine Massnahme erfordert, unabhängig davon, wodurch und wann dieser Zustand herbeigeführt wurde. Um die Gefährlichkeit eines Zustandes zu beurteilen, wird immer der aktuellste Stand von Wissenschaft und Technik massgeblich sein.   414

Die Frage nach der Gefahrenerkennbarkeit kann sich bei allen Verursacherhaftungen stellen. Ihr kommt aber eine besondere Bedeutung bei Art. 32d USG (Altlasten) und Art. 32b^bis USG zu, da diese zwei Bestimmungen definitionsgemäss Verhalten erfassen, die oftmals in einer fernen Vergangenheit stattgefunden haben, deren Auswirkungen sich aber erst später entfalten.   415

---

[761] Vgl. FRICK, S. 205; TSCHANNEN/FRICK, S. 14 f.

5.4.2 Entwicklungsrisiken und Verursacherhaftungen

a)` Allgemeines

416   Der Frage nach der Haftung für Entwicklungsrisiken ist allgemein im Haft-pflichtrecht problematisch, doch kommt ihr bei Verursacherhaftungen aus zwei Gründen noch eine zusätzliche Brisanz zu. Einerseits, weil die haftungs-begründenden Tatbestände bei Verursacherhaftungen sehr weit gefasst sind (und somit eine Art von Generalklausel darstellen) und es sich bei ihnen um *reine Erfolgshaftungen* handelt, andererseits, weil laut herrschender Auffas-sung die Verjährung der Verursacherhaftungen nicht wie im privatrechtlichen Haftpflichtrecht mit dem Ende der schädlichen Handlung zu laufen beginnt, sondern erst mit der *Beseitigung der Gefahr*.[762] Die ausserordentliche Strenge der Verursacherhaftungen würde somit - falls eine Haftung für Entwicklungs-risiken bejaht werden sollte - nochmals verschärft.

417   Angesichts des engen Zusammenhanges zwischen Störer- und Verursacher-prinzip und der Tatsache, dass die herrschende Lehre und die Praxis die Haf-tungsvoraussetzungen der *Massnahmenanlastung* (Störerprinzip) ebenfalls bei der *Kostentragungspflicht* (Verursacherprinzip) anwenden,[763] ist es geboten, auch bei dieser Frage, vorab die Problematik der Gefahrenerkennbarkeit im Polizeirecht zu erläutern.

418   Aus terminologischer Sicht gilt es noch zu bemerken, dass in der polizeirecht-lichen Lehre von "Gefahrenerkennbarkeit" gesprochen wird, während sich im zivilrechtlichen Haftpflichtrecht die Bezeichnungen "Entwicklungsrisiken" und "Entwicklungsschäden" eingebürgert haben. Aus materieller Sicht han-delt es sich um die gleiche Problematik: Soll eine Person auch für die Aus-

---

[762] Die Verjährbarkeit im Schutzbereich der Polizeigüter ist von vornherein ausgeschlossen. Die *Beseitigung* eines polizeiwidrigen Zustandes unterliegt somit nicht der Verjährung (BGE 114 Ib 44 E. 4). Die Verjährungsfrist für *Kostenrückerstattungsansprüche* fängt ih-rerseits dann an zu laufen, wenn die Massnahmen zur Gefahrenbeseitigung durchgeführt wurden. Statt aller TRÜEB, Art. 59 N 49.

[763] Dazu oben N. 162 ff.

wirkungen ihrer Handlung bzw. Tätigkeiten (polizeirechtlich bzw. haftpflicht-rechtlich) einstehen, deren Gefährlichkeit bzw. Schädlichkeit bei ihrer Vor-nahme nach dem damaligen Stand von Wissenschaft und Technik nicht er-kennbar war?

b)   Gefahrenerkennbarkeit und Störerprinzip

Soweit ersichtlich wurde in der Schweizer Lehre die Frage nach dem Einfluss   419
der Gefahrenerkennbarkeit auf die Bestimmung des *polizeirechtlichen Ver-*
antwortlichen ausschliesslich im Zusammenhang mit der Altlastenproblematik thematisiert.[764]

Die Berücksichtigung der Gefahrenerkennbarkeit wurde bis jetzt in der   420
Schweizer Lehre von TSCHANNEN/FRICK mit dem Argument abgelehnt, dass
sich eine polizeiliche Verantwortlichkeit rein nach *objektiven Kriterien*
bestimme und somit für die Qualifikation als Störer allein entscheidend sei,
ob ein Handlungsbeitrag unmittelbar zur Gefahr oder Störung beigetragen habe.[765] Es wird demnach dem Erfordernis der Gefahrenerkennbarkeit entgegengestellt, dass subjektive Elemente im Polizeirecht grundsätzlich nicht berücksichtigt werden.

TSCHANNEN/FRICK berufen sich bei ihrer Ablehnung der Berücksichtigung   421
des Erkenntnisfortschritts auf die deutsche Lehre und insbesondere auf
KLOEPFER.[766] Letzterer vertritt aber in dieser Frage eine viel nuanciertere
Meinung, als es TSCHANNEN/FRICK darlegen. So hält etwa KLOEPFER fest,
dass bei ursprünglich unerkennbar gefährlichen Abfällen ein Deponiebetreiber nur dann als Verhaltensverantwortlicher in Betracht kommt, "wenn er
hierdurch eine spezifische Rechtspflicht verletzt hat, bzw. wenn mit der Ab-
falllagerung erkennbar ein generelles Risiko verbunden war oder wenn gewichtige Gerechtigkeitserwägungen für eine polizeiliche Verhaltensverant-

---

[764] FRICK, S. 205 f.; TSCHANNEN/FRICK, S. 14 f.
[765] FRICK, S. 205 f.; TSCHANNEN/FRICK, S. 14 f.
[766] FRICK, S. 206 Fn. 900; TSCHANNEN/FRICK, S. 15 Fn. 72, 74 und 76. Für eine systematische
Darstellung und Analyse der diesbezüglichen deutschen Lehre s. BRANDNER, S. 11 ff.

wortlichkeit sprechen".[767] Somit steht KLOEPFER keineswegs für eine generelle Zuweisung des Erkenntnisrisikos auf den Verursacher ein. Die Ausführungen von KLOEPFER beziehen sich zudem ausschliesslich auf die Ablagerung von Abfällen. Er betont auch mehrmals, dass es stets problematisch sei, das Verhalten eines Menschen in der Vergangenheit am Standard der Gegenwart zu messen.[768] KLOEPFER hebt insbesondere hervor, dass gerade bei länger zurückliegenden Ablagerungen die Annahme einer Verhaltensverantwortlichkeit bei unbekannter Gefährlichkeit der Abfälle nicht unproblematisch sei.[769]

422   Die Prämisse, das Polizeirecht stelle nur auf objektive Kriterien ab, mag *in der Regel* richtig sein.[770] Fraglich ist jedoch, ob hier nicht vorschnell die objektive Gefahrenerkennbarkeit mit einem - dem Polizeirecht naturgemäss fremden - Verschulden gleichgestellt wird.[771] Es fällt in der Tat schwer, überhaupt von einem objektiven Verschulden bzw. einem Verschulden im Sinne einer subjektiven Vorwerfbarkeit zu sprechen, wenn etwas *objektiv* nicht erkennbar war.[772] Es handelt sich nämlich bei der Erkennbarkeit insofern um eine logisch vorrangige Frage, als eine Person *a fortiori* kein Verschulden treffen kann, wenn eine Gefahr objektiv und absolut nicht erkennbar ist. Mit anderen Worten schliesst die objektive Nichterkennbarkeit von vornherein jedes schuldhafte Verhalten bzw. die Verletzung von Sorgfalts- oder Verkehrspflichten aus. Es handelt sich deshalb bei der objektiven Erkennbarkeit auch nicht um ein "subjektives Kriterium".

423   Die Frage, ob für Entwicklungsrisiken "gehaftet" werden soll oder nicht, ist weniger ein dogmatisches als ein rechtspolitisches Problem.[773] Sie kann somit auch nicht "mechanisch" bzw. begriffsjuristisch beantwortet werden.[774] Das

---

[767]   KLOEPFER, Verantwortlichkeit, S. 31 und 41.

[768]   KLOEPFER, Verantwortlichkeit, S. 26.

[769]   KLOEPFER, Verantwortlichkeit, S. 24.

[770]   Dazu ausführlich oben N. 299 ff.

[771]   Vgl. BRANDNER, S. 99.

[772]   Vgl. TRÜEB, Art. 59a N 105.

[773]   PELLONI, S. 90; TRÜEB, Art. 59a N 107.

[774]   A.M. TRÜEB, Art. 59a N 107.

zeigen allein schon die heftigen Diskussionen, welche diese Problematik bei der Produktehaftpflicht,[775] bei der Umwelthaftpflicht (Art. 59a ff. USG)[776] und bei der Haftung für gentechnisch veränderte Organismen (Art. 30 ff. GTG)[777] ausgelöst hat. Obwohl - gleich wie im Polizeirecht - weder das Verschulden noch die Urteilsfähigkeit eine Haftungsvoraussetzung bei diesen Haftungsnormen bilden, war die Frage nach der Haftung für Entwicklungsrisiken deswegen noch lange nicht entschieden.

Angesichts dessen, dass im Gegensatz zum Produktehaftpflichtgesetz (welches in seinem Art. 5 Abs. 1 lit. e die Haftung für Entwicklungsrisiken ausdrücklich ausschliesst) und zum Gentechnikgesetz (welches seinerseits in Art. 30 Abs. 4 explizit eine Haftung für Entwicklungsrisiken vorsieht) die Frage der Berücksichtigung der Gefahrenerkennbarkeit vom Gesetzgeber nicht entschieden wurde, bleibt allein die Möglichkeit, die Frage anhand der dem Polizeirecht zugrunde liegenden Wertungen und dessen Zwecken zu beantworten.

424

---

[775] Die Frage, ob die Herstellerin für Entwicklungsrisiken haften soll oder nicht, hat auch in der EU heftige Diskussionen ausgelöst und angesichts dessen, was auf dem Spiel stand, dazu geführt, dass es die EU ihren Mitgliedstaaten überliess, ob sie eine solche Haftung einführen wollen oder nicht. Dazu WERRO/CHAULMONTET, S. 444 ff. Gleichartige Diskussionen sind wiederum im Zusammenhang mit Art. 8 Abs. 4 Richtlinie 2004/35/EG entfacht, so dass es auch hier den Mitgliedsstaaten überlassen wurde, ob sie den Entlastungsgrund des Entwicklungsrisikos und denjenigen des genehmigten Verhaltens (dazu unten N 438 bzw. 448 und 453) einführen wollen oder nicht; dazu WAGNER G., S. 111 f.

[776] Eine Haftung für Entwicklungsrisiken im Rahmen von Art. 59a USG befürwortend: BRÜLHART (S. 147), der zudem davon ausgeht, dies sei auch die Meinung der herrschenden Lehre; SCHWENZER, N 54.17; TRÜEB, Art. 59 N 110; WAGNER PFEIFER B., Gentechnologie, S. 239. Die Haftung für Entwicklungsrisiken verneinend: JÄGGI, S. 253 mit Verweis auf die parlamentarischen Beratungen; PELLONI, S. 85 ff. und insbesondere Fn. 83, WILDHABER, S. 337 ff.; WAGNER PFEIFER B. (Umweltrecht II, S. 248) hält ihrerseits fest, die herrschende Lehre lehne eine Haftung für Entwicklungsrisiken ab, ohne jedoch selbst dazu Stellung zu beziehen bzw. ihre vorherige Meinung (Gentechnologie, S. 239) zu widerrufen. Zur Auseinandersetzung im Parlament: Amtl. Bull. NR 1995, S. 1342 und Amtl. Bull. SR 1995, S. 2419.

[777] Dazu FUHLROTT, S. 13 ff. und insbesondere S. 18 f.

425 Die objektive Erkennbarkeit der Gefahr muss zumindest dann Berücksichtigung finden, wenn man - wie es ein gewichtiger Teil der Lehre[778] und scheinbar auch das Bundesgericht[779] tun - dem polizeirechtlichen Störerprinzip einen *materiellen Inhalt* beimessen bzw. das Störerprinzip auch als eine an den Bürger gerichtete *Pflicht* verstehen will, sein Verhalten oder den Zustand seiner Sachen so einzurichten, dass daraus keine Störung oder Gefahr entsteht. Bei fehlender objektiver Gefahrenerkennbarkeit scheint es nämlich schwer, eine generelle Pflicht zur Verhinderung von Störungen bzw. eine "Nichtstörungspflicht" aufzustellen.[780] Wie KLOEPFER treffend formuliert, kann von niemandem verlangt werden, "sein derzeitiges Verhalten an den Erfahrungen der Zukunft auszurichten".[781] Die Nichtstörungspflicht des Einzelnen kann somit nur soweit reichen, als ihr Inhalt zumindest objektiv auch erkennbar ist.[782]

426 Um einen möglichen Einwand gegen das Erfordernis der objektiven Gefahrerkennbarkeit vorwegzunehmen, sei betont, dass dieses keinesfalls die Machtlosigkeit der Polizei zur Folge haben würde, sondern nur, dass der Verursacher einer objektiv unerkennbaren Gefahr bzw. Störung für deren Beseitigung nicht *entschädigungslos* in Anspruch genommen werden könnte.

427 Sollte indessen das Erfordernis der Erkennbarkeit grundsätzlich abgelehnt werden, so wäre aus dogmatischer Sicht das Bestehen einer materiellen Polizeipflicht abzulehnen und dementsprechend auch das Polizeirecht darauf zu reduzieren, entstandene Gefahren zu beseitigen, ohne dass eine korrespondierende Gefahren*vermeidungspflicht* bestehen würde.

---

[778] REINHARD, S. 176 m.w.H.; PIETZCKER (S. 459) und DREWS/WACKE/VOGEL/MARTENS (S. 293) vertreten in der deutschen Lehre ebenfalls die Ansicht, dass das Polizeirecht einen materiellen Inhalt hat.

[779] BGE 122 II 65 E. 6a.

[780] Vgl. KLOEPFER, Verantwortlichkeit, S. 27; PAPIER, S. 37.

[781] KLOEPFER, Verantwortlichkeit, S. 26.

[782] BRANDNER, S. 65.

Zusammenfassend kann somit festgehalten werden, dass im Polizeirecht   428
nichts kategorisch gegen eine Berücksichtigung der Gefahrenerkennbarkeit
spricht. Im Gegenteil erscheint eine solche sogar zwingend, will man der Polizeipflicht einen materiellen Inhalt beimessen.

c)   Gefahrenerkennbarkeit und Verursacherhaftungen

Die nachfolgende Analyse soll unabhängig davon erfolgen, ob das Erfordernis   429
der Gefahrenerkennbarkeit im Polizeirecht anerkannt wird oder nicht, um so
der dogmatischen Selbständigkeit des Verursacherprinzips gerecht zu werden.[783] Grundsätzlich ist es auch denkbar, dass das Erfordernis der Gefahrenerkennbarkeit bei der Kostentragungspflicht anerkannt, während es bei der
Realleistungspflicht abgelehnt wird. Dies tut z.B. die Richtlinie 2004/35/EG
über Umwelthaftung zur Vermeidung und Sanierung von Umweltschäden,[784]
welche grundsätzlich zwischen der Haftung auf Vermeidung und Sanierung
(Realleistungspflicht) gemäss Art. 5 und 6 RL 2004/35/EG und der Kostentragungspflicht nach Art. 8 RL 2004/35/EG unterscheidet und den Mitgliedstaaten nur im Hinblick auf die *Kostentragung* erlaubt, eine Entlastung für
Entwicklungsrisiken einzuführen (Art. 8 Abs. 4 lit. b RL 2004/35/EG).

Würde man indessen - wie in der herrschenden Schweizer Lehre und Praxis   430
üblich -, auch bei dieser Frage die Verursachereigenschaft von der Störereigenschaft ableiten, so käme dem Erfordernis der Gefahrenerkennbarkeit bei
den Verursacherhaftungen keine eigenständige Bedeutung zu, sondern würde
immer von der Bejahung oder Verneinung dieser Frage im Polizeirecht abhängen.[785]

Die Gefahrenerkennbarkeit kann im Zusammenhang mit den Verursacherhaf-   431
tungen theoretisch auf zwei verschiedenen Ebenen berücksichtigt werden:

---

[783]   MOOR, Bd. II, S. 112 f.; SEILER, Art. 2 N 34; TRÜEB, Art. 59 N 22.
[784]   des Europäischen Parlaments und des Rates vom 21. April 2004; Abl. 2004 L 143, S. 5 ff.
[785]   So TSCHANNEN/FRICK, S. 14 f. Dazu oben N 419 ff.

432   Entweder entscheidet man sich, diejenigen Personen als Verursacher ausscheiden zu lassen und somit von der Kostentragungs*pflicht* gänzlich zu befreien, deren Handlungen zwar gefährliche bzw. schädliche Folgen nach sich gezogen haben, die aber nach dem Stand von Wissenschaft und Technik zur Zeit der Handlung objektiv nicht vorhersehbar waren.[786]

433   Oder die Gefahrenerkennbarkeit wird erst bei der Kosten*verteilung* berücksichtigt, so dass die vom betroffenen Verhaltensverantwortlichen zu tragenden Kosten *reduziert* werden können.[787]

i)   Nicht Erkennbarkeit der Gefahr als Haftungsausschlussgrund

434   TSCHANNEN/FRICK vertreten in der Schweizer Lehre die Meinung, die Berücksichtigung der Gefahrenerkennbarkeit sei bei *Verursacherhaftungen* abzulehnen. Ihre Überlegung ist dabei folgende: Der Gefahrenerkennbarkeit kann bei der Bestimmung der Verursachereigenschaft keine Bedeutung zukommen, da zur Bestimmung des *Verursacherkreises* auf den polizeirechtlichen Störerbegriff zurückgegriffen wird und bei der Ermittlung der Störer die Berücksichtigung der Gefahrenerkennbarkeit ihrer Meinung nach ausser Acht gelassen werden muss, da sonst "subjektive Kriterien" bei der Bestimmung der Verantwortlichen einfliessen würden.[788]

435   Der Meinung von TSCHANNEN/FRICK kann in einem ersten Schritt das im Zusammenhang mit dem Störerprinzip vorgebrachte Argument gegen eine Ausserachtlassung der Gefahrenerkennbarkeit bei der Ermittlung der Verhaltensverantwortlichen entgegengehalten werden: Die Tatsache, dass die Verursachereigenschaft verschuldensunabhängig ist und auch keine subjektive Vorwerfbarkeit voraussetzt, schliesst keinesfalls zwangsläufig die Berücksichtung der *objektiven Gefahrenerkennbarkeit* aus.[789]

---

[786] Dazu unten N 434 ff.
[787] Dazu unten N 439 ff.
[788] TSCHANNEN/FRICK, S. 14 f.; ebenso FRICK, S. 205.
[789] Dazu oben N 422.

Um die Frage eingehender zu beantworten, erscheint es auch vorliegend   436
sinnvoll, die Gefahrenerkennbarkeit im Zusammenhang mit der spezifischen
Funktion des *Verursacherprinzips* zu analysieren und somit seiner dogmatischen Eigenständigkeit gegenüber dem Störerprinzip Rechnung zu tragen.

Obwohl die herrschende Schweizer Lehre das Verursacherprinzip ausschliess-   437
lich als *reines Kostenzurechnungsprinzip* versteht[790] und es folglich nicht als
Grundlage für *Verhaltens- bzw. Vermeidungspflichten* (d.h. als Prinzip der
materiellen Verantwortung) erachtet,[791] wird dem Verursacherprinzip dennoch eine Funktion als Instrument zur *indirekten Verhaltenslenkung* anerkannt.[792] Dieser Funktion kann man indessen nur dann gerecht werden, wenn
die ökologischen Folgen eines Verhaltens auch erkennbar waren. Von diesem
Ansatz her erscheint es demnach wenig sinnvoll, Personen mit Kosten für
Umweltbeeinträchtigungen zu belasten, die *objektiv* nicht erkennbar waren.
Eine Befreiung der Kostentragungspflicht scheint deshalb gerechtfertigt.

Die Richtlinie 2004/35/EG erklärt ebenfalls in ihrem Erwägungsgrund Nr. 2   438
den Steuerungseffekt als eines ihrer primären Ziele. Die Haftung soll die
Betreiber dazu veranlassen, "Massnahmen zu treffen und Praktiken zu entwickeln, mit denen die Gefahr von Umweltschäden auf ein Minimum beschränkt werden kann". Diese Zielsetzung kann nur dann erreicht werden,
wenn die zu vermeidende Gefahr auch erkennbar ist.[793] Folgerichtig hätte die
Richtlinie zwingend die Haftung für Entwicklungsrisiken ausschliessen müssen. Angesichts der politischen Brisanz dieser Frage wurde es aber den Mitgliedstaaten überlassen (Art. 8 Abs. 4 lit. b RL 2004/35/EG), die Haftung des
Betreibers für Entwicklungsrisiken auszuschliessen oder nicht. Die Richtlinie

---

[790] FRICK, S. 23 f. und 39 ff.; GRIFFEL, N 210, 232 ff. und 343; SEILER, Art. 2 N 30; WAGNER
B., Verursacherprinzip, S. 334.

[791] Die Meinung, dem Verursacherprinzip komme auch eine Bedeutung als Verantwortlich-
keitsprinzip zu, wird in der Schweizer Lehre namentlich von KELLER H. (S. 180 f.), STEI-
NER P. (S. 23) und ZUFFEREY (Pollueur-payeur, S. 124 Ziff. I 2.2, S. 126 Ziff. II 1 und 2
sowie S. 129 Ziff. III 2) vertreten.

[792] GRIFFEL, N 234 f.; KARLEN, Prozessieren, N 2.32; RAUSCH/MARTI/GRIFFEL, N 96 f.

[793] WAGNER G., S. 120.

folgt damit der Produkthaftungsrichtlinie, welche ebenfalls den Mitgliedstaaten erlaubt, den Entlastungsgrund des Entwicklungsrisikos einzuführen. Abgesehen von Finnland und Luxemburg haben alle Mitgliedstaaten entweder die Haftung für Entwicklungsrisiken ganz oder zum grössten Teil ausgeschlossen.[794] Der Entlastungsgrund des Entwicklungsrisikos hat sich somit im europäischen Produktehaftungssystem grundsätzlich etabliert.

ii) Nicht Erkennbarkeit der Gefahr als Herabsetzungsgrund

439 FRICK vertritt im Altlastenrecht die Meinung, dass die Gefahrenerkennbarkeit ausschliesslich bei der *Kostenverteilung* zwischen mehreren Verursachern berücksichtigt werden soll.[795] Vorausgesetzt, dass das Verschulden ein Kriterium bei der Festlegung der individuellen Kostenanteile bilden soll, kann FRICKs Meinung insofern beigepflichtet werden, als eine Person in der Tat nicht schuldhaft handeln kann, wenn eine Gefahr objektiv und absolut nicht erkennbar war.[796]

440 Sollte man der Auffassung FRICKs indessen folgen wollen, so müsste bei der Kostenverteilung darauf geachtet werden, dass die Minderung vom Verantwortlichkeitsanteil des "ahnungslosen" Verursachers nicht zu einer Mehrbelastung allfälliger weiterer Verursacher führt. Mit anderen Worten darf die Berücksichtigung des Kriteriums der Gefahrenerkennbarkeit nicht zu Lasten anderer Verursacher erfolgen. Folglich führt die Berücksichtigung der Gefahrenerkennbarkeit zu Ausfallkosten, die bei öffentlich-rechtlichen Verursacherhaftungen vom Gemeinwesen (vgl. Art. 32d Abs. 4 USG) bzw. bei Art. 32b^{bis} USG vom Inhaber des Grundstücks zu tragen wären.[797]

---

[794] Dazu WERRO/CHAULMONTET, S. 455.
[795] FRICK, S. 211.
[796] Dazu oben N. 422.
[797] Dazu unten N. 725 ff. bzw. 1002 ff.

5.4.3 Würdigung

Eine Haftung für Entwicklungsrisiken bei Verursacherhaftungen anzunehmen   441
ist hauptsächlich deshalb problematisch, weil die haftungsbegründenden Tatbestände der Verursacherhaftungen sehr weit gefasst sind, da sie nicht an ein
besonderes Risiko anknüpfen, das mit gewissen gefährlichen Tätigkeiten bzw.
Betrieben einhergeht, sondern ausschliesslich einen *Erfolg* verbieten.[798] Nun
kann aber ein Erfolg auf unzählige Arten herbeigeführt werden, wodurch potentiell jedermann haftpflichtig werden kann. Im Gegensatz zu zivilrechtlichen Gefährdungshaftungen, welche zumindest an besonders gefährliche Tätigkeiten bzw. Betriebe anknüpfen, kann bei Verursacherhaftungen die Scha-
denszuführung nicht einmal auf eine *Willensbetätigung* des Haftpflichtigen
zurückgeführt werden, da die *Aufnahme* einer gefährlichen Tätigkeit keine
Haftungsvoraussetzung bildet.[799] Um eine noch grössere Rechtsunsicherheit
bezüglich des Kreises der Haftpflichtigen bzw. des Haftungsumfangs zu vermeiden, muss deshalb zur Haftungsbegründung gefordert werden, dass die
Gefährlichkeit einer Handlung im Zeitpunkt ihrer Vornahme objektiv erkennbar war.[800] Es besteht sonst die Gefahr, dass die bereits schwammigen Verursacherhaftungen nochmals an Konturen einbüssen und ins Endlose ausufern.
Eine gegenteilige Auffassung wäre auch im Hinblick auf das *Legalitätsprinzip* problematisch (insbesondere, was die öffentlich-rechtlichen Verursacherhaftungen anbelangt), da keine der Verursacherhaftungen eine Haftung für
Entwicklungsrisiken ausdrücklich vorsieht.

Die Problematik der Haftung für Entwicklungsrisiken wird bei Verursacher-   442
haftungen zusätzlich dadurch verschärft, dass die *Verjährung* erst sehr spät
eintritt, da sie - im Gegensatz zum Haftpflichtrecht - nicht mit dem Ende der
schädlichen Handlung zu laufen beginnt, sondern erst mit der *Beseitigung der*

---

[798] Dazu oben N. 309 ff.

[799] Auch bei Gefährdungshaftungen spricht sich SCHLÜCHTER (S. 319) gegen eine allgemeine
Haftung für "Entwicklungsgefahren" aus und erachtet eine solche nur für umrissene Le-
bensbereiche unter Umständen als sinnvoll, so dass das Entwicklungsrisiko zu Lasten des
Schädigers gehen würde (S. 319 Fn. 176).

[800] Vgl. PELLONI, S. 85 ff. und insbesondere S. 89.

Gefahr. Dies hätte bei einer Bejahung der Haftung für Entwicklungsrisiken zur Folge, dass ein Verhaltensverantwortlicher über Jahrzehnte hinweg dieses Risiko tragen müsste. Sogar die einschneidenden, haftpflichtrechtlichen Ansprüche aus dem Gentechnikgesetz (das explizit in Art. 30 Abs. 4 eine Gefährdungshaftung für Entwicklungsrisiken vorsieht) verjähren spätestens 30 Jahre nachdem das schädliche Ereignis eingetreten ist oder die gentechnisch veränderten Organismen in Verkehr gebracht wurden (Art. 32 GTG). Die Haftungsdauer wird bei Verursacherhaftungen zusätzlich nochmals dadurch verlängert, dass Letztere oftmals mit *(echt) rückwirkender Wirkung* erlassen werden.[801]

443   Aus all den dargelegten Überlegungen sollte eine Inanspruchnahme für Entwicklungsrisiken bzw. bei unerkennbarer Gefahr abgelehnt werden, wobei es letztlich natürlich immer eine rechtspolitische Frage bleiben wird, wem das Entwicklungsrisiko zugewiesen wird.[802] Für alle öffentlich-rechtlichen Verursacherhaftungen bedeutet eine Ablehnung der Haftung für Entwicklungsrisiken gleichzeitig eine Zuweisung dieses Risikos an das Gemeinwesen. Allein bei Art. 32b^bis USG, welcher privatrechtlicher Natur ist und zudem keine subsidiäre Haftung des Staates vorsieht,[803] geschieht die Zuweisung zu Lasten des Inhabers des Grundstücks.[804]

444   Der vorliegend vorgeschlagene Ausschluss einer Haftung für Entwicklungsrisiken kann für sich in Anspruch nehmen, dass auch die von WIDMER/WESSNER die im Rahmen der Revision des Haftpflichtrechts vorgeschlagene *Generalklausel der Gefährdungshaftung* keine generelle Haftung für Entwicklungsrisiken vorsieht.[805] Vielmehr muss die "Gefahr nach den wissenschaftlichen Kenntnissen im Zeitpunkt, in dem die betreffende Tätigkeit be-

---

[801]   Dazu ausführlich unten N 762 ff.

[802]   PELLONI, S. 90.

[803]   Dazu unten N 818 ff.

[804]   Dazu unten N 1002 ff.

[805]   WIDMER/WESSNER, S. 141 f.

ginnt, *bekannt oder zumindest* als Möglichkeit *erkennbar sein*".[806] So definiert wird die Erkennbarkeit eines Risikos allerdings oftmals gegeben sein, was wiederum dazu führt, dass - wie es auch WIDMER/WESSNER bemerken -[807] wirkliche Entwicklungsrisiken äusserst selten vorkommen dürften.[808]

5.5 Legalisierungswirkung behördlicher Bewilligungen

5.5.1 Legalisierungswirkung und öffentlich-rechtliche Verursacherhaftungen

Die Debatte um die Legalisierungswirkung behördlicher Bewilligungen hat im Schweizer Schrifttum hauptsächlich im Zusammenhang mit der Altlasten-problematik stattgefunden.[809] Die Frage nach der Legalisierungswirkung be-trifft aber alle Verursacherhaftungen gleichermassen.   445

Das Problem stellt sich somit, wenn ein Betrieb (z.B. eine Deponie) behörd-lich bewilligt ist und der *Normalbetrieb* zu einer Gefährdung bzw. Störung führt. Es fragt sich dann, ob die Genehmigung einer Inanspruchnahme des Genehmigungsadressaten entgegensteht. Eine staatliche Genehmigung würde folglich wie ein Schutzschild gegenüber einer *öffentlich-rechtlichen Verant-wortlichkeit* wirken (die sog. "*regulatory compliance defence*" oder "*permit defence*").[810]   446

Vorliegend soll die Frage untersucht werden, wie sich die Legalisierungswir-kung im *Binnenbereich des öffentlichen Rechts* auswirkt, d.h. im Verhältnis vom Genehmigungsadressaten zum Staat.[811]   447

Es wird nachfolgend der Problematik der Legalisierungswirkung zudem nur in Bezug auf die *Kostentragungs*pflicht (Verursacherprinzip) nachgegangen.   448

---

[806] WIDMER/WESSNER, S. 141.
[807] WIDMER/WESSNER, S. 141 f.
[808] WILDHABER, S. 338 f.
[809] DUBS, S. 298 f.; FRICK, S. 206; TSCHANNEN/FRICK, 17 f.
[810] WAGNER G., S. 116.
[811] Zur Frage der Legalisierungswirkung im Falle der Schädigung Dritter s. unten N 454 ff.

Die *Realleistungs*pflicht (Störerprinzip) ist jedoch gleichermassen von der Legalisierungsproblematik betroffen. Entgegen der herrschenden Schweizer Lehre[812] und der Rechtsprechung[813] muss auch die Antwort auf die Frage nach der Legalisierungswirkung bei der Realleistungspflicht und der Kostentragungspflicht nicht gleich ausfallen. Die Legalisierungswirkung kann sehr wohl bei der einen und nicht bei der anderen greifen, wie es auch das Beispiel der Richtlinie 2004/35/EG über Umwelthaftung zur Vermeidung und Sanierung von Umweltschäden zeigt.[814] Die Richtlinie differenziert grundsätzlich zwischen der Haftung auf Vermeidung und Sanierung gemäss Art. 5 und 6 RL 2004/35/EG und der Kostentragungspflicht nach Art. 8 RL 2004/35/EG. Die Entlastungsgründe von Art. 8 Abs. 3 RL 2004/35/EG (Entlastungsgründe, die einheitlich für ganz Europa gelten) und Art. 8 Abs. 4 RL 2004/35/EG (für die Mitgliedstaaten optionale Entlastungsgründe) gelten nur bei der *Kostenallokation*.[815] Die Vermeidungs- und Sanierungspflichten bleiben von diesen Entlastungsgründen unberührt. Dementsprechend erlaubt Art. 8 Abs. 4 lit. a RL 2004/35/EG den Mitgliedstaaten bei Vorliegen einer genehmigten Tätigkeit nur, den Betreiber von den *Kosten* der Sanierungsmassnahmen freizustellen (bzw. einen entsprechenden Entlastungstatbestand vorzusehen). Dieser fakultative Entlastungsgrund beschränkt sich somit auf die Kostentragungspflicht.

449   Im Gegensatz zur herrschenden deutschen Lehre, welche die Legalisierungswirkung behördlicher Bewilligungen bejaht,[816] scheint sich die schweizerische Lehre und Rechtsprechung in der Ablehnung einer solchen Legalisie-

---

[812] Auch in dieser Frage geht die Schweizer Lehre grundsätzlich von der Deckungsgleichheit des Störerkreises und desjenigen der Verursacher aus und leitet die Kostentragungspflicht von der Störereigenschaft ab: FRICK, S. 207; TSCHANNEN/FRICK, 17.

[813] BGer, BVR 1988 406 E. 2a i.V.m. E. 3c cc.

[814] des Europäischen Parlaments und des Rates vom 21. April 2004; Abl. 2004 L 143, S. 5 ff.

[815] Dazu WAGNER G., S. 107 ff.

[816] DOLDE, Umwelthaftung, S. 196 f.; DUESMANN, S. 63 ff.; PAPIER, S. 24 ff. A.M. KLOEPFER, Verantwortlichkeit, S. 33 ff.

rungswirkung fast einig zu sein.[817] TSCHANNEN/FRICK begründen diese mit dem Hinweis auf die bundesgerichtliche Rechtsprechung.[818] Das Bundesgericht hat in einem Entscheid zu Art. 8 aGSchG festgehalten, dass die Kostentragungspflicht für bestimmte Massnahmen unabhängig davon bestehe, ob der in die Pflicht Genommene rechtswidrig gehandelt habe oder nicht. Auch die Tatsache, dass die Tätigkeit oder der Betrieb, welche die Gefahr bzw. Störung verursachen, bewilligt sei, ändere nichts an der Haftung.[819] Der vom Bundesgericht getroffene Entscheid mag zwar im Resultat gerechtfertigt erscheinen, das verwendete Argumentarium ist jedoch begriffjuristisch. Weder aus dem Wesen des Polizeirechts selbst noch aus demjenigen des Verursacherprinzips lässt sich die Antwort auf diese Frage deduktiv ableiten.[820] Auch die Verneinung der Legalisierungswirkung mit der Begründung, die Haftung setzte keine Rechtswidrigkeit voraus, ist verfehlt. Einerseits ist das Erfordernis der Widerrechtlichkeit dem Polizeirecht nicht fremd.[821] Wie bei der haftpflichtrechtlichen *objektiven Widerrechtlichkeitstheorie* liegt es grundsätzlich im *Resultat* begründet, d.h. in der Störung bzw. der Gefährdung von Polizeigütern. Andererseits lässt sich der grundlegende *Widerspruch*, der dadurch entsteht, dass der Staat erst ein bestimmtes *Verhalten* genehmigt, um es anschliessend zu ahnden, wohl kaum mit dem Hinweis darauf lösen, dass nichts "legalisiert" werden kann, da es ja nichts "Rechtswidriges" zur Begründung der Haftung braucht. Es kann folglich die Ablehnung der Legalisierungswirkung nicht mit dem angeblichen Fehlen des Erfordernisses der Widerrechtlichkeit begründet werden. Im Gegenteil könnte sogar die Rechtmässigkeit des Verhaltens bzw. der Gedanke der Wertungskonkordanz bzw. Einheitlichkeit der Rechtsord-

---

[817] DUBS, S. 298 f.; FRICK, S. 206; SEILER, Art. 2 N 91; TSCHANNEN/FRICK, S. 17 f. STUTZ/CUMMINS (S. 35 ff.) behandeln das Problem der Legalisierung unter dem Titel des Vertrauensschutzes und kommen dabei zum Schluss, dass sich ein Betroffener in der Regel nicht erfolgreich auf das Prinzip des Vertrauensschutzes wird berufen können. Nuancierter und eine Legalisierungswirkung teilweise bejahend WAGNER PFEIFER B., Kostentragungspflicht, S. 142 ff.

[818] TSCHANNEN/FRICK, S. 17.

[819] BGer, BVR 1988 S. 406 E. 3c cc.

[820] Dazu oben N 40 f.

[821] Dazu oben N 242 ff.

nung gegen eine Haftung sprechen und somit ein dogmatisches Fundament für die Legalisierungswirkung bieten.[822] Somit bleibt die Frage offen, ob die Behörden von einem Betreiber die Rückerstattung von Massnahmenkosten verlangen können, die dieser durch ein genehmigtes Verhalten verursacht hat.

450   Fest steht zumindest, dass eine Legalisierungswirkung nur solche Gefahren erfassen kann, derentwegen die Genehmigung erteilt worden ist. Eine Genehmigung wirkt nämlich immer nur *relativ*. Andere Schadensszenarien, die nicht Gegenstand des Genehmigungsverfahrens bildeten, können grundsätzlich nicht erfasst werden.[823] Es kommt somit bei der Frage nach der Legalisierungswirkung entscheidend auf den Gegenstand und den Umfang der erteilten Genehmigung an.[824] Zu Recht wird in der deutschen Lehre zusätzlich gefordert, dass der Kreis der legalisierten Gefahrenlagen sich auf diejenigen Risiken beschränkt, die für die Behörde im Zeitpunkt der Genehmigungserteilung objektiv erkennbar waren.[825]

451   Eine allgemeine Bejahung der Legalisierungswirkung für alle von einer Bewilligung erfassten Risiken würde indessen bedeuten, dass mit der Bewilligung durch den Staat das Risiko für alle von der Präventivprüfung erfassten Punkte auf ihn übergeht.[826] Es sollte aber nicht Zweck einer Bewilligung sein, einen Betreiber von seiner Verantwortung zu befreien. DUBS bemerkt treffend, dass der Betreiber dem Betrieb viel näher stehe als die Bewilligungsbehörde und zudem einen wirtschaftlichen Nutzen aus ihm ziehe, weshalb er auch dessen Risiken tragen müsse.[827] KLOEPFER und WAGNER G. weisen ih-

---

[822] So PAPIER (S. 24 ff.), der - wie die herrschende deutsche Lehre - die Legalisierungswirkung öffentlich-rechtlicher Genehmigungen deshalb bejaht, weil polizeirechtlich verantwortlich und daher mit dem Risiko der Gefahren- und Störungsbeseitigung nur derjenige behaftet sein kann, der sich mit seinem Verhalten ausserhalb der Grenzen der allgemeinen Rechtsordnung bewegt.

[823] KLOEPFER, Verantwortlichkeit, S. 35 f.; WAGNER G., S. 116.

[824] DUESMANN, S. 64 ff. Vgl. auch WAGNER PFEIFER B., Kostentragungspflicht, S. 142 ff. und insb. S. 144.

[825] KLOEPFER, Verantwortlichkeit, S. 37; WAGNER G., S. 116 m.w.H.

[826] DUBS, S 299.

[827] DUBS, S. 299; gl.M. HAGER, Rechtsvergleichende Sicht, S. 225.

rerseits darauf hin, dass eine umfassende Risikoüberwälzung auf den Staat im Ergebnis dazu führen würde, dass sich Behörden bei der Erteilung von Bewilligungen bei umweltbelastenden Aktivitäten schwer tun und sich - im Zweifel - gegen die Erteilung entscheide.[828] Folgerichtig betonen sowohl KLOEPFER als auch WAGNER G., dass die Ablehnung einer Legalisierungswirkung nicht industriefeindlich sei, sondern vielmehr das "freiheitlichere Regelungsmodell" darstellen würde.[829]

Aus diesen Überlegungen folgt, dass eine Legalisierungswirkung behördlicher   452
Bewilligungen grundsätzlich nicht bejaht werden sollte. Es besteht vorliegend auch kein Widerspruch zu der in dieser Arbeit vertretenen Ansicht, wonach *de lege lata* die Widerrechtlichkeit eine Voraussetzung jeder Verursacherhaftung ist.[830] Wie es die zivilrechtlichen Gefährdungshaftungen veranschaulichen, schliesst ein rechtmässiges Verhalten bzw. eine rechtmässige Tätigkeit *per se* nicht aus, dass eine allfällig daraus resultierende Schädigung rechtswidrig sein kann. Es liegt gerade in der Natur der Gefährdungshaftungen, ebenfalls Normalbetriebsrisiken einzuschliessen.[831]

Von der blossen Genehmigung einer schädigenden Aktivität müssen jedoch   453
diejenigen Konstellationen unterschieden werden, in denen der *schädliche Erfolg* als solcher vom Staat vorausgesehen und akzeptiert wurde (z.B. bei einer bewilligten Abwassereinleitung mit einem bestimmten Schadstoffgehalt)[832]. Eine nachträgliche Inanspruchnahme durch den Staat sollte in solchen Fällen immer ausgeschlossen sein.[833] Eine entsprechende "*permit defence*" findet sich auch in der Richtlinie 2004/35/EG über Umwelthaftung zur Vermeidung und Sanierung von Umweltschäden wieder. Solche Schäden fallen

---

[828]   KLOEPFER, Verantwortlichkeit, S. 33; WAGNER G., S. 117.

[829]   KLOEPFER, Umweltrecht, § 12 N 160; KLOEPFER, Verantwortung, S. 33; WAGNER G., S. 117.

[830]   Dazu oben N 286 ff.

[831]   WAGNER G., S. 114.

[832]   Dazu WAGNER PFEIFER B., Umweltrecht II, S. 131.

[833]   Vgl. HAGER, Rechtsvergleichende Sicht, S. 225; WAGNER PFEIFER B., Kostentragungspflicht, S. 144.

nicht unter die Definition des Umweltschadens nach Art. 2 Nr. 1 a Abs. 2 RL 2004/35/EG und wurden somit aus dem Anwendungsbereich der Richtlinie herausgenommen.[834]

5.5.2 Legalisierungswirkung und Art. 32b^{bis} USG

454 Die Sache liegt bei Art. 32b^{bis} USG anders als bei allen anderen Verursacherhaftungen, da es sich um eine zivilrechtliche Norm handelt,[835] die einen zivilrechtlichen Anspruch gewährt. Anspruchberechtigt ist in der Regel nicht der Staat, sondern Private.[836] Es geht also nicht mehr um die Frage, inwiefern eine staatliche Genehmigung wie ein Schutzschild gegenüber einer polizeirechtlichen Verantwortlichkeit wirkt, sondern ob eine Genehmigung ein Recht zum entschädigungslosen Eingriff in Rechte Dritter gewährt bzw. eine zivilrechtliche Haftung im Falle eines rechtmässigen Normalbetriebs ausschliesst.

455 Eine öffentlich-rechtliche Genehmigung bzw. Bewilligung sollte grundsätzlich kein Recht zum entschädigungslosen Eingriff in die Rechte Dritter begründen können.[837] Das öffentliche Recht hat nämlich im Prinzip keinen Einfluss auf Haftungsklagen.[838] Auch der Gedanke der "Einheit der Rechtsordnung" verbietet nicht, dass ein Verhalten nach einer Norm rechtmässig ist und nach einer anderen nicht (relative Rechtswidrigkeit).[839] Ein gutes Beispiel hierfür bilden die Gefährdungshaftungen, deren Zweck gerade darin besteht, eine Entschädigung für die unvermeidlichen Folgen erlaubter bzw. genehmigter oder bewilligter gefährlicher Tätigkeiten zu gewähren. Dass der schadensverursachende Betrieb (z.B. das Atomkraftwerk) bewilligt ist, ändert an der zivilrechtlichen Verantwortung nichts. Diese Autonomie des Haftpflicht-

---

[834] Dazu WAGNER G., S. 113.

[835] Dazu unten N 818 ff.

[836] Dazu unten N 840 ff.

[837] Vgl. DOLDE, Diskussionsbericht, S. 261; WAGNER PFEIFER B., Kostentragungspflicht, S. 142.

[838] HAGER, Rechtsvergleichende Sicht, S. 223.

[839] KLOEPFER, Verantwortlichkeit, S. 34 f.

rechts ist auch systemgerecht.[840] Gefährdungshaftungen knüpfen z.B. nicht direkt an das Verhalten an, sondern an die Verwirklichung des geschaffenen Risikos. Anstatt eine gefährliche Tätigkeiten zu verbieten, wird als Ausgleich eine Gefährdungshaftung geschaffen, wodurch die Kosteninternalisierung und ein besserer Schutz der Opfer sichergestellt werden sollen.[841]

Als weitere Veranschaulichung der Unabhängigkeit des Haftpflichtrechts gegenüber dem öffentlich-rechtlichen Sicherheitsrecht kann der Bereich des Immissionsschutzes genannt werden.[842] Das Einhalten öffentlich-rechtlicher Emissions- und Immissionsbegrenzungen schützt nicht vor nachbarrechtlichen Klagen.[843] Dieses Beispiel zeigt zudem, dass das öffentlich-rechtliche Sicherheitsrecht und das privatrechtliche Haftungsrecht verschiedene Ziele verfolgen. Während das öffentlich-rechtliche Sicherheitsrecht einen Standartschutz gewährleistet, bietet das zivilrechtliche Haftpflichtrecht einen auf den Einzelfall zugeschnittenen Schutz, welcher über den öffentlich-rechtlichen hinausgehen kann.[844] Folgerichtig schliessen weder die Befolgung von polizeirechtlichen Vorschriften noch die behördliche Genehmigung *per se* die Mangelhaftigkeit eines Werkes im Sinne von Art. 58 OR aus.[845] Auch bei der Verschuldenshaftung (Art. 41 OR) kann aus der Einhaltung von ordnungsrechtlichen Vorschriften generell nicht geschlossen werden, dass kein (objektives) Verschulden vorliegt.[846] Einerseits können gesetzliche Regelungen auf einer anderen Ebene liegen, andererseits können auch die Umstände eines Einzelfalls einen höheren Sorgfaltsgrad erfordern.[847]

456

---

[840] HAGER, Rechtsvergleichende Sicht, S. 224.

[841] Statt aller: REY, Haftpflichtrecht, N 1243; SCHWENZER, N 54.01; WERRO, Responsabilité civile, N 26.

[842] AUER, S. 28 ff.; ZUFFEREY, Immissions, S. 93 ff.

[843] WERRO, Immissions, S. 100 f.

[844] AUER, S. 31; WAGNER G., S. 115; WERRO, Immissions, S. 101.

[845] Statt aller: KELLER A.,. Bd. I, S. 207; REY, Haftpflichtrecht, N 1062; WERRO, Responsabilité civile, N 613. BGE 91 II 201 E. 3d m.w.H.

[846] BGE 87 II 301 E. 5a.

[847] Statt aller: KELLER A.,. Bd. I, S. 123; OFTINGER/STARK, Haftpflichtrecht I, § 5 N 98; REY, Haftpflichtrecht, N 874; WERRO, CR, Art. 41 N 90.

457   Sollte in gewissen Fällen dennoch eine legalisierende Wirkung angenommen werden, so würde sich - zumindest in den Fällen leichtfertiger Bewilligung - die Frage nach einer Haftung des Staates stellen, wenn es durch einen bewilligten Betrieb zur Verletzung von Rechtsgütern Dritter kommt.[848]

6   Revision des Haftpflichtrechts und Verursacherhaftungen

6.1   Allgemeines

458   Es gebietet sich, vorliegend auf die geplante Revision des Haftpflichtrechts einzugehen, da die angestrebte Neuordnung des gesamten Haftpflichtrechts insbesondere auch einen Teil der vorliegend behandelten *Verursacherhaftungen* umfasst. Im Zuge der Revision könnten sich die *Haftungsvoraussetzungen* der betroffenen Verursacherhaftungen radikal ändern bzw. zivilrechtliche Haftungsgründe zur Anwendung gelangen. Der Vorentwurf veranschaulicht somit, dass die den Verursacherhaftungen zugrunde liegenden Tatbestände dogmatisch völlig anders angegangen werden können und durchaus *bewährten Zurechnungskriterien* zugänglich sind.

459   Im Jahre 1988 beauftragte das eidgenössische Justizdepartement eine Studiengruppe mit der Ausarbeitung einer Gesamtrevision des Haftpflichtrechts. Die Studienkommission gab 1991 ihren Bericht ab, worin sie in 102 Thesen ausführliche Vorschläge zur Ausgestaltung des neuen Haftpflichtrechts unterbreitete. Daraufhin beauftragte das Bundesamt für Justiz 1992 Prof. PIERRE WIDMER und Prof. PIERRE WESSNER (beide Mitglieder der Kommission) mit der Ausarbeitung eines Rohentwurfs zum allgemeinen Teil des Haftpflichtrechts im Obligationenrecht und mit der Anpassung der haftpflichtrechtlichen Spezialgesetze in diesem allgemeinen Teil.

460   Der Vorentwurf und der Bericht wurden 1999 abgeliefert und am 9. Oktober 2000 vom Bundesrat in die Vernehmlassung geschickt. Angesichts dessen,

---

[848] Zum Verhältnis des privaten Haftungsrechts zum öffentlichen Sicherheitsrecht s. WAGNER G., S. 113 ff.

dass der Vorentwurf erhebliche Kritik ausgelöst hat, beschloss der Bundesrat, die Revision des Haftpflichtrechts nicht in das Gesetzgebungsprogramm 2003/07 aufzunehmen.

Eng mit der *Revision der Verursacherhaftungen* verbunden ist die Frage des   461
ersatzfähigen Schadens. Neu wird im Vorentwurf (Art. 45d) der Ersatz des eigentlichen Umweltschadens vorgesehen, das heisst, eine Einwirkung auf die Umwelt, die keine Vermögensminderung bewirkt.[849] Zudem wird unter bestimmten Voraussetzungen die *Aktivlegitimation* für den Ersatzanspruch anderen Personen als den Berechtigten (im Sinne des Sachenrechts) eingeräumt. Damit werden auch unter gewissen Voraussetzungen *Reflexschäden* ersetzt.[850]

6.2 Revision bezüglich der Verursacherhaftungen

Die im Vorentwurf angestrebte *Annäherung von zivilem und öffentlichem*   462
Verantwortlichkeitsrecht wird auch bei den Verursacherhaftungen vollzogen.

So wird etwa bezüglich Art. 59 USG in der *Variante A* vorgeschlagen, dass   463
die geltende Bestimmung über die verwaltungsrechtliche Kostenauflage dahin geändert wird, dass die Behörde ihren Ersatzanspruch nicht mehr mit einer Verfügung und in einem allenfalls daran anschliessenden verwaltungsgerichtlichen Verfahren gegen irgendeinen Störer durchsetzen kann oder muss, sondern von Gesetzes wegen gehalten ist, einen *zivilrechtlichen Schadensersatzanspruch* geltend zu machen, der sich auf einen der *anwendbaren zivilrechtlichen Haftungsgründe* stützt. Laut dem erläuternden Bericht soll damit gewährleistet werden, dass auch bei Ersatzansprüchen der öffentlichen Hand nicht ein diffuses und undifferenziertes Verursacherprinzip, sondern rechtspolitisch anerkannte Verantwortlichkeits- und Zurechnungskriterien zur Anwendung kommen.[851] In der *Variante B* bliebe Art. 59 USG indessen unberührt.

---

[849]   Dazu unten N 534 ff.
[850]   Dazu unten N 537.
[851]   WIDMER/WESSNER, S. 385.

464 Bezüglich Art. 54 GSchG hält der Bericht einleitend fest, dass dieser Artikel grundsätzlich überflüssig ist, da Art. 59 USG ebenfalls den Bereich des Gewässerschutzes abdeckt, so dass auf eine Wiederholung prinzipiell verzichtet werden könnte. Sollte bei der Revision von Art. 59 USG Variante A der Vorzug gegeben werden, so schlagen WIDMER/WESSNER - falls Art. 54 GSchG doch nicht aufgehoben werden sollte - deren Ersetzung durch eine Anweisung an die Behörde vor, sich auf zivilrechtlichem Wege an der verantwortlichen Person schadlos zu halten. Auch hier kämen somit die grundsätzlichen Haftungsgründe des *Zivilrechts* zum Zuge.

465 Entsprechend den Revisionsvorschlägen bezüglich Art. 59 USG und 54 GSchG soll laut dem Vorentwurf auch Art. 4 KHG einer *privatrechtlichen Haftung* weichen. Dem Gemeinwesen würde wiederum das Recht eingeräumt, seinen Aufwand für die im öffentlichen Interesse getroffenen Massnahmen als *Schaden* auf die für die Gefährdung und ihre allfällige Verwirklichung haftenden Personen zu überwälzen.[852]

466 Zusammenfassend kann somit den Vorentwurf betreffend festgehalten werden, dass für jede Verursacherhaftung (abgesehen vom Altlastenrecht [Art. 32d USG] und Art. 32b^bis USG, die beide nicht behandelt werden) ein *Systemwechsel* von einer von dem Verursacherprinzip abgeleiteten, öffentlich-rechtlichen Erfolgshaftung zu einer auf *bewährten Zurechnungskriterien beruhenden*, zivilrechtlichen Haftung stattfindet.

B   Haftungsfolgen

1   Allgemeines

467 Im privatrechtlichen Schadensersatzrecht kann die Wiederherstellung des hypothetischen Zustandes bei Ausbleiben des Schadensereignisses durch Geldersatz und/oder Naturalersatz (Art. 43 OR) erfolgen.

---

[852] WIDMER/WESSNER, S. 341 f.

In der Praxis dominiert jedoch der *Geldersatz*, durch den die Schädigung zu   **468**
beheben ist und der einen wirtschaftlichen Ausgleich für die Kosten darstellt,
die z.B. bei einem *Sachschaden* aufgewendet wurden oder aufzuwenden sind,
um den materiellen Schaden durch Reparatur oder Anschaffung eines Ersatz-
gegenstandes zu beseitigen.[853]

Im Rahmen des *Gefahrenabwehrrechts* gestaltet sich die Sache grundlegend   **469**
anders. Dort liegt das Augenmerk *primär* auf der *Abwehr drohender Gefahren bzw. Störungen* und darüber hinaus auf der Beseitigung bereits eingetretener Beeinträchtigungen. Zwar bildet die Schadensvermeidung auch ein tradi-
tionelles Ziel des Haftpflichtrechts,[854] die Behebung des Sachschadens durch
tatsächliche Reparatur bzw. Ersatz spielt hingegen im Haftpflichtrecht keine
Rolle. Eine Pflicht, den erhaltenen Geldbetrag tatsächlich zur Schadensbeseitigung zu verwenden, besteht für den Geschädigten nicht.[855] Schadensersatz
ist dem Geschädigten grundsätzlich auch dann geschuldet, wenn er die Sache
nicht reparieren lässt bzw. nicht ersetzt.[856] Der Schadensersatz (namentlich
der Geldersatz) ist somit in der Regel nicht zweckgebunden und der Geschädigte kann grundsätzlich frei darüber verfügen.[857]

Eine Ausnahme zu diesem Grundsatz findet sich in Art. 15 BGF[858], wonach   **470**
der Empfänger einer Entschädigung, die zur Wiederherstellung des ursprünglichen Zustandes ausgerichtet wurde, den Schaden baldmöglichst wieder gut-
machen muss. Konkret wird der Empfänger verpflichtet, mit der erhaltenen
Entschädigung verunreinigte Gewässer zu reinigen und neue Fische auszuset-

---

[853]   CHAPPUIS B., N 359 ff.; SCHNYDER, Art. 43 N 2; REY, Haftpflichtrecht, N 327 f.;WERRO,
Responsabilité civile, N 1005 ff.

[854]   BRÜGGEMEIER, Prinzipien, S. 3 ff.

[855]   CHAPPUIS B., N 477 ff.; REY, Haftpflichtrecht, N 328; ROBERTO, Schadensrecht, S. 167 ff.
Für das deutsche Recht: BRÜGGEMEIER, Prinzipien, S. 185; STEINER G., S. 10. A.M. HON-
SELL, Haftpflichtrecht, § 8 N 50.

[856]   Die Sache liegt bei Personenschäden grundsätzlich anders, dazu CHAPPUIS B., N 524 ff.;
ROBERTO, Schadensrecht, S. 172 ff.; STEINER G., S. 10.

[857]   Zur Problematik der Dispositionsfreiheit des Geschädigten bezüglich des Schadensersatz-
betrages s. ROBERTO, Schadensrecht, S. 175 ff.

[858]   Bundesgesetz vom 21. Juni 1991 über die Fischerei, SR 923.0.

zen. Offen bleibt indessen die Frage, wie die Zweckentfremdung im Zivilrecht verhindert werden soll.[859]

471   Im Gegensatz zum Haftpflichtrecht bildet im Gefahrenabwehrrecht die *Realleistungspflicht* und die damit verbundene tatsächliche Beseitigung der Gefahr das oberste Ziel. Die Frage der Kosten bzw. der *Kostentragungspflicht*, welche den Gegenstand aller Verursacherhaftungen bildet, stellt sich deshalb erst und allein dann, wenn durch die Erfüllung einer *verwaltungsrechtlichen Realleistungspflicht* (namentlich der Gefahrenabwehrpflicht) dem Pflichtigen eine Vermögenseinbusse entsteht, die seinen Verursachungsanteil übersteigt[860] oder wenn dem Staat Kosten wegen eines *unmittelbaren Vollzugs* erwachsen sind, die es auf die Verursacher zu überwälzen gilt.[861] Im Grunde genommen geht es darum, eine ungerechte Lastenverteilung, die auf der Primärebene entstanden ist (z.B. wegen der Vorfinanzierung der Beseitigungskosten durch den Zustandsstörer), nachträglich auf die verschiedenen Verursacher anteilsmässig zu verteilen.

472   Der Aspekt der Gefahrenbeseitigung bzw. Gefahrenvorbeugung findet auch bei der *Bestimmung der ersatzfähigen Kosten* bzw. beim Haftungsumfang seinen Niederschlag. Grundsätzlich werden allein diejenigen Kosten, die zur Gefahrenbeseitigung *notwendig* sind, rückerstattet. Bei einer Sanierung geht es z.B. nicht wie im Haftpflichtrecht um die Wiederherstellung des ursprünglichen Zustandes, sondern allein darum, die Gefahr abzuwenden.[862] Dementsprechend sehen Art. 32b[bis] Abs. 1 lit. b und Art. 32d Abs. 1 USG explizit nur einen Ersatz für die Kosten von *notwendigen* Massnahmen vor.[863]

---

[859]   Dazu PETITPIERRE D., S. 71 f.; TRÜEB, Art. 59a N 116.

[860]   Vgl. TSCHANNEN, Art. 32d N 9.

[861]   Der aus einer Ersatzvornahme resultierende öffentlich-rechtliche Kostenrückerstattungsanspruch stellt hingegen keine Verursacherhaftung dar, da es sich dabei allein um die Wandlung der Realleistungspflicht handelt. Dazu oben N 134 und ferner unten N 485.

[862]   TRÜEB, Art. 59 N 40.

[863]   Dazu unten N 539 ff. und 971 ff.

Im Gegensatz zu den Verursacherhaftungen des Schweizer Rechts begründet 473
die RL 2004/35/EG nicht nur eine Kostentragungspflicht, sondern und vor
allem auch eine *Vermeidungs- und Sanierungspflicht des Betreibers* (Art. 5, 6
und 8 RL 2004/35/EG).[864] Die dem Schweizer Recht zugrunde liegende
Zweiteilung von Realleistungs- und Kostentragungspflicht und die damit verbundenen verschiedenen Voraussetzungen finden sich somit in der RL
2004/35/EG nur bedingt wieder.[865] Auch wenn die Massnahmen- und die
Kostentragungspflicht nach der Richtlinie meistens zusammenfallen, kennt
auch sie Tatbestände, in denen der Betreiber zwar die Massnahmen ergreifen,
deren Kosten aber nicht tragen muss (z.B. Art. 6 Abs. 3 i.V.m. Art. 8 Abs. 3
RL 2004/35/EG).[866]

2   Ersatzfähige Kosten statt Schaden

2.1   Allgemeines

Nachfolgend soll die Frage nach der Rechtsnatur der jeweiligen Kosten 474
behandelt werden. Dabei geht es nicht darum zu wissen, ob der Kostenrückerstattungsanspruch öffentlich-rechtlich oder privatrechtlich ist, sondern um die
Art des Kostenrückerstattungsanspruchs.

Obwohl Verursacherhaftungen grundsätzlich dem Haftpflichtrecht zugerech- 475
net werden sollten, ist dies weder in der herrschenden Lehre noch in der
Rechtsprechung der Fall.[867] Demnach wird bei Verursacherhaftungen auch
nicht von einem Schaden im klassischen Sinn ausgegangen, sondern von *er-*

---

[864] Dazu oben N 84 und 142.
[865] A.M. WAGNER G. (S. 88), der von zwei Haftungsregimen ausgeht, da die Massnahmenpflicht nicht immer mit der Kostentragungspflicht deckungsgleich ist.
[866] Dazu WAGNER G., S. 99 f.
[867] Dazu oben N 21 ff. und unten N 477 ff.

satzfähigen Kosten.[868] Folglich wird ebenfalls die aus dem Haftpflichtrecht stammende *Berechnung* des "Schadens" abgelehnt.[869]

476 Angesichts der Verschiedenheit der Verursacherhaftungen kann die Frage der Kosten bzw. der Art des Anspruchs nicht einheitlich behandelt werden. Einerseits sind die meisten Verursacherhaftungen öffentlich-rechtlich, während Art. 32b^bis USG privatrechtlicher Natur ist. Andererseits fliesst die Entschädigung nicht bei allen Verursacherhaftungen ausschliesslich dem Staat zu,[870] so ist bei Art. 32b^bis USG namentlich der Inhaber des Grundstücks anspruchsberechtigt.[871] Bei Art. 32d USG wird zwar die Kostenverteilung über den Staat abgewickelt, doch ist es *im Ergebnis* der Realleistungspflichtige, der seine Kosten rückerstattet bekommt.[872]

2.2 Rechtsnatur der Kosten bei Art. 59 USG und 54 GSchG

477 Die herrschende Lehre erachtet die Kosten, die mit der unmittelbaren Ausführung (Art. 59 USG und 54 GSchG) beim Staat anfallen und dann dem Verursacher angelastet werden, als *Verwaltungsgebühren.*[873]

---

[868] Statt Vieler PERGOLIS, S. 259; SCHERRER, S. 115; TSCHANNEN, Art. 32d N 9 ff. und insb. N 13. Dazu ausführlich unten N 527 ff.

[869] Dazu ausführlich unten N 538 ff.

[870] Es wird vorliegend die Meinung vertreten, Art. 32d USG begründe einen öffentlich-rechtlichen Rückerstattungsanspruch des Realleistungspflichtigen gegenüber dem Gemeinwesen und nicht etwa einen direkten Anspruch zwischen den verschiedenen Verursachern (so auch BULDIGER, S. 305; CUMMINS, S. 78 ff.; HARTMANN/ECKERT, S. 626; SCHERRER, S. 108 ff.; TSCHANNEN, Art. 32d N 17 f. A.M. STUTZ, Kostentragung, S. 778 f.).

[871] Der Staat kann natürlich auch Inhaber eines Standorts sein und folglich Anspruchberechtigter nach Art. 32b^bis USG.

[872] Realleistungspflichtiger kann nur eine Privatperson sein. Vollziehen die Behörden unmittelbar Sicherungs- oder Behebungsmassnahmen, so erfüllen sie eigene Pflichten, da die Gefahrenabwehr zur ihren gesetzlichen Aufgaben gehört (SCHERRER, S. 115; TSCHANNEN, Art. 32d N 12). Von einer Realleistungspflicht des Verursachers kann in diesen Fällen deshalb nicht die Rede sein, weil er wegen zeitlicher, sachlicher oder persönlicher Aspekte zu einer Realleistung gar nicht in der Lage ist.

[873] SEILER, Art. 2 N 38; vgl. ferner auch TRÜEB, Art. 59 N 41.

Mit der vorliegend zu behandelnden Frage darf nicht diejenige der *Gebühren-*   478
erhebung für Amtshandlungen nach Art. 48 USG und 55 GSchG verwechselt
werden. Diese beiden Artikel beziehen sich laut ihrem Wortlaut ausschliesslich auf Bewilligungen, Kontrollen und besondere Dienstleistungen. Siche-
rungs- und Behebungsmassnahmen nach Art. 59 USG und 54 GSchG können
nicht unter dem Begriff "besondere Dienstleistungen" subsumiert werden und
stellen zudem m.E. jeweils eine *lex specialis* dar. Art. 48 USG und 55 GSchG
präjudizieren die Frage nach der Rechtsnatur der Kosten in Art. 59 USG und
54 GSchG somit nicht.[874]

Als *Verwaltungsgebühr* bezeichnet man traditionell die geldliche Gegenleis-   479
tung für eine Amtshandlung, die ein Einzelner durch sein Tun oder Unterlassen veranlasst oder verursacht oder für die Benutzung einer öffentlichen Einrichtung.[875] Im ersten Fall wird von einer *Verwaltungsgebühr* (z.B. Gerichtsgebühren)[876] gesprochen, im zweiten von einer *Benutzungsgebühr* (z.B. Stu-
diengebühren).[877] Schliesslich gibt es noch die Regal-, Monopol- und Sonder-
nutzungsgebühren, die das Entgelt für die Erteilung einer Konzession bilden.[878] Verwaltungsgebühren unterscheiden sich somit von den Steuern dadurch, dass sie an eine angemessen zurechenbare Leistung des Staates geknüpft sind.[879]

Da es sich bei Gebühren um ein Entgelt für eine staatliche Leistung handelt,   480
wird bei der *Bemessung* grundsätzlich vom *Wert* dieser Leistung ausgegan-

---

[874] Scheinbar gl.M. BRUNNER (Art. 48 N 16), die in ihrer Aufzählung der "besonderen
Dienstleistungen" nach Art. 48 Abs. 1 USG weder Art. 59 USG noch Art. 54 GSchG erwähnt. So auch TSCHANNEN (Art. 32d N 12), der die Kostenerstattung bei unmittelbarem
Vollzug durch das Gemeinwesen als Gebühr qualifiziert, ohne sich dabei auf Art. 48 USG
zu beziehen.

[875] GYGI, Verwaltungsrecht, S. 269 ff.; HÄFELIN/MÜLLER/UHLMANN, N 2626.

[876] Vgl. BGE 120 Ia 171.

[877] Vgl. BGE 130 I 113; BLUMENSTEIN/LOCHER, S. 2 f.; HÄFELIN/MÜLLER/UHLMANN,
N 2627 ff.

[878] BLUMENSTEIN/LOCHER, S. 3; GYGI, Verwaltungsrecht, S. 274; HÄFELIN/MÜLLER/UHL-
MANN, N 2633 ff.

[879] HUNGERBÜHLER, S. 507; VALLENDER, S. 170.

gen.[880] Neben der gesetzlichen Grundlage müssen bei der Festsetzung der Gebühren zudem verschiedene materielle Schranken eingehalten werden:

- Nach dem *Kostendeckungsprinzip* dürfen die Gesamteingänge an Gebühren nicht oder nur geringfügig die gesamten Kosten überschreiten.[881] Nicht nur die Kosten des jeweiligen Einsatzes, sondern auch ein Teil der Fixkosten dürfen dem Verursacher laut Praxis überbunden werden.[882]

- Das *Äquivalenzprinzip,* welches das Verhältnismässigkeitsprinzip, das Gleichbehandlungsgebot und das Willkürverbot konkretisiert (Art. 5 Abs. 2, 8 und 9 BV),[883] besagt, dass die Höhe der Gebühr im Einzelfall in einem vernünftigen Verhältnis zum Wert stehen muss, den die staatliche Intervention für den Verursacher hat.[884]

481 Die Qualifikation des staatlichen Rückerstattungsanspruchs als *Verwaltungsgebühr* erscheint auf den ersten Blick nicht besonders problematisch. Im Gegenteil bringt diese Qualifikation sogar scheinbar gewisse Vorteile mit sich. Das grundsätzliche Erfordernis einer formellen Gesetzesgrundlage, das Kostendeckungsprinzip und das Äquivalenzprinzip bieten dem Bürger einen effizienten rechtsstaatlichen Schutz. Doch wird mit dieser Qualifikation auch bzw. vor allem die wahre Natur dieser Kosten und folglich der *haftungsrechtliche Charakter* von Art. 59 USG und 54 GSchG verkannt. Schadenszurechnungsgründe wie die Schuld oder die Verwirklichung eines Risikos sind dem Gebührenrecht naturgemäss fremd. Auch die Frage der Zurechnung der Gebührenpflicht - d.h. die Ermittlung des Gebührenadressaten - gestaltet sich bei klassischen Gebührenfällen um einiges einfacher, als dies bei Art. 59 USG und 54 GSchG der Fall ist, bei denen die Haftungszurechnung grundsätzlich

---

[880] HÄFELIN/MÜLLER/UHLMANN, N 2636.

[881] BGE 132 II 47 E. 4, 131 II 735 E. 3.2, 126 I 180 E. 3a/aa; HÄFELIN/MÜLLER/UHLMANN, N 2637; HUNGERBÜHLER, S. 520; VALLENDER, S. 66 ff.

[882] TRÜEB, Art. 59 N 41.

[883] HÄFELIN/MÜLLER/UHLMANN, N 2642.

[884] GRISEL, S. 612 f.; HÄFELIN/MÜLLER/UHLMANN, N 2641; VALLENDER, S. 66 ff.

einen wesentlich höheren Grad an *Wertungen* voraussetzt.[885] Auf die Qualifikation als Gebühr und die Kritik derselben wird nochmals eingehend zurückzukommen sein, sobald die Rechtsnatur der Kosten bei Art. 32d USG und
32b[bis] USG geklärt ist.

2.3 Rechtsnatur der Kosten bei Art. 32d USG

Die Frage der Rechtsnatur der Kosten weist bei Art. 32d USG mehr Facetten   482
auf als bei Art. 59 USG und 54 GSchG. Dies liegt darin begründet, dass in
Altlastenfällen verschiedenartige Ansprüche bestehen können. Nachfolgend
sollen deshalb diese getrennt analysiert werden und dabei insbesondere der
Frage nachgegangen werden, ob der jeweilige Anspruch als Gebühr qualifiziert werden kann.

Sanierungs-, Untersuchungs- und Überwachungskosten werden zumeist nicht   483
primär beim Staat anfallen, sondern beim Realleistungspflichtigen.[886] Letzte-
rem steht dann für die seinen Verursachungsanteil übersteigenden Kosten ein
öffentlich-rechtlicher Rückerstattungsanspruch gegenüber dem Gemeinwesen
zu (Art. 32d Abs. 4 USG).[887] Der Staat hat somit *Schuldnerstellung* gegenüber
dem Realleistungspflichtigen.[888] Dieser Rückerstattungsanspruch eines Privaten gegenüber dem Staat kann natürlich nicht als *Verwaltungsgebühr* qualifiziert werden.

Daneben gibt es *drei verschiedene Konstellationen*, in denen der Staat von   484
Verursachern eine Rückerstattung der Kosten verlangen kann und somit in
einer *Gläubigerstellung* ist.

---

[885] Dazu oben N 198 ff.

[886] Natürlich kann auch das Gemeinwesen Inhaber eines sanierungsbedürftigen Standorts sein
und folglich auch realleistungspflichtig. Eine primäre Leistungspflicht trifft den Staat
ebenfalls in denjenigen Fällen, in denen der Verursacher aus zeitlichen, sachlichen oder
persönlichen Gründen nicht in der Lage ist, die Gefahr zu beseitigen und das Gemeinwesen
deshalb zum unmittelbaren Vollzug schreiten muss.

[887] Zu dieser Problematik CUMMINS, S. 78 ff.; SCHERRER, S. 108 ff.; TSCHANNEN, Art. 32d
N 9.

[888] CUMMINS, S. 182 f.

485   Erstens steht dem Gemeinwesen in denjenigen Fällen eine Forderung zu, in denen ein Realleistungspflichtiger die Sanierung bzw. die Untersuchungs- und Überwachungsmassnahmen rechtswidrig nicht vornimmt und die Behörden zu einer *ordentlichen Erstattvornahme* schreiten müssen. Bei der Forderung, die dem Staat durch die Ersatzvornahme erwächst, handelt es sich um einen *öffentlichrechtlichen Rückerstattungsanspruch*. Es liegt schon deshalb *keine Verwaltungsgebühr* vor, weil die Kostenersatzpflicht nichts anderes darstellt als eine *Wandlung der ursprünglichen Realleistungspflicht*.[889]

486   Zweitens kann der Staat auch die Kosten vom Verursacher zurückfordern, die ihm anlässlich eines *unmittelbaren Vollzugs* erwachsen. Wie bei Art. 59 USG und 54 GSchG qualifiziert die herrschende Lehre diese Kosten als *Verwaltungsgebühren*.[890]

487   Drittens obliegt es dem Gemeinwesen im Rahmen einer Kostenverteilungsverfügung (Art. 32d Abs. 4 USG), den Kostenanteil der jeweiligen weiteren Verursacher einzutreiben. Dem Realleistungspflichtigen, der die Massnahmen getroffen und somit vorfinanziert hat, steht ein öffentlich-rechtlicher Rückerstattungsanspruch für die seinen Verursachungsanteil übersteigenden Kosten unabhängig davon zu, ob das Gemeinwesen tatsächlich die Kosten bei den weiteren Verursachern eintreiben kann oder nicht, denn allein der Staat trägt das Bonitätsrisiko bzw. allfällige Ausfallkosten (Art. 32d Abs. 3 USG).[891]

488   Die Natur der *Kostentragungspflicht der (weiteren) Verursacher* gemäss Art. 32d USG wurde im Gegensatz zur Rechtsnatur des *Ausgleichanspruchs des Realleistungspflichtigen* soweit ersichtlich nicht explizit diskutiert. Es wird offenbar davon ausgegangen, dass die Rechtsnatur des Ausgleichanspruchs des Realleistungspflichtigen zwangsweise mit derjenigen der Kostentragungspflicht der (weiteren) Verursacher übereinstimmen muss. Diese Ansicht

---

[889]   Ähnlich TSCHANNEN, Art. 32d N19; a.M. GRIESBECK (S. 128 f.), der auch bei Ersatzvornahmen von einer Gebühr ausgeht. Dazu auch oben N 135.

[890]   SCHERRER, S. 115 ff.; TSCHANNEN, Art. 32d N 12.

[891]   Dazu unten N 725 ff.

ist m.E. verfehlt. Anerkennt man nämlich vorliegend im Einklang mit der herrschenden Lehre, dass dem Realleistungspflichtigen gestützt auf Art. 32d USG allein ein öffentlich-rechtlicher Rückerstattungsanspruch gegenüber dem Staat zusteht und er folglich keinen direkten Anspruch gegen die weiteren Verursacher hat, so muss auch das Bestehen einer *unabhängigen Forderung* des Staats gegenüber den weiteren Verursachern bejaht werden. Dies führt zu einer Entkoppelung der Frage nach der jeweiligen Rechtsnatur dieser beiden Ansprüche. Nachfolgend muss deshalb die Frage nach der Natur der *Kosten-tragungspflicht der* (*weiteren*) *Verursacher* unabhängig beantwortet werden

Würde man der herrschenden Lehre zu Art. 59 USG und 54 GSchG folgen, so läge es nahe, die Forderung des Gemeinwesens aus Art. 32d USG gegenüber den weiteren Verursachern als *Verwaltungsgebühr* zu qualifizieren. Eine solche Qualifizierung vermag dennoch nicht zu überzeugen, da es sich bei dieser Forderung nicht um die geldliche Gegenleistung für eine Amtshandlung handelt, die ein Einzelner durch sein Tun oder Unterlassen veranlasst oder verursacht hat. Die Sanierung wurde in diesem Falle gerade nicht vom Staat vorgenommen, sondern vom realleistungspflichtigen Verursacher. Die Funktion des Staates liegt darin, für eine gerechte Kostenverteilung zwischen den Verursachern zu sorgen und gegebenenfalls die Ausfallkosten zu tragen (Art. 32d Abs. 3 USG). Es kann folglich nicht von einer Verwaltungsgebühr gesprochen werden. Vielmehr liegt ein öffentlich-rechtlicher Anspruch vor, der *sui generis* ist. 489

2.4 Kritik der Qualifikation als Gebühr

2.4.1 *Allgemeines*

Schon in den zwanziger Jahren beschäftigte sich PIGOU eingehend mit der Abgabenlösung zur Internalisierung externer Kosten.[892] 490

---

[892] Dazu oben N 46.

491   Dass das Verursacherprinzip - als Instrument zur Internalisierung - mittels Steuern und Abgaben durchgesetzt werden kann, wird schon lange nicht mehr wirklich in Frage gestellt.[893] Dieses Mittel bildet zurzeit laut FEESS auch die praktisch wichtigste Alternative zur traditionellen Auflagenpolitik.[894]

492   So verlangt ebenfalls Art. 32a USG im Sinne einer Konkretisierung des Verursacherprinzips, dass die Kosten der Entsorgung von Siedlungsabfällen mittels kostendeckender Gebühren oder anderer Abgaben den Verursachern überbunden werden.[895] Eine entsprechende Norm findet sich auch im Gewässerschutzgesetz bezüglich der Abwasserentsorgung wieder (Art. 60a GSchG).[896] Am Rande bemerkt sei jedoch, dass beide Normen auch vorsehen, dass, falls kostendeckende und verursachergerechte Abgaben die umweltverträgliche Entsorgung der Siedlungsabfälle bzw. des Abwassers gefährden, diese soweit erforderlich anders finanziert werden (Art. 32a Abs. 2 USG und 60a Abs. 2 GSchG).

493   Die Feststellung, dass Gebühren ein zur Umsetzung des Verursacherprinzips taugliches Mittel sind, darf aber nicht darüber hinwegtäuschen, dass Gebühren nicht jegliche Sachverhalte zu erfassen vermögen. Grundsätzlich machen Abgaben nur bei voraussehbaren Ereignissen und in denjenigen Fällen Sinn, in denen auch bei der Erfüllung von Auflagen umweltbelastende Vorgänge und Ergebnisse nicht zu vermeiden sind.[897]

494   Dementsprechend ist auch die Entsorgung von Abfällen nicht mit denjenigen Fällen vergleichbar, in denen es um die *Beseitigung einer Gefahr* geht, die z.B. auf einen Unfall zurückzuführen ist. Der erste Fall stellt einen dem Abgabenrecht zugänglichen Tatbestand dar, während der zweite dem Haft-

---

[893]   Vgl. VALLENDER, S. 186 f.
[894]   FEESS, S. 71 ff.
[895]   BRUNNER, Art. 32a N 14 f.; HUNGERBÜHLER, S. 530 f.
[896]   HUNGERBÜHLER, S. 531; KARLEN, Abwasserabgabe, S. 553 ff.
[897]   Vgl. VALLENDER, S. 186 m.w.H.

pflichtrecht zugerechnet werden muss.[898] Insbesondere die Frage der individuellen Zurechenbarkeit gestaltet sich bei klassischen Gebührenfällen um einiges einfacher, als dies bei Verursacherhaftungen der Fall ist. Welche Theorie auch bei der Bestimmung des "richtigen Verursachers" angewendet wird, es findet immer eine *Wertung* statt, die haftpflichtrechtliche Züge aufweist.

Neben den grundsätzlichen Einwänden gegen eine Qualifizierung des Kosten-   495
rückerstattungsanspruchs als Gebühr kommen noch *gebührenrechtliche* Einwände hinzu.

2.4.2 Wesen einer Gebühr

Im Gebührenrecht ist grundsätzlich umstritten, ob überhaupt eine *Gebühr*   496
erhoben werden kann, wenn der amtliche Eingriff ganz oder überwiegend im
Interesse der Allgemeinheit vorgenommen wird bzw. der gebührenpflichtigen
Person kein Vorteil daraus erwächst.

Die Erhebung einer Gebühr ist zumindest in denjenigen Fällen unproblema-   497
tisch, in denen der Staat seine Dienstleistung *auf Verlangen des betroffenen
Bürgers* erbringt.[899] Diese Fälle dürften aber im Hinblick auf die polizeirechtliche Gefahrenabwehr eher selten aufkommen.[900]

In den anderen Fällen fordert ein Teil der Lehre, dass die Erhebung einer   498
Gebühr dann entfällt, wenn das Gemeinwesen ausschliesslich im öffentlichen
Interesse tätig wird.[901] So entschied auch das Bundesgericht bezüglich des
Lebensmittelgesetzes[902], dass es dem Charakter dieses Gesetzes widersprechen würde, wenn eine Lebensmittelkontrolle der Gebührenpflicht unterworfen würde, soweit sie - ausschliesslich oder jedenfalls in erster Linie - dem

---

[898] Vgl. TRÜEB, Art. 59 N 41.

[899] GYGI, Verwaltungsrecht, S. 270; POLTIER, S. 129; TSCHANNEN/ZIMMERLI, § 55 N 19.

[900] POLTIER, S. 129.

[901] POLTIER, S. 133 f.; TSCHANNEN/ZIMMERLI, § 55 N 20.

[902] Bundesgesetz vom 9. Oktober 1992 über Lebensmittel und Gebrauchsgegenstände, SR 817.0.

Interesse der Allgemeinheit dient.[903] Das Bundesgericht erachtet hingegen die Erhebung einer Verwaltungsgebühr dann als zulässig, wenn der Eingriff der Behörden durch das Verhalten des Bürgers veranlasst worden sei,[904] wenn er eine Sachlage (bzw. eine Gefahr) geschaffen habe, die eine Kontrollmassnahme der Behörde rechtfertige,[905] oder wenn die amtliche Verrichtung auch für den Gebührenpflichtigen von Interesse sei.[906] Diese sehr starke Relativierung des Grundsatzes, wonach keine Gebühren erhoben werden sollen, wenn eine Massnahme hauptsächlich im Interesse der Allgemeinheit liegt, führt dazu, dass bei den meisten Gefahrenabwehrtatbeständen eine Gebühr für die getroffenen Massnahmen erhoben werden kann.[907]

499 Ein Teil der Lehre vertritt sogar die Meinung, dass die Erhebung einer Gebühr nie voraussetze, dass der gebührenpflichtige Staatsakt den Gebührenschuldnern irgendeinen Vorteil bringe.[908] Vielmehr sei vom Prinzip der Vorteilsneutralität auszugehen: die Leistung könne für den Gebührenschuldner vorteilhaft, gleichgültig oder nachteilig sein.[909]

500 Auch die Gesetzgebung zeigt, dass die Vorteilhaftigkeit der gebührenpflichtigen Leistung nicht immer als Voraussetzung der Gebührenpflicht angesehen wird. Nimmt man das Beispiel von Gerichtsgebühren, so erhält der in einem Strafprozess Verurteilte (z.B. Art. 245 BStP i.V.m. Art. 66 Abs. 1 BGG), dem die Kosten des Verfahrens auferlegt werden, sicherlich keine Vorteile für seine Zahlung. Die Qualifikation als Gebühr wird - trotz der nachteiligen Folgen für den Verurteilten - nicht in Frage gestellt.[910] Es liessen sich noch zahlreiche

---

[903] BGE 92 I 162 E. 5.
[904] BGE 93 I 90 E. 4.
[905] BGE 97 I 462 E. 3.
[906] BGE 106 Ia 201 E. 3. Zum Ganzen GYGI, Verwaltungsrecht, S. 270.
[907] POLTIER, S. 129. In der deutschen Lehre ist die Meinung herrschend, dass eine Gebühr auch für nachteilige Amtshandlungen erhoben werden kann, dazu GRIESBECK, S. 130 m.w.H.
[908] VALLENDER, S. 59 f.; WILKE, S. 66 ff.
[909] WILKE, S, 69.
[910] BGE 120 Ia 171; HÄFELIN/MÜLLER/UHLMANN, N 2628.

andere Gebühren nachweisen, die für Leistungen erhoben werden, die dem Gebührenschuldner keinerlei Vorteile bringen bzw. für ihn nachteilig sind; man denke nur an die verschiedenen Entzüge von Bewilligungen, die mit Kosten verbunden sind (z.B. Entzug und Verweigerung des Führer- oder Lernfahrausweises).[911]

Angesichts der Tatsache, dass vom Erfordernis der Vorteilhaftigkeit Abstand genommen wird, stellt sich auch die Frage, ob nicht folgerichtig von einer Anwendung des *Äquivalenzprinzips* in denjenigen Fällen abgesehen werden müsste, in denen die gebührenpflichtige Person keinen direkten und besonderen Vorteil aus der Gefahrenbeseitigung zieht. Das Äquivalenzprinzip stammt ursprünglich aus der deutschen Rechtsprechung - namentlich der des Bundesverwaltungsgerichts - und verlangt aufgrund des Wesens der Gebühr als Gegenleistung für eine besondere Leistung der öffentlichen Hand, dass ein angemessenes Verhältnis zwischen der Gebühr und dem Wert der besonderen Leistung für den Empfänger besteht.[912] Das in seinem ursprünglichen Sinne verstandene Äquivalenzprinzip setzt somit voraus, dass die staatliche Leistung einen Wert für den Gebührenschuldner hat.[913] In der Schweizer Lehre halten noch HÄFELIN/MÜLLER/UHLMANN[914] und TRÜEB[915] an dieser Definition fest, während das Bundesgericht und ein grosser Teil der Lehre die Definition des Äquivalentsprinzips dahingehend geändert haben, dass nur noch ein *objektiver Wert* verlangt wird, welcher sich entweder nach dem Nutzen, den sie dem Pflichtigen bringt, bemisst oder nach dem Kostenaufwand der konkreten Inanspruchnahme im Verhältnis zum gesamten Aufwand des betreffenden Verwaltungszweiges bzw. der betreffenden Behörde.[916] Indem man anstatt auf den Wert der Leistung für den Abgabepflichtigen auf den konkreten *Kostenaufwand* abstellt, entleert man das Äquivalenzprinzip seines Inhaltes. Neben

501

---

[911] Vgl. VALLENDER, S. 60.

[912] Zum ganzen VALLENDER, S. 78 ff.

[913] WILKE, S. 72.

[914] HÄFELIN/MÜLLER/UHLMANN, N 2641.

[915] TRÜEB, Art. 59 N 41.

[916] BGE 130 III 225 E. 2.3; 118 Ib 349 E. 5; 109 Ib 308 E. 5b.

dem Gleichbehandlungsgebot und dem Willkürverbot konkretisiert das Äquivalenzprinzip nämlich vor allem das Verhältnismässigkeitsprinzip. Dieses setzt wiederum eine auf den Einzelfall bezogene Wertung voraus. Insbesondere wenn es gilt, die Verhältnismässigkeit im engeren Sinn (d.h. die Zumutbarkeit) einer Massnahme zu überprüfen, scheint es unumgänglich, die Interessen des Gebührenpflichtigen in die wertende Abwägung miteinzubeziehen. Im Ergebnis schwindet mit dieser neuen Definition des Äquivalentsprinzips auch dessen Differenz zum Kostendeckungsprinzip dahin, welches sicherstellen soll, dass eine Gebühr nicht *generell* überhöht ist.[917]

502 Sollte z.B. eine Person unabsichtlich durch Chemikalien einen See verseuchen und daraufhin die Behörde Massnahmen ergreifen, so ist es bei Anwendung des Äquivalenzprinzips fraglich, ob die Kosten mittels einer Verwaltungsgebühr dem Verursacher überbunden werden können, da dem Verursacher kein besonderer Vorteil durch die Sanierung des Sees erwächst bzw. diese prinzipiell im Interesse der Allgemeinheit liegt. Anders gelagert wäre hingegen der Fall, in dem die Behörden Massnahmen zum Schutz des privaten Eigentums des Verursachers treffen oder auf dessen Verlangen intervenieren.

2.4.3 Gesetzliche Erfordernisse für die Erhebung einer Gebühr

503 Das Legalitätsprinzip fordert grundsätzlich im Abgaberecht, dass die wesentlichen Elemente einer Abgabe in einem formellen Gesetz festgehalten werden.[918] Der Mindestinhalt umfasst den Kreis der Abgabepflichtigen, den Gegenstand der Abgabe und die Höhe der Abgabe in den Grundzügen.[919] Die Voraussetzungen der Erhebung müssen so genau umschrieben sein, dass die rechtsanwendende Behörde keinen übermässigen Spielraum geniesst und die möglichen Abgabepflichten für den Bürger hinreichend voraussehbar sind.[920]

---

[917] HUNGERBÜHLER, S. 520 ff.
[918] Zu den Ausnahmen vom strikten Erfordernis der Gesetzesform.
[919] BGE 123 I 248 E. 2; HÄFELIN/MÜLLER/UHLMANN, N 2695; HUNGERBÜHLER, S. 516 ff.; VALLENDER, S. 60 ff.
[920] BGE 123 I 248 E. 2; HUNGERBÜHLER, S. 519.

Art. 59 USG und 54 GSchG erfüllen diese Anforderungen indessen nicht und wären, sofern man sie als dem Gebührenrecht zugehörig qualifizieren würde, verfassungswidrig:[921]

Einerseits wird die *gebührenpflichtige Person* allein als "Verursacher" umschrieben. Dieser Begriff ist aber nicht hinreichend bestimmt, so dass der rechtsanwendenden Behörde ein übermässiger Spielraum gelassen wird und die Gebührenpflicht für den Bürger nicht voraussehbar ist.

504

Andererseits sind auch die *gebührenauslösenden staatlichen Tätigkeiten* nicht genügend in Art. 59 USG und 54 GSchG spezifiziert. In Art. 59 USG heisst es pauschal "Massnahmen, welche die Behörde zur Abwehr einer unmittelbar drohenden Einwirkung sowie zu deren Feststellung und Behebung treffen". Die Gebührenkausa ist auch in Art. 54 GSchG ausserordentlich weit gefasst: "Massnahmen, welche die Behörde zur Abwehr einer unmittelbar drohenden Gefahr für die Gewässer sowie zu deren Feststellung und zur Behebung eines Schadens treffen".

505

Schliesslich kann im Hinblick auf das Legalitätsprinzip auch bemängelt werden, dass der *Gebührenbetrag* nicht mit genügender Bestimmtheit im Gesetz festgelegt wird. Wenn schon das formelle Gesetz keine genauen Gebührenbeträge nennt bzw. nennen kann, so muss es zumindest, um dem abgaberechtlichen Legalitätsprinzip zu entsprechen, entweder einen rahmenmässig festgelegten Gebührenbetrag und Richtlinien für die Festsetzung der Gebühren innerhalb des Gebührenrahmens enthalten (variable Gebühren ohne Berechnungsgrundlage/Rahmengebühren)[922] oder eine Gebührenberechnungsgrundlage aufweisen (variable Gebühren mit Berechnungsgrundlage)[923]. Es findet auch weder bei Art. 59 USG noch bei Art. 54 GSchG eine genauere

506

---

[921] Das in der bundesgerichtlichen Rechtsprechung entwickelte abgaberechtliche Legalitätsprinzip kann nicht gegenüber Bundesgesetzen durchgesetzt werden, da gemäss Art. 191 BV die rechtsanwendenden Behörden eine Verfassungsverletzung durch den Bundesgesetzgeber nicht korrigieren können. Dazu HÄFELIN/HALLER, N 2070 ff.

[922] VALLENDER, S. 64 f.

[923] VALLENDER, S. 65 f.

Bestimmung der Abgabenbemessung auf der Ebene einer Verordnung oder eines Reglements statt, was ausnahmsweise vom Bundesgericht erlaubt wird (namentlich bei Kanzleigebühren und dann, wenn das Mass der Abgabe durch überprüfbare verfassungsrechtliche Prinzipien begrenzt wird).[924]

507   So erachtete auch das Bundesgericht eine kantonale Gesetzesbestimmung, wonach die Behörden "für ihre Amtshandlungen" "den Beteiligten" rahmen- mässig festgelegte "Kosten" auferlegen "können", mangels genügender Be- stimmtheit als verfassungswidrig.[925] Dieser Entscheid ist ausserdem insofern interessant, als das Bundesgericht in diesem einen Vergleich der zu beurtei- lenden kantonalen Norm mit Art. 59 USG und Art. 54 GSchG vornahm und dabei festhielt, dass der in Art. 59 USG und Art. 54 GSchG enthaltene Begriff "Massnahmen" genauer sei als der Begriff "Amtshandlungen" und dass der Begriff "Beteiligte" ebenfalls weit über den Begriff des "Verursachers" hin- ausgehe. Diese Feststellung vom Bundesgericht mag zwar zutreffend sein, doch darf m.E. daraus nicht geschlossen werden, dass die Begriffe "Mass- nahmen" und "Verursacher" unter einem gebührenrechtlichen Gesichtspunkt genügend bestimmt sind. Das kantonale Beispiel zeigt nur auf, dass die schon sehr grosse Unbestimmtheit von Art. 59 USG und Art. 54 GSchG noch über- troffen werden kann.

508   Die gleichen verfassungsrechtlichen Überlegungen lassen sich ebenfalls auf diejenigen Fallkonstellationen von Art. 32d USG übertragen, die von der herrschenden Lehre als dem Gebührenrecht zugehörig qualifiziert werden (namentlich im Falle des Kostenrückerstattungsanspruchs nach einem unmit- telbaren Vollzug durch das Gemeinwesen).[926]

---

[924]   BGE 123 I 249 E. 2. Dazu HÄFELIN/MÜLLER/UHLMANN, N 2701 ff.
[925]   BGE 123 I 248.
[926]   Dazu oben N 486.

2.4.4 Würdigung

Zusammenfassend kann festgehalten werden, dass sowohl grundsätzlich das   509
Wesen der Verursacherhaftungen als auch gebührenrechtliche Überlegungen
gegen eine Qualifizierung der Kosten als Gebühr sprechen.

Kosten (bzw. deren Rückerstattung) sind einer haftpflichtrechtlichen Entschä-   510
digung gleichzustellen und - was die öffentlich-rechtlichen Verursacherhaftungen anbelangt - dementsprechend als *öffentlich-rechtliche Haftpflichtnorm*
zu qualifizieren.

2.4.5 Umgestaltung von Art. 32d USG zu einem privatrechtlichen Anspruch

Wie soeben behandelt, steht dem *privaten Realleistungspflichtigen* gemäss   511
Art. 32d USG dann ein *öffentlich-rechtlicher Rückerstattungsanspruch* gegenüber dem Gemeinwesen zu, wenn bei Massnahmen nach Art. 32c USG
Kosten anfallen, die seinen Verursachungsanteil übersteigen. Somit wird eine
private Person nicht direkt andere Verursacher belangen können, sondern
wird ihren Anspruch gegen den Staat richten müssen.

Im Folgenden soll der Frage nachgegangen werden, ob, wenn sich grundsätz-   512
lich zwei Private gegenüberstehen, nicht ein *zivilrechtlicher Anspruch* bestehen sollte, statt unter *Zwischenschaltung des Staates* den Schaden zu liquide-
ren.

Die öffentlich-rechtliche Kostenüberwälzung gemäss Art. 32d USG ist   513
insbesondere deshalb problematisch, weil die *zivilrechtlichen Innenverhältnisse* (Verträge, etc.), die zwischen den Kostenpflichtigen bestehen können,
grundsätzlich keine Rolle spielen. Es steht nämlich Privaten nicht zu, mittels
zivilrechtlicher Vereinbarungen ihre öffentlich-rechtlichen Verpflichtungen
abzuändern.[927] Andernfalls könnte eine zivilrechtliche Risikoverteilung auf

---

[927] CUMMINS, S. 314; TSCHANNEN, Kostenverteilung, S. 789 ff.; HARTMANN/ECKERT,
S. 630 f.; ROMY, S. 163 ff.; SCHERRER, S. 198 ff. und 227 ff. (teilweise aber auch wider-
sprüchlich und nicht konsequent); STUTZ, Kostentragung, S. 776 ff. Für eine konkrete An-

einen insolventen Mitverursacher dazu führen, dass dem Gemeinwesen (mehr) Ausfallkosten erwachsen.[928] Genauso wenig kann auch eine *vertragliche Übernahme* einer Steuerschuld dem Staat entgegengehalten werden. Zivilrechtliche Innenverhältnisse dürfen in öffentlich-rechtlichen Kostenverteilungsverfahren dementsprechend allein als *Tatsachen* (d.h. im Rahmen der *Sachverhaltsermittlung*) berücksichtigt werden und dies auch nur insofern, als sie zu der Festsetzung der Verursachungsanteile dienen.[929]

514   Die grundsätzliche Nichtbeachtung *zivilrechtlicher Risikoverteilungen* zwischen den Mitverursachern bei der öffentlich-rechtlichen Kostenverteilung kann zur Folge haben, dass ein Verursacher Kosten tragen muss, obwohl er auf zivilrechtlicher Ebene schon für die Kontaminierung eine Entschädigung geleistet hat (z.B. im Zuge eines Verkaufs). Sofern eine zivilrechtliche Vereinbarung bezüglich der Risikoverteilung zwischen den Verursachern besteht - und die zivilrechtlichen Ansprüche noch nicht verjährt sind - kann dann im Innenverhältnis zwischen den Verursachern auf dem Zivilweg die (z.B. in einem Kaufvertrag) vereinbarte Risikoverteilung durchgesetzt werden.

515   Dieser *Doppelspurigkeit* im Altlastenrecht wird oftmals in der Lehre - zu Recht - kritisch begegnet.[930] Die herkömmliche Trennung von öffentlichem Recht und Privatrecht ist dennoch unserer Rechtsordnung inhärent und wohl kaum zu ändern.[931] Bei genauerer Betrachtung bemerkt man auch, dass nicht diese Trennung das Problem darstellt, sondern dass der Kostenrückerstattungsanspruch im falschen Rechtsgebiet angesiedelt wurde:

---

wendung dieses Prinzips s. die Verfügung der Baudirektion des Kantons Zürich vom 3. Mai 2000, URP 2000, S. 386 ff.

[928]   Dieser Aspekt wird oftmals von den Anhängern einer breiten Berücksichtigung privatrechtlicher Verhältnisse im Zusammenhang mit der öffentlich-rechtlichen Kostenverteilung verkannt, so etwa GRIFFEL, N 314 ff.

[929]   TSCHANNEN, Kostenverteilung, S. 791; ROMY, S. 165.

[930]   Statt Vieler CUMMINS, S. 60 ff.; GRIFFEL, N 312 ff.

[931]   Dazu ausführlich CUMMINS, S. 322 ff.

Die öffentliche Sicherheit und Ordnung werden durch polizeiliche Massnah-   516
men gewährleistet, während das privatrechtliche Haftungsrecht Schäden regu-
liert. Es ist und kann nicht Zweck der Polizei und folglich des auf dem Polizeirecht aufbauenden öffentlich-rechtlichen Altlastenrechts sein, Schäden
bzw. Kosten, die bei einem Privaten angefallen sind, auf andere Private zu
verteilen.

In diesem Sinne ist auch dem Vorschlag von CUMMINS zuzustimmen, die   517
Kostenverteilungsregelung (bzw. Art. 32d USG) als zivilrechtliche Norm zu
gestalten und somit den § 24 Abs. 2 BBodSchG als Vorbild zu nehmen.[932]

Ungelöst bliebe indessen das Problem, wie und wann der Staat in das Kosten-   518
verteilungsverfahren eingebunden werden soll. Will man nämlich im Gegensatz zu CUMMINS[933] die *Ausfallkosten*, wie dies nun auch ausdrücklich in Art.
32d Abs. 3 USG geregelt ist, nicht auf die Verursacher verlegen, sondern auf
das Gemeinwesen, so muss auch der Staat in irgendeiner Weise in den Kos-
tenverteilungsprozess involviert werden. Denkbar wäre es, dem Realleistungspflichtigen, der nicht die gesamten, seinen Anteil übersteigenden Kosten
hat eintreiben können, einen *öffentlich-rechtlichen Anspruch* gegenüber dem
Gemeinwesen für die Ausfallkosten einzuräumen. Die Ausfallhaftung des
Gemeinwesens würde auch dann greifen, wenn etwa aus *Reduktionsgründen*
nicht alle Kosten eingefordert werden können oder wenn der Inhaber des
Standorts von der Kostenpflicht (z.B. gemäss heutigem Art. 32d Abs. 2 3.
Satz USG) gänzlich befreit wird.

2.5   Rechtsnatur der Kosten bei Art. 32b^{bis} USG

Angesichts der privatrechtlichen Natur von Art. 32b^{bis} USG gestaltet sich   519
vorliegend die Problematik bezüglich der Rechtsnatur der Kosten bzw. des
diesbezüglichen *Rückerstattungsanspruchs* grundlegend anders als bei allen

---

[932] CUMMINS, S. 341 ff.; zu § 24 Abs. 2 BbodSchG s. HESSLER, S. 27 ff.
[933] CUMMINS, S. 159 ff. und 348 Fn. 154.

öffentlich-rechtlichen Verursacherhaftungen.[934] So entfallen *a priori* alle typisch öffentlich-rechtlichen Ansprüche wie z.B. Gebühren.

520   Am naheliegendsten scheint es, die ersatzfähigen Kosten aus Art. 32b[bis] USG mit dem *klassischen Schadensbegriff* zu vergleichen.

521   Laut herrschender Lehre und Rechtsprechung liegt nur dann ein Schaden vor, wenn eine unfreiwillige Vermögenseinbusse, die in einer Verminderung der Aktiven, einer Vermehrung der Passiven oder in entgangenem Gewinn bestehen kann, erlitten wird.[935] Gemäss der Differenztheorie entspricht der Schaden "der Differenz zwischen dem gegenwärtigen Vermögensstand und dem, den das Vermögen ohne das schädigende Ereignis hätte".[936]

522   Die Untersuchungs- und Entsorgungskosten von Aushubmaterial aus Art. 32b[bis] USG entsprechen nicht dieser klassischen Definition des Schadens.[937]

523   Erstens gibt die für die Mehrkosten verantwortliche Belastung als solche dem Inhaber noch kein Recht auf Entschädigung. Ein Ausgleichsanspruch nach Art. 32b[bis] USG entsteht erst und allein dann, wenn der Inhaber *effektiv die Entsorgung vornimmt*. Um eine Entschädigung zu erhalten, ist der Inhaber somit gewissermassen gezwungen, seinen Schaden zu realisieren. Im Gegensatz dazu besteht im Haftpflichtrecht ein Schadensersatzanspruch unabhängig davon, ob beispielsweise die beschädigte Sache repariert wird oder nicht.[938]

524   Zweitens ist der Entscheid zu bauen - und die damit verbundene Entstehung der Entsorgungskosten des Aushubmaterials - *nicht unfreiwillig*. Unterlässt

---

[934]   Zur Rechtsnatur von Art. 32b[bis] USG s. unten N 818 ff.

[935]   Statt Vieler KELLER A., Bd. II, S. 64; REY, Haftpflichtrecht, N 151 ff.; WERRO, Responsabilité civile, N 39 ff.

[936]   BGE 129 III 331 E. 2 m.w.H.; REY, Haftpflichtrecht, N 153.

[937]   Gl. M. TRÜEB, Bauherrenaltlast, S. 622 f; gl.M in Bezug auf Massnahmenkosten nach Art. 8 aGSchG, 54 GSchG und 59 USG: PERGOLIS, S. 259. A.M. im Hinblick auf Altlasten: NEF, S. 400.

[938]   REY, N 328; ROBERTO, Schadensrecht, S. 167 ff. Für das deutsche Recht: BRÜGGEMEIER, Prinzipien, S. 185; STEINER G., S. 10. A.M. HONSELL, Haftpflichtrecht, § 8 N 50.

der Bauherr sein Vorhaben, so fallen ihm auch keine Kosten an und es steht ihm dementsprechend kein Recht auf Entschädigung zu. Ferner scheint ebenfalls die Fähigkeit des Inhabers, sowohl den Zeitpunkt des "Schadeneintritts" als auch den Umfang der Kosten selbst bestimmen zu können, nicht mit dem klassischen Schadensbegriff vereinbar.

Drittens wird die Vermögenseinbusse, die durch die Mehrkosten bei der Entsorgung entsteht, nicht von der klassischen Differenztheorie erfasst. Zwar stellen die Mehrkosten eine quantifizierbare Vermögenseinbusse dar, dennoch ist die für die Mehrkosten verantwortliche Belastung zwangsläufig vor dem Eigentumsübergang an den neuen Inhaber entstanden. Der jetzige Inhaber bzw. Eigentümer erleidet demnach keine durch die Differenztheorie erfasste Vermögenseinbusse, da sein Grundstück schon vor dem Erwerb - bzw. vor dem Risikoübergang - belastet und dementsprechend weniger wert war.[939] Das Gesamtvermögen des jetzigen Inhabers verringert sich auch nicht durch die Entsorgung, da sein Grundstück zwangsläufig durch die Entfernung des belasteten Aushubmaterials einen entsprechenden Mehrwert erhält.[940]   525

Statt eines klassischen Schadensersatzanspruchs liegt deshalb eine Art von Ausgleichsanspruch *sui generis* vor, wie man ihn vom Ausgleich zwischen Solidargläubigern im Innenverhältnis her kennt (z.B. Art. 50 Abs. 2 OR und 148 OR). Entsteht bei der Entsorgung - also auf der Primärebene - eine wegen der Mehrkosten ungerechte Kostentragung, so erlaubt Art. 32b[bis] USG, diese mittels nachträglicher Überwälzung - zumindest teilweise (Stichwort: Zwei-Drittel-Regel)[941] - wieder zu korrigieren. Die grundsätzlich haftpflichtrechtliche Natur von Art. 32b[bis] USG wird durch dieses Qualifikation der Kosten   526

---

[939] Zur Veranschaulichung sei folgende Analogie erlaubt: Ein Gegenstand wird beschädigt und dann wieder in Stand gesetzt. Der Schaden (bzw. die Vermögenseinbusse) entsteht nicht dadurch, dass der Gegenstand repariert wird, sondern dadurch, dass er kaputtging.

[940] Dem ist so, weil die Mehrkosten zwangsläufig bei der Überbauung des Standorts anfallen werden. Will jemand bauen, so wird er die bei der Entsorgung anfallenden Mehrkosten tragen müssen.

[941] Dazu unten N 973 ff.

indessen nicht tangiert, allein die traditionelle Definition des ersatzfähigen Schadens findet im Hinblick auf Art. 32b^{bis} USG keine Anwendung.

3 Kosten vs. Schadensbegriff des Haftpflichtrechts

3.1 Allgemeines

527 Die Frage der Kosten bei Verursacherhaftungen ist eng mit derjenigen der Definition des Schadens im Privatrecht verbunden.

528 Aus wirtschaftlicher Perspektive stellen sowohl die Kosten als auch der Schaden grundsätzlich eine *Vermögenseinbusse* dar.[942] Aus juristischer Sicht entsprechen Massnahmenkosten jedoch nicht der klassischen Definition des Schadens,[943] wonach dieser unter anderem *unfreiwillig* eingetreten sein muss.[944] Ein weiterer Unterschied besteht darin, dass die Kosten einem *Zweck* dienen, namentlich einer Gefahr bzw. Störung vorzubeugen oder sie zu beseitigen, während ein Schaden - da er weder von dem Betroffenen gewollt noch in Kauf genommen wird - nur die unabwägbaren Folgen einer gewissen Aktivität darstellt.[945] Aus terminologischer Sicht ist noch zu bemerken, dass *Massnahmenkosten* oftmals im haftpflichtrechtlichen Schrifttum und in der Rechtsprechung als Schaden - insbesondere als *indirekter Schaden* - bezeichnet werden.[946]

529 Nach geltendem Recht werden Kosten für von Gemeinwesen getroffene Massnahmen grundsätzlich im privatrechtlichen Haftpflichtrecht nicht ersetzt, da es sich bei ihnen (sofern das Gemeinwesen nicht selbst Eigentümer des verletzten Rechtsgutes ist) um einen *Reflexschaden* (auch indirekter Schaden

---

[942] MOIX, N 1051.

[943] REY, N 151, WERRO, Responsabilité, N 39; a.M. OFTINGER/STARK (Haftpflichtrecht I, § 2 N 8), für die auch freiwillige Vermögenseinbussen einen Schaden darstellen können.

[944] WERRO, Croisée des chemins, S. 260 f.

[945] MOIX, N 1051.

[946] CHAPPUIS CH., Croisée des chemins, S. 278; OFTINGER/STARK, Haftpflichtrecht II/1, § 23 N 31; POLTIER, S. 141; vgl. auch BGE 104 II 95; VPB 52.38.

genannt)[947] handelt.[948] Von Reflexschaden wird dann gesprochen, wenn die Schädigung einer Person Schaden bei einer weiteren zur Folge hat.[949]

Das Bundesgericht hatte einen Fall zu entscheiden,[950] in dem es um den Ersatz der Kosten, die der Tessiner Gemeinde Bodio wegen der Löschung eines widerrechtlich verursachten Waldbrandes erwachsen waren. Nachdem das Bundesgericht festgestellt hatte, dass keine *öffentlich-rechtliche Norm* dem Gemeinwesen ein Recht einräumt, für die von ihm getroffenen Massnahmen eine Entschädigung vom Verursacher zu verlangen, ging das Bundesgericht der Frage nach, ob das Gemeinwesen den Kostenrückerstattungsanspruch auf *Art. 41 OR* stützen könne. Das Bundesgericht hielt zwar fest, dass der Waldbrand widerrechtlich verursacht und auf eine Fahrlässigkeit zurückzuführen sei, entschied aber dennoch, dass dies allein nicht genüge, um dem Gemeinwesen zu erlauben, die Rückerstattung seiner Kosten gestützt auf Art. 41 OR bzw. auf dem Zivilweg geltend zu machen. Das Bundesgericht betonte dabei, dass allein der *unmittelbar Geschädigte* einen Anspruch auf Schadensersatz habe. Im vorliegenden Fall sei indessen allein der Eigentümer des Waldes, der vom Feuer zerstört bzw. beschädigt wurde, direkt bzw. unmittelbar geschädigt. Das Gemeinwesen sei hingegen nur *mittelbar geschädigt*, da die Kosten nicht durch den Brand selbst entstanden seien, sondern durch die Erfüllung einer öffentlich-rechtlichen Aufgabe. Dementsprechend stehe der Gemeinde auch kein zivilrechtlicher Schadensersatzanspruch zu.[951]

530

Im Gegensatz zum Bundesgericht entschied die Rekurskommission der Eidgenössischen Militärverwaltung, dass der Bund auch für die Löschkosten und die Entschädigung der Feuerwehrleute einer Gemeinde hafte:[952] Bei Schiessübungen der Truppe entstanden kleinere Waldbrände in einer Berg-

531

---

[947] Zum Begriff und seinen Variationen s. KELLER A., Bd. II, S. 73 f.
[948] BGE 104 II 95 E. 2; GEHRER, S. 153 f.; POLTIER, S. 130.
[949] KELLER A., S. 74; WERRO, Responsabilité civile, N 114 ff.
[950] BGE 104 II 95.
[951] Für eine Kritik dieses BGE s. CHAPPUIS CH., Croisée des chemins, S. 294; MOIX, N 1115 f.
[952] VPB 52.38 E. 3.

gemeinde. Die Gemeindefeuerwehr konnte das Feuer rasch und erfolgreich eindämmen und verlangte nun gestützt auf Art. 23 Militärorganisation (MO)[953] Ersatz für die Löschkosten. Art. 23 MO legt insbesondere fest, dass der Bund für Personen- und Sachschaden haftet, der durch militärische Übungen entsteht. Die Rekurskommission änderte ihre bisherige Praxis, wonach die Haftung des Bundes für Löschkosten mit der Begründung verneint wurde, es handle sich nicht um einen Sachschaden im Sinne von Art. 23 MO, sondern um sogenannte "sonstige Schäden". Die Rekurskommission begründete ihre Praxisänderung damit, dass aus der Formulierung von Art. 23 MO, der nur Personen- und Sachschaden ausdrücklich erwähnt, nach heutiger Auffassung nicht der Schluss gezogen werden dürfe, dass damit der Ersatz für "sonstige Schäden" ausgeschlossen werden solle. Es würde nämlich zum unhaltbaren Resultat führen, dass Löschkosten nur dann zugesprochen würden, wenn gemeindeeigene Grundstücke betroffen wären, da die Gemeinde in diesem Fall ihre Löschkosten als direkt geschädigte Eigentümerin nach Art. 23 MO geltend machen könnte. Die Rekurskommission betonte zudem die Ungerechtigkeit dieser Lösung mit dem Hinweis darauf, dass es meist von Zufälligkeiten abhänge, wie und auf welche Grundstücke sich ein Flächenbrand ausbreite. Gemeinden könnten deshalb ihre Aufwendungen gestützt auf Art. 23 MO geltend machen, unbekümmert darum, ob private oder gemeindeeigene Liegenschaften betroffen seien.[954]

532   Diese Rechtsprechung der Rekurskommission der Eidgenössischen Militärverwaltung kann auch grundsätzlich unter dem neuen Art. 135 Militärgesetz (MG) Geltung beanspruchen. Dennoch ist zu beachten, dass der Bundesrat in der "Botschaft betreffend das Bundesgesetz über die Armee und die Militärverwaltung sowie den Bundesbeschluss über die Organisation der Armee vom

---

[953] Das Bundesgesetz vom 1. April 1907 über Militärorganisation (MO, SR 510.10) wurde durch das Bundesgesetz vom 3. Februar 1995 über die Armee und die Militärverwaltung (Militärgesetz, MG, SR 510.10), das am 1. Januar 1996 in Kraft getreten ist, ersetzt.

[954] Diese Rechtsprechung muss angesichts eines später erlassenen Entscheids der Rekurskommission der Eidgenössischen Militärverwaltung (VPB 52.42) relativiert werden, in dem erneut der Grundsatz betont wird, wonach die Haftung des Bundes grundsätzlich auf *direkte Schäden* zu beschränken sei (VPB 52.42 E. 2).

8. September 1993"[955] festhält, dass neu und im Gegensatz zum Wortlaut von Art. 23 MO zwar *reine Vermögensschäden* von Art. 135 MG erfasst werden sollen, aber dass bei dieser Art von Schäden die *Widerrechtlichkeit*[956] nur dann gegeben sei, wenn ein Gebot oder Verbot der Rechtsordnung verletzt werde, das dem Schutz des Vermögens diene. Daraus kann gefolgert werden, dass - entgegen dem Entscheid der Rekurskommission der Eidgenössischen Militärverwaltung -[957] einer Gemeinde nur dann ein Ersatz für die Löschkosten zugesprochen werden kann, wenn sie entweder Eigentümerin des Grundstückes ist oder eine Schutznorm vorliegt. Die in der Botschaft vertretene Auffassung entspricht somit der bundesgerichtlichen Rechtsprechung und der herrschenden Lehre bezüglich des Ersatzes von reinen Vermögensschäden.

Trifft das Gemeinwesen somit Massnahmen, um eine Gefährdung der Umwelt   533
abzuwenden bzw. Folgen einer Einwirkung auf dieselben zu mildern, so entsteht beim Gemeinwesen grundsätzlich nur ein *reiner Vermögensschaden*, der allein bei Vorliegen einer *Schutznorm* (Stichwort: Verhaltensunrecht) ersatzfähig ist.[958]

3.2   Ausdehnung des Schadensbegriffs im Vorentwurf zur Revision des Haftpflichtrechts

Der Vorentwurf zur Revision und Vereinheitlichung des Haftpflichtrechts   534
sieht im Gegensatz zur heutigen Gesetzgebung vor, dass Kosten von Massnahmen, die bei Einwirkungen auf die Umwelt oder zur Abwehr drohender Einwirkungen ergriffen wurden, gestützt auf das *zivilrechtliche Haftpflichtrecht* ersatzfähig sind (Art. 45d und 45f Abs. 1 VE), auch wenn es sich dabei um *Reflexschäden* bzw. um reine Vermögensschäden handelt. Im erläuternden Bericht wird diesbezüglich auch explizit festgehalten, dass diese Neuregelung

---

[955]   BBl 1993 IV 1.

[956]   Unter Art. 23 MO war die Frage umstritten, ob die Widerrechtlichkeit überhaupt eine Haftungsvoraussetzung bilde oder nicht, dazu ausführlich OFTINGER/STARK, Haftpflichtrecht II/3, § 32 N 275 ff.

[957]   VPB 52.38 E. 3. Dazu oben N 531.

[958]   Dazu WERRO, Responsabilité civile, N 199 ff.; WIDMER/WESSNER, S. 75.

eine *Ausdehnung des Schadensbegriffs* darstellt und daher die Rechtslage der geschädigten Person verbessern soll.[959] Kosten werden somit zu einem ersatzfähigen Schaden, wodurch auch die diesbezügliche Differenzierung hinfällig wird.

535   Während Art. 59 USG und 54 GSchG als öffentlich-rechtliche Normen ausschliesslich für die von *Behörden* getroffenen Massnahmen (im *Umweltbereich*) eine Entschädigung vorsehen, kann gemäss Art. 45d und 45f Abs. 1 VE *jede Person*, der eine Schädigung droht (sowohl durch eine drohende Einwirkung auf die Umwelt als auch auf andere Rechtsgüter) und die aus diesem Grund vorbeugende Massnahmen zur Vermeidung des Schadens trifft, den Ersatz der Kosten von Dritten verlangen, bei denen die Voraussetzungen der Haftpflicht erfüllt sind.

536   Art. 45d Abs. 2 VE geht im Hinblick auf den Umweltschutz noch einen Schritt weiter, indem er vorsieht, dass, wenn die bedrohten, zerstörten oder beschädigten Umweltbestandteile nicht Gegenstand eines dinglichen Rechts sind oder der Berechtigte die nach den Umständen gebotenen Massnahmen nicht selbst ergreift, dem zuständigen Gemeinwesen, den gesamtschweizerischen oder regionalen Umweltschutzorganisationen, die entsprechende Massnahmen tatsächlich vorbereitet oder ergriffen haben und dazu ermächtigt waren, der Ersatzanspruch zusteht. Diese neue Regel solle dem Umstand Rechnung tragen, dass die natürliche Umwelt, die sich aus Bestandteilen wie Luft, Wasser, Boden, Pflanzen- und Tierwelt zusammensetzt, sich nicht immer abgrenzen lasse. Dementsprechend könne sie nicht immer bestimmten Berechtigten zugeschrieben werden und müsse daher auch die Klageberechtigung unter gewissen Umständen Rechtssubjekten zustehen, die aus Pflicht oder Interesse für die Erhaltung der natürlichen Umwelt arbeiten, ohne persönlich geschädigt zu sein.[960]

---

[959]   WIDMER/WESSNER, S. 91.
[960]   WIDMER/WESSNER, S. 82.

Ferner ergibt sich aus Art. 45d VE auch in zweierlei Hinsicht eine *Ausdeh-*   537
nung des Schadensbegriffs. Einerseits deshalb, weil sich die finanziellen Folgen von Einwirkung auf die Umwelt ebenso sehr aus *Vorbeuge- und Schutz-*
massnahmen wie aus Wiederherstellungsmassnahmen ergeben können und
einen *ersatzfähigen Schaden* darstellen,[961] andererseits, weil auch der Ersatz
des "eigentlichen" Umweltschadens vorgesehen ist (Art. 45d VE).

4   Haftungsumfang

Auch der *Umfang der Kostentragungspflicht* aufgrund von Art. 32b[bis] USG,   538
32d USG, 59 USG, 54 GSchG und 4 KHG ist von demjenigen zivilrechtlicher
Schadensersatzansprüche unterschiedlich.

Während sich die zivilrechtliche Schadensersatzpflicht auf eine umfassende   539
Naturalrestitution - d.h. auf die Wiederherstellung des ursprünglichen Zustandes - erstreckt, werden z.B. im Altlastenrecht von Gesetzes wegen allein die
Kosten der für die Beseitigung der Gefahr *notwendigen Massnahmen* erstattet
(Art. 32d Abs. 1 USG). Folglich werden in der Regel auch nicht die Kosten
einer *Gesamtsanierung* zurückerstattet, weil die Massnahme über das hinausgeht, was zur Beseitigung der konkreten Gefahrenlage unerlässlich ist. Ebenso wenig kommen Rekultivierungsmassnahmen in Betracht, sofern sie allein
der Wiederherstellung des früheren Zustandes dienen und nicht der Behebung
von schädlichen Einwirkungen.[962] Auch Art. 59 USG erfasst nur diejenigen
Kosten, die bei der Abwehr der Gefahr bzw. der Beseitigung der Störung anfallen. Aufwendungen für die Wiederherstellung des früheren Zustandes können dem Verursacher nicht in Rechnung gestellt werden.[963] Diese Begrenzung
der Kostentragungspflicht bei Verursacherhaftungen findet ihren Ursprung in
der (polizeirechtlichen) Realleistungspflicht, die ebenfalls nur diejenigen
Handlungen umfasst, die für die *Gefahrenabwehr* bzw. *Störungsbeseitigung*
notwendig sind. Diese Begrenzung der ersatzfähigen Kosten findet sich auch

---

[961] Dazu ausführlich unten N 626 ff.
[962] STUTZ, Verfahrensfragen, S. 772.
[963] STEINER P., S. 171 f; TRÜEB, Art. 59 N 40.

in Art. 32b^{bis} USG wieder, indem dem Inhaber des Grundstücks nur ein Anspruch für die Entsorgung desjenigen belasteten Aushubmaterials zugestanden wird, das für die Erstellung oder Änderung von Bauten *notwendig* ist. Würde hingegen ein klassischer, zivilrechtlicher Haftpflichtfall vorliegen, so hätte der Inhaber des Grundstücks das Recht, die *gesamte* Belastung des Standortes entfernen und den ursprünglichen Zustand wiederherstellen zu lassen, ohne zusätzlich noch den Nachweis der "Notwendigkeit" der Massnahme erbringen zu müssen.

540   Verursacherhaftungen führen somit gewissermassen die Diskriminierung des "eigentlichen Umweltschadens" fort. Es werden nicht primär die Bestandteile der Umwelt wie Luft, Wasser oder Boden geschützt, sondern lediglich Gefahren bzw. Störungen bekämpft. Die Begriffe der Gefahr und der Störung knüpfen (dem Polizeirecht folgend) in der Regel an die Auswirkungen auf die menschliche Gesundheit an. Die Schädigungsschwelle und folglich die ersatzfähigen Schäden richten sich somit bei Verursacherhaftungen oftmals nach einem *anthropozentrischen Massstab*. Ausgeklammert bleiben daher meistens solche Schäden, die unter der Gefahrenschwelle für den Menschen liegen.

541   Die RL 2004/35/EG kennt ihrerseits keinen einheitlichen Haftungs*umfang*, sondern differenziert je nach Art des Schadens. Was die Sanierung von Schäden an Gewässern, geschützten Arten und natürlichen Lebensräumen anbelangt, so hat die RL 2004/35/EG den Schritt von der Gefahrenabwehr zur *Naturalrestitution* (die so genannte "primäre Sanierung") vollzogen.[964] Die geschädigte Naturressource und/oder beeinträchtigte Funktionen sind in ihren Ausgangszustand zurückzuversetzen.[965] Diese Naturalrestitution ist ein wichtiger Schritt zur Erfassung des ökologischen Schadens.[966] Für die im Wege der primären Sanierung nicht wiederherzustellenden natürlichen Ressourcen oder geschädigten natürlichen Funktionen sieht die RL 2004/35/EG die

---

[964]   HAGER, Umwelthaftungsrichtlinie, S. 234.

[965]   Anhang II Nr. 1a und 1.1.1 zur RL 2004/35/EG. Dazu WAGNER G., S. 101.

[966]   HAGER, Rechtsvergleichende Sicht, S. 234.

Pflicht vor, eine "ergänzende Sanierung" durchzuführen.[967] Diese besteht darin, "an einem anderen Ort einen Zustand der natürlichen Ressourcen und/oder von deren Funktionen herzustellen, der einer Rückführung des geschädigten Ortes in seinen Ausgangszustand gleichkommt".[968] Zudem sieht die Richtlinie noch eine *Ausgleichsanierung* vor, welche den Ausgleich für die "zwischenzeitlichen Verluste" natürlicher Ressourcen und/oder Funktionen, die vom Zeitpunkt des Schadenseintritts bis zum Eintritt der Wirkung der primären Sanierung andauern, darstellt.[969]

Was die Schädigung des Bodens anbelangt, so genügt nach der RL   542
2004/35/EG, dass die Schadstoffe derart beseitigt werden, dass keine ernsthafte Gefahr mehr für die menschliche Gesundheit besteht.[970] Die Richtlinie schreitet somit konsequent mit dem begrenzten Schutzbereich des Bodens (vgl. Art. 1 lit. c RL 2004/35/EG) fort, indem auch der Haftungsumfang beschränkt wird.[971]

5   Gefahrenabwehr und Haftpflichtrecht

5.1   Allgemeines

Angesichts ihres polizeirechtlichen Hintergrunds haben alle Verursacherhaf-   543
tungen gemeinsam, dass ein Verursacher nicht nur für die finanziellen Folgen der Beseitigung einer schädlichen oder lästigen Einwirkung aufkommen muss, sondern auch für die Abwehr drohender Einwirkungen (vgl. Art. 32d Abs. 1 USG i.V.m. 32c Abs. 1 USG, 59 USG und 54 GSchG).

Es wurde in der vorliegenden Arbeit verschiedentlich geprüft, inwiefern eine   544
Annäherung der Verursacherhaftungen an die haftpflichtrechtliche Dogmatik

---

[967] Ausführlich zur Erfassung im Wege der Naturalrestitution nicht ausgleichbarer Verluste und zu den Interimschäden: HAGER, Rechtsvergleichende Sicht, S. 234 ff.

[968] Anhang II Nr. 1b und 1.1.2 zur RL 2004/35/EG. Dazu WAGNER G., S. 101.

[969] Anhang II Nr. 1c und 1.1.3zur RL 2004/35/EG. Dazu WAGNER G., S. 101 f.

[970] Anhang II Nr. 2.

[971] WAGNER G., S. 103 f.

wünschenswert sei. Dabei wurden die Haftungsvoraussetzungen der Verursacherhaftungen an denjenigen des privatrechtlichen Haftpflichtrechts gemessen. Hier stellt sich nun umgekehrt die Frage, ob im Hinblick auf die Ersatzfähigkeit von Schadens*abwehrkosten* das privatrechtliche Haftpflichtrecht im Vergleich zu den Verursacherhaftungen (und somit indirekt zum Polizeirecht) einen Nachholbedarf aufweist.

545 Die Frage, ob das Schweizer Haftpflichtrecht auch Abwehrmassnahmenkosten erfasst, gestaltet sich weitgehend komplexer, als dies bei Verursacherhaftungen der Fall ist.

546 Unbestritten ist, dass Massnahmen, die vom Geschädigten ergriffen werden, um einen Schaden zu begrenzen oder zu mindern, vom Haftpflichtrecht erfasst werden und deren Kosten dementsprechend vom Schädiger zu ersetzen sind,[972] unabhängig davon, ob sie erfolgreich waren oder nicht.[973] Einen Geschädigten trifft auch grundsätzlich die Pflicht, seinen Schaden so gering wie möglich zu halten (Schadensminderungspflicht).[974] Die Nichtergreifung von zumutbaren Massnahmen kann sodann zu einer Herabsetzung des Schadensersatzanspruchs führen (Art. 44 Abs. 1 OR).[975]

547 Umstritten ist hingegen die Frage, ob Massnahmen, die darauf absehen, eine *Rechtsgutverletzung* zu verhindern, auch zu einem Schadensersatzanspruch gestützt auf Art. 41 OR oder eine andere Haftungsgrundlage berechtigen.

548 In der Lehre wird oftmals von der Abwendung des "Schadens" gesprochen,[976] was insofern ungenau ist, als es sich in Wahrheit um das Vorbeugen einer Verletzung eines *absoluten Rechts* bzw. einer *Schutznorm* handelt. Auch die Kosten von Abwehrmassnahmen stellen nämlich im Hinblick auf die Diffe-

---

[972] KELLER A., Bd. II, S. 29 f.; PELLONI, S. 58.

[973] PELLONI, S.58; SCHWENZER, N 16.16.

[974] SCHWENZER, N 16.14 ff.; WERRO, Responsabilité civile, N 1190 ff.

[975] PELLONI, S. 58; V. TUHR/PETER, S. 112 und 443.

[976] CHAPPUIS CH., Croisée des chemins, S. 278; KELLER A., Bd. II, S. 29; OFTINGER/STARK, Haftpflichtrecht II/3, § 29 N 269.

renztheorie einen Schaden dar. Fraglich ist grundsätzlich nur, ob dieser "reine Vermögensschaden" durch das Haftpflichtrecht ersetzt werden soll oder nicht.

Das Bundesgericht hat diesbezüglich im "Böschungsfall" (BGE 117 II 259) entschieden,[977] dass Art. 41 OR keine genügende Grundlage bilde, um die Kosten einer "*präventiven Schadensabwehr*" auf einen Dritten abzuwälzen:

549

Es handelte sich um den Fall einer instabilen Böschung, die gemäss einer Expertise der ETH Zürich eine Gefahr für Leib und Leben sowie für Sachen bedeutete. Um der Verletzung dieser Rechtsgüter vorzubeugen, hatte der Kläger diese Böschung entfernen lassen und verlangte nun Schadensersatz gestützt auf Art. 41 OR. Das Bundesgericht wies die Klage in diesem Punkt mit der Begründung ab, diese absolut geschützten Rechtsgüter würden erst verletzt, wenn der Hang tatsächlich rutsche. Zu ersetzen sei dann der an Sachen und Menschen entstandene Schaden, nicht aber die vorsorglich vorgenommene Sanierung des Hügels. Etwas anderes ergebe sich auch nicht aus Art. 229 StGB, wonach derjenige strafbar ist, der vorsätzlich oder fahrlässig die anerkannten Regeln der Baukunde ausser Acht lässt und dadurch wissentlich Leib und Leben gefährdet. Diese Norm bilde keine Schutznorm und könne deshalb keine Widerrechtlichkeit nach Art. 41 OR begründen.[978]

550

GAUCH bemerkt bezüglich dieses Entscheids nicht ganz zu Unrecht,[979] dass dieser umso stossender sei, als die vom Schaden Bedrohten vor die Wahl gestellt würden, entweder den drohenden Schaden auf eigene Kosten abzuwenden oder sich im Falle des Schadenseintritts eine Minderung des Ersatzanspruchs nach Art. 44 OR gefallen zu lassen.[980] Es kann dem von GAUCH aufgezeigten *Paradoxon* dennoch entgegnet werden, dass die rechtzeitige *Anzeige* der drohenden Gefahr an den potentiellen Haftpflichtigen (was im vorlie-

551

---

[977] Zu diesem Entscheid s. GAUCH, Rechtsprechung, S. 99 f.; WERRO, Croisée des Chemins, S. 260 f.

[978] BGE 117 II 259 E. 3; kritisch dazu GAUCH, Grundbegriffe, S. 233.

[979] GAUCH, Grundbegriffe, S. 233.

[980] Ein Selbstverschulden kann nämlich schon *vor Eintritt* des Schadens vorliegen (V. TUHR/PETER, S. 112).

genden Fall geschah)[981] den Bedrohten vor dem Einwand eines Mitverschuldens im Sinne von Art. 44 OR schützen dürfte.[982]

552   Besagte bundesrechtliche Rechtsprechung entspricht auch insofern der klassischen Definition des Schadens, als der Schaden *unfreiwillig* entstanden sein muss.[983] In der Lehre erachtet STEINER dementsprechend auch das Schadensersatzrecht als untaugliches Instrument, um Schadenverhütungskosten zu überwälzen.[984] Er will indessen die Verpflichtung des Gefährdenden, die vom Gefährdeten getroffenen Schutzmassnahmen zu bezahlen, mit der Annahme einer *Geschäftsführung ohne Auftrag* begründen.[985] Diese Lösung scheitert aber daran, dass - entgegen STEINERs Auffassung-[986] die Massnahmen vor allem im *eigenen Interesse* getroffen werden und folglich nicht als echte Geschäftsführung ohne Auftrag zu qualifizieren sind.[987] Die unechte Geschäftsführung ohne Auftrag kommt ihrerseits ebenfalls nicht in Betracht, weil sie einen Eingriff in fremde subjektive Rechte voraussetzt.[988]

553   Die obgenannte Rechtsprechung kontrastiert zu derjenigen bezüglich Art. 679/684 ZGB. Im "Gassenzimmer-Fall" erachtet nämlich das Bundesgericht ebenfalls als Schaden, für den Art. 679 ZGB Anspruch auf Ersatz verleiht, diejenigen Kosten, die dem Betroffenen bei der *Abwehr* von übermässigen Einwirkungen erwachsen.[989] Diese "Grosszügigkeit" des Bundesgerichts erstaunt in Anbetracht der üblichen Diskriminierung reiner Vermögensschäden bzw. der klassischen Definition des ersatzfähigen Schadens, der grundsätzlich allein die *unfreiwilligen* Vermögenseinbussen umfasst, welche auf die Verlet-

---

[981]   BGE 117 II 259, 260.
[982]   Vgl. V. TUHR/PETER, S. 112.
[983]   RJV 2004, S. 156 ff. E. 7b; WERRO, Rechtsprechung, S. 185.
[984]   STEINER G., S. 189 f.
[985]   STEINER G., S. 189 f.
[986]   STEINER G., S. 26 f.
[987]   Gl.M. OFTINGER/STARK, § 29 N 273 Fn. 218. Vgl. zu den Voraussetzungen der Geschäftsführung ohne Auftrag TERCIER/FAVRE, Contrats spéciaux, N 5947 ff.
[988]   Gl.M. OFTINGER/STARK, § 29 N 273 Fn. 218. Vgl. zu den Voraussetzungen der unechten Geschäftsführung ohne Auftrag TERCIER/FAVRE, Contrats spéciaux, N 6038 ff.
[989]   BGE 119 II 411 ("Gassenzimmer-Fall").

zung eines *absolut geschützten Rechtsguts* zurückzuführen sind (d.h. Personen- bzw. Sachschäden).[990]

Im "Gassenzimmer-Fall" hatte das Bundesgericht einen Sachverhalt zu   554
beurteilen, bei dem der Kanton Basel-Stadt auf einem ihm gehörenden
Grundstück ein sogenanntes Gassenzimmer betrieb.[991] Darin erhielten Drogenabhängige gratis sterile Spritzen und die Möglichkeit, die Spritzen unter
Aufsicht zu benutzten. Auf der anderen Seite der Strasse befanden sich zwei
Liegenschaften, deren Eigentümerin die X AG war. Im Erdgeschoss eines der
beiden Häuser betrieb zudem die Y AG ein Reisebüro. Beide Gesellschaften
erhoben unter der Berufung auf Art. 679 und 684 ZGB beim Bundesgericht
gegen den Kanton Basel-Stadt Klage, da sich mehrfach Drogensüchtige und
Drogenhändler auf ihren Grundstücken aufgehalten hatten (es wurde dort namentlich gespritzt und mit Drogen gehandelt). Neben dem Verbot, ein Gassenzimmer am besagten Ort zu betreiben, verlangten die Klägerinnen, dass
ihnen die Kosten ihrer Abwehrmassnahmen gegen die übermässigen Einwirkungen ersetzt würden. Die von den Klägerinnen getroffenen Massnahmen
umfassten die Überwachung der Liegenschaften durch die Securitas AG, das
Einrichten einer Umgebungsbeleuchtung mit Bewegungsmeldern, eine Gegensprechanlage in beiden Häusern und eine Absperrung mit Stacheldraht.
Das Bundesgericht erachtete den Beizug der Securitas AG als notwendige und
verhältnismässige Vorkehrung, so dass der Beklagte die diesbezüglichen Kosten vollumfänglich zu ersetzen hatte. Auch für die Kosten der Stacheldrahtabsperrung wurde der Beklagte zum vollumfänglichen Ersatz angehalten. Die
Kosten der verschiedenen Beleuchtungen wurden hingegen nur zur Hälfte ersetzt, da den Klägerinnen daraus noch Vorteile erwachsen würden. Mit Hinweis auf Art. 43 OR verweigerte das Bundesgericht jeglichen Schadensersatz
in Bezug auf die Gegensprechanlagen, da sie den Klägerinnen weiterhin Vorteile bringen würden und zudem nur vier Tage in Betrieb waren, bevor sie
durch den Einsatz der Securitas SA überflüssig wurden.

---

[990] WERRO, Responsabilité civile, N 652.
[991] BGE 119 II 411.

555   Diese Rechtsprechung ist in mehrfacher Hinsicht bemerkenswert. Einerseits führt sie zum Resultat, dass der Schadensersatzanspruch von den *tatsächlich getroffenen Massnahmen* abhängig gemacht wird. Denn obwohl das Bundesgericht festhält, dass "nicht nur schadenverursachende, sondern auch bloss lästige Einwirkungen" verboten sind,[992] wird dem Nachbar wohl nur dann ein Schadensersatzanspruch zustehen, wenn er eine Vermögenseinbusse erleidet. Hätten die Nachbarn im vorliegenden Gassenzimmer-Fall keine Abwehrmassnahmen getroffen, sondern allein die Unterlassung der Einwirkungen verlangt, so hätten sie, vorausgesetzt, dass sie sonst keine Vermögenseinbussen durch die lästigen Einwirkungen erlitten hätten, keinen Schadensersatz geltend machen können. Lästige Einwirkungen allein begründen nämlich noch keinen Schadensersatzanspruch. Andererseits geht das Bundesgericht kaum der Frage der Verhältnismässigkeit der getroffenen Massnahmen nach. Das Bundesgericht prüft zwar zumindest oberflächlich, ob die Vorkehrungen notwendig waren, verlangt aber nicht, dass sie in einem vertretbaren Verhältnis zu den abgewendeten Einwirkungen waren (Verhältnismässigkeit im engeren Sinne).[993] Dies vermag zumindest im Hinblick auf die Schadensminderungspflicht zu erstaunen.

556   Das Bundesgericht scheint im Rahmen von Art. 679/684 ZGB allgemein dazu zu neigen, dem Gefährdeten ohne weiteres die Wahl freizustellen, ob er selbst Massnahmen ergreift oder vom Gefährdenden das Unterlassen der Einwirkungen verlangt.[994] Aus dogmatischer Sicht müsste jedoch das Verhältnis zwischen der Präventiv- bzw. Unterlassungsklage und der Schadensersatzklage für Abwehrmassnahmen eingehender geklärt werden. Räumt man nämlich

---

[992] BGE 119 II 411 E. 4c.

[993] Dazu unten N 623.

[994] Vgl. BGE 81 II 439 E. 3 in dem der Gefährdete selbst Massnahmen ergriffen und dann den Gefährdenden auf Ersatz der Aufwendungen belangt hatte. Das Bundesgericht geht, obwohl es festhielt, dass der Gefährdete statt dessen auch vom Gefährdenden hätte verlangen können, dass dieser selbst Schutzmassnahmen trifft, nicht der Frage nach, ob die Selbstvornahme allenfalls subsidiär gegenüber der Präventiv- bzw. Unterlassungsklage ist. Vgl. auch BGE 119 II 411, in dem die unter Einwirkungen leidenden Nachbarn erst selbst Schutzmassnahmen trafen und dann sowohl die Rückerstattung der damit verbundenen Kosten als auch das Unterlassen der Einwirkungen verlangten.

dem potentiell Geschädigten bei jeglicher Art und Intensität der Einwirkungen eine Schadensersatzklage für Abwehrmassnahmen ein, so überlässt man ihm auch die Wahl, selbst Massnahmen zu treffen und dafür eine Entschädigung zu verlangen (so im BGE 81 II 439) oder vom potentiellen Schädiger das Ergreifen von notwendigen Schutzmassnahmen bzw. das Unterlassen von Handlungen mittels einer Präventiv- bzw. Unterlassungsklage zu fordern. Diese Lösung entspricht zwar der zivilrechtlichen Notwehr (Art. 52 Abs. 1 OR) und der Selbsthilfe des Besitzers (Art. 926 Abs. 1 ZGB), welche beide *nicht subsidiär* sind,[995] widerspricht jedoch der öffentlich-rechtlichen Ersatzvornahme, die nur subsidiär erfolgen darf.[996] Diese Wahlfreiheit führt auch dazu, dass jeweils andersartige Abwehrmassnahmen getroffen werden. Ein unter Einwirkungen leidender Nachbar wird nämlich nur Massnahmen auf seinem Grundstück können und somit nicht den Einwirkungen als solchen ein Ende setzen können (sog. passive Abwehrmassnahmen), sondern nur deren Wirkungen mildern, während der Gefährdende in der Regel die Einwirkungen selbst beheben kann (sog. aktive Abwehrmassnahmen). Abgesehen von den Fällen der unvermeidbaren übermässigen Bauimmissionen besteht aber die endgültige Lösung des Problems darin - wie es auch der Gassenzimmer-Fall veranschaulicht -[997], dass die Einwirkungen unterbunden werden und dadurch ein rechtskonformer Zustand wieder hergestellt wird. Die vom Nachbar getroffenen Massnahmen haben somit in der Regel nur provisorischen Charakter. Das Gleichstellen von aktiven und passiven Abwehrmassnahmen widerspricht zudem dem öffentlich-rechtlichen Konzept des Immissionsschutzes gemäss USG, das bei der Begrenzung der Emissionen durch Massnahmen an der *Quelle* ansetzt (Art. 11 Abs. 1 USG).[998] Bauliche Abwehrschutzmassnahmen seitens der betroffenen Gebäudeeigentümer kommen grundsätzlich nur

---

[995] BREHM, Art. 52 N 21 ff.; STARK, BSK ZGB II, Art. 926 N 1.
[996] HÄFELIN/MÜLLER/UHLMANN, N 1154.
[997] BGE 119 II 411.
[998] WAGNER PFEIFER B., Umweltrecht I, S. 106 ff.

subsidiär in Betracht (vgl. z.B. im Lärmschutzrecht Art. 20 Abs.1 USG (i.V.m. Art. 15 LSV) und Art. 25 Abs. 2 und 3 USG (i.V.m. Art. 10 LSV).[999]

557 In Lehre und Rechtsprechung werden die Schadenverhütungs- bzw. Gefahrenabwehrmassnahmen entweder in Verbindung mit der Frage des *Kausalzusammenhanges* behandelt oder an die *Widerrechtlichkeitsproblematik* angeknüpft. Dementsprechend richtet sich die nachfolgende Darstellung der unterschiedlichen Lehrmeinungen und der Rechtsprechung nach diesen zwei verschiedenen Ansätzen. Nicht behandelt wird vorliegend die Problematik der Schadensprävention durch den Gefährdenden (bzw. den potentiellen Schädiger),[1000] sondern allein die Gefahrenabwehr durch den Gefährdeten und dessen Entschädigung.

558 Aus terminologischer Sicht müssen Schadenverhütung bzw. Schadensabwehr und *Schadensvorsorge* unterschieden werden. Während die Schadensvorsorge den Eintritt des schädigenden Ereignisses selbst zunächst als gegeben hinnimmt und sodann versucht, dessen wirtschaftliche Folgen abzusichern, zielt die Schadensverhütung darauf ab, den Schadensfall als solchen in seiner Entstehung abzuwenden.[1001] Schadenverhütungs- bzw. Schadensabwehrmassnahmen wirken auf die *Ursachen* ein, während Schadensvorsorgemassnahmen die *Symptome* bekämpfen. Terminologisch eindeutiger wäre deshalb die Bezeichnung "Schadens*fall*verhütung" statt Schadenverhütung.

559 Nimmt man als Beispiel einer klassischen Vorsorgemassnahme den Abschluss von Versicherungsverträgen, so wird ein weiterer *Unterschied* zwischen Schadensvorsorge und Schadenverhütung deutlich. Schadensvorsorgemassnahmen werden in der Regel ausschliesslich im eigenen Interesse vorgenommen. Allein die Person wird durch die jeweilige Vorsorgemassnahme begünstigt, die sie als Vorkehrung zur Vermeidung nachteiliger Folgen des Schadensfalls getroffen hat. Bei erfolgreichen Schadenverhütungsmassnah-

---

[999] WAGNER PFEIFER B., Umweltrecht I, S. 132 ff.
[1000] Dazu BÜHLER TH., S. 197 ff.
[1001] STEINER G., S. 25.

men wird hingegen - indem der Eintritt des eigentlichen Schadenereignisses verhindert wird - nicht nur der potentiell Geschädigte, sondern auch der potentielle Schädiger von den nachteiligen Folgen der Schädigung entlastet.

Gemeinsam haben die Schadenverhütung und die Schadensvorsorge dennoch, dass sie zum Zweck haben, die sozialen Konsequenzen eines Schadensfalls - einmal direkt und einmal indirekt - abzuwenden.   560

Die Grenze zwischen Schadenverhütung und Schadensvorsorge verläuft zudem fliessend, da gewisse Massnahmen je nach Hauptaugenmerk als Vorsorgemassnahme oder als Schadenverhütungsmassnahme betrachtet werden können. So mag ein Airbag als Vorsorgemassnahme gelten, da er als solcher nicht in der Lage ist, einen Autounfall zu verhindern. Liegt dennoch das Augenmerk auf der Vermeidung schwerer Körperverletzungen, so kann ein Airbag auch als Schadenverhütungsmassnahme qualifizieren, da er den Eintritt von solchen Schäden bei schweren Unfällen regelmässig zu verhüten vermag.[1002]   561

5.2 Gefahrenabwehrmassnahmen als Kausalitätsproblem?

5.2.1 Allgemeines

Im Schweizer Schrifttum hat sich vor allem ROBERTO eingehend mit der Problematik der *Aufwendungen vor dem Schadensfall* befasst und behandelt dabei die in der deutschen Lehre diskutierten Fallgruppen unter dem Aspekt des *Kausalitätserfordernisses*.[1003]   562

Da in der Schweizer Lehre - namentlich von ROBERTO - explizit auf die in der deutschen Lehre diskutierten Fallgruppen Bezug genommen wird, sollen diese vorab im Überblick kurz dargelegt werden. Danach soll der Kernfrage   563

[1002] Vgl. STEINER G., S. 25 ff.

[1003] ROBERTO, Schadensrecht, S. 237 ff.; s. auch HONSELL, Haftpflichtrecht, § 8 N 18 ff.; SCHWENZER, N 15.09 f.

nachgegangen werden, ob diese Fälle überhaupt mit einem Kausalitätsproblem behaftet sind.

5.2.2 In der deutschen Lehre behandelte Fallgruppen

564 Die Ersatzfähigkeit der Kosten von Massnahmen, die *im Vorfeld eines Schadenereignisses ergriffen wurden*, wird in der deutschen Lehre hauptsächlich im Zusammenhang mit dem Halten von Ersatzfahrzeugen bei grossen Transportunternehmen, den Aufwendungen der Überwachungsorganisation der GEMA zur Aufspürung von Urheberrechtsverletzungen und den Überwachungsmassnahmen in Warenhäusern thematisiert.[1004]

565 Allerdings erörtert nur ein Teil dieser Fallgruppen die vorliegend zu behandelnde Frage der Finanzierung von echten Abwehr- bzw. *Schadensvermeidung*skosten.[1005]

566 Bei den *Reservewagenfällen* ist es z.B. fraglich, ob es um einen Fall der Schadensvermeidung geht, da die Beschädigung des ursprünglich eingesetzten Fahrzeugs nicht durch das Halten eines Reservefahrzeugs verhindert werden kann.[1006] Die mit der Reservehaltung verbundenen Kosten werden nämlich nicht eingegangen, um eine Rechtsgutverletzung zu vermeiden, sondern um deren nachteilige Folgen (insbesondere die mittelbaren Schäden) zu mildern bzw. zu beheben. STEINER entgegnet nicht ganz zu Unrecht, dass dieser Betrachtungsweise ein stark verengtes Verständnis der Schadensvermeidung zugrunde liege. Gerade die Möglichkeit, ein Reservefahrzeug einsetzen zu können und somit einen Betrieb aufrechtzuerhalten, sei dazu geeignet, einen Gewinnausfall infolge Betriebsunterbrechung oder Ersatzbeschaffungskosten zu vermeiden. Deshalb liege ein echter Fall der Schadenverhütung vor.[1007]

[1004] ROBERTO, Schadensrecht, S. 237 ff.; STEINER G., S. 167 ff.
[1005] Zu diesem Begriff s. oben N 558.
[1006] So KLIMKE, S. 83 f.
[1007] Zum Ganzen STEINER G., S. 167 f.

Die in den sog. *GEMA-Fällen* vorgenommenen Kontroll- und Überwachungsmassnahmen stellen ihrerseits reine *Schadensvorsorge*massnahmen da, weil sie - abgesehen von einem gewissen Präventiveffekt - ausschliesslich auf die Aufdeckung bereits begangener Urheberrechtsverletzungen abzielen. 567

Schliesslich sind die Vorbeuge- und Abwehrkosten bei sog. *Ladendiebstahl-Fällen* m.E. als *Schadenverhütung*smassnahmen zu betrachten, weil durch diese Massnahmen der Schadenseintritt verhindert werden kann, sofern der Dieb rechtzeitig mittels der Überwachungsanlage gefasst und die Beute sichergestellt wird. Dass diese Massnahmen grundsätzlich im Eigeninteresse des Gefährdeten getroffen werden, vermag - im Gegensatz zur Ansicht von STEINER -[1008] an dieser Qualifikation nichts zu ändern. 568

Diese drei Fallkonstellationen werden in der deutschen Rechtsprechung und teilweise auch in der Lehre - trotz ihrer Unterschiede - nach dem gleichen *Argumentationsmuster* gelöst,[1009] weshalb sie auch vorliegend zusammen behandelt werden. Dennoch wird aus dogmatischer Sicht eine Differenzierung zwischen denjenigen Fällen unerlässlich sein, bei denen es sich um eine *Abwehr*problematik handelt und denjenigen, bei denen es eigentlich um ein Problem der *Schadensberechnung* geht. 569

5.2.3 Erfordernis der Kausalität und Gefahrenabwehr

Eine zivilrechtliche Haftung setzt grundsätzlich einen Kausalzusammenhang voraus, d.h. eine Beziehung zwischen Ursache und Wirkung.[1010] Die *Kausalitätsfrage* stellt sich in all diesen Fällen deshalb, weil die Aufwendungen be- 570

[1008] A.M. STEINER G. (S. 177), der ergriffene Massnahmen bei der Diebstahlbekämpfung als Massnahmen der Schadensvorsorge qualifiziert, da sie ausschliesslich im Eigeninteresse getroffen würden.

[1009] STEINER G., S. 167 ff. Auch in der Schweizer Lehre werden diese verschiedenen Fälle nicht dogmatisch eigenständig gelöst, sondern pauschal behandelt; s. HONSELL, Haftpflichtrecht, § 8 N 18 ff.; ROBERTO, Schadensrecht, S. 237 ff.

[1010] Statt Vieler REY, Haftpflichtrecht, N 517; WERRO, Responsabilité civile, N 174.

reits vor der Schädigung und damit teilweise unabhängig vom Eintritt des konkreten Schadensfalls getätigt wurden.[1011]

571   Nach der sog. *"condicio-sine-qua-non"*-Formel ist der natürliche Kausalzusammenhang zwischen einer Ursache und einem Schaden nur dann gegeben, wenn die Ursache nicht weggedacht werden kann, ohne dass auch der eingetretene Erfolg entfällt. Bei Aufwendungen im Falle der eigenen Werkstatt oder der Reservewagen wären dem Geschädigten - im Gegensatz zu nachträglichen Aufwendungen zur Schadensbeseitigung - diese Kosten auch dann entstanden, wenn sich der konkrete Unfall nicht ereignet hätte. Es wird deshalb mitunter in Lehre und Rechtsprechung die Meinung vertreten, dass vor dem Schadensfall getätigte Aufwendungen nicht das Erfordernis des Kausalzusammenhangs erfüllen und deshalb keinen ersatzfähigen Schaden darstellen.[1012]

572   In diesem Sinne entschied z.B. das Kantonsgericht Wallis, dem ein Sachverhalt zur Entscheidung vorlag, in dem ein Autoverkäufer nach mehrmaliger Beschädigung der zum Verkauf stehenden Autos eine Videoüberwachungsanlage einrichtete, um zukünftigen Beschädigungen vorzubeugen bzw. deren Urheber zu ermitteln.[1013] Nachdem der Wiederholungstäter mittels der Videoüberwachung ausfindig gemacht werden konnte, verklagte der Autoverkäufer diesen auf Schadensersatz gestützt auf Art. 41 OR. Das Kantonsgericht Wallis wies den Schadensersatzanspruch mit der Begründung ab, die mit der Überwachung verbundenen Kosten seien nicht unfreiwillig getätigt worden und es bestehe weder ein natürlicher noch ein adäquater Kausalzusammenhang zwischen diesen Aufwendungen und dem Schadensfall. Zudem betonte das Gericht, dass die Vorbeugung von Rechtsgutverletzungen Sache des Rechtsinhabers sei und folglich die damit verbundenen Kosten nicht auf den zukünftigen Verletzter dieser Rechtsgüter abgewälzt werden könnten. Das Kantonsgericht

---

[1011] ROBERTO, Schadensrecht, S. 237; SCHWENZER, N 15.09; RJV 2004, S. 156 ff. E. 7b.

[1012] HONSELL, Haftpflichtrecht, § 8 N 18 ff.; RJV 2004, S. 156 ff. E. 7b. Vgl. auch ROBERTO, Schadensrecht, S. 237 ff.

[1013] RJV 2004, S. 156 ff.

hielt auch allgemein gesehen die Zusprechung eines Ersatzes für die Vorhalte- und Vorsorgekosten für eine unsinnige Vermehrung der Ersatzpflichten.[1014]

ROBERTO schlägt als Überwindung der *Kausalitätsproblematik* vor, die Ersatzfähigkeit der *Vorhalte- und Vorsorgekosten* danach zu richten, ob die entsprechenden Leistungen, falls sie von Dritten erbracht worden sind, das Kausalitätserfordernis erfüllen oder nicht. Als ersatzfähig erachtet ROBERTO somit diejenigen Kosten, die aus dem Halten von Ersatzfahrzeugen oder dem Betreiben einer eigenen Reparaturwerkstätte herrühren. ROBERTO begründet seine Meinung damit, dass der Einsatz von Ersatzfahrzeugen und die Reparaturleistungen nach dem Schadensfall erfolgen und dass - würden diese Leistungen von Dritten erbracht - an der Kausalität und damit an der Ersatzfähigkeit der entsprechenden Kosten keine Zweifel bestehen würden. Von diesen Fällen unterscheidet ROBERTO diejenigen, bei denen auch bei Einschaltung eines Drittunternehmens die Leistungen vor dem Schadensfall getätigt werden. Unter letztere Kategorie fallen laut ROBERTO alle *Überwachungsleistungen* und weiteren *Abwehrmassnahmen*, die vor dem Schadenseintritt getroffen werden. Solche Vorkehrungen geben laut ROBERTO kein Recht auf Entschädigung, denn sie würden seiner Meinung nach zu einer unsinnigen Vermehrung der Ersatzpflichten führen.

5.2.4 Kritik

ROBERTOS Ausführungen vermögen aus verschiedenen Gründen kaum zu überzeugen.

Einerseits geht ROBERTO bei seiner Analyse und folglich bei seinem Lösungsansatz davon aus, dass tatsächlich ein *Rechtsgut* verletzt wird. Dabei übersieht er aber scheinbar, dass bei den in seine Analyse miteinbezogenen *Ladendiebstahls-Fällen* es wohl kaum zu einer Rechtsgutverletzung und einen darauf zurückzuführenden Schaden kommen wird, wenn der Dieb rechtzeitig mittels der Überwachungsanlage gefasst wird und der Ladeninhaber durch die Si-

573

574

575

[1014] RVJ 2004, S. 156 ff. E. 7b; gl.M. ROBERTO, Schadensrecht, S. 245.

cherstellung der jeweiligen Beute vor diebstahlsbedingten Einbussen bewahrt bleibt. Die von ROBERTO getroffene Unterscheidung, je nach dem, ob man die Kosten auch nach dem Schadensfall hätte eingehen können oder nicht, erweist sich schon mangels eines Schadensfalls als untauglich. Es kann folglich auch kein Kausalzusammenhang zwischen einer Schadenverhütungsmassnahme und einem nicht eingetretenen Schadensfall konstruiert werden. Der Kausalzusammenhang muss nämlich zwischen der *Gefährdung* und den getroffenen Massnahmen bestehen. Es liegt somit nicht primär ein Kausalitätsproblem vor, sondern es geht um die Frage, ob auch ohne Verletzung eines absoluten Rechts bzw. einer Schutznorm Schadenverhütungskosten auf den potentiellen Schädiger abgewälzt werden können.[1015]

576   Die Finanzierung der Schadenverhütung bzw. der Gefahrenabwehr stellt somit ein eigenständiges Problem dar. Insbesondere darf bei der Frage nach einer haftpflichtrechtlichen Entschädigung für Abwehrmassnahmen - analog zu den Schadensminderungskosten -[1016] nicht darauf abgestellt werden, ob die Massnahmen tatsächlich einen Schadensfall verhindert haben oder nicht.

577   Andererseits handelt es sich bei den von ROBERTO behandelten Fällen der Betreibung der eigenen Werkstatt und der Reservehaltung allein um ein Problem der *Schadensersatzberechnung* und nicht der Kausalität.

578   Problematisch sind diese Fälle deshalb, weil nach der *Differenztheorie* ein zu ersetzender Schaden insofern nicht feststellbar ist, als die durch die Haltung eines Reservefahrzeugs bzw. das Betreiben einer eigenen Werkstatt geprägte Güterlage vor und nach dem Schadensfall die gleiche bleibt.[1017] Zur Debatte

---

[1015]   Dazu unten N 589 ff.

[1016]   Dazu oben N 546.

[1017]   Im Vermögen des Geschädigten waren nämlich schon vor dem Schadensfall die Kosten des unbenutzten Reservefahrzeugs als negativer Vermögensposten verbucht. Nach dem Schadensfall übernimmt das beschädigte Fahrzeug diesen Posten und der Reservewagen wird aktiviert. Sofern es keinen Einfluss auf den Betrieb hat, liegt nach der Differenztheorie somit kein Schaden vor. Das gleiche gilt bei der eigenen Werkstatt, da die Kosten für die Bereitstellung einer Werkstatt (Abschreibungen, Löhne, usw.) und eines eigenen Lagers bereits vor dem Schadensfall angefallen sind. KLIMKE, S. 86; STEINER G., S. 181.

steht deshalb, ob nicht dennoch dem Geschädigten eine Entschädigung zukommen soll.

In Abkehr von der Differenztheorie ist sich die herrschende Schweizer Lehre   579
grundsätzlich darin einig, dass dem Geschädigten schon allein deshalb diese
Vorsorgekosten zu erstatten sind, weil es einem Geschädigten nicht zum
Nachteil und dem Schädiger folglich nicht zum Vorteil gereichen darf, dass
der Geschädigte vorbeugende Massnahmen getroffen hat.[1018] Nur die dogmatische Einordnung des Ausgleichs dieser Kosten ist in der Lehre strittig, sofern überhaupt auf diese Problematik eingegangen wird.

Das Bundesgericht hat ebenfalls unabhängig von einer allfälligen Vermö-   580
genseinbusse des Geschädigten die Ersetzbarkeit eines Sachschadens bejaht.[1019] Das Bundesgericht hielt bezüglich der *Beschädigung bzw. Zerstörung eines Baumes* fest, dass nicht nur dann ein Vermögensschaden vorliege, wenn der Verkehrswert des Grundstücks vermindert sei. Vielmehr solle auch das subjektive *Erhaltungsinteresse* des Geschädigten berücksichtigt werden. Die Schadensbestimmung solle sich denn auch grundsätzlich an den Kosten der Neuanpflanzung orientieren.[1020]

Verfolgt man indessen den Gedanken weiter, dass der Schädiger nicht ohne   581
Entschädigungspflicht von Vorkehrungen des Geschädigten profitieren soll,
muss umgekehrt auch sichergestellt werden, dass dem Schädiger daraus keine
Nachteile erwachsen. Dies rechtfertigt sich insbesondere deshalb, weil der
Entscheid, Reservefahrzeuge zu halten bzw. eine eigene Werkstatt zu betreiben, in der alleinigen Einflusssphäre des potentiell Geschädigten liegt. Dem-

---

[1018] ROBERTO, Schadensrecht, S. 245 f.; SCHWENZER, N 15.10; a.M. HONSELL, Haftpflichtrecht, § 8 N 18 ff. Für das deutsche Recht ebenfalls bejahend KLIMKE, S. 86; STEINER G., S. 180. Diese Auffassung zeigt, dass sich auch die Berechnung des Schadens nicht auf einen blossen Kalkulationsvorgang reduzieren lässt, sondern eine Wertung impliziert (dazu WEBER, S. 281 ff.)
[1019] BGE 129 III 331; 127 III 73.
[1020] BGE 129 III 331 E. 2.2.

entsprechend sollten ebenfalls der Erfolg bzw. Misserfolg dieser Aufwendungen ausschliesslich der Risikosphäre des Geschädigten zugerechnet werden.

582 Da der Geschädigte von den vorsorglichen Massnahmen des Geschädigten unberührt bleiben muss, darf auch der Ansatzpunkt für die Bemessung der Ersatzpflicht nicht eine anteilige Beteiligung an den Kosten des Reservewagens oder des Betriebs der Werkstatt sein, sondern die Beschädigung und der temporäre Ausfall des ursprünglich eingesetzten und durch das konkrete Ereignis beschädigten Fahrzeugs.[1021] Grundsätzlich sollte dem Geschädigten eine Entschädigung in der Höhe der *marktüblichen Reparaturkosten* bzw. beim Einsatz eines *eigenen* Ersatzfahrzeuges der *marktüblichen Mietwagenkosten* zustehen.[1022]

583 Bei der Schadensberechnung auf eine anteilige Kostentragung abzustellen würde m.E. zu unüberbrückbaren Problemen führen. Wie sollte z.B. der Verteilungsmassstab zwischen den verschiedenen Schädigern für die während eines vergleichbaren Zeitraums angefallenen Gesamtkosten lauten? Wie soll der Fall entschieden werden, in dem die eigene Werkstatt oder die Haltung von Reservefahrzeugen derart kostspielig ist, dass eine anteilsmässige Beteiligung durch den Schädiger ihm teurer zu stehen kommt als die marktüblichen Reparatur- bzw. Mietkosten? Wie soll die Schadensberechnung vorgenommen werden, wenn mehrere Fahrzeuge infolge verschiedener Schadensfälle ausfallen, aber nur ein einziges Reservefahrzeug vorhanden ist? Welcher Schädiger käme dann in den Genuss, nur einen Anteil an den (vermeintlich günstigeren) Haltekosten des Reservefahrzeugs tragen zu müssen und welcher müsste die (vermeidlich teureren) Ersatzbeschaffungskosten ersetzen? Was geschieht, wenn nach der Schadensliquidation festgestellt werden muss, dass die eigene Werkstatt gar nicht in der Lage ist, die notwendigen Reparaturen

---

[1021] Vgl. STEINER G., S. 180 f.; a.M. SCHWENZER, N 15.10.

[1022] Vorliegend geht es nicht um die Frage, ob nur konkret entstandene Mietkosten entschädigt werden oder ob auch die Nutzungsmöglichkeit als solche entschädigt wird (dazu ausführlich ROBERTO, Schadensrecht, S. 191 ff.; WERRO, Responsabilité civile, N 90 ff.), sondern ob bei der Benutzung eines eigenen Ersatzautos eine marktübliche Entschädigung geschuldet wird.

auszuführen und doch die (vermeidlich teurere) Dienstleistung einer fremden Werkstatt in Anspruch genommen werden muss? All diese Beispiele zeigen, dass bei der Bestimmung des Schadens ausschliesslich auf eine abstrakte und objektive Schadensberechnung abgestellt werden soll, wenn man verhindern will, dass der Gläubiger durch seine vorsorglichen Vorkehrungen Einfluss auf die Rechtssphäre des Schädigers ausüben kann.

Beim Abstellen auf den abstrakten Schaden entfällt sodann auch die *Kausalitätsproblematik*, da nicht an die vor dem Schadensfall getätigten effektiven Aufwendungen für das Ersatzfahrzeug bzw. die eigene Werkstatt angeknüpft wird, sondern eine *objektive Berechnung* des Schadens vorgenommen wird.   584

Bereits MOMMSEN hielt bezüglich der möglichen Abweichung von Interesse und Sachwert fest: "Diese Abweichung kann jedoch nur in der Weise vorkommen, dass das Interesse über den Sachwert hinausgeht. Da der Sachwert denjenigen Wert repräsentiert, welchen die Sache für einen jeden hat, so muss die Sache zum Mindesten diesen Wert immer auch für den Gläubiger haben".[1023] Diesem Ansatz folgt auch die Lehre vom sog. objektiven Schadensbegriff, wonach der objektive Wert auch ohne Nachweis einer Vermögensdifferenz als Mindestschaden zu ersetzen ist.[1024] Der objektive Sachwert als Mindestschaden wird nicht nur in der deutschen Lehre, sondern auch in der schweizerischen Lehre als Korrektur des Differenzschadenskonzepts mehrheitlich anerkannt.[1025]   585

Die Lehre vom objektiven Schadensbegriff abstrahiert aber nur bei den unmittelbaren Schäden ("Objektschaden"). Mittelbare Schäden ("Vermögensfolgeschäden") wie Nutzungsausfallschäden sollen hingegen nach der konkre-   586

[1023] MOMMSEN, S. 17.

[1024] OFTINGER/STARK, Haftpflichtrecht I, § 6 N 358; REY, Haftpflichtrecht, N 206, 325 f.; ROBERTO, Schadensrecht, S. 19; V. THUR/PETER, S. 116.

[1025] OFTINGER/STARK, Haftpflichtrecht I, § 6 N 358; REY, Haftpflichtrecht, N 206, 325 f.; ROBERTO, Schadensrecht, S. 22; V. BÜREN, S. 44, V. THUR/PETER, S. 116; WERRO, Responsabilité civile, N 988

ten Bedeutung für das Vermögen des Geschädigten ermittelt werden.[1026] Trotzdem sollte - wie es auch im Ergebnis das BGH tut -[1027] ebenfalls bei den *Nutzungsausfällen* von betrieblich benutzten Fahrzeugen - und nicht nur bei deren Reparatur in der eigenen Werkstatt - von der subjektbezogenen Berechnung und der Betrachtung des Gesamtvermögens zu einer isolierten Betrachtung des Nutzungsausfalls übergewechselt werden. Es würde somit der Sachnutzung ein eigenständiger, objektiver Vermögenswert beigemessen.[1028]

587　Eine *objektive Berechnung* des Schadens im Hinblick auf die Reparatur in der eigenen Werkstatt entspricht im Ergebnis auch der Entschädigung von *fiktiven Kosten*[1029] bei Sachschäden oder der Gewährung der marktüblichen Reparaturkosten bei Eigenreparatur[1030]. Das Restitutionsinteresse ist nämlich auch dann massgeblich, wenn der Geschädigte auf die Behebung der Beeinträchtigung verzichtet oder sie selbst vornimmt, aber dennoch dem Schädiger die Wiederherstellungskosten in Rechnung stellen kann.

588　Was die Reservewagen-Fälle betrifft, so lassen sich auch Parallelen zum *Haushaltsschaden* ziehen, da es bei beiden grundsätzlich um die Anerkennung des wirtschaftlichen Wertverlustes geht - im ersten Fall durch die zeitweilig entzogenen Gebrauchsvorteile einer Sache und im zweiten durch die Beeinträchtigung der Arbeitsfähigkeit -, unabhängig davon, ob eine konkrete Vermögenseinbusse eintritt oder nicht.[1031]

[1026] ROBERTO, Schadensrecht, S. 20 f.; STEINER G., S. 185 f.

[1027] Nachweis bei STEINER G., S. 186.

[1028] KLIMKE, S. 83.

[1029] Dazu ROBERTO, Schadensrecht, S. 167 ff.

[1030] Dazu ROBERTO, Schadensrecht, S. 219 ff. Grundsätzlich sollten die Eigenreparatur und die Reparatur in der eigenen Werkstatt gleich behandelt werden. Dies ist aber nach der in der deutschen Lehre überwiegenden Auffassung nicht der Fall, wonach bei Reparatur in der eigenen Werkstatt nicht die Kosten einer Fremdreparatur erstattet werden, sondern allein die unmittelbar anfallenden Kosten und ein Gemeinkostenzuschlag (ROBERTO, Schadensrecht, S. 220). M.E. sollten in beiden Fällen die Kosten einer Fremdreparatur ersetzt werden (zur Begründung oben N 577 ff.).

[1031] Dazu REY, Haftpflichtrecht, N 259; WERRO, Responsabilité civile, N 1011 ff.

5.3 Gefahrenabwehrmassnahmen als Widerrechtlichkeitsproblem?

5.3.1 Allgemeines

Die Ersetzbarkeit von Vorsorge- und Gefahrenabwehrmassnahmen ist haupt-   589
sächlich im Hinblick auf das *Erfordernis der Widerrechtlichkeit* problematisch.

Grundsätzlich bildet die Widerrechtlichkeit eine Voraussetzung aller ausser-   590
vertraglichen Haftungen.[1032] Laut der noch herrschenden *objektiven Widerrechtlichkeitstheorie* gilt eine Schadenszufügung unter Vorbehalt allfälliger
Rechtfertigungsgründe nur dann als widerrechtlich, wenn ein absolut geschütztes Rechtsgut oder eine Schutznorm verletzt wird.[1033]

Abwehr- bzw. Schutzmassnahmen zeichnen sich gerade dadurch aus, dass -   591
sofern sie erfolgreich sind - es nicht zu einer Rechtsgut*verletzung* kommt,
sondern es bei der Rechtsgut*gefährdung* sein Bewenden hat. Sofern nicht "zufällig" eine Schutznorm die Gefährdung verbietet, scheitert die haftpflichtrechtliche Entschädigung von Abwehrmassnahmen (da es sich um einen reinen Vermögensschaden handelt) am Erfordernis der Widerrechtlichkeit.[1034]

In diesem Zusammenhang gilt es dennoch auf eine Ausnahme hinzuweisen,   592
bei der gestützt auf eine zivilrechtliche Haftpflichtnorm *Abwehrmassnahmen-*

[1032] Das Bundesgericht hielt im BGE 112 II 118 E. 5e fest, dass die Widerrechtlichkeit auch im
Bereich der Kausalhaftungen eine Haftungsvoraussetzung bilde. Im "*Tschernobyl/Gemüse-
Fall*" [BGE 116 II 491 ff.] hat das Bundesgericht hingegen die Frage offen lassen können,
indem sie die infolge der Bestrahlung eingetretene Unverkäuflichkeit von Gemüse und
Salat als unzulässige Beeinträchtigung des Eigentums betrachtete und somit die Verletzung
eines absolut geschützten Rechtsguts begründen konnte. Auch die herrschende Lehre (statt
Vieler GAUCH, Grundbegriffe, S. 233 ff.; KELLER A., Bd. I, S, 106 f.; REY, Haftpflichtrecht, N 669 m.w.H.) vertritt die Meinung, dass die Widerrechtlichkeit eine Voraussetzung
sowohl der Verschuldens- wie auch der Kausalhaftungen ist; a.M. WEBER, S. 269 f.; WER-
RO (Responsabilité civile, N 283) der die Widerrechtlichkeit allein als eine Voraussetzung
der Verschuldenshaftung betrachtet. Wie jeder Grundsatz kennt auch dieser Ausnahmen,
vgl. z.B. Art. 41 Abs. 2 OR und Art. 52 Abs. 2 OR.
[1033] Zur Definition des Schadens WERRO, CR, Art. 41 N 8 ff.
[1034] Statt Vieler GAUCH/SWEET, S. 119 f.

kosten ersetzt werden. Art. 2 Abs. 1 lit. c KHG, der gewissermassen das zivilrechtliche Pendant zu Art. 4 KHG bildet,[1035] erklärt auch denjenigen Schaden als ersatzfähig, der als Folge behördlich angeordneter oder empfohlener Massnahmen zur Abwehr oder Verminderung einer unmittelbar drohenden nuklearen Gefährdung eintritt.[1036] Für den Kreis der in Art. 2 KHG umschriebenen Schäden ergibt sich die *Widerrechtlichkeit* unmittelbar aus der Haftungsnorm. Ausgenommen ist allein der entgangene Gewinn (Art. 2 Abs. 1 lit. c KHG). Art. 2 KHG ist insofern eigenartig, als sich in anderen Gesetzen mit Gefährdungshaftungen keine Parallele finden lässt.[1037]

593   Entgegen der Meinung vom Bundesgericht[1038] vertreten OFTINGER/STARK[1039] wie auch SCHWENZER[1040] die Ansicht, dass auch eine *Rechtsgutgefährdung* und nicht nur eine Rechtsgutverletzung als widerrechtlich zu betrachten ist. Die unmittelbare Rechtsgut*gefährdung* wird demnach hinsichtlich der Widerrechtlichkeit mit der Verletzung eines absoluten Rechts gleichgestellt.[1041] Laut OFTINGER/STARK kommt es bei der Ersetzbarkeit der Abwehrkosten allein darauf an, ob sie objektiv geboten waren oder nicht; die Verletzung einer *Verhaltensnorm* als Ersatz für die Verletzung eines Rechtsguts wird demnach ebenfalls nicht verlangt. OFTINGER/STARK begründen ihre Auffassung mit dem Umstand, dass eine Unterlassung gebotener Schutzmassnahmen dem Ge-

---

[1035] Zum gesamten System von Art. 2 Abs. 1 lit. c KHG und Art. 4 KHG s. MOIX, N 699 ff.

[1036] OFTINGER/STARK (Haftpflichtrecht II/3, § 29 N 279 ff.; vgl. auch MOIX, N 711) vertreten zu Recht die Meinung, dass aus dem Wortlaut von Art. 2 Abs. 1 lit. c KHG nicht geschlossen werden dürfe, dass dem Geschädigten kein Recht auf Ersatzpflicht zustehen würde, sollten die Behörden die vom Gefährdeten getroffenen Massnahmen nicht angeordnet oder empfohlen haben. Für diese Schlussfolgerung fehle es an überzeugenden Argumenten. Dem Erfordernis der behördlichen Anordnungen oder Empfehlungen komme somit allein die Bedeutung zu, denjenigen, der die Massnahmen getroffen habe, von der Prüfung zu entbinden, ob sie geboten oder geeignet seien. Fehle indessen eine solche behördliche Anordnung oder Empfehlung, so habe der Zivilrichter zu prüfen, ob sie zu Recht ergriffen worden seien oder nicht.

[1037] OFTINGER/STARK, Haftpflichtrecht II/3 N 264.

[1038] BGE 117 II 259 ("Böschungsfall"), dazu oben N 549 ff.

[1039] OFTINGER/STARK, Haftpflichtrecht II/3, § 29 N 271 ff.

[1040] SCHWENZER, N 50.07.

[1041] SCHWENZER, N 50.07.

schädigten als Selbstverschulden angerechnet werden könnte, da ein Selbstverschulden auch vor Eintritt des Schadens stattfinden könne.[1042] Dies führe auch dazu, dass die Kosten geeigneter Schutzmassnahmen dem potentiellen Schädiger, der einen Haftungsgrund zu vertreten habe, auch dann aufgebürdet werden könnten, wenn kein Schaden eintrete.[1043] Ferner seien an die Voraussetzung, dass die Schutzmassanahmen geboten seien, strenge Anforderungen zu stellen, um Missstände zu vermeiden.[1044]

PETITPIERRE-SAUVIN stellt zwar im Gegensatz zu OFTINGER/STARK und   594
SCHWENZER nicht jede Rechtsgutgefährdung mit einer Rechtsgutverletzung gleich, sie vertritt dennoch die Ansicht, dass nicht nur Rechtsgutverletzungen, sondern auch Gefährdungen unter den Anwendungsbereich von Art. 679 ZGB und Art. 58-59 OR fallen und der potentielle Geschädigte dementsprechend berechtigt ist, für die von ihm getroffenen Schutzmassnahmen eine Entschädigung zu verlangen.[1045]

PETITPIERRE-SAUVINs Ausführungen vermögen durchaus zu überzeugen. In   595
der Tat liegt sowohl Art. 679 ZBG als auch Art. 58-59 OR der Gedanke der Schadens*prävention* zu Grunde. Dennoch muss bezüglich Art. 679 ZGB angemerkt werden, dass nach herrschender Lehre dieser Artikel primär eine *Präventiv- bzw. Unterlassungsklage* und nicht eine Schadensersatzklage für vom potentiell Geschädigten getroffene Abwehrmassnahmen vorsieht.[1046]

5.3.2 Würdigung

Da es sich bei der Entschädigung von Abwehrmassnahmen um den Ersatz   596
eines reinen Vermögensschadens handelt, wird sicherlich auch in dieser Frage

---

[1042] OFTINGER/STARK, Haftpflichtrecht II/3, § 29 N 273.
[1043] OFTINGER/STARK, Haftpflichtrecht II/3, § 29 N 273.
[1044] OFTINGER/STARK, Haftpflichtrecht II/3, § 29 N 273.
[1045] PETITPIERRE-SAUVIN, S. 496.
[1046] Zur Präventiv- und Unterlassungsklage s. REY, Grundlagen des Sachenrechts, N 2079 f.; STEINAUER (Bd. II, N 1925 f.) unterscheidet seinerseits nicht zwischen Präventiv- und Unterlassungsklage und behandelt beide Tatbestände unter dem Titel "action en prévention du trouble".

die tief sitzende "Angst vor einer uferlosen Ausweitung" der Haftung bei der Auseinandersetzung prägend sein.[1047] Trotz wiederkehrender Bedenken gegen den Ersatz solcher Schäden erscheint die grundsätzliche Ersetzbarkeit von Abwehrmassnahmenkosten sowohl im Hinblick auf die Kohärenz des Haftpflichtrechts als auch aus makro-ökonomischen Gesichtspunkten wünschenswert.[1048]

597   Die Ersetzbarkeit von Abwehrmassnahmenkosten ist unter anderem angesichts des Instituts der Notwehr (Art. 52 Abs. 1 OR) gerechtfertigt. Die Gefahrenabwehr stellt nämlich gewissermassen eine abgewandelte Form der Notwehr dar.[1049] Wenn die Rechtsordnung dem Bürger gestattet, bei rechtswidrigen Angriffen bzw. Gefährdungen entschädigungslos in die Rechtsgüter des Angreifers einzuwirken, so müssen ihm auch grundsätzlich diejenigen Kosten vom Gefährdenden rückerstattet werden, die ihm durch die Abwehr einer widerrechtlichen Rechtsgutverletzung entstehen. Es ist nämlich grundsätzlich zufallsbedingt, ob eine Gefahr durch den Eingriff in die Rechtsgüter des Angreifers bzw. Gefährdenden oder durch andere Massnahmen abgewendet werden kann.

598   Auch unter Einbezug von makro-ökonomischen Gesichtspunkten werden sich Abwehrmassnahmen in der Regel als sinnvoll erweisen, da Schadensfälle bedeutende materielle und immaterielle Werte zerstören und die zur ihrer Regulierung aufgebrachten Kosten beträchtlich sind.[1050]

599   Um die Ersetzbarkeit von Abwehrmassnahmenkosten zu ermöglichen, sollte deshalb, wie es OFTINGER/STARK und SCHWENZER vorschlagen, die unmittelbare Gefährdung eines absoluten Rechtsguts hinsichtlich der Widerrechtlichkeit einer Rechtsgutverletzung gleichgestellt werden. Dem potentiell Geschä-

---

[1047] KRAMER, S. 132; vgl. GAUCH/SWEET, S. 120.

[1048] Vgl. statt Vieler GAUCH/SWEET (S. 120 ff.), die allgemein Zweifel an der Diskriminierung von reinen Vermögensschäden äussern.

[1049] Erwähnung verdient vorliegend auch, dass die Notwehr sich nicht nur gegen imminente Angriffe richtet, sondern auch gegen unmittelbare Gefahren (BREHM, Art. 52 N 10 ff.).

[1050] Dazu STEINER G., S. 38 ff.

digten ist es somit auch ohne entsprechende Schutznorm möglich, den Ersatz der Massnahmenkosten vom Gefährdenden gestützt auf eine zivilrechtliche Haftungsgrundlage zu verlangen.

Unbeantwortet bleibt indessen die Frage, ob auch Abwehrmassnahmen, die   600
zum Schutze des Vermögens bzw. zur *Vermeidung reiner Vermögensschäden* getroffen werden, haftpflichtrechtlich entschädigt werden sollen oder nicht. Gründet man indessen wie OFTINGER/STARK und SCHWENZER die Ersetzbarkeit auf die Gefährdung eines absolut geschützten Rechtsguts, so fällt definitionsgemäss eine Entschädigung ausser Betracht. Damit hat die Problematik jedoch nicht ihr endgültiges Bewenden gefunden. Auch wenn man die allgemeine Diskriminierung reiner Vermögensschäden fortsetzen sollte, ist dennoch eine haftpflichtrechtliche Entschädigung für zur Vermeidung reiner Vermögensschäden ergriffene Massnahmen nicht *per se* ausgeschlossen. Die Ersetzbarkeit von Abwehrmassnahmenkosten sollte indessen vom Inhalt der jeweiligen Schutznorm abhängen. Besteht der Zweck einer Verhaltensnorm nicht nur darin, das Vermögen gegenüber Schädigungen der konkret vorliegenden Art zu schützen, sondern auch gegenüber dessen Gefährdung bzw. gefährdender Verhalten, so sollte - bei Erfüllung der jeweiligen Haftungsvoraussetzungen - einer Überwälzung der Gefahrenabwehrkosten auf den Gefährdenden nichts im Wege stehen. Als Beispiel einer Schutznorm, die auch gefährdende bzw. bedrohende Verhalten verbietet, kann Art. 9 Abs. 1 und 3 UWG genannt werden, wonach derjenige, der durch unlauteren Wettbewerb in seiner Kundschaft, seinem Kredit oder beruflichen Ansehen, in seinem Geschäftsbetrieb oder sonst in seinen wirtschaftlichen Interessen *bedroht* oder verletzt wird, nach Massgabe des Obligationenrechts auf Schadensersatz klagen kann. Auch im Kartellrecht sollte derjenige, der Abwehrmassnahmen gegen unzulässige Wettbewerbsbeschränkung ergreift, einen Schadensersatzanspruch geltend machen können (Art. 5 Abs. 1 und Art. 7 Abs. 1 KG i.V.m. Art. 12 Abs. 1 lit. b KG). Wie allgemein bei reinen Vermögensschäden wird es auch bei der Ersatzfähigkeit von Abwehrmassnahmenkosten vom puren

Zufall abhängen, ob jeweils eine passende Schutznorm, die ebenfalls gefähr-dende Verhalten verbietet, zur Verfügung steht oder nicht.[1051]

601   Auch wenn die von OFTINGER/STARK und SCHWENZER vorgeschlagene Erweiterung des Erfolgsunrechts im Ergebnis zu überzeugen vermag, wäre dennoch aus *dogmatischer Sicht* sinnvoll, auch hier die Lehre vom Erfolgsun-recht (bzw. der objektiven Widerrechtlichkeitstheorie) abzulehnen und der Lehre des *Verhaltensunrechts* den Vorrang zu geben. Die Widerrechtlichkeit würde dann - statt an die Art des verletzten Rechtsguts - an die *Verletzung einer Verhaltenspflicht* anknüpfen.[1052] Bezeichnend für eine *erfolgreiche* Ab-wehrmassnahme ist ja gerade, dass kein absolutes Rechtsgut verletzt wird, sondern nur ein reiner Vermögensschaden eintritt. Demnach müsste m.E. die Ersatzfähigkeit eines reinen Vermögensschadens anerkannt werden, anstatt die Widerrechtlichkeit von einer möglicherweise nicht eingetretenen Verlet-zung eines absolut geschützten Rechtsguts ableiten zu wollen.

602   Auch im Hinblick auf das Erfordernis der *Kausalität*, die ja unbestrittener-massen zwischen dem Verhalten und der Gefährdung und nicht etwa zwi-schen dem Verhalten und einer nicht eingetretenen Verletzung eines absolut geschützten Rechtsguts bestehen muss ("haftungsbegründende Kausalität")[1053] scheint es sachgerechter, auch bei der Bestimmung der Widerrechtlichkeit auf das Verhalten statt auf eine nicht eingetretene Verletzung eines absoluten Rechtsguts abzustellen.

603   Mit der grundsätzlichen Anerkennung der Widerrechtlichkeit wird zwar der Grundstein einer haftpflichtrechtlichen Entschädigung für Gefahrenabwehr-massnahmenkosten gelegt, doch stellen sich in diesem Zusammenhang eine Vielzahl weiterer Fragen, die sich nur bedingt anhand des klassischen Scha-

---

[1051] GAUCH, Grundbegriffe, S. 232.

[1052] Diese Pflicht wird entweder mit der Verletzung einer Sorgfaltspflicht (so WERRO, Sorg-faltspflichtverletzung, S. 343 ff.) oder mit der derjenigen einer Schutzpflicht (so SCHÖ-NENBERGER, S. 10 ff. SCHWENZER, N 50.04 und 50.31) gleichgesetzt. Dazu oben N 292 ff.

[1053] Dazu muss natürlich auch noch eine kausale Verknüpfung zwischen dem Verhalten und dem Schaden ("haftungsausfüllende Kausalität") bestehen, dazu SCHWENZER, N 19.01.

densersatzrechts beantworten lassen. Einigen dieser offenen Punkte soll in der Folge nachgegangen werden.

5.4 Kriterien zur Bestimmung der Ersetzbarkeit von Abwehrmassnahmenkosten

5.4.1 Konkrete Gefahr

Als *Gefahr* gilt diejenige Sachlage im Einzelfall, die bei ungehindertem Ablauf des zu erwartenden Geschehens mit hinreichender Wahrscheinlichkeit zu einem Schaden führt.[1054] Die Gefahr kann entweder von einem oder mehreren bestimmbaren Personen, vom Zustand einer Sache oder von einem Naturereignis ausgehen.[1055]   604

Vom Begriff der Gefahr muss derjenige des *Risikos* unterschieden werden.[1056] Die Gefahr bildet sozusagen eine qualifizierte Form des Risikos. Eine Gefahr im Sinne des Haftpflichtrechts ist erst dann gegeben, wenn die Wahrscheinlichkeit des Eintritts des missbilligten Erfolgs hinreichend gross ist.[1057] Das Vorliegen eines Risikos allein vermag nicht dessen Urheber zu verpflichten, Schutzmassnahmen Dritter zu bezahlen: Ein Atomkraftwerk stellt zwar grundsätzlich ein Risiko für die Umwelt dar, dennoch sind allein die Kosten der Abwehr oder Verminderung einer *unmittelbar drohenden nuklearen Gefährdung* (die auf einen konkreten Vorfall zurückzuführen sein wird) dem Gefährdeten vom Inhaber der Kernanlage oder der Transportbewilligung zu ersetzen (Art. 2 Abs. 1 lit. C KHG).   605

Die *Ersetzbarkeit von Abwehrmassnahmen* sollte davon abhängen, ob sie durch ein *konkretes Ereignis* verursacht wurden oder nicht. Es muss somit eine konkrete Sachlage bzw. eine konkrete Handlung vorliegen, die unmittel-   606

[1054] Zur Definition der konkreten Gefahr im Polizeirecht s. FRIAUF, Verwaltungsrecht, S. 131 N 44 ff.; REINHARD, S. 110 ff.

[1055] REINHARD, S. 120.

[1056] Zum Risikobegriff s. REINHARD, S. 122 ff.; SCHMID, S. 8 ff.

[1057] SCHMID, S. 8; ferner MOIX, N 114.

bar in einer bestimmten kausalen und zeitlichen Nähe zum möglichen Schadensfall steht. Somit dürfte in der Regel auch ein eindeutiger Kausalitätszusammenhang zwischen der Ursache und der Gefahr vorliegen.

607 Kosten von Abwehrmassnahmen *allgemeiner Natur*, die allein zum Zweck haben, einer zwar wahrscheinlichen aber dennoch nur hypothetischen Verletzung vorzubeugen bzw. eine *abstrakte Gefahr* abzuwenden, sollten hingegen schon deshalb nicht durch das Haftpflichtrecht ersetzt werden, weil sie nicht durch eine konkrete Sachlage bzw. eine Handlung verursacht wurden, sondern durch eine *typische Gefährdungslage*. Aus haftpflichtrechtlicher Sicht wird deshalb auch kein individueller Verantwortlicher auszumachen sein. Auch wenn die getroffenen Abwehrmassnahmen eine konkrete Gefährdung zu verhindern vermögen, begründet dieser Erfolg *keinen Kausalzusammenhang* zwischen der konkreten Gefährdung und den getroffenen Massnahmen. Die *causa* der getroffenen Massnahmen bleibt immer die abstrakte Gefährdungslage und nicht die konkrete Gefährdung. Deshalb gelangt bezüglich dieser abstrakten Abwehrkosten der Grundsatz *casum sentit dominus* zur Anwendung.

608 Nimmt man als Beispiel die von einer Bank getroffenen allgemeinen Abwehrmassnahmen, um Raubüberfälle zu verhindern, so liegt die Ursache ihrer Ergreifung nicht im Verhalten eines allenfalls tatsächlich erfassten Räubers, sondern in der sich aus der allgemeinen Lebenserfahrung ergebenden Erkenntnis, dass Banken für Raubüberfälle anfällig sind. Abstrakte Gefährdungen zeichnen sich ferner dadurch aus, dass es im konkreten Einzelfall vorkommen kann, dass gar keine (konkrete) Gefahr bestand.[1058]

609 Wendet man nun das vorliegend zur Bestimmung der Ersatzfähigkeit formulierte Kriterium - wonach nur die Abwehrkosten bei einer konkreten Gefährdung ersatzfähig sind - an den vom Kantonsgericht Wallis entschiedenen (und

---

[1058] REINHARD, S. 111.

bereits behandelten) Sachverhalt an,[1059] so erscheint es fraglich, ob bei *wiederholten Beschädigungen* von Autos durch denselben Täter es deren Eigentümer nicht erlaubt sein soll, zukünftige Beschädigungen auf Kosten des Schädigers abzuwehren.

Auch das Argument des Kantonsgerichts, dass die Überwachungsmassnahmen keine Schäden bilden, da sie *freiwillig* ergriffen wurden, mag angesichts der früheren Beschädigungen nicht zu überzeugen. Nach mehrmaliger Schädigung scheint es höchst fraglich, das Eingehen dieser Kosten als freiwillig zu bezeichnen und den Kausalitätszusammenhang zu verneinen.   610

Es gilt diesen konkreten Fall von den in der deutschen Lehre diskutierten sog. Ladendiebstahls-Fällen zu unterscheiden. Bei Letzteren geht es um *allgemeine Überwachungsmassnahmen*, deren Notwendigkeit aus der allgemeinen Diebstahlsgefahr erwächst. Insbesondere der Verkauf in Selbstbedienungsläden ist durch eine Lockerung des Eigentums gekennzeichnet, da im Gegensatz zum System der Vollbedienung der Käufer freien Zugriff auf die Ware hat, was sich sowohl verkaufs- als auch diebstahlsfördernd auswirkt.[1060] Hier kann der Einzeltäter nicht für die Überwachungsmassnahmen *direkt* verantwortlich gemacht werden, da diese nicht auf einem ihm zuzurechnenden Verhalten beruhen, sondern - wie gesagt - auf die *allgemeine Diebstahlsgefahr* in solchen Läden zurückzuführen sind.   611

Dennoch verlangt ein Teil der deutschen Lehre die Ersatzfähigkeit solcher Überwachungskosten.[1061] Begründet wird dies mit dem Hinweis, dass, wer sich an einem Massendelikt beteiligt, gegen sich gelten lassen muss, dass solche Delikte zu globalen Abwehrmassnahmen nötigen und somit auch der Abwehr des von ihm konkret begangenen Delikts dienen. Deshalb sei es eben   612

[1059] RJV 2004, S. 156 ff.; dazu oben N 572.
[1060] Dazu STEINER G., S. 174 f.
[1061] ROBERTO, Schadensrecht, S. 244.

gerechtfertigt, vom Einzeltäter einen angemessenen Beitrag zur Erstattung dieser Kosten zu verlangen.[1062]

5.4.2 Eintritt eines Schadens

5.4.3 Hinreichende Wahrscheinlichkeit

613 Die Gefahr setzt voraus, dass der Eintritt des zu erwartenden Schadens *hinreichend wahrscheinlich* ist.

614 Die Feststellung einer Gefahr erfordert somit die Prognose eines zukünftigen (hypothetischen) Geschehensablaufs.[1063] Man stellt bei der Analyse auf den Beginn der Kausalkette ab, um die *Wahrscheinlichkeit* des Schadenseintritts zu beurteilen. Die Schadensprognose erfolgt aufgrund der allgemeinen Lebenserfahrung oder technischer Erkenntnisse und muss auf einem *objektiven Massstab* beruhen. Subjektive Befürchtungen und Wertungen des Gefährdeten sind bei dieser Prognose ausser Acht zu lassen.[1064] Die Gefahr ist somit nach einer *objektiven ex ante-Betrachtung* zu ermitteln.[1065]

615 Das Erfordernis der *hinreichenden* Wahrscheinlichkeit bedeutet einerseits, dass der Schaden nicht mit absoluter Gewissheit eintreten muss.[1066] Eine absolute Gewissheit kann nämlich erst dann bestehen, wenn es tatsächlich zu einem Schadensfall gekommen ist. Andererseits vermag die reine Möglichkeit eines Schadenseintritts nicht zu genügen.[1067] Grundsätzlich stellt somit die Beurteilung, ob die Wahrscheinlichkeit hinreichend ist, keinen reinen Erkenntnisakt dar, sondern setzt eine wertende Abwägung voraus.[1068] Der Grad der Wahrscheinlichkeit, der im Einzelfall gefordert werden muss, sollte sich -

---

[1062] STOLL, Nachweis bei ROBERTO, Schadensrecht, S. 244.

[1063] Vgl. für das Polizeirecht FRIAUF, Verwaltungsrecht, S. 132 N 50; REINHARD, S. 107 f.

[1064] MOIX, N 122; vgl. für das Polizeirecht REINHARD, S. 107.

[1065] MOIX, N 121; vgl. für das Polizeirecht FRIAUF, Verwaltungsrecht, S. 132 N 50 und 136 N 53.

[1066] Vgl. für das Polizeirecht FRIAUF, Verwaltungsrecht, S. 132 N 50; REINHARD, S. 107.

[1067] Vgl. für das Polizeirecht REINHARD, S. 107.

[1068] Vgl. für das Polizeirecht FRIAUF, Verwaltungsrecht, S. 133 N 51; REINHARD, S. 107 f.

wie im Polizeirecht - nach der Faustformel richten: Je hochwertiger das zu schützende Rechtsgut oder folgenschwerer der zu erwartende Schaden sei, desto geringere Anforderungen seien an den Grad der Wahrscheinlichkeit des Schadenseintritts zu stellen.[1069]

5.4.4 Verhältnismässigkeit der Gefahrenabwehrkosten

Offen bleibt noch die Frage, welche Abwehrkosten ersatzfähig sein sollen. Die Kosten hängen nämlich von der Art und dem Umfang der getroffenen Abwehrmassnahmen ab. Vorliegend muss somit zwischen der Ergreifung von Massnahmen und der Kostentragung unterschieden werden. Grundsätzlich geht es vorliegend nicht darum, die *Handlungsfreiheit* eines potentiell Geschädigten zu begrenzen, sondern allein die Ersetzbarkeit der mit den getroffenen Massnahmen verbundenen Kosten.   616

Es sollte bei der Festsetzung der zu ersetzenden Kosten, wie es WERRO im Hinblick auf den Vorentwurf zur Haftpflichtrechtsrevision fordert,[1070] auf das Kriterium der *Verhältnismässigkeit* abgestellt werden.   617

Obwohl dieser Grundsatz primär aus dem öffentlichen Recht (insbesondere dem Polizeirecht) stammt[1071] und dort gebietet, dass alles staatliche Handeln verhältnismässig sein muss (Art. 5 Abs. 2 BV),[1072] findet er auch im Straf- und Privatrecht Anwendung. Nach diesem Massstab richtet sich im Zivilrecht insbesondere die Verwendungsrückerstattung bei der Geschäftsführung ohne Auftrag (Art. 422 Abs. 1 OR).[1073] Auch die Interessenkollision, die beim zi-   618

[1069] Vgl. für das Polizeirecht BRANDNER, S. 19; DREWS/WACKE/VOGEL/MARTENS, S. 224; FRIAUF, Verwaltungsrecht, S. 133 N 51. REINHARD, S. 107 f.

[1070] WERRO, Croisée des chemins, S. 265 f. Das Kriterium der Verhältnismässigkeit ist auch dem von Widmer/Wessner im Vorentwurf hinsichtlich der Bestimmung der ersatzfähigen Abwehrmassnahmenkosten vorgeschlagenen Kriterium von Treu und Glauben vorzuziehen. Zum Verhältnis von Treu und Glauben und Verhältnismässigkeit s. HONSELL, BSK ZGB I, Art. 2 N 21.

[1071] MOOR, Bd. I, S. 416 f.; ZIMMERLI, S. 9 ff.

[1072] HÄFELIN/MÜLLER/UHLMANN, N 581 ff.

[1073] MOIX, N 379 ff. m.w.H.

vilrechtlichen Notstand (Art. 52 Abs. 2 OR und Art. 701 ZGB) entsteht, wird anhand des Verhältnismässigkeitsprinzips dahingehend gelöst, dass nur der Eingriff in Rechtsgüter erlaubt ist, die von der Rechtsordnung im Vergleich mit dem bedrohten Gut als weniger wertvoll oder höchstens gleichwertig eingestuft werden.[1074] Im Zusammenhang mit der vorliegenden Problematik ist zudem von grundlegenderer Bedeutung, dass sowohl bei der Notwehr, dem Notstand und der Selbsthilfe (Art. 52 OR) auf die Verhältnismässigkeit der *verwendeten Mittel* zu achten ist.[1075] Das gleiche Gebot gilt auch bei der Notwehr und dem Notstand im Strafrecht (Art. 15-18 StGB).

619 Die Ähnlichkeit zwischen der öffentlich-rechtlichen Gefahrenabwehr und der zivilrechtlichen spricht dafür, die bei öffentlich-rechtlichen Massnahmen entwickelten *drei Elemente* des Grundsatzes der Verhältnismässigkeit[1076] bei der Beurteilung der Verhältnismässigkeit von haftpflichtrechtlichen Abwehrmassnahmen zu übernehmen, obwohl diese Dreieraufteilung des Verhältnismässigkeitsprinzips im öffentlichen Recht nicht unbestritten ist.[1077]

620 Die Abwehrmassnahme muss erstens dazu *geeignet sein*, den potentiellen Schadensfall abzuwenden ("*Eignung der Massnahme*").[1078] Es gilt also die Zwecktauglichkeit der Abwehrmassnahme zu prüfen.[1079] Allein die Kosten von Abwehrmassnahmen, die ein taugliches Mittel zur Gefahrenabwehr darstellen, sind nach dem Haftpflichtrecht zu ersetzten.

621 Die Gefahrenabwehrmassnahme muss dann auch im Hinblick auf die Gefahrenabwehr *erforderlich* sein ("*Erforderlichkeit der Massnahme*").[1080] Die Abwehrmassnahme darf somit nicht über das hinausgehen, was zur Erreichung

---

[1074] BREHM, Art. 52 N 42; MOIX, N 393 ff.; OFTINGER/STARK, Haftpflichtrecht II/1, § 16 N 300; REY, Haftpflichtrecht, N 782; WERRO, Responsabilité civile, N 350.

[1075] KELLER A., Bd. I, S. 112.

[1076] HÄFELIN/MÜLLER/UHLMANN, N 586 ff.; MOOR, Bd. I, S. 416 f.; ZIMMERLI, S. 12 ff.

[1077] Dazu MOIX, N 410 ff. m.w.H.

[1078] HÄFELIN/MÜLLER/UHLMANN, N 587 ff.; MOOR, Bd. I, S. 418 ff.; ZIMMERLI, S. 13 f.

[1079] HÄFELIN/MÜLLER/UHLMANN, N 587.

[1080] HÄFELIN/MÜLLER/UHLMANN, N 591 ff.; MOOR, Bd. I, S. 420; ZIMMERLI, S. 14 ff.

des legitimen Zwecks notwendig ist.[1081] Auf die haftpflichtrechtliche Gefahrenabwehr angewendet bedeutet dies, dass allein die Kosten von notwendigen (bzw. den mildesten) Massnahmen ersatzfähig sind. Anders als bei öffentlichrechtlichen Massnahmen entfällt bei der haftpflichtrechtlichen Kostentragungspflicht die Unterteilung der Erforderlichkeit in sachlicher, räumlicher, zeitlicher und persönlicher Hinsicht,[1082] da grundsätzlich nicht direkt in die Rechtsgüter des Gefährdenden eingegriffen wird, sondern allein die *Kosten* von getroffenen Abwehrmassnahmen auf ihn überwälzt werden sollen.

Bei der Gefahrenabwehr geht es prinzipiell nicht um die Frage, ob Abwehrmassnahmen gestattet sind oder nicht, sondern allein, ob deren Kosten vom Gefährdenden ersetzt werden müssen. Sollte indessen in die Rechte des Gefährdenden eingegriffen werden, so würde sich allenfalls die Frage nach einer zivilrechtlichen Notwehr (Art. 52 Abs. 1 OR) bzw. einem Notstand stellen (Art. 52 Abs. 2 OR und 701 ZGB). | 622

Als drittes und letztes Kriterium muss die Verhältnismässigkeit von Eingriffszweck und Eingriffswirkung geprüft werden ("*Verhältnismässigkeit im engeren Sinne*").[1083] Anders als bei Verwaltungsmassnahmen, bei denen eine wertende Abwägung erfolgt, ob zwischen dem angestrebten Ziel und dem Eingriff ein aus der subjektiven Sicht des Betroffenen vernünftiges Verhältnis besteht bzw. ob das öffentliche Interesse an der Massnahme das tangierte private Interesse überwiegt,[1084] sollte bei der Haftung für Abwehrkosten abgewogen werden, ob die Kosten der Abwehrmassnahme (aus objektiver Sicht) in einem vertretbaren Verhältnis zum abgewandten Schadensfall stehen. Bei dieser Abwägung geht es deshalb weniger darum, eine Güterabwägung vorzunehmen, als die innere Kohärenz des Haftpflichtrechts zu wahren. Letztere verlangt nämlich, dass weder der potentiell Geschädigte noch der potentielle | 623

[1081] HÄFELIN/MÜLLER/UHLMANN, N 591 ff.; ZIMMERLI, S. 14

[1082] Zu der Unterteilung des Gebotes der Erforderlichkeit s. HÄFELIN/MÜLLER/UHLMANN, N 595 ff.; ZIMMERLI, S. 14 f.

[1083] HÄFELIN/MÜLLER/UHLMANN, N 591 ff.; MOOR, Bd. I, S. 420 f.; ZIMMERLI, S. 16 f.

[1084] ZIMMERLI, S. 16.

Schädiger infolge der Gefahrenabwehr bzw. der Schadensvermeidung schlechter dasteht als im vollendeten Schadensfall.[1085] Dieser Gedanke rechtfertigt einerseits, dass der potentiell Geschädigte für die von ihm getroffenen schadensverhütenden Massnahmen entschädigt wird, andererseits aber auch, dass der potentielle Schädiger nicht durch diese Massnahmen finanziell schlechter gestellt wird. Deshalb gilt auch zu berücksichtigen, dass im Haftpflichtrecht die Ersatzleistung nicht in jedem Fall den vollen Umfang des entstandenen Schadens deckt (z.B. die nur bedingte Ersatzfähigkeit von Kommerzialisierungsschäden[1086]). STEINER verlangt deshalb zu Recht, dass die mit der Abwendung von nicht ausgleichfähigen Einbussen verbundenen Schadensvermeidungskosten nicht auf den potentiellen Schädiger abgewälzt werden sollen.[1087] Dem potentiell Geschädigten bleibt es natürlich freigestellt, diejenigen Massnahmen zu ergreifen, die ihm als angemessen erscheinen. Durch diese Einschränkung der Ersatzfähigkeit von Abwehrkosten wird auch eine unnötige Ausuferung der Haftpflicht vermieden. Die soeben skizzierten Grundregeln sind dennoch insofern zu nuancieren, als insbesondere bei der Gefährdung von höheren Rechtsgütern (z.B. von Leib und Leben) dem potentiell Geschädigten nicht ohne weiteres entgegengehalten werden darf, dass die Kosten der Schadensbeseitigung (z.B. die Heilungskosten) tiefer gewesen wären als diejenigen der Abwehrmassnahmen. Es besteht nämlich grundsätzlich das Recht (z.B. das Notwehrrecht, Art. 52 Abs. 1 OR), nicht unrechtmässig geschädigt zu werden bzw. eine rechtswidrige Schädigung abzuwenden. In der Beurteilung der Verhältnismässigkeit im engeren Sinne wird somit sowohl auf den Rang des gefährdeten Rechtsguts als auch auf die Schwere des Eingriffs abzustellen sein. Die Dinge liegen somit anders, wenn durch sehr hohe Abwehrmassnahmenkosten eine nicht besonders wahrscheinliche und sehre geringe Körperverletzung vermieden oder aber das Leben des Gefährdeten gerettet wird.

[1085] STEINER G., S. 162.

[1086] Dazu REY, Haftpflichtrecht, N 374 ff.; WERRO, Responsabilité civile, N 91 ff.

[1087] STEINER G., S. 162 f.

Sollte eines Tages die Ersatzfähigkeit von reinen Umweltschäden - wie dies   624
im Vorentwurf zur Haftpflichtrechtsrevision gefordert wird -[1088] im Schweizer
Recht anerkannt werden, so wird sich bei der Abwehr von reinen Umweltschäden mit besonderer Brisanz die Frage stellen, welche Massnahmen noch
gerechtfertigt sind. Grundsätzlich besteht nämlich immer die Möglichkeit, die
Umwelt noch besser zu schützen bzw. noch weitgehendere Massnahmen zu
ihrem Erhalt zu treffen.[1089]

Aus den obigen Ausführungen wird ersichtlich, dass bei der Frage der vom   625
Haftpflichtrecht zu ersetzenden Kosten grundsätzlich nur eine auf den Einzelfall bezogene Interessenabwägung zu einem angemessenen Ergebnis führen
wird.

5.5   Reform des Haftpflichtrechts und Abwehrmassnahmen

Der Vorentwurf strebt im Hinblick auf die Abwehrmassnahmen eine Ausdeh-   626
nung des Schadensbegriffs und folglich eine Besserstellung der geschädigten
Person an.[1090] Art. 45d Abs. 1 lit. a und 45f VE sehen explizit vor, dass auch
die finanziellen Folgen aus *Vorbeuge- und Schutzmassnahmen* einen *ersatzfähigen Schaden* darstellen.

Sowohl Art. 45d Abs. 1 lit. a VE als auch Art. 45f Abs. 1 VE sind schon   627
allein deshalb grundsätzlich zu begrüssen, weil sie die klassische Definition
des Schadens dahingehend ändern, dass der Haftpflichtige nicht mehr ein-
wenden kann, es liege gar kein Schaden vor, da die Kosten *freiwillig* eingegangen worden seien.[1091]

Der Vorentwurf bleibt dennoch bezüglich einer der wichtigsten Haftungsvor-   628
aussetzungen - des *Erfordernisses der Widerrechtlichkeit* - zweideutig.

[1088]   Art. 45d Abs. 1 VE, dazu WIDMER/WESSNER, S. 82 ff.
[1089]   Zu dieser Problematik in Bezug auf die Revision des Haftpflichtrechts s. WERRO, Croisée
des chemins, S. 265 f.
[1090]   WIDMER/WESSNER, S. 91.
[1091]   WERRO, Croisée des chemins, S. 260.

629   Zweifellos bilden Abwehrmassnahmenkosten *reine Vermögensschäden*,[1092] da, wenn die Abwehrmassnahmen erfolgreich sind, kein absolutes Rechtsgut verletzt wird. Dies ist insofern problematisch, weil sowohl das Erfordernis[1093] als auch die Definition[1094] der Widerrechtlichkeit im Sinne der herrschenden Lehre und Rechtsprechung im Vorentwurf kodifiziert werden und somit unverändert bleiben (Art. 46 VE). Demnach müsste sich ein Geschädigter auch nach dem Vorentwurf auf eine *Schutznorm* zu seinen Gunsten berufen können, um einen reinen Vermögensschaden ersetzt zu bekommen.[1095]

630   Es gilt bezüglich Art. 45d Abs. 1 lit. a und 45f Abs. 1 VE zu bemerken, dass sie nur den ersatzfähigen Schaden definieren, selbst aber *keine solche Schutznorm bilden* und somit nicht die Widerrechtlichkeit zu begründen vermögen.[1096]

631   Diese restriktive Auslegung bzw. das Erfordernis einer Schutznorm kann aber nicht dem Willen von WIDMER/WESSNER entsprechen.

632   Gegen das Erfordernis einer Schutznorm spricht grundsätzlich die Tatsache, dass WIDMER/WESSNER explizit den Kreis der ersatzfähigen Schäden in Bezug auf Abwehrmassnahmen im Vergleich zur heutigen Rechtslage erweitern wollen.[1097]

633   Die Notwendigkeit, Art. 49f VE einzuführen, wird im Vorentwurf insbesondere mit dem Hinweis auf BGE 117 II 259 begründet, in dem das Bundesgericht die Frage, ob Art. 41 OR eine genügende Grundlage für eine Klage auf Ersatz der Kosten aus Präventivmassnahmen bietet, verneinte.[1098] Würde man indessen die Ersetzbarkeit von Vorbeuge- und Abwehrmassnahmenkosten

---

[1092] WIDMER/WESSNER, S. 84 und 93; CHAPPUIS CH., Croisée des Chemins, S. 278; WERRO, Croisée des chemins, S. 261.

[1093] WIDMER/WESSNER, S. 94 ff.

[1094] WIDMER/WESSNER, S. 98 ff.

[1095] Diese Ansicht wird explizit von CHAPPUIS CH. (Croisée des Chemins, S. 278) vertreten.

[1096] WERRO, Croisée des chemins, S. 261.

[1097] WIDMER/WESSNER, S. 91 ff.

[1098] WIDMER/WESSNER, S. 92.

weiterhin vom Vorliegen einer Schutznorm abhängig machen, so würde sich an der jetzigen Rechtslage nichts ändern, werden doch schon heute reine Vermögensschäden bei Vorliegen einer Schutznorm ersetzt.

WIDMER/WESSNER haben dementsprechend die Kosten der Gefahrenabwehr in die Liste von Schäden (Art. 45a-45f VE) eingereiht, welche *grundsätzlich* immer ersatzfähig sind, sofern die gesetzlichen Haftungsvoraussetzungen gegeben sind.[1099]   634

Sowohl aus terminologischer als auch systematischer Sicht ist zudem zu beachten, dass in Art. 45 Abs. 2 VE die in Art. 45a-45d VE aufgeführten Schadenskategorien pauschal als "Vermögensschäden" qualifiziert und den "reinen Vermögensschäden" entgegengestellt werden, obwohl die in Art. 45d Abs. 1 lit. a VE normierten *Abwehrkosten* eindeutig einen reinen Vermögensschaden darstellen.[1100] Daraus lässt sich folgern, dass Abwehrkosten nicht unter den gleichen *restriktiven Bedingungen* wie reine Vermögensschäden ersetzt, sondern Vermögensschäden gleichgestellt werden sollen, die durch die Verletzung absolut geschützter Rechtsgüter entstehen, und somit grundsätzlich ersetzt werden sollen.   635

Auch die Tatsache, dass die *Generalklausel der Gefährdungshaftung* (Art. 50 VE) laut WIDMER/WESSNER als Grundlage für eine *umfassende Umwelthaftung* dienen soll,[1101] spricht dafür, dass Kosten aus Gefahrenabwehrmassnahmen nicht den anderen reinen Vermögensschäden gleichgestellt werden sollen. Eine Gleichstellung von Abwehrkosten mit "klassischen" reinen Vermögensschäden würde nämlich bedeuten, dass Abwehrkosten im Umweltrecht gestützt auf Art. 50 VE gar nicht ersetzt würden, da Art. 45 Abs. 3 VE den   636

[1099] WIDMER/WESSNER, S. 74. Im Vorentwurf wird bezüglich Art. 45d Abs. 1 lit. a VE sogar explizit festgehalten, dass der Ersatz eines reinen Vermögensschadens angestrebt wird (WIDMER/WESSNER, S. 84).

[1100] Auch WIDMER/WESSNER (S. 84) halten trotz ihrer Formulierung in Art. 45 Abs. 2 VE fest, dass mit Art. 45d Abs. 1 lit. a VE der Ersatz eines typischen "reinen Vermögensschadens" angestrebt wird.

[1101] WIDMER/WESSNER, S. 143.

Ersatz von reinen Vermögensschäden bei Gefährdungshaftungen grundsätzlich ausschliesst.[1102] Solch eine Lösung wäre indessen untragbar. Vermeidungs- und Abwehrmassnahmen kommt im Umweltschutz eine zentrale Bedeutung zu und - wie auch das Beispiel der RL 2004/35/EG für Umwelthaftung zur Vermeidung und Sanierung von Umweltschäden eindrücklich zeigt - bilden Abwehr- und Behebungsmassnahmen ein *unzertrennliches Ganzes*. Folglich sollte der Ersatz der mit Abwehrmassnahmen verbundenen Kosten nicht ausgeschlossen bzw. an andere Haftungsvoraussetzung als diejenigen der Behebungsmassnahmen angeknüpft werden.[1103]

637   Eine anderslautende Auslegung (bzw. Abwehrmassnahmenkosten nur bei Vorliegen einer Schutznorm zu ersetzen) wäre zudem im Hinblick auf die in der Variante A geplante materielle Abschaffung bzw. Umformulierung der heutigen Art. 59 USG und 54 GSchG problematisch. Neu ist, dass die Behörden ihren Ersatzanspruch bezüglich ihrer Massnahmenkosten ausschliesslich gestützt auf einen der *zivilrechtlichen Haftungstatbestände* geltend machen sollen, statt diese Kosten mittels einer öffentlich-rechtlichen Kostenauflage einfordern zu können.[1104] Sollte auf dem Erfordernis der herkömmlichen Widerrechtlichkeit beharrt werden, so könnten Behörden nur bei Vorliegen einer Schutznorm, deren Zweck es ist, vor Schäden von der Art des eingetretenen zu schützen, einen Ersatz für ihre Kosten verlangen. Solch eine Lösung wäre untragbar, weil der Ersatz von Vermeidungs- und Abwehrmassnahmen vom

---

[1102] Hier wird die schon in den jetzigen Gefährdungshaftungen (vgl. z.B. Art. 58 Abs. 1 SVG, Art. 27 EleG, Art. 1 und 11 EHG, Art. 33 Abs. 1 RLG, Art. 64 Abs. 1 LFG) vorgenommene Begrenzung des Schutzbereiches bzw. des ersatzfähigen Schadens auf Personen- und Sachschäden übernommen.

[1103] Immerhin wird der geschädigten Person mit Art. 53 VE ("Häufung von Haftungsgründen") ein besserer Schutz im Vergleich zur heute herrschenden Auffassung verschafft, wonach Gefährdungshaftungen als *leges speciales* der Verschuldenshaftung und den einfachen Kausalhaftungen vorgehen und somit *exklusiv* zur Anwendung gelangen (REY, N 1247 m.w.H.; zur Recht a.M. SCHWENZER, N 54.04; WERRO, Responsabilité civile, N 843). Art. 53 VE gibt nämlich explizit dem Grundsatz der Alternativität den Vorrang und ermöglicht den Ersatz von reinen Vermögensschäden, die aus dem Geltungsbereich von Gefährdungshaftungen ausgeschlossen sind (Art. 45 Abs. 3 VE), gestützt auf einen anderen Haftungsgrund, geltend zu machen (WIDMER/WESSNER, S. 160 ff.).

[1104] WIDMER/WESSNER, S. 385; dazu oben N 462 ff.

willkürlichen Vorliegen einer Schutznorm abhängig gemacht würde. Dies widerspräche dem Sinn und Zweck des Vorentwurfs und würde ihm sicherlich noch mehr Kritik einbringen, als er sich schon durch den Grundsatzentscheid, die öffentlich-rechtlichen Verursacherhaftungen durch zivilrechtliche zu ersetzen, eingeholt hat.[1105]

Das Beispiel der Tessiner Gemeinde Bodio (BGE 104 II 95) hat die Grenzen 638 einer *herkömmlichen* zivilrechtlichen Haftung für durch Behörden getroffene Massnahmen gezeigt.[1106] Der Gemeinde Bodio wurde nämlich unter anderem mangels einer Schutznorm der Ersatz ihrer Löschkosten verwehrt. Will man die griffige öffentlich-rechtliche Kostenauflage durch eine zivilrechtliche Haftung ersetzen, so muss auch das Erfordernis der Widerrechtlichkeit dementsprechend angepasst werden. Sonst wird dem Gemeinwesen ein scharfe Axt genommen und durch ein stumpfes Messer ersetzt.

Bei genauerer Betrachtung des erläuternden Berichts lässt sich auch der 639 Schlüssel zu dieser Frage finden. Dort wird nämlich bezüglich Art. 45f VE und des *Ersatzes von Vorbeugemassnahmen* Folgendes festgehalten:

"Wer Ersatz für diese Kosten verlangt, muss beweisen, dass die drohende 640 Einwirkung, falls sie eingetreten wäre, rechtswidrig gewesen wäre und dass die Person, die sie verursacht hat, dafür gehaftet hätte."[1107]

Aus diesem Satz lässt sich folgern, dass Vorbeuge- bzw. Abwehrmassnahmen 641 dann ersetzt werden sollen - bzw. dem Erfordernis der Widerrechtlichkeit Genüge getan ist -, wenn ein absolutes Recht gefährdet wird. Es handelt sich somit um eine Art *abgeleiteten Erfolgsunrechts*. Die Widerrechtlichkeit wird insofern vorverlegt, als nicht nur die Einwirkung auf ein absolutes Rechtsgut widerrechtlich sein soll, sondern schon dessen alleinige *Gefährdung*. Diese Lösung entspricht der bereits unter der heutigen Gesetzgebung von OFTIN-

---

[1105] Zusammenstellung der Vernehmlassung, S. 427 ff.; WERRO, Croisée des chemins, S. 263 f.
[1106] Dazu oben N 530 f.
[1107] WIDMER/WESSNER, S. 93.

GER/STARK[1108] und SCHWENZER[1109] vertretenen Ansicht, wonach die Gefährdung eines absoluten Rechtsguts im Hinblick auf die Widerrechtlichkeit mit einer Rechtsgutverletzung gleichzusetzen sei.[1110]

C   Haftung mehrerer Verursacher

1   Allgemeines

642   Vorliegend geht es darum, wie die Lastenverteilung zwischen *mehreren Verursachern* nach erfolgter Gefahrenabwehr ausfallen soll. Es gilt somit nicht mehr, die Realleistungspflicht einem oder mehreren Störern zuzuweisen, sondern die *Tragung der Gefahrenabwehrkosten* zu bestimmen.

643   Bei Art. 59 USG und 54 GSchG wird es der Staat sein, der Massnahmen ergriffen hat und dann deren Kosten von den verschiedenen Verursachern rückerstattet haben will. Bei Art. 32d USG kann sowohl der Staat als auch ein Privater die Massnahmen ergriffen haben und die Rückerstattung deren Kosten verlangen. Bei Art. 32b^{bis} USG ist hingegen allein der Inhaber des Grundstücks anspruchsberechtigt.

644   Der Frage nach der Art, wie verschiedene Verursacher miteinander haften, kommt eine grosse praktische Bedeutung zu. Sie bestimmt auch indirekt die Effektivität bzw. Schärfe der jeweiligen Verursacherhaftung. Haftet nämlich ein Verursacher solidarisch statt anteilsmässig oder haftet er auch für die gesamten Kosten, wenn ihm nur ein geringfügiger Verursachungsanteil nachgewiesen wird, so erhöht sich die Schwere seiner Haftung um so mehr.[1111] Die Art der Haftung wird insbesondere für die Zustandsverantwortlichen von grosser Bedeutung sein, da sie meistens unmittelbar greifbar und somit ideale Kostenträger sind, während Verhaltensverantwortliche - vor allem, wenn die

---

[1108] OFTINGER/STARK, Haftpflichtrecht II/3, § 29 N 271 ff.

[1109] SCHWENZER, N 50.07.

[1110] Dazu oben N 593.

[1111] Vgl. WAGNER G., S. 125.

Verursachung lange zurückliegt - schwerer zu fassen sind, sofern sie überhaupt ermittelt werden können bzw. zahlungsfähig sind.

Die Verteilung der Kosten zwischen mehreren Verantwortlichen erfordert, 645
dass die zwei unterschiedlichen Haftungsgründe der Verursacherhaftungen
(das Verhalten bzw. der Zustand einer Sache) einer *Wertung* unterzogen werden, um so die Kosten überhaupt erst zwischen den verschiedenartigen Kostenpflichtigen verteilen zu können.

Im Folgenden soll der Frage nach einer *gerechten Kostenverteilung bei den* 646
öffentlich-rechtlichen Verursacherhaftungen nachgegangen werden. *Mutatis*
mutandis gelten die weiteren Ausführungen auch für Art. 32b^{bis} USG. Dennoch wird dieser Artikel angesichts seiner privatrechtlichen Natur im zweiten
Teil dieser Arbeit separat behandelt.

2   Anteilshaftung

Das Bundesgericht wurde schon sehr früh mit der Problematik konfrontiert, 647
wie Kosten, die im Zuge einer *unmittelbaren Gefahrenabwehr* (einer sogenannten antizipierten Ersatzvornahme[1112]) beim Gemeinwesen angefallen
sind, auf die Urheber der Gefahr (d.h. die Störer) überwälzt werden können.
Ursprünglich unterschied das Bundesgericht in dieser Frage nicht zwischen
der Realleistungspflicht (d.h. wer konkret eine Gefahr beseitigen muss) und
der Kostentragungspflicht, sondern behandelt beide Pflichten als ein Ganzes.[1113] Dementsprechend ging das Bundesgericht hinsichtlich der Kostentragungspflicht - gleich wie bei der Realleistungspflicht - von einer Art Solidarhaftung der Störer aus.[1114] Im Falle einer unmittelbaren Gefahrenabwehr
konnte somit das Gemeinwesen grundsätzlich wählen, welcher Störer belangt

---

[1112] Aus terminologischer Sicht sollte der Ausdruck "unmittelbarer Vollzug" vorgezogen
werden, da mangels Realleistungspflicht des Störers der Staat in Wahrheit gar keine Ersatzvornahme vornimmt (statt Vieler Tschannen, Art. 32d N 12).

[1113] Griffel, N 289; Dazu oben N 118 f.

[1114] BGE 94 I 403 E. 5d; Griffel, N 289.

werden sollte. Dies hatte zur Folge, dass das Gemeinwesen von einem Störer die Rückerstattung der *gesamten Kosten* verlangen konnte.

648   In seinem Artikel "Zur Haftungskonkurrenz im Polizeirecht" unterzog GUENG diese bundesgerichtliche Rechtsprechung einer grundlegenden Kritik. Dabei wies GUENG insbesondere auf, dass es im Gegensatz zur Realleistungspflicht bei der Kostenersatzpflicht nicht geboten sei, sich an einen einzigen Störer zu halten.[1115] Vielmehr erlaube die Teilbarkeit der Leistung, die Kosten nach sachgerechten Kriterien mehreren Störern anteilsmässig zu überbinden. GUENG verlangte angesichts dieser Teilbarkeit und der Analogie zwischen der Kostentragungspflicht und der Schadensersatzpflicht, dass die privatrechtlichen Bestimmungen über die Schadenstragung im Innenverhältnis mehrerer Ersatzpflichtiger sinngemäss angewendet werden.[1116]

649   GUENGs Aufsatz hat das Bundesgericht dazu bewogen, Mitte der siebziger Jahre seine Rechtsprechung zu ändern und seitdem sinngemäss die haftpflichtrechtlichen Grundsätze von Art. 50 Abs. 2 und 51 Abs. 2 OR bei der Kostenverteilung anzuwenden.[1117]

650   In BGE 101 Ib 410 ging es um einen zu einem Einfamilienhaus gehörenden Tank, dessen äusseres Einfüllrohr ausser Gebrauch gesetzt wurde. Ohne jedoch entfernt oder verschlossen worden zu sein, wurde das Einfüllrohr durch ein sich an einem im Inneren befindenden Mundstück ersetzt. Bei einem späteren Füllen des Tanks goss ein Öllieferer das Öl in das falsche Einfüllrohr, so dass eine beträchtliche Menge davon ausfloss und z.T. im Boden versickerte. Die Kosten der Schutzmassnahmen wurden vollumfänglich dem Mieter überbunden. Das Bundesgericht erachtete es indessen als zweifelhaft, aus einer tatsächlichen Verfügungsmacht und gewissen Verwaltungskompetenzen eine Verantwortlichkeit für die finanziellen Folgen des defekten Zustands des Tanks ableiten zu wollen. Der Mieter könne als Zustandsstörer lediglich ne-

---

[1115] GUENG, S. 273 f.
[1116] GUENG, S. 274.
[1117] BGE 101 Ib 410 E. 6 (= Pra 1976 Nr. 197); 102 Ib 203 E. 5c; BGer, ZBl 1991 212 E. 6a.

ben dem Eigentümer (welcher vorliegend der Kanton war) verantwortlich gemacht werden. Bei Beteiligung mehrerer Störer dürfe die Behörde den Verursacher, den sie mit Kosten belasten wolle, nicht willkürlich auswählen. Vielmehr müsse die Behörde nach pflichtgemässem Ermessen vorgehen und nach Möglichkeit die allgemeinen Grundsätze des Haftungsrechts beachten. Bei der Verlegung der Kosten könnten insbesondere die Regeln von Art. 50 Abs. 2 und 51 Abs. 2 OR analog angewendet werden. Allerdings würden die Gründe, welche die Solidarhaftung des Zivilrechts rechtfertigen, für den öffentlich-rechtlichen Kostenrückerstattungsanspruch nicht gelten. Bei der Verlegung der Kosten seien deshalb die zivilrechtlichen Grundsätze über den Rückgriff anzuwenden. Demzufolge sei in erster Linie die Gesellschaft, welche den Öltank revidiert habe, für das Schadensereignis verantwortlich. Da die kantonalen Behörden diesen Verhaltensstörer nicht belangt, sondern sich ausschliesslich an den Mieter (d.h. den Beschwerdeführer) gehalten hätten, hätten sie das ihr zustehende Ermessen missbraucht. Das Bundesgericht hob deshalb den angefochtenen Entscheid auf. Dabei hielt es zudem fest, dass die kantonalen Behörden zu prüfen hätten, ob es sich rechtfertigen würde, ausser der Gesellschaft, welche den Öltank revidiert habe, auch dem Öllieferer einen (kleineren) Teil der Kosten zu überbürden. Sollte sich herausstellen, dass es nicht genüge, gegen den oder die Verhaltensstörer vorzugehen, müsse auch eine Haftung des Kantons, weil Eigentümer des Hauses, als Zustandsstörer in Betracht gezogen werden.

Dabei erkannte das Bundesgericht, ohne jedoch die Deckungsgleichheit von Verursacher- und Störerbegriff zu hinterfragen, dass, während bei der Auswahl des Polizeipflichtigen Faktoren wie die "leichte Feststellbarkeit des Verursachers, sachliche und örtliche Nähe zum Gefahrenherd, persönliche und sachliche Leistungsfähigkeit und Eignung" ausschlaggebend seien, die *Kostenverteilung* "kein derart rasches und schematisches Vorgehen wie die Be-

651

stimmung des zur Unterlassung oder Beseitigung einer Störung Verpflichteten" erfordere.[1118]

652 Der im Zusammenhang mit dem Polizeirecht entwickelte Grundsatz, wonach nicht solidarisch, sondern anteilsmässig für Massnahmen*kosten* gehaftet wird, wurde von der herrschenden Lehre folgerichtig übernommen und auch dann beibehalten,[1119] als die Kostenverteilung dogmatisch nicht mehr auf das Störerprinzip abgestützt, sondern dem *Verursacherprinzip* unterstellt wurde.[1120]

653 Die anteilsmässige Kostentragung wurde - was das Altlastenrecht (Art. 32d USG) anbelangt - zum Gesetz. Doch auch ohne positivrechtliche Regelung gilt die anteilsmässige Kostentragung laut herrschender Lehre und Praxis für alle weiteren öffentlich-rechtlichen Verursacherhaftungen.[1121]

654 Die Verursacherhaftungen sind nicht die einzigen öffentlich-rechtlichen Haftungen, die nicht eine solidarische, sondern eine *anteilsmässige Haftung* vorsehen. So bestimmt Art. 9 Abs. 2 VG bezüglich der Haftung der Bundesbeamten aus Regress (Art. 7 VG) und aus unmittelbarer Schädigung (Art. 8 VG), dass bei der Haftung mehrerer Beamter aus gemeinsamem Verschulden, diese - in ausdrücklicher Abweichung von Art. 50 OR - nicht solidarisch, sondern anteilsmässig gegenüber dem Bund haften. Die einzelnen Anteile richten sich nach der Grösse des jeweiligen Verschuldens (Art. 9 Abs. 2 VG).[1122]

655 Der Anwendungsbereich der anteilsmässigen Kostentragung bleibt indessen gering, da sie grundsätzlich nur dann zum Tragen kommt, wenn die Kosten

---

[1118] BGE 102 Ib 203 E. 2.

[1119] BÉTRIX, S. 389; CUMMINS, S. 139; GRIFFEL, N 288 ff.; HARTMANN/ECKERT, S. 632; ROMY, S. 161; STUTZ, Verfahrensfragen, S. 786; TRÜEB, Art. 59 N 46 ff.; TSCHANNEN, Art. 32d N 16. Dazu kritisch LINIGER, Bauen, S. 79.

[1120] Ausführlich zur Entstehungsgeschichte der Unterscheidung zwischen beiden Prinzipien oben N 114 ff.

[1121] Statt aller TRÜEB, Art. 59 N 46 ff.

[1122] WIDMER/WESSNER (S. 311) thematisieren zwar dieses Privileg, schlagen jedoch angesichts des politischen Charakters dieser Frage keine Änderung vor.

beim *Gemeinwesen* anfallen (z.B. Art. 32d USG, 59 USG und 54 GSchG).[1123] Fallen jedoch Kosten bei einem *Privaten* an, weil er realleistungspflichtig ist, so bleibt dieser - ein hypothetischer zivilrechtlicher Regress vorbehalten - auf seinen Kosten sitzen, es sei denn, eine spezifische gesetzliche Regelung wie Art. 32d Abs. 4 USG ermöglicht ihm, eine Kostenverteilungsverfügung zu verlangen. Es wäre deshalb allgemein überlegenswert, sowohl im Polizeirecht als auch in anderen Fällen (z.B. Art. 34 Abs. 3 USG),[1124] in denen wegen einer Realleistungspflicht Kosten bei Privaten anfallen, ohne dass diese sie allein zu verantworten haben, dem realleistungspflichtigen Privaten einen Ausgleichanspruch zu gewähren. Dieser Anspruch könnte sich dann entweder - wie bei Art. 32d Abs. 4 USG - gegen den Staat oder - wie bei Art. 32b[bis] USG - direkt gegen die Verursacher richten. Der Anspruch wäre somit entweder öffentlich-rechtlicher oder privatrechtlicher Natur. Wie bereits im Zusammenhang mit Art. 32d USG gesehen, sprechen viele Gründe dafür, die Kostenverteilungsregelung (bzw. Art. 32d USG) als zivilrechtlichen Anspruch *sui generis* zu gestalten.[1125]

D Massgebende Kostenverteilungsregeln

1 Allgemeines

Abgesehen von Art. 32d Abs. 2 USG (Altlastenrecht) findet sich bei keiner anderen Verursacherhaftung eine Regelung wieder, die bestimmen würde, wie die Kosten im Falle einer Mehrheit von Verursachern zu verteilen sind.　656

Auch die in Art. 32d Abs. 2 USG enthaltene Kostenverteilungsregelung ist spärlich ausgefallen. Als erstes Verteilungskriterium bestimmt das Gesetz, dass die beteiligten Verursacher die Kosten entsprechend ihren Anteilen an der Verursachung zu tragen haben. Das Gesetz enthält als zweite Faustregel, dass in erster Linie der Verhaltensverantwortliche für die Kosten einstehen　657

[1123] GRIFFEL, N 296.
[1124] Dazu und für weitere Beispiele s. GRIFFEL, N 300 ff.
[1125] Dazu oben N 511 ff.

muss. Diese Regelung rezipiert grundsätzlich die bundesgerichtliche Rechtsprechung bezüglich der *antizipierten Ersatzvornahme* bei Gewässerverunreinigung.[1126] Bei der Auslegung von Art. 32d USG ist deshalb auf die Rechtsprechung zu Art. 8 aGSchG, 54 GSchG und 59 USG abzustellen.[1127]

658   Nach herrschender Lehre sollen die Verursachungsanteile *in erster Linie* nach der *Art der Verursachung* bemessen werden. Dabei wird differenziert, ob der Verursacher Zustandsstörer oder Verhaltensstörer ist und ob ein Verschulden vorliegt oder nicht. Das *Gewicht der Verursachung* kommt erst als zweites Kriterium in Betracht.

659   Schliesslich sollen laut herrschender Lehre und Praxis *in einem zweiten Schritt* die ermittelten Kostenanteile bzw. Haftungsquoten aus Gründen der *Billigkeit* wie der wirtschaftlichen Interessenlage oder der wirtschaftlichen Zumutbarkeit entweder erhöht oder herabgesetzt werden können.[1128] Auf diese Problematik wird eingehend zurückzukommen sein.[1129]

660   Dieser traditionellen Hierarchie der Bestimmungskriterien kann vorliegend nicht gefolgt werden. Indem als erstes Kriterium zur Bestimmung der Verantwortlichkeit auf die "Art der Verursachung" abgestellt wird und nicht auf den Verursachungsanteil, wird prinzipiell davon ausgegangen, dass jemand über seinen Verursachungsanteil hinaus haften kann. In diesem Zusammenhang wird sogar der Begriff "subjektiver Verursachungsanteil" vom Bundesgericht und der Lehre benutzt.[1130] Dies ist m.E. insofern bedenklich, als jemand immer nur für den Teil des Schadens bzw. der Belastung haften sollte, den er *kausal* (sei es "unmittelbar" oder "adäquat kausal") verursacht hat. Der Begriff "subjektiver Verursachungsanteil" stellt zudem eine *contradictio in terminis* dar, da etwas nur *objektiv* verursacht werden kann bzw. sich eine

---

[1126] STUTZ, Kostentragung, S. 767; TSCHANNEN, Art. 32d N 21.

[1127] STUTZ, Kostentragung, S. 767.

[1128] TSCHANNEN, Art. 32d N 23.

[1129] Dazu unten N 708 ff.

[1130] BGE 102 Ib 203 E. 6. So auch bei SCHERRER, S. 119; TRÜEB, Art. 59 N 46.

Veränderung der Aussenwelt nach dem heutigen Stand der Wissenschaft nicht allein mittels des Willens erzeugen lässt. Der Wille bzw. der Intellekt allein hat - zumindest in Rechtsstaaten - noch nie zu einer Haftung geführt.

Objektiv definiert sollte der Verursachungsanteil das Höchstmass der Haftung des Verursachers setzen. Ein mögliches Verschulden sollte folgerichtig nie eine Inanspruchnahme über den (zwangsweise) objektiven Ursachenanteil rechtfertigen können. Diese Ansicht entspricht auch derjenigen im allgemeinen Haftpflichtrecht, wonach die Solidarität nur so weit reicht, als der einzelne die jeweiligen Schädigungsfolgen *kausal* mitverursacht bzw. vergrössert hat. Die Verantwortlichkeit des jeweiligen Verursachers wird folglich durch die Reichweite des durch ihn verursachten Schadens beschränkt. So hielt das Bundesgericht unlängst fest: "Haftet jemand von vornherein überhaupt nicht oder nur für einen Teil des Schadens, weil sein Verhalten nicht für den gesamten eingetretenen Schaden adäquat-kausal ist, hat er auch nicht als Solidarschuldner neben anderen Mitschädigern für mehr einzustehen, als er aufgrund seiner eigenen Haftung verpflichtet ist [...]. Soweit daher der eingeklagte Schaden ausschliesslich von den Beklagten 1 und 2 verursacht worden ist und die Beklagte 3 auch nicht zu dessen Verschlimmerung beigetragen hat, entfällt in diesem Ausmass von vornherein ihre solidarische Mithaftung. Soweit aber der von der Beklagten 3 verursachte Schaden sich mit dem von den Beklagten 1 und 2 zu vertretenen überschneidet, d.h. zu dessen Vergrösserung geführt hat, haftet die Beklagte 3 hierfür solidarisch mit den anderen Beklagten."[1131]

Zusammenfassend kann festgehalten werden, dass die Bestimmung der Kostenanteile erst in einem zweiten Schritt - d.h. wenn die Kausalitätsverhältnisse geklärt sind - nach der Art der Verursachung erfolgen kann.

661

662

[1131] BGE 127 III 262.

2 Gewicht der Verursachung

663 Das Gewicht der Verursachung wird zwar von der herrschenden Lehre als zweites Kriterium zur Bestimmung des Kostenanteils anerkannt, doch findet soweit ersichtlich in der Lehre keine Auseinandersetzung mit der *Kausalitäts-problematik* im Zusammenhang mit "multikausalen" Schäden bzw. Gefährdungen statt. Dies ist wahrscheinlich darauf zurückzuführen, dass - obwohl das Bundesgericht und die Lehre[1132] eine genaue Abklärung des Verursachungshergangs fordern - dennoch das behördliche *Ermessen* weiterhin eine überwiegende Rolle bei der Kostenverteilung spielt und dabei eine präzise Ermittlung der Verursachungsanteile angesichts ihrer Schwierigkeit in den Hintergrund gerät.

664 Wie allgemein im Haftpflichtrecht wird nichtsdestoweniger auch bei den Verursacherhaftungen eine Auseinandersetzung mit der *Kausalitätsproblematik* unumgänglich sein. Nachfolgend sollen deshalb die im Umweltrecht wichtigsten Fallgruppen von "multikausalen" Schäden behandelt werden. Diese Fallkonstellationen sind jedoch nur als Grundfälle zu verstehen. Sie sollen dazu dienen, Grundlinien zu skizzieren, die bei komplexen Umweltschadensfällen eine gerechte Lastenverteilung ermöglichen. Auf die weitreichende Problematik der *unsicheren Kausalität* (z.B. der alternativen Kausalität) soll nachfolgend nicht eingegangen werden, da sie den Rahmen dieser Arbeit sprengen würde.[1133]

665 Eine *kumulative Kausalität* liegt dann vor, wenn mehrere Schädiger unabhängig voneinander Schadensursachen gesetzt haben, wobei jede Ursache für sich den ganzen Schaden hätte bewirken können:[1134] Zwei Fabrikanten leiten unabhängig voneinander Abwässer in einen Fluss und verunreinigen dadurch

---

[1132] GRIFFEL, N 290; SCHERRER, S. 119; TRÜEB, Art. 59 N 46.

[1133] Dazu LOSER, S. 135 ff. und 195 ff.

[1134] BREHM, Art. 41 N 146; OFTINGER/STARK, Haftpflichtrecht I, § 3 N 129; REY, Haftpflichtrecht, N 614 ff.

das Wasser, wobei die Abwässer jedes einzelnen Fabrikanten gereicht hätten, um das Wasser ungeniessbar zu machen.[1135]

Grundsätzlich haften bei einer kumulativen Kausalität alle Verursacher für den gesamten Schaden bzw. die gesamten Kosten, obwohl keiner von ihnen eine *condition-sine-qua-non* gesetzt hat.[1136] Dennoch wird auch hier der Staat nicht frei wählen können, welcher Verursacher belangt werden soll. Genauso wenig wird er den gesamten Kostenbetrag zwei Mal eintreiben bzw. jedem Verursacher den vollen Kostenbetrag auferlegen können. Die gesamten Kosten werden grundsätzlich nach der Art der Verursachung zwischen den Verursachern zu verteilen sein.

666

Von einer *Teilkausalität* wird im zivilrechtlichen Haftpflichtrecht dann gesprochen, wenn mehrere Ursachen an einer Schadensherbeiführung mitgewirkt haben, ohne dass der entstandene (Gesamt-) Schaden von einer dieser Ursachen allein hätte bewirkt werden können.[1137] Diese Fallkonstellation ist in Bezug auf die Verursacherhaftungen nicht unproblematisch. Letztere stellen nämlich auf den Störerbegriff ab und übernehmen folglich die Unmittelbarkeitstheorie. Laut dieser Theorie kann nur die Ursache als (polizeirechtlich) relevant angesehen werden, die selbst unmittelbar die konkrete Störung oder Gefahr herbeiführt. Gemäss der Unmittelbarkeitstheorie scheiden in der Kausalkette entferntere, lediglich mittelbare Verursachungen aus.[1138] Ausschliesslich die Ursachen, welche die *Gefahrengrenze* überschreiten, sind somit erheblich.[1139] Es könnte folglich argumentiert werden, dass allein die Person, die durch ihren Belastungsbeitrag die Schädlichkeits- bzw. Gefahrenschwelle überschritten hat, die (vollen) Kosten zu tragen hat. Das formale Abstellen auf die letzte Ursache führt, wie auch die Lehre zur Unmittelbarkeitstheorie unlängst feststellen musste, zu unbrauchbaren Ergebnissen. Welche

667

[1135] Beispiel von REY, Haftpflichtrecht, N 615.

[1136] Vgl. für das Haftpflichtrecht: BREHM, Art. 41 N; REY, Haftpflichtrecht, N 616.

[1137] LOSER, S. 28 f.

[1138] BGE 118 Ib 407 E. 4c; 114 Ib 44 E. 2a; RAUSCH/MARTI/GRIFFEL, N 89.

[1139] TSCHANNEN/FRICK, S. 8.

Person die Gefahrenschwelle schliesslich überschreitet, hängt meistens vom reinen Zufall ab.[1140] Die Unmittelbarkeitstheorie muss deshalb auch eine *wertende Beurteilung* der einzelnen Verursachungsbeiträge einschliessen. Folgerichtig haften auch diejenigen Personen (bzw. Mitverursacher), die durch ihren Verursachungsanteil den Weg für eine spätere Überschreitung der Gefahrenschwelle geebnet haben.[1141] Die Verteilung zwischen den verschiedenen Teilverursachern muss deshalb *pro rata* der Verursachungsanteile erfolgen.

668   Schliesslich kann noch eine dritte Fallkonstellation ausgemacht werden: diejenige der *gemeinschaftlichen Verursachung*. Letztere bildet keine selbständige Kategorie, sondern eine Untervariante der zwei vorherigen Kausalitätstypen. Eine Differenzierung gebietet sich dennoch deshalb, weil die Verursacher durch *bewusstes und gewolltes Zusammenwirken* einen Schaden bzw. eine Gefahr herbeigeführt haben. Auch in dieser Fallkonstellation gilt es zu berücksichtigen, dass es bei Verursacherhaftungen grundsätzlich keine Solidarhaftung gibt und nur für jenen Teil der Kosten gehaftet wird, der mitverursacht worden ist. In einem ersten Schritt muss somit ermittelt werden, welcher Teil des Schadens tatsächlich gemeinsam verursacht wurde. Dieser bildet dann das Höchstmass der Haftung des jeweiligen Mitverursachers. In einem zweiten Schritt müssen die gemeinsam verursachten Kosten zwischen den Mitverursachern verteilt werden. Eine Differenzierung nach der Art der Verursachung wird nicht möglich sein, da sie bei allen Verursachern grundsätzlich die gleiche sein wird (Verhaltensverantwortlichkeit). Die Kosten sind deshalb *nach Köpfen* zwischen den Mitverursachern zu verteilen, sofern kein Verschulden eine andere Verteilung rechtfertigt.

669   Eine Differenzierung der Kausalität nach kann zudem nicht immer die Basis einer Kostenverteilung bilden. Stellt man nämlich auf den Verursachungsanteil ab, so wird ein Zustandsstörer für die gesamten Kosten aufkommen müssen, die durch seine Sache verursacht werden. Nimmt man das Beispiel des

---

[1140] GIESBERTS, S. 84.
[1141] GIESBERTS, S. 84.

Tanklastwagens, dessen Ölladung nach einem Unfall ein Grundstück verseucht und das Grundwasser gefährdet, so "verursacht" das Grundstück die gesamte Gefahr bzw. bildet den alleinigen Gefahrenherd. Eine Aufteilung der Kosten nach dem Mass der Verursachung ist somit nicht möglich. Die Haftungen des Verhaltensstörers und des Zustandsstörers bestehen nämlich grundsätzlich nebeneinander und sie schliessen sich folglich nicht aus. Das Gleiche gilt natürlich auch im zivilrechtlichen Haftpflichtrecht. Führt z.B. ein Dritter einen Werkmangel (Art. 58 OR) herbei, so haftet auch der Werkeigentümer für den gesamten Schaden, den der Werkmangel verursacht. Der Urheber des Mangels haftet allenfalls solidarisch mit dem Werkeigentümer. Die Aufteilung bzw. Begrenzung der Haftung kann in diesen Fällen ausschliesslich nach der *Art der Verursachung* erfolgen, was auch für die Zusatzhaftungen zutrifft, bei welchen der Verantwortliche für den gesamten Schaden einstehen muss, der durch den unter seiner Verantwortung stehenden Dritten verursacht wurde.

Zusammenfassend lässt sich festhalten, dass ein Verursacher nur *pro rata* 670
seines Verursachungsanteils mit Kosten belastet werden darf. Im Falle einer
*Zustands*haftung oder einer *Zusatz*haftung kann jedoch keine Aufteilung nach dem Gewicht der Verursachung erfolgen, da diese Haftungen neben der Verhaltenshaftung bzw. zusätzlich zur Verhaltenshaftung des Dritten bestehen und somit eine Verdoppelung der Haftung für den gleichen Schaden zur Folge haben.

3   Art der Verursachung

3.1   Allgemeines

Die herrschende Lehre und auch die Praxis erachten bei der Kostenverteilung 671
das Kriterium der *Art der Verursachung* als erstes und wichtigstes Kriterium. Wie jedoch bereits betont, sollte sich das *Höchstmass* der individuellen Haftung nach dem *Gewicht der Verursachung* bzw. nach dem Verursachungs*anteil* bestimmen und nicht nach der Art der Verursachung. Die Art der Verursachung vermag somit *keine überkausale Haftung* zu begründen. Sie bildet

allein ein Kriterium, nach dem die Kosten zwischen mehreren Verantwortlichen zu verteilen sind, wenn diese für den gleichen Verursachungsanteil haften.

672 Nach der *Art der Verursachung* die Kosten zu verteilen bedeutet laut herrschender Lehre und Praxis, die haftpflichtrechtlichen Grundsätze von Art. 50 Abs. 2 und 51 Abs. 2 OR bei der Kostenverteilung sinngemäss anzuwenden.[1142]

673 Ein Teil der Lehre geht bei der analogen Anwendung von Art. 51 Abs. 2 OR sogar so weit, dass er bei der Kostenverteilung von einer Kaskadenordnung ausgeht, wie sie im zivilrechtlichen Haftpflichtrecht besteht. So unterscheidet beispielsweise WAGNER PFEIFER bei der Kostenverteilung im Rahmen von Art. 32d USG acht verschiedene Kategorien.[1143] Dabei differenziert WAGNER PFEIFER unter anderem danach, ob die Verantwortung im Verschulden gründet oder ob der Störer kraft einfacher Kausalhaftung oder kraft Gefährdungshaftung haftet.[1144] Auch TRÜEB geht bezüglich der Zustandshaftung nach Art. 59 USG einen ähnlichen Weg, indem er nicht nur bei der Verteilung der Kosten, sondern sogar bei der Begründung selbst der Haftung Zurechnungskriterien des privaten Haftpflichtrechts angewendet wissen will.[1145] Sowohl WAGNER PFEIFERs als auch TRÜEBs Differenzierungen haben den Charakter einer *contra legem* Interpretation. Verursacherhaftungen zeichnen sich gerade dadurch aus, dass sie nur ein einziges Zurechnungskriterium kennen: den (verpönten) *Erfolg*. Sowohl bei der Verhaltensverantwortlichkeit als auch bei der Zustandsverantwortlichkeit handelt es sich um Erfolgshaftungen. Als *reine Erfolgshaftung* besteht eine Verursacherhaftung ohne Rücksicht auf die Entstehungsart des schädigenden Ereignisses. Es dürfen somit weder bei der Begründung der Haftung noch bei der Kostenverteilung *Zurechnungskriterien* hinzugezogen werden, die - so sehr diese aus rechtspolitischer Sicht auch

---

[1142] Dazu oben N 649 ff.
[1143] WAGNER PFEIFER B., Kostentragungspflicht, S. 132.
[1144] WAGNER PFEIFER B., Kostentragungspflicht, S. 132.
[1145] Dazu oben N 400 f.

wünschenswert wären - nicht ansatzweise in der geltenden Gesetzgebung verankert sind.

Bei der analogen Anwendung von Art. 51 Abs. 2 OR wird auch verkannt, **674**
dass bei Verursacherhaftungen grundsätzlich alle Verantwortlichen aus gleichem Rechtsgrund (Erfolgshaftung/Art. 32d USG, 59 USG, etc.) haften, weshalb - wie dies auch im privatrechtlichen Haftpflichtrecht bei *eintypischer Solidarität* der Fall ist - Art. 51 Abs. 2 OR gar nicht (analog) angewendet werden kann, sondern in Anwendung von Abs. 1 dieser Bestimmung auf Art. 50 Abs. 2 OR zurückgegriffen werden und folglich nach richterlichem Ermessen entschieden werden muss.[1146]

Betrachtet man indessen die Praxis bei den Verursacherhaftungen etwas **675**
genauer, so bemerkt man auch, dass Art. 51 Abs. 2 OR in Wahrheit gar nicht bei der Kostenverteilung analog angewendet wird. Es müssten nämlich schuldlose Verursacher (vorzugsweise Zustandsverantwortliche) immer von der Kostentragungspflicht befreit werden, wenn ein schuldhafter Verursacher (d.h. ein schuldhafter Verhaltensverantwortlicher) ebenfalls für die Kosten einzustehen hat.[1147] Zu diesem Resultat gelangt man aber in der Praxis kaum, wird doch in der Regel eine schematisierte Verantwortlichkeitsskala (Abstufung von 10, 25, 33 und 50 Prozent) angewendet und eine entsprechende Verteilung der Kosten vorgenommen.[1148]

Es bestehen bei der Kostenverteilung hauptsächlich zwei Differenzierungskriterien, die nicht im Widerspruch zur geltenden Gesetzgebung stehen: einerseits das aus dem Polizeirecht stammende Kriterium der Art der Haftung (bzw. die Unterscheidung zwischen Zustands- und Verhaltenshaftung) und andererseits das Kriterium des zusätzlichen Verschuldens. **676**

[1146] Vgl. bezüglich der Regressordnung bei eintypischer Solidarität BREHM, Art. 51 N 95a; REY, Haftpflichtrecht, N 1530 ff.; WERRO, Responsabilité civile, N 1602. Vgl. auch bezüglich Art. 36 aGschG 1971 OFTINGER/STARK, Haftpflichtrecht II/1, § 23 N 145.

[1147] TRÜEB, Art. 59 N 48.

[1148] TRÜEB, Art. 59 N 48, Z.B. BGer, ZBl 1991 212.

677 Das Unterscheidungskriterium des Verschuldens ist auch im privatrechtlichen Haftpflichtrecht bei *eintypischer Solidarität* üblich. Haften mehrere Personen aus *getrenntem Verschulden*, so entspricht die interne Aufteilung der Schwere der verschiedenen *Verschulden*.[1149] Bei *einfachen Kausalhaftungen* wird das Ausmass der einem Haftpflichtigen vorzuwerfenden *Unsorgfalt* im Rahmen der internen Aufteilung zu beachten sein.[1150] Auch bei der Konkurrenz von zwei gleichen *Gefährdungshaftungen* ist grundsätzlich das *Verschulden* für die Schadenstragung im Innenverhältnis entscheidend, sofern die Intensität der konkret verwirklichten Betriebsgefahr keine andere Verteilung rechtfertigt (z.B. Art. 60 Abs. 2 Satz 2 SVG).[1151]

3.2 Hauptkriterien der Kostenverteilung

678 Die nachstehende Darstellung geht von der in der herrschenden Lehre und Praxis vertretenen Ansicht aus, wonach unter dem Begriff "Verursacher" auch eine Zustandshaftung zu verstehen sei. Nach der in dieser Arbeit vertretenen gegenteiligen Meinung sollte grundsätzlich unter dem Begriff "Verursacher" nur eine Verhaltenshaftung verstanden bzw. die Zustandshaftung abgeschafft werden. Die Frage nach einer Verteilung der Kosten zwischen den Verhaltensverantwortlichen und den Zustandverantwortlichen würde sich somit - gesetzliche Ausnahmen vorbehalten - nicht stellen.[1152]

679 Die *erste Faustregel* bei der Verteilung nach der Art der Haftung lautet, dass bei einem Zusammentreffen von Verhaltens- und Zustandsverantwortlichen die *Verhaltensverantwortlichen stärker zu belasten sind*.[1153] Diese Regel stammt aus der Rechtsprechung zur antizipierten Ersatzvornahme und wurde

---

[1149] BREHM, Art. 51 N 100; REY, Haftpflichtrecht, N 1532. WERRO, Responsabilité civile, N 1603.

[1150] REY, Haftpflichtrecht, N 1536; WERRO, Responsabilité civile, N 1603.

[1151] WERRO, Responsabilité civile, N 1603 f.

[1152] Dazu oben N. 179 ff. und insb. 181 ff. sowie 406.

[1153] BGE 102 Ib 203 E. 5c; 101 Ib 410 E. 6; BÉTRIX, S. 385; SCHERRER, S. 125; TRÜEB, Art. 59 N 47; TSCHANNEN, Art. 32d N 22.

in Art. 32d Abs. 2 USG niedergeschrieben. Sie gilt zudem gleichermassen für alle anderen Verursacherhaftungen.

Die *zweite Faustregel* bei der Verteilung der Kosten lautet, dass die Haf- 680
tungsquoten sich nach dem *Verschulden* zu richten haben.[1154] Während das Verschulden bei der Begründung der Verursacherhaftungen bzw. bei der Bestimmung der Verursacher keine Rolle spielt - da es sich um reine Erfolgshaftungen handelt -, kommt der Unterscheidung dem Verschulden nach bei der Kosten*verteilung* eine zentrale Bedeutung zu.[1155]

Neben diesen zwei wichtigen Faustregeln sollte bei der Verteilung der Kosten 681
auch noch berücksichtigt werden, ob es sich um eine *Zusatzhaftung* (Haftung für das Verhalten Dritter) handelt oder ob die Haftung eines Zustandsverantwortlichen aus der tatsächlichen Gewalt oder dem Eigentum herrührt.

3.3 Fallkonstellationen

Nachfolgend sollen die wichtigsten Fallkonstellationen aufgezeigt werden, in 682
denen mehrere für den gleichen Schaden bzw. die gleichen Kosten haften. Dabei wird jeweils die Rangordnung der Haftung bzw. die Verteilung der Kosten primär anhand der Art der Haftung und des Verschuldens ermittelt. Die so eruierten Haftungsverteilungen stellen allein eine Richtlinie da, von der die Behörden natürlich in Ausübung ihres Ermessens im Einzelfall abweichen können. Ziel wird es jeweils sein, eine gerechte und praktische Lösung zu finden.[1156]

3.3.1 *Verhaltensverantwortlichkeit vs. Zustandsverantwortlichkeit*

Die Verhaltenshaftung und die Zustandshaftung bestehen grundsätzlich 683
nebeneinander und schliessen sich dementsprechend nicht aus. Aus dogmatischer Sicht fragt es sich deshalb, warum und nach welchen Kriterien zwischen

---

[1154] BÉTRIX, S. 385; GRIFFEL, N 291; STUTZ, Kostentragung, S. 774; TRÜEB, Art. 59 N 47.
[1155] BÉTRIX, S. 385; GRIFFEL, N 291.
[1156] BÉTRIX, S.385; TRÜEB, Art. 59 N 48.

der Verhaltens- und der Zustandshaftung unterschieden werden soll bzw. wer vom Verhaltensverantwortlichen oder Zustandsverantwortlichen die Kosten ganz oder mehrheitlich tragen muss. Mit dieser Frage taucht unweigerlich diejenige der *inneren Rechtfertigung der Zustandshaftung* wieder auf.[1157] Grundsätzlich sind nämlich sowohl die Verhaltenshaftung als auch die Zustandshaftung *reine Erfolgshaftungen*. Ihrer Art nach sind sie somit - wie im Polizeirecht - grundlegend gleich. Dennoch wird in Lehre und Praxis zu Recht gefordert, dass bei der Kostentragung die Verhaltensverantwortlichen vorrangig zu verpflichten sind. GRIFFEL meint diesbezüglich, dass dieser Vorrang wohl auf die Vorstellung zurückzuführen sei, dass den Verhaltensverantwortlichen in der Regel ein Verschulden treffe. GRIFFELs Ansicht hat zur Folge - und zu diesem Schluss kommt auch der Autor selbst -, dass allein das *Verschulden* bei der Differenzierung zwischen der Verhaltenshaftung und der Zustandshaftung massgebend ist und der Qualifizierung als Verhaltens- oder Zustandsstörer keine selbständige Bedeutung zukommt.[1158] Liegt indessen weder beim Verhaltensstörer noch beim Zustandsstörer ein Verschulden vor, so müssten nach GRIFFELs Meinung wohl beide Verantwortlichen zu gleichen Teilen haften. Diese Sicht der Dinge greift m.E. aber zu kurz. Sie verkennt einerseits die grundlegend unterschiedlichen Anknüpfungspunkte der Zustands- und der Verhaltensverantwortlichkeit. Eine gerechte Lastenverteilung verlangt, dass der Eigenart der Zustandshaftung Rechnung getragen wird, auch wenn das Gesetz selbst - im Gegensatz zu Lehre und Praxis - weder im Tatbestand noch in der Rechtsfolge (abgesehen von Art. 32d Abs. 2 USG) ausdrücklich zwischen beiden unterscheidet. Andererseits ist es grundsätzlich fraglich, ob einen Zustandsverantwortlichen überhaupt ein Verschulden treffen kann, ohne dass er dadurch zum Verhaltensverantwortlichen wird. Ein *Verschulden* bezieht sich nämlich immer auf ein *Verhalten* oder ein Unterlassen, nicht aber auf die Gewaltherrschaft als solche. Das Kriterium des Verschuldens taugt demnach kaum, um die Kosten zwischen Verhaltensverantwortlichen und Zustandsverantwortlichen zu verteilen, da ein schuldhafter Zustandsverantwort-

---

[1157] Dazu ausführlich oben N 367 ff.
[1158] GRIFFEL, N 291.

licher grundsätzlich auch als Verhaltensverantwortlicher in die Pflicht genommen werden sollte.

Wie bereits im Zusammenhang mit der notwendigen Begrenzung der Zustandshaftung dargelegt,[1159] müssen auch bei der Kostenverteilung zwischen Verhaltens- und Zustandsverantwortlichen diejenigen Fälle, in denen es einen Zusammenhang zwischen der Sachherrschaft des Zustandsverantwortlichen und der Gefahr bzw. Störung gibt, von denjenigen unterschieden werden, in denen kein solcher Zusammenhang vorliegt.[1160]   684

Die *erste Fallgruppe* umfasst die Fälle, in denen ein oder mehrere Verhaltsverantwortliche die Sachen des Zustandsverantwortlichen in einen gefährlichen bzw. störenden Zustand versetzt haben, ohne dass ein Zusammenhang zwischen der Herbeiführung der Gefahr und der Sachherrschaft besteht.[1161] Davon ist dann auszugehen, wenn sich im Hinblick auf die Sache ein ausserordentliches Risiko realisiert, dem kein spezifischer Nutzen des Zustandsverantwortlichen gegenübersteht.[1162] Als Beispiel kann wiederum der aus der deutschen Rechtsprechung stammende Fall des Tanklastwagens herangezogen werden, aus dem nach einem Unfall Öl auf ein angrenzendes Grundstück fliesst und das Grundwasser gefährdet.[1163] Ähnlich gelagert ist der Fall eines Flugzeugabsturzes oder derjenige einer unerlaubten Ablagerung von Giftmüllfässern. In all diesen Fällen erscheint der Zustandsverantwortliche als "Opfer". Zwischen dem Verhaltensverantwortlichen und dem Zustandsverantwortlichen liegt eine wesentliche Ungleichheit vor, welche es rechtfertigt, allein den Verhaltensverantwortlichen zur Kostentragung zu verpflichten.[1164] In diesen Fällen sollte der Zustandsverantwortliche zudem unabhängig davon,   685

[1159] Dazu ausführlich oben N 376 ff.

[1160] Vgl. GIESBERTS, S. 100 ff.

[1161] GIESBERTS, S. 102.

[1162] GIESBERTS, S. 102.

[1163] S. Nachweis bei FRIAUF, Zustandshaftung, S. 295 f. Dazu ferner oben N 398.

[1164] GIESBERTS, S. 103. Im Ergebnis gl.M.: FRICK, S. 63.

ob der Verhaltensverantwortliche schuldhaft gehandelt hat oder nicht, keine Kosten tragen müssen.

686　Die Lösung entspricht auch § 24 Abs. 2 BodSchG, wonach eine Person, die allein wegen ihres Eigentums am Grundstück oder ihrer tatsächlichen Herrschaft über das Grundstück sanierungspflichtig war, zur Entstehung der schädlichen Bodenverunreinigung oder Altlast aber selbst nicht beigetragen hat, immer im *Innenverhältnis* zwischen den Verantwortlichen von sämtlichen Kosten freizustellen ist.[1165]

687　Das Schweizer Altlastenrecht kennt seinerseits einen besonderen *Befreiungsgrund*. Laut Art. 32d Abs. 2 USG ist der Zustandsverantwortliche von den Kosten für notwendige Massnahmen zur Untersuchung, Überwachung und Sanierung belasteter Standorte dann befreit, "wenn er bei Anwendung der gebotenen Sorgfalt von der Belastung keine Kenntnis haben konnte".[1166] Im Gegensatz zum hier vorgeschlagenen Unterscheidungskriterium des Zusammenhangs zwischen Gefahr und Grundstück stellt Art. 32d Abs. 2 USG allein auf die Kenntnis bzw. die Unkenntnis des Zustandsverantwortlichen ab.[1167] Art. 32d Abs. 2 USG führt somit ein subjektives Element in den Haftungtatbestand ein,[1168] das sich nicht auf die Verursachung bezieht, sondern auf das Wissen um die Belastung. Dies ist für das Haftpflichtrecht völlig untypisch und vermag sich zwar im Hinblick auf die erzielte Begrenzung der Haftung zu rechtfertigen, kann aber aus dogmatischer Sicht nicht überzeugen.[1169]

688　Die *zweite Gruppe* besteht aus den Fällen, in denen der Zustandsverantwortliche die Herbeiführung des gefährdenden Zustands entweder durch Nutzung oder Gestaltung der Sache begünstigt, erlaubt oder zumindest geduldet hat. Durch diese Art der "Mitwirkung" des Zustandsverantwortlichen entsteht ein

---

[1165] DUESMANN, S. 188 f.
[1166] Dazu STUTZ, Altlastenrecht, S. 343 f.
[1167] Vgl. dazu oben N 386 ff.
[1168] Dazu oben N 307.
[1169] Dazu oben N 387.

Zusammenhang zwischen der Gefahr und der Sachherrschaft. Verpachtet z.B. ein Eigentümer einem Betreiber eine Tankstelle, so entsteht ein Zusammenhang zwischen dem Grundstück und einer mit dem Betrieb der Tankstelle verbundenen Verunreinigung des Bodens. Es wäre grundsätzlich zu fragen, ob in solch einer Konstellation der Zustandsverantwortliche nicht zusätzlich als Verhaltensverantwortlicher zu qualifizieren ist. In diesen Fällen genügt nämlich die Sachherrschaft allein nicht, um eine Haftung zu begründen, sondern es braucht noch eine zusätzliche Willensbetätigung des Eigentümers bzw. des Inhabers der tatsächlichen Gewalt. So qualifiziert etwa die UREK-NR im Zusammenhang mit ihren Vorarbeiten zur Revision von Art. 32d USG den früheren Eigentümer, der sein Grundstück für eine Nutzung als Deponie durch einen unabhängigen Deponiebetreiber zur Verfügung gestellt hat, als Verhaltensstörer, sofern er ein Entgelt für die Ablagerung erhalten hat.[1170]

In letzterer Fallkonstellation sind die Kosten grundsätzlich zwischen dem/den Verhaltensverantwortlichen und dem Zustandsverantwortlichen zu verteilen. Zustands- und Verhaltensverantwortliche müssen nicht zwangsweise zu gleichen Teilen zur Kostentragung herangezogen werden. Neben dem Verschulden sollte bei der Kostenverteilung z.B. auch die Art der "Mitwirkung" des Zustandsverantwortlichen und dessen Interesse an der Beseitigung der Gefahr bzw. Störung berücksichtigt werden.

3.3.2 Verhaltensverantwortlichkeit vs. Verhaltensverantwortlichkeit

Haften mehrere Verhaltensverantwortliche für den gleichen bzw. gemeinsam verursachten Schaden, so sind die Kosten grundsätzlich *anteilsmässig* bzw. nach Köpfen zwischen ihnen zu verteilen. Von dieser Aufteilung wird dann in Lehre und Praxis abgewichen, wenn einer der Verhaltensverantwortlichen schuldhaft gehandelt hat. Grundsätzlich ist der schuldhaft handelnde Störer stärker zu belasten als der schuldlose. Eine weitere Differenzierung der Schuldform nach führt dazu, dass ein vorsätzlich Handelnder vor dem ledig-

689

690

[1170] Bericht vom 20. August 2002, S. 5022.

lich fahrlässig Handelnden haftet. Diese Differenzierung dem Verschulden nach sollte dennoch nicht dazu führen, einem schuldhaften Verhaltensverantwortlichen die ganzen Kosten zuzuweisen, sondern dazu, eine Abstufung der jeweiligen Haftungsanteile nach Grad des Verschuldens vorzunehmen. Auch ein schuldloser Verhaltensverantwortlicher wird somit immer einen - wenn auch geringen - Kostenanteil tragen müssen. Es ist nämlich nicht ersichtlich, warum das Verschulden eines Verhaltensverantwortlichen die Haftung eines anderen gänzlich ausschliessen sollte.

691 Eine besondere Fallkonstellation bilden indessen die Fälle, in denen eine *Hilfsperson* und ihr *Geschäftsherr* haften. Verursacherhaftungen umfassen - wie bereits behandelt wurde - ebenfalls eine *Haftung für das Verhalten Dritter*.[1171] Grundsätzlich tritt diese *Zusatzverantwortlichkeit* neben die Haftung des eigentlichen Verhaltensverantwortlichen. Eine Gewichtung nach Verursachungsanteilen wird folglich nicht möglich sein, da beide Haftungen nebeneinander bestehen und sich dementsprechend nicht ausschliessen. Grundsätzlich ist auch fraglich, ob eine Differenzierung der Art der Haftung nach erfolgen kann, da beide gleichartig sind (es handelt sich bei beiden um *Verhaltens*haftungen: hier eine Haftung für eigenes Verhalten; dort eine Haftung für das Verhalten Dritter). In solchen Fällen wäre grundsätzlich eine Quotelung nach Köpfen denkbar, doch würde sie m.E. nicht zu einer gerechten Lastenverteilung führen. Auch einzig auf das Verschulden abzustellen, wird kaum zu einer zufriedenstellenden Lösung führen, da ein Verschulden normalerweise nur die Hilfsperson treffen wird und folglich Letztere in den meisten Fällen die gesamten Kosten allein tragen müsste. Solch eine Lastenverteilung würde aber das Verhältnis verkennen, das zwischen Hilfsperson und Geschäftsherr besteht.

692 Grundsätzlich ist eine Hilfsperson für den Geschäftsherrn tätig. Dieser veranlasst die Verrichtung und zieht daraus einen Nutzen. Demzufolge steht der Geschäftsherr der Gefahr näher, als dies die Hilfsperson tut, obwohl sie

---

[1171] BGE 114 Ib 44 E. 2c/bb; 102 Ib 203 E. 3. Dazu unten N 326 ff.

durch ihr Handeln die Gefahr unmittelbar herbeiführt.[1172] Zudem sollte vorliegend berücksichtigt werden, dass die parallele Haftung von Geschäftsherr und Hilfsperson vor allem bei der Gefahren*beseitigung* (Störerprinzip) ihre Rechtfertigung hat, da sie eine rasche und effiziente Gefahrenbeseitigung fördert, indem die Behörden auf einen zusätzlichen Störer zurückgreifen können. Bei der Kostenüberwälzung gilt es hingegen, die Kosten *gerecht* zu verteilen. Es erscheint deshalb grundsätzlich gerechtfertigt, die Gefahr bzw. das Betriebsrisiko ausschliesslich dem Geschäftsherrn zuzurechnen und ihm die Kosten ganz oder grösstenteils aufzuerlegen.[1173] Eine andere Verteilung der Kosten sollte allein in den Fällen vorgenommen werden, in denen die Hilfsperson *vorsätzlich* oder *grob fahrlässig* handelt. Im Ergebnis entspricht diese Lösung auch derjenigen der Haftung des Arbeitnehmers im *Innenverhältnis* (Art. 321e OR), da dort in der Regel - obwohl der Arbeitnehmer grundsätzlich auch für leichte Fahrlässigkeit haftet - ein *erhöhtes Berufsrisiko* bei leichter Fahrlässigkeit zu einer beträchtlichen Reduktion oder gar zum gänzlichen Ausschluss der Schadensersatzpflicht führt.[1174]

Nimmt man als Beispiel einen Tanklastwagen, der von der Strasse kommt und mit seiner Ölladung einen Fluss verunreinigt, so wird es wohl gerechter sein, den Eigentümer/Halter des Tanklastwagens und nicht den Chauffeur für die Gewässerschutzmassnahmen haftbar zu machen.   **693**

Entschliesst sich hingegen ein Chauffeur, der den Auftrag erhalten hat, seiner Exfrau Heizöl zu liefern, aus Rache den Inhalt seines Tanklastwagens im Teich statt im Tank seiner Exfrau zu entleeren, dann wird er wohl auch allein für die Kosten seiner Handlungen aufkommen müssen.   **694**

Zu einer teilweisen anderen Lösung gelangt die Regierung des Kantons Graubünden in einem Fall, in dem infolge *grober fahrlässiger* Handlungen des Chauffeurs eines Öllieferanten an die 11 000 Liter Heizöl im Boden ver-   **695**

[1172] Vgl. GIESBERTS, S. 91.

[1173] Vgl. GIESBERTS, S. 91.

[1174] SCHÖNENBERGER /STAEHELIN, Art. 321e OR N 23.

sickerten. Der auf das Verhalten des Chauffeurs zurückzuführende Kostenanteil wurde - trotz der groben Fahrlässigkeit des Chauffeurs - von der Regierung des Kanons Graubünden ausschliesslich dem Öllieferanten (d.h. dem Geschäftsherrn) überbürdet.[1175]

3.3.3 Zustandsverantwortlichkeit vs. Zustandsverantwortlichkeit

696 Es handelt sich hier um eine in der Schweizer Lehre soweit ersichtlich nicht weiter thematisierte Fallkonstellation. Ein Aufeinandertreffen zweier Zustandsverantwortlicher kann deshalb vorkommen, weil - wie bereits behandelt - gleichzeitig mehrere Personen als Zustandsstörer qualifiziert werden können.

697 Es wird bei den nachfolgenden Ausführungen vorausgesetzt, dass keiner der Zustandsverantwortlichen die Herbeiführung des gefährdenden Zustands weder durch Nutzung noch Gestaltung der Sache begünstigt, erlaubt oder zumindest geduldet hat. Es geht also nur um die Kostenverteilung bei "reiner" Zustandshaftung. Hat indessen einer der Zustandsverantwortlichen in irgendeiner Art bei der Herbeiführung "mitgewirkt", so sollte eine Qualifizierung als *Verhalts*verantwortlicher in Betracht gezogen werden[1176] oder zumindest die Kosten anders als nachfolgend dargelegt verteilt werden. Als Beispiel einer "Mitwirkung", die eine differenzierte Kostenverteilung verlangt, nehme man den Fall, in dem ein Eigentümer eine grüne Wiese vermietet und ohne dessen

---

[1175] BGer, ZBl 1991 212, insb. E. 6b. Dieser Fall wurde mittels Verwaltungsgerichtsbeschwerde an das Bundesgericht (BGer, ZBl 1991 212) weitergezogen. Gegenstand der Beschwerde war aber nicht die Aufteilung der Kosten zwischen dem Chauffeur und dem Geschäftsherrn (d.h. dem Öllieferanten), sondern die Haftung des Kantons und des Eigentümers. Die Beschwerdeführerin (namentlich der Öllieferant) beanstandete insbesondere, dass die Regierung zu Unrecht die Haftung des Kantons verneint habe. Das Bundesgericht hat die Verhaltensverantwortlichkeit des Kantons damit begründet, dass die zuständige Behörde nicht gegen eine defekte Anlage vorgegangen war, obwohl sie dazu verpflichtet gewesen wäre. Während die Regierung des Kantons Graubünden die Kosten zu einem Drittel dem Hauseigentümer und zu zwei Drittel dem Öllieferanten auferlegt hatte, hat das Bundesgericht den Hauseigentümer mit 60% der Kosten belastet, den Öllieferanten mit 30% und den Kanton mit 10%.

[1176] Vgl. dazu oben N 688 f.

Wissen der Mieter das kurzfristige Abstellen von Chemikalien erlaubt. Kippt ein Dritter beim Abstellen einen Behälter um und verseucht dabei den Boden, so wird bei der Frage, wer von dem Eigentümer oder Mieter und zu welchem Teil als Zustandsverantwortlicher - natürlich subsidiär zum Verhaltensverantwortlichen - für Sanierungskosten haften muss, das "Mitwirken" des Mieters berücksichtigt werden müssen.

Um diese Frage nach der Aufteilung der Kosten zwischen zwei Zustandsverantwortlichen beantworten zu können, gilt es, *zwei verschiedene Fallkonstellation* zu unterscheiden.   **698**

Die *erste Fallkonstellation* umfasst die Fälle, in denen sowohl ein Inhaber der *tatsächlichen* Gewalt als auch ein *Eigentümer* für den Zustand der Sache verantwortlich gemacht werden können. Diese "doppelte" Haftung ist der Zustandshaftung grundsätzlich inhärent, da immer sowohl an die *rechtliche* als auch an die *tatsächliche Gewalt* angeknüpft wird. Neben dem Eigentümer kommen somit immer - soweit vorhanden - auch Mieter, Pächter, Bauberechtigte, Wohnberechtigte, Nutzniesser oder Beauftragte als Zustandsverantwortliche in Betracht.[1177] Auch das Bundesgericht anerkannte bereits, dass mehrere Zustandsverantwortliche (bzw. Zustandsstörer) gleichzeitig haften können. Es ging um einen Fall, in dem alle Kosten einem *Mieter* (als Zustandsverantwortlichem) überbunden wurden. Das Bundesgericht hielt in seinem Entscheid fest, dass auch eine Haftung des *Eigentümers* (als Zustandsverantwortlicher) in Betracht gezogen werden müsse. Der Mieter könne lediglich neben dem Eigentümer verantwortlich gemacht werden.[1178]   **699**

Wie bereits im letzt genannten Entscheid vom Bundesgericht angedeutet, stellt sich vorliegend die Frage, ob nicht grundsätzlich eher der Eigentümer als der Inhaber der tatsächlichen Gewalt zur Kostentragung herangezogen   **700**

[1177] Vgl. (je m.w.H.) BGE 122 II 65 E. 6; 118 Ib 407 E. 4c, 114 Ib 44 E. 2c/aa, 107 Ia 19 E. 2a; für eine Zusammenfassung der Rechtsprechung zum Begriff des Zustandsstörers s. TRÜEB, Art. 59 N 18. Dazu oben N 359 ff.

[1178] BGE 101 Ib 410 (= Pra 1976 Nr. 197). Dazu oben N 650.

werden sollte. Mit dieser Frage taucht wiederum diejenige der *inneren Recht-fertigung* der Zustandshaftung auf,[1179] da allein diese ein Differenzierungskri-terium bei der Kostenverteilung bieten kann. Wie schon ausgeführt, haben die Haftung des Eigentümers und diejenige des Inhabers der tatsächlichen Gewalt keine einheitliche Rechtfertigung erhalten.[1180] Während - laut herrschender Lehre und Rechtsprechung - der polizeispezifische Zeitdruck und insbesonde-re die *Einwirkungsmöglichkeit* die Inanspruchnahme des *Inhabers der tat-sächlichen Gewalt* bei der Gefahrenabwehr (Realleistungspflicht) rechtferti-gen,[1181] soll es bei der Haftung des Eigentümers das *Korrelat von Kosten und Nutzen* sein. Die auf dem Zeitdruck und der Einwirkungsmöglichkeit beru-hende Rechtfertigung entfällt indessen bei der Frage nach der *Kostentragung* vollkommen. Das von Lehre und Rechtsprechung im Zusammenhang mit der Haftung des Eigentümers vorgebrachte Argument des *Korrelats von Kosten und Nutzen* behält hingegen auch bei der Kostenfrage seine ganze Bedeutung. Folgerichtig sollte somit nicht der Inhaber der tatsächlichen Gewalt, sondern allein der Eigentümer - wohlgemerkt subsidiär zu einem eventuellen Verhal-tensverantwortlichen - für die Kosten haften.

701 Die *zweite Fallkonstellation* besteht aus den Fällen, in denen eine *Mitberech-tigung* (z.B. Gesamteigentum oder Miteigentum) an der Sache besteht. Im privatrechtlichen Haftpflichtrecht (namentlich bei Art. 58 OR) wird beim *Ge-samteigentum* aus Art. 652 ZGB abgeleitet, dass alle Eigentümer im Aussen-verhältnis solidarisch haften.[1182] Beim *Miteigentum* ist sich die Lehre hinge-gen uneinig, ob im Aussenverhältnis solidarisch gehaftet werden soll oder nicht.[1183] Das Bundesgericht hat sich seinerseits für die Solidarhaftung ausge-sprochen.[1184] Wie dem auch sei, vorliegend sollte nicht die Haftung im Aus-

---

[1179] Dazu oben N 367 ff.

[1180] Dazu oben N 375.

[1181] Grundsätzlich bietet die Einwirkungs*möglichkeit* kein Argument für die Einwirkungs-*pflicht*. Dazu oben N 371 ff.

[1182] BREHM, Art. 58 N 16, WERRO, Responsabilité civile, N 578.

[1183] WERRO, Responsabilité civile, N 578.

[1184] BGE 117 II 50 E. 5b.

senverhältnis, sondern wiederum diejenige im *Innenverhältnis* als Vorbild dienen. Diese Haftung erfolgt im Zivilrecht grundsätzlich *anteilsmässig*. Dementsprechend kann auch vorliegend an der grundsätzlichen Regel festgehalten werden, wonach bei Verursacherhaftungen immer *anteilsmässig* gehaftet wird.[1185] *Gesamt*eigentümer haften folglich gemäss ihrem Anteil am Gesamthandvermögen, in dem sich die Sache befindet. Bei *Mit*eigentum werden sich die Kostenanteile nach den Eigentumsanteilen zu richten haben.

Wie bereits erwähnt, dürfte das Verschulden kaum eine Rolle bei der Kostenverteilung zwischen mehreren Zustandsverantwortlichen spielen, da ein Zustandsverantwortlicher, den ein Verschulden trifft, zum Verhaltensverantwortlichen wird. Ein Verschulden bezieht sich nämlich immer auf ein Verhalten oder eine Unterlassung, nicht auf den Zustand einer Sache.   702

3.3.4 Problematik des "Doppelstörers"

Mit dem Begriff des *Doppelstörers* wird im Polizeirecht der Fall bezeichnet, in dem ein Verantwortlicher zwei Haftungstatbestände erfüllt, d.h. zugleich den des Verhaltens- und den des Zustandsstörers.[1186] Versickern z.B. infolge der industriellen Tätigkeit giftige Stoffe im Boden einer Betriebsstätte, so wird der Betreiber sowohl Verhaltens- als auch Zustandsverantwortlicher sein.   703

In Lehre[1187] und Rechtsprechung[1188] wird zu Recht festgehalten, dass ein Doppelstörer nicht *per se* alle Kosten tragen muss. Diese Ansicht sollte an sich eine Selbstverständlichkeit sein, da ein Verantwortlicher immer nur für den Teil des Schadens (bzw. der Kosten) haften sollte, den er auch verursacht hat. In der "doppelten Haftung" eines Verantwortlichen ist kein Grund dafür zu sehen, dass dieser auch den Verursachungsanteil der anderen Verantwortli-   704

[1185] BGE 101 Ib 410 E. 6 (= Pra 1976 Nr. 197); 102 Ib 203 E. 5c; BGer, ZBl 1991 212 E. 6a. Dazu oben N 647 ff.

[1186] GIESBERTS, S. 107.

[1187] BÉTRIX, S. 387; CUMMINS, S. 141; GRIFFEL, N 291; TRÜEB, Art. 59 N 47.

[1188] BGE 102 Ib 203 E. 5c; 101 Ib 410 E. 6; BGer, ZBL 1991 212 E. 6a.

chen zu tragen hätte. Dass ein Verantwortlicher zwei Haftungstatbestände erfüllt, kann nicht zur Zurechnung fremder Verursachung führen.

705 Eine andere Frage ist die, wie die *Verteilung* zwischen einem "einfachen" Verursacher und einem "Doppelstörer" für den gemeinsam verursachten Kostenanteil ausfallen soll. Zur Lösung dieser Frage können zwei Fallgruppen unterschieden werden.

706 Die erste Gruppe besteht aus den Fällen, in denen ein Zustands- und Verhaltensverantwortlicher (d.h. ein Doppelstörer) und ein "einfacher" *Zustands*verantwortlicher gleichzeitig haften. Vorliegend sollte der Grundsatz, wonach in erster Linie der Verhaltensverantwortliche die Kosten zu tragen hat, ausschlaggebend sein.[1189] Die Tatsache, dass ein Verhaltensverantwortlicher zusätzlich den Tatbestand der "Zustandshaftung" erfüllt, sollte kein für die Kostenverteilung ausschlaggebendes Kriterium bilden. Gleich wie beim Zusammentreffen von einer einfachen *Verhaltens*verantwortlichkeit und einer *Zustands*verantwortlichkeit wird folglich die Verteilung davon abhängen, ob der "einfache" Zustandsverantwortliche als "Opfer" zu qualifizieren ist oder eher als "Mitwirkender".[1190] Im ersten Fall wird der Doppelstörer die gesamten Kosten zu tragen haben; im zweiten sollten die Kosten zwischen den beiden Verantwortlichen aufgeteilt werden, wobei neben dem Verschulden auch die Art der "Mitwirkung" bei der Kostenverteilung berücksichtigt werden sollte.[1191]

707 Die zweite Fallgruppe umfasst die Fälle, in denen ein Zustands- und Verhaltensverantwortlicher (d.h. ein Doppelstörer) und ein "einfacher" *Verhaltensverantwortlicher* gleichzeitig haften. Grundsätzlich stehen sich in dieser Konfiguration zwei Verhaltensverantwortliche gegenüber. Die zusätzliche Erfüllung des Haftungstatbestands der Zustandshaftung durch einen der beiden

---

[1189] Vgl. für das Polizeirecht GIESBERTS, S. 109.

[1190] Zur Frage, ob ein "Mitwirkender" nicht als *Verhaltens*verantwortlicher qualifiziert werden sollte, s. oben N 684 ff.

[1191] Dazu oben N. 688 f.

Verhaltensverantwortlichen sollte nicht derart ins Gewicht fallen, dass sie zu einer wesentlichen Veränderung der Kostenverteilung führt. Letztere sollte sich deshalb grundsätzlich nach den Regeln richten, die bei der Haftung mehrerer Verhaltensverantwortlicher gelten. Die Kosten sind somit in der Regel anteilsmässig bzw. nach Köpfen zu verteilen, sofern kein Verschulden eine andere Verteilung rechtfertigt.

4 Anpassung der Haftungsquoten aus Billigkeitsgründen

Gemäss herrschender Lehre und Praxis können die nach den oben behandelten Kriterien festgelegten Kostenanteile bzw. Haftungsquoten in einem zweiten Schritt aus *Billigkeitsgründen* entweder reduziert oder sogar erhöht werden. 708

Die Anpassung der Haftungsquote aus Billigkeitsgründen wird vorliegend - wie dies auch die herrschende Lehre tut -[1192] im Zusammenhang mit der Problematik der *Haftung mehrerer* behandelt. Eine solche Anpassung wird aber natürlich auch dann vorgenommen, wenn es nur *einen* Verursacher gibt bzw. nur eine einzelne Person haftet. Der Grund, warum diese Frage dennoch unter diesem Titel behandelt wird, ist der, dass laut herrschender Lehre und Rechtsprechung Billigkeitsgründe auch zu einer *Erhöhung* der Haftungsquote führen können. Die Erhöhung einer Quote wird aber zwangsweise die Herabsetzung der Quoten der weiteren Verursacher und somit eine *Änderung des Verteilungsschlüssels* nach sich ziehen müssen, da der Staat insgesamt nicht mehr als die effektiven Kosten verlangen darf (sei es wegen des haftpflichtrechtlichen Bereicherungsverbots oder des abgaberechtlichen Kostendeckungsprinzips). Folgt man somit der herrschenden Lehre und Praxis, so ist die Problematik der Berücksichtigung von Billigkeitserwägungen eng mit der Frage der Verteilung der Kosten zwischen mehreren Verursachern verknüpft. 709

Den aus Gründen der Billigkeit vorgenommenen Korrekturen kommt in der Praxis eine relativ grosse Bedeutung zu. Diese liegt darin begründet, dass das 710

[1192] So SCHERRER, S. 127 ff.; TSCHANNEN, Art. 32d N 23.

dogmatische Fundament und insbesondere die *innere Rechtfertigung* der Verursacherhaftungen unklar sind. Eine auf Billigkeitserwägungen gründende Begrenzung der Haftung übernimmt somit die Funktion eines Sicherheitsventils, um schliesslich doch eine "gerechte" Haftung zu erzielen.[1193] Deshalb werden in der Praxis Billigkeitsüberlegungen auch oftmals dazu benutzt, die Haftung als solche zu "korrigieren", statt - was eigentlich der Sinn und Zweck eines Billigkeitsentscheids wäre - den Besonderheiten des Einzelfalls Rechnung zu tragen. Dieser Misstand wird vom Tanklastwagen-Fall perfekt illustriert.[1194] Ein leerer Tanklastwagen, der durch einen schweren Felsbrocken getroffen wurde, fuhr in ein Flussbett, woraufhin eine Ölsperre wegen des auslaufenden Motoröls errichtet werden musste. Anstatt den Halter des Tanklastwagens - wie im Zivilrecht -[1195] wegen Unterbrechung des Kausalzusammenhangs durch höhere Gewalt[1196] zu befreien oder die Zustandshaftung allgemein auf gewisse Risiken zu begrenzen, hält das Bundesgericht an seiner klassischen Definition der Zustandshaftung fest und qualifiziert folglich den Halter als *Zustandsverantwortlichen.*[1197] Hauptsächlich aus Billigkeitsüberlegungen befreite das Bundesgericht dann jedoch den Halter von seiner Kostentragungspflicht.[1198] Statt eine Entscheidung *ex aequo et bono* zu fällen, wäre in diesem Fall - sei es nur aus Gründen der Rechtssicherheit - nach der inneren Rechtfertigung der Haftung zu fragen gewesen, um so deren (allgemeine) Grenzen festlegen zu können.[1199]

711   Die Korrektur der Haftungsquoten aus Billigkeitsgründen ist unter zwei Gesichtspunkten problematisch:

[1193] Vgl dazu oben N 380 ff.

[1194] BGer, ZBl 1987 301 E. 3. Dazu oben N 381.

[1195] Zu der Unterbrechung des adäquaten Kausalzusammenhanges im Haftpflichtrecht s. REY, Haftpflichtrecht, N 551 ff.; WERRO, Responsabilité civile, N 222 ff.

[1196] So BOVAY/BLANCHARD, S. 118.

[1197] Das Bundesgericht (ZBl 1987 301 E. 1a) qualifizierte den Halter hingegen zu Recht nicht als *Verhaltens*störer, da die Störung von einem auf das Fahrzeug stürzenden Felsblock verursacht worden und nicht auf eine polizeiwidriges Verhalten des Halters zurückzuführen sei.

[1198] Für eine berechtigte Kritik dieser Rechtsprechung s. BOVAY/BLANCHARD, S. 118.

[1199] Dazu oben N 383 ff.

Einerseits im Hinblick auf das *Legalitätsprinzips*: Keine der Verursacherhaftungen enthält - sei es nur ansatzweise - eine entsprechende Ermächtigung zugunsten der Behörden (vgl. Art. 4 ZGB).[1200] Eine solche gesetzliche Grundlage wurde indessen auch *nicht* mit der letzten Revision des USG vom 16. Dezember 2005 geschaffen.

712

Folgerichtig erkannte das Bundesgericht dementsprechend auch eine (echte) Lücke.[1201] Anstatt jedoch diese mit einer analogen Anwendung von Art. 43 und 44 OR zu schliessen, stellt das Bundesgericht bei der "Ausübung des Ermessens" darauf ab, "wieweit eine Kostenauflage für den einzelnen Betroffenen unter der Abwägung aller Gesichtspunkte noch als zumutbar betrachtet werden kann".[1202]

713

Angesichts der *fehlenden gesetzlichen Grundlage* ist auch CUMMINs zuzustimmen,[1203] wenn er statt auf Billigkeitserwägungen das Verhältnismässigkeitsprinzip (insbesondere auf das Erfordernis der Verhältnismässigkeit im engeren Sinne) abstellt, wonach alles staatliche Handeln verhältnismässig sein muss (Art. 5 Abs. 2 BV). Konsequenterweise hätte CUMMINS jedoch ebenfalls zu dem Schluss kommen müssen, dass bei der Anwendung des Verhältnismässigkeitsprinzips allein eine *Reduktion* der Haftungsquote in Frage kommt und nicht etwa auch - wie es CUMMINS vertritt -[1204] eine Erhöhung. Das Verhältnismässigkeitsprinzip dient nämlich allein dazu, die Belastungen, die den Privaten auferlegt werden, zu beschränken.[1205]

714

Andererseits ist die Anpassung der Haftungsquoten auch insofern problematisch, als laut herrschender Lehre und Rechtsprechung die Quoten nicht nur

715

[1200] Dazu SCHERRER, S. 128 f.
[1201] BGer, ZBl 1982 541 E. 4e.
[1202] BGer, ZBl 1982 541 E. 4e.
[1203] CUMMINS, S. 123 ff.
[1204] CUMMINS, S. 130 f., 135 und 165.
[1205] HÄFELIN/MÜLLER/UHLMANN, N 581 ff.

herabgesetzt werden dürfen, sondern auch *erhöht*.[1206] Dabei wird sogar eine "Erhöhung der Quote über das Mass der eigentlichen Verantwortung hinaus" plädiert.[1207] Eine solche Erhöhung ist mit Art. 43 und 44 OR schlicht nicht vereinbar und führt in das Schweizer Recht grundsätzlich fremde *punitive damages* ein,[1208] wie man sie etwa aus dem amerikanischen Recht her kennt. Wie bereits im Zusammenhang mit der Bestimmung der Verursachungsanteile dargelegt, setzt der Verursachungsanteil das Höchstmass der Haftung bzw. die Obergrenze der Kostenbelastung fest. Eine "überkausale" Haftung darf es somit auch bei den Verursacherhaftungen nicht geben.

716   Ein weiteres Argument gegen eine Erhöhung der Kostenbelastung über die tatsächlich verursachten Kosten hinaus ergibt sich aus dem *haftpflichtrechtlichen Bereicherungsverbot* (bzw. dem abgaberechtlichen Kostendeckungsprinzip).[1209] Zeichnet nämlich nur *ein* Verursacher für die ganzen Kosten verantwortlich, so kann seine Haftungsquote nie erhöht werden, da sonst der Staat bereichert würde. Eine Erhöhung wäre daher nur dann möglich, wenn andere Verursacher auch haften. Es bedarf nämlich der gleichzeitigen Senkung der Haftungsquoten anderer Verursacher, damit die Gesamtsumme des Schadensersatzes den Schaden nicht übersteigt. Dass dies dogmatisch nicht haltbar ist, liegt auf der Hand.

717   Entgegen der Meinung von SCHERRER[1210] und TSCHANNEN[1211] ist somit in diesem Zusammenhang irrelevant, dass z.B. der Verursacher die Belastung

---

[1206] SCHERRER, S. 127 ff.; TSCHANNEN, Art. 32d N 23; BGer, ZBl 1982 541 E. 4e; ZBl 1982 541 E. 5. Ferner auch CUMMINS (S. 135), der eine Kostentragung über den Verursachungsanteil hinaus bejaht, sofern der Kostenanteil verhältnismässig bzw. wirtschaftlich tragbar ist. A.M. FRICK (S. 212), für den eine Belastung über den Verursachungsanteil hinaus deshalb nicht in Frage kommt, weil diese im Widerspruch zum allgemeinen Verursacherprinzip sowie zum Grundsatz der anteilsmässigen Kostenverantwortung stehen würde. Ferner auch HARTMANN/ECKERT (S. 632 f.), die sich gegen eine Berücksichtigung der wirtschaftlichen Leistungsfähigkeit bzw. gegen eine den Verursachungsanteil übersteigende Belastung aussprechen.

[1207] SCHERRER, S. 132; TSCHANNEN, Art. 32d N 22.

[1208] Dazu WERRO, Responsabilité civile, N 1120.

[1209] S. zum Streit bezüglich der Rechtsnatur der Kosten oben N 474 ff.

[1210] SCHERRER, S. 129 f. und insbesondere S. 132 f.

eintreten liess, um Kosten zu sparen. Auch der böswilligste Täter wird nur für diejenigen Kosten aufzukommen haben, die er verursacht hat. *Subjektive Elemente* (z.B. das Verschulden) sind hingegen bei der Verteilung der Kosten nach der *Art der Verursachung* (d.h. im Vorfeld) zu berücksichtigen bzw. massgebend, wobei diese Elemente auch dort nicht zu einer überkausalen Haftung führen dürfen.[1212]

M.E. sollte auch *allgemein* eine *Erhöhung* der Quote aus Billigkeitsüberle-   **718** gungen, selbst wenn sich diese noch im Rahmen des persönlich verursachten Schadens bewegt, abgelehnt werden. Diese Lösung entspricht dem zivilrechtlichen Haftpflichtrecht, welches ebenfalls nur *Herabsetzungsgründe* (Art. 43 und 44 OR) kennt. Insbesondere darf somit die *wirtschaftliche Leistungsfähigkeit* - entgegen der Meinung des Bundesgerichts[1213] und eines Teils der Lehre[1214] - nur zur *Reduktion* einer Haftungsquote und nicht zu deren Erhöhung (kein "deep-pocket-Prinzip") führen.[1215] Haften somit zwei Verursacher für einen gemeinsam verursachten Schaden, so darf die wirtschaftliche Leistungsfähigkeit nicht bei der Verteilung zwischen ihnen berücksichtigt werden. Einerseits würde sonst indirekt die explizit bei den Verursacherhaftungen verbannte *Solidarhaftung* wieder eingeführt.[1216] Andererseits würde die mit der Revision des USG vom 16. Dezember 2005 eingeführte Regelung bezüglich der *Tragung der Ausfallkosten* (Art. 32d Abs. 3 USG) untergraben, wonach das Gemeinwesen diese Kosten trägt.[1217] Die Behörden könnten nämlich - indem sie die Haftungsquoten entsprechend der jeweiligen *wirtschaftlichen Leistungsfähigkeit* anpassen - der Entstehung von Ausfallkosten vorbeugen und somit das Bonitätsrisiko schlussendlich doch auf die anderen Verursacher überwälzen.

[1211] TSCHANNEN, Art. 32d N 23.

[1212] Dazu oben N 660 ff. und 671.

[1213] BGer, ZBl 1987 305 E.3; ZBl 1982 541 E. 5.

[1214] CUMMINS, S. 135 und 165; STUTZ, Kostentragung, S. 779.

[1215] BULDIGER, S. 306; GRIFFEL, N; 293; HARTMANN/ECKERT, S. 632 f.; SCHERRER, S. 136 ff.

[1216] BULDIGER, S. 306; GRIFFEL, N; 293; HARTMANN/ECKERT, S. 632.

[1217] Dazu unten N 726 ff.

719   Schliesslich ergibt sich allgemein aus dem Ausschluss der Solidarhaftung,[1218] dass jegliche *Reduktion* einer Haftungsquote unter keinen Umständen zu einer Mehrbelastung der anderen Verursacher führen darf,[1219] sondern zu Ausfallkosten, die wiederum vom Gemeinwesen zu tragen sind.[1220] Mit anderen Worten kann die Reduktion der Haftungsquote eines Verursachers nicht auf Kosten der anderen Verursacher erfolgen.

5   Ausfallkosten

5.1   Entstehung von Ausfallkosten

720   Verursacher können unbekannt, nicht mehr existieren oder zahlungsunfähig sein. Es fragt sich dann, wer die Ausfallkosten bzw. das Bonitätsrisiko zu tragen hat.

721   Neben diesen klassischen Ausfallkosten gibt es zudem noch andere Fälle, in denen Kosten nicht dem Verantwortlichen auferlegt werden können bzw. dürfen. Einerseits kann aus *Billigkeitsgründen* ein Verursacher teilweise oder ganz von der Kostentragungspflicht befreit werden.[1221] Andererseits gibt es den für das Altlastenrecht spezifischen Befreiungstatbestand von Art. 32d Abs. 2 USG, wonach der Inhaber des Standorts (und reiner Zustandsverantwortlicher) keine Kosten trägt, wenn er bei Anwendung der gebotenen Sorgfalt von der Belastung keine Kenntnis haben konnte. Auch bei diesen Kosten fragt es sich, wer sie tragen muss und ob sie den klassischen Ausfallkosten gleichzustellen sind. Gegen eine solche Gleichstellung könnte insbesondere vorgebracht werden, dass es sich eigentlich um ein Problem der Kostenverteilung handelt und somit gar keine Ausfallkosten entstehen können. Gleich wie bei der Berücksichtigung des Verschuldens würden diese Elemente einfach zu einer Veränderung des Verteilungsschlüssels führen. Solange man einem

---

[1218] Dazu ausführlich oben N 647 ff.

[1219] BULDIGER, S. 306; GRIFFEL, N 293, SCHERRER, S. 131.

[1220] Dazu ausführlich unten N 725 ff.

[1221] Dazu oben N 708 ff.

Verursacher nicht mehr Kosten aufbürdet, als er auch verursacht hat (bzw. man keine "überkausale" Haftung einführt), wäre solch eine Meinung auch grundsätzlich vertretbar. Im Falle des ahnungslosen Zustandsstörers, der von der Kostentragung befreit wird, würde dies für den Verhaltensverantwortlichen bedeuten, dass er für die Kosten der Verschmutzung, die er ja verursacht hat, allein haften müsste. Es könnte in diesem Falle weder von einer "überkausalen" Haftung noch von einer Form der Solidarität gesprochen werden, sondern nur von einer wertenden Kostenverteilung. Nichtsdestoweniger sollten aus folgenden Überlegungen diese Kosten den klassischen Ausfallkosten gleichgestellt werden:

Zum einen handelt es sich sowohl bei einer auf Billigkeitserwägungen beruhenden Ermässigung der Kosten als auch bei der Kostenbefreiung des ahnungslosen Zustandsverantwortlichen um "Elemente" der Schadensersatzbemessung, die besonders eng mit der Person des Kostenpflichtigen verbunden sind. Dementsprechend werden sie nur dem betroffenen Kostenpflichtigen zugute kommen. Umgekehrt sollten sie den anderen Kostenpflichtigen aber nicht zum Nachteil gereichen. 722

Dass diese persönlichen Elemente nicht zu einer Mehrbelastung der anderen Verantwortlichen führen sollten, wird am Beispiel der Kostenbefreiung des ahnungslosen Zustandsverantwortlichen (Art. 32d Abs. 2 USG) deutlich. Die besagte Ahnungslosigkeit steht in keinem Zusammenhang mit dem Vorgang der Verursachung durch den Verhaltensverantwortlichen, sondern betrifft meistens den Wissensstand des Zustandsverantwortlichen im Zeitpunkt des Grundstückserwerbs, also einen Tatbestand, der lange nach der Verunreinigung des Bodens stattgefunden hat. Ob der Zustandsverantwortliche nun von der Verschmutzung wusste bzw. hätte wissen müssen, darf keinen Einfluss auf den Haftungsumfang des Verhaltensverantwortlichen haben. 723

Zum anderen sollte der Staat bei einer Mehrzahl von Kostenpflichtigen nicht besser gestellt werden, als wenn es nur einen Kostenpflichtigen gäbe. Er kann sonst eine gebotene Befreiung der einen auf Kosten der anderen vornehmen, 724 was im Resultat doch auf eine Art der Solidarhaftung hinausläuft bzw. der anteilsmässigen Kostentragung widersprechen würde.

5.2   Tragung der Ausfallkosten

725   Die Lehrmeinungen in dieser Frage gingen vor der Teilrevision des Umweltschutzgesetzes vom 16. Dezember 2005 stark auseinander. Ein wesentlicher Teil der Lehre verlangte allgemein im Hinblick auf die öffentlich-rechtlichen Verursacherhaftungen, die Ausfallkosten seien auf die übrigen Verursacher zu verlegen.[1222] In der Altlastenlehre wurde teilweise gefordert, dass der Realleistungspflichtige für die Ausfallkosten einzustehen habe.[1223] Diese beiden Lehrmeinungen führten zu einer entsprechenden Entlastung des Gemeinwesens. Ein weiterer Teil der Lehre vertrat hingegen im Hinblick auf das Altlastenrecht die Meinung, die Ausfallkosten seien vom Gemeinwesen zu tragen, weil eine anderslautende Lösung eine partielle Wiedereinführung der Solidarhaftung bedeuten würde.[1224]

726   Mit der am 1. November 2006 in Kraft getretenen Revision der Altlastenbestimmungen hat diese Frage - zumindest was das *Altlastenrecht* anbelangt - eine gesetzliche Antwort erhalten. In Art. 32d Abs. 3 USG wird nun ausdrücklich festgehalten, dass das Gemeinwesen den Kostenanteil derjenigen Verursacher trägt, die nicht ermittelt werden können oder zahlungsunfähig sind.[1225] Um einen Wertungsbruch innerhalb der *öffentlich-rechtlichen Verursacherhaftung* zu vermeiden, sollte diese Regelung für alle diese Verursacherhaftungen gelten.

727   Alle Fallkonstellationen wurden indessen vom revidierten Art. 32d Abs. 2 USG nicht explizit geregelt. Dieser klärt nämlich nur das Schicksal des Kos-

---

[1222] CUMMINS, S. 142; STEINER P., S. 174 f.; TRÜEB, Art. 59 N 47.

[1223] LINIGER, S. 79; STUTZ, Kostentragung, S. 778 f.

[1224] BÉTRIX, S. 388 f.; FRICK, S. 219; GRIFFEL, N 294.

[1225] Der Gesetzgeber hat somit die Meinung der herrschenden Lehre übernommen: HARTMANN/ECKERT, S. 627 f.; ROMY, S. 160 f.; SCHERRER, S. 153 f.; TSCHANNEN, Art. 32d N 16; WAGNER PFEIFER B., Kostentragungspflicht, S. 150 f.

tenanteils derjenigen Verursacher, "die nicht ermittelt werden können oder zahlungsunfähig sind". Ausfallkosten können aber - wie dargelegt - auch dann entstehen, wenn aus Billigkeitsgründen nicht alle Kosten verteilt werden können oder wenn der Inhaber des Standorts von der Kostenpflicht gemäss Art. 32d Abs. 2 USG befreit wird.[1226] Zur letztgenannten Fallkonstellation hat soweit ersichtlich bis jetzt nur LEHMANN im Hinblick auf das revidierte Recht Stellung genommen. Er plädiert unter Hinweis auf das Verursacherprinzip für eine *analoge Anwendung* von Art. 32d Abs. 3 USG. Seiner Meinung nach müsse der auf den Zustandsstörer entfallende Kostenanteil vom zuständigen Gemeinwesen getragen werden und könne nicht den vorhandenen Verhaltensverantwortlichen angelastet werden.

Der Meinung von LEHMANN ist m.E. grundsätzlich zuzustimmen. Aus dem reinen Wortlaut von Art. 32d Abs. 3 USG darf nicht *a contrario* geschlossen werden, dass die Ausfallkosten, die nicht wegen der Zahlungsunfähigkeit oder der Nichtermittlung eines Verursachers entstehen, zwischen den Verursachern verteilt werden dürfen. Für die vorliegende Auslegung spricht auch die Entstehungsgeschichte dieses Artikels. Im Entwurf vom 20. August 2002 hiess es in Art. 32c Abs. 2bis nämlich noch: "Das zuständige Gemeinwesen trägt den Kostenanteil, der nicht auf die Verursacher aufgeteilt werden kann." Dieser Absatz wurde vom Ständerat scheinbar deshalb zur heutigen Fassung umformuliert, weil man dadurch das *Beweismass* mindern wollte.[1227] Es wurde im Ständerat (namentlich von HOFMANN) bemängelt, dass es oft schwer sei, Verursacheranteile "zweifelsfrei nachzuweisen" und dies dazu führe, dass "im Zweifelsfall der Staat die "ganze Zeche" zahle. Mit der Umformulierung sollte dem Abhilfe geschaffen werden. Dass es nicht darum ging, eine Form der Solidarhaftung im Gesetz zu verankern, verdeutlicht auch die Aussage von BÜTTIKER im Zusammenhang mit der Abstimmung zu Art. 32d Abs. 3 USG: "In diesem Absatz kommt zum Ausdruck, dass zwischen verschiedenen zahlungspflichtigen Verursachern keine generelle Solidarhaftung besteht, dies im

728

[1226] Vgl. CUMMINS, S. 159; SCHERER, S. 150; TSCHANNEN, Art. 32d N 32.
[1227] AmtBull SR 2004, S. 525.

Einklang mit dem in Bundesverfassung und Umweltschutzgesetz verankerten Verursacherprinzip".[1228] Der Nationalrat stimmte diesem Beschluss des Ständerats diskussionslos zu.[1229] Zusammenfassend kann festgehalten werden, dass die parlamentarischen Debatten keinen Hinweis enthalten, der darauf schliessen lässt, dass der Gesetzgeber eine Inanspruchnahme der Verursacher über ihren Anteil hinaus gestatten wollte.

729 Auf die Tragung der Ausfallkosten in Bezug auf Art. 32b^{bis} USG wird im folgenden zweiten Teil spezifisch einzugehen sein, da es sich um einen privatrechtlichen Anspruch handelt und folglich eine Tragung der Ausfallkosten bzw. des Bonitätsrisikos durch das Gemeinwesen nicht in Frage kommt.

[1228] AmtBull SR 2004, S. 527.
[1229] AmtBull NR 2005, S. 6.

Teil II: Art. 32b^{bis} USG

I Einleitung

A Allgemeines

Mit der Teilrevision des Umweltschutzgesetzes vom 16. Dezember 2005   730
wurde eine Norm ins Gesetz eingeführt (Art. 32b^{bis} USG), die Inhabern eines
Standorts, sofern sie diesen zwischen dem 1. Juli 1972 und dem 1. Juli 1997
erworben haben, einen auf dem Verursacherprinzip beruhenden *zivilrechtlichen Ausgleichsanspruch* für einen Teil der Mehrkosten einräumt, die bei der
Untersuchung und der Entsorgung von Aushubmaterial aus zwar belasteten,
aber nicht sanierungsbedürftigen Standorten entstehen.

Art. 32b^{bis} USG stellt in mehrfacher Hinsicht ein Novum dar.   731

Zunächst wurde mit dieser Norm erstmals eine *Verursacherhaftung ins*   732
Zivilrecht eingeführt. Dies ist angesichts des öffentlich-rechtlichen Ursprungs
dieser Haftungsart und ihrer Schärfe alles andere als unbedenklich. Spätestens
mit dem Inkrafttreten von Art. 32b^{bis} USG werden sich somit auch die Privat-
rechtler mit der Problematik der Verursacherhaftungen auseinandersetzen
müssen.

Art. 32b^{bis} USG vollzieht zudem einen *Paradigmenwechsel,*[1230] indem er   733
verschmutztes Aushubmaterial (also Abfall im Sinne von Art. 7 Abs. 6 USG)
einer von den anderen Bauabfällen abweichenden, dem Altlastenrecht ähnelnden Regelung unterstellt. Die *öffentlich-rechtliche* Kostenzuständigkeit
(Art. 32 Abs. 1 USG) und die Entsorgungspflicht (Art. 31c Abs. 1 USG) bleiben zwar von Art. 32b^{bis} USG unberührt, doch erlaubt diese Gesetzesände-

---

[1230] Zum Verhältnis von Abfall- und Altlastenrecht vor der Revision des USG s. STUTZ,
Altlastensanierungen, S. 11 f.

rung nun den Inhabern von belastetem Aushubmaterial, *zivilrechtlich* auf die Verursacher und früheren Inhaber Rückgriff zu nehmen.

734 Eine weitere Besonderheit von Art. 32b^{bis} USG besteht darin, dass Ansprüche nach diesem Artikel allein innerhalb von *15 Jahren nach Inkrafttreten* geltend gemacht werden können (Art. 32b^{bis} Abs. 3 USG).[1231]

735 Schliesslich ist Art. 32b^{bis} USG wohl die einzige Norm im Schweizer Recht, die allein auf *in der Vergangenheit bzw. vor Inkrafttreten abgeschlossene Handlungen* Anwendung findet. Art. 32b^{bis} USG erfasst nämlich nur diejenigen Belastungen, die vor dem 1. Juli 1997 verursacht wurden.[1232]

B Entstehungsgeschichte

736 Im Zuge der am 17. Dezember 1998 eingereichten parlamentarischen Initiative Baumberger wurde die Umweltkommission des Nationalrats (UREK-NR) damit beauftragt, eine Vorlage zur Teilrevision des Umweltschutzgesetzes auszuarbeiten. Die UREK-NR setzte am 24. Januar 2000 eine Subkommission ein, um einen Vorentwurf auszuarbeiten.

1 Vorentwurf vom 29. Mai 2001

737 Der von der Subkommission unterbreitete Vorentwurf vom 29. Mai 2001 ging weit über den Initiativtext hinaus und beinhaltete neben dem Hauptanliegen der Initiative - eine explizite Regelung bezüglich der Tragung der Untersuchungskosten bei Altlastenverdacht ins Umweltschutzgesetz aufzunehmen - unter anderem auch eine Norm (Art. 32b^{bis} des Vorentwurfs vom 29. Mai 2001), welche die Untersuchungs-, Behandlungs- und Entsorgungskosten von Aushubmaterial aus belasteten, aber nicht sanierungsbedürftigen Standorten

---

[1231] Dazu unten N 756 ff.

[1232] S. bezüglich der zeitlichen Begrenzungen von Art. 32b^{bis} USG unten N 760 f.; s. bezüglich der Rückwirkungsproblematik unten N 762 ff.

in ähnlicher Weise auf die Verursacher verteilt, wie dies bei "richtigen Altlasten" der Fall ist.

Art. 32b^{bis} des Vorentwurfs vom 29. Mai 2001 lautet wie folgt: 738

Art. 32b^{bis} Finanzierung bei Aushubmaterial von belasteten Standorten

¹ Der Verursacher trägt die Mehrkosten für die Untersuchung, Behandlung und Entsorgung des verunreinigten Aushub-, Abraum- und Ausbruchmaterials von einem belasteten aber nicht sanierungsbedürftigen Standort, soweit eine besondere Behandlung dieses Materials notwendig ist.

² Sind mehrere Verursacher beteiligt, so tragen sie die Kosten entsprechend ihren Anteilen an der Verursachung. In erster Linie trägt die Kosten, wer die Belastung durch sein Verhalten verursacht hat und wer ein Interesse am Aushub, Abraum oder Ausbruch des Materials hat. Wer seit mehr als 30 Jahren keinen Bezug zum Standort mehr hat, trägt keine Kosten.

³ Kann ein Verursacher nicht ermittelt oder nicht haftbar gemacht werden, oder ist er zahlungsunfähig, so wird sein Kostenanteil entsprechend der Zumutbarkeit und dem Bezug zur Belastung auf die übrigen Verursacher aufgeteilt. Der Inhaber des Standortes trägt den Kostenanteil, der nicht auf die anderen Verursacher aufgeteilt werden kann.

⁴ Die Behörde erlässt eine Verfügung über die Kostenverteilung, wenn ein Beteiligter dies verlangt. Dieses Recht erlischt 5 Jahre nach der Entnahme des Materials. Auf Antrag eines Beteiligten und bei klaren Verhältnissen entscheidet die Behörde im gleichen Verfahren auch über privatrechtliche Ansprüche

Art. 32b^{bis} des Vorentwurfs vom 29. Mai 2001 kam einem *Paradigmenwech-*   739
sel gleich, unterlag doch bis dahin Aushubmaterial von nicht sanierungsbedürftigen Standorten dem "allgemeinen" Abfallrecht. Der Inhaber von be-

lastetem Aushubmaterial musste dieses sowohl entsorgen[1233] als auch die damit verbundenen Kosten tragen[1234].

740 Am 29. Mai 2001 stimmte die UREK-NR dem Vorentwurf ihrer Subkommission zu und beauftragte den Bundesrat, ein Vernehmlassungsverfahren durchführen zu lassen. Ende August 2001 eröffnete das UVEK die Vernehmlassung zum Vorentwurf.

2 Auswertung der Vernehmlassung

741 Die Auswertung der Vernehmlassung zeigte vor allem, dass die Kantone, mit zwei Ausnahmen, die Anwendung des Verursacherprinzips bei der Finanzierung der Entsorgung von Aushubmaterial (Art. 32b^bis des Vorentenwurfs vom 29. Mai 2001) pauschal ablehnten. Als Argumente gegen diese Regelung brachten die Kantone unter anderem vor, Art. 32b^bis des Vorentenwurfs vom 29. Mai 2001 sei ein *nicht akzeptabler Systemwechsel* im Umweltrecht. Es wurde zudem betont, diese Disposition sei sowohl unklar als ungerecht und würde zu einer unverhältnismässigen Beanspruchung der kantonalen Behörden führen.[1235]

742 Im Gegensatz zu den Kantonen *befürworteten* die *politischen Parteien*[1236] und eine *Mehrheit der Wirtschaftsvertreter*[1237] diesen Artikel. Letztere begrüssten insbesondere, dass das Verursacherprinzip neu auch bei der Verteilung der Kosten für "Bauherren-Altlasten" zur Anwendung gelangen sollte. Sowohl von den politischen Parteien als auch von der überwiegenden Mehrheit der

---

[1233] Die Entsorgung von Abfällen unterliegt sowohl nach altem wie auch neuem Recht zwei verschiedenen Regelungen: Während Siedlungsabfälle vom Kanton entsorgt werden (Art. 31b USG), werden die übrigen Abfälle, zu denen auch Bauabfälle gehören, von ihren Inhabern entsorgt (Art. 31c USG).

[1234] Grundsätzlich muss der Inhaber von Abfällen für die Kosten deren Entsorgung aufkommen (Art. 32 USG).

[1235] Auswertung der Vernehmlassung, S. 2 f.

[1236] Einzig die liberale Partei äusserte sich kritisch, Bericht vom 20 August 2002, S. 5014.

[1237] Wobei auch gewichtige Wirtschaftsvertreter wie die Swissmem oder SGCI den Art. 32b^bis des Vorentwurfes vom 29. Mai 2001 als unnötig erachteten und dessen Streichung verlangten, Auswertung der Vernehmlassung, S. 3.

Einleitung

Wirtschaftsvertreter wurde hingegen die "Solidarhaftung" zwischen den Verursachern (Art. 32b^{bis} Abs. 3 des Vorentwurfs vom 29. Mai 2001) entschieden abgelehnt. Die Wirtschaftsvertreter hoben diesbezüglich hervor, dass die "Solidarhaftung" im Widerspruch zum Verursacherprinzip und Gerechtigkeitsempfinden stehe.[1238] Es wurde ferner von den politischen Parteien und von der überwiegenden Mehrheit der Wirtschaftsvertreter verlangt, dass die *Ausfallkosten* nicht vom Inhaber des Standortes, sondern vom Gemeinwesen zu tragen bzw. zu finanzieren seien.[1239]

3   Entwurf vom 20. August 2002

Der aufgrund der Vernehmlassung überarbeitete und dem Parlament von der UREK-NR vorgelegte Entwurf vom 20. August 2002 lautet wie folgt: 743

Art. 32b^{bis} Finanzierung bei Aushubmaterial von belasteten Standorten

[1] Der Verursacher trägt die Mehrkosten für die Untersuchung und Entsorgung des verunreinigten Aushub-, Abraum- und Ausbruchmaterials von einem belasteten aber nicht sanierungsbedürftigen Standort, wenn dieses Material bei der Erstellung oder Änderung von Bauten anfällt und besonders behandelt oder besonders abgelagert werden muss.

[2] Sind mehrere Verursacher beteiligt, so tragen sie die Kosten entsprechend ihren Anteilen an der Verursachung. In erster Linie trägt die Kosten, wer die Belastung durch sein Verhalten verursacht hat und wer die Bauten erstellt oder ändert. Letzterer trägt den Kostenanteil, der nicht auf die anderen Verursacher aufgeteilt werden kann.

[3] Die Behörde erlässt eine Verfügung über die Kostenverteilung, wenn ein Beteiligter dies verlangt. Dieses Recht erlischt 5 Jahre nach der Entnahme des Materials. Auf Antrag eines Beteiligten und bei klaren Verhältnissen

---

[1238] Auswertung der Vernehmlassung, S. 2 f.
[1239] Auswertung der Vernehmlassung, S. 2 f.

entscheidet die Behörde im gleichen Verfahren auch über privatrechtliche Ansprüche.

744　Im Vergleich zur Fassung von Art. 32b^{bis} des Vorentwurfs vom 29. Mai 2001 bestand die wichtigste Änderung im Entwurf vom 20. August 2002 in der Streichung der beschränkten "Solidarhaftung" zwischen den Verursachern. Am grundsätzlichen *Paradigmenwechsel* - bei Aushubmaterial eine Kostenverteilungsregelung einzuführen, die sich an diejenige des Altlastenrechts anlehnt - wurde dennoch von der UREK-NR festgehalten.

4　Stellungnahme des Bundesrates vom 23. Mai 2003

745　In seiner Stellungnahme zum Bericht vom 20. August 2002 der UREK-NR begrüsste der Bundesrat grundsätzlich die meisten Neuerungen. Er machte dennoch einen wichtigen Vorbehalt bezüglich des Art. 32b^{bis} USG des Entwurfs vom 20. August 2002.[1240]

746　Der Bundesrat begründete seine Stellung damit, dass im Gegensatz zu Altlastensanierungen, welche aus ökologischen Gründen notwendig seien, es sich bei belasteten, nicht sanierungsbedürftigen Standorten um eine private Angelegenheit handle. Es stehe zudem dem Inhaber frei, einen Aushub vorzunehmen oder den Standort in seinem Zustand zu belassen. Der Bundesrat befürchtete ferner, dass diese Disposition aus ökologischer Sicht unnötige, aufwendige Massnahmen hervorrufen und zu einer Überlastung des Verwaltungsapparates führen würde. Der Bundesrat schätzte die volkswirtschaftlichen Kosten auf mehrere zehn Milliarden Franken und dies ohne wesentlichen Gewinn für die Umwelt.

747　Der Bundesrat befürchtete zudem bedeutende finanzielle Auswirkungen für den Bund, da sich der Bund bei Veräusserung von Liegenschaften der Armee

---

[1240] Stellungnahme des Bundesrates vom 23. Mai 2003, S. 5045.

und der Bahnen zukünftig an den Kosten für die Entsorgung des belasteten Aushubs durch den neuen Standortinhaber beteiligen müsste.[1241]

5   Parlamentarische Beratungen

Art. 32b^bis^ des Entwurfs vom 20. August 2002 wurde auch zwischen den Räten zum *wesentlichen Streitpunkt* während der Revision des Umweltschutzgesetzes.   748

Die grosse und die kleine Kammer haben drei Runden der Differenzbereinigung und eine Einigungskonferenz gebraucht, um einen Kompromiss bezüglich Art. 32b^bis^ USG zu finden. Seiner Kommission folgend wollte der Nationalrat dem Verursacher die Mehrkosten für die Untersuchung und Entsorgung des verunreinigten Aushubmaterials mittels einer *öffentlich-rechtlichen* Kostenverteilungsverfügung aufbürden.[1242] Die Umweltkommission des Ständerats (UREK-SR) schlug hingegen dem Plenum des Ständerates vor, Art. 32b^bis^ USG ersatzlos zu streichen.[1243] Sie befürchtete, wie auch der Bundesrat[1244], dass bei Annahme von Art. 32b^bis^ USG gemäss Entwurf vom 20. August 2002 die Besitzer, welche die Belastung ihres Grundstücks nicht selbst verursacht haben, möglichst rasch ihren Standort aufwendig untersuchen lassen würden, um dann den belasteten Untergrund umgehend auf Kosten des Verursachers – trotz mangelnder echter Sanierungsbedürftigkeit - "sanieren" zu lassen.[1245] Der Ständerat folgte den Anträgen seiner Kommission und strich Art. 32b^bis^ USG aus dem Entwurf.[1246]   749

Der Nationalrat hielt seinerseits an Art. 32b^bis^ USG fest.[1247] Um dennoch dem Ständerat teilweise entgegenzukommen, wurde in Art. 32b^bis^ Abs. 1 USG der   750

[1241] Stellungnahme des Bundesrates vom 23. Mai 2003, S. 5049 f.
[1242] AmtBull NR 2004, S. 468 ff.
[1243] AmtBull SR 2004, S. 524 ff.
[1244] Stellungnahme des Bundesrates vom 23. Mai 2003, S. 5045.
[1245] AmtBull SR 2004, S. 525 f.
[1246] AmtBull SR 2004, S. 524 ff.
[1247] Amtl. Bull. NR 2004, S. 3 ff

Passus hinzugefügt, dass der Verursacher nur diejenigen Kosten tragen muss, welche durch die mit der Erstellung oder Änderung von Bauten verbundenen "*notwendigen Arbeiten*" entstehen.[1248] Zudem sollte der Verursacher gemäss der neuen Fassung von Art. 32b^{bis} USG nur dann die Kosten tragen, wenn der Inhaber beim Erwerb des Grundstücks "*bei Anwendung der gebotenen Sorgfalt von der Belastung und vom Ausmass der Kostenfolge keine Kenntnis haben konnte*".[1249] Der Ständerat wollte aber auch diesen Kompromissvorschlag der grossen Kammer nicht annehmen.[1250]

751   Mit dem Ziel, bei Art. 32b^{bis} USG eine Lösung zu erreichen, trat die UREK-NR direkt mit den Vertretern der Kantone, d.h. mit der Bau-, Planungs-, und Umweltdirektorenkonferenz (BPUK) zusammen.[1251] Die UREK-NR schlug eine Lösung vor, die zeitlich eng befristet war und, um dem Wunsch der Kantone Rechnung zu tragen, dem Inhaber allein einen *zivilrechtlichen Anspruch* auf Kostenersatz zusprach. Der Verursacher sollte ausserdem nur dann für die Kosten aufkommen, wenn der Inhaber das Grundstück zwischen 1972 und 1997 erworben und weder eine Entschädigung noch einen Preisnachlass wegen der Belastung erhalten hat. Schliesslich sollten Ansprüche gemäss diesem Artikel längstens während 15 Jahren ab Inkrafttreten geltend gemacht werden können. Allein unter diesen Voraussetzungen sollte der Verursacher mindestens zwei Drittel der Mehrkosten für die Untersuchung und Entsorgung des Materials tragen.[1252] Der Nationalrat nahm den Vorschlag seiner Kommission ohne weitere Diskussion an.[1253] Dem neuen Entwurf stimmte der Ständerat grundsätzlich zu.[1254] Es wurde dennoch die "starre Zwei-Drittel-

---

[1248] Dies sollte die Kosten, die der Verursacher zu tragen gehabt hätte, möglichst minimieren, Amtl. Bull. NR 2005, S. 3.

[1249] Amtl. Bull. NR 2005, S. 3.

[1250] Amtl. Bull. SR 2005, S. 562 ff.; auch die Kantone standen dieser Regelung nach wie vor negativ gegenüber.

[1251] Amtl. Bull. NR 2005, S. 1107.

[1252] Der Inhaber des Standorts muss somit den restlichen Teil der Mehrkosten - in der Regel 10-20% - übernehmen.

[1253] Amtl. Bull. NR 2005, S. 1107 f.

[1254] Amtl. Bull. SR 2005, S. 932.

Kostenteilung" mit der Begründung kritisiert, sie könnte unter Umständen wieder ein "Privileg" schaffen.[1255] Der Ständerat änderte deshalb Abs. 1 dahingehend, dass allein ein "angemessener" Teil der Mehrkosten vom Verursacher zu tragen sei.[1256]

Diese letzte Differenz wurde dann in einer Einigungskonferenz bereinigt, indem man sich auf die Formulierung "in der Regel zwei Drittel der Mehrkosten" einigen konnte. Sowohl der Nationalrat als auch der Ständerat stimmten schliesslich dieser Formulierung zu und verabschiedeten somit nach 7 Jahren die Teilrevision des USG.   752

[1255] Amtl. Bull. SR 2005, S. 932.

[1256] AmtBull SR 2005, S. 932 f.; laut Ständerat sollte diese Regelung zudem der privatrechtlichen Natur dieses Anspruchs gerecht werden, indem sie auf Art. 4 ZGB abstellte, d.h. auf Recht und Billigkeit.

II   Zeitlicher Geltungs- und Anwendungsbereich

A   Allgemeines

Der *zeitliche Geltungsbereich* einer Norm beginnt mit deren Inkrafttreten und   753
endet mit deren Ausserkraftsetzung.[1257] Von dieser Frage zu unterscheiden ist
diejenige des *zeitlichen Anwendungsbereichs*, der besagt, auf welchen Sachverhalt das alte Recht noch anzuwenden ist und welche Sachverhalte nach
dem neuen Recht zu beurteilen sind.[1258]

B   Zeitlicher Geltungsbereich

1   Inkrafttreten

Die Referendumsfrist zur Teilrevision des Umweltschutzgesetzes vom 16.   754
Dezember 2005 ist am 1. April 2006 unbenutzt abgelaufen.

Der Bundesrat setzte dann die Teilrevision des Umweltschutzgesetzes vom   755
16. Dezember 2005 (und somit Art. 32b^bis USG) am 1. November 2006 in
Kraft.[1259]

2   Ausserkrafttreten

Art. 32b^bis USG enthält im Hinblick auf den zeitlichen Geltungsbereich eine   756
aussergewöhnliche Regelung. Art. 32b^bis Abs. 3 USG besagt nämlich, dass
Ansprüche nach Abs. 1 längstens *innerhalb von 15 Jahren* nach Inkrafttreten
geltend gemacht werden können. Indem diese zeitliche Beschränkung der
Geltendmachung an das Inkrafttreten von Art. 32b^bis USG und nicht an den
Entstehungszeitpunkt jedes einzelnen Anspruchs anknüpft, impliziert sie

---

[1257] HÄFELIN/MÜLLER/UHLMANN, N 310 ff.
[1258] Dazu unten N 760 ff.
[1259] AS 2006, S. 267 ff.

ebenfalls die *Ausserkraftsetzung* dieser Norm.[1260] Wenn nämlich ein Gesetz allen Inhabern eines entstandenen Anspruchs die Geltendmachung desselben verwehrt, können *a fortiori* neue Ansprüche erst recht nicht mehr entstehen.

757 Angesichts der allgemein *kurzen Halbwertzeit* von Umweltgesetzen und der im Nachfolgenden zu behandelnden, eher dürftigen Qualitäten von Art. 32b^bis USG scheint bereits jetzt dessen vorzeitige Abschaffung alles andere als hypothetisch. In diesem Zusammenhang stellt sich jedoch die Frage, inwiefern durch diese "15-jährige Frist" nicht auch ein schutzwürdiges Vertrauen bezüglich der Beständigkeit von Art. 32b^bis USG geschaffen wird, das einer freien Abänderung bzw. einer Abschaffung dieser Norm im Wege stehen könnte.

758 Zwar besteht grundsätzlich kein Recht auf Fortbestand von Gesetzen.[1261] Das Bundesgericht hat diese Auffassung dennoch relativiert und festgehalten, dass in manchen Fällen auch eine Gesetzesänderung gegen den Grundsatz des Vertrauensschutzes verstossen könne.[1262] Der im Gesetz statuierte 15-jährige Geltungsbereich könnte einen solchen Fall darstellen, indem er ein berechtigtes Vertrauen in die *Beständigkeit* dieser Norm begründet. Es wäre beispielsweise denkbar, dass sich eine Bauherrschaft dazu entschliesst, ihr Bauvorhaben im Glauben darauf zu vertagen, dass der Ausgleichsanspruch auch noch später entstehen wird. Sollte aber in der Zwischenzeit eine Abschaffung dieser Norm im Parlament verabschiedet werden, so könnte diese Vertagung als nicht wieder rückgängig zu machende Disposition betrachtet werden.[1263] Um bei Gesetzesänderungen den Vertrauensschutz zu gewährleisten, werden sowohl

---

[1260] Zu den verschiedenen Formen der Ausserkraftsetzung von Gesetzen: EGGENSCHWILER, 52 ff.; IMBODEN/RHINOW, Bd. I, Nr. 14, S. 92 f.

[1261] BGE 113 V 304 E. 3a; 112 IB 249 E. 4; 106 IA 191 E. 7.

[1262] BGE 122 V 405 E. 3; s. auch HÄFELIN/MÜLLER/UHLMANN, N 342 ff. und 641 ff.

[1263] Vgl. BGE 115 Ia 12 E. 4a, in dem die nicht wieder rückgängig zu machende Disposition im Verstreichenlassen einer Frist bestand.

vom Bundesgericht[1264] als auch von der Lehre[1265] *intertemporale Vorschriften* als taugliches Mittel erachtet.

Im Falle einer Revision dieses Gesetzes sollte demnach zumindest eine *angemessene Übergangsfrist* vorgesehen werden, die es der Bauherrschaft bei einer Verkürzung der 15-jährigen Frist bzw. bei Abschaffung der Norm erlauben würde, die Entnahme des Aushubmaterials vor Ausserkraftsetzung des Gesetzes durchzuführen. 759

C Zeitlicher Anwendungsbereich

1 Allgemeines

Art. 32b[bis] USG enthält - abgesehen von den Fragen des zeitlichen Geltungsbereichs[1266] und der Verjährung[1267] - drei spezifische zeitliche Begrenzungen. Erstens findet Art. 32b[bis] USG nur dann Anwendung, wenn der jetzige Inhaber das Grundstück zwischen dem 1. Juli 1972 und dem 1. Juli 1997 erworben hat.[1268] Zweitens erfasst das Gesetz zwangsläufig nur Belastungen, die vor dem jeweiligen Erwerb und spätestens bis zum 1. Juli 1997 verursacht wurden.[1269] Drittens muss der Anspruch aus Art. 32b[bis] USG innerhalb von 15 Jahren nach Inkrafttreten des Gesetzes geltend gemacht werden.[1270] 760

Dieser ausschliesslich auf die Vergangenheit ausgerichtete Anwendungsrahmen hat auch zur Folge, dass das der Verursacherhaftung zugrunde liegende Verursacherprinzip seiner Funktion als Instrument zur *indirekten* Verhaltens- 761

[1264] BGE 122 V 405 E. 3b bb.

[1265] Vgl. MOOR, S. 177.

[1266] Dazu oben N 753 ff.

[1267] Dazu unten N 1008 ff.

[1268] Dazu unten N 855 ff.

[1269] Dazu unten N 785 ff.

[1270] Die Frist aus Art. 32b[bis] Abs. 3 USG ist eher dem zeitlichen Geltungsbereich als dem Anwendungsbereich zuzurechnen, da er die Gültigkeit des Art. 32b[bis] USG als solche begrenzt; dazu oben N 756. In ihrer Wirkung kommt diese Frist bei bereits entstandenen Ansprüchen einer bundesrechtlichen Verwirkungsfrist gleich, dazu unten N 1012 f.

lenkung[1271] nicht nachkommen kann. Die Kostentragungspflichtigen können nämlich nachträglich keinen Einfluss mehr auf die ökologischen Folgen ihres Verhaltens haben.

2 Rückwirkungsverbot

2.1 Allgemeines

762 Art. 32b^{bis} USG ist im Hinblick auf das *verfassungsrechtliche Rückwirkungsverbot* nicht unproblematisch, da er Rechtsfolgen an Verhalten knüpft, die in der Vergangenheit stattgefunden haben. Das Altlastenrecht kennt eine ähnliche Rückwirkungsproblematik, weshalb letztere nachfolgend vorab behandelt werden soll.

763 Das Rückwirkungsverbot entstammt sowohl dem Vertrauensschutz (Art. 9 BV)[1272] als auch dem Gebot der Rechtsgleichheit (Art. 8 BV).[1273] Eine rückwirkende Anwendung des Gesetzes widerspricht auch dem Grundsatz der Rechtssicherheit (Art. 5 BV).[1274] Das Rückwirkungsverbot ist zwar nicht absolut;[1275] eine rückwirkende Anwendung des Gesetzes ist aber staatsrechtlich nur dann gestattet, wenn sie durch *triftige Gründe* gerechtfertigt ist.[1276] Es muss somit im Einzelfall eine Abwägung der sich entgegenstehenden Interessen vorgenommen werden.[1277] Nur wenn das öffentliche Interesse höher zu

---

[1271] GRIFFEL, N 234 f.; RAUSCH/MARTI/GRIFFEL, N 96 f.; WAGNER B., Verursacherprinzip, S. 396.

[1272] BGE 116 III 126 E. 3.

[1273] HÄFELIN/MÜLLER/UHLMANN, N 330.

[1274] HÄFELIN/MÜLLER/UHLMANN, N 330.

[1275] Bestimmungen eines neuen Gesetzes müssen sogar auf vor dessen Inkrafttreten eingetretene Tatsachen angewendet werden, wenn das Gesetz "um der öffentlichen Ordnung und Sittlichkeit willen aufgestellt" ist (Art. 2 SchlT ZGB) und zudem die weitere Anwendung des alten Rechts auf altrechtliche Tatbestände mit der öffentlichen Ordnung und der Sittlichkeit unvereinbar ist (BGE 119 II 46 E. 1b m.w.H.); dazu TUOR/SCHNYDER/SCHMID, § 119 N 9 ff.

[1276] HÄFELIN/MÜLLER/UHLMANN, N 331; BGE 125 I 182 E. 2b; 127 209 E. 2b, in dem von "zwingenden Gründen" die Rede ist.

[1277] TUOR/SCHNYDER/SCHMID, § 119 N 10.

gewichten ist als der Vertrauensschutz, darf es zu einer echten Rückwirkung kommen.[1278]

Von der echten Rückwirkung zu unterscheiden sind die Fälle der *unechten* 764
Rückwirkung, die grundsätzlich zulässig sind.[1279] Eine unechte Rückwirkung liegt dann vor, wenn ein Gesetz auf einen Sachverhalt angewendet wird, der auch nach dessen Inkrafttreten andauert.

2.2 Rückwirkungsproblematik im Altlastenrecht

Um die Frage der Rückwirkung beantworten zu können, muss einerseits 765
danach unterschieden werden, ob die Altlastenhaftung an das *Verhalten* einer Person oder an den *Zustand* einer Sache anknüpft. Andererseits muss danach differenziert werden, ob es sich um die *Realleistungspflicht* oder und die *Kostentragungspflicht* handelt. Grundsätzlich können sowohl die *Realleistungspflicht* (Art. 32c USG i.V.m. Art. 20 AltlV) als auch die *Kostentragungspflicht* (Art. 32d USG) den Zustandsverantwortlichen wie den Verhaltensverantwortlichen treffen.

Im Falle der Anknüpfung an den *Zustand* einer Sache, also bei der Zustands- 766
verantwortlichkeit, wird allein auf den in der Gegenwart andauernden Zustand der Sache abgestellt.[1280] Dieser Zustand dauert so lange an, bis die Gefährdung beseitigt wurde. Änderungen der Rechtsfolgen, die an einen andauernden Zustand anknüpfen, bilden eine grundsätzlich *zulässige* unechte Rückwirkung.[1281]

Knüpft hingegen die Verantwortlichkeit an das abgeschlossene *Verhalten* 767
einer Person an, so sollte die Sache anders liegen. Doch wenden sowohl das

---

[1278] BGE 119 II 46 E.1; 127 III 16 E. 3.
[1279] BGE 126 V 134 E. 4; 114 V 150 E. 2; 113 V 296, E. 2; HÄFELIN/MÜLLER/UHLMANN, N 337 ff.
[1280] NEUMANN, S. 53.
[1281] NEUMANN, S. 53; FRICK (S. 207 f.) erachtet die Zustandsverantwortlichkeit im Hinblick auf die Frage der Rückwirkung als unproblematisch, ohne jedoch die Rückwirkung als unechte Rückwirkung zu qualifizieren.

Bundesgericht[1282] als auch die herrschende Lehre[1283] die neuen *Kostenverteilungsregeln* (Art. 32d aUSG) auch auf diejenigen *Verhaltens*verantwortlichen an, deren Handlungen vor Inkrafttreten (am 1. Juli 1997) der Revision des Umweltschutzgesetzes vom 21. Dezember 1995 abgeschlossen waren. Implizit wird somit das Vorliegen einer *echten und somit unzulässigen Rückwirkung* verneint.[1284]

768   Das Bundesgericht wurde kurz nach Inkrafttreten der *altlastenrechtlichen* Kostenverteilungsregelungen (Art. 32d aUSG) mit der Problematik der fehlenden Übergangsbestimmungen bzw. der Rückwirkung konfrontiert.[1285] Ohne auf den Zeitpunkt des schädigenden Verhaltens einzugehen, befand das Bundesgericht dasjenige Recht für anwendbar, das im Zeitpunkt der *Entstehung der Kosten* in Kraft ist. Als Entstehungszeitpunkt der Kosten stellt das Bundesgericht zudem auf denjenigen ab, in dem die Sanierungsverfügung nach Art. 32c USG rechtskräftig wird.[1286] Das Bundesgericht entgeht somit dem eigentlichen Problem der Rückwirkung, indem es nicht auf die *ursächlichen Handlungen* abstellt, sondern auf den "künstlichen" Zeitpunkt der Kostenentstehung.

769   Das Bundesgericht hielt bereits im Zusammenhang mit Art. 8 aGSchG fest, dass dieser auch Verhalten bzw. Gewässerverunreinigungen erfassen sollte, die vor Inkrafttreten des neuen Gewässerschutzgesetzes stattgefunden haben, sofern der Sanierungsbedarf auch nach dem Inkrafttreten besteht. Eine unzulässige Rückwirkung würde eine solche Gesetzesanwendung nicht darstel-

---

[1282] BGer, URP 1998, S. 152 ff. E. 4d/bb.

[1283] FRICK, S. 207 ff.; LINIGER, Rezension, S. 804; ROMY, S. 158.; STUTZ/CUMMINS, S. 34; TSCHANNEN, Art. 32d N 46; TSCHANNEN/FRICK, S. 18 f. m.w.H; a.M. NEF, S. 402; scheinbar auch a.M. und von einer echten Rückwirkung ausgehend HARTMANN/ECKERT, S. 631.

[1284] Für eine kritische Würdigung der verschiedenen Lehrmeinungen s. WAGNER PFEIFER B., Kostentragungspflicht, S. 145 ff. m.w.H.

[1285] BGer, URP 1998, S. 152 ff.

[1286] BGer, URP 1998, S. 152 ff. E. 4d/bb.; Entscheid der Baudirektion des Kantons Zürich, URP 2002, S. 87.

len.[1287] Diese Rechtsprechung lässt sich sowohl auf Art. 54 GSchG als auch auf Art. 59 USG übertragen.

Anders als das Bundesgericht stellt die herrschende Lehre - m.E. zu Recht - auf den Zeitpunkt des Verhaltens ab, um die Frage nach der Rückwirkung zu beurteilen.[1288] Obwohl das Augenmerk richtigerweise auf das Verhalten gerichtet wird, kommen sowohl TSCHANNEN/FRICK[1289] als auch STUTZ/CUMMINS[1290] dennoch zu dem Schluss, es liege eine verfassungsrechtlich unbedenkliche *unechte Rückwirkung* vor. Ihre Meinung begründen diese Autoren damit, dass die in der Vergangenheit geschaffene Gefahrenlage in der Gegenwart fortwirke und somit kein zeitlich abgeschlossener Sachverhalt vorliege.[1291] Es wird demnach nicht auf den Zeitpunkt des schädigenden *Verhaltens* abgestellt, sondern auf denjenigen von dessen Auswirkungen. Wenn also im Zeitpunkt, in dem die Behörde über die Massnahmen zur Untersuchung, Überwachung oder Sanierung verfügt, die Störung noch anhält, gelangt auch die neue altlastrechtliche Kostenverteilungsregelung zur Anwendung.[1292] Das hauptsächlich von TSCHANNEN/FRICK[1293] und STUTZ/CUMMINS[1294] vorgebrachte Argument, es liege kein abgeschlossener Tatbestand vor, sondern vielmehr ein "zeitlich offener Dauersachverhalt",[1295] vermag m.E. aus zwei Gründen nicht zu überzeugen.

770

Einerseits verkennt diese Ansicht, dass die *Verhaltens*verantwortung sowohl an das Bestehen einer Gefahr anknüpft als auch an das Verhalten. Stellt man allein auf die Gefahr ab, so verkennt man den für die Inanspruchnahme des

771

[1287] BGE 114 Ib 44 E. 2c bb.

[1288] FRICK, S. 209.

[1289] TSCHANNEN/FRICK, S. 19; FRICK, S. 209.

[1290] STUTZ/CUMMINS, S. 34.

[1291] TSCHANNEN/FRICK, S. 18 f; FRICK, S. 209; in diesem Sinne auch BGE 114 Ib 44 E. 2b/bb m.w.H.

[1292] WAGNER PFEIFFER B., Kostentragungspflicht, S. 146 f.

[1293] TSCHANNEN/FRICK, S. 19.

[1294] STUTZ/CUMMINS, S. 34.

[1295] FRICK, S. 209.

Verhaltensverantwortlichen ausschlaggebenden Anknüpfungspunkt: das *Verhalten*. Dieses allein darf für die Beurteilung der Abgeschlossenheit des Sachverhalts massgeblich sein.[1296]

772   Würde man andererseits die Ansicht von TSCHANNEN/FRICK und STUTZ/CUMMINS gutheissen, so liesse sich ebenfalls in allen Haftpflichtfällen argumentieren, dass, solange der Schaden nicht eingetreten oder nicht behoben ist, kein zeitlich abgeschlossener Sachverhalt vorliegt. Dies widerspricht aber eindeutig dem im Art. 1 SchlT ZGB verankerten Grundsatz, wonach eine "unerlaubte Handlung" nach der zur Zeit der Begehung geltenden Rechtsordnung beurteilt wird und nicht nach derjenigen, die bei Eintritt des Schadens gilt.[1297] Auch das strafrechtliche Rückwirkungsverbot verbietet es, in der Vergangenheit bzw. vor Inkrafttreten abgeschlossene Sachverhalte nachträglich bzw. nach Inkrafttreten strafrechtlich zu sanktionieren.

773   Aus all diesen Gründen sollte deshalb vorliegend von einer *echten Rückwirkung* ausgegangen werden, die, was die *Kostentragungspflicht* des Verhaltensverantwortlichen (Art. 32d USG) anbelangt, wohl kaum durch das öffentliche Interesse gerechtfertigt werden kann.[1298] Diesbezüglich bemerken WAGNER PFEIFFER[1299] und LINIGER[1300] dennoch zu Recht, dass diese echte Rückwirkung vom Gesetzgeber hingenommen wurde, ging es doch bei der Einführung von Art. 32d USG darum, die Lage des heutigen Standortinhabers zu verbessern.[1301] Offen bleibt indessen die Frage, warum die Entlastung des jetzigen Standortinhabers zu Lasten der Verhaltenssverantwortlichen anstatt des Gemeinwesens geschehen muss. Steht das Rückwirkungsverbot einer An-

---

[1296] NEUMANN, S. 53.
[1297] MUTZNER, Art. 1 N 46; vgl. auch BGE 127 III 257 E. 2b, in dem das Bundesgericht bei der Festsetzung des Beginns der absoluten Verjährungsfrist (bei einem Anspruch nach Art. 679/685 ZGB) auf den Zeitpunkt des Schaden verursachenden Verhaltens und nicht des Schadenseintritts abstellt.
[1298] Im Ergebnis gl.M.: NEF, S. 402; vgl. WAGNER PFEIFFER B., Kostentragungspflicht, S. 147.
[1299] WAGNER PFEIFFER B., Kostentragungspflicht, S. 147.
[1300] LINIGER, Rezension, S. 804.
[1301] Vgl. AmtBull SR 1994, S. 478.

wendung des *Verursacherprinzips* entgegen, so sollte m.E. das *Gemeinlast-prinzip* zum Zuge kommen.[1302] Damit würde der heutige Inhaber entlastet und der Verhaltensverantwortliche nicht verfassungswidrig in Anspruch genommen.

Wie die obigen Ausführungen zeigen, wurde die Rückwirkungsproblematik in der Lehre und in der Rechtsprechung bis jetzt immer in Bezug auf die *Kosten-tragungs*pflicht des Verhaltensverantwortlichen (Art. 32d USG) thematisiert, die *Realleistungs*pflicht des Verhaltensverantwortlichen hingegen nie. Dies liegt wohl darin begründet, dass die Realleistungspflicht des Verhaltensver-antwortlichen auch ohne die später erlassene Spezialregelung (Art. 32c USG i.V.m. Art. 20 AltlV)[1303] gestützt auf die Regeln des allgemeinen Polizeirechts bestand. Dennoch stellt sich auch hier die Frage der Rückwirkung, sofern Art. 32c USG i.V.m. der Altlastenverordnung nicht nur eine Konkretisierung des allgemeinen Polizeirechts darstellt, sondern neue Pflichten zu Lasten der Ver-haltensstörer aufstellt, die über die Beseitigung einer Gefahr hinausgehen (man denke hier an Überwachungsmassnahmen bei nicht sanierungsbedürfti-gen Standorten)[1304]. Geht die *Realleistungspflicht* des *Verhaltens*störers (Art. 20 Abs. 20 AltlV) über das hinaus, was gestützt auf das allgemeine Polizei-recht verlangt werden konnte, so stellt sich bei Handlungen, die vor Inkraft-treten stattgefunden haben, die Frage nach der Rückwirkung, denn auch die

774

[1302] Vgl. zur "lückenfüllenden Ergänzungsfunktion" des Gemeinlastprinzips: FRICK, S. 34 ff. und insb. S. 38; Vgl. ferner KLOEPFER, Umweltrecht, § 4 N 52 ff.; KLOEPFER, Verantwort-lichkeit, S. 31.

[1303] Es sei hier am Rande bemerkt, dass es im Hinblick auf das Erfordernis einer gesetzlichen Grundlage bedenklich ist, dass, auch wenn sie von der allgemeinen Polizeiklausel abgelei-tet wird bzw. eine Konkretisierung derselben darstellt, die Realleistungspflicht allein in der AltlV explizit geregelt wird und nicht im USG (in Art. 32c USG werden die Realleistungs-pflichtigen allein mit dem Wort "Dritte" umschrieben). Angesichts der sehr einschneiden-den Folgen, welche die Aufbürdung von Überwachungs- oder Sanierungsmassnahmen für den Betroffenen mit sich bringt (z.B. Vorfinanzierung von hohen Kosten), handelt es sich m.E. um einen schwerwiegenden Eingriff in die Grundrechte (z.B. Eigentumsgarantie, Wirtschaftsfreiheit) des Betroffenen, der auf der Stufe eines Gesetzes (vgl. Art. 36 Abs. 1 Satz 2 BV) und nicht einer Verordnung zu regeln ist (s. zur Frage der gesetzlichen Grund-lage HÄFELIN/HALLER, N 307 ff.).

[1304] Dazu SCHERRER, S. 107.

Realleistungspflicht des Verhaltensstörers knüpft an das Verhalten an und nicht allein an die daraus entstandene Gefahr. Wie die obigen Ausführungen gezeigt haben, bildet dieses Verhalten einen in der Vergangenheit abgeschlossenen Tatbestand, auch wenn die Gefahr andauert. Folglich liegt wiederum eine echte Rückwirkung vor. Diese könnte aber - im Gegensatz zur *Kostentragungs*pflicht - bei der *Realleistungs*pflicht durch das öffentliche Interesse gerechtfertigt werden.[1305]

2.3   Rückwirkungsproblematik bei Art. 32b^{bis} USG

775   Anhand der Erkenntnisse, die aus der vorausgegangen Analyse der Rückwirkungsproblematik im Altlastenrecht gewonnen wurden, kann bei Art. 32b^{bis} USG Folgendes festgehalten werden: Sowohl die schädliche Belastung, die für die Mehrkosten bei der Entsorgung verantwortlich ist, als auch die Rechtsgeschäfte, die zwischen dem 1. Juli 1972 und dem 1. Juli 1997 zur Übertragung der Standorte führten, bilden vor dem Inkrafttreten des Gesetzes abgeschlossene Tatbestände und dauern dementsprechend beim Inkrafttreten des neuen Gesetzes nicht mehr an. Es liegt somit eine *echte Rückwirkung* - teilweise gar über Jahrzehnte - vor und nicht etwa eine verfassungsrechtlich unbedenkliche unechte Rückwirkung.[1306]

776   Der Gesetzgeber hat diese Rückwirkung nicht nur in Kauf genommen, sondern hat sie sogar explizit gewollt. Dies zeigt sich allein schon daran, dass Art. 32b^{bis} USG - m.E. ausschliesslich - auf Belastungen Anwendung findet, die vor dem 1. Juli 1997 verursacht wurden.[1307] Diese vom Gesetzgeber gewollte Rückwirkung vermag umso mehr zu erstaunen, als während den Debatten im Ständerat immer wieder betont wurde, dass - im Gegensatz zu Altlastenfällen - bei der Finanzierung von Aushubmaterial nach Art. 32b^{bis} USG

[1305] Das Bundesgericht spricht von zwingenden Gründen, die für eine sofortige Anwendung des neuen Rechts sprechen (BGE 127 II 209 E. 2b m.w.H.).

[1306] Im Ergebnis gl.M.: METTLER, S. 582; RÜEGG, S. 112; STUTZ, Altlastenrecht, S. 355; TRÜEB, Bauherrenaltlast, S. 624 ff.

[1307] Dazu unten N 785 ff.

kein öffentliches Interesse bestehe.[1308] Somit fehlt auch die zentrale Bedingung, die eine solche rückwirkende Anwendung ausnahmsweise hätte rechtfertigen können.[1309]

Die Rückwirkungsproblematik war im Differenzbereinigungsverfahren 777
demnach auch ein wichtiges Thema. So wurde etwa im Schreiben der Schweizerischen Bau-, Planungs- und Umweltdirektoren-Konferenz vom 18. August 2005 die Problematik erkannt:

"[...]. Aus dem Gesagten folgt für uns, dass ein (zivilrechtlicher) Anspruch 778
nur in gewissen zeitlichen Grenzen zulässig ist. Wir sind mit Blick auf die Rückwirkungsproblematik der Auffassung, dass ein Rechtsanspruch auf Kostenersatz nur bei Tatbeständen zugelassen werden kann, bei denen die Ursachen der Belastung noch nicht sehr weit zurückliegen. Sachgerecht ist aus unserer Sicht die Anknüpfung an das Gewässerschutzgesetz vom 8. Oktober 1971 (GSchG 1971), welches am 1. Juli 1972 in Kraft getreten ist. Dieses Gesetz führte eine allgemeine Verhaltenspflicht ein, wonach jedermann gehalten ist, alle nach den Umständen erforderliche Sorgfalt anzuwenden, um die Verunreinigung der (ober- und unterirdischen) Gewässer zu vermeiden (Art. 13 GSchG 1971; heute Art. 3 des Gewässerschutzgesetzes von 1991). Wer ein Gewerbe ausübte, war ab dem 1. Juli 1972 verpflichtet, dafür zu sorgen, dass keine Gefahren für die Gewässer resultieren. Sachlich kann daher ein Anspruch gegen den damaligen Verhaltensverursacher begründet werden. Im Übrigen halten wir es für sachgerecht, den Stichtag für das Ende des Anspruchs auf den 1. Juli 1997 (Inkrafttreten des Altlastenrechts des Bundes) zu legen. Das Argument, wonach ein Käufer vor Inkrafttreten der Aushubrichtlinie nicht mit hohen Kosten rechnen musste, überzeugt nicht. Bereits vor der Herausgabe der Aushubrichtlinie (1. Juli 1999) wurden die Bauabfälle aufgrund kantonaler, teilweise strenger Vorgaben entsorgt. [...]".

[1308] Amtl. Bull. SR 2005, S. 562; Amtl. Bull. SR 2005, S. 932.
[1309] Zum grundsätzlichen Erfordernis eines öffentlichen Interesses s. BGE 122 II 26 E. 3 in fine; 122 V 405 E. 3d.

779   Die Problematik wurde zwar erkannt, doch ist die von der Schweizerischen Bau-, Planungs- und Umweltdirektoren-Konferenz im Schreiben vom 18. August 2005 vorgeschlagene und zum Gesetz gewordene Lösung, um die Rückwirkungsproblematik zu entschärfen, verfehlt. Statt an den Zeitpunkt der massgebenden *Verursachung* wurde an denjenigen des Erwerbs angeknüpft.[1310] Dies ist umso erstaunlicher, als im besagten Schreiben vom 18. August 2005 gleichzeitig gefordert wird, dass eine Haftung nur bei Tatbeständen zugelassen werden soll, "bei denen die *Ursachen der Belastung* [Hervorhebung durch den Verfasser] noch nicht sehr weit zurückliegen". Folgt man jedoch dem Wortlaut von Art. 32b^bis Abs. 1 lit. c USG, so kann auf Verursacher und frühere Inhaber zeitlich unbegrenzt zurückgegriffen werden, sofern der Erwerb des Grundstücks zwischen dem 1. Juli 1972 und dem 1 Juli 1997 erfolgt ist.[1311]

780   Dieser Frage braucht vorliegend dennoch nicht weiter nachgegangen zu werden, da gemäss Art. 191 BV die rechtsanwendenden Behörden eine Verfassungsverletzung durch den Bundesgesetzgeber nicht korrigieren können.[1312]

D   Von Art. 32b^bis USG zeitlich erfasste Belastungen

1   Allgemeines

781   Damit ein Anspruch nach Art 32b^bis USG besteht, muss Aushubmaterial aus einem *belasteten* Standort entnommen werden. Es gilt nachfolgend zu untersuchen, *wann* die Belastung verursacht worden sein muss, damit ein Anspruch nach Art. 32b^bis USG besteht.

782   In der verabschiedeten Fassung von Art. 32b^bis USG befindet sich indessen keine Angabe bzw. Limitierung bezüglich des Zeitraums, in dem das Verhal-

---

[1310] LEHMANN, S. 19.
[1311] Vgl. LEHMANN, S. 19. Dazu unten N 855 ff.
[1312] Dazu HÄFELIN/HALLER, N 2070 ff.

ten, das zur Belastung geführt hat, stattgefunden haben muss. Eine indirekte Begrenzung ergibt sich jedoch aus Abs. 3 von Art. 32b^{bis} USG, der besagt, dass Ansprüche nach diesem Artikel längstens bis zum 1. November 2021 geltend gemacht werden können.[1313] Diese generelle zeitliche Begrenzung bzw. Ausserkraftsetzung von Art. 32b^{bis} USG setzt auch der Berücksichtigung von Belastungen eine absolute zeitliche Grenze. Zumindest Belastungen, die nach dem 1. November 2021 verursacht werden, fallen *offensichtlich* nicht mehr in den Geltungsbereich von Art. 32b^{bis} USG.

Im Gegensatz zur verabschiedeten Fassung von Art. 32b^{bis} USG enthielt der Vorentwurf vom 29. Mai 2001 eine indirekte Begrenzung bezüglich vergangener Belastungen: Im Abs. 2 von Art. 32b^{bis} USG hiess es demnach "Wer seit mehr als 30 Jahren keinen Bezug zum Standort mehr hat, trägt keine Kosten". Aus dieser Begrenzung der "Haftung" lässt sich unter anderem schliessen, dass ein schädliches Verhalten, das vor mehr als 30 Jahren stattgefunden hat bzw. beendet wurde, nicht mehr zu einer Inanspruchnahme hätte führen sollen.   783

Die im Vorentwurf vom 29. Mai 2001 enthaltene zeitliche Begrenzung wurde indessen bereits im Entwurf vom 20. August 2002 nicht mehr übernommen. Zumindest was die Kohärenz zum Altlastenrecht anbelangt, das auch keine solche zeitliche Begrenzung kennt, erscheint es gerechtfertigt, auf diese Begrenzung verzichtet zu haben. Im Hinblick auf die Rückwirkungsproblematik liegt die Sache jedoch anders.[1314]   784

2   Verursachungszeitpunkt der Belastung

Folgt man somit dem Wortlaut von Art. 32b^{bis} USG, so vermag jede Belastung - unabhängig von ihrem Verursacherzeitpunkt - einen Anspruch nach diesem Artikel zu begründen.   785

[1313] Dazu oben N 756.
[1314] Dazu oben N 775 ff.

786   Insbesondere werden - wie dies auch bei Ur-Altlasten im Altlastenrecht der Fall ist - "Ur-Belastungen" nicht aus dem Anwendungsbereich von Art. 32b^{bis} USG ausgeschlossen. Dass auch Belastungen erfasst werden, die lange vor Inkrafttreten verursacht wurden, ergibt sich allein schon daraus, dass laut Art. 32b^{bis} USG Inhaber, die ab dem 1. Juli 1972 ihr Grundstück erworben haben, gegen die Verursacher und *früheren Inhaber* wegen bestehender Bodenbelastungen vorgehen können; es werden somit zwangsläufig auch Bodenbelastungen von Art. 32b^{bis} USG erfasst, die vor dem 1. Juli 1972 verursacht wurden.[1315]

787   Umgekehrt erlaubt der offene Wortlaut dieser Norm ebenfalls die Annahme, dass ein Anspruch aufgrund derjenigen Belastungen besteht, die nach dem *Zeitpunkt des jeweiligen* Erwerbs[1316] verursacht wurden.

788   Folgendes Beispiel veranschaulicht die zu untersuchende Frage: Herr X erwirbt 1975 ein Grundstück, auf dem sich eine Tankstelle befindet und überlässt daraufhin das Ganze einem Pächter. Letzterer bewirtschaftet die Tankstelle bis zum Jahr 2000 und verursacht dadurch eine entsprechende Belastung des Grundstücks. Steht Herrn X ein Anspruch gemäss Art. 32b^{bis} USG für die nach dem Zeitpunkt seines Erwerbs verursachte Belastung zu?

[1315]   A.M. TRÜEB (Bauherrenaltlast, S. 636 f.), der wegen des Gedankens des Vertrauensschutzes nur diejenigen Belastungen (bzw. Schadstoffeinträge) berücksichtigt wissen will, die zwischen 1972 und 1997 erfolgten oder damals noch andauerten. TRÜEBs Auslegung findet weder einen Anhaltspunkt in den Materialien zu Art. 32b^{bis} USG noch im Gesetzestext. Sie macht auch insofern keinen Sinn, als sie *de facto* für all die Erwerber einen Anspruch illusorisch macht, die ihr Grundstück am Anfang des Erwerbsfensters (also ab 1972) erworben haben. Um nämlich einen Anspruch nach Art. 32b^{bis} USG zu begründen, muss das Grundstück im Zeitpunkt des Erwerbs schon belastet bzw. die Belastung vor dem Erwerb eingetreten sein (dazu unten N 793 und 796 f.). Verlangt man nun zusätzlich - wie es TRÜEB tut -, dass allein Belastungen einen Anspruch begründen, die nach 1972 verursacht wurden, so kann es am Anfang des Erwerbsfensters noch gar keine haftungsbegründende Belastung geben und folglich keinen Anspruch nach Art. 32b^{bis} USG.

[1316]   Es sei hier kurz daran erinnert, dass laut Art. 32b^{bis} Abs. 1 lit. c USG ein Inhaber nur dann anspruchsberechtigt ist, wenn er das Grundstück zwischen dem 1. Juli 1972 und dem 1. Juli 1997 erworben hat; dazu unten N 855 ff.

Folgt man *ausschliesslich* dem Wortlaut von Art. 32b^bis^ USG, dann muss die   789
vorab gestellte Frage bejaht und dem Inhaber auch dann ein Anspruch zugestanden werden, wenn die Belastung *nach* dem Zeitpunk des Erwerbs stattgefunden hat.

Es bleibt dennoch zu klären, ob diese grammatikalische Auslegung auch der   790
Systematik und Teleologie von Art. 32b^bis^ USG gerecht wird.

Aus systematischer Sicht gilt es einerseits zu berücksichtigen, dass laut Abs. 1   791
lit. c von Art. 32b^bis^ USG nur derjenige Inhaber anspruchsberechtigt ist, der
sein Grundstück "zwischen dem 1. Juli 1972 und dem 1. Juli 1997 erworben
hat". Andererseits hängt der Anspruch des jetzigen Inhabers davon ab, dass
"die Verursacher keine Entschädigung für die Belastung geleistet oder die
früheren Inhaber beim Verkauf des Grundstücks keinen Preisnachlass wegen
der Belastung gewährt haben" (Art. 32b^bis^ Abs. 1 lit. a USG). Beide Bedingungen zeigen auf, dass Art. 32b^bis^ USG ausschliesslich darauf ausgerichtet
ist, Sachverhalte bzw. Belastungen zu erfassen, die *vor dem Erwerb* durch den
jetzigen Inhaber stattgefunden haben.

Zur *ratio legis* geht aus den Materialien hervor, dass der Gesetzgeber im Sinn   792
hatte, eine *übergangsrechtliche Regelung* einzuführen.[1317] Es ging im Wesentlichen darum, den jetzigen Inhaber von denjenigen Kosten zu entlasten, die
auf Belastungen zurückzuführen sind, die vor seiner Zeit verursacht worden
sind.[1318]

Eine fortdauernde Begründung neuer Ansprüche *nach dem Erwerbszeitpunkt*   793
würde folglich der *ratio legis* widersprechen und zu einer nicht erwünschten
Ungleichbehandlung zwischen Inhabern führen. Eine anderslautende Auslegung würde somit zu einer Aufteilung der Inhaber in zwei Kategorien (Erwerb zwischen dem 1. Juli 1972 und dem 1. Juli 1997 oder nicht) führen, von

---

[1317] AmtBull SR 2005, S. 932.
[1318] AmtBull NR 2005, S. 1864.

denen eine gegen *zukünftig verursachte Belastungen* nacht Art. 32b^bis USG geschützt wäre und die andere nicht.

794   Die vorliegend vertretene Auslegung überzeugt ebenfalls, wenn eine Betrachtung nach *Risikosphären* in die Analyse miteinbezogen wird. Nach dem Risikoübergang obliegt es nämlich dem Inhaber, dafür Sorge zu tragen, dass sein Grundstück nicht (mehr) belastet wird. Ab diesem Zeitpunkt ist der Inhaber zudem derjenige, der über die *Nutzungsart* des Grundsstücks entscheiden kann. Ferner muss hier auch berücksichtigt werden, dass ein Inhaber meistens einen *wirtschaftlichen Vorteil* aus der *Nutzungsüberlassung* seines Grundstücks gezogen haben wird, der ebenfalls einen Ausschluss eines Anspruchs nach Art. 32b^bis USG zu rechtfertigen vermag. Schliesslich stehen dem Inhaber für *nach dem Erwerbszeitpunkt* verursachte Belastungen andere privatrechtliche Rechtsbehelfe zu. Als Rechtsgrundlage kommen sowohl ein eventueller Vertrag zwischen dem Inhaber und dem Verursacher (z.B. Miet- oder Pachtvertrag) in Betracht als auch bei Erfüllung der jeweiligen Voraussetzung die Gefährdungshaftung aus Art. 59a USG, die milden Kausalhaftungen aus Art. 679/684 ZGB und Art. 58 OR sowie subsidiär die Verschuldenshaftung aus Art. 41 OR.

3   Zusammenfassung

795   Nur diejenigen Belastungen können einen Anspruch nach Art. 32b^bis USG begründen, die vor dem Erwerb durch den Anspruchsberechtigten und spätestens bis zum 1. Juli 1997 verursacht wurden.

796   Eine fortdauernde Begründung neuer Ansprüche *nach dem Erwerbszeitpunkt* bzw. die Berücksichtigung von nach dem Erwerbszeitpunkt verursachten Belastungen ist folglich ausgeschlossen.

E   Fehlen einer intertemporalen Vorschrift

797   Auch wenn der zeitliche Anwendungsbereich genau definiert scheint, bestehen dennoch Unklarheiten, weil Art. 32b^bis USG (bzw. die Teilrevision vom

16. Dezember 2005 Umweltschutzgesetz) *keine intertemporale Vorschrift* enthält, die besagt, ab wann ein Aushubvorgang zeitlich erfasst wird und wie es sich mit demjenigen Aushubvorgang verhält, der zwar vor dem Inkrafttreten des Gesetzes anfängt, aber erst danach endet.

Laut bundesgerichtlicher Rechtsprechung ist Abfallrecht grundsätzlich sofort nach Inkrafttreten anwendbar und auch in hängigen Verfahren zu berücksichtigen.[1319] Dies gelte jedoch nicht für Haftungs- und Kostenverteilungsregelungen, bei denen grundsätzlich auf die Rechtslage zur Zeit der Entstehung der Kosten abgestellt werde.[1320] Im Hinblick auf Art. 32d aUSG erachtete das Bundesgericht denjenigen Zeitpunkt als für die Entstehung massgebend, in dem die *Sanierungsverfügung rechtskräftig* wird.[1321] Diese Rechtsprechung mag zwar in gewissen Fällen aus praktischer Sicht zu überzeugen, da sie eine genaue Feststellung des Entstehungszeitpunkts erlaubt, doch verkennt sie zwei wesentliche Aspekte. Einerseits werden altlastrechtliche Massnahmen oftmals freiwillig ergriffen und müssen dementsprechend nicht mittels einer Verfügung der Vollzugsbehörden durchgesetzt werden.[1322] Folglich ist eine Anknüpfung an eine Verfügung in solchen Fällen gar nicht möglich.[1323] Andererseits sind die Kosten nur das Resultat bzw. die Folge eines ihnen vorausgegangenen Sachverhalts. Es ist somit bei der Ermittlung der Anwendbarkeit des Gesetzes einzig sachgerecht, auf den dem Ausgleichsanspruch zugrunde liegenden Sachverhalt abzustellen,[1324] d.h. vorliegend auf den "Aushubvorgang".

Ähnliche Zweifel wurden auch vom Verwaltungsgericht des Kantons Zürich in seinem Urteil vom 26. Mai 2004 geäussert. Es hielt insbesondere fest, dass

798

799

[1319] BGer, URP 1998 152 E. 4d/bb; BGE 123 II 359 E. 3.

[1320] BGer, URP 1998 152 E. 4d/bb; BGE 122 II 26 E. 3; Urteil des Verwaltungsgerichts des Kantons Zürich vom 26. Mai 2004, URP 2005 87 E. 2.1; s. auch CUMMINS, S. 111 und insb. Fn. 118.

[1321] BGer, URP 1998 152 E. 4d/bb.

[1322] STUTZ, Altlastenrecht, S. 358.

[1323] STUTZ, Altlastenrecht, S. 358.

[1324] Vgl. STUTZ, Altlastenrecht, S. 354.

bei einer Sanierung, die in mehreren, klar voneinander abgegrenzten Etappen durchgeführt wird, neben dem Zeitpunkt der Rechtskraft der Sanierungsverfügung auch der Zeitraum zu berücksichtigen sei, in dem die Kosten einer bestimmten Etappe entstanden seien.[1325]

800 Um den zeitlichen Anwendungsbereich zu definieren, muss folglich in einem ersten Schritt der Sachverhalt "Aushubvorgang" analysiert und - in einem zweiten Schritt - der zeitliche Anknüpfungspunkt eruiert werden.

1 Analyse des Aushubvorgangs

801 Es stellt sich als erste Frage, ob ein Aushubvorgang einen einzigen Tatbestand bzw. einen zeitlich begrenzten mehrgliedrigen Tatbestand bildet oder ob er aus verschiedenen Tatbeständen besteht.[1326] Würde man letztere Hypothese befürworten, so hätte dies zur Folge, dass es für im Zeitpunkt des Inkrafttretens andauernde Aushubarbeiten zu einer Aufteilung der Mehrkosten für ein und denselben Aushubvorgang in rückgriffsfähige und nicht-rückgriffsfähige kommen würde, je nachdem, ob die Aushubarbeiten vor (alte Tatsachen) oder nach (neue Tatsachen) Inkrafttreten stattgefunden haben (Art. 1 SchlT ZGB).

802 Sachgerechterweise sollte ein Aushubvorgang nicht unterteilt, sondern als *einheitlicher Tatbestand* verstanden werden. Diese Einheit spiegelt sich auch darin wider, dass der Zweck eines Aushubvorgangs nur dann erfüllt ist, wenn er abgeschlossen ist und somit die Realisierung des Bauvorhabens erst ermöglicht wird. Allein diese Lösung vermag zudem die für die Ermittlung der *Notwendigkeit* (Art. 32b^bis Abs. lit. c USG) der Aushubarbeiten erforderliche Gesamtbetrachtung sicherzustellen. Ein Aushubvorgang fällt somit gänzlich oder gar nicht unter den zeitlichen Anwendungsbereich von Art. 32b^bis USG.[1327] Diese Lösung entspricht auch derjenigen des Altlastenrechts, wo die

---

[1325] Urteil des Verwaltungsgerichts des Kantons Zürich vom 26. Mai 2004, URP 2005 87 E. 2.3.

[1326] Vischer spricht von "schwebenden Tatbeständen", S. 38.

[1327] Im Ergebnis gl.M.: Vischer, S. 39.

Sanierung eines Standorts ganz oder gar nicht vom neuen Recht erfasst wird.[1328]

Welche Aushubarbeiten noch zum *selben Aushubvorgang* gezählt werden   803
können, ist indessen eine andere Frage. Analog zur Regelung, welche bei der
Bestimmung des Beginns der Eintragungsfrist eines Bauhandwerkerpfand-
rechts gilt,[1329] sollten diejenigen Aushubarbeiten, die ein *zusammengehören-
des Ganzes* bilden (d.h. eine *funktionelle Einheit*), als demselben Aushubvorgang zugehörig qualifiziert werden.

Auch Aushubarbeiten, die im Zuge *grösserer Überbauungen* stattfinden,   804
können folglich, wenn sowohl die zeitliche als auch die funktionelle Einheit
gegeben ist, als einheitlicher Aushubvorgang qualifiziert werden.[1330]

Um zu bestimmen, ob ein Aushubvorgang vom alten oder vom neuen Recht   805
erfasst wird, muss noch der Frage des zeitlichen Anknüpfungspunkts nachgegangen werden.

2   Zeitlicher Anknüpfungspunkt

Als mögliche zeitliche Anknüpfungspunkte kommen theoretisch sowohl die   806
Planung der Aushubarbeiten (bzw. Untersuchungen des Standorts), der Beginn der Aushubarbeiten, das Beenden der Aushubarbeiten als auch der Moment, in dem der Aushub tatsächlich entsorgt wird und die diesbezüglichen
Kosten entstehen, in Betracht. Der Frage, welchen Bezugspunkt man wählt,
kommt in der Praxis eine nicht zu unterschätzende Bedeutung zu, da zwischen

---

[1328] CUMMINS, S. 111. Das Verwaltungsgericht des Kantons Zürich (Urteil vom 26. Mai 2004,
URP 2005 87 E. 2.3) geht hingegen offenbar davon aus, dass bei Sanierungen, die in mehreren, klar voneinander abgegrenzten Etappen erfolgen, das anwendbare Recht nicht für
die ganze Sanierung das gleiche sein muss. Je nachdem, wann sie stattgefunden haben,
können gewisse Etappen unter das alte und andere unter das neue Recht fallen.

[1329] Vgl. bezüglich der Eintragungsfrist bei Bauhandwerkerpfandrechten BGE 125 III 133 E.
3b; 111 II 343 E. 2c; STEINAUER, Bd. III, N 2884 e-g.

[1330] Vgl. bezüglich der zeitlichen Einheit BGE 125 III 133 E. 3a in fine und 3b.

der Planung der Aushubarbeiten (Stichwort: Entsorgungskonzept[1331]) und der tatsächlichen Entsorgung des entnommenen Aushubmaterials relativ viel Zeit vergehen kann.

807 Obwohl man rein dogmatisch gesehen zwischen dem zeitlichen Anwendungsbereich, welcher die vom Gesetz zeitlich erfassten Tatbestände bestimmt und den Rechtsfolgen dieser Tatbestände (bzw. die Entstehung des Ausgleichsanspruchs) unterscheiden kann, liegt es dennoch nahe, den zeitlichen Anwendungsbereich an die Entstehung des Ausgleichsanspruchs anzuknüpfen. Dies entspricht auch dem Vorgehen des Bundesgerichts, das in seiner Rechtsprechung bezüglich der Kostenverteilung bei Altlasten den zeitlichen Anwendungsbereich an den Entstehungszeitpunkt der Kosten(-pflicht) - d.h. an denjenigen, in dem die Sanierungsverfügung rechtskräftig wird - anknüpft.[1332] Im Gegensatz zum Altlastenrecht fehlt jedoch solch eine Verfügung im Falle der Entnahme von Aushubmaterial und deren Entsorgung. Es muss somit bei der Ermittlung des Entstehungszeitpunkts, wie im Zivilrecht allgemein üblich, allein auf die *Handlungen von Privaten* abgestellt werden.

808 Dem Wortlaut von Art. 32b^bis USG lässt sich jedoch auch bezüglich des *Entstehungszeitpunkts* des Ausgleichsanspruchs nichts entnehmen.

809 Aus dem System von Art. 32b^bis USG ergibt sich immerhin, dass ein Ausgleichsanspruch nur dann besteht, wenn tatsächlich Aushubmaterial entnommen wird. Zudem lässt sich logisch argumentieren, dass vor Beginn der Aushubarbeiten noch kein Aushubmaterial vorliegen kann und dementsprechend auch kein mit den Mehrkosten bei der Entsorgung verbundener Ausgleichsanspruch. Es liegt deshalb nahe, für die *Entstehung des Ausgleichsanspruchs* auf die *Beendigung der Aushubarbeiten* abzustellen. Dieser Zeitpunkt entspricht ausserdem demjenigen, zu dem die abfallrechtliche Entsorgungspflicht ent-

---

[1331] Dazu BUWAL, Aushubrichtlinie, S. 7 f.

[1332] BGer, URP 1998 152 E. 4d/bb m.w.H.; Verfügung der Baudirektion des Kantons Zürich vom 22. Oktober 2001, URP 2002 87 ff.; vgl. CUMMINS, S. 111; METTLER, S. 585 f.; TSCHANNEN/FRICK, S. 19.

steht (Art. 31c USG). Ein späterer Anknüpfungspunkt stünde nicht im Einklang mit der Entstehung der Entsorgungspflicht und ist deshalb abzulehnen. Der Zeitpunkt der *Beendigung der Aushubarbeiten* ist folglich sowohl *zeitlicher Anknüpfungspunkt* als auch *Entstehungszeitpunkt* des Ausgleichsanspruchs.

Stellte man hingegen auf den Beginn der Aushubarbeiten ab, so würde in Bezug auf all diejenigen Aushubarbeiten, die zwar erst nach dem Inkrafttreten des Gesetzes und damit grundsätzlich innerhalb des Geltungsbereichs von Art. 32b^{bis} USG beendet wurden, aber bereits davor angegangen worden waren, kein interner Ausgleichsanspruch bestehen. Dies entspräche wohl kaum dem Zweck der Norm, die zumindest in ihrem eng definierten zeitlichen Geltungsbereich eine *Lastengerechtigkeit* gewähren will. Grundsätzlich muss deshalb ein Ausgleichsanspruch unabhängig vom Beginn der Aushubarbeiten bestehen, sofern diese nach dem Inkrafttreten des Gesetzes beendet wurden. Ganz unproblematisch ist diese Lösung nicht, da - anders als bei der Sanierung von Altlasten - sowohl der Zeitpunkt als auch der Ablauf der Aushubarbeiten - einmal abgesehen von baupolizei- und umweltrechtlichen Einschränkungen - unter die Planungsfreiheit der Bauherrschaft fällt. Mutwilligen Verschleppungen des Beendigungszeitpunkts, um in den zeitlichen Anwendungsbereich des Gesetzes zu gelangen, kann dennoch mit dem *Rechtsmissbrauchsverbot* (Art. 2 Abs. 2 ZGB) entgegengewirkt werden.

810

Schliesslich fallen Aushubarbeiten nur unter den zeitlichen Anwendungsbereich von Art. 32b^{bis} USG, sofern sie *binnen 15 Jahren nach Inkrafttreten* des Gesetzes beendet werden (Art. 32b^{bis} Abs. 3 USG).[1333] Sollten demnach die Aushubarbeiten zwar vor dem Ende dieser Frist anfangen, aber erst danach enden, so entsteht auch kein Ausgleichsanspruch für die mit der Entsorgung verbundenen Mehrkosten.

811

[1333] Dazu oben N 756 ff.

3 Zusammenfassung

812 Der Zeitpunkt der Beendigung der Aushubarbeiten ist sowohl zeitlicher Anknüpfungspunkt als auch Entstehungszeitpunkt des Ausgleichsanspruchs.

813 Da ein Aushubvorgang einen *einheitlichen Tatbestand* bildet, fällt er gänzlich oder gar nicht unter den zeitlichen Anwendungsbereich von Art. 32b^bis USG. Zu demselben Aushubvorgang gehören all diejenigen Aushubarbeiten, die eine *funktionelle Einheit* bilden.

III Zweck, Rechtsnatur und systematische Stellung

A Zweck

1 Gesetzgeberische Intention

Weder der Bericht vom 20. August 2002 noch das Gesetz selbst äussern sich   814
explizit zum Zweck von Art. 32b^{bis} USG. Während den Debatten im Nationalrat hielt RUDOLF RECHSTEINER (für die UREK-NR) bezüglich des Zwecks von
Art. 32b^{bis} USG indessen Folgendes fest: "Bisher, also nach geltendem Recht,
war es so, dass der Inhaber des Grundstücks und der Bauherrenaltlast allein
für die Sanierung aufzukommen hat. Es wurde aber in beiden Räten stets anerkannt, dass die Sanierungspflicht zulasten des Inhabers zu *ungerechten Härtefällen* [Hervorhebung durch den Verfasser] führen kann, die man eigentlich
einer Lösung zuführen möchte"[1334].

Durch den Gebrauch des Begriffs "Verursacher" deutet der Wortlaut von Art.   815
32b^{bis} USG ferner darauf hin, dass die erwünschte *Lastengerechtigkeit* durch
die Anwendung des Verursacherprinzips aus Art. 2 USG (und Art. 74 Abs. 2
Satz 2 BV[1335]) erzielt werden soll. Dennoch zeigen sowohl die Materialien als
auch der Wortlaut von Art. 32b^{bis} USG, dass eine *vollkommene Umsetzung
des Verursacherprinzips* nicht angestrebt war. Einerseits war man im Parlament stets darauf bedacht, den Inhaber des Grundstücks in der Pflicht zu behalten. Andererseits muss der Inhaber des Grundstücks für die Ausfallkosten

---

[1334] Amtl. Bull. NR 2005, S. 1107.
[1335] Zur Frage, ob das Verursacherprinzip überhaupt ein echtes Verfassungsprinzip ist,
s. GRIFFEL, N 226 ff.

aufkommen,[1336] was nach der Rechtsprechung[1337] und der herrschenden Leh-re[1338] dem Verursachprinzip widerspricht.[1339]

2 Nebenzweck

816 Aus dem Bericht vom 20. August 2002 geht hervor, dass mit Art. 32b^bis USG auch bezweckt wurde, die Überbauung von Grundstücken in Industrie- und Gewerbezonen zu fördern (Stichwort: Brachflächen), da sie wegen der hohen Kosten der Entsorgung oftmals unüberbaut bleiben.[1340] Es wurde im Bericht vom 20. August 2002 und auch während den Debatten im Ständerat[1341] expli-zit das öffentliche Interesse an der Überbauung und an der daraus resultieren-den Umsetzung der raumplanerischen Vorgaben betont.[1342]

817 Angesichts der Tatsache, dass sich der Gesetzgeber schliesslich entschieden hat, mit Art. 32b^bis USG allein Verursachungen zu erfassen, die in der Ver-gangenheit gründen, kann gefolgert werden, dass bewusst auf die Funktion des Verursacherprinzips als Instrument der *indirekten* Verhaltenslenkung[1343] verzichtet wurde. Es ist nämlich offensichtlich, dass die Kostentragungs-pflichtigen *nachträglich* keinen Einfluss mehr auf die ökologischen Folgen ihres Verhaltens haben können.

[1336] Zur Frage der Ausfallkosten s. unten N 995 ff.

[1337] BGE 102 Ib 203 E. 5c; BGer, ZBl 1991 212 E. 6a.

[1338] BÉTRIX, S. 389; CUMMINS, S. 139; GRIFFEL, N 294; HARTMANN/ECKERT, S. 632; ROMY, S. 161; STUTZ, Verfahrensfragen, S. 786; TSCHANNEN, Art. 32d N 16. Dazu kritisch LINIGER, Bauen, S. 79.

[1339] Bericht vom 20. August 2002, S. 5021 f.

[1340] Bericht vom 20. August 2002, S. 5023.

[1341] Amtl. Bull. SR 2005, S. 932.

[1342] Bericht vom 20. August 2002, S. 5023. S. ferner zur Problematik der Brachflächen in der Schweiz die Studie von VALDA/WESTERMANN "Die brachliegende Schweiz – Entwick-lungschancen im Herzen von Agglomerationen".

[1343] GRIFFEL, N 234 f.; RAUSCH/MARTI/GRIFFEL, N 96 f.; WAGNER B., Verursacherprinzip, S. 396.

B   Rechtsnatur

Die Frage der Rechtsnatur ist vor allem bei der *Rechtswegzuweisung* relevant.   818
Sie wird dennoch nicht allein schon deswegen obsolet, weil Art. 32b^{bis} Abs. 2
USG die ordentlichen Zivilgerichte als zuständig erklärt. Es ist nicht nur inte-
ressant zu wissen, ob die Erfüllung einer öffentlichrechtlichen Entsorgungs-
pflicht allenfalls einen privatrechtlichen Ausgleichsanspruch begründet.
Vielmehr entscheidet die rechtliche Qualifikation auch über das anzuwenden-
de Normengefüge. So ist z. B. ein zivilrechtlicher Ausgleichsanspruch - im
Gegensatz zur öffentlich-rechtlichen Entsorgungspflicht - durch vertragliche
Abmachungen abänderbar.[1344]

Obwohl die *Kostenverteilung bei Altlastensanierungen* (Art. 32d Abs. 4 USG)   819
öffentlich-rechtlicher Natur ist,[1345] lassen sowohl die Materialien zur USG-
Revision als auch der Wortlaut von Art. 32b^{bis} USG wenig Zweifel an der *zivilrechtlichen Natur der "Kostenverteilung" bei Aushubmaterial* zu.[1346]

Das ursprüngliche Vorhaben des Nationalrats, auch dem Standortinhaber   820
einen durch Verfügung durchsetzbaren öffentlich-rechtlichen Anspruch auf
Rückvergütung der Mehrkosten zu gewähren, die bei der Untersuchung und
der Entsorgung von belastetem Aushubmaterial entstehen, wurde vom Ständerat entschieden abgelehnt.[1347] Nach einer langwierigen Differenzbereinigung wurde stattdessen in der verabschiedeten Fassung eine *direkte Forderung zwischen Privaten* eingeführt. Während den Debatten im Ständerat wurde die neue Fassung von Art. 32b^{bis} USG demnach auch explizit als eine "*zivilrechtlich gedachte Haftungsnorm*" qualifiziert.[1348] Die Ablehnung, eine öf-

---

[1344] Dazu unten N 838 ff.

[1345] CUMMINS, S. 171 ff. m.w.H.; TSCHANNEN, Art. 32d N 17.

[1346] Zur Abgrenzung von öffentlichem Recht und Privatrecht s. HÄFELIN/MÜLLER/UHLMANN,
N 247 ff.

[1347] Die Streichung solch einer Haftung aus dem Gesetz wurde vom Ständerat beschlossen
(Amtl. Bull. SR 2004, S. 562) und an diesem Beschluss wurde auch festgehalten (Amtl.
Bull. SR 2005, S. 562 f.).

[1348] Amtl. Bull. SR 2005, S. 932.

fentlich-rechtliche Kostenverteilung für Bauherren-Altlasten in das Gesetz einzuführen, wurde im Ständerat unter anderem damit begründet, dass es sich bei der Finanzierung von Aushubmaterial um eine private Angelegenheit handle und - im Gegensatz zu einer echten Altlast - keine unmittelbare Gefährdung der Umwelt bestehen würde.[1349] Diese Sicht der Dinge vermag zwar vordergründig zu überzeugen; sie verkennt jedoch, dass die Entsorgungspflicht von Abfällen als solche klar im öffentlichen Interesse liegt. Ein öffentliches Interesse besteht grundsätzlich ebenfalls bei der Überbauung von belasteten Standorten. Eine gerechte Kostenverteilung trägt auch dazu bei, die finanzielle Tragbarkeit der Entsorgung und somit auch die tatsächliche Überbauung belasteter, aber nicht sanierungsbedürftiger Grundstücke sicherzustellen.

821　Wie dem auch sei, aus den Materialen zu Art. 32b^bis USG geht klar hervor, dass die Wahrnehmung privater Interessen im Vordergrund steht.[1350] Nach der *Interessentheorie* handelt es sich somit eindeutig um eine *zivilrechtliche Norm*, da gemäss dieser Theorie allein diejenigen Rechtsnormen dem öffentlichen Recht angehören, die ausschliesslich oder vorwiegend öffentliche Interessen wahrnehmen.[1351] Wendet man - im Sinne des *Methodenpluralismus* - [1352] auf Art. 32b^bis USG noch die *Subordinationstheorie*[1353] an, nach der eine zivilrechtliche Norm dann vorliegt, wenn sich gleichgeordnete Rechtssubjekte gegenüberstehen und die *Funktionstheorie*[1354], nach der eine Norm dann öffentlich-rechtlich ist, wenn sie die Erfüllung einer öffentlichen Aufgabe oder die Ausübung einer öffentlichen Tätigkeit regelt, so wird dessen rein privatrechtliche Natur unverkennbar.[1355] Konsequenterweise wurden in Art. 32b^bis

---

[1349] Amtl. Bull. SR 2005, S. 562; Amtl. Bull. SR 2005, S. 932.
[1350] Amtl. Bull. SR 2005, S. 562 f.; Amtl. Bull. SR 2005, S. 932.
[1351] HÄFELIN/MÜLLER/UHLMANN, N 255 ff.
[1352] HÄFELIN/MÜLLER/UHLMANN, N 264 ff.
[1353] HÄFELIN/MÜLLER/UHLMANN, N 253 f.
[1354] HÄFELIN/MÜLLER/UHLMANN, N 259 f.
[1355] Im Ergebnis gl.M.: LEHMANN, S. 20; TRÜEB, Bauherrenaltlast, S. 620 ff.

USG auch die Zivilgerichte als ausschliesslich zuständig und die Zivilprozessordnung des jeweiligen Kantons als anwendbar erklärt.

C   Öffentlich-rechtliche Herkunft

Auch wenn Art. 32b^{bis} USG dem Zivilrecht zuzuordnen ist, begründet diese   822
Norm dennoch keinen herkömmlichen zivilrechtlichen Anspruch. Dieser Artikel findet nämlich in mehrerer Hinsicht seinen Ursprung im öffentlichen Recht.

Aus *terminologischer Sicht* ist die öffentlich-rechtliche Herkunft von Art.   823
32b^{bis} USG ebenfalls unverkennbar. So ist etwa in der deutschen Fassung nicht von "Grundstücken" die Rede, sondern von "Standorten". Auch wird anstatt der Begriffe "Halter", "Besitzer" oder "Eigentümer" derjenige des "Inhabers" benutzt.

Der Art. 32b^{bis} USG zugrunde liegende Gedanke, Massnahmenkosten auf die   824
Verursacher derselben zu verteilen, findet nämlich seine Wurzeln im Polizeirecht bzw. in den öffentlich-rechtlichen Regelungen (Art. 8 aGSchG, 54 GSchG, 32d USG, 59 USG und 4 KHG), die dem Staat erlauben, die Kosten der von ihnen - bzw. vom Realleistungspflichtigen (Art. 32d USG) - getroffenen *Massnahmen* grundsätzlich dessen Verursachern aufzuerlegen.

Vor allem aber hat die vom Gesetzgeber gewollte *starke Anlehnung* von Art.   825
32b^{bis} USG an das *System des Altlastenrechts* (Art. 32c ff. USG) dessen Ausgestaltung bedeutend geprägt. Da sowohl Art. 32b^{bis} und Art. 32d USG die Verteilung von Kosten regeln, die im Zusammenhang mit belasteten Standorten stehen, sollten sie trotz ihrer unterschiedlichen Rechtsnatur ein kohärentes Ganzes bilden.

Ferner ist der Ausgangspunkt dieses zivilrechtlichen Anspruchs die abfall-   826
rechtliche *Entsorgungspflicht* (Realleistungspflicht) und die öffentlich-rechtliche Kostentragungspflicht des Inhabers der Abfälle bzw. des belasteten Aushubmaterials. Insofern knüpft der Ausgleichsanspruch an diese öffentlich-

rechtlichen Pflichten und die damit verbundenen Konzepte an. In finanzieller Hinsicht stellt er sogar eine Überbindung dieser Verpflichtungen auf die Verursacher dar.

827   Die öffentlich-rechtliche Natur der Entsorgungs- und Kostenpflicht, die unabhängig von einem Verschulden des Inhabers der Abfälle bestehen, spiegelt sich in der Ausgestaltung des Ausgleichsanspruchs wider, der grundsätzlich als *verschuldensunabhängiger Ausgleichsanspruch* konzipiert ist.[1356]

828   Dementsprechend sollten bei der Auslegung des Ausgleichsanspruchs gemäss Art. 32b^bis USG der öffentlich-rechtliche Hintergrund und dessen Systematik nicht vergessen werden.

D   Systematische Stellung

1   Allgemeines

829   Bei Art. 32b^bis USG geht es nicht um eine Sanierung zum Schutz der Umwelt, sondern allein um die Entsorgung von Abfällen. Aus systematischer Sicht ist es somit korrekt, Art. 32b^bis USG in den 3. Abschnitt ("Finanzierung der Entsorgung") eingefügt zu haben und nicht in den 4. ("Sanierung von belasteten Standorten").[1357]

830   Rechtlich gesehen sind sowohl verschmutztes Aushubmaterial als auch - sofern sich der Inhaber dessen entledigt - *unver*schmutztes Aushubmaterial Abfälle.[1358] Laut Art. 7 Abs. 6 USG gelten als Abfälle alle *"beweglichen Sachen, deren sich der Inhaber entledigt* [subjektiver Abfallbegriff] *oder deren*

[1356] Dazu oben N 309 ff.

[1357] Vgl. Bericht vom 20. August 2002, S. 5030.

[1358] TSCHANNEN, Art. 31c N 9; Zur Problematik der Qualifikation von unverschmutztem Aushub- und Abraummaterial als Abfälle: ZUFFEREY, Matériaux d'excavation, S. 111 ff. und insb. 113 f.

Entsorgung im öffentlichen Interesse geboten ist [objektiver Abfallbegriff]".[1359]

Um eine nahtlose Eingliederung in den 3. Abschnitt zu vollziehen, hätte der 831 Gesetzgeber als *Anspruchsberechtigten* den *Inhaber der Abfälle* (d.h. des Aushubmaterials) in Art. 32b[bis] USG nennen müssen und nicht denjenigen des Grundstücks.[1360] Die abfallrechtliche Entsorgungspflicht knüpft nämlich - im Gegenteil zur altlastrechtlichen Entsorgungspflicht (Art. 32c USG) - definitionsgemäss ausschliesslich an bewegliche Sachen an (Art. 7 Abs. 6 USG). Dieses "Versehen" sollte keine materiellen Konsequenzen nach sich ziehen, da bei einem Bauvorhaben der Inhaber des Grundstücks voraussichtlich auch derjenige der Abfälle sein wird.[1361]

2   Keine Änderung der öffentlich-rechtlichen Pflichten

Da es sich bei Art. 32b[bis] USG um eine zivilrechtliche Norm handelt, vermag 832 sie die *öffentlich-rechtliche Kostenzuständigkeit* (Art. 32 Abs. 1 USG) nicht zu tangieren.[1362] Auch nach Inkrafttreten von Art. 32b[bis] USG bleibt aus *öffentlich-rechtlicher* Sicht allein der Inhaber des Aushubmaterials sowohl kosten- als auch entsorgungspflichtig (Art. 32 Abs. 1 und 31c USG).

Die *Verwaltungsbehörden* werden sich dementsprechend stets an den Inhaber 833 der Abfälle halten (müssen), wenn es um die Entsorgung von Abfällen und deren Finanzierung geht (z.B. bei der Ausarbeitung eines Entsorgungskonzepts im Baubewilligungsverfahren).[1363]

Die Entsorgungskosten fallen - als Folge der öffentlich-rechtlichen Entsor- 834 gungs- und Kostenpflicht - zuerst bei dem Inhaber der Abfälle an. Es steht

---

[1359] Zum Abfallbegriff s. ZAUGG, Abfallbegriff, S. 95 ff.
[1360] Dazu unten N 841.
[1361] Dazu unten N 841.
[1362] STUTZ, Altlastenrecht, S. 356.
[1363] STUTZ, Altlastenrecht, S. 356.

ihm dann offen, gestützt auf Art. 32b^bis USG zivilrechtlich gegen die Verursacher und früheren Inhaber vorzugehen.

835 Umgekehrt haben die zivilrechtliche Natur von Art. 32b^bis USG und die Tatsache, dass allein der Inhaber eines Grundstücks nach dieser Norm anspruchsberechtigt ist, zur Folge, dass die Verwaltungsbehörden sich auch unter dem revidierten Recht allein an den Inhaber der Abfälle wenden können. Sollte der Inhaber der Abfälle diese pflichtwidrig nicht der Entsorgung zuführen und die Behörden Ersatzmassnahmen treffen müssen, so werden die Verwaltungsbehörden allein die Kosten dieser Massnahmen bei dem Inhaber der Abfälle eintreiben können und nicht etwa bei den Verursachern der Belastung oder den früheren Inhabern des Grundstücks.

3   Verhältnis zu Art. 32c ff. USG (Altlasten)

836 Art. 32b^bis USG findet dann keine Anwendung, wenn es um die Entsorgung von verschmutztem Aushubmaterial geht, das im Zuge einer *Sanierung* nach Art. 32c USG entfernt wird. Sowohl im Vorentwurf vom 29. Mai 2001 als auch im Entwurf vom 20. August 2002 zu Art. 32b^bis USG hiess es in Art. 32b^bis Abs. 1 USG noch: "Untersuchung, Behandlung und Entsorgung des verunreinigten Aushub-, Abraum- und Ausbruchmaterials von einem belasteten aber nicht sanierungsbedürftigen Standort". Liegt somit ein *sanierungsbedürftiger Standort* vor, dann werden die Kosten der Untersuchung und der Entsorgung des verunreinigten Aushubmaterials nach Art. 32d USG verteilt, sofern es sich um eine *notwendige Sanierungsmassnahme* handelt. Art. 32b^bis USG kann folglich als *lex generalis* bezeichnet werden, während Art. 32d USG eine *lex specialis* bildet.[1364]

837 Bei grösseren Überbauungen, denen eine Sanierung des zu überbauenden Grundstücks vorausgeht, ist auch denkbar, dass die Sanierung gemäss Art. 32c USG nur die Entnahme und Entsorgung eines Teils des Untergrunds (der

---

[1364] Dazu unten N 918 ff.

so genannten "hot-spots") erfordert.[1365] Wie bereits gesehen, zielen Sanierungen nämlich nicht auf die Wiederherstellung des ursprünglichen Zustandes ab, sondern allein auf die Entfernung der gefährlichen Einwirkungen.[1366] Sollte aber das auf dem belasteten Standort geplante Bauwerk *weitergehende* Aushubarbeiten erforderlich machen, so bilden diese keine Sanierungsmassnahmen. Dementsprechend werden die diesbezüglichen Mehrkosten auch nicht nach Art. 32d USG verteilt, sondern nach Art. 32b[bis] USG.[1367]

4   Verhältnis zu anderen zivilrechtlichen Ansprüchen

Neben dem Ausgleichsanspruch nach Art. 32b[bis] USG können theoretisch auch *vertragliche Ansprüche* existieren. Diese Ansprüche stehen ohne Verdrängungswirkung in Konkurrenz zu Art. Art. 32b[bis] USG (Anspruchskonkurrenz). Meistens wird es sich dabei um Ansprüche aus *kaufrechtlicher Mängelhaftung* im Zusammenhang mit der Bodebelastung handeln.[1368] Diese kaufrechtlichen Ansprüche dürften jedoch alle bereits verjährt sein, da nur Inhaber anspruchsberechtigt sind, die ihr Grundstück zwischen dem 1. Juli 1972 und dem 1. Juli 1997 erworben haben.[1369] Damit dem nicht so wäre, müsste die Verjährung ein oder mehrere Male unterbrochen worden sein.   838

Grundsätzlich können dem Inhaber, der sein Grundstück zwischen dem 1. Juli 1972 und dem 1. Juli 1997 erworben hat, hingegen nicht gleichzeitig *haftpflichtrechtliche Ansprüche* und ein Anspruch nach 32b[bis] USG wegen einer Bodenbelastung zustehen. Nicht etwa weil eine Anspruchskonkurrenz ausgeschlossen wäre, sondern nur weil eine Bodenbelastung vor dem Erwerb verursacht worden sein muss, damit der Inhaber (bzw. der Erwerber) überhaupt nach Art. 32b[bis] USG anspruchsberechtigt ist.[1370] Für vor dem Erwerb verursachte Bodenbelastungen kann somit nicht der Erwerber haftpflichtrechtlich   839

[1365] STUTZ, Altlastenrecht, S. 356 f.

[1366] Dazu oben N 539.

[1367] LEHMANN, S. 21 f.

[1368] Dazu RÜEGG, S. 111 f.

[1369] Dazu unten N 855 ff.

[1370] Dazu unten N 793 und 796 f.

gegen die Verursacher vorgehen, sondern nur diejenigen Personen, die zum Zeitpunkt der Verursachung am Grundstück sachenrechtlich berechtigt waren und somit einen Schaden erlitten haben. Für nach dem Erwerb verursachte Bodenbelastungen steht allenfalls dem Erwerber ein haftpflichtrechtlicher Anspruch gegen die Verursacher zu, ein Anspruch nach Art. 32b^{bis} USG jedoch nicht.

IV   Voraussetzungen des Anspruchs

A   Anspruchsberechtigte (Aktivlegitimation)

1   Allgemeines

Als *Anspruchsberechtigter* kommt laut Art. 32b[bis] USG der Inhaber eines   840
Grundstücks allein dann in Frage, wenn er dieses "zwischen dem 1. Juli 1972
und dem 1. Juli 1997 erworben hat".

Bemerkenswert erscheint zuerst, dass das Gesetz bei der Anspruchsberechti-   841
gung nicht an die Inhaberschaft der Abfälle bzw. des verschmutzten Aushubmaterials anknüpft, sondern - so wie im Altlastenrecht - allein an die Inhaberschaft des Grundstücks, aus dem die Abfälle entfernt wurden.[1371] Dieser vom
allgemeinen Abfallrecht abweichende Anknüpfungspunkt sollte jedoch in der
Praxis keine Konsequenzen nach sich ziehen, da bei einem Bauvorhaben der
Inhaber des Grundstücks voraussichtlich auch der Inhaber der Abfälle sein
wird. Im Abfallrecht gilt grundsätzlich derjenige als Inhaber, der die tatsächliche Gewalt über die Abfälle innehat.[1372]

Im Gegensatz zum Altlastenrecht schränkt das Gesetz im vorliegenden Fall   842
den Kreis der potentiellen Inhaber ein, indem es in Art. 32b[bis] Abs. 1 lit. c
USG verlangt, dass der Inhaber das Grundstück *zwischen dem 1. Juli 1972
und dem 1. Juli 1997* erworben haben muss, um Anspruchsberechtigter zu
sein. Diese Bedingung ist höchst bedenklich, denn sie knüpft die Ausgleichsberechtigung an eine *willkürliche Handlung* - den Erwerb - an und weist keinen Bezug zum Grund des Ausgleichsanspruchs auf: die *Verursachung der
Belastung*. Wurde ein Grundstück nicht zwischen dem 1. Juli 1972 und dem
1. Juli 1997 erworben, so bedeutet dies für die Verursacher und früheren In-

---

[1371] Diese Anknüpfung ist m. E. insofern unsachgerecht, da es sich bei Art. 32b[bis] USG um die
Entsorgung von beweglichen Sachen (d.h. von Abfällen) handelt und nicht um eine Sanierung.
[1372] BRUNNER/TSCHANNEN, Vorb. zu Art. 30-32e N 50.

haber, dass sie unabhängig von ihrem Verhalten mangels Ausgleichsberechtigter nicht in die Pflicht genommen werden können.

843 Angesichts der Tatsache, dass der "jetzige Inhaber", um anspruchsberechtigt zu sein, das Grundstück *erworben* haben muss,[1373] ist auch die Wahl des Begriffs "Inhaber" unglücklich, da dieser nicht nur an die sachenrechtliche Berechtigung anknüpft, sondern auch an die tatsächliche Gewalt.[1374]

2 Grundstück

844 Allein diejenigen Personen, die Inhaber eines *Grundstücks* sind, können als Anspruchsberechtigte qualifizieren (Art. 32b^bis Abs. 1 lit. c USG).

845 Der in Art. 32b^bis Abs. 1 lit. c USG verwendete Begriff des Grundstücks sollte *technisch* - d.h. im Sinne von Art. 655 ZGB - verstanden werden. Folglich gelten als Grundstücke sowohl Liegenschaften als auch im Grundbuch aufgenommene selbständige und dauernde Rechte, Bergwerke und Miteigentumsanteile an Grundstücken (Art. 655 Abs. 2 ZGB).

3 Erwerb des Grundstücks

846 Wie bereits erwähnt, genügt die Inhaberschaft des Grundstücks allein nicht, um anspruchsberechtigt zu sein. Der Inhaber muss zudem das Grundstück zwischen dem 1. Juli 1972 und dem 1. Juli 1997 *erworben haben* (Art. 32b^bis Abs.1 lit. c).

847 Zum Sinn des Begriffs "Erwerb" befindet sich in den Materialien zu Art. 32b^bis USG nur ein einziger Hinweis. Während den Debatten im Nationalrat war von "*Kauf und Verkauf*" und "*de l'achat et de la vente*" die Rede.[1375] Es könnte somit der Schluss gezogen werden, dass allein der Erwerb des Grundeigentums (Art. 656 ff. ZGB) gemeint war. Aus den Materialien geht dennoch

---

[1373] Dazu unten N 846 ff.
[1374] Vgl. unten N 889.
[1375] Amtl. Bull. NR 2005, S. 1864.

nicht hervor, dass der gesetzgeberische Wille dahingehend zu interpretieren sei, dass der Erwerb von *anderen dinglichen Rechten* an einem Grundstück ausgeschlossen sein sollte. Das Gegenteil scheint sogar der Fall zu sein, spricht das Gesetz doch ausschliesslich vom "*Inhaber eines Grundstücks*" ("*détenteur d'un immeuble*", "*detentore del fondo*"; Art. 32b^bis Abs. 1 und Abs. 1 lit. c USG) und nicht etwa vom "Eigentümer". Hätte der Gesetzgeber einen restriktiveren Sinn gewollt, so hätte es nahe gelegen, anstatt "Inhaber" die Begriffe "Grundeigentümer" oder "Eigentümer des Grundstücks" im Gesetz zu verwenden.

Dem Begriff "Erwerb eines Grundstücks" begegnet man im geltenden Recht bereits im BewG (Lex Koller)[1376]. Es ist deshalb zu prüfen, inwieweit die Definition des BewG vorliegend analog angewendet werden kann. Laut Art. 4 Abs. 1 lit. a BewG gelten als Erwerb von Grundstücken: der Erwerb des Eigentums, eines Baurechts, eines Wohnrechts oder die Nutzniessung an einem Grundstück. Mit dieser Definition würden insbesondere auch alle Baurechte von Art. 32b^bis Abs. 1 lit. c USG erfasst, unabhängig davon, ob sie als Grundstücke im Sinne von Art. 655 ZGB gelten oder nicht. Im Hinblick auf die Schutzbedürftigkeit liegt nämlich kein sachlicher Grund vor, Inhaber von Baurechten, die als Personaldienstbarkeiten oder unselbstständige Grunddienstbarkeiten begründet wurden, aus dem Anwendungsbereich von Art. 32b^bis USG auszuschliessen. Vorliegend scheint es folglich sachgerecht, die Definition aus Art. 4 Abs. 1 lit. a BewG zu übernehmen, anstatt auf Art. 656 ff. ZGB abzustellen. 848

Angesichts jedoch der Grundverschiedenheit des Zwecks vom BewG - jede Erlangung der Verfügungsmacht über ein Grundstück zu erfassen -[1377] und desjenigen von Art. 32b^bis USG - nur in begrenzten Fällen einen Ausgleichsanspruch zu gewähren -[1378] sollten m. E. die weiteren in Art. 4 Abs. 1 lit. b-g 849

[1376] Bundesgesetz vom 16. Dezember 1983 über den Erwerb von Grundstücken durch Personen im Ausland, SR 211.412.41.

[1377] GEISSMANN/HUBER/WETZEL, S. 26.

[1378] Amtl. Bull. NR 2005, S. 1107.

BewG aufgeführten Erwerbstatbestände hingegen nicht als "Erwerb eines Grundstücks" im Sinne von Art. 32b^bis Abs. 1 lit. c USG gelten, da es sonst zu einer zweckwidrigen Ausuferung der Anwendungsfälle von Art. 32b^bis USG kommen würde.

850   Als Erwerb eines Grundstücks im Sinne von Art. 32b^bis Abs. 1 lit. c USG gilt somit zusammenfassend *jeglicher Erwerb eines dinglichen Rechtes* (und nicht allein des Eigentums) an einem Grundstück (Art. 655 ZGB). Eine *indirekte* Begrenzung der Anspruchsberechtigten wird sich jedoch dadurch ergeben, dass nicht jedes dingliche Recht dessen Inhaber auch dazu ermächtigt, Aushubarbeiten auf dem Standort vorzunehmen.

851   Es stellen sich ferner die Fragen, ob Art. 32b^bis Abs. 1 lit. c USG neben dem Erwerb durch *Singularsukzession* auch diejenigen durch *Universalsukzession* erfasst und ob Erwerb *entgeltlich* sein muss.

852   Bei der Beantwortung dieser zwei Fragen muss man sich stets vergegenwärtigen, dass Art. 32b^bis USG grundsätzlich allein zum Zweck hat, "*ungerechten Härtefällen*"[1379] entgegenzuwirken, die bei der Entsorgung von Aushubmaterial aufkommen können und das Vertrauen derjenigen Erwerber zu schützen, die ihr Grundstück zwischen dem Inkrafttreten des alten Gewässerschutzgesetzes[1380] am 1. Juli 1972 und dem Inkrafttreten am 1. Juli 1997 des revidierten Umweltschutzgesetzes[1381] erworben haben.[1382]

853   Zum einen sollte ein Erwerb durch *Universalsukzession*[1383] nicht als Erwerb im Sinne von Art. 32b^bis Abs. 1 lit. c USG gelten. Bei einer Universalsukzes-

---

[1379] Amtl. Bull. NR 2005, S. 1107.

[1380] Vom 8. Oktober 1971, AS 1972 I, S. 950 ff.

[1381] Vom 21. Dezember 1995, AS 1997 I, S. 1155 ff.

[1382] Amtl. Bull. SR 2005, S. 932; dazu unten N 855 ff.

[1383] Bezüglich der Universalsukzessionen des Obligationenrechts muss hier im Kopf behalten werden, dass das Fusionsgesetz vom 3. Oktober 2003 noch nicht in Kraft war und dementsprechend im Obligationenrecht nur die Fusion (Art. 748 aOR) und die Umwandlung gewisser Gesellschaften (Art. 751, 824 ff. und 915 aOR) als Universalsukzession in Frage

sion steht nämlich die *vermögensrechtliche Kontinuität* im Vordergrund.[1384] Als solche darf eine Universalsukzession auch keine zusätzlichen Verpflichtungen Dritter begründen. Zöge man vorliegend eine gegenteilige Ansicht vor, so würden im Zuge der Universalsukzession Dritte (z. B. die Verursacher der Belastung) zu Schuldnern des Rechtsnachfolgers, obwohl sie nicht solche des Rechtsvorgängers waren. Dem Rechtsnachfolger würden folglich Rechte erwachsen, die seinem Rechtsvorgänger nicht zustanden. Schliesslich vertritt die herrschende Lehre auch die Meinung, dass bei einer Universalsukzession der gutgläubige Erwerb von Gegenständen, die dem Rechtsvorgänger nicht gehörten, durch den Rechtsnachfolger ausgeschlossen ist.[1385] Aus dieser Wertung lässt sich analog ableiten, dass ein Rechtsnachfolger bei einer Universalsukzession nur den Vertrauensschutz geniessen kann, den auch sein Rechtsvorgänger genoss, dass also der Vorgang der Universalsukzession als solcher kein schutzwürdiges Vertrauen beim Rechtsnachfolger begründen kann. Umgekehrt geht eine einmal *erworbene Ausgleichsberechtigung* nicht durch eine spätere Universalsukzession (auch nach dem 31. Mai 1997) verloren.

Zum anderen sollten ein *derivativer Erwerb durch Singularsukzession* und ein *originärer Erwerb* auch nur dann als Erwerb im Sinne von Art. 32b^bis Abs. 1 lit. c USG gelten, wenn sie *entgeltlich* erfolgten.[1386] Dies ergibt sich einerseits aus der Tatsache, dass in den Materialien zu Art. 32b^bis USG ausschliesslich von "Kauf und Verkauf" eines Grundstücks die Rede ist.[1387] Diese Einschränkung auf entgeltlichen Erwerb entspricht andererseits dem allgemeinen gesetzgeberischen Willen, mit Art. 32b^bis USG

854

---

kamen. Es kann somit auch offen bleiben, ob Vermögensübertragungen nach Art. 69 ff. FusG als Erwerb gemäss Art. 32b^bis Abs. 1 lit. c USG gegolten hätten.

[1384] BÜRGI/NORDMANN-ZIMMERMANN, Vorb. zu den Art. 748-750 N 15.

[1385] TSCHÄNI/MEINHARDT/PAPA, Art. 22 N 8; BÜRGI/NORDMANN-ZIMMERMANN, Vorb. zu den Art. 748-750 N 15.

[1386] Als Beispiele eines entgeltlichen originären Erwerbs denke man vor allem an die Zwangsversteigerung (Art. 125 ff. SchKG), an die Enteignung und an das gerichtliche Urteil (Art. 656 Abs. 2, 665 Abs. 5 ZGB und 18 Abs. 2 lit. b-d GBV).

[1387] Amtl. Bull. NR 2005, S. 1864.

allein *"ungerechten Härtefällen"* entgegenzuwirken.[1388] Aus systematischer Sicht wird diese Auslegung ebenfalls bestätigt, da einem Inhaber nur dann ein Ausgleichsanspruch zusteht, wenn er weder eine Entschädigung noch einen Preisnachlass wegen der Belastung erhalten hat (Art. 32b^bis Abs. 1 lit. a USG). Diese Bedingung würde z.B. bei einer Schenkung (Art. 239 ff. OR) oder einer Aneignung (Art. 658 ZGB), die definitionsgemäss unentgeltlich sind, meistens keinen Sinn ergeben.

4   Zeitpunkt des Erwerbs

4.1   Allgemeines

855   Gemäss Art. 32b^bis Abs. 1 lit. c USG sind allein diejenigen Inhaber anspruchsberechtigt, die ihr Grundstück *zwischen dem 1. Juli 1972 und dem 1. Juli 1997* erworben haben.

856   Die vorliegend zur Diskussion stehende Beschränkung wurde in das Gesetz eingeführt, um Neuerwerbe aus dem Anwendungsbereich von Art. 32b^bis USG auszuschliessen. Damit wurde unter anderem der Befürchtung des Bundesrates Rechnung getragen, dass bei zukünftigen Veräusserungen von Liegenschaften der Armee und der Bahnen mit Beteiligungen an den Kosten für die Entsorgung von kontaminiertem Aushub durch die neuen Standortinhaber gerechnet werden müsse. Der Bundesrat vermutete, dass die daraus resultierenden Kosten mehrere 100 Millionen Franken ausmachen würden.[1389] RECHSTEINER hielt diesbezüglich im Nationalrat fest: "Die neue Bestimmung regelt nun nicht mehr Neuerwerbe, sondern ist eine reine Übergansregelung für Käufe und Verkäufe, die in den Jahren 1972 bis 1997, also der Revision des Umweltschutzgesetzes in diesem Punkt, stattgefunden haben. Durch neue Käufe und Verkäufe können also keine Rückgriffe auf frühere Verursacher von Bauherrenaltlasten erfolgen".[1390]

[1388] Amtl. Bull. NR 2005, S. 1107.
[1389] Stellungnahme des Bundesrates vom 23. Mai 2003, S. 5049 f.
[1390] Amtl. Bull. NR 2005, S. 1864.

Laut den Materialien zu Art. 32b^bis Abs. 1 lit. c USG wurde der 1. Juli 1972   857
deshalb als Anknüpfungspunkt gewählt, weil er dem Datum des Inkrafttretens
des Gewässerschutzgesetzes vom 8. Oktober 1971 (aGSchG 1971)[1391] entspricht; der 1. Juli 1997 deshalb, weil er mit dem Zeitpunk des Inkrafttretens
des revidierten Umweltschutzgesetzes vom 21. Dezember 1995[1392] überein-
stimmt. Im Ständerat wurde diese zeitliche Beschränkung damit begründet,
dass Art. 32b^bis USG eine Übergangsregelung darstelle, die wegen der
"Rechtsänderung zwischen Gewässerschutz- und Umweltschutzgesetz" aus
Gründen des Vertrauensschutzes gerechtfertigt sei.[1393] Diesbezüglich sei vorab bemerkt, dass in der Regel kein Recht auf Fortbestand von Gesetzen und
somit kein Vertrauensschutz gegen Gesetzesänderungen besteht.[1394] Vor allem scheint aber die Bedeutung des aGSchG 1971 verkannt worden zu sein.
Das aGSchG 1971 sprach nämlich weder direkt noch indirekt dem Grundstückinhaber ein Recht auf Entschädigung für Mehrkosten bei der Entsorgung
von Aushubmaterial zu. Art. 8 aGSchG 1971 fand nur bei Verunreinigungen
oder unmittelbaren Gefährdungen von Grundwasser Anwendung. Der von
Art. 8 aGSchG 1971 erfasste Sachverhalt entspricht der heutigen Definition
einer Altlast (Art. 32c USG) und nicht etwa derjenigen einer Finanzierung
von Aushubmaterial gemäss Art. 32b^bis USG. Auch vor dem Inkrafttreten des
aGSchG 1971 stand dem Grundstückinhaber zu keinem Zeitpunkt von Gesetzes wegen ein Recht auf Entschädigung für die Mehrkosten zu, die bei der
Entsorgung von Aushubmaterial aus einem belasteten, aber nicht sanierungsbedürftigen Standort anfallen. Es bleibt somit schleierhaft, welches Vertrauen
der Gesetzgeber 19 Jahre nach Inkrafttreten des revidierten Umweltschutzgesetzes schützen will.

[1391] AS 1972 I, S. 950 ff.

[1392] AS 1997 I, S. 1155 ff.

[1393] Amtl. Bull. SR 2005, S. 932.

[1394] BGE 113 V 304 E. 3a; 112 IB 249 E. 4; 106 IA 191 E. 7. Das Bundesgericht hat diese
Auffassung relativiert: BGE 122 V 405 E. 3; vgl. auch HÄFELIN/MÜLLER/UHLMANN,
N 342 ff. und 641 ff.

4.2 Bestimmung des Zeitpunkts

858 Da es der Wille des Gesetzgebers ist, eine Übergangsregelung für den Zeitraum zwischen dem jeweiligen Inkrafttreten zweier Gesetze einzuführen,[1395] müssen all diejenigen Erwerbe erfasst werden, die zwischen dem Inkrafttreten des Gewässerschutzgesetzes vom 8. Oktober 1971 und dem Inkrafttreten des revidierten Umweltschutzgesetzes vom 21. Dezember 1995 stattgefunden haben. Mit anderen Worten muss der Erwerb frühestens am 1. Juni 1972 und spätestens am 31. Mai 1997 erfolgt sein.

859 Für den Erwerbszeitpunkt sollte, da es auf den Erwerb dinglicher Rechte ankommt, an den *Zeitpunkt des sachenrechtlichen Erwerbs* angeknüpft werden und nicht etwa an denjenigen des Verpflichtungsgeschäfts.[1396]

860 Bei *konstitutiver Wirkung des Grundbucheintrags* (absolutes Eintragungsprinzip) wird die jeweilige Eintragung im Hauptbuch (Art. 972 Abs. 1 ZGB) für den Erwerb massgebend sein. Da die Wirkung der Eintragung in das Hauptbuch auf den Zeitpunkt der Einschreibung in das Tagebuch zurückbezogen wird (Art. 972 Abs. 2 ZGB),[1397] genügt es demnach, dass die Einschreibung in das *Tagebuch* ab dem 1. Juli 1972 bis und mit dem 31. Mai 1997 erfolgt ist.

861 Im Falle einer Grundbucheintragung mit *deklaratorischem Charakter* (relatives Eintragungsprinzip) gilt als Zeitpunkt des Erwerbs derjenige der Erfüllung der tatbestandsmässigen Voraussetzungen für den Erwerb des dinglichen Rechts.[1398] Um Anspruchsberechtigter zu sein, muss die *letzte* für den Erwerb des dinglichen Rechts *notwendige Voraussetzung* zwischen dem 1. Juli 1972 bis und mit dem 31. Mai 1997 erfüllt worden sein.

[1395] Amtl. Bull. NR 2005, S. 1108.

[1396] Gl.M. RÜEGG, S. 110.

[1397] Dazu REY, Grundlagen des Sachenrechts, N 1521 ff. m.w.H.; STEINAUER, Bd. I, N 897 ff.; BGE 110 II 123 E. 2.

[1398] Dazu REY, Grundlagen des Sachenrechts, N 1546; STEINAUER, Bd. I, N 699.

5   Zusammenfassung

Somit lässt sich Art. 32b^{bis} Abs. 1 lit. c USG wie folgt verstehen: Anspruchs-   862
berechtigt nach Art. 32b^{bis} USG sind all diejenigen Inhaber eines Grundstücks, die ihr dingliches Recht an dem besagten Grundstück vom 1. Juli 1972
bis und mit dem 31. Mai 1997 durch entgeltliche Singularsukzession oder
entgeltlichen originären Erwerb erworben haben, wobei bei absolutem Eintragungsprinzip auf den Zeitpunkt der Einschreibung in das Tagebuch abgestellt
wird, bzw. bei relativem Eintragungsprinzip auf die Erfüllung der tatbestandsmässigen Voraussetzungen für den Erwerb des dinglichen Rechts.

Da der Anspruch des jetzigen Inhabers im Zuge einer zukünftigen Veräusse-   863
rung verloren geht und kein Anspruch beim neuen Erwerber entsteht, kann es
ratsam sein, unter Vorbehalt eines eventuellen Rechtsmissbrauchs einen
Standort erst nach Entnahme des Aushubs bzw. Überbauung zu verkaufen
(bzw. den Verkauf zu vollziehen).

B   Anspruchsgegner (Passivlegitimation)

1   Verursacher

1.1   Bestimmung des Verursachers in Art. 32b^{bis} USG

Als Anspruchsgegner nennt Art. 32b^{bis} USG als Erstes die *Verursacher*. Wer   864
genau als Verursacher zu gelten hat, bestimmt das Gesetz indessen nicht. Es
findet sich auch sonst in der Gesetzgebung und in der Verfassung *keine Legaldefinition* des Verursachers.[1399] In Praxis und Lehre wird deshalb immer
auf den Störerbegriff zurückgegriffen, um den Kreis derjenigen Personen zu
bestimmen, die im rechtlichen Sinn als Verursacher zu gelten haben.[1400]

[1399] Dazu oben N 159 ff.
[1400] Dazu oben N 162 ff.

865 Es fragt sich vorliegend, ob auch bei Art. 32b^{bis} USG auf den Störerbegriff zurückgegriffen werden soll, um die Verursacher zu bestimmen. Auch wenn dies vorliegend aus dogmatischer Sicht nicht unproblematisch ist[1401] und zudem allgemein vom Polizeirecht Abstand genommen werden sollte,[1402] muss aus folgenden zwei Überlegungen solch ein Rückgriff auf den Störerbegriff dennoch bejaht werden. Einerseits gebietet die *inhaltliche Kongruenz* des Umweltrechts und insbesondere der Verursacherhaftungen, dem Begriff des Verursachers soweit wie möglich jeweils den gleichen Inhalt beizumessen. Andererseits war es die Absicht des Gesetzgebers, mit Art. 32b^{bis} USG eine Regelung ins Gesetz einzuführen, die sich stark an das Altlastenrecht anlehnt (Art. 32c ff. USG). Eines der Hauptmerkmale, das aus Art. 32d USG übernommen wurde, besteht gerade in der Kostenpflicht des *Verursachers*. Letzteren anders zu definieren, als dies im Altlastenrecht und bei den anderen Verursacherhaftungen der Fall ist (d.h. ohne an den Störerbegriff anzuknüpfen), käme einer Vereitelung des gesetzgeberischen Vorhabens gleich.

1.2 Problematischer Rückgriff auf den Störerbegriff

866 Trotz seiner Notwendigkeit stösst der Rückgriff auf den Störerbegriff bei Art. 32b^{bis} USG auf ein grundlegendes Problem. Wie bereits im allgemeinen Teil dieser Arbeit im Zusammenhang mit der Unmittelbarkeitstheorie erwähnt,[1403] gibt es in den Anwendungsfällen von Art. 32b^{bis} USG mangels einer Gefahr oder einer Störung gar keinen *Störer* im polizeichrechtlichen Sinne.

867 Unter einer polizeirechtlichen *Gefahr* versteht man seit jeher eine Sachlage, die bei unbehindertem Ablauf des Geschehens mit Wahrscheinlichkeit zu einem Schaden durch von aussen kommende Einwirkung führen würde.[1404]

[1401] Dazu unten N 866 ff.
[1402] Dazu oben N 64 ff. 169 ff.
[1403] Dazu oben N 207 ff.
[1404] FRIAUF, Verwaltungsrecht, S. 117 N 45; REINHARD, S. 105.

Eine *Störung* liegt ihrerseits dann vor, wenn ein Schaden für die öffentliche   868
Sicherheit und Ordnung tatsächlich eingetreten ist.[1405]

In der Tat können die Verursacher, die durch ihr *Verhalten* die Belastung des   869
Standorts bewirkt haben, nicht als Störer bezeichnet werden. Würde nämlich
eine Gefahr oder eine Störung von dem Grundstück ausgehen, so läge ein *sanierungsbedürftiger belasteter Standort* vor (Art. 32c USG und Art. 2 Abs. 2
AltlV) und Art. 32b[bis] USG käme grundsätzlich nicht zur Anwendung.[1406] Es
lässt sich vorliegend auch keine Analogie zu denjenigen Fällen bilden, in denen eine Altlast mobilisiert wird.[1407] Bei der Mobilisierung einer Altlast wird
nämlich ein stationärer und ungefährlicher Zustand dahingehend durch ein
Bauvorhaben verändert, dass unmittelbar eine Gefahr für die Umwelt entsteht.
Im Falle der Entnahme und der Entsorgung von Aushubmaterial gemäss Art.
32b[bis] USG entsteht hingegen - wenn überhaupt - eine Störung allein dann,
wenn der Inhaber des Aushubmaterials seiner Verpflichtung, dieses einer
sachgemässen Entsorgung zuzuführen, nicht nachkommt. Für eine sachgerechte Entsorgung des Aushubmaterials zeichnet wiederum allein dessen Inhaber verantwortlich und nicht etwa diejenige Person, welche die Belastung
des Standorts und somit des Aushubmaterials durch ihr Handeln bewirkt
hat.[1408]

Auch der Inhaber des Grundstücks aus Art. 32b[bis] USG kann nicht als Störer   870
qualifiziert werden, da weder eine Gefahr noch eine Störung von seinem
Grundstück ausgehen. Auch nachdem der Inhaber Aushubmaterial aus seinem
Grundstück entnommen hat, wird er nicht *per se* zum Störer, denn auch der
Inhaber von Abfällen wird *höchstens dann* einen Gefährdungs- bzw. Störungstatbestand erfüllen, wenn er die Abfälle nicht *ordnungsgemäss* entsorgt.[1409] Dies gilt natürlich für Abfall im subjektiven Sinn (Art. 7 Abs. 6

[1405] REINHARD, S. 105.
[1406] Dazu unten N 918 ff.
[1407] Dazu PERGOLIS, S. 264.
[1408] Dazu oben N 832 ff.; vgl. auch BGE 118 Ib 407 E. 3.
[1409] A.M. GRIFFEL (N 264), der den Inhaber von Abfällen stets als Zustandsstörer qualifiziert.

USG); m.E. aber auch für Abfall im objektiven Sinn (Art. 7 Abs. 6 USG). An sich gefährliche Abfälle gefährden nämlich die Umwelt regelmässig nur dann, wenn sie nicht ordnungsgemäss der Entsorgung zugeführt werden.[1410] Die (abstrakte) Gefährlichkeit von Sachen entsteht nicht dadurch, dass sie zu Abfall werden, sondern besteht in aller Regel schon vorher (z.B. ist Öl für die Umwelt gleichermassen schädlich bzw. gefährlich, ob es nun "alt" oder "neu" ist). Es gibt auch andere Gegenstände, die für sich gesehen eine hohe Gefährlichkeit aufweisen, wie Kernkraftwerke, chemische Stoffe oder Waffen. Gleichwohl wird man kaum behaupten können, dass von diesen an sich gefährlichen Sachen stets und gegenwärtig eine polizeiliche Gefahr ausgeht, d.h. eine Störung der öffentlichen Sicherheit und Ordnung. Eine solche Störung setzt nämlich voraus, dass die öffentliche Sicherheit beeinträchtigt wird oder jedenfalls eine solche konkrete Beeinträchtigung ernstlich zu befürchten ist. Daraus folgt, dass der Zustand einer Sache nur dann eine Störung verursacht, wenn die Sache derart mit den geschützten Rechtsgütern in Kontakt tritt, dass Letztere beeinträchtigt oder zumindest bedroht werden. Andernfalls wäre die Polizei gezwungen, gegen jede an sich gefährliche Sache vorzugehen.[1411]

871   Zusammenfassend kann somit festgehalten werden, dass vorliegend nicht direkt auf den Störerbegriff zurückgegriffen werden kann, um den Verursacherkreis zu umschreiben. Der Verursacherbegriff entzieht sich hier also der polizeirechtlichen Logik. Dies ist nicht weiter erstaunlich, da das umweltpolitische Verursacherprinzip weiter greift als das Störerprinzip. Es erfasst nämlich auch Belastungen und Schädigungen der Umwelt, die *unterhalb der Gefahrenschwelle* liegen.[1412]

872   Auch wenn eine *direkte Anknüpfung* an den Störerbegriff nicht möglich ist, müssen - so sehr diese aus rechtspolitischer Sicht auch bedenklich erscheinen

---

[1410] BRUNNER/TSCHANNEN (Vorb. zu Art. 30-32e N 50) und FRICK (S. 170) scheinen hingegen allein bei Abfällen im subjektiven Sinne, soweit diese vorschriftsgemäss entsorgt werden, die Qualifikation deren Inhaber als Störer zu verneinen.

[1411] Vgl. zum Ganzen BINDER, S. 55 ff.

[1412] BRANDNER, S. 69 f.; FRICK, S. 64; GANTNER, S. 28 f.; GRIFFEL, N 332; SEILER, Art. 2 N 62; WAGNER B., Verursacherprinzip, S. 335 und 369. Dazu oben N 209.

mag - dennoch dessen *wesentliche Merkmale* beibehalten werden, um den gesetzgeberischen Willen und die Kohärenz zum Altlastenrecht zu gewährleisten.

Die hier zu übernehmenden Merkmale des Störerbegriffs sind einerseits die   873
Unmittelbarkeitstheorie als Kriterium zur Eingrenzung des Verursacherkreises[1413] und andererseits die *Zurechnungskriterien* der Haftung,[1414] welche das Handeln bzw. das Unterlassen einer Person und/oder die Verfügungsgewalt über eine Sache sein können.

1.3   Verhaltensverantwortlicher

Wie bereits im allgemeinen Teil dieser Arbeit dargelegt, gilt im *Polizeirecht*   874
derjenige als *Verhaltensstörer*, der durch "eigenes Verhalten oder durch das unter seiner Verantwortung erfolgte Verhalten Dritter unmittelbar eine polizeiwidrige Gefahr oder Störung verursacht".[1415]

Analog zum Verhaltens*störer* kann somit in Art. 32b[bis] USG derjenige als   875
Verhaltensverantwortlicher bezeichnet werden, der durch eigenes Verhalten oder das von Dritten, für die er einzustehen hat, das *Erfordernis einer Massnahme* (bzw. der Entsorgung) verursacht.[1416]

Das verursachende Verhalten kann sowohl in einem *Tun* als auch in einer   876
Unterlassung bestehen, sofern bei Letzterer eine besondere Pflicht besteht, tätig zu werden.[1417]

1.4   Zustandsverantwortlicher

Es fragt sich in Bezug auf Art. 32b[bis] USG, ob wie bei allen Verursacherhaf-   877
tungen auch eine Zustandsverantwortlichkeit besteht.

[1413] THÜRER, S. 475.
[1414] THÜRER, S. 471.
[1415] BGE 114 Ib 44 E. 2c/bb; 102 Ib 203 E. 3.
[1416] SEILER, Art. 2 N 66.
[1417] BGE 114 Ib 44 E. 2c/bb; dazu ausführlich oben N 321 ff.

878 Der Inhaber des Standorts, der im vorliegenden Fall zwangsnotwendig auch Bauherr und Inhaber der Abfälle (d.h. des Aushubmaterials) sein wird, nimmt in Art. 32b^bis USG die Stellung eines Zustandsverantwortlichen ein.[1418] Er wird auch laut Art. 32b^bis Abs. 1 USG in der Regel ein Drittel der Mehrkosten für die Untersuchung und Entsorgung des Aushubmaterials zu tragen haben. Als *Anspruchsgegner* kommt er dennoch nicht in Betracht. Art. 32b^bis USG verändert nämlich nicht die *öffentlich-rechtliche Entsorgungspflicht* (Art. 31c USG) und *Kostenzuständigkeit* (Art. 32 Abs. 1 USG),[1419] weshalb die Entsorgungskosten beim Inhaber anfallen werden. Dementsprechend ist im Rahmen von Art. 32b^bis USG - anders als im Altlastenrecht - der Inhaber des Standorts der einzige Anspruchsberechtigte und kommt folglich auch nicht als Anspruchsgegner in Betracht.[1420]

879 Offen bleibt noch die Frage, ob weitere Personen als der Inhaber des Standorts (und der Abfälle) als *Zustandsverantwortliche* qualifiziert werden und somit als *Anspruchsgegner* in Frage kommen können.[1421] Dies ist aus folgender Überlegung nicht der Fall:

880 Bei belastetem Aushubmaterial handelt es sich um Abfall. Die Zustandsverantwortlichkeit bestimmt sich somit nach dem Abfallrecht. Im Abfallrecht wird eine Person - trotz faktischer Verfügungsmacht - nicht schon allein deswegen Inhaber von Abfällen, weil diese z.B. auf ihrem Grundstück abgelagert wurden.[1422] Dass ein Inhaber eines Grundstücks nicht notwendig auch der In-

---

[1418] So im Bericht vom 20. August 2002, S. 5023. Die Qualifikation des Abfallinhabers als polizeirechtlicher Störer ist nicht unproblematisch, da der Inhaber erst dann einen Gefährdungstatbestand erfüllt, wenn er die Abfälle nicht ordnungsgemäss entsorgt; s. dazu BRUNNER/TSCHANNEN, Vorb. zu Art. 30-32e N 50.

[1419] Dazu oben N 832 ff.

[1420] Dies ist auch insofern logisch, da allein den Bauherrn die Entsorgungspflicht (Art. 31c USG) trifft.

[1421] Theoretisch kämen als weitere Zustandsstörer sowohl Mieter, Pächter als auch Baurechtgeber des Grundstücks in Betracht, aus dem der Aushub entnommen wird.

[1422] BRUNNER/TSCHANNEN, Vorb. zu Art. 30-32e N 50 und TSCHANNEN, Art. 31b N 14. STEINER P. (S. 287) weist zu Recht darauf hin, dass auch bei der Bestimmung des Inhabers, der Störerbegriff des Polizeirechts herangezogen werden muss. Es wäre laut STEINER P.

haber der sich auf seinem Grundstück befindlichen Abfälle sein muss, ergibt sich schon aus Art. 31b Abs. 1 USG, der von "Abfällen, deren Inhaber nicht ermittelt werden kann", handelt. Abfälle ohne Inhaber kann es nämlich nur dann geben, wenn der Inhaber (sei es der Staat oder eine Privatperson) des Grundstücks, auf dem sie sich gerade befinden, nicht automatisch deren Inhaber wird.[1423] Daraus folgt, dass der Bauherr (als Erzeuger der Abfälle) zumindest so lange der alleinige Inhaber der aus den Bauarbeiten stammenden Abfälle ist, bis er sie einer sachgemässen Entsorgung zugeführt hat. Aus der abfallrechtlichen Perspektive kann es bei Aushubmaterial somit gar keinen weiteren Zustandsverantwortlichen geben.

Was *prima vista* als ein Bruch der inhaltlichen Kongruenz des Verursacherbegriffs im Umweltrecht erachtet werden könnte, erweist sich bei genauerer Betrachtung als dessen konsequente Anwendung. Die sich vom Altlastenrecht scheinbar unterscheidende Bedeutung des Verursacherbegriffs findet nämlich ihren Ursprung in den grundsätzlich verschiedenen Anknüpfungspunkten der Zustandsverantwortlichkeit, die im Abfallrecht und im Altlastenrecht gelten. Während im Abfallrecht auf die Inhaberschaft der Abfälle abgestellt wird, wird im Altlastenrecht zur Bestimmung der Zustandsstörer auf die Inhaberschaft des sanierungsbedürftigen Standorts abgestellt. Behält man diese Unterscheidung vor Augen, so erklärt sich, dass allein der Inhaber der Abfälle, im vorliegenden Fall also der Bauherr und Inhaber des Standorts, als "Zustandsverantwortlicher" in Frage kommt.[1424]   881

Diese Auslegung entspricht schliesslich auch den Materialien zu Art. 32b^bis USG, in denen explizit - wenn auch fälschlicherweise -[1425] von "Verhaltens-   882

---

nämlich mit Art. 2 USG nicht vereinbar, dass z.B. ein "wilder" Entsorger nicht mehr als Inhaber der Abfälle und damit als Entsorgungspflichtiger bezeichnet wird.

[1423] TSCHANNEN, Art. 31b N 14.

[1424] Zur Frage, ab wann der Inhaber von Abfällen auch als Störer im Sinne des Polizeirechts gilt s. BRUNNER/TSCHANNEN, Vorb. zu Art. 30-32e N 50.

[1425] Dazu oben N 866 ff.

störern" die Rede ist und der Bauherr als einziger "Zustandsstörer" bezeichnet wird.[1426]

1.5   Zusammenfassung

883   Als einziger Zustandsverantwortlicher kommt der Inhaber des Standorts bzw. des Aushubmaterials in Frage. Als Anspruchsgegner scheidet er dennoch aus, da er *Anspruchssteller* ist und somit nicht gleichzeitig auch Anspruchsgegner sein kann.

884   Mangels weiterer Zustandsverantwortlicher kommen in Art. 32b^{bis} USG allein diejenigen Personen als *Verursacher* in Betracht, welche die Belastung durch ihr *Verhalten* verursacht haben.[1427] Der Kreis der *Anspruchsgegner* nach Art. 32b^{bis} USG beschränkt sich somit auf die *Verhaltensverantwortlichen*.

885   Im Resultat entspricht die vorliegende Begrenzung des Verursacherkreises auf die *Verhaltens*verantwortlichen der in dieser Arbeit vertretenen Meinung, wonach unter dem Begriff "Verursacher" grundsätzlich allein diejenigen Personen erfasst werden sollten, die durch ihr persönliches *Verhalten* oder dasjenige ihr unterstellter Personen eine Beeinträchtigung der Umwelt herbeigeführt haben. Eine Verantwortlichkeit der Inhaber der tatsächlichen Gewalt oder der Eigentümer sollte nur dann angenommen werden, wenn diese explizit im Gesetz vorgesehen ist.[1428]

2   Frühere Inhaber

2.1   Allgemeines

886   Neben den Verursachern werden in Art. 32b^{bis} Abs. 1 USG die *früheren Inhaber* als Anspruchsgegner aufgeführt.

[1426] Bericht vom 29. Mai 2001, S. 20 und Bericht vom 20. August 2002, S. 5023.
[1427] Im Ergebnis gl.M.: TRÜEB, Bauherrenaltlast, S. 639.
[1428] Dazu oben N. 169 ff. und insb. 181 ff. sowie 406.

Sowohl im Vorentwurf vom 29. Mai 2001 als auch im Entwurf vom 20.   **887**
August 2002 wurden die früheren Inhaber noch *nicht als Anspruchsgegner genannt*. In den Materialien findet sich nicht ein einziger Hinweis wieder, warum die früheren Inhaber, ohne Verursacher zu sein, in der verabschiedeten Fassung von Art. 32b^{bis} USG zu Anspruchsgegnern wurden. Dementsprechend wird nachfolgend auch auf eine historische Auslegung verzichtet.

Im Gegensatz zu Art. 32b^{bis} USG kommen *frühere Inhaber* im *Altlastenrecht*,   **888**
sofern sie keine Verhaltensverantwortlichen sind, nicht als mögliche Adressaten einer Kostenverfügung nach Art. 32d USG in Betracht.[1429] Dies entspricht auch dem Polizeirecht, welches nur *Verhaltens*störer und *Zustands*störer kennt. Frühere Inhaber fallen somit unter keine dieser beiden Kategorien. Sie können insbesondere nicht als Zustandsstörer qualifiziert werden, da es sich bei der *Zustands*haftung um eine *Gewalthaberhaftung* handelt, welche mit dem Verlust der tatsächlichen oder rechtlichen Gewalt endet.

2.2 Grammatikalische Auslegung

Der Begriff des "früheren Inhabers" ist in Art. 32b^{bis} USG nicht näher defi-   **889**
niert. In der allgemeinen juristischen Fachsprache (insb. im Haftpflicht- und Umweltrecht) werden mit "Inhaber" regelmässig Personen bezeichnet, welche die *tatsächliche Herrschaft* über eine Sache innehaben.[1430] Ohne weitere Präzisierung bzw. Einschränkung sind damit regelmässig nicht nur Inhaber bestimmter *Rechte* (insb. dinglicher Rechte) gemeint, auch wenn das allgemeine Sprachverständnis diesen engeren Bedeutungsinhalt nicht *a priori* ausschliesst.[1431] Der Wortlaut von Art. 32b^{bis} USG spricht deshalb dafür, unter dem Begriff "frühere Inhaber" all diejenigen Personen zu erfassen, die einmal die tatsächliche Herrschaft (und nicht nur bestimmte Rechte) über das Grundstück hatten.

[1429] Dazu CUMMINS, S. 75 f. und 261 f.

[1430] Ausführlich zum Begriff des Inhabers ZUFFEREY, Pollueur-payeur, S. 125 f. Zum Begriff im Abfallrecht s. BRUNNER/TSCHANNEN, Vorb. zu Art. 30-32e N 50.

[1431] ZUFFEREY (Pollueur-payeur, S. 130) ist der Meinung, dass der Begriff des Inhabers (détenteur) im öffentlichen Recht sich auf den Eigentümer beschränken sollte.

2.3 Systematische Auslegung

890 Da in Art. 32b^{bis} USG die "früheren Inhaber" zusätzlich zu den "Verursachern" genannt werden, ist aus systematischer Sicht davon auszugehen, dass der Begriff "frühere Inhaber" nur auf diejenigen Inhaber abzielt, die *nicht* zugleich *Verursacher* sind. Eine spezifische Nennung der früheren Inhaber im Gesetz wäre sonst völlig unnötig gewesen.

891 In Art. 32b^{bis} Abs. 1 lit. a USG wird zudem der Ausgleichsanspruch des jetzigen Inhabers von der Tatsache abhängig gemacht, dass "die früheren Inhaber beim Verkauf des Grundstücks keinen Preisnachlass wegen der Belastung gewährt haben". Diese Bedingung macht nur bei denjenigen Inhabern Sinn, die ein *dingliches Recht* am Grundstück hatten und es dementsprechend verkaufen konnten. Die im Parlament debattierte französische Fassung sprach deshalb auch von den "*anciens propriétaires*", also den früheren Eigentümern des belasteten Standorts und nicht von den "détenteurs".[1432] Folglich sollten nach der systematischen Auslegung allein diejenigen Personen, die ein *übertragbares dingliches Recht am Grundstück* hatten, als "frühere Inhaber" gelten.[1433] Diese restriktive Auslegung des Inhaberbegriffs entspricht zudem derjenigen, die bei den Anspruchsberechtigten nach Art. 32b^{bis} USG gilt. Als Anspruchsberechtigte gelten nämlich auch nur diejenigen Inhaber eines Grundstücks, die ein *dingliches Recht* an dem besagten Grundstück vom 1. Juli 1972 bis und mit dem 31. Mai 1997 erworben haben.[1434]

2.4 Teleologische Auslegung

892 Aus teleologischer Sicht fragt sich, woran die *Ausgleichspflicht* der früheren Inhaber anknüpft bzw. welche Zweckvorstellung ihr zugrunde liegt.

[1432] AmtBull NR 2005, S. 1107. Die verabschiedete und in Kraft getretene französische Fassung von Art. 32b^{bis} USG spricht hingegen, wie die deutsche und die italienische Fassung, von den "anciens détenteurs".

[1433] Im Ergebnis gl. M.: RÜEGG, S110, TRÜEB, Bauherrenaltlast, S. 639.

[1434] Dazu oben N 840 ff.

Wie bereits bei der systematischen Auslegung gezeigt, kann der Anknüp- 893
fungspunkt der Ausgleichspflicht der früheren Inhaber nicht in der Verursachung der Belastung liegen, da sie sonst bereits in ihrer Eigenschaft als Verursacher in Anspruch genommen werden könnten.[1435]

Es bleibt demnach zu klären, was einen Ausgleichsanspruch gegenüber den 894
früheren Inhabern überhaupt zu rechtfertigen vermag und ob es sich um eine
Erweiterung des Verursacherprinzips handelt.

Der Rückgriff auf die früheren Inhaber könnte sich damit rechtfertigen, dass 895
eine *Flucht aus der Zustandshaftung* (insb. durch Verkauf des Grundstücks)
verhindert werden soll. Dieser Zweck wäre indessen verfehlt, da das Gesetz
allein auf abgeschlossene Tatbestände Anwendung findet und somit kein ak-
tives Verhalten mehr zu beeinflussen vermag. Sollte eine frühere Inhaberschaft als ein ausreichender Zurechnungsgrund erachtet werden, so würde eine dem Schweizer Recht bis jetzt unbekannte *ewige Zustandshaftung* geschaffen. Eine solche Erweiterung des Verursacherprinzips würde zu einem Bruch
der inhaltlichen Kongruenz des Verursacherbegriffs im Umweltrecht führen
und kann deshalb wohl kaum dem gesetzgeberischen Willen entsprechen.

Die Nennung der früheren Inhaber als Ausgleichspflichtige ist jedoch auch 896
einer vernünftigen Auslegung zugänglich.

Die *ratio legis* von Art. 32b[bis] USG besteht darin, dem jetzigen Inhaber des 897
Grundstücks einen Anspruch für in der Vergangenheit verursachte Belastungen zu gewähren. Um *rückwirkend* einen kohärenten und gerechten zivilrechtlichen Ausgleichsanspruch einzuführen, müssen die früheren Inhaber in Art.
32b[bis] USG *zwangsläufig als Ausgleichspflichtige genannt werden*, obwohl sie
im Altlastenrecht, sofern sie keine Verhaltensverantwortlichen sind, bei der
Kostenverteilung als Kostentragungspflichtige nicht in Betracht kommen.

[1435] Dazu oben N 890.

898   Aus der weitreichenden Rückwirkung von Art. 32b^{bis} USG könnten nämlich
sonst *unbillige Resultate* herrühren, insbesondere deshalb, weil die Beteiligten
bei der Gestaltung ihrer zivilrechtlichen Verhältnisse (z.B. mittels eines
Kaufvertrages) nicht wissen konnten, dass nachträglich ein Ausgleichsanspruch eingeführt würde. Auch wenn zufallsbedingt eine anwendbare Vereinbarung (z.B. eine vertraglich vereinbarte Schadloshaltung) bestehen sollte,
dürften angesichts der weitreichenden Rückwirkung die daraus entstammenden Ansprüche bei Inkrafttreten von Art. 32b^{bis} USG schon längst verjährt
sein. Ein uneingeschränkter, rückwirkender Ausgleichsanspruch könnte somit
zu einer *Doppelentschädigung* des jetzigen Inhabers oder einer *Doppelbelastung* der Verursacher führen. Um diese Unbilligkeiten zu vermeiden, steht
dem jetzigen Inhaber dementsprechend auch nur dann ein Ausgleichsanspruch
zu, wenn er nicht bereits entschädigt wurde (Art. 32b^{bis} Abs. 1 lit. a USG).[1436]
Umgekehrt muss gemäss der Zielsetzung des Gesetzgebers auch derjenige
Verursacher aus der Pflicht genommen werden, der bereits eine Entschädigung geleistet oder einen Preisnachlass gewährt hat, egal an wen.[1437] Um den
Kreis zu schliessen und damit der jetzige Inhaber nicht mit leeren Händen dasteht, wenn der Verursacher bereits einem früheren Inhaber eine Entschädigung oder einen Preisnachlass wegen der Belastung bezahlt hat, muss ihm
gestattet werden, auf denjenigen Inhaber direkt Rückgriff zu nehmen, der die
Entschädigung oder den Preisnachlass einkassiert und nicht weitergeleitet hat.
Der Grund für die Nennung der früheren Inhaber in Art. 32b^{bis} USG sollte
somit allein die Ermöglichung eines solchen Rückgriffs sein. Frühere Inhaber
sollten folglich nur dann haften, wenn ein der *ungerechtfertigten Bereicherung ähnelnder* Sachverhalt vorliegt.[1438]

899   Die teleologische Auslegung *bekräftigt zudem die systematische Auslegung*.
Laut dieser gelten allein diejenigen Personen als frühere Inhaber, die ein *dingliches Recht am Grundstück* hatten. Die teleologische Auslegung von Art.

[1436] Dazu unten 946 f.

[1437] Dazu unten N 948.

[1438] A.M. TRÜEB (Bauherrenaltlast, S. 639), der aus Billigkeitsüberlegungen alle ehemaligen
Eigentümer und Baurechtsnehmer als Anspruchsgegner (bzw. passivlegitimiert) erachtet.

32b^{bis} USG hat ihrerseits gezeigt, dass ein früherer Inhaber nur dann einen Ausgleich leisten muss, wenn er eine *Entschädigung oder einen Preisnachlass wegen der Belastung erhalten hat*, diese aber weder für die Entsorgung verwendet noch einem späteren Inhaber des Standorts in irgendeiner Form weitergegeben hat. Doch allein diejenigen, die im Genuss eines *übertragbaren dinglichen Rechts* waren (meistens die Eigentümer oder die Bauberechtigten), werden je eine solche Entschädigung wegen der Belastung erhalten (z.B. in Form einer Preisminderung) und vielleicht daraus Profit geschlagen haben.[1439] Es sollten somit auch aus teleologischer Überlegung all diejenigen Personen als Inhaber ausser Betracht fallen, die allein einen tatsächlichen oder vertraglichen Bezug (z.B. frühere Mieter) zum Standort oder ein unübertragbares dingliches Recht (z.B. Wohnberechtigte) hatten. Wenn frühere Mieter, Pächter oder Wohnberechtigte überhaupt je eine Entschädigung im Zusammenhang mit der Belastung erhalten haben sollten, wird es sich höchst wahrscheinlich um eine Entschädigung für die Unannehmlichkeiten handeln, die sie während ihrer Anwesenheit auf dem Standort wegen der Belastung erlitten haben.[1440] Mieter oder Pächter haben kein dingliches Recht bzw. Wohnberechtigte *kein übertragbares dingliches Recht* (Art. 776 Abs. 2 ZGB), das sie wegen einer vorhandenen Belastung erst günstig hätten erwerben und dann aufgrund der verschwiegenen Belastung überteuert weiterverkaufen können. Es kann somit bei Mietern, Pächtern oder Wohnberechtigten von einer ungerechtfertigten und andauernden "Bereicherung" nie die Rede sein.

[1439] Man denke etwa an einen Grundeigentümer, der wegen einer Belastung ein Grundstück günstig erworben hat, dieses dann aber einem Ahnungslosen zum "vollen Preis" weiterverkauft.

[1440] Diese Hypothese ist rein theoretischer Natur, da es sich in Art. 32b^{bis} USG nur um Belastungen handeln kann, die keine lästigen Einwirkungen haben. Es läge nämlich sonst ein sanierungsbedürftiger Standort vor, der gemäss Art. 32c USG saniert werden müsste. Die Sanierungskosten würden dann gestützt auf Art. 32d USG und nicht auf Art. 32b^{bis} USG verteilt.

2.5 Synthese

900 Wie aufgezeigt, spricht die *grammatikalische* Auslegung des Inhaberbegriffs für eine Erfassung all derjenigen Personen, welche die tatsächliche Gewalt über das Grundstück innehatten.

901 Aus *systematischer* Sicht hingegen erscheint es einerseits gerechtfertigt, den Inhaberbegriff auf diejenigen Personen zu beschränken, die Inhaber eines *übertragbaren dinglichen Rechtes* waren.

902 Andererseits muss m.E. Art. 32b^bis USG im Sinne einer *teleologischen Reduktion* zusätzlich dahingehend ausgelegt werden, dass ein früherer Inhaber nur dann *ausgleichspflichtig* ist, wenn er eine *Entschädigung oder einen Preisnachlass* wegen der Belastung erhalten hat, diese aber weder für die Entsorgung verwendet noch einem späteren Inhaber des Standorts in irgendeiner Form weitergegeben hat.[1441] *Anspruchsgegner* ist somit nur der frühere Inhaber eines übertragbaren dinglichen Rechtes, der *zudem* eine Entschädigung oder einen Preisnachlass erhalten haben muss.

903 Die teleologische Auslegung zeigt somit, dass die Nennung der früheren Inhaber in Art. 32b^bis USG als potentielle Ausgleichspflichtige *keinen Anwendungsfall bzw. keine Erweiterung der Verursacherhaftung* darstellt. Die Nennung der früheren Inhaber als Anspruchsgegner ergänzt vielmehr die Verursacherhaftung durch einen *andersgearteten Ausgleichsanspruch*, dem eine völlig andere *ratio legis* zugrunde liegt. Frühere Inhaber haften nur dann, wenn ein der *ungerechtfertigten Bereicherung ähnelnder* Sachverhalt vorliegt.

3 Zusammenfassung

904 Anspruchsgegner gemäss Art. 32b^bis USG sind einerseits diejenigen "Verursacher", welche die Belastung durch ihr *Verhalten* verursacht haben (Verhaltensverantwortliche) und andererseits diejenigen "früheren Inhaber", welche

---

[1441] Im Ergebnis gl.M.: STUTZ, Altlastenrecht, S. 354.

Inhaber eines *übertragbaren dinglichen Rechtes* am belasteten Standort bzw. Grundstück waren *und* eine *Entschädigung* oder einen *Preisnachlass aufgrund der Belastung* erhalten haben.

C Verschmutztes Aushubmaterial aus einem belasteten, nicht sanierungsbedürftigen Standort (sachlicher Anwendungsbereich)

1 Allgemeines

Nachfolgend soll der Frage nachgegangen werden, für *welches Aushubmaterial* ein Anspruch nach Art. 32b^bis USG besteht. 905

Zu diesem Zweck wird in einem ersten Schritt der Oberbegriff "Aushubmaterial" zu erläutern sein. 906

In einem zweiten Schritt soll dann die Bedeutung des Zusatzes "aus einem belasteten, nicht sanierungsbedürftigen Standort" erklärt werden. Dabei wird insbesondere die nicht explizit in Art. 32b^bis USG behandelte Problematik des *Grades der Verschmutzung*, welches das Aushubmaterial aufweisen muss, behandelt. 907

2 Aushubmaterial

Einer Erläuterung bedarf zuerst der Begriff "Aushubmaterial" bzw. "Material" von Art. 32b^bis USG. Im Titel zu diesem Artikel wird von "Aushubmaterial" gesprochen, während im Text das Wort "Material" benutzt wird. Im Entwurf der UREK-NR vom 20. August 2002 lautete der Titel ebenfalls "Finanzierung von Aushubmaterial". Im Text des Artikels war allerdings noch von "Aushub-, Abraum- und Ausbruchmaterial" die Rede. Aus den Materialien lässt sich weder entnehmen, warum aus "Aushub-, Abraum- und Ausbruchmaterial" plötzlich "Material" wurde, noch dass diese terminologische Änderung auch eine materielle Einschränkung oder Erweiterung des Anwendungsbereiches von Art. 32b^bis USG nach sich ziehen sollte. Oftmals wird im Abfallrecht der 908

Terminus "Aushubmaterial" als Oberbegriff für "Aushub-, Abraum- und Ausbruchmaterial" verwendet. So fasst z.B. das BUWAL (heute das BAFU) in seiner Richtlinie für die Verwertung, Behandlung und Ablagerung von Aushub-, Abraum- und Ausbruchmaterial (Aushubmaterial) vom Juni 1999 alle diese Begriffe unter dem Terminus "Aushubmaterial" zusammen. Während Art. 2 Abs. 1 lit. a AltlV von "Aushub-, Abraum- und Ausbruchmaterial" spricht, verwenden Art. 9 Abs. 1 lit. a und 16 Abs. 2 lit. f TVA[1442] ausschliesslich den Ausdruck "Aushub- und Abraummaterial", ohne dass das Weglassen des Wortes "Ausbruchmaterial" eine Änderung des Sinnes bewirken würde.[1443] Demnach gilt es auch, bei Art. 32b^{bis} Abs. 1 USG unter dem Begriff "Material" "Aushub-, Abraum- und Ausbruchmaterial" zu verstehen. Gemäss der Aushubrichtlinie gilt als Aushub-, Abraum- und Ausbruchmaterial "*Material, das bei Bautätigkeiten, wie Hoch- und Tiefbauarbeiten, Tunnel-, Kavernen- und Stollenbauten anfällt*".[1444] Darunter fallen sowohl Lockergestein (z.B. Kies, Sand oder Silt), gebrochener Fels wie auch "*Material, das von früheren Bautätigkeiten oder belasteten Standorten stammt*".[1445]

909   Aushub-, Abraum- und Ausbruchmaterial bilden dennoch nur einen Teil des bei Tiefbauarbeiten anfallenden Materials.[1446] *Bodenaushub*, d.h. abgeschälter und ausgehobener Boden, wird hingegen nicht vom Ausdruck "Aushub-, Abraum- und Ausbruchmaterial" erfasst.[1447] Laut Art. 7 Abs. 4bis USG gilt als Boden "nur die oberste, unversiegelte Erdschicht, in der Pflanzen wachsen können".[1448] Die Verwertung von ausgehobenem Boden unterliegt zum Teil

---

[1442] Technische Verordnung über Abfälle vom 10. Dezember 1990 (TVA), SR 814.600.

[1443] Im Grunde genommen handelt es sich beim Ausdruck "Aushub- und Abraummaterial" um ein Hendiadyoin, da hier ein Begriff durch zwei Wörter mit annähernd derselben semantischen Bedeutung wiedergegeben wird.

[1444] Sogenannter "Untergrund" (C-Horizont), dazu BUWAL, Aushubrichtlinie, S. 4 f.

[1445] BUWAL, Aushubrichtlinie, S. 5.

[1446] TSCHANNEN, Art. 31c N 9.

[1447] Vgl. BUWAL, Wegleitung Bodenaushub, S. 7 f. und BUWAL, Aushubrichtlinie, S. 5.

[1448] Der Boden besteht aus Oberboden (A-Horizont) und Unterboden (B-Horizont); s. dazu BUWAL, Wegleitung Bodenaushub, S. 7 f.

anderen Regelungen und Belastungswerten.[1449] Der Ausgleichsanspruch aus Art. 32b^{bis} USG sollte m.E. dennoch auch diejenigen Kosten erfassen, die bei der Untersuchung und der *Entsorgung von verschmutztem Bodenaushub* entstehen, der aus einem *belasteten Standort* stammt. Diese Auslegung ist notwendig, um einen Wertungswiderspruch zum Altlastenrecht zu vermeiden, wo von Abfällen stammende *Bodenbelastungen* ebenfalls als belastete Standorte im Sinne von Art. 32c USG qualifiziert werden.[1450] Dementsprechend gelten im Altlastenrecht die Untersuchung und Entsorgung sowohl von *Aushubmaterial* als auch von *Bodenaushub* gleichermassen als Sanierungsmassnahmen, deren Kosten gemäss Art. 32d USG verteilt werden.[1451]

Weitere belastete Bauabfälle (z. B. Bauschutt und Abbruchmaterial) fallen hingegen *e contrario* nicht unter den sachlichen Anwendungsbereich von Art. 32b^{bis} USG.   910

3   Belasteter Standort

3.1   Allgemeines

Seinem Wortlaut nach findet Art. 32b^{bis} USG ausschliesslich auf Aushubmaterial Anwendung, das aus einem *belasteten Standort* entfernt wird und nicht wegen einer Sanierung nach Art. 32c USG entsorgt werden muss.   911

Gemäss Art. 2 Abs. 1 AltlV[1452] sind *belastete Standorte* jene Orte, "deren Belastung von Abfällen stammt und die eine beschränkte Ausdehnung aufweisen": sie umfassen Ablagerungs-, Betriebs- und Unfallstandorte.[1453]   912

[1449] Dazu Verordnung über Belastungen des Bodens (VBBo), SR 814.12 und BUWAL, Wegleitung Bodenaushub.

[1450] Erläuterungen VBBo, S. 27 f.

[1451] ZAUGG, S. 488 f; CUMMINS, S. 24 f und 98. Zur Frage der Abgrenzung des Altlastenrechts vom Bodenschutzrecht s. CUMMINS, S. 96 ff.; ROMY, S. 148 f.; SCHERRER, S. 16 ff.; BUWAL, Erläuterungen VBBo, S. 27 f.

[1452] Verordnung vom 26. August 1998 über die Sanierung von belasteten Standorten (Altlasten-Verordnung, AltlV), SR 814.680.

[1453] Dazu SCHERRER, S. 15; TSCHANNEN, Art. 32c N 9.

3.2 Belastung durch Abfälle

913 Der Ausdruck "durch Abfälle belastete Standorte" nimmt Bezug auf die Definition des Abfallbegriffs gemäss Art. 7 Abs. 6 USG.[1454] Demzufolge sind *Abfälle* bewegliche Sachen, deren sich der Inhaber entledigt oder deren Entsorgung im öffentlichen Interesse liegt.[1455] Diese Voraussetzung ist dann erfüllt, wenn bewusst Abfälle abgelagert wurden oder wenn bewegliche Sachen (vor allem Stoffe) auf den Standort gelangten (z.B. wegen einer betrieblichen Nutzung oder eines Unfalls), die (zumindest nach heutiger Sicht) im öffentlichen Interesse hätten zurückgehalten und als Abfälle entsorgt werden müssen.[1456] Unerheblich ist jedoch, ob sich auf dem Standort noch Abfälle im Sinn von Art. 7 Abs. 6 USG befinden.[1457] Einzig ausschlaggebend ist die Tatsache, dass die Belastung einmal durch Abfälle verursacht wurde.[1458]

3.3 Beschränkte Ausdehnung

914 Die Voraussetzung der beschränkten Ausdehnung ist dann erfüllt, wenn die Belastung enge, räumlich klar definierte Grenzen aufweist.[1459] Die Grenzen einer Parzelle sind natürlich bei der Beurteilung der Ausdehnung unerheblich.[1460]

915 Aus der mit dem Begriff des *Standorts* einhergehenden Anforderung der *beschränkten Ausdehnung* lässt sich folgern, dass Art. 32b^{bis} USG - wie auch die altlastrechtlichen Bestimmungen (Art. 32c ff. USG) -[1461] bei *grossflächigen Belastungen weiter Gebiete* nicht anwendbar sind.

[1454] Dazu ausführlich CUMMINS, S. 16 ff.

[1455] Vgl. ZAUGG, Abfallbegriff, S. 95 ff.

[1456] Botschaft USG 1993, S. 1448 f. und 1492.

[1457] CUMMINS, S. 18; TSCHANNEN, Art. 32c N 9; ZAUGG, Altlasten, S. 487.

[1458] CUMMINS, S. 18; TSCHANNEN, Art. 32c N 9.

[1459] SCHERRER, S. 14 f.; TSCHANNEN, Art. 32c N 9.

[1460] CUMMINS, S. 17 ff. m.w.H; TSCHANNEN, Art. 32c N 9; ZAUGG, Altlasten, S. 487.

[1461] Dazu CUMMINS, S. 24 und 97 ff.; SCHERRER, S. 14 f.; ZAUGG, Altlasten, S. 487.

Grossflächige, diffuse Belastungen des *Bodens* fallen zwar nicht in den 916
Anwendungsbereich des Art. 32b^{bis} USG bzw. des Altlastenrechts, sie erfüllen
jedoch die Voraussetzungen einer Bodenbelastung gemäss Art. 7 Abs. 4bis
USG und unterliegen somit den Bodenschutzvorschriften (Art. 33 ff.
USG).[1462]

3.4   Bedeutung für den Ausgleichsanspruch nach Art. 32b^{bis} USG

Das Erfordernis eines *belasteten* Standorts bedeutet, dass Art. 32b^{bis} USG nur 917
für die Untersuchung und die Entsorgung von *verschmutztem bzw. belastetem
Aushubmaterial* einen Anspruch gewährt. Es ist somit notwendig, aber nicht
genügend, dass das Aushubmaterial aus einem belasteten Standort stammt.
Das *Aushubmaterial* muss demnach *selbst belastet sein*. Die Entsorgung von
unverschmutztem Aushubmaterial, das aus einem belasteten Standort entnommen wurde, berechtigt nicht zu einem Ausgleichsanspruch nach Art.
32b^{bis} USG. Diese Auslegung wird auch indirekt dadurch bestätigt, dass das
Gesetz allein die "Mehrkosten für die Untersuchung und Entsorgung" als ersatzfähige Kosten bezeichnet. Mehrkosten bei der Entsorgung kann es ausschliesslich bei verschmutztem Aushubmaterial geben, da *Mehr*kosten nur im
Vergleich zu denjenigen Kosten definiert werden können, die bei der Entsorgung von "normalem" bzw. unverschmutztem Aushubmaterial anfallen.[1463]
Die hier vertretene Auslegung entspricht auch dem Wortlaut des Vorentwurfs
vom 29. Mai 2001 und des Entwurfs vom 20. August 2002, in denen explizit
von "*verunreinigtem* Aushub-, Abraum- und Ausbruchmaterial" die Rede
war. Dass in der verabschiedeten Fassung von Art. 32b^{bis} USG das Adjektiv
"verunreinigt" nicht mehr vorkommt, kann auch nicht dahingehend interpretiert werden, dass damit eine Ausweitung des Anwendungsbereichs erzielt
werden sollte. Die Debatten im Parlament haben im Gegenteil gezeigt, dass
alle Änderungen, die am ursprünglichen Entwurf vom 20. August 2002 vor-

---

[1462] Dazu CUMMINS, S .97 ff.; SCHERRER, S. 14 f.
[1463] Dazu unten N 922 ff.

genommen wurden, allein eine Einschränkung dieser Norm bezweckten und auf keinen Fall deren Ausdehnung.[1464]

4   Keine Sanierung nach Art. 32c USG

918   Zudem ist dasjenige verschmutzte Aushubmaterial aus dem Anwendungsbereich von Art. 32b^bis USG ausgeschlossen, das im Zuge einer *Sanierung* nach Art. 32c USG entfernt und entsorgt wird. Sowohl im Vorentwurf vom 29. Mai 2001 als auch im Entwurf vom 20. August 2002 zu Art. 32b^bis USG hiess es in Art. 32b^bis Abs. 1 USG noch: "Behandlung und Entsorgung des verunreinigten Aushub-, Abraum- und Ausbruchmaterials von einem belasteten aber nicht sanierungsbedürftigen Standort". Es darf somit kein *sanierungsbedürftiger Standort* vorliegen, damit die Mehrkosten für die Untersuchung und die Entsorgung nacht Art. 32b^bis USG verteilt werden können. Art. 32b^bis USG kommt somit eine *subsidiäre Funktion* zu und kann folglich als *lex generalis* verstanden werden, während es sich bei Art. 32d USG um eine *lex specialis* handelt.

919   Laut Art. 32c USG und Art. 2 Abs. 2 AltlV ist ein belasteter Standort erst dann *sanierungsbedürftig*, wenn er zu schädlichen oder lästigen Einwirkungen führt oder wenn die konkrete Gefahr besteht, dass Einwirkungen entstehen können.

920   Wird ein belasteter Standort von den Behörden als *sanierungsbedürftig* erachtet, so liegt eine Altlast vor (Art. 2 Abs. 3 AltlV). Die Untersuchung und Entsorgung von Aushubmaterial, das im Zuge einer Sanierung gemäss Art. 32c USG anfällt, sind Sanierungsmassnahmen, deren Kosten gemäss Art. 32d USG verteilt werden.

921   Ist hingegen der belastete Standort nicht sanierungs-, sondern lediglich *überwachungsbedürftig* (vgl. Art. 13 Abs. 1 AltlV), dann findet *e contrario*

[1464] Dazu ausführlich oben N 736 ff.

Art. 32b[bis] USG auf die Untersuchung und Entsorgung des Aushubmaterials Anwendung.[1465]

5 Grad der Verschmutzung

Es gilt schliesslich zu klären, wann das aus einem belasteten Standort ent- 922 nommene Aushubmaterial, das entsorgt wird, als *verschmutzt* erachtet werden muss. Die Frage der "Qualität" des Aushubmaterials ist eng mit derjenigen der Entsorgungsart verknüpft.

Die Aushubrichtlinie unterscheidet bei der *Entsorgung* von Aushubmaterial 923 grundsätzlich zwischen unverschmutztem und verschmutztem Aushubmaterial.[1466] Aushubmaterial gilt dann als *unverschmutzt*, wenn seine natürliche Zusammensetzung durch menschliche Tätigkeit weder chemisch noch durch Fremdstoffe verändert wurde.[1467]

Bei *verschmutztem Aushubmaterial* unterscheidet die Aushubrichtlinie ferner 924 zwischen demjenigen, das eine tolerierbare Qualität aufweist und demjenigen, das im engeren Sinne verschmutzt ist.[1468] Als *tolerierbar* gilt Aushubmaterial, wenn seine natürliche Zusammensetzung durch menschliche Tätigkeit chemisch oder durch Fremdstoffe verändert wurde, diese Belastung mit umweltgefährdenden Stoffen aber so gering ist, dass eine *eingeschränkte Verwertung* aus der Sicht des Umweltschutzes zulässig ist. Aushubmaterial gilt dann als *verschmutzt*, wenn es derart mit umweltgefährdenden Stoffen belastet ist, dass eine Verwertung ohne vorgängige *Behandlung* nicht zulässig ist.

Es stellt sich hier die Frage, ob Art. 32b[bis] USG einen Ausgleichsanspruch 925 auch für *tolerierbares Aushubmaterial* vorsieht oder ausschliesslich für verschmutztes Aushubmaterial im engeren Sinne.

[1465] Zur Frage der Überwachungsmassnahmen im Altlastenrecht s. SCHERRER, S. 37 f.; TSCHANNEN, Art. 32c N 25
[1466] BUWAL, Aushubrichtlinie, S. 5.
[1467] BUWAL, Aushubrichtlinie, S. 5.
[1468] BUWAL, Aushubrichtlinie, S. 5.

926   Während den parlamentarischen Debatten wurde diese Frage nicht aufgeworfen. Im Bericht vom 20. August 2002 wird hingegen klar und deutlich betont, dass es bei Art. 32b^{bis} USG "nur um die Mehrkosten für die Untersuchung von Aushubmaterial geht, das ohne Behandlung nicht deponiert oder verwertet werden darf"[1469]. Art. 32b^{bis} USG gewährt somit ausschliesslich einen Anspruch bei verschmutztem Aushubmaterial im engeren Sinne.

927   Wie bereits dargelegt, wird hier die Meinung vertreten, dass auch die Entsorgung von verschmutztem *Bodenaushub*, der von einem belasteten Standort stammt, zu einem Anspruch nach Art. 32b^{bis} USG berechtigen kann.[1470] Als "verschmutzt" sollte derjenige Bodenaushub gelten, der von der Wegleitung Bodenaushub als "stark belasteter Bodenaushub" bezeichnet wird. Stark belastet ist ein Boden dann, wenn die Schadstoffbelastung des Bodens Menschen, Tiere oder Pflanzen, die ihn nutzen bzw. darauf wachsen, konkret gefährden kann.[1471] Wie auch verschmutztes Aushubmaterial muss ein stark belasteter Bodenaushub behandelt oder umweltverträglich abgelagert werden.[1472]

6   Zusammenfassung

928   Der sachliche Anwendungsbereich von Art. 32b^{bis} USG umfasst somit jedes *verschmutzte* Aushub-, Abraum- und Ausbruchmaterial im engeren Sinne, das aus einem nicht gemäss Art. 32c USG sanierungsbedürftigen, belasteten Standort stammt, d.h. einem Ort, dessen Belastung von Abfällen stammt und der eine beschränkte Ausdehnung aufweist.

929   Zudem wird nach der hier vertretenen Meinung ebenfalls *stark belasteter Bodenaushub* von Art. 32b^{bis} USG erfasst, sofern er auch aus einem belasteten Standort entfernt wurde.

[1469] Bericht vom 20. August 2002, S. 5024.
[1470] Dazu oben N 909.
[1471] BUWAL, Wegleitung Bodenaushub, S. 12.
[1472] BUWAL, Wegleitung Bodenaushub, S. 13.

Schliesslich gilt es in diesem Zusammenhang auch in Erinnerung zu rufen, 930
dass nur Belastungen einen Anspruch nach Art. 32b^{bis} USG zu begründen
vermögen, die vor dem Erwerb durch den Anspruchsberechtigten und spätestens bis zum 1. Juli 1997 verursacht wurden.[1473]

D   Keine Entschädigung und kein Preisnachlass (Entlas-
tungsbeweis)

1   Allgemeines

Ein Anspruch aus Art. 32b^{bis} USG setzt voraus, dass nicht bereits eine Ent-   931
schädigung für die Belastung oder ein Preisnachlass wegen der Belastung geleistet wurde (Art. 32b^{bis} Abs. 1 lit. a USG). Angesichts des allgemeinen
Grundsatzes des *Bereicherungsverbots*, der im Haftpflichtrecht gilt, könnte
diese Haftungsvoraussetzung als eine Selbstverständlichkeit erachtet werden.
Dem ist aber nicht so. Dieser Voraussetzung kommt eine weitgehendere Bedeutung zu. Wie noch darzulegen sein wird, mindert sie die wegen der Rückwirkung entstehenden Ungerechtigkeiten und stellt sozusagen eine flankierende Massnahme dar.

Art. 32b^{bis} Abs. 1 lit. a USG dient primär dazu, die Unbilligkeit einer *Doppel-*   932
entschädigung des jetzigen Inhabers und diejenige einer *Doppelbelastung* der
Verursacher oder früheren Inhaber zu vermeiden.[1474] Wie bereits gesehen
spielt Art. 32b^{bis} Abs. 1 lit. a USG auch eine zentrale Rolle, wenn es darum
geht, die Kostentragungspflicht der früheren Inhaber zu begründen und zu
begrenzen.[1475]

Bevor die genaue Bedeutung dieses Entlastungsbeweises für die Anspruchs-   933
berechtigten und die Anspruchsgegner analysiert wird, sollen in einem ersten
Schritt die Begriffe "Entschädigung" und "Preisnachlass" erläutert werden.

[1473] Dazu oben N 795 f.

[1474] Vgl. dazu bezüglich der teleologischen Auslegung vom Begriff des früheren Inhabers.

[1475] Dazu oben N 890 und 897.

2 Entschädigung und Preisnachlass

2.1 Allgemeines

934 Weder der Begriff der Entschädigung noch derjenige des Preisnachlasses werden in den Materialen zu Art. 32b^{bis} USG erklärt. Auch die wenigen Beiträge, die bereits zu Art. 32b^{bis} USG erschienen sind, behandeln diese Begriffe nicht. Es wird offenbar davon ausgegangen, dass sie eindeutig sind und folglich keiner weiteren Erläuterung bedürfen.

935 Aus der grammatikalischen Auslegung und insbesondere aus der Kombination und Offenheit der Begriffe "Entschädigung" und "Preisnachlass" ergibt sich, dass alle Geldleistungen, deren Grund in der Bodenbelastung liegt, erfasst werden sollen. Vorliegend wird also primär eine *ökonomische Betrachtungsweise* angewandt und nicht auf die juristische Qualifikation der erfolgten Leistung abgestellt.

936 Das Wort *Entschädigung* sollte dementsprechend jegliche Geldzahlungen umfassen, die nicht als Minderung des Kaufpreises qualifiziert werden können. Erfasst werden sowohl haftpflichtrechtliche als auch vertragliche Schadensersatzleistungen.

937 Als Entschädigung wäre z.B. eine Schadensersatzleistung denkbar, die aufgrund einer durch *übermässige Immissionen* verursachten *Bodenbelastung* geleistet wurde (Grundeigentümerhaftpflicht, Art. 679/684 ZGB). Ferner könnte auch ein Mieter oder Pächter einem Vermieter bzw. Verpächter eine Entschädigung für die von ihm auf dem gemieteten bzw. gepachteten Grundstück verursachten Bodenbelastungen bezahlt haben (Art. 267 bzw. 299 Abs. 3 OR).

938 Der Begriff "Preisnachlass" scheint auf den ersten Blick einen relativ eindeutigen Sinn zu haben. Bei genauerer Betrachtung ist dem jedoch nicht so. Es fragt sich beispielsweise, ob jeder Kaufpreis, der in Kenntnis der existierenden Bodenbelastung vereinbart wurde, als mit einem "Preisnachlass" behaftet

qualifiziert werden kann? Oder müssen die Parteien (explizit oder stillschweigend) den Preis bewusst wegen der Bodenbelastung gesenkt haben? Bedarf ein Preisnachlass zu seiner Gültigkeit sogar der öffentlichen Beurkundung (Art. 216 OR)? Soll es überhaupt bei dieser Frage auf den Parteiwillen ankommen oder muss der Wert einer Liegenschaft *ex post* und *objektiv* betrachtet werden, wobei jeder (angesichts der Bodenbelastung) objektiv zu hohe Preis den Einwand des "Preisnachlasses" verunmöglichen würde? Wie sollen die Fälle bewertet werden, in denen der Käufer trotz Kenntnis der Bodenbelastung keinen Preisnachlass erhalten bzw. auf einen solchen explizit verzichtet hat? Sind diejenigen Fälle einem Preisnachlass gleichzustellen, in denen der Preis zwar nicht gesenkt wurde, er aber trotz der Bodenbelastung aus objektiver Sicht als sehr attraktiv bezeichnet werden muss?

Wie all diese Beispiele zeigen, ist es äusserst schwierig - wenn überhaupt vertretbar - nachträglich in Vertragsverhältnisse korrigierend eingreifen zu wollen.   939

Erschwerend kommt noch hinzu, dass angesichts der weitreichenden Rückwirkung - die Grundstücke müssen zwischen dem 1. Juli 1972 und dem 1. Juli 1997 erworben worden sein - viele Elemente, die zur Beantwortung dieser Fragen notwendig wären, schwierig zu ermitteln sein werden. Wie soll z.B. nach so vielen Jahren noch der wahre Wille der Parteien ermittelt werden können, zumal eine nicht zu unterschätzende Zahl dieser Parteien nicht einmal mehr existieren dürfte?   940

Ein *Preisnachlass* muss m.E. dann als gegeben erachtet werden, wenn der Käufer die Bodenbelastung kannte oder bei Anwendung gewöhnlicher Aufmerksamkeit hätte kennen müssen, unabhängig davon, ob ein Preisnachlass tatsächlich gewährt wurde.[1476] Es kann nämlich bei Kenntnis der Bodenbelastung davon ausgegangen werden, dass die Belastung bei der Preisbildung berücksichtigt wurde. Diese Lösung ist zudem deshalb gerechtfertigt, weil dem   941

[1476] Zur Problematik der Freizeichnung s. unten N 953 ff.

Grundstückinhaber zu keinem Zeitpunkt von Gesetzes wegen ein Recht auf Entschädigung für die Mehrkosten zustand, die bei der Entsorgung von Aushubmaterial aus einem belasteten, aber nicht sanierungsbedürftigen Standort anfallen. Die abfallrechtliche Kostentragungspflicht für die Entsorgung traf und trifft auch heute noch den Inhaber der Abfälle (Art. 31c Abs. 1 USG). Ein Käufer wusste also schon im Zeitpunkt des Kaufes (d.h. zwischen dem 1. Juli 1972 und dem 1. Juli 1997), dass er die Entsorgungskosten zu tragen hätte. Es kann folglich nicht zu den "*ungerechten Härtefällen*" kommen, gegen die der Gesetzgeber mittels Art. 32b^bis USG ankämpfen will.[1477] Hat somit ein Käufer im Wissen um die Belastung das Grundstück gekauft, so gibt es keinen Grund, den Verkäufer - sei es als Verursacher und/oder früheren Inhaber - viele Jahre später in die Pflicht zu nehmen. Anders müssen die Fälle beurteilt werden, in denen zumindest der Käufer von der Bodenbelastung keine Kenntnis hatte bzw. haben konnte. In diesen Fällen kann es auch angesichts der Unkenntnis des Käufers wohl kaum einen Preisnachlass gegeben haben.

2.2   Teilentschädigung

942 Nicht in Art. 32b^bis Abs. 1 lit. a USG explizit geregelt ist der Fall, in dem nur eine Entschädigung oder ein Preisnachlass geleistet wurde, der nicht die Mehrkosten der Entsorgung oder zumindest zwei Drittel ("Zwei-Drittel-Regel")[1478] davon deckt. Dies wird oftmals dann der Fall sein, wenn *Umfang, Art oder Schwere der Bodenbelastung* im Zeitpunkt der Entschädigung bzw. der Gewährung des Preisnachlasses nicht erkannt wurden bzw. erkennbar waren. Es fragt sich dann, ob eine Teilentschädigung den Leistenden zu befreien vermag.

943 In Anbetracht der weitreichenden Rückwirkung ist auch diese Frage nicht ganz einfach zu beantworten, weniger aus dogmatischen als aus praktischen Gründen. Dass eine Teilentschädigung nicht für eine gänzliche Befreiung ausreichend sein kann, sollte allein wegen des Gleichbehandlungsgebots aller

---

[1477] Amtl. Bull. NR 2005, S. 1107.
[1478] Dazu unten N 973 ff.

Verursacher und früheren Inhaber bzw. aus Gerechtigkeitsüberlegung einleuchtend sein.[1479] Dennoch muss insbesondere im Hinblick auf einen eventuellen *Preisnachlass* aus praktischer Sicht berücksichtigt werden, dass nach so vielen Jahren schon die Feststellung an sich nicht gerade einfach ist, ob überhaupt ein solcher wegen der Bodenbelastung gewährt wurde.[1480] Noch schwieriger dürfte es daher sein, dessen *Angemessenheit* nachträglich zu prüfen.[1481] Die damals vereinbarte Entschädigung oder der Preisnachlass sollten deshalb nicht allzu leichtfertig als *unangemessen* qualifiziert werden, sofern zum Zeitpunkt der Entschädigung oder des Preisnachlasses der Umfang, die Art und die Schwere der Bodenbelastung bekannt waren. Bei der nachträglichen Überprüfung, ob die Entschädigung oder der Preisnachlass angemessen war, sollten die dazumal geltenden, wirtschaftlichen Bedingungen massgebend sein. Insbesondere muss auf die im Zeitpunkt der Entschädigung oder der Gewährung des Preisnachlasses geltende Kaufkraft (Berücksichtigung der Geldentwertung) und Entsorgungs- bzw. Deponiekosten abgestellt werden.[1482]

Zusammenfassend kann festgehalten werden, dass eine Teilentschädigung nicht gänzlich von der Kostentragungspflicht befreit. Hat somit ein *Verhaltensverantwortlicher* (Verursacher) nur einen Betrag geleistet, der die Kosten seines Verursachungsanteils nicht angemessen deckt, so sollte er für den *Restbetrag* kostentragungspflichtig bleiben.   944

Das Gleiche sollte auch für die *früheren Inhaber* gelten, wenn diese nur einen Teil der aufgrund der Belastung erhaltenen Entschädigung oder des Preisnachlasses für die Entsorgung verwendet oder einem späteren Inhaber des Grundstücks in irgendeiner Form weitergegeben bzw. das Risiko durch eine   945

[1479] Im Ergebnis gl.M.: TRÜEB, Bauherrenaltlast, S. 642. A.M. RÜEGG (S. 109), der grundsätzlich jede Entschädigungsleistung - unabhängig von Form und Höhe - als haftungsbefreiend erachtet, es sei denn, die Entschädigungsleistung stehe in einem krassen Missverhältnis zu den Mehrkosten, so dass die Berufung auf die Haftungsbefreiung rechtsmissbräuchlich wäre.

[1480] S. oben N 938 ff.

[1481] Zur Beweislast s. unten N 951 f.

[1482] TRÜEB, Bauherrenaltlast, S. 642.

Freizeichnungsklausel übertragen haben. Die früheren Inhaber bleiben folglich für denjenigen Restbetrag haftbar, der weder zur Entsorgung benutzt noch einem späteren Erwerber weitergegeben wurde.

3 Bedeutung für den Anspruchsberechtigten

946 Durch seinen ungenauen Wortlaut erweckt Art. 32b^{bis} Abs. 1 lit. a USG den Anschein, dass dem Inhaber immer dann kein Anspruch zusteht, wenn irgendein Verursacher einmal eine Entschädigung geleistet oder ein früherer Inhaber bei einem Verkauf des Grundstücks einen Preisnachlass wegen der Belastung gewährt hat. M.E. kann dieser Artikel nur dahingehend verstanden werden, dass der *jetzige Inhaber* nicht mehrmals für die Mehrkosten eine Entschädigung verlangen darf. Mit anderen Worten gesagt steht dem Inhaber nur dann ein Ausgleichsanspruch zu, wenn *er nicht bereits in einer anderen Form entschädigt wurde*. Dies entspricht auch dem aus dem Haftpflichtrecht bekannten Grundsatz des Bereicherungsverbots.[1483] Diese Norm darf somit nicht dahingehend interpretiert werden, dass einem jetzigen Inhaber ein Ausgleichsanspruch verwehrt bleibt, weil in einer langen Kette von früheren Inhabern und Verursachern einer von ihnen einmal eine Entschädigung geleistet hat.[1484] Die Frage darf allein lauten, ob der jetzige Inhaber entschädigt wurde oder nicht.

947 Art. 32b^{bis} Abs. 1 lit. a USG bedeutet m.E. für den Anspruchsberechtigten hingegen aber auch, dass er weder gegen die *Verursacher* vorgehen kann, die bereits eine angemessene Entschädigung geleistet haben, noch gegen die *früheren Inhaber* - sofern sie überhaupt ersatzpflichtig sind -[1485], die einen entsprechenden Preisnachlass gewährt haben.

[1483] BREHM, Art. 43 N 25.

[1484] Im Ergebnis gl.M.: TRÜEB, Bauherrenaltlast, S. 642.

[1485] Dazu oben N 904.

4   Bedeutung für die Anspruchsgegner

4.1   Verursacher

Nach der Zielsetzung des Gesetzgebers muss Art. 32b^bis Abs. 1 lit. a USG   948
m.E. auch dahingehend verstanden werden, dass ein Verursacher nur dann
ausgleichspflichtig ist, wenn er nicht bereits eine Entschädigung geleistet
bzw. einen Preisnachlass gewährt hat, egal ob die Entschädigung dem jetzigen
Inhaber oder einem früheren Inhaber zugute gekommen ist. Somit muss derjenige Verursacher aus der Pflicht genommen werden, der bereits eine seinem
Verursacheranteil entsprechende Entschädigung geleistet hat.

4.2   Früherer Inhaber

Wie bereits dargelegt, ist m.E. ein früherer Inhaber nur dann ausgleichspflich-   949
tig, wenn er eine Entschädigung oder einen Preisnachlass aufgrund der Belastung des Grundstücks erhalten hat, diese aber weder für die Entsorgung verwendet noch einem späteren Inhaber des Grundstücks in irgendeiner Form
weitergegeben hat.[1486] Es muss daher ein der *ungerechtfertigten Bereicherung
ähnelnder* Sachverhalt vorliegen, damit ein früherer Inhaber, der nicht zusätzlich ein Verhaltensverantwortlicher ist, einen Teil der bei der Entsorgung anfallenden Mehrkosten tragen muss. Sollte demnach ein früherer Inhaber bereits einen *angemessenen* Preisnachlass gewährt haben - egal an welchen späteren Inhaber - so sollte m.E. gegen ihn kein Anspruch nach Art. 32b^bis USG
geltend gemacht werden können.

Ferner fragt es sich auch, ob analog zur ungerechtfertigten Bereicherung (Art.   950
64 OR) ein *gutgläubig bereicherter früherer Inhaber* den Ausgleichsanspruch
von sich weisen kann, sofern er zum Zeitpunkt des Ausgleichsanspruchs nicht
mehr bereichert ist. Dies sollte schon deshalb abgelehnt werden, weil angesichts der rückwirkenden Anwendung von Art. 32b^bis USG alle früheren Inhaber - zumindest zum Zeitpunkt des Entschädigungserhalts - zwangsläufig gut-

---

[1486] Dazu ausführlich oben N 886 ff.

gläubig waren und somit Art. 32b^bis USG ihnen gegenüber in zahlreichen Fällen nutzlos bzw. wirkungslos wäre.

5 Beweislast

951 Es muss hier noch auf die mit der zivilrechtlichen Natur des Anspruchs einhergehende Beweislastproblematik eingegangen werden.

952 Der Beweis, dass keine Entschädigung geleistet bzw. kein Preisnachlass gewährt worden ist, stellt ein unbestimmtes Negativa dar. Gemäss dem Grundsatz *"negativa non sunt probanda"* darf vom jetzigen Inhaber nicht der Nachweis verlangt werden, dass er keinen Preisnachlass oder sonst eine Entschädigung bezüglich der Mehrkosten bei der Entsorgung des Aushubmaterials erhalten hat. Wegen der Unmöglichkeit dieses negativen Beweises ist eine Umkehr der Beweislast gerechtfertigt. Will somit ein Verursacher oder ein früherer Inhaber sich von seiner Ausgleichspflicht befreien, so wird er entweder beweisen müssen, dass er bereits (z.B. einem früheren Inhaber) eine Entschädigung geleistet bzw. einen Preisnachlass gewährt hat oder dass der Anspruchsteller schon (z.B. vom Verkäufer des Grundstücks) eine Entschädigung bzw. einen Preisnachlass erhalten hat.[1487]

E Freizeichnung und Ausgleichsanspruch aus Art. 32b^bis USG

1 Allgemeines

953 Eine Freizeichnung im Zusammenhang mit Art. 32b^bis USG ist grundsätzlich möglich.[1488] Einerseits handelt es sich bei diesem Artikel um eine Vorschrift des Privatrechts, weshalb er prinzipiell dem Grundsatz der Vertragsfreiheit

---

[1487] Im Ergebnis gl.M.: TRÜEB, Bauherrenaltlast, S. 645.
[1488] Im Ergebnis gl.M.: RÜEGG, S. 112

untersteht. Andererseits können insbesondere auch *ausservertragliche Haftungen* vertraglich weggebunden werden.[1489]

Was die Gültigkeitsschranke aus Art. 100 Abs. 1 OR anbelangt, so dürfte sie in Bezug auf Art. 32b^bis USG kaum eine Rolle spielen, da diese nur *zum Voraus* getroffene Vereinbarungen für absichtlich oder grob fahrlässig verursachte Schäden als nichtig erklärt. Typischerweise wird die Bodenbelastung aber schon im Zeitpunkt vom Abschluss des Kaufvertrages bestehen.[1490] Auch die weiteren allgemeinen Gültigkeitsschranken (Art. 19 Abs. 2 OR, 20 OR und 101 Abs. 2 und 3 OR) sollten vorliegend kaum von praktischer Relevanz sein.[1491]   954

2   Freizeichnung und Rückwirkungsproblematik

Im Hinblick auf Art. 32b^bis USG ist die Frage der Freizeichnung in mehrfacher Hinsicht problematisch.   955

Sie ist es einerseits deshalb, weil Art. 32b^bis USG *echt rückwirkend* ist: anspruchsberechtigt ist allein derjenige, der ein Grundstück zwischen dem 1. Juli 1972 und dem 1. Juli 1997 erworben hat und zudem nur für Bodenbelastungen, die vor dem jeweiligen Erwerbszeitpunkt verursacht wurden.[1492] Viele Parteien werden deshalb kaum eine Freizeichnung für einen Anspruch vorgesehen haben, den es dazumal noch gar nicht gab. Dementsprechend werden wohl nur Freizeichnungsklauseln in Betracht kommen, die im Rahmen von Kaufverträgen abgeschlossen wurden und allgemeiner Natur sind (z.B. Klauseln, die alle Ansprüche in Zusammenhang mit einer Belastung ausschliessen).   956

[1489] BGE 107 II 161 E. 8a; Chappuis Ch., Croisée des chemins, S. 374 ff.; Schwenzer, N 24.02; Werro, Responsabilité civile, N 3.
[1490] Rüegg, S. 113.
[1491] Vgl. Rüegg, S. 113.
[1492] Dazu oben N 862 und N 795 f.

957 Andererseits stellt sich angesichts der *weitreichenden Rückwirkung* und des haftpflichtrechtlichen Charakters von Art. 32b^{bis} USG die Frage, inwiefern eine im Rahmen eines zwischen dem 1. Juli 1972 und dem 1. Juli 1997 abgeschlossenen Kaufvertrages gültig vereinbarte Freizeichnung einem späteren Erwerber entgegengehalten werden kann. Ein Verkäufer wird die Freizeichnung nämlich nur mit dem damaligen Käufer vereinbart haben. Nun wird der besagte Verkäufer aber oftmals von dritter Seite (bzw. von einem späteren Erwerber) belangt werden. RÜEGG vertritt diesbezüglich die Meinung, dass die Freizeichnung auch gegenüber Dritten Bestand habe. Er begründet seine Ansicht mit dem Hinweis auf das Rückwirkungsverbot. Der Grundstückverkäufer geniesse eine Vertrauensposition, wenn er seine Haftung für belastete Standorte und deren Folgen rechtsbeständig unter dem alten Recht eingeschränkt habe. Diese Vertrauensposition verdiene auch nach Inkrafttreten von Art. 32b^{bis} USG Rechtsschutz. Der Ansicht von RÜEGG entgegnet TRÜEB zu Recht, dass Freizeichnungsklauseln immer nur *relative Rechte* begründen. Folgerichtig wirken Freizeichnungsklauseln nur zwischen den jeweiligen Vertragspartnern, keinesfalls aber gegenüber Dritten.

958 M.E. gilt es, um das Problem einer möglichen Wirkung der Freizeichnung gegenüber Dritten dogmatisch vertretbar zu lösen, dem Sinn und Zweck von Art. 32b^{bis} USG Rechnung zu tragen. So verlangt Art. 32b^{bis} Abs. 1 lit. a USG ausdrücklich als *Haftungsvoraussetzung*, dass weder eine Entschädigung für die Belastung noch ein Preisnachlass wegen der Belastung bereits geleistet wurden. Es soll sowohl die Unbilligkeit einer *Doppelentschädigung* des jetzigen Inhabers als auch diejenige einer *Doppelbelastung* der Verursacher oder früheren Inhaber vermieden werden.[1493]

959 Eine Freizeichnung im Rahmen eines Kaufvertrages lässt sich indessen durchaus mit der Problematik einer bereits geleisteten Entschädigung vergleichen. Einerseits ist eine Freizeichnung kaum ohne eine entsprechende Minderung des Kaufpreises denkbar, was *per se* schon eine Inanspruchnahme des

---

[1493] Dazu oben N 898.

Verkäufers ausschliesst (Art. 32b^bis Abs. 1 lit. a USG). Andererseits ist eine Freizeichnung auch ohne Preissenkung dem Sachverhalt von Art. 32b^bis Abs. 1 lit. a USG gleichzustellen. Es sollte nämlich keinen Unterschied machen, ob ein Käufer gegen einen Preisnachlass auf mögliche Ansprüche verzichtet oder ob er es aus anderen Gründen (aber entschädigungslos) tut. In beiden Fällen übernimmt der Käufer das Risiko und sollte folglich zum *Anspruchsgegner* werden, sofern er nicht die Belastung entfernt, dem späteren Erwerber eine Entschädigung oder einen Preisnachlass gewährt oder wiederum mittels einer Freizeichnungsklausel das Risiko auf den späteren Erwerber überwälzt.

Die vorliegende Lösung garantiert allen involvierten Parteien eine gerechte Lösung, welche insbesondere die Rückwirkungsproblematik berücksichtigt. Einerseits schliesst sie aus, dass ein Verkäufer, der im Genuss einer Freizeichnungsklausel ist, in Anspruch genommen werden kann. Andererseits steht dem jetzigen Inhaber dennoch ein Anspruchsgegner gegenüber. Er kann nämlich denjenigen früheren Inhaber belangen, der im Zuge eines Kaufs die Freizeichnung vereinbart und folglich das Risiko übernommen hat. Schliesslich stellt diese Lösung auch die Wertungskohärenz mit Art. 32b^bis Abs. 1 lit. a USG sicher, indem sie eine mögliche Doppelbelastung des Anspruchsgegners vermeidet.

960

V   Umfang des Ausgleichsanspruchs

A   Allgemeines

Um die vor allem vom Ständerat befürchteten Luxusentsorgungen auf Kosten Dritter zu verhindern,[1494] wurden im Gesetz bezüglich der Höhe des Ausgleichsanspruchs zwei Schranken eingeführt.[1495]   961

Zum einen begrenzt Art. 32b^{bis} Abs. 2 lit. b USG *direkt* den Umfang des Ausgleichsanspruchs, indem dem Standortinhaber nur die Mehrkosten für eine *notwendige Sanierung* erstattet werden.   962

Zum anderen beinhaltet Art. 32b^{bis} Abs. 1 USG eine *indirekte Veranlassung*, die Mehrkosten tief zu halten, indem er dem Standortinhaber in der Regel ein Drittel der Mehrkosten aufbürdet.   963

B   Mehrkosten

1   Mehrkosten für die Entsorgung

Grundsätzlich werden dem Inhaber allein die *Mehrkosten* und nicht etwa die ganzen Kosten der Entsorgung ersetzt. Um die zu verteilenden Kosten festzulegen, müssen somit die "normalen" Kosten, die bei der Entsorgung von nicht belastetem Aushubmaterial angefallen wären, von den tatsächlichen Entsorgungskosten abgezogen werden. Die gängigen Entsorgungskosten trägt allein der jetzige Inhaber.   964

Der Begriff "Entsorgung" sollte m.E. breit verstanden werden und neben der eigentlichen Entsorgung auch die Ausarbeitung eines Entsorgungskon-   965

[1494] Amtl. Bull. SR 2005, S. 562 f.
[1495] Amtl. Bull. NR 2005, S. 1107 f.

zepts[1496], die Trennung der Abfälle auf der Baustelle (Art. 9 TVA) als auch eine eventuelle Zwischenlagerung (Art. 37 TVA) umfassen.

966 Mehrkosten entstehen bei der Entsorgung von verschmutztem Aushubmaterial hauptsächlich deshalb, weil eine Verwertung ohne vorgängige Behandlung nicht zulässig ist. Das verschmutzte Aushubmaterial ist nach den Vorschriften der TVA und der Verordnung über den Verkehr mit Abfällen (VeVA)[1497] weiterzuleiten,[1498] zu behandeln und sodann zu verwerten oder auf einer TVA-konformen Deponie abzulagern.

2 Mehrkosten für die Untersuchung

967 Neben den Mehrkosten bei der Entsorgung werden in Art. 32b^bis Abs. 1 USG auch diejenigen Mehrkosten, die bei der *Untersuchung* von Aushubmaterial entstehen, als ersatzfähige Kosten genannt.

968 Es gilt hier vorab zwischen denjenigen Untersuchungskosten zu unterscheiden, die in den Anwendungsbereich von Art. 32b^bis USG fallen und denjenigen, die vom *Altlastenrecht* (Art. 32d USG) erfasst werden. Art. 32b^bis Abs. 1 USG räumt dem Inhaber allein dann einen Anspruch für die Mehrkosten bei Untersuchungen ein, wenn Letztere nicht gestützt auf Art. 32c USG erfolgen. Art. 32b^bis USG bildet somit eine *lex generalis*, während Art. 32d USG eine *lex specialis* ist.[1499] Wird folglich ein belasteter Standort auf seine Überwachungs- oder Sanierungsbedürftigkeit im Sinne von Art. 32c USG hin unter-

---

[1496] Dazu BUWAL, Aushubrichtlinie, S.7. Für den Kanton Zürich: AWEL, Handbuch der belasteten Standorte, S. 49 f.

[1497] SR 814.610.

[1498] Laut der VeVA in Verbindung mit der Verordnung des UVEK über Listen zum Verkehr mit Abfällen gelten "verschmutztes Aushub-, Abraum- und Ausbruchmaterial" (Code: 17 05 97) und "stark belasteter Bodenaushub" (Code: 17 05 96) als *kontrollpflichtige Abfälle* (Art. 2 Abs. 2 lit. b VeVA) und "Aushub-, Abraum- und Ausbruchmaterial, das durch gefährliche Stoffe verunreinigt ist" (Code: 17 05 05) sowie "Bodenaushub, der durch gefährliche Stoffe verunreinigt ist" (Code: 17 05 03) als *Sonderabfälle* (Art. 2 Abs. 2 lit. a VeVA).

[1499] Dazu oben N 836.

sucht,[1500] so werden die dabei anfallenden Kosten ausschliesslich nach Art. 32d USG verteilt.[1501]

Der Ausdruck "Mehrkosten für die Untersuchung [...] des Materials" sollte 969 m.E. weit ausgelegt werden. Nicht nur die Kosten, die bei der *Untersuchung des Aushubmaterials* entstehen, sollten ersatzfähige Kosten gemäss Art. 32b^{bis} USG bilden, sondern auch diejenigen, die bei der *Untersuchung des Standorts*[1502] anfallen, aus dem das Aushubmaterial entnommen wird.

Im Gegensatz zu den *Entsorgungs*kosten erscheint es bei den *Untersuchungs-* 970 kosten schwierig, zwischen *Mehr*kosten und "normalen" Kosten zu unterscheiden. Oftmals sind Untersuchungen nämlich überhaupt und nur deshalb von Nöten, weil der Standort belastet ist. Muss z.B. eine *Standortabklärung* des belasteten Standorts vorgenommen werden, um eine Baubewilligung zu erhalten,[1503] so werden wohl die *gesamten Kosten* dieser Untersuchungen ersatzfähige Kosten im Sinne von Art. 32b^{bis} Abs. 1 USG bilden.

C   Ausklammerung von Kosten für "Luxusentsorgungen"

Die Regel aus Art. 32b^{bis} Abs. 1 lit. c USG lehnt sich stark an Art. 32d Abs. 1 971 USG an, der auch im Altlastenrecht "Luxussanierungen" verbietet. Laut Art. 32d Abs. 1 USG muss der Verursacher nämlich nur "die Kosten für notwendige Massnahmen" tragen.

Diese Begrenzung der ersatzfähigen Mehrkosten erklärt sich eigentlich von 972 selbst und kann als Ausfluss der allgemeinen Schadensminderungspflicht ver-

---

[1500] Bei den Untersuchungen handelt es sich um die Voruntersuchung (Art. 7 AltlV) und die Detailuntersuchung (Art. 14 AltlV); dazu ROMY, sites contaminés, S. 150 ff.

[1501] Vgl. Bericht vom 20. August 2002, S. 5030.

[1502] Sofern diese Untersuchungen nicht in den Anwendungsbereich von Art. 32c USG fallen.

[1503] Vgl. für den Kanton Zürich: AWEL, Merkblatt "Bauen auf belasteten Standorten", S. 7 und AWEL, Handbuch der belasteten Standorte, S. 46 ff.

standen werden.[1504] Sie ist dennoch nicht unproblematisch und kann mitunter
zu Schwierigkeiten bei der Anwendung führen. Die Begrenzung der ersatzfähigen Kosten tritt nämlich in Konflikt mit der Planungsfreiheit des Inhabers,
der grundsätzlich das Recht hat, sein Grundstück in den Schranken des Gesetzes frei zu benutzen.[1505] Im Gegensatz zum Altlastenrecht, wo die Ziele der
Sanierung (Art. 15 AltV) deren Umfang festlegen, fehlt bei Art. 32b^bis USG
solch ein Massstab. Der Interessenkonflikt, der zwischen dem Inhaber des
Grundstücks und den Ausgleichspflichtigen besteht, kann auch nicht unter
Beizug des öffentlichen Interesses gelöst werden, da dieses bei Aushubmaterial nur dessen Entsorgung anordnet, aber nicht dessen Umfang zu bestimmen
vermag.[1506] Es wird deshalb im konkreten Fall nach Recht und Billigkeit (Art.
4 ZGB) zwischen diesen beiden *rein privaten* Interessen zu entscheiden sein.

D   Zwei-Drittel-Regel

1   Allgemeines

973   Sofern die Bedingungen eines Ausgleichsanspruchs nach Art. 32b^bis USG
erfüllt sind, kann der jetzige Inhaber "in der Regel zwei Drittel" der Mehrkosten von den Ausgleichspflichtigen verlangen.

974   Solch eine Regel ist dem Haftpflichtrecht grundsätzlich fremd, wo der Haftpflichtige für den gesamten Schaden aufkommen muss, sofern keine Herabsetzungsgründe vorliegen.

[1504] Wobei vorliegend kein Schaden im klassischen Sinn vorliegt, sondern ein Ausgleichsanspruch. Dazu ausführlich oben N 519 ff .

[1505] Dieses Problem wurde schon im Ständerat erkannt, wo für die grundsätzliche Planungsfreiheit des Inhabers plädiert wurde, Amtl. Bull. SR 2005, S. 563.

[1506] Da es sich bei verschmutztem Aushubmaterial um Abfall handelt, sollte bei einem
Bauvorhaben die Produktion von verschmutztem Aushubmaterial soweit wie möglich
vermieden werden (Art. 30 Abs. 1 USG), vgl. ZUFFEREY, Matériaux d'excavation, S. 111.
Eine gegen die Bauherrschaft durchsetzbare Pflicht zur Verminderung von Bauabfällen,
die zu einer Änderung des Bauvorhabens führen würde, existiert indessen grundsätzlich
nicht.

Ursprünglich wollte die UREK-NR die Mehrkosten bei der Entsorgung ganz 975
dem *Verhaltensstörer* aufbürden.[1507] Diese Lösung wurde aber vom Ständerat
stets verworfen.[1508] Im Zuge der vollständigen Überarbeitung von Art. 32b^bis
USG wurde dann auch die Zwei-Drittel-Regel eingeführt, damit der Inhaber
finanziell in der Pflicht bleibt. Laut dem BUWAL (jetzt das BAFU) entspricht
diese Zwei-Drittel-Regel nahezu der bisherigen Praxis zu Art. 32d aUSG,
wonach der Inhaber des sanierungsbedürftigen Standorts in der Regel mit
Kosten von 10 bis 20 Prozent belastet wird.[1509] Die Anlehnung von Art. 32b^bis
USG an die Praxis zu Art. 32d aUSG kann somit auch als Versuch gewertet
werden, eine gewisse Harmonisierung zwischen diesen zwei Bereichen zu
verwirklichen. Dabei wurde jedoch nicht bedacht, dass auch Art. 32d USG
revidiert wurde. Der neue Art. 32d USG wird wahrscheinlich zu einer Änderung der bisherigen Praxis zugunsten der Inhaber führen,[1510] da er die vollum-
fängliche Kostenbefreiung des Inhabers allein an die Bedingung knüpft, dass
er bei Anwendung der gebotenen Sorgfalt von der Belastung keine Kenntnis
haben konnte (Art. 32d Abs. 2 USG). Die voraussichtliche Folge wird somit
sein, dass der Standortinhaber anteilsmässig mehr Kosten bei einer Entsorgung von Aushubmaterial (Art. 32b^bis USG) zu tragen haben wird als bei einer
Sanierung (Art. 32d USG).

2 Anwendung der Zwei-Drittel-Regel

Offen bleibt indessen die Frage, unter *welchen Bedingungen* und zu wessen 976
Gunsten ein Gericht von diesem Verteilungsschlüssel abweichen darf. Dem
Wortlaut von Art. 32b^bis USG lässt sich diesbezüglich wiederum nichts ent-
nehmen.

[1507] Bericht vom 20. August 2002, S. 5030.

[1508] AmtBull SR 2004, S. 524 ff.; AmtBull SR 2005, S. 562 ff.

[1509] Zitiert im Amtl. Bull. NR 2005, S. 1107.

[1510] Die Ausnahmeregelung bei der Kostenverteilung nach Art. 32d Abs. 2 lit. c aUSG kam
aufgrund ihrer engen Formulierung nur in ganz wenigen Fällen zum Tragen. Es konnten
fast nur diejenigen Standortinhaber von dieser Ausnahmeklausel profitieren, die nicht Eigentümer des Standortes waren (Pächter oder Mieter); dazu Bericht vom. 20. August 2002,
S. 5032 f.

977   Auch wenn das Bundesgericht bei der Gesetzesauslegung einen pragmatischen Methodenpluralismus verfolgt, kommt den Gesetzesmaterialien bei der Auslegung von neuen Gesetzen eine besondere Rolle zu.[1511] Den Materialien zu Art. 32b^{bis} Abs. 1 USG ist Folgendes zu entnehmen: Die vom Nationalrat am 22. September 2005 angenommene Fassung von Art. 32b^{bis} USG beinhaltet noch die Formulierung "*mindestens zwei Drittel*"[1512] der Mehrkosten und setzte somit zugunsten des Inhabers eine Mindestbeteiligung der Verursacher an den Mehrkosten fest. Diese starre Zwei-Drittel-Kostenteilung wurde im Ständerat mit der Begründung kritisiert, sie könnte unter Umständen wieder ein "*Privileg*" schaffen.[1513] Der Ständerat schlug deshalb vor, Abs. 1 dahingehend zu ändern, dass allein ein "*angemessener Teil der Mehrkosten*" vom Verursacher zu tragen sei. Diese letzte Differenz wurde in einer Einigungskonferenz bereinigt, indem man sich auf die Formulierung "*in der Regel zwei Drittel der Mehrkosten*" einigen konnte. Diese Formulierung wurde dann auch ins Gesetz übernommen. Der Ständerat hielt dennoch bei der Verabschiedung des Gesetzes fest, dass, auch wenn der Begriff "angemessen" nicht ins Gesetz übernommen worden sei, das Gesetz nicht dahingehend ausgelegt werden dürfe, dass der Angemessenheit eine untergeordnete Bedeutung zukommen solle.[1514]

978   Den Materialien lässt sich somit entnehmen, dass die Zwei-Drittel-Regel den Richter nicht zu stark binden sollte. Zumindest nach der Ansicht des Ständerats soll dieser Regel nicht die Bedeutung einer Entscheidungsanweisung zukommen, von der, wie dies bei Art. 51 Abs. 2 OR der Fall ist, nur dann Abstand genommen werden kann, wenn besondere Gründe oder die Billigkeit eine Abweichung verlangen.[1515] Der Richter wird demnach im Einzelfall un-

---

[1511] BGE 125 II 206 E. 4a.

[1512] Amtl. Bull. NR 2005, S. 1107 f.

[1513] Amtl. Bull. SR 2005, S. 932.

[1514] Amtl. Bull. SR 2005, S. 1164 f.

[1515] SCHNYDER, Art. 51 N 11; für eine Zusammenfassung der verschiedenen Lehrmeinungen bezüglich der Intensität der Bindung des Richters an Art. 51 OR s. REY, Haftpflichtrecht, N 1517.

ter Würdigung der konkreten Umstände eine angemessene Lösung finden müssen. Dabei sind sowohl die Verteilungsregeln der öffentlich-rechtlichen Verursacherhaftungen (insbesondere Art. 32d Abs. 2 USG)[1516] als auch Art. 43 Abs. 1 und 44 OR zu berücksichtigten. Im Hinblick auf die analoge Anwendung von Art. 43 Abs. 1 und 44 OR muss zudem beachtet werden, dass von der Zwei-Drittel-Regel sowohl zugunsten als auch *zulasten* des Anspruchsgegners abgewichen werden kann.[1517]

[1516] Dazu ausführlich oben N 656 ff.
[1517] Dazu auch unten N 992.

VI Ausgleich bei einer Mehrzahl von Anspruchsgeg-nern

A Allgemeines

Während die bisherigen Ausführungen den Inhalt, die Ausgestaltung und den Umfang des Ausgleichsanspruchs betrafen, wird nachstehend den wichtigsten Fallkonstellationen nachgegangen, in denen *mehrere Personen* gleichzeitig haften. 979

Auch zu dieser Frage bietet das Gesetz keine Antwort. Dem Gesetzgeber offenbarte sich die Vielzahl der diesbezüglichen Probleme anscheinend nicht. 980

B Anteils- statt Solidarhaftung

Ob bei Art. 32b^{bis} USG anteilsmässig oder solidarisch gehaftet wird, erhält in der verabschiedeten Fassung dieses Artikels keine Antwort. Theoretisch kommen deshalb beide Arten der Haftung in Frage. 981

Eine *anteilsmässige Kostentragung* war hingegen explizit im Vorentwurf vom 29. Mai 2001 und im Entwurf vom 20. August 2002 vorgesehen. Art. 32b^{bis} Abs. 2 USG lautete noch: "Sind mehrere Verursacher beteiligt, so tragen sie die Kosten entsprechend ihren Anteilen an der Verursachung. [...]". 982

Obwohl die verabschiedete Fassung von Art. 32b^{bis} USG keine entsprechende Regelung mehr enthält, sprechen dennoch zwei wesentliche Gründe für eine *anteilsmässige Haftung*. 983

Einerseits gilt bei allen öffentlich-rechtlichen Verursacherhaftungen der *Grundsatz der anteilsmässigen Kostentragung*.[1518] Die Solidarhaftung wird nämlich strikt mit der Begründung abgelehnt, sie würde im Widerspruch zu 984

[1518] Dazu oben N 647 ff.

dem Verursacherprinzip stehen.[1519] Um die Einheit mit den öffentlich-rechtlichen Verursacherhaftungen (und insbesondere mit dem Altlastenrecht) zu wahren, muss folglich auch in Art. 32b^bis USG der *Grundsatz der anteils-mässigen Kostentragung* zur Anwendung gelangen.[1520]

985   Andererseits muss im Zusammenhang mit dem Ausgleichsanspruch nach Art. 32b^bis USG auch berücksichtigt werden, dass - im Gegensatz zur haftpflicht-rechtlichen Solidarhaftung (vgl. Art. 50 und 51 OR) - *nicht zwischen Aussen-und Innenverhältnis unterschieden werden kann.*[1521] Der jetzige Inhaber muss nämlich selbst einen Teil der Entsorgungskosten tragen. Er befindet sich folg-lich auf einer selben Ebene mit den Verursachern und früheren Inhabern.[1522] Folglich ist es auch sachgerecht, dass die Verursacher und früheren Inhaber dem Anspruchsberechtigten gegenüber *nicht solidarisch* haften, sondern al-lein anteilsmässig.

C   Massgebende Kostenverteilungsregeln

1   Fehlen von Verteilungsregeln in Art. 32b^bis USG

986   Art. 32b^bis USG enthält im Gegensatz zu Art. 32d USG (Altlastenrecht) keine Verteilungsregeln, die besagen würden, wie bei einer Mehrzahl von Verursa-chern und früheren Inhabern die Mehrkosten verteilt werden müssen.

987   Trotz der privatrechtlichen Natur von Art. 32b^bis USG werden wohl auch bei diesem Artikel die aus der *antizipierten Ersatzvornahme* stammenden und bei

---

[1519] Statt aller TSCHANNEN, Art. 32d N 16; die Ablehnung der Solidarhaftung lässt sich in Wahrheit nicht aus dem Verursacherprinzip ableiten, sondern ist rein historisch begründet, dazu oben N 652 f.

[1520] Im Ergebnis gl.M.: TRÜEB, Bauherrenaltlast, S. 640 f. A.M. LEHMANN (S. 21), der Solidari-tät annimmt.

[1521] Ein Aussenverhältnis würde allein dann bestehen, wenn das Gemeinwesen im Zuge einer Ersatzvornahme den Aushub selbst entsorgt. Art. 32b^bis USG regelt jedoch nur den Fall, in welchem dem Inhaber des Grundstücks, d.h. dem Entsorgungspflichtigen, Mehrkosten bei der Entsorgung anfallen.

[1522] Vgl. ADAMS, S. 607.

den öffentlich-rechtlichen Verursacherhaftungen beibehaltenen *Verteilungs-regeln mutatis mutandis* anzuwenden sein.

2 *Mutatis mutandis* Anwendung der öffentlich-rechtlichen Verteilungsregeln

Vorliegend sollen die öffentlich-rechtlichen Verteilungsregeln, die bereits ausführlich im ersten Teil behandelt wurden,[1523] nicht erneut dargelegt werden, sondern allein deren spezifische Anwendung bei Art. 32b^{bis} USG. Es soll insbesondere auf die Kostenverteilung zwischen Verhaltensverantwortlichen und früheren Inhabern eingegangen werden, da Letztere bei den öffentlich-rechtlichen Verursacherhaftungen nie haften bzw. keinen Kostenanteil tragen.

988

Wie bereits im Zusammenhang mit den öffentlich-rechtlichen Verursacher-haftungen betont, sollte es bei den Verursacherhaftungen (wie allgemein im Haftpflichtrecht) keine überkausale Haftung geben.[1524] Der *Verursachungsanteil* bildet somit den Ausgangspunkt der Haftung und setzt der Inanspruchnahme des Verursachers eine absolute Grenze. Mit anderen Worten wird die Verantwortlichkeit des jeweiligen Verursachers durch die Reichweite des durch ihn verursachten Schadens beschränkt. Diese spezifische Beschränkung greift natürlich nicht bei der Haftung der früheren Inhaber, da ihre Haftung nicht aus der Verursachung herrührt, sondern aus einer *Art ungerechtfertigter Bereicherung*.[1525] Die Grenze der Haftung der früheren Inhaber wird somit vom Umfang der Bereicherung festgelegt.

989

In der Praxis dürfte es allerdings oftmals schwierig sein, die Anteile der verschiedenen Beteiligten zu ermitteln. Wie so oft im Haftpflichtrecht wird auch hier der Nachweis der Kausalität die grösste Hürde zur Haftung sein. Man mag deshalb umso mehr bedauern, dass das Problem des Kausalitätsnachweises (und insbesondere eventueller Beweiserleichterungen) nicht vom

990

[1523] Dazu oben N 656 ff.
[1524] Dazu oben N 660 f.
[1525] Dazu oben N 903.

Gesetzgeber geregelt wurde und somit das tradierte Beweislastrecht (Art. 8 ZGB und der Grundsatz der freien Beweiswürdigung) zur Anwendung gelangen wird. Der Anspruchsberechtigte wird grundsätzlich sowohl den Nachweis der Kausalität als auch des Schadens erbringen müssen, wobei die Regeln der Schadensschätzung nach Art. 42 Abs. 2 OR analog Anwendung finden sollten.

991 Vorausgesetzt, dass er nicht bereits eine Entschädigung geleistet hat, haftet in erster Linie der *Verhaltensverantwortliche*.[1526] Wurde die Belastung durch mehrere Verhaltensverantwortliche gemeinsam verursacht, so sollten die Kosten nach dem jeweiligen *Verschulden* zwischen ihnen verteilt werden.[1527] Diese Differenzierung dem Verschulden nach sollte zu einer Abstufung der jeweiligen Haftungsanteile nach dem Grad des Verschuldens führen und nicht etwa zu einer gänzlichen Kostenbefreiung des schuldlosen Verhaltensverantwortlichen.

992 Das Verschulden der Verhaltensverantwortlichen sollte zudem auch dann ausschlaggebend sein, wenn es darum geht, die "*Zwei-Drittel-Regel*" anzuwenden.[1528] Sollte die Verursachung vorsätzlich oder grob fahrlässig erfolgt sein, so ist es m.E. geboten, zugunsten des jetzigen Inhabers von der Zwei-Drittel-Regel abzuweichen, indem dem schuldhaften Verhaltensverantwortlichen mehr als zwei Drittel der Mehrkosten aufgebürdet werden.

993 Wie bereits gesehen,[1529] haftet ein Verhaltensverantwortlicher nur insofern, als er nicht bereits einem früheren (oder dem jetzigen) Inhaber eine Entschädigung geleistet hat. Theoretisch kann ein Verhaltensverantwortlicher jedoch nur einen Betrag geleistet haben, der nicht die Kosten seines Verursacheran-

---

[1526] Dazu oben N 948.
[1527] Dazu oben N 690 ff.
[1528] Dazu oben N 976 ff.
[1529] Dazu oben N 948.

teils deckt. In diesem Falle wird er einen Kostenanteil tragen müssen, der diesem Restbetrag entspricht.[1530]

Eine gleiche Problematik kann sich auch im Hinblick auf die Haftung des früheren Inhabers stellen. Letzterer ist nämlich grundsätzlich nur dann ausgleichspflichtig, wenn er eine Entschädigung oder einen Preisnachlass aufgrund der Belastung des Grundstücks erhalten hat, diese aber weder für die Entsorgung verwendet noch einem späteren Inhaber des Grundstücks in irgendeiner Form weitergegeben hat.[1531] Sollte der frühere Inhaber jedoch nur einen Teilbetrag zur Entsorgung benutzt oder weitergegeben haben, so wird er bei der Kostenverteilung in der Höhe dieses Restbetrags zu belasten sein.   994

D   Tragung der Ausfallkosten

1   Allgemeines

Verursacher oder frühere Inhaber können unbekannt sein, nicht mehr existieren oder zahlungsunfähig sein. Es fragt sich dann, wer die Ausfallkosten bzw. das Bonitätsrisiko tragen muss.   995

Neben diesen klassischen Ausfallkosten gibt es zudem noch die Fälle, in denen wegen einer analogen Anwendung von Art. 44 OR der Kostenanteil eines Verantwortlichen herabgesetzt wird.   996

Die Frage der Ausfallkosten erhält in der verabschiedeten Fassung von Art. 32b[bis] USG keine Antwort. Theoretisch könnten also die Ausfallkosten sowohl dem jetzigen Inhaber des Standorts aufgebürdet als auch zwischen ihm   997

[1530] Gl.M. TRÜEB, Bauherrenaltlast, S. 642. A.M. RÜEGG (S. 109), der grundsätzlich jede Entschädigungsleistung - unabhängig von Form und Höhe - als haftungsbefreiend erachtet, es sei denn, die Entschädigungsleistung stehe in einem krassen Missverhältnis zu den Mehrkosten, so dass die Berufung auf die Haftungsbefreiung rechtsmissbräuchlich wäre. Dazu oben N 942 ff.

[1531] Dazu oben N 949.

und den Ausgleichpflichtigen oder allein zwischen den verschiedenen Ausgleichspflichtigen (anteilsmässig) verteilt werden.

998   Im Gegensatz dazu wird jetzt in der revidierten Fassung von Art. 32d Abs. 3 USG die Frage der Ausfallkosten ausdrücklich geregelt. Im Altlastenrecht trägt - wie bei allen *öffentlich-rechtlichen Verursacherhaftungen* - das Gemeinwesen den Kostenanteil derjenigen Verursacher, die nicht ermittelt werden können oder zahlungsunfähig sind.[1532]

2   Materialien

999   In der ersten Fassung von Art. 32b^bis USG (Vorentwurf vom 29. Mai 2001), welche in die Vernehmlassung geschickt wurde, hiess es noch im Abs. 3: "Kann ein Verursacher nicht ermittelt oder nicht haftbar gemacht werden, oder ist er zahlungsunfähig, so wird sein Kostenanteil entsprechend der Zumutbarkeit und dem Bezug zur Belastung auf die übrigen Verursacher aufgeteilt. Der Inhaber des Standortes trägt den Kostenanteil, der nicht auf die anderen Verursacher aufgeteilt werden kann". Die Einführung einer identischen Regel war auch im *Altlastenrecht* vorgesehen (Tragung der Kosten/Art. 32d Abs. 2bis des Vorentwurfs vom 29. Mai 2001), mit dem doch wesentlichen Unterschied, dass das *Gemeinwesen* und nicht der Inhaber des Standorts diejenigen Kosten tragen sollte, die nicht auf die übrigen Verursacher verteilt werden können. Nachdem diese "Solidarhaftung"[1533] der Verursacher im Rahmen der Vernehmlassung auf starke Kritik gestossen war,[1534] wurde sie sowohl aus Art. 32b^bis USG als auch aus 32d Abs. 2 USG gestrichen. Dementsprechend sollten auch die vom Inhaber (bzw. bei Altlasten vom Gemeinwesen) zu tragenden Ausfallkosten höher sein, da sie all diejenigen Kosten

---

[1532] Der Gesetzgeber hat somit die Meinung der herrschenden Lehre übernommen: HARTMANN/ECKERT, S. 627 f.; ROMY, S. 160 f.; SCHERRER, S. 153 f.; TSCHANNEN, Art. 32d N 16; WAGNER PFEIFER B., Kostentragungspflicht, S. 150 f.

[1533] In den Materialien wird zwar von "Solidarhaftung" gesprochen, doch handelt es sich in Wahrheit um eine *anteilsmässige* Tragung der Ausfallkosten, wie sie aus der privatrechtlichen Solidarhaftung im Innenverhältnis her bekannt ist.

[1534] Dazu Auswertung der Vernehmlassung, S. 1 ff.

umfassen, die nicht einem Verursacher aufgrund seines eigenen Verursacheranteils angelastet werden können.

Im Entwurf vom 20. August 2002 lautet es in Art. 32b^{bis} USG somit nur noch: "Letzterer [der Inhaber] trägt den Kostenanteil, der nicht auf die anderen Verursacher aufgeteilt werden kann."   1000

Aus den Materialien ist nicht ersichtlich, warum die Tragung der Ausfallkosten nicht mehr in der verabschiedeten Fassung von Art. 32b^{bis} USG geregelt ist. Dies kann aber keinesfalls dahin gedeutet werden, dass eine Form der "Solidarhaftung" zwischen den verschiedenen Verursachern wieder eingeführt werden sollte.   1001

3   Würdigung

Angesichts der Materialien zu Art. 32b^{bis} USG und der Notwendigkeit, die Kohärenz zu den öffentlich-rechtlichen Verursacherhaftungen sicherzustellen, sollten die Verursacher und früheren Inhaber nicht für die Ausfallkosten haften.   1002

Daraus folgt, dass der *jetzige Inhaber* (d.h. der Anspruchsberechtigte) die Ausfallkosten zu tragen haben wird.   1003

Diese Lösung erscheint auch im Hinblick auf die herrschende Lehrmeinung sachgerecht, wonach es nicht mit dem Verursacherprinzip vereinbar ist, einen Verursacher über den Umfang seines Verursachungsanteils hinaus in Anspruch zu nehmen.[1535] Auch von einem früheren Inhaber kann wohl kaum verlangt werden, dass er mehr Geld rückerstattet, als er je aufgrund der Belastung erhalten hat.   1004

Schliesslich ist diese Lösung auch insofern gerechtfertigt, als aus *öffentlich-rechtlicher* Sicht allein der jetzige Inhaber - da er Inhaber des Aushubmateri-   1005

[1535] Dazu oben N 984.

als ist - sowohl kosten- als auch entsorgungspflichtig (Art. 32 Abs. 1 und 31c USG) ist.[1536]

[1536] Dazu oben N 832 ff.

VII Fälligkeit, Verjährung und Verwirkung

A Fälligkeit

Die Frage der Fälligkeit ist eng mit derjenigen der Entstehung des Aus-   1006
gleichsanspruchs verknüpft.[1537]

Analog zum Rückgriffsanspruch zwischen Solidargläubigern wird der Aus-   1007
gleichsanspruch mit dessen *Entstehung* fällig, d.h. im vorliegenden Fall mit
dem Beenden der Aushubarbeiten bzw. der Entstehung der Entsorgungs- und
Finanzierungspflicht des Inhabers (Art. 31c und 32 USG). Der Inhaber
braucht somit nicht die tatsächliche Entsorgung des Aushubmaterials vorgenommen zu haben, um seinen Ausgleichsanspruch geltend machen zu können. Vorliegend ist kein Grund ersichtlich, dem Inhaber des Grundstücks die
Fälligkeit seines Ausgleichsanspruchs länger zu verwehren, obwohl mit dem
Beenden der Aushubarbeiten die Menge des Aushubmaterials und somit der
Umfang der Mehrkosten bereits bekannt sein sollten. Diese Lösung entspricht
nicht ganz derjenigen des Altlastenrechts, wo ein Realleistungspflichtiger
(meistens der Zustandsstörer) erst nach durchgeführter Sanierung die Erstattung der von ihm vorfinanzierten Sanierungskosten verlangen kann.[1538] Die
Vorfinanzierung sollte dennoch nicht zum Selbstzweck verkommen. Sie ist
bei einer Sanierung meistens ein notwendiges Übel, da während den Sanierungsarbeiten dem Realleistungspflichtigen fortlaufend Kosten entstehen, deren definitiver Umfang notwendigerweise erst am Ende der Sanierung feststeht.[1539] Art. 20 Abs. 2 AltV entschärft etwas diese Problematik, indem er

---

[1537] Zum Entstehungszeitpunk des Ausgleichsanspruchs, s. oben N 812.

[1538] TSCHANNEN, Kostenverteilung, S. 791.

[1539] Bei einer Sanierung kann zwar grundsätzlich eine Verfügung bezüglich der quotenmässi-
gen Verteilung der Kostenanteile vor der Inangriffnahme der Sanierungsarbeiten verlangt
werden, es bedarf jedoch grundsätzlich einer zweiten Verfügung nach Ende der Sanierungsarbeiten, um die zu verteilenden Kosten genau zu beziffern, damit diese vollstreckbar
werden. Vgl. hierzu STUTZ, Verfahrensfragen, S. 823 f.; WAGNER PFEIFER B., Kostentragungspflicht, S. 152.

den Behörden erlaubt, die Verhaltensstörer anstatt des Zustandsstörers (des Inhabers des Grundstücks) zu verpflichten, die Sanierungsmassnahmen durchzuführen und somit deren Vorfinanzierung zu übernehmen. Letztere Lösung ist die sachgerechteste, da sie diejenigen zur Vorfinanzierung verpflichtet, die bei der endgültigen Kostenverteilung (Art. 32d USG) voraussichtlich den grössten Teil der Kosten tragen werden. Da das Gesetz keine ähnliche Lösung im Falle der Finanzierung von Aushubmaterial vorsieht, scheint es umso gerechter, dem Inhaber der Abfälle schon nach Beenden der Aushubarbeiten zu gestatten, gegen die Verursacher der für die Mehrkosten kausalen Belastung vorzugehen.

B Verjährung

1 Allgemeines

1008 Art. 32b^{bis} USG enthält keine Verjährungsfrist.[1540] Es stellt sich somit vorab die Frage, ob die Ausgleichsansprüche aus Art. 32b^{bis} USG überhaupt verjähren.[1541] Da grundsätzlich alle zivilrechtlichen Forderungen verjähren,[1542] ist vorliegend kein Grund ersichtlich, warum es bei Ausgleichsansprüchen aus Art. 32b^{bis} USG anders sein sollte. Auch der mit 15 Jahren zeitlich eng befristete Geltungsbereich des Gesetzes (Art. 32b^{bis} Abs. USG) vermag eine ordentliche Verjährung und die damit einhergehende Erhaltung der Rechtssicherheit nicht zu ersetzen.

[1540] Der Entwurf der UREK-NR vom 20. August 2002 enthielt hingegen noch eine 5jährige Verwirkungsfrist, die mit der Entnahme des Materials zu laufen beginnen sollte.

[1541] Bezüglich der Verjährung der Kostentragungspflicht bei Altlasten (Art. 32d USG) behauptet ROMY (S. 158), dass diese Ansprüche nicht verjähren. Für eine berechtigte Kritik dieser Meinung und eine ausführliche Zusammenfassung der diesbezüglichen Lehrmeinungen und Rechtsprechung: WAGNER PFEIFER B., Kostentragungspflicht, S. 148 f.

[1542] Dieser Rechtsgrundsatz gilt auch allgemein im öffentlichen Recht, dazu HÄFELIN/MÜLLER/UHLMANN, N 778 ff.; BGE 125 V 396 E. 3a.

2   Relative und absolute Verjährungsfrist

Es bleibt somit zu klären, welche Verjährungsfristen des Obligationenrechts   1009
zur Anwendung gelangen sollen. Art. 127 OR besagt, dass Forderungen mit
Ablauf von zehn Jahren verjähren, wenn das Bundeszivilrecht nicht etwas anderes bestimmt. Angesichts der Tatsache, dass Art. 32b^{bis} USG weder direkt
noch indirekt die Verjährungsfrist bestimmt, könnte man vorliegend für die
Anwendung der zehnjährigen Verjährungsfrist aus Art. 127 OR plädieren.
Dennoch erscheint es in Anbetracht der besonderen Natur dieses Ausgleichsanspruchs sachgerechter, die für ausservertragliche Forderungen geltenden
(kurzen) Verjährungsfristen des Obligationenrechts analog anzuwenden (Art.
60 und 67 OR). Somit beträgt die relative Verjährungsfrist ein Jahr ab Kenntnis der Mehrkosten und des jeweiligen Ausgleichspflichtigen. Die Kenntnis
der Mehrkosten knüpft an die quantitative Beurteilung der Entsorgungskosten
des Aushubmaterials an. Um diese vornehmen zu können, wird meistens eine
vorherige Auftrennung des Aushubmaterials je nach Art der Abfälle gemäss
Art. 9 TVA notwendig sein.[1543]

Die *absolute Verjährungsfrist* sollte analog zu Art. 60 und 67 OR *zehn Jahre*   1010
betragen. Grundsätzlich beginnen absolute Verjährungsfristen bei ausservertraglichen Schädigungen am Tag der schädlichen Handlung zu laufen und
nicht erst am Tag der Auswirkung dieser Handlung.[1544] Auf unseren Fall angewandt würde dies aber bedeuten, dass eine Grosszahl der Ausgleichsansprüche längst verjährt wäre (und zwar vor Inkrafttreten von Art. 32b^{bis} USG),
da sie zwangsläufig auf Verursachungen zurückzuführen sein müssen, die vor
dem 1. Juli 1997 stattgefunden haben. Dass dies nicht dem Willen des Gesetzgebers entsprechen kann, ist offensichtlich und spiegelt sich allein schon
darin wider, dass sogar Belastungen erfasst werden sollen, die vor dem 1. Juli
1972 verursacht wurden.[1545] Die 10-jährige absolute Verjährungsfrist wird

---

[1543] Dazu TSCHANNEN, Art. 31c N 9.

[1544] Vgl. Art. 60 Abs. 1 OR. So hat das Bundesgericht im Fall eines immissionsrechtlichen
Anspruchs gemäss Art. 679 i.V.m. 684 ZGB entschieden, BGE 127 III 257 E. 2.

[1545] Dazu oben N 785 ff.

deshalb erst mit Beendigung der Aushubarbeiten zu laufen beginnen und zwar unabhängig davon, ob der Ausgleichsberechtigte Kenntnis von den Mehrkosten und dem Ausgleichspflichtigen hat oder nicht (Art. 60 und 67 OR analog).

1011   Da die verschiedenen Ausgleichspflichtigen *nicht solidarisch* haften, wirkt die Unterbrechung der Verjährung gegen einen von ihnen, aber nicht gegenüber den anderen.

C   Verwirkung

1   Verwirkungsfrist *sui generis*

1012   Zu beachten ist zudem die in Art. 32b^bis Abs. 3 USG enthaltene Frist, die besagt, dass der Anspruch längstens binnen 15 Jahren nach Inkrafttreten geltend gemacht werden kann. Diese Frist ist deshalb von *besonderer Art*, weil sie nicht an den Entstehungszeitpunkt eines Ausgleichsanspruchs anknüpft, sondern an das Inkrafttreten des Gesetzes. Zeitlich begrenzt sie somit nicht allein das subjektive Recht jedes Einzelnen, sondern befristet die zeitliche Geltung von Art. 32b^bis USG als solche.[1546] Zwangsläufig kann diese Frist deshalb *weder gehemmt noch unterbrochen* werden.

1013   Für den Anspruchsberechtigten kommt die Frist aus Art. 32b^bis Abs. 3 USG in ihrer *Wirkung* einer *bundesrechtlichen Verwirkungsfrist* gleich, da sie den Untergang des Rechts bewirkt und nicht allein den Verlust dessen gerichtlicher Durchsetzbarkeit.

2   Wahrung der Verwirkungsfrist

1014   Um die Frage zu beurteilen, welche Handlungen die Frist aus Art. 32b^bis USG zu wahren vermögen, sollten denn auch die vom Bundesgericht im Zusam-

---

[1546] Dazu oben N 756.

menhang mit der Wahrung bundesrechtlicher Verwirkungsfristen festgelegten Grundsätze analog angewandt werden.[1547]

[1547] BGE 119 II 434 E. 2; 110 II 387 E. 2 m.w.H.; vgl. auch GAUCH/SCHLUEP/SCHMID/ REY/ EMMENEGGER, N 3390 ff.; VOGEL/SPÜHLER, 12 N 23 ff.

VIII Würdigung

Das ursprüngliche Projekt des Nationalrats, das sowohl das in Art. 74 Abs. 2   1015
BV als auch in Art. 2 USG verankerte Verursacherprinzip konsequent ebenfalls bei belasteten, aber nicht sanierungsbedürftigen Standorten anzuwenden,
war *zumindest* im Hinblick auf die Harmonisierung mit dem Altlastenrecht
lobenswert. Dass dieses Bestreben hauptsächlich aus ökonomisch-
politischen[1548] Überlegungen vom Bundesrat und vom Ständerat bekämpft
wurde, ist zutiefst bedauerlich. Es hätte vielmehr das Bedürfnis einer solchen
Norm eingehend hinterfragt und nach *alternativen Finanzierungsmöglichkei-
ten* gesucht werden müssen. Allzuoft wird nämlich vergessen, dass das Verursacherprinzip nicht das einzige Zurechnungskriterium im Umweltrecht ist
und dass auch das *Opferprinzip* (*casum sentit dominus*) und das *Gemeinlastprinzip* ihre Berechtigung haben. Insbesondere sollte das Gemeinlastprinzip
dann zur Anwendung gelangen, wenn das Rückwirkungsverbot eine *retroaktive Anwendung* des Verursacherprinzips verbietet.[1549]

Bedenklich ist auch, dass schliesslich im Zivilrecht eine Norm eingeführt   1016
wurde, die sich am Polizeirecht orientiert und folglich die Gestalt einer dem
zivilen Haftpflichtrecht fremden, *echt rückwirkenden Erfolgshaftung* angenommen hat. Art. 32b[bis] USG bzw. die Revision des USG hätte die Gelegen-
heit geboten, alle Verursacherhaftungen zu überdenken und an *bewährte Zurechnungskriterien* des zivilen Haftpflichtrechts anzuknüpfen.

Bedauernswert ist auch die allgemeine Tendenz (sowohl im Altlastenrecht als   1017
nun auch in Art. 32b[bis] USG), durch echt rückwirkende Gesetze nachträglich
Haftungen einführen zu wollen, statt mögliche, zukünftige Haftungsfälle bzw.

[1548] So wird z.B. in der Stellungnahme des Bundesrates vom 23. Mai 2003 (S. 5049) festgehalten, dass wegen Art. 32b[bis] USG [in seiner ursprünglichen Fassung] bedeutende Kosten auf
den Bund in seiner *Eigenschaft als Grundeigentümer* zukommen würden. Der Bund be-
fürchtet, dass er bei Veräusserungen von Liegenschaften der Armee und der Bahnen sich
an den Entsorgungskosten von kontaminiertem Aushub beteiligen müsste.

[1549] Dazu oben N 97.

Gefahren frühzeitig zu identifizieren und dementsprechend auf die Zukunft gerichtete Haftungen einzuführen. Die Richtlinie 2004/35/EG des Europäischen Parlaments und des Rates vom 21. April 2004 über Umwelthaftung zur Vermeidung und Sanierung von Umweltschäden zeigt wie moderne, zukunftsorientierte Verursacherhaftungen auch in der Schweiz aussehen könnten.

1018 Der schliesslich zum Gesetz gewordene Kompromiss vermag wohl kaum jemanden zu überzeugen. Es wird sich in der Praxis zeigen, inwiefern dieses parlamentarische Produkt mehr gut als schlecht und überhaupt praktikabel ist. Zu hoffen bleibt nur, dass in Zukunft der inneren Kohärenz des Umweltrechts allgemein und dem Haftpflichtrecht insbesondere mehr Sorge getragen wird, und dass das Verursacherprinzip mit Bedacht angewendet und nicht zu einem allzeit erstrebenswerten Ziel erklärt wird.

Zusammenfassung

Die vorliegende Studie bezog sich auf die Verursacherhaftungen im Schwei-   1019
zer Umweltrecht. In einem ersten, allgemeinen Teil wurden die rechts- und
wirtschaftswissenschaftlichen Grundlagen aller Verursacherhaftungen erforscht. Der zweite, besondere Teil befasste sich dann ausschliesslich mit Art.
32b^bis USG. Nachfolgend sollen die wichtigsten Ergebnisse zusammengefasst
dargestellt werden.

A. Verursacherhaftungen im Schweizer Umweltrecht

Der Begriff der *Verursacherhaftung* fasst all diejenigen Haftungsformen   1020
zusammen, die sich auf das *umweltrechtliche Verursacherprinzip* (Art. 74
Abs. 2 BV, 2 USG und 4 StSG) berufen und dementsprechend die *Verursachung* als wesentliche Haftungsvoraussetzung aufweisen. Unter den Oberbegriff "Verursacherhaftungen" fallen einerseits alle *öffentlich-rechtlichen Kostenüberwälzungsregelungen* (namentlich Art. 32d USG, 59 USG, 54 GSchG
und 37 Abs. 2 StSG) und andererseits der zivilrechtliche *Art. 32b^bis USG.*

Angesichts der direkten Bezugsnahme der Verursacherhaftungen auf das   1021
Verursacherprinzip wurde letzteres vorab analysiert. Aus *ökonomischer Sicht*
verlangt das Verursacherprinzip, dass dafür gesorgt werden soll, dass die jeweiligen Handlungsträger voll mit den Kosten ihres Handelns belastet werden. Der Rückgriff auf das volkswirtschaftliche Verursacherprinzip, um eine
kohärente Umweltpolitik zu begründen, vermag jedoch nicht zu überzeugen.
Das abstrakte wirtschaftliche Ziel der Internalisierung bietet höchstens ein
Mittel zur Erreichung von Umweltzielen, bildet selbst aber kein umweltpolitisches Ziel, sondern nur eine volkswirtschaftlich "optimale" Umweltbelastung.
Dem ökonomischen Verursacherprinzip liegt nämlich grundsätzlich eine Kosten-Nutzen-Analyse zugrunde und nicht auch ein Gedanke der Vermeidung
und der Nachhaltigkeit.

1022 Der *Internalisierungsgedanke* bzw. das Verursacherprinzip ist zudem zum Selbstzweck verfallen und wurde zu einem allzeit erstrebenswerten Ziel erklärt. Doch der Entscheid über die Anwendung des Verursacherprinzips bzw. die Auswahl zwischen verschiedenen Massnahmen zur Erreichung von Umweltzielen sollte unbefangen und unter Berücksichtigung weiterer Prinzipien erfolgen.

1023 Aus der juristischen Perspektive konnte festgestellt werden, dass - in seiner Eigenschaft als Prinzip - *nichts deduktiv* aus dem Verursacherprinzip abgeleitet werden kann. Es bedarf jeweils einer *politischen Entscheidung*: Dem Verursacherprinzip als solchem lässt sich unter anderem nicht entnehmen, welche Ursache als "haftungsauslösender Umstand" anzusehen ist. Auch bezüglich der Auswahl des "richtigen" Verursachers - z.B. wenn mehrere Kausalketten und Verursacher aufeinandertreffen - bietet das Verursacherprinzip keine Antwort. Vielmehr werden die gesetzgeberischen Ziele, das Rechtsgebiet wie auch das zur Durchsetzung des Prinzips gewählte Instrumentarium für die Ausgestaltung der jeweiligen Norm ausschlaggebend sein.

1024 Bezüglich der *Verursacherhaftungen* konnte zur allgemeinen Kritik des Verursacherprinzips zusätzlich festgestellt werden, dass es des Verursacherprinzips *bei Schadens- und Haftungsfragen überhaupt nicht bedarf.* Das Verursacherprinzip drückt nämlich eine jeder Verantwortlichkeit zugrunde liegende Selbstverständlichkeit aus, wonach zwischen einer Handlung bzw. dem Zustand einer Sache und einem Schaden ein Kausalzusammenhang bestehen muss. Die Notwendigkeit, das Verursacherprinzip im Rahmen der Verursacherhaftungen zu konkretisieren, hat zudem dazu geführt, dass auf althergebrachtes *Polizeirecht* zurückgegriffen und unter dem Deckmantel des Verursacherprinzips auf neue Tatbestände angewendet wird. Das Verursacherprinzip hat somit bis jetzt eher zu einer Denksperre als zu kreativen neuen Lösungen geführt.

1025 In der herrschenden Schweizer Lehre und Rechtsprechung wird das Verursacherprinzip (immer noch) als reines *Kostenzurechnungsprinzip* verstanden und nicht zusätzlich als Grundlage für *Verhaltens- bzw. Vermeidungspflichten* (d.h. als *Prinzip der materiellen Verantwortung*), was auch durchaus dem gesetzgeberischen Willen entspricht. Zumindest wird dem Verursacherprinzip von der herrschenden Lehre eine Funktion als Instrument zur indirekten *Verhaltenslenkung* zugestanden. Nach der in dieser Arbeit vertretenen Meinung sollte das Verursacherprinzip auch eine *materielle Verantwortung* begründen können.

Dabei kann und soll aber nicht über die Offenheit dieses Prinzips hinweggetäuscht werden. Dementsprechend kann die Ausgestaltung der materiellen Verantwortung wie die Nennung derjenigen Personen, die als Verursacher zum Ergreifen der Massnahmen zu verpflichten sind, nur das Ergebnis einer Wertung bzw. eines legislativen Prozesses sein. Zudem kann das Verursacherprinzip auch bei der materiellen Pflicht keine allgemeine Gültigkeit beanspruchen. Die vorliegend vertretene Ansicht impliziert indessen auch nicht, dass die Massnahmenpflicht immer mit der Kostentragungspflicht zusammenfällt. Hier wie dort muss jeweils das passende Zurechnungsprinzip ausgewählt werden. 1026

Die zentrale Frage bei den Verursacherhaftungen ist die Bestimmung derjenigen Person, die aus rechtlicher Sicht als *Verursacher* zu qualifizieren ist. Der Begriff des *Verursachers* wird zwar in der Verfassung und im Gesetz benutzt, näher definiert wird er jedoch nicht. 1027

In Ermangelung einer besseren Alternative greifen sowohl das Bundesgericht in ständiger Rechtsprechung als auch die herrschende Lehre auf den *polizeirechtlichen Störerbegriff* zurück, um den Kreis der Verursacher zu definieren und nicht etwa auf das wirtschaftswissenschaftliche Verursacherprinzip. Es wird somit von der Störerverantwortlichkeit auf die Verursachereigenschaft geschlossen. Diesem Rückgriff kommt eine grundlegende Bedeutung zu, da die Qualifikation als Störer bzw. als Verursacher grundsätzlich die *Kostentragungspflicht* bzw. die Haftung begründet. Die Haftungsvoraussetzungen des Polizeirechts gelten folglich auch für die Verursacherhaftungen. 1028

1029   Der Rückgriff auf den Störerbegriff bei der Bestimmung der Verursacher ist problematischer, da es grundsätzlich fraglich ist, ob das Polizeirecht überhaupt der Erfassung der heutigen *Umweltgefährdungen* gewachsen ist und ob die im Polizeirecht entwickelten Zurechnungskriterien bei Verursacherhaftungen übernommen werden können. Grundsätzlich verfolgen Polizeirecht und Verursacherhaftungen andere Zwecke. Während das Polizeirecht eine effiziente Gefahrenabwehr bzw. Störungsbeseitigung gewähren muss, steht bei den Verursacherhaftungen eine gerechte Kostenverteilung im Vordergrund.

1030   Die indirekte Anwendung des Polizeirechts bei der Bestimmung der Verursacher führt hauptsächlich zwei problematische Folgen mit sich.

1031   Einerseits wird dadurch eine *Zustandsverantwortlichkeit* eingeführt, obwohl der Begriff der "Verursachung" bzw. die Kausalitätsproblematik eigentlich nur "menschliche Verhalten" erfassen sollte. Bei der Zustandsverantwortlichkeit kann folglich nicht von einer Verhaltensverantwortlichkeit die Rede sein, da es sich bei ihr in Wahrheit um eine Gewalthaberhaftung handelt. Auch die englische Bezeichnung "polluter-pays-principle" oder der französische Begriff "principe du pollueur-payeur" machen durch ihren Wortlaut deutlich, dass eigentlich ausschliesslich diejenigen (natürlichen oder juristischen) Personen haftbar gemacht werden sollten, die durch ihre eigenen Handlungen [bzw. ihre gefahrenträchtige Tätigkeit] (Verhaltenshaftung) oder *allenfalls* durch das Verhalten Dritter, für die sie verantwortlich sind, eine Belastung der Umwelt verursacht haben (Zusatzhaftung). Nichtsdestoweniger werden heute unter dem Begriff "Verursacher" sowohl *Verhaltens*störer als auch *Zustands*störer subsumiert. Die Zustandsverantwortlichkeit sollte deshalb grundsätzlich abgeschafft bzw. der Terminus "Verursacher" restriktiv ausgelegt werden. Sollte dennoch eine Verantwortlichkeit der Inhaber der tatsächlichen Gewalt oder der Eigentümer punktuell als notwendig erachtet werden, so sollte diese Haftung *explizit* im Gesetz aufgeführt und an zivilrechtlichen Zurechnungskriterien (z.B. in der Form eines Werkmangels) angeknüpft werden. So würde auch die Einheit des Haftpflichtrechts gewahrt bleiben bzw. ein Haftpflichtiger zu den gleichen Bedingungen für Schäden und Massnahmenkosten haften. Mit seiner grundsätzlichen Abschaffung bzw. Umgestaltung werden auch die in Lehre und Rechtsprechung zu Recht unternommenen Versuche, die Zustandsverantwortlichkeit zu begrenzen, gegenstandslos. Diese Versuche haben bis jetzt nur veranschaulicht, dass es keine klare *innere Rechtfertigung* für eine solche Haftung gibt. Sollte eine solche Abschaffung bzw. Umgestaltung indessen abgelehnt werden, so sollte zumindest für alle Verursacherhaftungen eine Begrenzung auf *typische Gefahren* (Begrenzung nach *Risikosphären*) vorgenommen werden, auch wenn die Frage, welche Folgen noch einen Zusammenhang mit einem Grundstück haben, nicht immer leicht zu beantworten sein wird.

Andererseits hat die indirekte Anwendung des Polizeirechts dazu geführt, 1032 dass alle Verursacherhaftungen *reine Erfolgshaftungen* sind. Als massgebliche Zurechnungslehre wurde auch die polizeirechtliche *Unmittelbarkeitstheorie* übernommen. Diese Kausalitätstheorie soll das einzige Zurechnungskriterium der Haftung sein und dies sowohl bei der Verhaltensverantwortlichkeit als auch bei der Zustandsverantwortlichkeit. Es wird bei den Verursacherhaftungen dennoch der unmögliche Traum verfolgt, alle haftungsauslösenden Tatbestände mit einer einzigen Generalklausel und einem einzigen Zurechnungskriterium erfassen zu können. Eine *gerechte Haftung* (bzw. eine gerechte Zuweisung von Risiken) lässt sich aber kaum allein auf einer Kausalitätstheorie aufbauen bzw. durch eine "Unterbrechung des Kausalzusammenhangs" beschränken. Wie soll denn auch eine (wahre bzw. reine) Kausalitätstheorie die *Wertung* einer Verursachung ersetzen? Natürlich liegen der Unmittelbarkeitstheorie (wie auch der Adäquanztheorie) ebenfalls wertende Elemente zugrunde. Doch liegt gerade in dieser Anreicherung mit Wertungen das Dilemma dieser Zurechnungstheorie: je mehr sie mit rechtlichen Wertungen angereichert wird, desto inhaltlich unbestimmter wird sie. So lässt sich wohl kaum wertungsfrei bestimmen, was "gefahrennah" (oder "generell zur Erfolgsverursachung geeignet") ist. Die Qualifizierung als "unmittelbar" (bzw. "voraussehbar") versteckt dann die angewandten Wertungen, mehr als sie sie offen legt. Stellt man hingegen auf den reinen, äusseren Kausalablauf ab, so wird sie unbrauchbar, da die rechtliche Würdigung ausgeblendet wird. Das Kriterium der *unmittelbaren Verursachung* lässt somit in rechtlich schwer einzuordnenden Sachverhalten im Stich. Die Unmittelbarkeitstheorie (bzw. die Adäquanztheorie) ist nur bei *Verwendung weiterer (ergänzender) normativer Zurechnungskriterien* in der Lage, die Zurechnungsaufgabe zu lösen. Die "Gefahrengrenzüberschreitung" gibt keine Auskunft darüber, ob die durch diese Kriterien wiedergegebene "Nähe" von Verhalten und polizeiwidrigem Erfolg rechtlich missbilligt ist oder nicht und ob es sich rechtfertigt, die verursachte Gefahr dem verursachenden Verhalten zuzurechnen.

1033   Ferner wird bezüglich der Verursacherhaftungen auch behauptet, eine Kostenzuweisung nach dem Verursacherprinzip setze keine *Widerrechtlichkeit* voraus. Dieses Dogma wurzelt (wiederum) im Polizeirecht, das entgegen der herrschenden Lehre in Wahrheit sehr wohl das Erfordernis der Widerrechtlichkeit kennt, sofern letztere richtig definiert wird. Diese Meinung ist umso problematischer, als sie im Zusammenhang mit dem Verursacher*prinzip* vertreten wird und nicht jeweils bezüglich der verschiedenen Instrumente (bzw. Normen), die zur Durchsetzung des Prinzips erlassen wurden. Entscheidend bei der Frage der Widerrechtlichkeit sind jedoch die Instrumente seiner Durchsetzung (z.B. durch Abgaben oder Verursacherhaftungen) und nicht etwa das Prinzip als solches.

1034   Wie im Polizeirecht bildet die Widerrechtlichkeit - zumal sie als Erfolgsunrecht verstanden wird - schon jetzt eine Haftungsvoraussetzung jeder Verursacherhaftung. Soll aber die Widerrechtlichkeit zu einem wahren "Filter" der Haftung werden, so muss auch bei den Verursacherhaftungen die Widerrechtlichkeit nach der *Lehre vom Verhaltensunrecht* bestimmt werden. Würde man indessen weiterhin auf die Lehre vom Erfolgsunrecht abstellen, so käme es zu keiner Begrenzung der Haftung, da sich die Widerrechtlichkeit bereits aus jeder schädlichen Einwirkung ergeben würde. Im Zusammenhang mit den Verursacherhaftungen muss die Widerrechtlichkeit sowohl in einer Handlung als auch in der Verwirklichung eines Risikos gesehen werden können, weshalb sie nicht mit der objektiven Seite des Verschuldens verschmolzen bzw.

als Sorgfaltspflichtverletzung verstanden werden kann. Ansonsten würde das objektive Verschulden zu einem Element der Verursacherhaftungen, was mit der *jetzigen* Gesetzgebung nicht vereinbar wäre.

Schliesslich bezüglich der Verursacherhaftungen auch behauptet, *subjektive Elemente* bzw. das objektive Verschulden und die Urteilsfähigkeit würden bei Zuweisung der Haftung keine Rolle spielen. Es wird in der Lehre mehrheitlich die Meinung vertreten, dass nur eine verschuldensunabhängig ausgestaltete Haftungsregelung dem Verursacher*prinzip* entspräche, da sonst Schadensfälle möglich wären, bei denen es zu keiner Internalisierung der externen Effekte käme. Diesem Argument kann wiederum entgegengehalten werden, dass eine Antwort auf die Frage, wer und unter welchen Voraussetzungen als Kostenpflichtiger herangezogen werden soll, nicht *deduktiv* aus dem Verursacherprinzip abgeleitet werden kann, sondern einer politischen Entscheidung bedarf. Es ist zudem fraglich, ob Verursacherhaftungen grundsätzlich keine subjektiven Elemente beinhalten dürfen, denn die Gründe, die allenfalls im Polizeirecht gegen das Abstellen auf die subjektive Einstellung des Störers sprechen können, finden sich bei Verursacherhaftungen nicht wieder. Während die Polizei gegen alle Gefährdungen bzw. Störungen vorgehen können muss, geht es bei den Verursacherhaftungen jedoch allein um die *Kostentragungspflicht*. Während die Gefahrenabwehr ein schnelles und effektives Handeln erfordert, muss bei einer Kostenverteilung die *Gerechtigkeit* im Vordergrund stehen.

Eine wahre Begrenzung der Verursacherhaftungen wird grundsätzlich nur dadurch zu erzielen sein, dass von der *Generalklausel* und der Erfolgshaftung Abstand genommen wird und differenzierte Haftungstatbestände im Gesetz aufgenommen werden bzw. dass an klassische haftpflichtrechtliche Verantwortlichkeits- und Zurechnungskriterien (Verschulden, Gefahr, etc.) angeknüpft wird. Somit würden die Verursacherhaftungen auf ein eigenständiges dogmatisches Fundament gestellt und die Kostentragungspflicht unabhängig von der Frage behandelt, wer zur Behebung des gefährlichen Zustandes nach dem Störerprinzip verpflichtet werden kann. Wäre dieser Schritt einmal ge-

1035

1036

macht, so würde sich auch die Problematik der anwendbaren Kausalitätstheorie und der Widerrechtlichkeit entschärfen. Insbesondere könnte - um die innere Kohärenz des Haftpflichtrechts zu wahren - die Adäquanztheorie bei den Verursacherhaftungen angewandt werden. Die Frage der anwendbaren Widerrechtlichkeitstheorie würde auch an Bedeutung verlieren, da sie nicht mehr der einzige Filter der Haftung wäre. Es sollte dann auch möglich sein, bei einer am Verschulden anknüpfenden Haftung die Widerrechtlichkeit als *Sorgfaltspflichtverletzung* zu definieren. Bei den Gefährdungshaftungen müsste die Widerrechtlichkeit hingegen im *Erfolg* gesehen werden. Zwar kann eine derart formulierte Widerrechtlichkeit nicht in einer *einzelnen Formel* zusammengefasst werden, doch bietet sie den überwiegenden Vorteil, dass sie eindeutig den *unterschiedlichen Zurechnungssachverhalten* Rechnung trägt.

1037 Da Verursacherhaftungen von der herrschenden Lehre grundsätzlich nicht dem Haftpflichtrecht zugerechnet werden, wird bei Verursacherhaftungen auch nicht von einem Schaden im klassischen Sinn ausgegangen, sondern von *ersatzfähigen Kosten*. Letztere entsprechen nicht der klassischen Definition des ersatzfähigen Schadens, wonach dieser unter anderem *unfreiwillig* eingetreten sein muss. Zudem entsteht bei Verursacherhaftungen ein Anspruch erst und allein dann, wenn der Inhaber *effektiv Massnahmen* ergriffen hat. Im Gegensatz dazu besteht im Haftpflichtrecht ein Schadensersatzanspruch grundsätzlich unabhängig davon, ob beispielsweise die beschädigte Sache repariert wird oder nicht. Schliesslich kennen die Verursacherhaftungen keine Diskriminierung von reinen Vermögensschäden, da Kosten für von Gemeinwesen getroffene Massnahmen unabhängig davon ersetzt werden, ob das Gemeinwesen selbst Eigentümer des verletzten Rechtsgutes ist oder nicht. Das Gemeinwesen wird nämlich oftmals nur *mittelbar geschädigt* sein, da ihr ein Schaden nur durch die Erfüllung einer öffentlich-rechtlichen Aufgabe erwächst (bzw. ein *Reflexschaden* vorliegt).

1038 Auch der *Umfang der Kostentragungspflicht* aufgrund von Verursacherhaftungen ist von demjenigen zivilrechtlicher Schadensersatzansprüche unterschiedlich. Statt einer umfassenden Naturalrestitution werden allein die Kosten der für die Beseitigung der Gefahr *notwendigen Massnahmen* erstattet. Diese Begrenzung der Kostentragungspflicht bei Verursacherhaftungen findet ihren Ursprung in der (polizeirechtlichen) Realleistungspflicht, die ebenfalls nur diejenigen Handlungen umfasst, die für die *Gefahrenabwehr* bzw. *Störungsbeseitigung* notwendig sind. Verursacherhaftungen führen somit gewissermassen die Diskriminierung des "eigentlichen Umweltschadens" fort. Es werden nicht primär die Bestandteile der Umwelt wie Luft, Wasser oder Boden geschützt, sondern lediglich Gefahren bzw. Störungen nach einem *anthropozentrischen Massstab* bekämpft. Ausgeklammert bleiben daher meistens solche Schäden, die unter der Gefahrenschwelle für den Menschen liegen. Grundsätzlich wäre es wünschenswert, den Schritt von der Gefahrenabwehr zur *Naturalrestitution* (die so genannte "primäre Sanierung") zu vollziehen, d.h. die geschädigte Naturressource und/oder beeinträchtigte Funktionen in ihren Ausgangszustand zurückzuversetzen. Diese Naturalrestitution wäre ein wichtiger Schritt zur Erfassung des ökologischen Schadens. Für die nicht im Wege der primären Sanierung wiederherzustellenden natürlichen Ressourcen oder geschädigten natürlichen Funktionen sollte wie bei der RL 2004/35/EG eine Pflicht bestehen, Ersatzmassnahmen zu treffen bzw. an einem anderen Ort einen Zustand der natürlichen Ressourcen und/oder von deren Funktionen herzustellen, der einer Rückführung des geschädigten Ortes in seinen Ausgangszustand gleichkommt.

Im Gegensatz zum zivilrechtlichen Haftpflichtrecht werden bei Verursacher- 1039 haftungen *Kosten von Abwehrmassnahmen* entschädigt, obwohl es sich bei ihnen um reine Vermögensschäden handelt. Trotz wiederkehrender Bedenken sollte die Ersetzbarkeit von Abwehrmassnahmenkosten allgemein auch im zivilrechtlichen Haftpflichtrecht anerkannt werden. Die Ersetzbarkeit von Abwehrmassnahmenkosten ist unter anderem angesichts des Instituts der Notwehr (Art. 52 Abs. 1 OR) gerechtfertigt. Die Gefahrenabwehr stellt nämlich gewissermassen eine abgewandelte Form der Notwehr dar. Wenn die Rechtsordnung dem Bürger gestattet, bei rechtswidrigen Angriffen bzw. Gefährdungen entschädigungslos in die Rechtsgüter des Angreifers einzuwirken, so müssen ihm auch grundsätzlich diejenigen Kosten vom Gefährdenden rückerstattet werden, die ihm durch die Abwehr einer widerrechtlichen Rechtsgutverletzung entstehen. Es ist nämlich grundsätzlich zufallsbedingt, ob eine Gefahr durch den Eingriff in die Rechtsgüter des Angreifers bzw. Gefährdenden oder durch andere Massnahmen abgewendet werden kann. Um die Ersetzbarkeit von Abwehrmassnahmenkosten zu ermöglichen, schlägt ein teil der Lehre vor, die unmittelbare Gefährdung eines absoluten Rechtsguts hinsichtlich der Widerrechtlichkeit einer Rechtsgutverletzung gleichzustellen. Anstatt das Erfolgsunrecht zu erweitern, scheint es aus *dogmatischer Sicht* überzeugender, die Lehre vom Erfolgsunrecht abzulehnen und der Lehre des *Verhaltensunrechts* den Vorrang zu geben. Bezeichnend für eine *erfolgreiche* Abwehrmassnahme ist ja gerade, dass kein absolutes Rechtsgut verletzt wird, sondern nur ein reiner Vermögensschaden eintritt. Deshalb muss die Ersatzfähigkeit eines reinen Vermögensschadens anerkannt werden, anstatt die Widerrechtlichkeit von einer möglicherweise nicht eingetretenen Verletzung eines absolut geschützten Rechtsguts ableiten zu wollen. Auch im Hinblick auf das Erfordernis der *Kausalität*, die ja unbestrittenermassen zwischen dem Verhalten und der Gefährdung und nicht etwa zwischen dem Verhalten und einer nicht eingetretenen Verletzung eines absolut geschützten Rechtsguts bestehen muss ("haftungsbegründende Kausalität") scheint es sachgerechter, auch bei der Bestimmung der Widerrechtlichkeit auf das Verhalten statt auf eine nicht eingetretene Verletzung eines absoluten Rechtsguts abzustellen. Schliesslich wären somit auch Abwehrmassnahmen, die zum Schutze des Vermögens bzw. zur *Vermeidung reiner Vermögensschäden* getroffen werden, nicht *per se* von der haftpflichtrechtlichen Entschädigung ausgeschlossen.

1040   In der Praxis hat die Frage, wie beim Vorliegen mehrerer Verursacher die Kosten zu verteilen sind, eine grosse Relevanz. Nach herrschender Lehre sollen die Verursachungsanteile *in erster Linie* nach der *Art der Verursachung* bemessen werden. Dabei wird differenziert, ob der Verursacher Zustandsstörer oder Verhaltensstörer ist und ob ein Verschulden vorliegt oder nicht. Das *Gewicht der Verursachung* kommt erst als zweites Kriterium in Betracht. Dieser traditionellen Hierarchie der Bestimmungskriterien kann nicht gefolgt werden. Indem als erstes Kriterium zur Bestimmung der Verantwortlichkeit auf die "Art der Verursachung" abgestellt wird und nicht auf den Verursachungsanteil, wird impliziert, dass jemand über seinen Verursachungsanteil hinaus haften kann. In diesem Zusammenhang benutzen sogar Bundesgericht und Lehre den Begriff "subjektiver Verursachungsanteil". Dies ist m.E. insofern bedenklich, als jemand immer nur für den Teil des Schadens bzw. der Kosten haften sollte, den er *kausal* (sei es "unmittelbar" oder "adäquat kausal") verursacht hat. Der Begriff "subjektiver Verursachungsanteil" stellt zudem eine *contradictio in terminis* dar, da etwas nur *objektiv* verursacht werden kann bzw. sich eine Veränderung der Aussenwelt nach dem heutigen Stand der Wissenschaft nicht allein mittels des Willens erzeugen lässt. Der Wille bzw. der Intellekt allein hat - zumindest in Rechtsstaaten - noch nie zu einer Haftung geführt. Objektiv definiert sollte der Verursachungsanteil somit das Höchstmass der Haftung des Verursachers setzen. Ein mögliches Verschulden sollte folgerichtig nie eine Inanspruchnahme über den (zwangsweise) objektiven Ursachenanteil rechtfertigen können. Diese Ansicht entspricht auch derjenigen im allgemeinen Haftpflichtrecht, wonach die Solidarität nur so weit reicht, als der Einzelne die jeweiligen Schädigungsfolgen *kausal* mitverursacht bzw. vergrössert hat. Dementsprechend kann die Bestimmung der Kostenanteile erst in einem zweiten Schritt - d.h. wenn die Kausalitätsverhältnisse geklärt sind - nach der Art der Verursachung erfolgen.

Gemäss herrschender Lehre und Praxis können die Kostenanteile bzw.   1041
Haftungsquoten in einem zweiten Schritt aus *Billigkeitsgründen* entweder reduziert oder sogar erhöht werden. Den aus Gründen der Billigkeit vorgenommenen Korrekturen kommt in der Praxis eine relativ grosse Bedeutung zu. Dies liegt darin begründet, dass das dogmatische Fundament und insbesondere die *innere Rechtfertigung* der Verursacherhaftungen unklar sind. Eine auf Billigkeitserwägungen gründende Begrenzung der Haftung übernimmt somit die Funktion eines Sicherheitsventils, um schliesslich doch eine "gerechte" Haftung zu erzielen. Deshalb werden in der Praxis Billigkeitsüberlegungen auch oftmals dazu benutzt, die Haftung als solche zu "korrigieren", statt - was eigentlich der Sinn und Zweck eines Billigkeitsentscheids wäre - den Besonderheiten des Einzelfalls Rechnung zu tragen. Besonders problematisch ist,

dass laut herrschender Lehre und Rechtsprechung die Haftungsquoten nicht nur herabgesetzt werden dürfen, sondern auch *erhöht*. Dabei wird sogar für eine "Erhöhung der Quote über das Mass der eigentlichen Verantwortung hinaus" plädiert. Eine solche Erhöhung ist mit Art. 43 und 44 OR schlicht nicht vereinbar und führt in das Schweizer Recht grundsätzlich fremde *punitive damages* ein, wie man sie etwa aus dem amerikanischen Recht her kennt. Allgemein sollte eine *Erhöhung* der Quote aus Billigkeitsüberlegungen, selbst wenn sich diese noch im Rahmen des persönlich verursachten Schadens bewegt, abgelehnt werden. Somit wird auch der böswilligste Täter nur für diejenigen Kosten aufzukommen haben, die er verursacht hat. *Subjektive Elemente* (z.B. das Verschulden) sind hingegen bei der Verteilung der Kosten nach der *Art der Verursachung* (d.h. im Vorfeld) zu berücksichtigen bzw. massgebend, wobei diese Elemente auch dort nicht zu einer überkausalen Haftung führen dürfen. Schliesslich darf die *Reduktion* einer Haftungsquote unter keinen Umständen eine Mehrbelastung der anderen Verursacher bewirken, sondern zu Ausfallkosten, die (abgesehen bei Art. 32b^{bis} USG) wiederum vom Gemeinwesen zu tragen sind. Mit anderen Worten kann die Reduktion der Haftungsquote eines Verursachers nicht auf Kosten der anderen Verursacher erfolgen.

B. Art. 32b^{bis} USG

1042   Art. 32b^{bis} USG begründet einen auf dem Verursacherprinzip beruhenden zivilrechtlichen Ausgleichsanspruch für einen Teil der Mehrkosten, die bei der Untersuchung und der Entsorgung von Aushubmaterial aus zwar belasteten, aber nicht sanierungsbedürftigen Standorten entstehen.

1043   Mit Art. 32b^{bis} USG wurde erstmals eine Verursacherhaftung ins Zivilrecht eingeführt. Art. 32b^{bis} USG ist das Resultat einer langen *dogmatischen Irrfahrt*, die dazu geführt hat, dass eine auf polizeirechtlichen Prinzipien beruhende Haftung Einzug ins Zivilrecht gefunden hat. Die Schaffung einer solchen Norm war nur deshalb möglich, weil die Grundlagen der Verursacherhaftungen ungewiss sind.

Die Aufnahme einer solchen Verursacherhaftung ins Zivilrecht hätte vorab 1044
benötigt, dass diese Haftungsart vom Polizeirecht getrennt wird und die Haftungsvoraussetzungen klar definiert werden. Um mit dem privaten Haftpflichtrecht kompatibel zu sein, hätten insbesondere die Verursacherhaftungen nicht mehr als *reine Erfolgshaftungen* gestaltet sein dürfen, sondern hätten den bewährten haftpflichtrechtlichen Verantwortlichkeits- und Zurechnungskriterien angepasst werden müssen. Dennoch wurde nichts dergleichen
unternommen.

Die *Trennung vom Polizeirecht* - wie im ersten Teil dieser Arbeit 1045
vorgeschlagen - wird in Hinblick auf Art. 32b^{bis} USG unumgänglich. Dieser
Artikel findet nämlich auf Sachverhalte Anwendung, die klar ausserhalb des
Anwendungsbereiches des Polizeirechts liegen: die Kosten aus Art. 32b^{bis}
USG dienen weder der Abwehr einer Gefahr noch der Beseitigung einer Störung. Die Entsorgungskosten entstehen nur deshalb, weil der jetzige Inhaber
zu bauen beschliesst und dementsprechend Aushubarbeiten vornimmt. Es
sollte deshalb auch nicht auf den Begriff des Verursachers zurückgegriffen
werden, um den Kreis der Verantwortlichen (Verursacher) zu definieren. Die
Unanwendbarkeit des Polizeirechts wirft zudem die Frage nach der inneren
Rechtfertigung der Haftung auf. Warum muss eine Person für den Zustand
eines Grundstückes haften, der weder als gefährlich im Sinne des Polizeirechts noch als widerrechtlich qualifiziert werden kann? Art. 32b^{bis} USG führt
somit gewissermassen eine Haftung für rechtmässiges Verhalten ein, indem es
Personen für Bodenverschmutzungen haftbar macht, die weder sanierungsbedürftig noch widerrechtlich sind. Dieses Resultat ist umso stossender, als Art.
32b^{bis} USG allein rückwirkend gilt. Ein heutiger Inhaber kann daher sein
Grundstück belasten (sofern es dadurch nicht sanierungsbedürftig wird, Art.
32d USG), ohne von einem späteren Inhaber dafür belangt werden zu können.
Art. 32b^{bis} USG führt zudem noch eine Verantwortung der früheren Inhaber
ein, obwohl nichts eine solche Haftung zu rechtfertigen scheint. Diese Art von
Haftung hängt generell (insbesondere im Polizeirecht) von der tatsächlichen
und aktuellen Gewalt über ein Grundstück ab (Gewalthaberhaftung). Diese

Voraussetzung kann definitionsgemäss nicht (mehr) von früheren Inhabern erfüllt werden.

1046   Art. 32b^bis USG hätte es sicherlich nicht gegeben – zumindest nicht in dieser Form – wenn die Grundlagen der Verursacherhaftungen klar definiert und die Haftung an die bewerten zivilrechtlichen Zurechnungskriterien angeknüpft gewesen wären, wie im ersten Teil dieser Arbeit gefordert.

1047   Art. 32b^bis USG vollzieht zudem einen *Paradigmenwechsel*, indem er verschmutztes Aushubmaterial (also Abfall im Sinne von Art. 7 Abs. 6 USG) einer von den anderen Bauabfällen abweichenden, dem Altlastenrecht ähnelnden Regelung unterstellt. Die *öffentlich-rechtliche* Kostenzuständigkeit (Art. 32 Abs. 1 USG) und die Entsorgungspflicht (Art. 31c Abs. 1 USG) bleiben zwar von Art. 32b^bis USG unberührt, doch erlaubt diese Gesetzesänderung nun den Inhabern von belastetem Aushubmaterial, *zivilrechtlich* auf die Verursacher und früheren Inhaber Rückgriff zu nehmen.

1048   Schliesslich ist Art. 32b^bis USG wohl die einzige Norm im Schweizer Recht, die allein auf *in der Vergangenheit bzw. vor Inkrafttreten abgeschlossene Handlungen* Anwendung findet. Art. 32b^bis USG erfasst nämlich nur diejenigen Belastungen, die vor dem 1. Juli 1997 verursacht wurden. Darin liegt eine verfassungswidrige *echte Rückwirkung* - teilweise gar über Jahrzehnte - vor und nicht etwa eine verfassungsrechtlich unbedenkliche unechte Rückwirkung. Sowohl die schädliche Belastung, die für die Mehrkosten bei der Entsorgung verantwortlich ist, als auch die Rechtsgeschäfte, die zwischen dem 1. Juli 1972 und dem 1. Juli 1997 zur Übertragung der Standorte führten, bilden vor dem Inkrafttreten des Gesetzes abgeschlossene Tatbestände und dauern dementsprechend beim Inkrafttreten des neuen Gesetzes nicht mehr an. Diese echte Rückwirkung wurde leider explizit vom Gesetzgeber gewünscht.

1049   Der sehr ungenaue und weite Wortlaut von Art. 32b^bis USG macht die verschiedenen Haftungsvoraussetzungen und Haftungsfolgen äusserst auslegungsbedürftig.

Anspruchsberechtigt nach Art. 32b^{bis} USG sind all diejenigen Inhaber eines   1050
Grundstücks (Art. 655 ZGB), die ein dingliches Recht (und nicht notwendigerweise das Eigentum) an dem besagten Grundstück vom 1. Juli 1972 bis
und mit dem 31. Mai 1997 durch entgeltliche Singularsukzession oder entgeltlichen originären Erwerb erworben haben, wobei bei absolutem Eintragungsprinzip auf den Zeitpunkt der Einschreibung in das Tagebuch abgestellt
wird, bzw. bei relativem Eintragungsprinzip auf die Erfüllung der tatbestandsmässigen Voraussetzungen für den Erwerb des dinglichen Rechts.

Anspruchsgegner gemäss Art. 32b^{bis} USG sind einerseits all diejenigen   1051
"Verursacher", welche die Belastung durch ihr *Verhalten* verursacht haben
(Verhaltensverantwortliche) und andererseits die "früheren Inhaber".

Der *sachliche Anwendungsbereich* von Art. 32b^{bis} USG umfasst jede Art von   1052
verschmutztem Aushub-, Abraum- und Ausbruchmaterial im engeren Sinne,
das aus einem nicht gemäss Art. 32c USG sanierungsbedürftigen, belasteten
Standort stammt, d.h. einem Ort, dessen Belastung von Abfällen stammt und
der eine beschränkte Ausdehnung aufweist (Art. 2 Abs. 1 AltlV). Zudem wird
nach der vorliegend vertretenen Meinung ebenfalls *stark belasteter Bodenaushub* von Art. 32b^{bis} USG erfasst, sofern er auch aus einem belasteten
Standort entfernt wurde. Schliesslich können in zeitlicher Hinsicht nur diejenigen *Belastungen* einen Anspruch nach Art. 32b^{bis} USG begründen, die vor
dem Erwerb durch den Anspruchsberechtigten und spätestens bis zum 1. Juli
1997 verursacht wurden. Eine fortdauernde Begründung neuer Ansprüche
nach dem Erwerbszeitpunkt bzw. die Berücksichtigung von nach dem Erwerbszeitpunkt verursachten Belastungen ist folglich ausgeschlossen.

Ein Anspruch aus Art. 32b^{bis} USG setzt voraus, dass nicht bereits eine *Ent-*   1053
schädigung für die Belastung oder ein *Preisnachlass* wegen der Belastung
geleistet wurde (Art. 32b^{bis} Abs. 1 lit. a USG). Diese Voraussetzung dient
primär dazu, die Unbilligkeit einer *Doppelentschädigung* des jetzigen Inhabers und diejenige einer *Doppelbelastung* der Verursacher oder früheren Inhaber zu vermeiden.

1054   Das Wort *Entschädigung* umfasst jegliche Geldzahlungen, die nicht als Minderung des Kaufpreises qualifiziert werden können. Erfasst werden sowohl haftpflichtrechtliche als auch vertragliche Schadensersatzleistungen. Ein *Preisnachlass* sollte immer dann als gegeben erachtet werden, wenn der Käufer die Bodenbelastung kannte oder bei Anwendung gewöhnlicher Aufmerksamkeit hätte kennen müssen, unabhängig davon, ob ein Preisnachlass tatsächlich gewährt wurde.

1055   Art. 32b^{bis} Abs. 1 lit. a USG darf nicht dahingehend interpretiert werden, dass dem *Inhaber* des Grundstücks immer dann kein Anspruch zusteht, wenn in einer langen Kette von früheren Inhabern und Verursachern einer von ihnen einmal eine *Entschädigung* geleistet hat. Der jetzige Inhaber darf somit nur nicht bereits in einer anderen Form entschädigt worden sein. Dies entspricht auch dem aus dem Haftpflichtrecht bekannten Grundsatz des Bereicherungsverbots. Vielmehr bedeutet diese Norm für den Anspruchsberechtigten, dass er weder gegen die *Verursacher* vorgehen kann, die bereits eine angemessene Entschädigung geleistet haben, noch gegen die *früheren Inhaber* - sofern sie überhaupt ersatzpflichtig sind -, die einen entsprechenden Preisnachlass gewährt haben.

1056   Für einen *Verhaltensverantwortlichen* bedeutet Art. 32b^{bis} Abs. 1 lit. a USG, dass er nur dann ausgleichspflichtig ist, wenn er nicht bereits eine Entschädigung geleistet bzw. einen Preisnachlass gewährt hat, egal ob die Entschädigung dem jetzigen Inhaber oder einem früheren Inhaber zugute gekommen ist. Somit muss derjenige Verhaltensverantwortliche aus der Pflicht genommen werden, der bereits eine seinem Verursacheranteil entsprechende Entschädigung geleistet hat.

1057   Ein *früherer Inhaber* ist seinerseits nur dann ausgleichspflichtig, wenn er eine Entschädigung oder einen Preisnachlass aufgrund der Belastung des Grundstücks *erhalten* hat, diese aber weder für die Entsorgung verwendet noch einem späteren Inhaber des Grundstücks in irgendeiner Form weitergegeben hat. Es muss daher ein der *ungerechtfertigten Bereicherung ähnelnder* Sachverhalt vorliegen, damit ein früherer Inhaber, der nicht zusätzlich ein Verhaltensverantwortlicher ist, einen Teil der bei der Entsorgung anfallenden Mehrkosten tragen muss. Sollte demnach ein früherer Inhaber bereits einen *angemessenen* Preisnachlass gewährt haben - egal an welchen späteren Inhaber - so sollte gegen ihn kein Anspruch nach Art. 32b^{bis} USG geltend gemacht werden können.

Grundsätzlich werden dem Inhaber allein die *Mehrkosten* und nicht etwa die ganzen Kosten der Entsorgung ersetzt. Um die zu verteilenden Kosten festzulegen, müssen somit die "normalen" Kosten, die bei der Entsorgung von nicht belastetem Aushubmaterial angefallen wären, von den tatsächlichen Entsorgungskosten abgezogen werden. Der Begriff "Entsorgung" ist breit zu verstehen und umfasst neben der eigentlichen Entsorgung auch die Ausarbeitung eines Entsorgungskonzepts, die Trennung der Abfälle auf der Baustelle (Art. 9 TVA) als auch eine eventuelle Zwischenlagerung (Art. 37 TVA). Neben den Mehrkosten bei der Entsorgung werden in Art. 32b^{bis} Abs. 1 USG auch diejenigen Mehrkosten, die bei der *Untersuchung* von Aushubmaterial entstehen, als ersatzfähige Kosten genannt. Der Ausdruck "Mehrkosten für die Untersuchung [...] des Materials" ist ebenfalls weit auszulegen und umfasst nicht nur die Kosten, die bei der *Untersuchung des Aushubmaterials* entstehen, sondern auch diejenigen, die bei der *Untersuchung des Standorts* anfallen, aus dem das Aushubmaterial entnommen wird. Im Gegensatz zu den *Entsorgungs*kosten erscheint es bei den *Untersuchungs*kosten schwierig, zwischen *Mehr*kosten und "normalen" Kosten zu unterscheiden. Oftmals sind Untersuchungen nämlich überhaupt und nur deshalb von Nöten, weil der Standort belastet ist. Dementsprechend müssen die *gesamten Kosten* dieser Untersuchungen ersatzfähige Kosten im Sinne von Art. 32b^{bis} Abs. 1 USG bilden.

Sofern die Bedingungen eines Ausgleichsanspruchs nach Art. 32b^{bis} USG erfüllt sind, kann der jetzige Inhaber "*in der Regel zwei Drittel*" der Mehrkosten von den Ausgleichspflichtigen verlangen. Solch eine Regel ist dem Haftpflichtrecht grundsätzlich fremd, wo der Haftpflichtige für den gesamten Schaden aufkommen muss, sofern keine Herabsetzungsgründe vorliegen.

1058

1059

Dieser Regel sollte nicht die Bedeutung einer Entscheidungsanweisung zukommen, sondern eine blosse Richtlinie darstellen. Der Richter wird demnach im Einzelfall unter Würdigung der konkreten Umstände eine angemessene Lösung finden müssen. Dabei sind sowohl die Verteilungsregeln der öffentlich-rechtlichen Verursacherhaftungen (insbesondere Art. 32d Abs. 2 USG) als auch Art. 44 OR zu berücksichtigen. Im Hinblick auf die analoge Anwendung von Art. 44 OR muss zudem beachtet werden, dass von der Zwei-Drittel-Regel sowohl zugunsten als auch *zulasten* des Anspruchsgegners abgewichen werden kann.

1060   Haftet eine *Mehrzahl* von Verhaltensverantwortlichen und früheren Inhabern gleichzeitig, so sollten die Verantwortlichen *anteilsmässig* für die Mehrkosten haften. Es sprechen zwei wesentliche Gründe für eine *anteilsmässige Haftung*. Einerseits gilt bei allen öffentlich-rechtlichen Verursacherhaftungen der *Grundsatz der anteilsmässigen Kostentragung*. Um die Einheit mit den öffentlich-rechtlichen Verursacherhaftungen (und insbesondere mit dem Altlastenrecht) zu wahren, muss folglich auch in Art. 32b^{bis} USG der *Grundsatz der anteilsmässigen Kostentragung* zur Anwendung gelangen. Andererseits muss im Zusammenhang mit dem Ausgleichsanspruch nach Art. 32b^{bis} USG auch berücksichtigt werden, dass - im Gegensatz zur haftpflichtrechtlichen Solidarhaftung (vgl. Art. 50 und 51 OR) - *nicht zwischen Aussen- und Innenverhältnis unterschieden werden kann*. Der jetzige Inhaber muss nämlich selbst einen Teil der Entsorgungskosten tragen. Er befindet sich folglich auf einer selben Ebene mit den Verhaltensverantwortlichen und früheren Inhabern.

1061   Die *Ausfallkosten* sollten ausschliesslich vom *jetzigen Inhaber* (d.h. vom Anspruchsberechtigten) getragen werden und nicht etwa zwischen ihm und den Ausgleichpflichtigen oder allein zwischen den verschiedenen Ausgleichspflichtigen (anteilsmässig) verteilt werden. Diese Lösung erscheint im Hinblick auf die herrschende Lehrmeinung sachgerecht, wonach es nicht mit dem Verursacherprinzip vereinbar ist, einen Verursacher über den Umfang seines Verursachungsanteils hinaus in Anspruch zu nehmen. Auch von einem

früheren Inhaber kann wohl kaum verlangt werden, dass er mehr Geld rückerstattet, als er je aufgrund der Belastung erhalten hat.

Die Ausgleichsansprüche aus Art. 32b^{bis} USG sollten in Anbetracht der   1062
haftpflichtrechtlichen Natur dieses Anspruchs analog der für die ausservertraglichen Forderungen geltenden (kurzen) Verjährungsfristen des Obligationenrechts verjähren (Art. 60 und 67 OR). Somit beträgt die relative Verjährungsfrist ein Jahr ab Kenntnis der Mehrkosten und des jeweiligen Ausgleichspflichtigen. Die Kenntnis der Mehrkosten knüpft an die quantitative
Beurteilung der Entsorgungskosten des Aushubmaterials an. Die *absolute
Verjährungsfrist* sollte analog zu Art. 60 und 67 OR *zehn Jahre* betragen.
Grundsätzlich beginnen absolute Verjährungsfristen bei ausservertraglichen
Schädigungen am Tag der schädlichen Handlung zu laufen und nicht erst am
Tag der Auswirkung dieser Handlung. Auf Art. 32b^{bis} USG angewandt würde
dies aber bedeuten, dass eine Grosszahl der Ausgleichsansprüche längst ver-
jährt wäre (und zwar vor Inkrafttreten von Art. 32b^{bis} USG), da sie zwangs-
läufig auf Verursachungen zurückzuführen sein müssen, die vor dem 1. Juli
1997 stattgefunden haben. Dies entspricht offensichtlich nicht dem Willen des
Gesetzgebers. Die 10-jährige absolute Verjährungsfrist wird deshalb erst mit
Beendigung der Aushubarbeiten zu laufen beginnen und zwar unabhängig
davon, ob der Ausgleichsberechtigte Kenntnis von den Mehrkosten und dem
Ausgleichspflichtigen hat oder nicht (Art. 60 und 67 OR analog).

Zu beachten ist auch die in Art. 32b^{bis} Abs. 3 USG enthaltene Frist, die   1063
besagt, dass der Anspruch längstens binnen 15 Jahren nach Inkrafttreten geltend gemacht werden kann. Diese Frist ist deshalb von *besonderer Art*, weil
sie nicht an den Entstehungszeitpunkt eines Ausgleichsanspruchs anknüpft,
sondern an das Inkrafttreten des Gesetzes. Zeitlich begrenzt sie somit nicht
allein das subjektive Recht jedes Einzelnen, sondern befristet die zeitliche
Geltung von Art. 32b^{bis} USG als solche. Zwangsläufig kann diese Frist deshalb *weder gehemmt noch unterbrochen* werden. Für den Anspruchsberechtigten kommt die Frist aus Art. 32b^{bis} Abs. 3 USG in ihrer *Wirkung* einer *bun-*

desrechtlichen Verwirkungsfrist gleich, da sie den Untergang des Rechts bewirkt und nicht allein den Verlust seiner gerichtlicher Durchsetzbarkeit.

Résumé en français

La présente étude porte sur les responsabilités fondées sur le principe de   1064
causalité ("*Verursacherhaftungen*", également appelées responsabilités du
pollueur-payeur) en droit suisse de l'environnement. La première partie traite
des fondements économiques et juridiques de l'ensemble des responsabilités
du pollueur-payeur. La deuxième partie, en tant que partie spéciale, est exclusivement dédiée à l'art. 32b^bis LPE. Les principaux résultats de cette thèse
sont exposés ci-après.

A. *Responsabilités du pollueur-payeur en droit suisse de l'environnement*

Le terme de responsabilité du pollueur-payeur englobe toutes les formes de   1065
responsabilité qui se fondent sur le principe de causalité du droit de
l'environnement ("*umweltrechtliches Verursacherprinzip*", art. 74 al. 2 Cst.,
2 LPE et 4 LRaP) et qui reposent essentiellement sur la "causalité". Le terme
"responsabilité du pollueur-payeur" regroupe d'une part les règles de répartition des frais de droit public (nommément l'art. 32d LPE, 59 LPE, 54 LEaux
et 37 al. 2 LRaP) et, d'autre part, l'art. 32 b^bis LPE, lequel ressort du droit privé.

En raison du fait que les responsabilités du pollueur-payeur s'y réfèrent   1066
directement, le *principe de causalité* a mérité une analyse approfondie.

Du point de *vue économique*, le principe du pollueur-payeur vise à faire   1067
supporter aux acteurs économiques toutes les externalités négatives de leur
activité. Cependant, lorsqu'il s'agit de fonder une politique environnementale,
le recours au principe économique du pollueur-payeur ne convainc pas. Le
principe de causalité constitue tout au plus un moyen pour atteindre le but
d'une politique environnementale mais ne saurait lui-même constituer un tel
but. Son approche se fonde sur une analyse coûts-bénéfices et garantit uniquement une utilisation optimale des ressources; il fait en revanche fi de toute

considération générale d'équité. De plus, l'idée de la prévention et celle du développement durable lui sont étrangères.

1068   Le *principe de l'internalisation des coûts* est devenu une fin en soi et, à en croire la doctrine majoritaire, désirable et applicable en toute circonstance. Pourtant, l'application du principe de causalité découle exclusivement d'une décision politique et ne saurait s'imposer d'office. Ainsi, le choix entre divers moyens pour atteindre un but environnemental doit être fait sans apriori et en respectant les (autres) principes constitutionnels.

1069   Dans une *perspective juridique*, l'étude de ce principe a tout d'abord montré qu'en raison de sa qualité de principe, rien ne pouvait en être déduit concrètement. Toute concrétisation est toujours le fruit d'une décision politique. Il ne se laisse en particulier pas déduire du principe quel fait doit déclencher la responsabilité. Le principe n'offre également aucune réponse lorsqu'il s'agit de déterminer le "juste" responsable, par exemple les causes du dommage sont multiples. Ce sont au contraire les buts législatifs, le domaine du droit ainsi que les instruments choisis pour la mise en œuvre du principe qui dictent le contenu de la norme.

1070   En plus de la critique générale formulée à l'encontre du principe de causalité, l'analyse a montré que ce dernier n'est en particulier d'aucune utilité dans le cadre de la question qui nous intéresse, soit celle de la *responsabilité des pollueurs*. Ce principe ne fait en effet qu'exprimer l'évidence selon laquelle il doit exister pour toute responsabilité un lien de causalité entre un comportement ou l'état d'une chose et le dommage. La causalité est une condition nécessaire mais en aucun cas suffisante pour fonder une responsabilité. La nécessité de concrétiser ce principe et plus particulièrement la notion de causalité dans le cadre des responsabilités du pollueur-payeur a entraîné l'application indirecte du droit de police. Ce dernier s'est ainsi immiscé en droit de la responsabilité sous couvert du principe du pollueur-payeur. A ce jour, les ténors du principe de causalité, et en particulier les tenants de sa conception archaïque, l'ont brandi comme un dogme et étouffé toute approche critique de la question de la responsabilité du pollueur. Au final, le principe de causalité à empêché en droit suisse la création d'un *droit de la responsabilité* digne de ce nom.

Malgré l'indétermination du principe de causalité, tant la doctrine majoritaire que la jurisprudence considèrent (encore) que celui-ci régit exclusivement le partage des frais ("*Kostenzurechnungsprinzip*") et qu'il ne saurait en plus fonder des obligations matérielles de faire ou de s'abstenir ("*materielle Verantwortung*", *i.e.* un principe fondant une "responsabilité matérielle"). Ceci correspond du moins à la volonté du législateur. La doctrine majoritaire reconnaît tout de même à ce principe une fonction d'incitation ("*Verhaltenslenkung*").   1071

Dans la faible mesure de son utilité, le principe de causalité devrait non seulement régir la répartition des frais (obligations financières), mais encore fonder une *responsabilité matérielle*. Ce faisant, l'indétermination et le caractère purement programmatique du principe de causalité ne sauraient être niés. La responsabilité matérielle en tant que telle, les modalités de celle-ci et en particulier la désignation des personnes devant prendre les mesures de prévention ou d'élimination ne peuvent qu'être le résultat d'un processus législatif (nécessité d'une base légal expresse). Pas plus qu'ailleurs, le principe de causalité ne peut prétendre à une application générale et absolue dans le cadre des responsabilités matérielles. Cela n'implique cependant pas que l'obligation de prendre les mesures (obligation matérielle) et l'obligation d'en assumer les frais doivent toujours incomber aux mêmes personnes. Il appartient en effet au législateur de choisir en fonction des particularités de chaque responsabilité le critère d'imputation le plus approprié, tant pour les obligations matérielles que financières.   1072

La question fondamentale qui se pose en lien avec les responsabilités du pollueur-payeur est celle de savoir qui, d'un point de vue juridique, doit être qualifié comme étant la "personne à l'origine d'une mesure" ("*Verursacher*").   1073

Bien qu'utilisés tant dans la constitution que dans la loi, ni le terme "*Verur-sacher*" ni le principe de causalité n'y sont réellement définis.

1074   Faute de mieux, le Tribunal fédéral et la doctrine dominante se fondent sur la notion de perturbateur du droit de police pour déterminer les responsables ("*Verursacher*"). La responsabilité du "*Verursacher*" découle donc de celle du perturbateur. Le recours à la notion de perturbateur revêt une importance capitale. En effet, les conditions de la responsabilité du droit de police s'appliquent ainsi également aux responsabilités fondées sur le principe de causalité.

1075   Le recours à la *notion du perturbateur* dans le cadre des responsabilités du pollueur-payeur est d'autant plus problématique que le droit de police traditionnel n'est déjà en soi pas forcément un instrument adéquat pour appréhender les dangers liés à l'environnement et que l'action contre le perturbateur pose elle-même nombre de problèmes juridiques non résolus. A cela s'ajoute que les buts poursuivis par le droit de police et par les responsabilités du pollueur-payeur divergent. Alors que le droit de police se caractérise par la contrainte et vise à écarter un danger imminent pour l'ordre public ou à le rétablir, les responsabilités du pollueur-payeur n'ont d'autre but que d'assurer une réparation/répartition équitable des frais engendrés par des mesures.

1076   L'application indirecte du droit de police lors de la détermination des responsables ("*Verursacher*") pose principalement deux problèmes.

1077   D'une part, le recours à la notion de perturbateur, et en particulier à celle du perturbateur par situation, fonde la responsabilité du détenteur ("*Zustandsve-rantwortlichkeit*") alors que la notion de "causalité" ne devrait s'appliquer qu'à des "activités ou des comportements humains". Or, la responsabilité du détenteur ne saurait être qualifiée de responsabilité pour un comportement ("*Verhaltenshaftung*"). Le détenteur n'est en effet pas à l'origine de l'état de fait dangereux ou de la chose polluante. Il s'agit au contraire d'une responsabilité découlant de la maîtrise effective exercée sur une chose ("*Gewalthaber-haftung*"). Tant la dénomination anglaise "*polluter-pays-principle*" que française "principe du pollueur-payeur" démontrent par leur formulation que seule devrait être responsable une personne (morale ou physique) qui, par son propre comportement (ou son omission) ou celui d'une personne dont elle est responsable, cause un dommage à l'environnement. Malgré cela, la doctrine dominante et la jurisprudence qualifient de "pollueur" ("*Verursacher*") tant le perturbateur par comportement que celui par situation. La responsabilité générale du détenteur ("*Zustandshaftung*") dans le cadre des responsabilités du pollueur-payeur devrait en bonne logique être abandonnée. Pour ce faire, il suffirait simplement (*de lege lata*) à l'autorité judiciaire d'interpréter la notion "personne à l'origine de la mesure" ("*Verursacher*") autrement et sans référence au droit de police. Si la responsabilité du détenteur ou du propriétaire devait néanmoins apparaître opportune dans certains cas, c'est au législateur (*de lege ferenda*) qu'il appartient de la prévoir explicitement (à l'exemple de l'art. 32d LPE) et de la rattacher, si possible, à un fondement éprouvé du droit de la responsabilité (p.ex. au défaut de l'ouvrage). L'auteur répondrait ainsi *aux mêmes conditions* pour les dommages et les frais de mesures. La systématique et la cohérence interne du droit de la responsabilité sont à ce prix. La suppression générale de la responsabilité du détenteur rendrait également inutiles les diverses tentatives entreprises par la doctrine et la jurisprudence pour restreindre et rendre équitable la responsabilité du détenteur. Ces tentatives maladroites n'ont fait que démontrer que rien ne légitime cette responsabilité ("*keine innere Rechtfertigung*"). Si une telle l'interprétation restrictive du terme "*Verursacher*" devait être rejetée, il serait du moins souhaitable de restreindre la responsabilité du détenteur aux risques typiques découlant d'un bien-fonds (ou d'une autre chose) même s'il n'est pas toujours aisé de déterminer quel risque est encore lié ou imputable à un bien-fonds (limitation d'après la sphère de risque).

D'autre part, l'application du droit de police a eu pour conséquence que toutes les responsabilités du pollueur-payeur sont fondées sur le simple résultat ("*reine Erfolgshaftungen*"). La responsabilité ne se rattache ni au comportement ni à l'activité du responsable mais uniquement au résultat, soit à l'atteinte au bien protégé. La seule condition de la responsabilité est donc le

1078

431

lien causal, lequel est défini par la *théorie de la causalité immédiate* issue du droit de police. Cette théorie de la causalité s'applique tant aux responsabilités fondées sur le comportement ("*Verhaltenshaftung*") qu'à celles fondées sur la maîtrise de fait ("*Zustandshaftung*"). L'examen de ces responsabilités a montré qu'il est illusoire de vouloir appréhender, comme le fait la législation actuelle, tous les états de fait générateurs de responsabilité au moyen d'une seule clause générale et d'une seule condition. Une responsabilité équitable ne saurait être fondée uniquement sur un lien de causalité ou limitée par une interruption de celui-ci. Une "vraie" théorie de causalité n'est pas en mesure d'appréhender et de qualifier seule un comportement. On veut résoudre en termes de causalité un problème qui ressortit en réalité à la "relation normative", soit au jugement de valeur sur lequel repose l'obligation de réparer. Tout comme la théorie de la causalité adéquate, la théorie de la causalité immédiate intègre des critères normatifs. L'on ne saurait sinon qualifier une cause d' "immédiate" ou d' "adéquate". Le dilemme de ces deux théories de causalité réside toutefois précisément dans cette adjonction de jugements de valeur. Plus elles sont enrichies de tels jugements, plus elles deviennent indéterminées. La qualification d' "immédiat" ou d' "adéquat" cache alors le jugement subjectif qui lui est sous-jacent plus qu'elle ne l'énonce clairement. Si, à l'inverse, l'on réduit la portée de ces théories de causalité au seul lien causal extérieur ou physique, elles deviennent inutilisables car elles font alors abstraction de toute qualification juridique. Il est par conséquent vain de vouloir fonder ou limiter la responsabilité par le seul biais de la causalité. Tant la théorie de la causalité immédiate que celle de la causalité adéquate ne sont en mesure de fonder la responsabilité qu'en lien avec d'autres critères d'imputation normatifs, tels que la faute ou le risque. L'aptitude générale d'un comportement à créer un danger ne permet en effet pas de juger si celui-ci doit, dans le cas d'espèce, être sanctionné ou s'il peut être imputé juridiquement à son auteur. De la même façon, le critère de la "*Gefahrengrenzüberschreitung*" ou le défaut de causes intermédiaires ("*Fehlen von Zwischenursachen*") ne sont d'aucune utilité lorsqu'il s'agit de juger si l' "immédiateté" définie par ses critères entre le comportement et le danger ou l'atteinte doit être sanctionnée et s'il se justifie finalement d'en faire répondre l'auteur.

La conception généralement admise veut encore que la condition de l'illicéité, elle non plus, ne joue aucun rôle lors de la répartition des frais d'après le principe de causalité. Ce dogme trouve une fois encore ses origines dans le droit de police lequel, selon l'opinion de la doctrine majoritaire, ne connaîtrait pas la condition de l'illicéité. Cette opinion est d'autant plus problématique dans le cadre des responsabilités du pollueur-payeur qu'elle est exprimée en rapport avec le principe même de causalité et non en lien avec les différentes normes sensées le concrétiser. Or, ce n'est pas le principe mais seul l'instrument (p.ex. taxe ou norme de responsabilité) servant à le matérialiser qui est décisif lorsqu'il s'agit de trancher la question de savoir si l'illicéité constitue ou non une condition de la responsabilité. 1079

En réalité, tant le droit de police que les responsabilités fondées sur le principe de causalité connaissent fort bien la condition de l'illicéité, pour autant qu'elle soit définie comme étant une illicéité de résultat ("*Erfolgsunrecht*"). L'illicéité offre de lege lata le seul moyen réel de limiter les responsabilités du pollueur-payeur. Pour qu'elle puisse toutefois réellement jouer ce rôle, elle doit être comprise comme une illicéité de comportement ("*Lehre vom Verhaltensunrecht*") et non de résultat ("*Lehre vom Erfolgsunrecht*"). La théorie de l'illicéité du résultat n'entraîne en effet aucune limitation de la responsabilité puisque toute atteinte entraînant des mesures est en soi illicite. Du fait que les normes actuelles de responsabilité du pollueur-payeur appréhendent toutes les atteintes indifféremment de leur cause, tant un comportement que la réalisation d'un risque doivent pouvoir être qualifiés d'illicite. Cela étant, seule une théorie de l'illicéité qui ne se confonde pas avec la faute objective / la violation d'un devoir de diligence est envisageable, faute de quoi la violation d'un devoir de diligence deviendrait une condition de la responsabilité ; ce qui serait incompatible avec la législation actuelle. La tentative d'appréhender tous les cas de responsabilité avec une seule formule de l'illicéité échoue donc tout comme elle a échoué en lien avec la théorie de la causalité immédiate. 1080

1081   La conception classique veut enfin que la *faute objective* et la *capacité de discernement* ne jouent aucun rôle dans le cadre des responsabilités fondées sur le principe de causalité. La doctrine majoritaire défend l'idée que seule une responsabilité purement causale est en accord avec le principe de causalité puisqu'il pourrait sinon y avoir des cas dans lesquelles une internalisation des coûts ne serait pas possible. Il peut être objecté à cet avis que ni la responsabilité en tant que telle ni les conditions de celle-ci ne peuvent être déduits du principe mais qu'elles sont toujours le fruit d'un choix politique. Il paraît de plus douteux de prétendre de façon générale et absolue que des responsabilités fondées sur le principe de causalité ne peuvent en aucun cas dépendre de conditions subjectives. Les raisons qui justifient dans une certaine mesure que des éléments subjectifs ne soient pas pris en compte dans le cadre du droit de police ne se retrouvent pas dans les responsabilités fondées sur le principe de causalité. Alors que la police doit pouvoir combattre l'ensemble des dangers et des atteintes à l'ordre public, les responsabilités fondées sur le principe de causalité ne portent, quant à elles, que sur la question de l'imputation subséquente des frais. Alors que la lutte contre les dangers nécessite une action rapide et efficace, seules la justice et l'équité doivent prévaloir lors de la répartition des coûts.

1082   Les *responsabilités du pollueur-payeur* ne connaîtront réellement une limitation que lorsque la clause générale de responsabilité aura cédé la place à des normes spécifiques qui précisent les cas de responsabilité et que la responsabilité découlera des fondements éprouvés du droit de la responsabilité (faute, risque, etc.) et non d'un simple résultat ("*reine Erfolgshaftungen*"). Les responsabilités du pollueur-payeur recevraient ainsi un fondement dogmatique propre et, partant, la question de l'obligation de financer ("*Kostentragungspflicht*") serait dissociée de celle d'obligation de prendre des mesures selon le droit de police ("*Massnahmenpflicht*", responsabilité matérielle). De cette façon, on désamorcerait en particulier aussi le débat concernant la théorie de causalité applicable. Afin d'assurer la cohérence interne du droit de la responsabilité, la théorie de la causalité adéquate pourrait être appliquée aux responsabilités du pollueur-payeur. La question de l'illicéité perdrait également de son importance puisqu'elle ne constituerait plus le seul et unique filtre de la responsabilité. Il serait alors possible, dans le cadre des responsabilités aquiliennes, de définir l'illicéité comme étant une violation d'un devoir de diligence. En ce qui concerne par contre les responsabilités objectives aggravées, l'illicéité devrait découler de la réalisation du risque, soit du résultat. Ainsi définie, l'illicéité a le mérite de tenir compte des fondements différents qui régissent les diverses types de responsabilités (faute et risque).

Vu que la doctrine majoritaire ne rattache pas les responsabilités fondées sur le principe de causalité au droit de la responsabilité, il n'est pas question non plus d'un dommage au sens classique mais de frais remboursables ("*ersatzfähige Kosten*"). Ceux-ci ne répondent pas à la définition classique du dommage, laquelle exige entre autres que le dommage soit involontaire. De plus, une prétention ne naît qu'une fois que les mesures ont été effectivement prises. A l'inverse, une prétention en dommages-intérêts existe indépendamment du fait que la chose ait été réparée ou non. Enfin les responsabilités du pollueur-payeur ne connaissent pas la discrimination du dommage purement économique ("*reiner Vermögensschaden*"). Les frais découlant de mesures prises par l'état ou un tiers doivent lui être remboursés indépendamment de savoir s'il est lui-même le propriétaire du bien atteint. En particulier l'état ne sera souvent qu'un lésé indirect, vu que son dommage ne naît que de l'accomplissement d'une tâche de droit public (dommages par ricochet, "*Reflexschäden*"). 1083

L'étendue de la réparation des responsabilités du pollueur-payeur diverge également de celle des responsabilités civiles. Au lieu de prévoir une réparation intégrale, seuls les frais liés aux mesures nécessaires pour écarter le danger donnent lieu à réparation. Il s'agit ici encore d'un héritage du droit de police et en particulier de l'obligation de prendre des mesures ("*Realleistungspflicht*"), laquelle se borne également aux seules mesures nécessaires pour écarter un danger imminent ("*Gefahrenabwehr*") ou éliminer une perturbation ("*Störungsbeseitigung*"). Les responsabilités du pollueur-payeur perpétuent ainsi d'une certaine façon la non réparation injustifiée du dommage pu- 1084 rement écologique. Ce ne sont pas en premier lieu les éléments constitutifs de l'environnement tels que l'air, l'eau ou le sol qui font l'objet de la protection. Il s'agit au contraire de combattre des dangers imminents et des perturbations. Tant la notion de danger que celle de perturbation sont communément définies en fonctions des risques réels ou potentiels qu'ils présentent pour la santé humaine. Le seuil de contamination et donc le dommage réparable sont ainsi habituellement mesurés à l'aune d'une vision anthropocentrique. Les dommages qui ne présentent pas un risque pour l'être humain ne sont donc généralement pas pris en compte. Il serait partant souhaitable de passer d'un système de lutte contre les dangers à une réparation intégrale en nature (*i.e.* à une réparation "primaire"), c'est-à-dire à une réparation par laquelle les ressources naturelles endommagées retournent à leur état initial. Cette réparation intégrale en nature serait un pas important vers l'appréhension du dommage écologique. A l'instar de ce que prévoit la Directive 2004/35/CE, une réparation complémentaire devrait également être instaurée lorsqu'il n'est pas possible de rétablir les ressources et les fonctions naturelles par le biais d'une réparation primaire. L'objectif d'une telle réparation complémentaire est de fournir un niveau de ressources naturelles comparables à celui qui aurait été fourni si l'état initial du site endommagé avait été rétabli, y compris, selon le cas, sur un autre site.

1085　A l'inverse de la responsabilité civile, les frais des mesures tendant à prévenir une atteinte imminente à un droit absolu sont remboursés alors même qu'il s'agit, dans la terminologie du droit de la responsabilité civile, d'un *dommage purement économique*. Malgré le fort scepticisme qui règne à cet égard dans la doctrine et la jurisprudence, les frais liés à la prévention d'une atteinte imminente et concrète devraient également constituer un dommage réparable au sens du droit de la responsabilité civile. La réparation des frais liés à de telles mesures de prévention se justifie, notamment, eu égard à l'institution de la légitime défense (art. 52 al. 1 CO). La prévention des atteintes imminentes et concrètes constitue en effet une variante de la légitime défense. Si l'ordre juridique donne le droit à une personne de repousser une attaque illicite, actuelle ou imminente, en portant atteinte aux intérêts juridiques de l'agresseur sans qu'une réparation ne soit due pour le dommage causé, alors il devrait également être permis à cette même personne de demander réparation du dommage résultant de la défense de ses droits absolus contre une attaque illicite. Ce n'est en effet que le fruit du hasard si une menace imminente peut être écartée en portant atteinte aux intérêts juridiques de l'agresseur ou si d'autres actions de prévention s'imposent. Afin de permettre le remboursement des frais liés aux mesures préventives, une partie de la doctrine propose de qualifier d'illicite tant la menace imminente d'un droit absolu que l'atteinte effective à ce dernier. Au lieu d'élargir l'illicéité de résultat, il paraît plus convaincant d'un point de vue dogmatique d'écarter la théorie de l'illicéité de résultat au profit de l'illicéité de comportement. Le propre d'une mesure de prévention réussie est justement d'éviter qu'un droit absolu ne soit atteint et de n'entraîner qu'un dommage purement économique. Il faut dès lors reconnaître la réparation d'un dommage purement économique au lieu d'essayer de vouloir faire découler l'illicéité d'une improbable atteinte (du moins lorsque la mesure de prévention est couronnée de succès). Cette solution se justifie également eu égard au lien de causalité, lequel doit indubitablement exister entre le comportement et la menace et non entre le comportement et l'atteinte hypothétique à un droit absolu ("*haftungsbegründende Kausalität*"). Il paraît donc logique de faire dépendre l'illicéité du comportement et non d'une improbable atteinte. Enfin, la reconnaissance de l'illicéité de comportement permettrait non seulement d'indemniser les mesures de prévention prises pour éviter qu'un droit absolu ne soit atteint mais encore celles visant à écarter un dommage purement économique.

La question de la *répartition des frais entre les divers responsables* ("*Verursacher*") revêt une très grande importance en pratique. Selon la doctrine majoritaire et la jurisprudence, les frais des mesures sont en premier lieu à répartir en fonction de la façon dont la pollution a été causée ("*Art der Verursachung*"). La répartition des frais s'appuie, d'une part, sur la distinction entre responsable/perturbateur par comportement et responsable/perturbateur par situation et, d'autre part, sur le caractère fautif ou non de la pollution. La part/contribution causale à la pollution ("*Gewicht der Verursachung*") entre

1086

uniquement en ligne de compte lors de la répartition comme second critère. Cette approche traditionnelle doit être rejetée. Appliquer comme premier critère la façon dont la pollution a été causée implique qu'il est possible de faire répondre une personne, en raison de critères subjectifs, au-delà des frais liés à la pollution qu'elle a occasionnée. Le Tribunal fédéral va même jusqu'à utiliser dans ce contexte le terme de "*subjektiver Verursacheranteil*". Ceci est particulièrement problématique en ce sens qu'un responsable ne devrait de façon générale répondre que de la part du dommage qu'il a causée (au sens la théorie de la causalité immédiate ou adéquate). La notion de "*subjektiver Verursacheranteil*" est d'ailleurs en elle-même contradictoire puisque par essence quelque chose ne peut avoir été causé qu'objectivement et que, d'après l'état actuel de la science et de la technique, une modification du monde extérieur ne peut intervenir du seul fait de la volonté. La pensée n'a, à elle seule, jamais entraîné de responsabilité, du moins pas dans un état de droit digne de ce nom. L'opinion défendue dans ce travail coïncide par ailleurs avec celle du droit de la responsabilité civile selon laquelle la responsabilité solidaire ne s'étend qu'aux dommages que l'auteur a contribué à causer ou à aggraver. Par conséquent, il convient d'abord de définir la part de la pollution imputable à chaque responsable avant de procéder à une répartition des coûts en fonction du genre de pollution ("*Art der Verursachung*"). Ce faisant, il ne saurait en aucun cas être mis à la charge d'un responsable une part des frais supérieure à la pollution qu'il a effectivement occasionnée.

1087 Selon la doctrine majoritaire et la jurisprudence, les quotes-parts de chaque responsable peuvent, dans un deuxième temps, être diminuées, voire même augmentées, en raison de *considérations d'équité*. Les corrections entreprises pour des raisons d'équité revêtent une grande importance en pratique. La raison en est que le fondement dogmatique de ces responsabilités et leur légitimité ("*innere Rechtfertigung*") sont incertains. Ceci explique aussi pourquoi des considérations d'équité servent souvent à limiter et corriger la norme de responsabilité en tant que telle et non uniquement à tenir compte des particularités du cas d'espèce, ce qui est pourtant leur vocation première. La limitation de la responsabilité en raison de considérations d'équité fait ainsi office de soupape de sécurité et garantit qu'en fin de compte la responsabilité soit "équitable". Il est ce faisant problématique que la doctrine et la jurisprudence admettent que des considérations d'équité permettent non seulement de réduire mais également d'augmenter une quote-part. Il est même communément admis que la quote-part d'un responsable puisse être augmentée au-delà du montant correspondant au dommage qui lui est imputable. Une telle augmentation est pourtant incompatible avec les articles 43 et 44 CO et introduit en droit suisse des "*punitive damages*", comme les connaît par exemple le droit américain. L'augmentation d'une quote-part en raison de considérations d'équité devrait être rejetée de façon catégorique, même lorsqu'elle n'excède pas le montant du dommage personnellement imputable au responsable. Ainsi, même le responsable le plus malintentionné ne devra répondre que du dommage qu'il a effectivement causé. Les éléments subjectifs (tels que la faute) doivent par contre être pris en compte (préalablement) lors de la répartition des coûts en fonction du genre de pollution ("*Art der Verursachung*"), étant entendu qu'ils ne peuvent la non plus mener à une responsabilité qui excèderait le dommage effectivement causé par le responsable (responsabilité extra causale). Enfin, la réduction d'une quote-part ne peut pas entraîner l'augmentation des quotes-parts respectives des autres responsables. Les frais qui ne peuvent être imputés à un responsable ("*Ausfallkosten*") sont à la charge de l'état (mis à part à l'art. 32b^{bis} LPE). En d'autres termes, l'état ne saurait réduire en raison de considérations d'équité la quote-part de l'un des responsables aux dépens des autres.

B. Art. 32b^{bis} LPE

L'art 32b^{bis} LPE instaure une prétention de droit civil fondée sur le *principe de causalité*. Cet article permet de demander le remboursement d'une partie des coûts supplémentaires engendrés par l'investigation et l'élimination des matériaux d'excavation provenant d'un site pollué mais non contaminé.

1088

1089 L'art. 32b^{bis} LPE est la *première responsabilité du pollueur-payeur de droit civil*. Cette norme constitue l'aboutissement de longs errements dogmatiques qui ont mené à ce qu'une responsabilité découlant du droit de police soit introduite en droit privé. La création d'une telle disposition n'a été possible qu'en raison du flou dogmatique qui entoure les fondements des responsabilités découlant du principe de causalité.

1090 La réception en droit privé d'une responsabilité du pollueur-payeur n'aurait pas dû se faire sans que ce type de responsabilités soit préalablement détaché du droit de police et que les conditions de ces responsabilités soient clairement définies. Afin d'être compatible avec le droit de la responsabilité civile, il aurait en particulier été nécessaire que les responsabilités du pollueur-payeur ne découlent plus du simple résultat dommageable ("*reine Erfolgshaftung*") mais soient au contraire rattachées aux fondements classiques de la responsabilité. Or, il n'en a rien été.

1091 La séparation du droit de police, telle que nous l'avons préconisée dans la première partie de cette thèse, devient pourtant une nécessité en ce qui concerne l'art. 32b^{bis} LPE. Cette disposition règle en effet des cas qui sortent du champ d'application du droit de police: les coûts dont il est question à l'art. 32b^{bis} LPE ne servent ni à écarter un danger ni à supprimer une perturbation. Les coûts d'élimination ne naissent que si le détenteur actuel décide de construire et qu'il entreprend, pour ce faire, des travaux d'excavation. Il ne saurait dès lors être fait référence au terme de perturbateur ("*Verursacher*") du droit de police pour déterminer les responsables. L'inadéquation du droit de police pose finalement la question du fondement et de la légitimité même de la responsabilité de la *personne à l'origine de la pollution*. Pourquoi faire répondre une personne de l'état du sol alors que celui-ci ne peut pas être qualifié de "dangereux" au sens du droit de police ni d'illicite? L'art. 32b^{bis} LPE introduit en quelque sorte une responsabilité pour faits licites en faisant répondre des personnes pour des pollutions qui ne nécessitent pas d'assainissement et sont légales.

L'art. 32b^{bis} LPE introduit également une *responsabilité des anciens déten-* 1092
teurs alors que rien ne semble *a priori* justifier une telle responsabilité. Ce
genre de responsabilités découle habituellement (en particulier en droit de police) de la maîtrise effective et actuelle exercée sur une chose, condition qui
ne saurait (plus) être remplie par d'anciens détenteurs.

L'art. 32b^{bis} LPE n'aurait certainement pas vu le jour, ou du moins pas sous 1093
cette forme, si les responsabilités du pollueur-payeur avaient reposé sur un
fondement dogmatique clairement défini et qu'elles avaient en particulier été
rattachées aux fondements éprouvés du droit de la responsabilité civile (faute,
risque, etc.), comme cela est proposé dans la première partie de cette thèse.

L'art. 32b^{bis} LPE entraîne de plus un *changement de paradigme* en soumettant 1094
les matériaux d'excavation pollués (donc des déchets au sens de l'art. 7 al. 6
LPE) à une réglementation similaire à celle des sites contaminés et divergente
de celle applicable aux autres déchets de chantier. Ce changement législatif
permet ainsi au détenteur actuel du site de se retourner par le biais d'une *ac-*
tion de droit civil contre les personnes à l'origine de la pollution et les anciens
détenteurs. L'obligation de droit public d'éliminer les déchets (art. 31c al. 1
LPE) ainsi que celle d'assumer le coût de leur élimination (art. 32 al. 1 LPE)
restent, quant à elles, inchangées par l'art. 32b^{bis} LPE.

Enfin, l'art. 32b^{bis} LPE est la seule norme de droit suisse qui s'applique 1095
exclusivement à des faits antérieurs à son entrée en vigueur. Tant la pollution,
qui doit avoir été causée avant le 1er juillet 1997, que les actes juridiques qui
ont mené au transfert des sites entre le 1er juillet 1972 et le 1er juin 1997
constituent des états de fait ayant pris fin avant l'entrée en vigueur de la loi (et
ne perdurent par conséquent pas au moment de l'entrée en vigueur de celle-
ci). L'art. 32b^{bis} LPE constitue ainsi un cas de *rétroactivité au sens propre*
("*echte Rückwirkung*") et non de rétroactivité improprement dite ("*unechte*
Rückwirkung"). La rétroactivité de l'art. 32b^{bis} USG est anticonstitutionnelle
car elle ne répond à aucune des conditions rigoureuses auxquelles le Tribunal
fédéral l'admet. Conformément à l'art. 191 Cst., l'autorité judiciaire ne saurait

cependant corriger ou sanctionner cette violation puisque le législateur fédéral a expressément prévu une telle application rétroactive. L'art. 32b[bis] LPE s'inscrit ainsi dans la tendance générale du droit des responsabilités du pollueur-payeur qui consiste à introduire rétroactivement et au cas par cas des normes de responsabilités au lieu de déceler précocement certains risques et d'introduire des normes en conséquence. Différente à cet égard, la Directive 2004/35/CE du 21 avril 2004 sur la responsabilité environnementale en ce qui concerne la prévention et la réparation des dommages environnementaux montre à quoi pourrait ressembler, en droit suisse, un droit des responsabilités du pollueur-payeur moderne et tourné vers l'avenir.

1096   La formulation imprécise et elliptique de l'art. 32b[bis] LPE rend nécessaire une interprétation approfondie des conditions et effets de la responsabilité. Nous présentons ci-après sous forme de thèses les résultats de celle-ci.

1097   La *qualité pour défendre* revient, d'une part, à toutes les personnes dont le comportement est à l'origine de la pollution ("*Verursacher*") ainsi que, d'autre part, aux "anciens détenteurs", pour autant seulement que ces derniers aient eu un droit réel transmissible sur l'immeuble et qu'ils aient obtenu une indemnité ou une réduction du prix en raison de la pollution.

1098   L'art. 32b[bis] LPE reconnaît la *qualité pour agir* au détenteur d'un immeuble qui a acquis son droit réel contre rémunération entre le 1er juillet 1972 et le 31 mai 1997 par succession à titre particulier (vente, etc.) ou par acquisition originaire. La date faisant foi pour l'acquisition en cas d'inscription constitutive est celle de l'inscription au journal. En cas d'inscription déclarative, la date de constitution du droit correspond au moment où toutes les conditions de l'acquisition du droit réel sont réunies. Constitue une acquisition d'un immeuble au sens de l'art. 32b[bis] al. 1 lit. c LPE toute acquisition d'un droit réel (et non seulement de la propriété) sur un immeuble au sens de l'art. 655 CC.

1099   Le champ d'application matériel de l'art. 32bbis LPE englobe tous les matériaux d'excavation et déblais ("*Aushub-,Abraum- und Ausbruchmaterial*") pollués (au sens étroit) qui proviennent d'un site pollué (soit d'un emplacement d'une étendue limitée pollué par des déchets, art. 2 al. 1 OSites), mais non contaminé au sens de l'art. 32c LPE. Selon l'opinion défendue dans cette thèse, les matériaux terreux très pollués tombent également sous le coup de l'art. 32b^{bis} LPE, pour autant qu'ils proviennent également d'un site pollué mais non contaminé. Enfin, d'un point de vue temporel, seules fondent une prétention au sens de l'art. 32b^{bis} LPE les pollutions qui ont été occasionnées avant l'acquisition du site par le demandeur et au plus tard jusqu'au 1er juillet 1997. Les pollutions qui interviennent après l'acquisition ou après le 1er juillet 1997 ne donnent donc pas droit à une indemnisation au sens de l'art. 32b^{bis} LPE.

Une prétention fondée sur l'art. 32b^{bis} LPE est soumise à la condition qu'*aucune remise sur le prix* n'ait été consentie en raison de la pollution et qu'*aucun dédommagement* n'ait été versé en raison de celle-ci (art. 32b^{bis} al. 1 lit. a LPE). Cette condition vise à éviter qu'une personne ne reçoive une double indemnisation ou qu'un responsable (par comportement ou par situation) ne doive réparer le dommage à deux reprises.

1100

En plus de son acception usuelle, une *remise sur le prix* devrait également être admise lorsque l'acheteur avait connaissance ou aurait dû avoir connaissance de la pollution en faisant preuve de la diligence requise ; et ce indépendamment de savoir si une telle remise a été effectivement accordée ou non. En effet, on doit partir du principe qu'en cas de connaissance de la pollution, celle-ci a été prise en compte lors de la formation du prix ou du moins que l'acheteur l'a acceptée. Cette solution se justifie d'autant plus que le coût d'élimination des déchets a de tout temps été à la charge du détenteur (art. 31c al. 1 LPE). L'acheteur savait donc déjà au moment de la vente (*i.e.* entre le 1er juillet 1972 et le 1er juin 1997) qu'il devrait supporter les frais de l'élimination des déchets et que ceux-ci seraient plus élevés en raison de la pollution. Il ne saurait dès lors être question des "cas de rigueur injustes" que le législateur entendait combattre par l'introduction de l'art. 32b^{bis} LPE.

1101

1102 Le terme *dédommagement* doit être compris dans un sens large et englobe toute forme de versements en espèces qui ne constitue pas une remise sur le prix. Le dédommagement comprend aussi bien les dommages-intérêts délictuels que contractuels.

1103 L'art. 32b^{bis} al. 1 lit. a LPE ne doit pas être compris dans le sens que le détenteur d'un immeuble n'a droit à aucune indemnité si, dans une longue chaîne d'anciens détenteurs et pollueurs, l'un d'entre eux a, un jour, versé un dédommage ou consenti une remise sur le prix. L'art. 32b^{bis} al. 1 lit. a LPE exige uniquement que le détenteur actuel n'ait pas déjà été indemnisé sous une autre forme ou une autre. Ceci correspond d'ailleurs à l'*interdiction générale de l'enrichissement* qui vaut en droit de la responsabilité civile. L'art. 32b^{bis} al. 1 lit. a LPE signifie en revanche aussi pour le détenteur actuel qu'il ne peut pas se retourner contre les pollueurs qui auraient déjà versé une indemnité adéquate ni, pour autant que ceux-ci soient sujets de la responsabilité, contre les anciens détenteurs qui ne seraient plus enrichis en raison de la pollution.

1104 L'art. 32b^{bis} al. 1 lit. a LPE signifie pour le pollueur (responsable par comportement) qu'il ne doit une indemnité que s'il n'a pas déjà versé un dédommagement ou consenti une remise sur le prix, peu importe que le dédommagement ou la remise sur le prix ait bénéficié au détenteur actuel. Le pollueur qui a versé un jour une indemnité correspondante à la pollution qu'il a causée ne peut donc plus être recherché sur la base de l'art. 32b^{bis} LPE.

1105 Un ancien détenteur, pour sa part, ne répond en vertu de l'art. 32b^{bis} LPE que s'il a obtenu un dédommagement ou une remise sur le prix en raison de la pollution et qu'il n'a ni utilisé la somme reçue pour assainir le site ni n'a transmis cette somme, sous une forme ou une autre (p. ex. remise sur le prix) à un détenteur ultérieur du site. Pour que le détenteur doive assumer une partie des coûts supplémentaires d'élimination, il faut donc être en présence d'une situation analogue à celle d'un cas d'enrichissement illégitime.

1106 Le détenteur actuel du site ne peut demander aux responsables qu'une participation aux *coûts supplémentaires* et non le remboursement de l'entier des coûts liés à l'élimination des matériaux. Afin de déterminer la partie des coûts donnant lieu à réparation, il faut déduire des coûts totaux la partie des coûts que l'on peut qualifier de "normaux". Les coûts normaux correspondent à ceux de l'élimination de matériaux d'excavation non pollués. Le terme "élimination" doit être compris dans un sens large. Il englobe également, outre l'élimination au sens propre, l'élaboration d'un concept d'élimination, le tri des déchets de chantier sur place (art. 9 OTD) ainsi qu'un éventuel dépôt provisoire (art. 37 OTD). En plus des coûts d'élimination, l'art. 32b^{bis} LEP prévoit également la réparation des coûts d'investigation. Là encore, la notion de "coûts d'investigation" doit être prise dans son acception large. Elle comprend non seulement les coûts liés à l'analyse des matériaux d'excavation, mais encore ceux ayant trait à l'investigation du site même d'où proviennent les matériaux excavés. A l'inverse de ce qui vaut pour les coûts d'élimination, il est difficile de distinguer dans le cadre des investigations entre coûts supplémentaires et coûts normaux. Les investigations sont en règle générale rendues nécessaires du fait de la pollution du site. La pollution constituant la cause de l'obligation de procéder à des investigations, l'ensemble des coûts liés aux investigations constituent un dommage réparable au sens de l'art. 32b^{bis} al. 1 LPE.

Pour autant que toutes les conditions de la responsabilité soient réunies, le   1107
détenteur actuel ne peut demander aux sujets de la responsabilité d'assumer "en règle générale" les deux tiers des coûts supplémentaires d'investigation et d'élimination. Une telle règle est totalement étrangère au droit de la responsabilité civile. En droit de la responsabilité civile, le responsable doit en général réparer le dommage dans sa totalité, à moins qu'il ne puisse invoquer des facteurs de réduction (art. 43 al. 1 et 44 CO). La règle des "deux tiers" ne doit cependant pas être comprise comme un ordre donné au juge mais comme une simple directive. Il appartient dès lors au juge de déterminer de cas en cas et en tenant compte des particularités du cas d'espèce la part des frais que doivent supporter les responsables. Le juge devra tenir compte aussi bien des règles de répartition des coûts de droit public (en particulier de l'art. 32d al. 2 LPE) que des art. 43 al. 1 et 44 CO. Lors de l'application analogique des art.

43 al. 1 et 44 CO il convient cependant de tenir compte du fait que la règle des "deux tiers" peut être modifiée tant en faveur qu'en défaveur des sujets de la responsabilité.

1108   En cas de pluralité de responsables par comportement ("pollueurs") et de détenteurs, ceux-ci devraient répondre des coûts supplémentaires *proportionnellement* à leur part de responsabilité et non solidairement. Deux arguments principaux plaident en faveur de cette solution. D'une part, le principe de la répartition selon la part de responsabilité vaut pour toutes les *responsabilités du pollueur-payeur de droit public*. Afin de préserver l'unité avec celles-ci (en particulier avec le droit des sites contaminés), il convient d'également appliquer ce principe à l'art. 32b^{bis} LPE. D'autre part, il faut également tenir compte du fait que dans le cadre de la prétention en remboursement de l'art. 32b^{bis} LPE, à l'inverse de la responsabilité solidaire du droit de la responsabilité civile (*cf.* art. 50 et 51 CO), *il n'est pas possible de distinguer entre rapports internes et rapports externes*. Le détenteur actuel doit lui-même supporter une partie des coûts d'élimination et d'investigation. Il se situe par conséquent sur le même plan que les pollueurs et les anciens détenteurs.

1109   Le détenteur actuel devrait supporter seul la part des coûts qui ne peuvent pas être imputés à un responsable parce que ce dernier est introuvable ou insolvable ("*Ausfallkosten*"). Les autres responsables ne répondent donc ni solidairement ni au pro rata de ces coûts. Cette solution paraît adéquate au vu de l'opinion majoritaire selon laquelle le principe de causalité interdit de faire répondre un pollueur au-delà de sa "contribution" à la pollution. Il ne saurait également guère être exigé d'un ancien détenteur qu'il ne restitue une somme supérieure à celle reçue en raison de la pollution.

1110   En raison de son appartenance au droit de responsabilité civile au sens large, la prétention en remboursement de l'art. 32b^{bis} LPE devrait se prescrire de façon analogue au régime du Code des obligations applicable aux prétentions extracontractuelles (art. 60 et 67 CO). Le délai relatif est ainsi d'un an et commence à courir dès le moment où le lésé a eu connaissance des coûts supplémentaires et de la personne responsable. La connaissance des coûts supplémentaires est liée à la possibilité de quantifier les coûts d'élimination des matériaux d'excavation. Le délai absolu devrait, de façon analogue aux art. 60 et 67 CO, être de dix ans. La règle veut qu'en droit de la responsabilité la prescription absolue commence à courir dès le jour du fait dommageable et non dès les effets de celui-ci. Appliquée à l'art. 32b^{bis} LPE, cette règle aurait pour effet que la plupart des prétentions découlant de cet article seraient d'ores et déjà prescrites (et ce avant même l'entrée en vigueur de l'art. 32b^{bis} LPE), puisque les pollutions fondant ces prétentions doivent impérativement avoir été causées avant le 1er juin 1997. Ceci ne peut en aucun cas correspondre à la volonté du législateur. Le délai de prescription absolu ne commence donc à courir qu'à partir de la fin des travaux d'excavation, indépendamment du fait que la personne ayant qualité pour agir ait connaissance, à ce moment-là, des coûts supplémentaires et de la personne tenue de les rembourser (art. 60 et 67 CO par analogie).

A noter encore que, selon l'art. 32b^{bis} al. 3 LPE, il n'est possible de faire valoir les prétentions fondées sur cet article que jusqu'au 1er novembre 2021. Ce délai a une nature particulière dans la mesure où il ne se rattache non pas à la naissance de la prétention mais à l'entrée en vigueur de la loi. Cet alinéa ne restreint donc pas uniquement le droit subjectif de chacun mais limite l'application dans le temps de l'art. 32b^{bis} LPE en tant que tel. Ce délai ne peut par conséquent être ni suspendu ni interrompu. Il revêt pour le créancier les *effets d'une péremption de droit fédéral* puisqu'il entraîne la perte du droit subjectif lui-même et non uniquement l'extinction du droit d'action relatif à la créance.

1111

Sachregister

Die Ziffern verweisen auf die Randnummern

A

Abgeltungsprinzip, s. Nutzniesserprinzip

Adäquanztheorie

- Allgemeines, 212 ff.

- und Polizeirecht, 216 ff.

- und Verursacherhaftungen, 222 ff.

Aktivlegitimation (Art. 32b^{bis} USG), s. Anspruchsberechtigte (Art. 32b^{bis} USG)

Anspruchsberechtigte (Art. 32b^{bis} USG), 840 ff.

Anspruchsgegner (Art. 32b^{bis} USG), 864 ff.

Anteilshaftung, s. Haftung bei einer Mehrzahl von Verursachern/Anspruchsgegnern

Äquivalenztheorie, s. Bedingungstheorie

Ausfallkosten

- Entstehung der ~

  - bei Art. 32b^{bis} USG, 995 ff.

  - bei öffentlich-rechtlichen Verursacherhaftungen, 720 ff.

- Tragung der ~

  - bei Art. 32b^{bis} USG, 995 ff.

  - bei öffentlich-rechtlichen Verursacherhaftungen, 725 ff.

Ausgleichsanspruch (Art. 32b^{bis} USG), s. Mehrkosten

Aushubmaterial (Art. 32b^{bis} USG), 905 ff.

Aushubvorgang (Art. 32b^{bis} USG)

- Allgemeines, 801 ff.

- Zeitlicher Anknüpfungspunkt, 806 ff.

Ausserkrafttreten von Art. 32b^{bis} USG, 756 ff.

B

Baumberger, Initiative, 736 ff.

Beamtenhaftung, s. Staatshaftung

Bedingungstheorie, 192

Belastungen, zeitliche von Art. 32b^{bis} USG erfasste ~, 781 ff.

Bewilligung, behördliche, s. Legalisierungswirkung

Bodio-Fall, 530, 638

Böschungsfall, 549 ff.

D

Doppelstörer, 703 ff.

E

Entschädigung (Art. 32b^{bis} USG)

- Allgemeines, 931 ff.

- Beweislast, 951 ff.

Entwicklungsrisiken, s. Haftung für ~

449

*In der gleichen Reihe
sind in den letzten zehn Jahren erschienen:*

*Publiés ces dix dernières années
dans la même collection:*

184. *Niklaus Lüchinger:* Schadenersatz im Vertragsrecht. Grundlagen und Einzelfragen der Schadensberechnung und Schadenersatzbemessung. LXII–424 S. (1999)

185. *Lukas Bühler:* Schweizerisches und internationales Urheberrecht im Internet. LXVII–440 S. (1999)

186. *Ursula Abderhalden:* Möglichkeiten und Grenzen der interkantonalen Zusammenarbeit. Unter besonderer Berücksichtigung der internationalen Integration der Schweiz. XLVIII–280 S. (1999)   vergriffen

187. *Stéphane Blanc:* La procédure administrative en assurance-invalidité. La procédure administrative non contentieuse dans l'assurance-invalidité fédérale en matière d'octroi et de refus de prestations individuelles. XXXII–306 pp. (1999)

188. *Francine Defferrard:* Le transfert des actions nominatives liées non cotées. XLVI–218 pp. (1999)

189. *Gabriela Riemer-Kafka:* Die Pflicht zur Selbstverantwortung. Leistungskürzungen und Leistungsverweigerungen zufolge Verletzung der Schadensverhütungs- und Schadensminderungspflicht im schweizerischen Sozialversicherungsrecht. LIV–614 S. (1999)

190. *Patrick Krauskopf:* Der Vertrag zugunsten Dritter. LXVII–536 S. (2000)

191. *Silvia Bucher:* Soziale Sicherheit, beitragsunabhängige Sonderleistungen und soziale Vergünstigungen. Eine europarechtliche Untersuchung mit Blick auf schweizerische Ergänzungsleistungen und Arbeitslosenhilfen. XCIV–770 S. (2000)

192. *Thomas M. Mannsdorfer:* Pränatale Schädigung. Ausservertragliche Ansprüche pränatal geschädigter Personen. Unter Berücksichtigung der Rechtslage im Ausland, insbesondere in Deutschland und den Vereinigten Staaten von Amerika. LXXII–520 S. (2000)

193. *Alexandra Farine Fabbro:* L'usufruit immobilier. XL–310 pp. (2000) 2e édition (2001)

194. *Guillaume Vianin:* L'inscription au registre du commerce et ses effets. XLVIII–468 pp. (2000)

195. *Gaudenz Schwitter:* Die Privatisierung von Kantonalbanken als öffentliche Unternehmen. LVIII–342 S. (2000)

196. *Christian Roten:* Intempéries et droit privé. Etude de quelques aspects essentiels des problèmes posés par les phénomènes météorologiques et par leurs conséquences en matière de droits réels et de responsabilité civile. LIV–674 pp. (2000)

197. *Carole van de Sandt:* L'acte de disposition. Ca. 256 pp. (2000)

198. *Eva Maria Belser:* Freiheit und Gerechtigkeit im Vertragsrecht. LXXXIV–720 S. (2000)

199. *Flavia Giorgetti:* La recezione del turismo nell'ordinamento internazionale e svizzero con particolare riguardo alla tutela dei diritti culturali. LIV–410 pp. (2000)

200. *Bernhard Schnyder:* Das ZGB lehren. X–672 Seiten. (2001)

201. *Stephan Hartmann:* Die vorvertraglichen Informationspflichten und ihre Verletzung. Klassisches Vertragsrecht und modernes Konsumentenschutzrecht. LIV–254 S. (2001)

202. *Tiziano Balmelli:* Le financement des partis politiques et des campagnes électorales. Entre exigences démocratiques et corruption. XXXVI–420 pp. (2001)

203. *Alexandra Zeiter:* Die Erbstiftung (Art. 493 ZGB). LVIII–380 pp. (2001)

204. *Dominik Strub:* Wohlerworbene Rechte. Insbesondere im Bereich des Elektrizitätsrechts. XLVI–342 S. (2001)

205. *Gregor Wild:* Die künstlerische Darbietung und ihre Abgrenzung zum urheberrechtlichen Werkschaffen. VI–222 S. (2001)

206. *Antoine Eigenmann:* L'effectivité des sûretés mobilières. Etude critique en droit suisse au regard du droit américain et propositions législatives. LXXX–576 pp. (2001)

207. *Lukas Cotti:* Das vertragliche Konkurrenzverbot. Voraussetzungen, Wirkungen, Schranken. LXIV–436 S. (2001)

208. *Pascal Pichonnaz:* La compensation. Analyse historique et comparative des modes de compenser non conventionnels. LXXX–736 pp. (2001)

209. *Patrick Middendorf:* Nachwirkende Vertragspflichten. 248 S. (2002)

210. *Isabelle Chabloz:* L'autorisation exceptionnelle en droit de la concurrence. Etude de droit suisse et comparé. LIV–334 pp. (2002)

211. *Nicolas Schmitt:* L'émergence du régionalisme coopératif en Europe. Identité régionale et construction européenne. LX–512 pp. (2002)

212. *Jacques Fournier:* Vers un nouveau droit des concessions hydroélectriques. Ouverture – Marchés publics – Protection de l'environnement. LXIV–452 pp. (2002)

213. *Stefan Bilger:* Das Verwaltungsverfahren zur Untersuchung von Wettbewerbsbeschränkungen. Unter besonderer Berücksichtigung des Verhältnisses zwischen kartellrechtlichem Sonderverfahrensrecht und allgemeinem Verwaltungsverfahrensrecht. XLVIII–444 S. (2002)

214. *Olivier Schaller:* Les ententes à l'importation en droit de la concurrence. Etude de droit cartellaire suisse et de droit comparé. 584 pp. (2002)

215. *Felix B. J. Wubbe:* Ius vigilantibus scriptum. Ausgewählte Schriften/Œuvres choisies. Herausgegeben von/Edité par Pascal Pichonnaz. XXIV–568 S./pp. (2002)

216. *Alain Prêtre:* Eisenbahnverkehr als Ordnungs- und Gestaltungsaufgabe des jungen Bundesstaates. Zugleich eine historisch-kritische Analyse der Rechtsentstehung im Bereich technischer Innovation. XXXVI–322 S. (2002)

217. *Urs Müller:* Die materiellen Voraussetzungen der Rentenrevision in der Invalidenversicherung. Mit der Berücksichtigung von Abgrenzungsfragen gegenüber anderen Rückkommenstiteln und Tatbeständen. LIV–274 S. (2003)

218. *Urban Hulliger:* Die Haftungsverhältnisse nach Art. 60 und 61 SVG. XXXIV–254 S. (2003)

219. *Kaspar Sollberger:* Konvergenzen und Divergenzen im Landverkehrsrecht der Europäischen Gemeinschaft und der Schweiz. Unter besonderer Berücksichtigung des bilateralen Landverkehrsabkommens. 512 S. (2003)

220. *Andrea Taormina:* Innenansprüche in der einfachen Gesellschaft und deren Durchsetzung. LVIII–194 S. (2003)

221. *Tarkan Göksu:* Rassendiskriminierung beim Vertragsabschluss als Persönlichkeitsverletzung. XLVI–318 S. (2003)

222. *Frédéric Krauskopf:* Die Schuldanerkennung im schweizerischen Obligationenrecht. LIV–254 S. (2003)

223. *Sidney Kamerzin:* Le contrat constitutif de cédule hypothécaire. XLVI–395 pp. (2003)

224. *Markus Krapf:* Die Koordination von Unterhalts- und Sozialversicherungsleistungen für Kinder (Art. 285 Abs. 2 und 2bis ZGB). XXX–186 S. (2004)

225. *Andreas Abegg:* Die zwingenden Inhaltsnormen des Schuldvertragsrechts. Ein Beitrag zu Geschichte und Funktion der Vertragsfreiheit. XXXIII–350 S. (2004)

226. *Brigitte Hürlimann:* Prostitution – ihre Regelung im schweizerischen Recht und die Frage der Sittenwidrigkeit. XXXVIII–288 S. (2004)

227. *Anna Ulvsbäck:* Standardizing individual environmental protection as a human right. XLIV–318 pp. (2004)

228. *Michel Heinzmann:* Die Herabsetzung des Aktienkapitals. XLII–322 S. (2004)

229. *Thomas Meyer:* Der Gewinnanspruch der Miterben im bäuerlichen Bodenrecht (Art. 28 ff. BGBB) XXXVI–576 S. (2004)

230. *Blaise Carron:* Les transactions couplées en droit de la concurrence: analyse économique et juridique comparée – Droit américain (tying arrangements: sct. 1 Sherman Act), droit communautaire (ventes liées: art. 81 et 82 TCE) et droit suisse (affaires liées: art. 7 LCart). LXX–470 pp. (2004)

231. *Thomas Rebsamen:* Die Gleichbehandlung der Gläubiger durch die Aktiengesellschaft. XLIII–391 S. (2004)

232. *Bianca Pauli:* Le droit au contrôle spécial dans la société anonyme – Portée et limites après la première décennie. XXXVIII–302 pp. (2004)

233. *Martin Beyeler:* Öffentliche Beschaffung, Vergaberecht und Schadenersatz – Ein Beitrag zur Dogmatik der Marktteilnahme des Gemeinwesens. LXXV–692 S. (2004)

234. *Maria Consuelo Argul Grossrieder:* Les causes d'extinction des servitudes foncières – En particulier la perte d'utilité et ses conséquences sur l'existence formelle du droit. XXXVIII–370 pp. (2005)

235. *Benno Henggeler:* Die Beendigung der Baurechtsdienstbarkeit infolge Zeitablaufs und der vorzeitige Heimfall. (Art. 779c ff. ZGB) XXXV–212 S. (2005)

236. *Matthias Tschudi:* Mietrechtliche Probleme bei Immissionen als Folge von Umgebungsveränderungen. XXIV–189 S. (2005)

237. *Caroline Gauch:* Rechtsprechung und Kodifikation – ein Gegensatz? Die Anwendung des Scheidungsrechts durch den Richter. Eine empirische Untersuchung an drei erstinstanzlichen Gerichten des Kantons Freiburg (1908–1920). XX–204 S. (2005)

238. *Jacques Dubey:* Le concours en droit des marchés publics – La passation des marchés de conception, en particulier d'architecture et d'ingénierie. LXX–416 pp. (2005)

239. *Olivia van Caillie:* La protection du partenaire survivant dans le cadre des lois européennes sur la cohabitation non-maritale – Etude de droit comparé et de droit international privé. LXI–346 pp. (2005)

240. *Rodrigo Rodriguez:* Beklagtenwohnsitz und Erfüllungsort im europäischen IZPR – Aus schweizerischer Sicht unter Berücksichtigung der EuGV-VO. XL–249 S. (2005)

241. *Erdem Büyüksagis:* La notion de défaut dans la responsabilité du fait des produits – Analyse économique et comparative. LVIII–402 pp. (2005)

242. *Muriel Vautier Eigenmann:* La responsabilité civile pour la certification de produits et d'entreprises en droit suisse – Contribution à l'étude de la responsabilité des experts et autres professionnels à la lumière de droits européens et américains. L–383 pp. (2005)

243. *André Pierre Holzer:* Verjährung und Verwirkung der Leistungsansprüche im Sozialversicherungsrecht. XXVII–175 S. (2005)

244. *Tamara Nüssle:* Demokratie in der Nutzungsplanung und Grenzen für informale Absprachen. XXVI–270 S. (2005)

245. *Adrian Walpen:* Bau und Betrieb von zivilen Flughäfen – Unter besonderer Berücksichtigung der Lärmproblematik um den Flughafen Zürich. XLVII–412 S. (2005)

246. *Pascal G. Favre:* Le transfert conventionnel de contrat – Analyse théorique et pratique. LXI–704 pp. (2005)

247. *Jérôme Candrian:* L'immunité des Etats face aux Droits de l'Homme et à la protection des Biens culturels – Immunité de juridiction des Etats et Droits de l'Homme. Immunité d'exécution des Etats et de leurs Biens culturels. C–759 pp. (2005)

248. *Peter Herren:* Die Misswirtschaft gemäss Art. 165 StGB – mit rechtsvergleichender Darstellung des deutschen und österreichischen Rechts. XXI–214 S. (2006)

249. *Henk Fenners:* Der Ausschluss der staatlichen Gerichtsbarkeit im organisierten Sport. LIV–269 S. (2006)

250. *Adrian Schneider:* Der angemessene Ausgleich für erhebliche Planungsvorteile nach Art. 5 Abs. 1 RPG. XXXV–283 S. (2006)

251. *Franca Contratto:* Konzeptionelle Ansätze zur Regulierung von Derivaten im schweizerischen Recht – Analyse de lege lata und Vorschläge de lege ferenda unter besonderer Berücksichtigung der Anlegerinformation bei Warrants und strukturierten Produkten. LVIII–458 S. (2006)

252. *Daniela Ivanov:* Die Harmonisierung des Baupolizeirechts unter Einbezug der übrigen Baugesetzgebung – Aktuelle Rechtslage und Lösungsansätze. LIV–550 S. (2006)

253. *Ombline de Poret:* Le statut de l'animal en droit civil. LVI–355 pp. (2006)

254. *Sarah Theuerkauf:* Parteiverbot und die Europäische Menschenrechtskonvention – Analyse der Rechtsprechung des Europäischen Gerichtshofes für Menschenrechte unter Berücksichtigung der Rolle politischer Parteien in Europa. XXXIX–284 S. (2006)

255. *Dominique Gross:* Das gemeinschaftsrechtliche Genehmigungsverfahren bei der Freisetzung und dem Inverkehrbringen gentechnisch veränderter Organismen. LXIV–440 S. (2006)

256. *Andreas Felder:* Die Beihilfe im Recht der völkerrechtlichen Staatenverantwortlichkeit. XLV–317 S. (2007)

257. *Benoît Chappuis:* Le moment du dommage – Analyse du rôle du temps dans la détermination et la réparation du dommage. XLVIII–443 pp. (2007)

258. *Pierre-André Morand:* Le Contrat de Maintenance en droit suisse. XX–386 pp. (2007)

259. *Stéphane Bondallaz:* La protection des personnes et de leurs données dans les télécommunications. XLV–584 pp. (2007)

260. *Nicolas Kuonen:* La responsabilité précontractuelle. XCVI–622 pp. (2007)

261. *Ghislaine Frésard:* Le recours subrogatoire de l'assurance-accidents sociale contre le tiers responsable ou son assureur. LXXXV–688 pp. (2007)

262. *Annekathrin Meier:* Schutz der finanziellen Interessen der Europäischen Union. XLIII–372 S. (2007)

263. *Tetiana Bersheda Vucurovic:* Civil Liability of Company Directors and Creditor Protection in the vicinity of Insolvency. LXVII–367 pp. (2007)

264. *Marie-Noëlle Venturi–Zen-Ruffinen:* La résiliation pour justes motifs des contrats de durée. LVI–464 pp. (2007)

265. *Maryse Pradervand-Kernen*: La valeur des servitudes foncières et du droit de superficie. LIII–338 pp. (2007)

266. *Clémence Grisel*: L'obligation de collaborer des parties en procédure administrative. XXXIV–320 pp. (2008)

267. *Basile Cardinaux*: Das Personenfreizügigkeitsabkommen und die schweizerische berufliche Vorsorge – Grundlagen und ausgewählte Aspekte. XCVI–907 S. (2008)

268. *Xavier Oulevey*: L'institution de la décharge en droit de la société anonyme. LI–401 pp. (2008)

270. *Gaspard Couchepin*: La clause pénale – Etude générale de l'institution et de quelques applications pratiques en droit de la construction. LIV–396 pp. (2008)

271. *Hubert Stöckli:* Das Synallagma im Vertragsrecht – Begründung, Abwicklung, Störungen. XXXII–331 S. (2008)

272. *Stefan Keller:* Der flexible Altersrücktritt im Bauhauptgewerbe – Ein Beitrag zur Überwindung der Suche nach dem «richtigen» Rentenalter in der Schweiz. CXXI–819 S. (2008)

273. *Anne Berkemeier:* Das Opportunitätsprinzip – unter Berücksichtigung kantonaler Jugendstrafrechtspflegegesetze (BS, BE, FR, GE, GL, ZH), des Jugendstrafgesetzes und der künftigen eidgenössischen Jugendstrafprozessordnung. XXXV–263 S. (2008)

274. *Matthias Inderkum:* Schadenersatz, Genugtuung und Gewinnherausgabe aus Persönlichkeitsverletzung – Art. 28a Abs. 3 ZGB. XLII–227 S. (2008)

275. *Andri Mengiardi:* Die Besteuerung der Investition in derivative Anlageprodukte («strukturierte Produkte») nach Schweizer Recht. LIX–508 S. (2008)

276. *Marco Reichmuth:* Die Haftung des Arbeitgebers und seiner Organe nach Art. 52 AHVG. XLI–337 S. (2008)

277. *Marc Engler:* Die Vertretung des beschuldigten Unternehmens. XLIV–198 S. (2008)

278. *Daniel Pascal Wyss:* Social Insurance Law and Statutory Interpretation: The Practicability Argument – The Swiss Approach in a Comparative Perspective. XLVI–437 p. (2008)

280. *Andrea Bäder Federspiel*: Wohneigentumsförderung und Scheidung – Vorbezüge für Wohneigentum in der güterrechtlichen Auseinandersetzung und im Vorsorgeausgleich. XLVII–355 S. (2008)

281. *Annick Achtari:* Le devoir du lésé de minimiser son dommage – Etude en droit des obligations. LXVI–440 pp. (2008)

282. *Frédéric Gisler:* La coopération policière internationale de la Suisse en matière de lutte contre la criminalité organisée – Concepts, état des lieux, évaluation et perspectives. LXIX–605 pp. (2009)

283. *Alain Bieger:* Die Mängelrüge im Vertragsrecht. XXXV–184 S. (2009)

284. *Andreas Abegg:* Der Verwaltungsvertrag zwischen Staatsverwaltung und Privaten – Grundzüge einer historisch und theoretisch angeleiteten Dogmatik öffentlichrechtlicher und privatrechtlicher Verwaltungsverträge. XXXVI–219 S. (2009)

285. *Federica De Rossa Gisimundo:* Il servizio pubblico, strumento di effettività dei diritti fondamentali del cittadino. XLV–360 pp. (2009)

286. *Alexis Leuthold:* Offertverhandlungen in öffentlichen Vergabeverfahren – Privatrechtliche und vergaberechtliche Aspekte. XLIII–282 S. (2009)

287. *Ursina Weidkuhn:* Jugendstrafrecht und Kinderrecht – Betrachtung des Schweizerischen Jugendstrafrechts im Lichte der Internationalen Rechte des Kindes und im Vergleich zu Südafrika. XLII–272 S. (2009)